( Continuous Delivery )

# 継続的デリバリー

## 信頼できるソフトウェアリリースのための
## ビルド・テスト・デプロイメントの自動化

Jez Humble, David Farley 著
和智右桂、髙木正弘 訳

ASCII
DWANGO

**商標**
本文中に記載されている社名および商品名は、一般に開発メーカーの登録商標です。
なお、本文中では TM・Ⓒ・Ⓡ表示を明記しておりません。

# Continuous Delivery

Jez Humble and David Farley

✦ Addison-Wesley

Upper Saddle River, NJ • Boston • Indianapolis • San Francisco
New York • Toronto • Montreal • London • Munich • Paris • Madrid
Cape Town • Sydney • Tokyo • Singapore • Mexico City

**Copyright**

Authorized translation from the English language edition, entitled CONTINUOUS DELIVERY: RELIABLE SOFTWARE RELEASES THROUGH BUILD, TEST, AND DEPLOYMENT AUTOMATION, 1st Edition, by HUMBLE, JEZ; FARLEY, DAVID, published by Pearson Education, Inc, publishing as Addison-Wesley Professional, Copyright © 2011.

All rights reserved. No part of this book may be reproduced or transmitted in any form or by any means, electronic or mechanical, including photocopying, recording or by any information storage retrieval system, without permission from Pearson Education, Inc.

JAPANESE language edition published by DWANGO CO., LTD., Copyright © 2017.

JAPANESE translation rights arranged with PEARSON EDUCATION, INC. through JAPAN UNI AGENCY, INC., TOKYO JAPAN.

本書は、米国 Pearson Education, Inc. との契約に基づき、株式会社ドワンゴが翻訳、出版したものです。

# 継続的デリバリーへの賛辞

本書は「俺達はこういう風にソフトウェアを開発・リリースしたいんだ」という心の叫びが感じられます。登る山を定めているといってもよいでしょう。対して僕の関わっているJenkinsは、じゃあ実際にどうやってやるのよ、ということをメインに考えています。理学と工学、戦略と戦術、立法と行政のような関係です。大きな構図を押さえておきたい、という人にお勧めできる一冊です。

——川口耕介、CloudBees アーキテクト／Jenkins リード開発者

ソフトウェア自体がビジネスの根幹を担うようになっている現状においてはソフトウェアを継続的に頻繁にリリースすることが不可欠になっています。本書はどのように継続的かつ頻繁にリリースできるような開発プロセスを作っていくかの道しるべとなってくれること間違いなしです。

——吉羽龍太郎、アジャイルコーチ／認定スクラムプロフェッショナル

本書は開発に関わる人すべてにとって読む価値のあるものだが、とりわけ構成管理やリリースといった地味で目立たない雪かき仕事をしている孤独な（孤独でないならそれは幸せで何よりだ）担当者にとっては道しるべとなり勇気づけられる本となるだろう。

——湯川 航

ビルドは毎日やってるよ！　という読者も、うちはとっくにCIやってるよ！！　という読者も、その先の世界に踏み込んでみませんか？　有益なプラクティスの多い良書で知られる原書を、良訳で知られる翻訳陣が訳した、何とも贅沢な「この本」で！！！

——高江洲睦、アジャイルコーチ／CSM／CSPO

継続的デリバリーはソフトウェア開発における重要な基礎を集約したものともみなせると思います。本書はプログラマだけに向けたものではありません。継続的デリバリーでは僕のようなソフトウェアテストエンジニアが慣れ親しんだ品質特性のいくつかが重要な要素として具現化されています。本書をキッカケに多くの人がコラボレーションできると信じています。

——きょん（@kyon_mm）、ソフトウェアテストエンジニア

ソフトウェアを今よりも頻繁にデプロイする必要があるのなら、この本がうってつけだ。本書の内容を適用すれば、リスクを減らし、退屈な作業をなくし、自信をつけることができる。私が現在関わっているすべてのプロジェクトで、この原則とプラクティスを使おうと思う。

——ケント・ベック、Three Rivers Institute

あなたの属するソフトウェア開発チームが継続的インテグレーションをすでに理解しているかどうかにかかわらず、ソースコードコントロールが必要であるのと同様、本書は読むべきだ。本書は、開発とデプロイメントプロセス全体の両方を統合しようと試み、しかもテクニックやツールだけでなく考え方や原則を提示している点において他に類を見ない。著者たちは、テストの自動化から自動デプロイメントに至るまで、幅広い読者層に対して話題を提供している。プログラマやテスター、システム管理者、DBA、マネージャーなど開発チームに関わる人はみなこの本を読む必要がある。

——リサ・クリスピン、『実践アジャイルテスト テスターとアジャイルチームのための実践ガイド』の共著者

多くの組織にとって、継続的デリバリーは単なるデプロイメントの方法論ではない。ビジネスを行う上で欠かせないものなのだ。本書では継続的デリバリーをあなたのいる環境で効果的に実現するための方法が示されている。

——ジェームズ・ターンブル、Pulling Strings with Puppet の著者

本書は明確かつ正確にうまく書かれていて、読者はリリースプロセスに対して何を期待すべきかということがわかるようになる。著者たちはソフトウェアのデプロイメントに期待されることとその障壁をひとつずつ説明してくれている。本書はソフトウェアエンジニアであれば全員が持っておくべきだ。

——レイナ・コットラン、カリフォルニア大学ソフトウェア研究所

ハンブルとファーレイは、成長の早い Web アプリケーションをうまく作る方法を説明している。継続的なデプロイメントとデリバリーは当初は論争の的だったが、今では常識になってきており、本書はそうした内容を見事に網羅している。本書の中では、開発と運用がさまざまなレベルで交錯しており、著者たちはそれを明らかにしてみせているのだ。

——ジョン・オルスポー、Etsy.com 技術運用本部長／『キャパシティプランニング—リソースを最大限に活かすサイト分析・予測・配置』の著者

あなたが、ソフトウェアベースのサービスを構築してデリバリーすることを仕事としているのであれば、本書の中できわめて明確に表現されている考え方を取り込むことで大いに得るものがあるだろう。ただし、ハンブルとファーレイが提示しているのは単なる考え方に留まらない。変更を素早く信頼できるかたちでデリバリーするためのすばらしい脚本を提供してくれているのだ。

——デーモン・エドワード、DTOソリューション代表取締役／dev2ops.orgの共同編集者

ソフトウェアリリースに携わる人であれば誰であっても、本書を手に取り、好きな章をパラパラと読めば、すぐに価値のある情報を得られるだろう。あるいはすべての章を順に読めば、属する組織にとって意味のあるやり方でビルド・デプロイメントプロセスをストリーム化することができるだろう。思うに本書は、ソフトウェアを構築・デプロイ・テスト・リリースするのに欠かせないハンドブックだ。

——サラ・エドリー、ハーバードビジネススクール品質工学部長

継続的デリバリーはいまどきのソフトウェアチームすべてにとって、論理的に、継続的インテグレーションの次のステップを意味する。本書は、顧客に対して価値のあるソフトウェアを継続的に届けるという、明らかに野心的な目標を設定し、明確で効果的な原則とプラクティスを通じてその目標を達成可能なものにしている。

——ロブ・サンハイム、Relevance, Inc 代表

いつも私に無償の愛を注ぎ支えてくれている父に本書を捧げます。
―ジェズ
いつも私に正しい道を示してくれる父に本書を捧げます。
―デイブ

# 目次

継続的デリバリーへの賛辞 ...... 5

マーチン・ファウラーによるまえがき ...... 22

序文 ...... 24
    導入 ...... 24
    対象読者と扱っている内容 ...... 26
    概要 ...... 28
    本書内の Web リンク ...... 30
    表紙について ...... 31
    奥付 ...... 31

謝辞 ...... 33

著者について ...... 35

訳者紹介 ...... 36

## 第1部 基礎 ...... 37

### 第1章 ソフトウェアデリバリーの問題 ...... 39
  1.1 導入 ...... 39
  1.2 リリースによくあるアンチパターン ...... 40
    1.2.1 アンチパターン:ソフトウェアを手作業でデプロイする ...... 41
    1.2.2 アンチパターン:開発が終わってから疑似本番環境にデプロイする ...... 44
    1.2.3 アンチパターン:本番環境について手作業で構成管理を行う ...... 46
  1.3 もっとうまくできないのだろうか? ...... 47
  1.4 どうすれば目標を達成できるか? ...... 48
    1.4.1 あらゆる変更はフィードバックプロセスを引き起こさなければならない ...... 50
    1.4.2 フィードバックはできる限り早く受けとらなければならない ...... 51

1.4.3　デリバリーチームはフィードバックを受けとり、それに対応しなければならない ......... 53
　　　1.4.4　このプロセスはスケールするのか？ ...................................................................... 53
　1.5　どんな恩恵を受けられるのか？ ........................................................................................ 54
　　　1.5.1　チームに権限を与える ........................................................................................ 54
　　　1.5.2　エラーを削減する ............................................................................................... 55
　　　1.5.3　ストレスを低減する ............................................................................................ 58
　　　1.5.4　デプロイメントの柔軟性 ..................................................................................... 59
　　　1.5.5　「できるようになりたければ、練習しろ」 ........................................................ 60
　1.6　リリース候補 ................................................................................................................... 60
　　　1.6.1　あらゆるチェックインは潜在的にリリースにつながる ........................................ 61
　1.7　ソフトウェアデリバリーの原則 ....................................................................................... 62
　　　1.7.1　ソフトウェアをリリースするための、反復可能で信頼できるプロセスを作り上げよ ... 62
　　　1.7.2　ほとんどすべてを自動化せよ .............................................................................. 63
　　　1.7.3　すべてバージョン管理に入れよ .......................................................................... 64
　　　1.7.4　痛みを伴うものはこまめに実施し、痛い思いは早めにしておけ ........................ 64
　　　1.7.5　品質を作り込め .................................................................................................... 65
　　　1.7.6　完了したとはリリースしたということだ ............................................................ 65
　　　1.7.7　誰もがデリバリープロセスに対して責任を負う ................................................. 66
　　　1.7.8　継続的改善 ........................................................................................................... 67
　1.8　まとめ ............................................................................................................................... 67

## 第2章　構成管理　　　　　　　　　　　　　　　　　　　　　　　　　　　　69

　2.1　導入 ................................................................................................................................... 69
　2.2　バージョン管理を使う ...................................................................................................... 70
　　　2.2.1　ひとつ残らずすべてバージョン管理に保存せよ .................................................. 71
　　　2.2.2　定期的に trunk にチェックインせよ ................................................................... 74
　　　2.2.3　意味のあるコミットメッセージを使え ................................................................ 75
　2.3　依存関係の管理 ................................................................................................................. 76
　　　2.3.1　外部ライブラリを管理する .................................................................................. 77
　　　2.3.2　コンポーネントを管理する .................................................................................. 77
　2.4　ソフトウェア設定を管理する ........................................................................................... 78
　　　2.4.1　設定と柔軟性 ........................................................................................................ 78
　　　2.4.2　設定の種類 ........................................................................................................... 80
　　　2.4.3　アプリケーションの設定を管理する .................................................................... 82
　　　2.4.4　アプリケーションをまたいで設定を管理する ..................................................... 86
　　　2.4.5　アプリケーション構成管理の原則 ....................................................................... 87

## 2.5 環境を管理する ..... 88
### 2.5.1 環境管理のためのツール ..... 91
### 2.5.2 変更プロセスを管理する ..... 92
## 2.6 まとめ ..... 93

# 第3章 継続的インテグレーション ..... 95
## 3.1 導入 ..... 95
## 3.2 継続的インテグレーションを実現する ..... 96
### 3.2.1 始める前に必要なもの ..... 97
### 3.2.2 基本的な継続的インテグレーションシステム ..... 98
## 3.3 継続的インテグレーションの前提条件 ..... 99
### 3.3.1 定期的にチェックインせよ ..... 100
### 3.3.2 包括的な自動テストスイートを作成せよ ..... 100
### 3.3.3 ビルドプロセスとテストプロセスを短く保て ..... 101
### 3.3.4 開発ワークスペースを管理する ..... 103
## 3.4 継続的インテグレーションソフトウェアを使用する ..... 104
### 3.4.1 基本的な操作 ..... 104
### 3.4.2 オプション機能 ..... 104
## 3.5 基本的なプラクティス ..... 107
### 3.5.1 ビルドが壊れているときにはチェックインするな ..... 107
### 3.5.2 コミットする前に、常にローカルでコミットテストを実行せよあるいは代わりに CI サーバーにやってもらえ ..... 108
### 3.5.3 次の作業を始める前に、コミットテストが通るまで待て ..... 109
### 3.5.4 ビルドが壊れているのに、家に帰ってはならない ..... 109
### 3.5.5 常に以前のリビジョンに戻す準備をしておくこと ..... 111
### 3.5.6 リバートする前にタイムボックスを切って修正する ..... 111
### 3.5.7 失敗したテストをコメントアウトするな ..... 112
### 3.5.8 自分が変更してビルドが壊れたら、すべてに対して責任をとれ ..... 112
### 3.5.9 テスト駆動開発 ..... 113
## 3.6 やったほうがいいプラクティス ..... 113
### 3.6.1 エクストリームプログラミング（XP）の開発プラクティス ..... 113
### 3.6.2 アーキテクチャ上の違反事項があった場合にビルドを失敗させる ..... 114
### 3.6.3 テストが遅い場合にビルドを失敗させる ..... 115
### 3.6.4 警告やコードスタイルの違反があったときにビルドを失敗させる ..... 115
## 3.7 分散したチーム ..... 117
### 3.7.1 プロセスに与えるインパクト ..... 117

3.7.2　中央集権的継続的インテグレーション　118
   3.7.3　技術的な問題　119
   3.7.4　代替案　120
  3.8　分散バージョン管理システム　121
  3.9　まとめ　124

## 第4章　テスト戦略を実装する　127
  4.1　導入　127
  4.2　テストの種類　129
   4.2.1　開発プロセスをサポートするビジネス視点のテスト　129
   4.2.2　受け入れテストを自動化する　130
   4.2.3　開発プロセスをサポートする技術視点のテスト　133
   4.2.4　プロジェクトの評価をするビジネス視点のテスト　134
   4.2.5　プロジェクトを評価する技術視点のテスト　135
   4.2.6　テストダブル　136
  4.3　実際に起こり得る状況と戦略　137
   4.3.1　新規プロジェクト　137
   4.3.2　プロジェクトの途中　139
   4.3.3　レガシーシステム　140
   4.3.4　インテグレーションテスト　141
  4.4　プロセス　144
   4.4.1　欠陥バックログを管理する　145
  4.5　まとめ　146

# 第2部　デプロイメント パイプライン　149

## 第5章　デプロイメントパイプラインの解剖学　151
  5.1　導入　151
  5.2　デプロイメントパイプラインとは何か？　153
   5.2.1　基本的なデプロイメントパイプライン　157
  5.3　デプロイメントパイプラインのプラクティス　159
   5.3.1　バイナリをビルドするのは1回限りとせよ　159
   5.3.2　あらゆる環境に対して同じやり方でデプロイせよ　162
   5.3.3　デプロイメントをスモークテストせよ　164
   5.3.4　本番のコピーにデプロイせよ　164
   5.3.5　各変更は直ちにパイプライン全体を通り抜けなければならない　165

```
         5.3.6  パイプラインのどの部分であっても、失敗したらラインを止めよ ........... 166
  5.4  コミットステージ ................................................................................. 166
         5.4.1  コミットステージのベストプラクティス ........................................ 168
  5.5  自動受け入れテストという関門 ............................................................. 169
         5.5.1  自動受け入れテストのベストプラクティス .................................... 172
  5.6  後に続くテストステージ ....................................................................... 173
         5.6.1  手動テスト ................................................................................. 175
         5.6.2  非機能のテスト .......................................................................... 175
  5.7  リリースに備える .................................................................................. 176
         5.7.1  デプロイメントとリリースを自動化する ....................................... 177
         5.7.2  変更をバックアウトする ............................................................. 179
         5.7.3  成功を積み重ねる ...................................................................... 180
  5.8  デプロイメントパイプラインを実装する .............................................. 180
         5.8.1  バリューストリームをモデリングし、動くスケルトンを作成する ... 181
         5.8.2  ビルドとデプロイメントプロセスを自動化する ............................ 182
         5.8.3  ユニットテストとコード解析を自動化する ................................... 183
         5.8.4  受け入れテストを自動化する ...................................................... 184
         5.8.5  パイプラインを進化させる ......................................................... 184
  5.9  メトリクス ............................................................................................ 186
  5.10 まとめ ................................................................................................... 189
```

# 第6章 ビルド・デプロイメントスクリプト ............................................. 191

```
  6.1  導入 ....................................................................................................... 191
  6.2  ビルドツールの概要 ............................................................................... 192
         6.2.1  Make .......................................................................................... 194
         6.2.2  Ant ............................................................................................. 196
         6.2.3  NAnt と MSBuild ....................................................................... 197
         6.2.4  Maven ........................................................................................ 197
         6.2.5  Rake ........................................................................................... 199
         6.2.6  Buildr ......................................................................................... 200
         6.2.7  Psake .......................................................................................... 200
  6.3  ビルドスクリプトとデプロイメントスクリプトの原則とプラクティス ... 200
         6.3.1  デプロイメントパイプラインのステージそれぞれに対してスクリプトを書け ... 200
         6.3.2  アプリケーションをデプロイするのに適切なテクノロジーを使え ... 201
         6.3.3  すべての環境にデプロイするのに、同じスクリプトを使え ............ 202
         6.3.4  OS のパッケージングツールを使え .............................................. 203
```

- 6.3.5 デプロイメントプロセスが冪等であることを保証せよ …… 204
- 6.3.6 デプロイメントシステムをインクリメンタルに進化させよ …… 206
- 6.4 JVMを対象としたアプリケーションのためのプロジェクト構造 …… 206
  - 6.4.1 プロジェクトのレイアウト …… 207
  - 6.4.2 ソースコードを管理する …… 208
  - 6.4.3 テストを管理する …… 208
  - 6.4.4 ビルドの成果物を管理する …… 208
  - 6.4.5 ライブラリを管理する …… 209
- 6.5 デプロイメントスクリプト …… 210
  - 6.5.1 デプロイレイヤとテストレイヤ …… 212
  - 6.5.2 環境設定をテストする …… 212
- 6.6 コツと裏技 …… 214
  - 6.6.1 常に相対パスを使え …… 214
  - 6.6.2 手作業を根絶せよ …… 215
  - 6.6.3 バイナリからバージョン管理へのトレーサビリティを組み込め …… 216
  - 6.6.4 ビルド時にバイナリをバージョン管理にチェックインするな …… 216
  - 6.6.5 テストが失敗してもビルドは続けよ …… 217
  - 6.6.6 統合スモークテストでアプリケーションに制約をかけよ …… 217
  - 6.6.7 .NETのコツと裏技 …… 218
- 6.7 まとめ …… 218

# 第7章 コミットステージ …… 221
- 7.1 導入 …… 221
- 7.2 コミットステージの原則とプラクティス …… 222
  - 7.2.1 役に立つフィードバックを素早く提供せよ …… 223
  - 7.2.2 どういうときにコミットステージを止めるべきか？ …… 224
  - 7.2.3 コミットステージを丁寧に整備せよ …… 225
  - 7.2.4 開発者に所有権を与えよ …… 225
  - 7.2.5 きわめて大規模なチームにはビルドマスターを置け …… 226
- 7.3 コミットステージの結果 …… 227
  - 7.3.1 成果物リポジトリ …… 227
- 7.4 コミットテストスイートの原則とプラクティス …… 230
  - 7.4.1 ユーザーインターフェイスを避けよ …… 231
  - 7.4.2 DIを使用せよ …… 231
  - 7.4.3 データベースを避けよ …… 232
  - 7.4.4 ユニットテストでの非同期処理を避けよ …… 232

>     7.4.5　テストダブルを利用する ……………………………………………… 233
>     7.4.6　テスト内の状態を最低限に抑える ………………………………… 237
>     7.4.7　時間の概念を偽装する ………………………………………………… 237
>     7.4.8　しらみつぶし …………………………………………………………… 238
>   7.5　まとめ …………………………………………………………………………… 239

## 第8章　自動受け入れテスト … 241

>   8.1　導入 ……………………………………………………………………………… 241
>   8.2　なぜ自動受け入れテストが欠かせないのか？ …………………………… 242
>     8.2.1　保守しやすい受け入れテストスイートの作り方 …………………… 244
>     8.2.2　GUIを叩いてテストする ……………………………………………… 246
>   8.3　受け入れテストを作成する …………………………………………………… 247
>     8.3.1　アナリストとテスターの役割 ………………………………………… 248
>     8.3.2　イテレーティブなプロジェクトにおける分析 ……………………… 248
>     8.3.3　実行可能な仕様としての受け入れ基準 ……………………………… 250
>   8.4　アプリケーションドライバレイヤ …………………………………………… 253
>     8.4.1　受け入れ基準の表現方法 ……………………………………………… 256
>     8.4.2　ウィンドウドライバパターン：テストとGUIを疎結合にする …… 256
>   8.5　受け入れテストを実装する …………………………………………………… 259
>     8.5.1　受け入れテストにおける状態 ………………………………………… 260
>     8.5.2　プロセス境界・カプセル化・テスト ………………………………… 262
>     8.5.3　非同期とタイムアウトを管理する …………………………………… 263
>     8.5.4　テストダブルを利用する ……………………………………………… 266
>   8.6　受け入れテストステージ ……………………………………………………… 269
>     8.6.1　受け入れテストをグリーンに保つ …………………………………… 271
>     8.6.2　デプロイメントテスト ………………………………………………… 273
>   8.7　受け入れテストのパフォーマンス …………………………………………… 275
>     8.7.1　共通のタスクはリファクタリングせよ ……………………………… 275
>     8.7.2　高価なリソースは共有せよ …………………………………………… 276
>     8.7.3　並列テスト ……………………………………………………………… 277
>     8.7.4　コンピュートグリッドを用いる ……………………………………… 277
>   8.8　まとめ …………………………………………………………………………… 279

## 第9章　非機能要件をテストする … 281

>   9.1　導入 ……………………………………………………………………………… 281
>   9.2　非機能要件を管理する ………………………………………………………… 282

- 9.2.1 非機能要件を分析する ... 283
- 9.3 キャパシティを確保するためのプログラミング ... 284
- 9.4 キャパシティを計測する ... 287
  - 9.4.1 キャパシティテストの成功・失敗の判断基準は？ ... 289
- 9.5 キャパシティテスト環境 ... 291
- 9.6 キャパシティテストを自動化する ... 294
  - 9.6.1 ユーザーインターフェイス経由のキャパシティテスト ... 296
  - 9.6.2 サービスや公開 API に対するインタラクションを記録する ... 298
  - 9.6.3 記録したインタラクションテンプレートを使う ... 299
  - 9.6.4 キャパシティテスト用スタブを使ったテスト作り ... 301
- 9.7 キャパシティテストをデプロイメントパイプラインに追加する ... 302
- 9.8 キャパシティテストシステムのもうひとつの利点 ... 304
- 9.9 まとめ ... 306

# 第10章　アプリケーションをデプロイ・リリースする ... 307

- 10.1 導入 ... 307
- 10.2 リリース戦略を作成する ... 308
  - 10.2.1 リリース計画 ... 309
  - 10.2.2 製品をリリースする ... 310
- 10.3 アプリケーションをデプロイする ... 310
  - 10.3.1 最初のデプロイメント ... 311
  - 10.3.2 リリースプロセスをモデル化し、ビルドを反映する ... 312
  - 10.3.3 設定を反映させる ... 315
  - 10.3.4 オーケストレーション ... 315
  - 10.3.5 ステージング環境へのデプロイメント ... 316
- 10.4 デプロイメントのロールバック、そしてゼロダウンタイム・リリース ... 317
  - 10.4.1 直近の正常動作するバージョンの再デプロイメントによるロールバック ... 318
  - 10.4.2 ゼロダウンタイム・リリース ... 318
  - 10.4.3 ブルーグリーン・デプロイメント ... 319
  - 10.4.4 カナリアリリース ... 321
- 10.5 緊急修正 ... 324
- 10.6 継続的デプロイメント ... 325
  - 10.6.1 ユーザーがインストールするソフトウェアを継続的にリリースする ... 326
- 10.7 ヒントと裏技 ... 329
  - 10.7.1 実際にデプロイメントを行う人たちを、デプロイメントプロセスの策定に参加させよ ... 329
  - 10.7.2 デプロイメント作業を記録せよ ... 330

|       |       |                                                          |     |
|-------|-------|----------------------------------------------------------|-----|
|       | 10.7.3 | 古いファイルは削除せず、移動せよ                         | 330 |
|       | 10.7.4 | デプロイメントはチーム全体で責任を持つ                   | 330 |
|       | 10.7.5 | サーバーアプリケーションに GUI を持たせない              | 331 |
|       | 10.7.6 | 最初のデプロイメントにはウォームアップ期間を持たせよ     | 332 |
|       | 10.7.7 | 失敗は早めに                                             | 332 |
|       | 10.7.8 | 本番環境を直接修正するな                                 | 332 |
| 10.8  | まとめ |                                                          | 333 |

# 第3部　デリバリー エコシステム　　　　　335

## 第11章　基盤と環境を管理する　　　　　337

| 11.1  | 導入   |                                                          | 337 |
|-------|-------|----------------------------------------------------------|-----|
| 11.2  | 運用チームのニーズを理解する |                                   | 339 |
|       | 11.2.1 | 文書化と監査                                             | 340 |
|       | 11.2.2 | 異常発生時の警告                                         | 341 |
|       | 11.2.3 | IT サービスの継続計画                                    | 342 |
|       | 11.2.4 | 運用チームが慣れている技術を使え                         | 343 |
| 11.3  | 基盤をモデリングし、管理する |                                  | 343 |
|       | 11.3.1 | 基盤へのアクセスを制御する                               | 345 |
|       | 11.3.2 | 基盤へ変更を加える                                       | 347 |
| 11.4  | サーバーのプロビジョニングおよび設定を管理する |              | 348 |
|       | 11.4.1 | サーバーのプロビジョニング                               | 349 |
|       | 11.4.2 | 進行中のサーバー管理                                     | 350 |
| 11.5  | ミドルウェアの構成を管理する |                                  | 356 |
|       | 11.5.1 | 設定を管理する                                           | 356 |
|       | 11.5.2 | 製品を調査せよ                                           | 359 |
|       | 11.5.3 | ミドルウェアが状態をどのように扱うのかを調査せよ         | 359 |
|       | 11.5.4 | 設定 API を探せ                                          | 360 |
|       | 11.5.5 | よりよいテクノロジーを採用せよ                           | 360 |
| 11.6  | 基盤サービスを管理する |                                         | 361 |
|       | 11.6.1 | マルチホームシステム                                     | 362 |
| 11.7  | 仮想化 |                                                          | 364 |
|       | 11.7.1 | 仮想環境を管理する                                       | 366 |
|       | 11.7.2 | 仮想環境とデプロイメントパイプライン                     | 368 |
|       | 11.7.3 | 仮想環境を使った、高度に並列化したテスト                 | 371 |

- 11.8 クラウドコンピューティング ............................................................. 373
  - 11.8.1 基盤のクラウド化 ........................................................... 374
  - 11.8.2 プラットフォームのクラウド化 ................................................. 375
  - 11.8.3 ひとつで何もかもを解決する必要はない ......................................... 376
  - 11.8.4 クラウドコンピューティングに対する批判 ....................................... 377
- 11.9 基盤やアプリケーションを監視する ..................................................... 378
  - 11.9.1 データを収集する ........................................................... 379
  - 11.9.2 ログ出力 ................................................................... 381
  - 11.9.3 ダッシュボードを作成する ................................................... 382
  - 11.9.4 ふるまい駆動監視 ........................................................... 384
- 11.10 まとめ ............................................................................ 384

## 第12章　データを管理する　387

- 12.1 導入 .............................................................................. 387
- 12.2 データベースのスクリプト処理 ........................................................ 388
  - 12.2.1 データベースを初期化する ................................................... 389
- 12.3 インクリメンタルな変更 .............................................................. 390
  - 12.3.1 データベースのバージョンを管理する ......................................... 390
  - 12.3.2 オーケストレイトされた変更を管理する ....................................... 392
- 12.4 データベースのロールバックとゼロダウンタイムリリース ................................. 394
  - 12.4.1 データを失わずにロールバックする ........................................... 394
  - 12.4.2 アプリケーションのデプロイをデータベースのマイグレーションから分離する ....... 395
- 12.5 テストデータを管理する .............................................................. 397
  - 12.5.1 仮のデータベースでのユニットテスト ......................................... 398
  - 12.5.2 テストとデータのつながりを管理する ......................................... 399
  - 12.5.3 テストの分離 ............................................................... 400
  - 12.5.4 準備と後始末 ............................................................... 400
  - 12.5.5 一貫したテストシナリオ ..................................................... 401
- 12.6 データの管理とデプロイメントパイプライン ............................................ 401
  - 12.6.1 コミットステージでのテストにおけるデータ ................................... 402
  - 12.6.2 受け入れテストにおけるデータ ............................................... 403
  - 12.6.3 キャパシティテストにおけるデータ ........................................... 405
  - 12.6.4 その他のテストステージにおけるデータ ....................................... 406
- 12.7 まとめ ............................................................................ 407

## 第13章　コンポーネントや依存関係を管理する　409

- 13.1　導入　409
- 13.2　アプリケーションをリリース可能な状態に保つ　411
  - 13.2.1　新機能は完成するまで隠せ　412
  - 13.2.2　すべての変更はインクリメンタルに　413
  - 13.2.3　抽象化によるブランチ　414
- 13.3　依存関係　416
  - 13.3.1　依存地獄　417
  - 13.3.2　ライブラリを管理する　419
- 13.4　コンポーネント　420
  - 13.4.1　コードベースをコンポーネントに分割する方法　421
  - 13.4.2　コンポーネントをパイプライン化する　425
  - 13.4.3　インテグレーションパイプライン　427
- 13.5　依存グラフを管理する　429
  - 13.5.1　依存グラフを作成する　429
  - 13.5.2　依存グラフをパイプライン化する　431
  - 13.5.3　いつビルドすべきか？　435
  - 13.5.4　慎重な楽天主義　436
  - 13.5.5　循環依存　437
- 13.6　バイナリを管理する　439
  - 13.6.1　成果物リポジトリの活用法　439
  - 13.6.2　デプロイメントパイプラインと成果物リポジトリとのやりとり　440
- 13.7　Maven を使って依存関係を管理する　441
  - 13.7.1　Maven での依存関係のリファクタリング　444
- 13.8　まとめ　445

## 第14章　高度なバージョン管理　447

- 14.1　導入　447
- 14.2　リビジョン管理システムの簡単な歴史　448
  - 14.2.1　CVS　448
  - 14.2.2　Subversion　449
  - 14.2.3　商用のバージョン管理システム　452
  - 14.2.4　悲観的ロックをやめろ　452
- 14.3　ブランチとマージ　454
  - 14.3.1　マージ　456
  - 14.3.2　ブランチ、ストリーム、そして継続的インテグレーション　457

## 14.4　分散型バージョン管理システム ... 460
- 14.4.1　分散型バージョン管理システムとは？ ... 460
- 14.4.2　分散型バージョン管理システムの簡単な歴史 ... 462
- 14.4.3　企業環境における分散型バージョン管理システム ... 463
- 14.4.4　分散型バージョン管理システムを使う ... 464

## 14.5　ストリームベースのバージョン管理システム ... 466
- 14.5.1　ストリームベースのバージョン管理システムとは？ ... 466
- 14.5.2　ストリームを使った開発モデル ... 467
- 14.5.3　静的ビューおよび動的ビュー ... 470
- 14.5.4　ストリームベースのバージョン管理システムによる継続的インテグレーション ... 470

## 14.6　メインライン上での開発 ... 472
- 14.6.1　複雑な変更をブランチなしで行う ... 473

## 14.7　リリース用のブランチ ... 475

## 14.8　フィーチャによるブランチ ... 477

## 14.9　チームによるブランチ ... 480

## 14.10　まとめ ... 483

# 第15章　継続的デリバリーを管理する ... 485

## 15.1　導入 ... 485

## 15.2　構成管理およびリリース管理の成熟度モデル ... 487
- 15.2.1　成熟度モデルの使い方 ... 487

## 15.3　プロジェクトのライフサイクル ... 489
- 15.3.1　発見期 ... 490
- 15.3.2　開始期 ... 491
- 15.3.3　構築期 ... 492
- 15.3.4　開発・リリース期 ... 493
- 15.3.5　運用期 ... 496

## 15.4　リスク管理プロセス ... 497
- 15.4.1　リスク管理入門 ... 498
- 15.4.2　リスク管理のタイムライン ... 498
- 15.4.3　リスク管理の実践法 ... 500

## 15.5　デリバリーによくある問題——その症状と原因 ... 501
- 15.5.1　頻度の低いデプロイメント・バグのあるデプロイメント ... 501
- 15.5.2　貧弱な品質のアプリケーション ... 502
- 15.5.3　管理が貧弱な継続的インテグレーションプロセス ... 504
- 15.5.4　貧弱な構成管理 ... 504

- 15.6 コンプライアンスと監査 ..... 505
  - 15.6.1 文書化よりも自動化を ..... 506
  - 15.6.2 トレーサビリティを確保する ..... 506
  - 15.6.3 サイロで作業する ..... 507
  - 15.6.4 変更管理 ..... 509
- 15.7 まとめ ..... 510

# 参考文献 ..... 512
# 訳者あとがき ..... 515
  - 謝辞 ..... 516
# 索引 ..... 518

# マーチン・ファウラーによるまえがき

　90年代の終わりごろ、私はケント・ベックを訪ね、スイスの保険会社で仕事をした。その際、ケントに連れられて私はプロジェクトを見て回った。ケントが率いる統率されたチームには興味深い特徴がいくつもあったが、そのひとつがソフトウェアを毎晩本番にデプロイしているという事実だった。このように定期的にデプロイすることで、彼らは数多くの恩恵を受けていた。書いたソフトウェアがデプロイされるのを無駄に待つことがないので、問題やチャンスに対して素早く反応することができたし、ターンアラウンドタイムが短かったおかげで、開発チームと顧客そしてエンドユーザーとの関係がはるかに深まった。

　ここ10年間、私はThoughtWorksで働いている。我々のプロジェクトの共通テーマは、アイデアを思いついてからそれを使えるソフトウェアにするまでにかかるサイクルタイムを減少させることだった。また私は、数々のプロジェクトの話も見聞きしてきており、そのほとんどがサイクルタイムを短くしようとしている。確かに、普通は毎日本番にデリバリーを行うことはないが、2週間に一度リリースを行っているチームを見かけることはよくある。

　デイブとジェズはそうした大きな変化の中にいて、信頼できるデリバリーをこまめに行うという文化を作り上げたプロジェクトに関わってきた。デイブとジェズをはじめ、我々の同僚たちはソフトウェアを一年に一度デプロイするのにも苦労している組織をいくつも継続的デリバリーの世界へと連れていった。継続的デリバリーの世界では、リリースが日常茶飯事となるのである。

　このアプローチの基礎にあるのは、少なくとも開発チームにとっては、継続的インテグレーション（CI）だ。CIを行うことで、開発チーム全体が常に同期させられ、統合に際して生じる遅延が取り除かれる。2年前、ポール・デュバルがマーチン・ファウラー＝シグニチャシリーズでCIに関する本を書いた。しかし、CIは最初の一歩にすぎない。メインラインのコードストリームにソフトウェアをうまく統合したからといって、それが本番で稼働するわけではない。デイブとジェズが書いた本書では、この「最後の一歩」を扱うためにCIにまつわる逸話を取り上げ、デプロイメントパイプラインをどのように構築し、統合されたコードを本番で稼働するソフトウェアにするのかを説明している。

　この種のデリバリー思想は、ソフトウェア開発において長いこと忘れられていた。開発チームと運用チームとの間に空いた溝に落ちてしまっていたのだ。したがって、本書で書かれているテクニックを実行するために、開発チームと運用チームを一緒にしなければならなかったとしても、それは驚くことではない。DevOpsムーブメントはまだ黎明期ではあるが、それでも育ってきているのだ。この

プロセスには、テスターも巻き込まれる。なぜなら、エラーのないリリースを確実に行うためには、テストは欠かせない要素だからだ。こうしたことをすべてつなぎ合わせるには、高度な自動化が必要である。そうすれば、物事がエラーを起こさずに素早く実現できるのだ。

　こうしたことをすべてうまく動くようにするには努力が必要だが、それによって得られる恩恵は果てしない。長い時間をかけて集中してリリースを行っていた時代はもう古い。ソフトウェアのユーザーは、思いついたことが素早く動くコードになって、毎日使えるようになる様を目にすることになる。おそらく、最も重要なのは、ソフトウェア開発で悲惨なストレスを引き起こす最大の要因のひとつを取り除けることだろう。システムのアップグレードリリースを月曜日の明け方までに完了させようと、週末を緊張して過ごすのは誰だって嫌だろう。

　ソフトウェアをこまめにデリバリーしつつ、いつものストレスを感じなくて良くなる本と聞けば、間違いなく読むべきだろう。あなたのチームのためにも、この意見に同意してくれるとよいのだが。

# 序文

## 導入

　昨日、上司があなたのところに来て、システムに新しく作りこんでいるすばらしいフィーチャを顧客にデモしてほしいと頼んだ。しかし、あなたは顧客に何も見せることができない。開発者は全員が新しいフィーチャを開発中で、今すぐアプリケーションを実行させることができるメンバーは誰もいないのだ。コードはあるし、コンパイルも通る、さらに継続的インテグレーションを行っているサーバーではユニットテストもすべて通っている。しかし、誰もがアクセスできるユーザー受け入れテスト（UAT: User Acceptance Test）環境に新しいバージョンをリリースしようと思うと、2日はかかってしまうのだ。こんな短い期間でデモをやれなんて、理不尽ではないだろうか？

　製品に致命的なバグが見つかった。このままビジネスをやっていては、毎日損害が発生してしまう。修正するにはどうすればよいかはわかっている。3層システムのすべてのレイヤで使われているライブラリを1行修正し、それにあわせてデータベーステーブルを変更すればよい。しかし、ソフトウェアの最新バージョンを本番に最後にリリースしたときには、週末まるまる使った上で明け方3時までかかった。しかも、このデプロイの担当者はうんざりしてその後すぐにチームを抜けてしまったのだ。次にリリースすれば、週末では収まらないだろう。それはつまり営業時間にアプリケーションがダウンするということを意味する。ビジネスの担当者が我々の問題を理解してくれればよいのだが。

　こうした問題はどこにでもあるが、ソフトウェア開発をしていればこうなってしまうのが避けられないというわけではない。何かが間違っているのである。ソフトウェアのリリースは、素早く行える反復可能なプロセスであるべきだ。今日では、多くの企業が**一日のうちに複数回リリース**を行っている。巨大なプロジェクトでコードベースが複雑であっても、こうしたことは可能なのだ。本書では、どうすればこんなことができるのかを示していく。

　メアリー・ポッペンディークとトム・ポッペンディークはこう問いかけている。「コードを1行だけ変更したとして、その変更をデプロイするのにあなたの組織ではどのくらいかかるだろうか？　その変更からデプロイまでの作業は反復可能で信頼できるやり方に基づいて行われているだろうか？[1]」

---

1　Implementing Lean Software Development, p. 59.

変更が必要だと判断してからそれを本番で使えるようになるまでの期間は、**サイクルタイム**と呼ばれる。サイクルタイムはどんなプロジェクトにとっても欠くことのできない指標となる。

多くの組織において、サイクルタイムは数週間あるいは数ヶ月の単位になっている。そして、リリースプロセスはおそらく、反復可能でも信頼できるものでもないだろう。リリースは手作業で行われ、テスト環境やステージング環境にソフトウェアをデプロイするときにすらチームで作業する必要があることが多い。ましてや、本番環境に対するリリースは、である。しかし、同じように複雑なプロジェクトが、同じようなところから始まりながらも、広範囲にわたる再設計を行った結果、サイクルタイムが数時間、あるいは致命的な修正であれば数分になったところを我々は目にしている。これが可能になったのは、ビルド、デプロイ、テスト、リリースといった各段階を通じて変更を取り入れるための、完全に自動化され反復可能な信頼できるプロセスが構築されているからである。自動化が鍵なのだ。自動化によって、ソフトウェアの開発やデプロイに含まれる共通の作業がボタンひとつでできるようになるのである。これは開発者でも、テスターでも、運用担当者でもできる。

本書では、アイデアが実際のビジネス的価値になるまでの時間——つまりサイクルタイム——を短く安全にすることによって、ソフトウェアのデリバリーに革命を起こす方法を説明する。

ソフトウェアというものは、ユーザーの手に渡るまでは何も価値を生み出さない。これはわかりきったことだが、ほとんどの組織ではソフトウェアを本番環境にリリースするプロセスは、手作業で行われて集中力を要し、エラーの起こりやすい、リスクのあるものなのだ。一般にはサイクルタイムが数ヶ月単位だと言ったが、もっと時間のかかる企業も多い。リリースサイクルが1年以上だという企業すら、ないわけではないのだ。巨大な企業にとっては、アイデアが生まれてからそれを実装したコードをリリースするまで1週間遅れるごとに数百万ドルのチャンスロスが発生しているかもしれないのだ。しかも、サイクルタイムが長すぎることに伴う問題はこれだけではない。

それにもかかわらず、ソフトウェアのデリバリーに伴うリスクを下げる仕組みやプロセスは、今日のソフトウェア開発プロジェクトのほとんどにとって未だ当たり前のことにはなっていない。

我々の目的は、開発者の手から本番へソフトウェアをデリバリーするプロセスを、信頼でき、あらかじめ何が起こるかわかり、可視化され、大部分が自動化されたものにすることにある。それによってリスクも適切に理解されて定量化可能になる。本書で記述したアプローチを用いれば、あるアイデアを思いついてからそれを実装した動くコードを本番にデリバリーするまで、ものの数分から数時間でできるようになり、同時にデリバリーされるソフトウェアの品質も改善できるようになる。

うまく動くソフトウェアをデリバリーすることに伴うコストの大半は、最初のリリースの後に発生する。それはサポートや保守、新しいフィーチャの追加、障害の修正などにかかるコストだ。ソフトウェアがイテレーティブなプロセスによってデリバリーされる場合には特にそうだ。その場合、最初のリリースでは顧客に価値をもたらす機能は最低限しか含まれていない。かくして、本書のタイトルである「**継続的デリバリー**」は、アジャイルマニフェストの最初の条文からとられている。「我々が最も価値を置くのは、価値あるソフトウェアを早いうちから継続的にデリバリーすることを通じて顧客を満足させることである」[bibNp0]。この条文は現実を反映している。ソフトウェアを成功させるこ

とを思えば、最初にリリースすることはデリバリープロセスを成功させる上で始まりにしかすぎない。

　本書で記述しているテクニックはどれも、ソフトウェアの新しいバージョンをユーザーにデリバリーする際の時間やリスクを低くするものだ。そのためにフィードバックを増やし、デリバリーにかかわる開発者やテスター、運用担当者間の共同作業を改善するのである。こうしたテクニックを用いることによって、バグフィックスであれ、新しいフィーチャの追加であれ、アプリケーションを修正する必要があるときに、アプリケーションを修正してからその結果を使えるようにデプロイするまでの時間をできる限り短く保てるようになる。問題はまだ容易に修正できる早期に発見され、関連するリスクも適切に理解される。

## 対象読者と扱っている内容

　本書の大きな目的のひとつが、ソフトウェアのデリバリーに携わる人々の間の共同作業を改善することだ。我々が特に念頭に置いているのは、開発者やテスター、システム管理者やデータベース管理者、そしてマネージャーである。

　扱っている題材は多岐にわたる。伝統的な構成管理やソースコードコントロール、リリース計画、監査、コンプライアンス、さらにインテグレーションに始まり、ビルド、テスト、デプロイといったプロセスの自動化まで至る。さらに、受け入れテストの自動化や依存関係の管理、データベースの移行、テスト環境や本番環境の構築と管理などにも話は及ぶ。

　ソフトウェアの作成にかかわる人々の多くは、こうした活動がコードを書くことの二の次であると考えている。しかし我々の経験によれば、こうした活動には少なからぬ時間と労力がかかるのであり、ソフトウェアのデリバリーを成功させるためには欠かせないのだ。こうした活動を取り巻くリスクが適切に管理されなければ、かなりのコストがかかることになりかねない。そのときにかかるコストは最初にソフトウェアを構築するよりも高くつくことも多いのだ。あなた方がこうしたリスクを理解しなければいけないのだということを本書は訴えているのであり、さらに重要なことにそのリスクをやわらげるための戦略も説明してる。

　これは大胆な野望だ。そしてもちろん、1冊の本でこれらのトピックを詳細に至るまで網羅することはできない。実際には、我々は対象読者をないがしろにしてしまうリスクもおかしている。開発者から見て扱っていない題材に、アーキテクチャやふるまい駆動開発、詳細なリファクタリングなどがある。テスターにとっては、調査的なテストやテスト管理戦略に十分な時間を割いていないように見えるだろう。運用担当者からすれば、キャパシティプランニングやデータベース移行、本番のモニタリングなどに対して必要な注意を払っていないと思えるだろう。

　しかし、こうした題材を詳細に扱っている本は存在する。我々がまだ出版されていないと考えているのは、こうした可動部分すべてをうまく組み合わせるにはどうしたらよいかを論じた本なのだ。可

動部分というのは、構成管理やテストの自動化、継続的インテグレーションやデプロイ、データ管理、環境管理、リリース管理などのことである。リーンソフトウェア開発運動が教えてくれるもののひとつが、全体最適の重要性である。全体最適のためには、デリバリープロセスを構成するあらゆる部品とそこにかかわる人全員を強く結びつけるような全体論的アプローチをとる必要があるのだ。変更ひとつひとつについて、導入からリリースまでの進捗を制御できるようになってはじめて、ソフトウェアの品質を最適化しかつ改善し、ソフトウェアデリバリーの品質と速度をあげることができるようになるのである。

　我々のねらいは全体論的なアプローチを紹介することであると同時に、そうしたアプローチに含まれる原則を紹介することでもある。我々の提供する情報を基に、あなた方はこれらのプラクティスを自分たちのプロジェクトにどう適用させるかを決める必要がある。我々は、ソフトウェア開発にあるどんな側面にでも当てはまるアプローチが存在するとは考えていない。そこで、対象とする領域はエンタープライズシステムの構成管理や運用制御と同じくらい広くとっておく。しかし、我々が本書で説明していることの本質はさまざまなソフトウェアプロジェクトに広く当てはまる。大規模なものや小規模なもの、高度に技術的なものや早期に価値を届けるためのショートスプリントにいたるまで、どんな種類のプロジェクトにも、である。

　これらの原則を実践しはじめれば、具体的な状況に応じてさらなる詳細が必要になることがあるとわかるだろう。本書の最後には参考文献リストを挙げておいた。また、オンラインにあるリソースへのリンクもある。それらを使えば、我々の扱っている題材それぞれに関するより詳細な情報を見つけることができる。

　本書は3部構成となっている。第1部では継続的デリバリーという考え方の背後にある原則と、それをサポートするのに必要なプラクティスについて紹介する。第2部では本書の中心的なパラダイムについて説明する。我々はこのパターンをデプロイメントパイプラインと呼んでいる。第3部ではデプロイメントパイプラインをサポートするエコシステムについてより詳細に見ていく。これはつまり、インクリメンタルな開発を可能にするためのさまざまなテクニックだ。たとえば、応用的なバージョン管理パターンが挙げられるし、ほかにも基盤、環境やデータ管理、ガバナンスなどがある。

　こうしたテクニックの多くは大規模なアプリケーションにしか適用されないと思えるかもしれない。たしかに我々が経験してきたアプリケーションのほとんどが大規模だったことは事実だ。しかし、きわめて小規模なプロジェクトでも、こうしたテクニックに基礎を置くことで利益を享受できると我々は考えている。理由は簡単で、プロジェクトは成長するからだ。小規模なプロジェクトに着手する際に行う判断は、プロジェクトが進化する際にも避けられない影響を及ぼす。正しい方向に向けてスタートを切れば、将来自分が（あるいは、後を引き継いだ人が）苦しまずにすむことになるだろう。

　本書の著者はリーン開発やイテレーティブなソフトウェア開発の考え方を背景として共有している。つまり、我々が目指しているのは価値のある動くソフトウェアを素早くイテレーティブにユーザーに対して届けるということであり、その際、デリバリーのプロセスから無駄を取り除こうと絶えず努力するのだ。我々の説明する原則やテクニックの多くは、当初大規模なアジャイルプロジェクトの文脈で

開発された。しかし、本書で紹介するテクニックはもっと広く適用できる。我々が注力するのはほとんどが、適切な可視化と素早いフィードバックを通じた共同作業の改善である。こうしたことはどんなプロジェクトに対してもプラスの影響を与える。そのプロジェクトの開発プロセスがイテレーティブなものでなくてもよい。

本書を書く際、各章や各節を独立して読めるようにしたつもりだ。少なくとも、あなた方が知りたいと思う情報や、より詳細な情報への参照がどこにあるのかはっきりとわかり、そこにたどり着けるようにしたいと考えた。そうすればこの本をリファレンスとして使えるからだ。

断っておくと、我々は話題の扱いに関して、学問的な厳格さを求めようとは考えていない。もっと理論的な本はいくらでも売られているし、そうした本の多くは読みごたえがあって示唆に富んでいる。特に、我々はそれらの標準とされるものに長い時間を割くことはしない。むしろ、ソフトウェアプロジェクトに従事する人誰もが役に立つと思えるような、実践に基づくスキルやテクニックを多く紹介している。そして、そういうスキルやテクニックをわかりやすくシンプルに説明し、実際の日々の開発で使えるようにしている。場合によっては、そういうテクニックを紹介するための実話を示し、文脈の中に位置づけるようにしている。

## 概要

誰もが本書を最初から最後まで読みたいと思っているわけでないことはわかっている。本書はいったん導入を読んだら、その先は読者がいろいろな角度から攻められるように書いている。そのせいである程度は繰り返した内容もあるが、隅々まで読もうとしたときにくどく感じるほどではないとよいと思っている。

本書は3部構成になっている。第1部は、第1章から第4章までである。そこでは、リリースを定期的で反復可能で安全に行うための基本原則と、それを支えるプラクティスを概観する。第2部は第5章から第10章までであり、デプロイメントパイプラインについて説明している。第11章からは継続的デリバリーを支えるエコシステムに入っていく。

すべての人に第1章を読むようにお勧めする。ソフトウェアをリリースするプロセスになじみのない人にとっては、経験のある開発者であっても、本書で扱っている題材が自分にとっての専門的なソフトウェア開発のあり方とは対立するように思えるだろう。他の部分はお好みで読めばよい。あるいは、困ったときに開くことになるかもしれないが。

## 第1部——基礎

第1部ではデプロイメントパイプラインという考え方を理解するための基礎を説明する。各章はその前の章の続きになっている。

第1章「ソフトウェアデリバリーの問題」では、ソフトウェア開発チームで見かけることの多いア

ンチパターンをいくつか説明し、我々の目的とその実現方法へと移っていく。第1章の締めくくりとしては、その後に続く議論の基となっているソフトウェアデリバリーの原則を提示している。

第2章「構成管理」ではアプリケーションをビルド、デプロイ、テストするのに必要なものをすべて管理する方法を提示する。管理対象はソースコードから環境に合わせたビルドスクリプト、アプリケーション定義にまで及ぶ。

第3章「継続的インテグレーション」では、アプリケーションに対して行うあらゆる変更に対して、自動化されたテストを構築し実行するというプラクティスを扱う。そうすることで、ソフトウェアが常に動く状態にあることを保証できるようになる。

第4章「テスト戦略を実装する」では、あらゆるプロジェクトの統合を担う、さまざまな種類の手動テストおよび自動化されたテストについて紹介し、読者のプロジェクトにとって適切な戦略を判断するにはどうすればよいかを議論する。

# 第2部——デプロイメントパイプライン

本書の第2部ではデプロイメントパイプラインを詳細に網羅する。パイプラインを構成するさまざまなステージを実装する方法もここで扱う。

第5章「デプロイメントパイプラインの解剖学」では、本書の中核を形成するパターンについて議論する。これはあらゆる変更をチェックインからリリースまで自動化するプロセスだ。同様に、チームレベルおよび組織レベルでどのようにパイプラインを実装すればよいかについても議論する。

第6章「ビルド・デプロイメントスクリプト」では、ビルドとデプロイのプロセスを自動化するのに使うスクリプト技術と、それを使うためのプラクティスについて議論する。

第7章「コミットステージ」では、パイプラインの最初のステージを扱う。このステージを構成するのは自動化されたプロセスの集まりであり、アプリケーションに対して何らかの変更が加えられたら即座にこのステージを起動しなければならない。コミット時のテストスイートをすぐに実行できて効果的なものにする方法についても議論する。

第8章「自動受け入れテスト」では、自動化された受け入れテストについて、分析から実装までを紹介する。継続的なデリバリーにとって受け入れテストが欠かせない理由と、受け入れテストスイートを効率よく作成して、アプリケーションの価値ある機能を守る方法についても議論する。

第9章「非機能要件をテストする」では、非機能要件について議論する。その際、キャパシティテストを強調する。キャパシティテストをどのように作成するべきか、あるいはキャパシティテスト環境をどのようにセットアップするかについて説明する。

第10章「アプリケーションをデプロイ・リリースする」では、テストを自動化した後に起こることを扱う。対象をボタンひとつで、手動テスト環境やUAT環境、ステージング環境、そして最終的なリリース環境にリリースできるようにするのだ。その際、継続的デプロイメントやロールバック、ゼロダウンタイム・リリースといった重要な題材にも触れる。

## 第3部――デリバリーエコシステム

　本書の最後では、デプロイメントパイプラインをサポートするための、横断的なプラクティスやテクニックについて議論する。

　第11章「基盤と環境を管理する」では、環境の自動生成や管理、および監視を扱う。その際、仮想化とクラウドコンピューティングの利用にも触れる。

　第12章「データを管理する」では、アプリケーションのライフサイクルの中でテストデータおよび本番データを、どのように生成し移行するかを示す。

　第13章「コンポーネントや依存関係を管理する」ではまず、アプリケーションのブランチを作ることなく、常にリリース可能な状態に保つにはどうすればよいかという議論から始める。その上で、アプリケーションをコンポーネントの集合として構成するにはどうすればよいか、さらにそういったアプリケーションのビルドとテストをどう管理すればよいかについて説明する。

　第14章「高度なバージョン管理」では、よく使われているツールを概観し、バージョン管理を使う際のさまざまなパターンについて詳細に見ていく。

　第15章「継続的デリバリーを管理する」では、リスク管理とコンプライアンスに向けたアプローチを準備し、構成管理やリリース管理のための成熟したモデルを提示する。その過程で、継続的デリバリーがビジネスに対して持つ価値や、インクリメンタルなデリバリーを行うイテレーティブなプロジェクトのライフサイクルについて議論する。

## 本書内のWebリンク

　外部のWebサイトのリンクについては、アドレスを全部書くのではなく、短縮して次のような形式で掲載している [bibNp0]。リンク先にたどり着く方法はふたつある。ひとつはbit.lyを使う方法。この場合、例に示したurlはhttp//bit.ly/bibNp0になる。あるいは我々がhttp://continuousdelivery.com/go/にインストールしたurl短縮サービスを使ってもよい。このサービスも同じ文字列を使っているので、例に示したurlはhttp://continuousdelivery.com/go/bibNp0になる。これは何らかの理由でbit.lyが使えなくなっても、リンクが切れないようにするためだ。もしWebページがアドレスを変更した場合でも、我々はhttp://continuousdelivery.com/go/の短縮サービスを最新化しようと思う。だから、bit.lyのリンクが使えなかった場合にはこちらを試してほしい。

## 表紙について

マーチン・ファウラー=シグニチャシリーズの本はどれも表紙に橋の写真がある。最初はアイアンブリッジの写真を使おうかと考えていたが、シリーズの別の本でもう使われていた。そこでイギリスにある別の橋を選んだのだ。それがこのフォース鉄道橋だ。表紙のすばらしい写真を撮ったのはスチュワート・ハーディである。

フォース鉄道橋は、英国で鉄を使って建築された最初の橋だった。シーメンス・マーチンの平炉製鋼法を使って製造され、スコットランドとウェールズにある2か所の製鉄所で作った鉄鋼からできている。鉄鋼は鋼管のかたちで届けられた。英国の橋で大量生産部品が初めて使われたのだ。それ以前に作られた橋とは異なり、設計者であるジョン・ファウラー卿とベンジャミン・ベイカー卿、それにアラン・スチュアートは組み立てにかかる圧力の結果を計算し、将来の保守コストを下げるように備え、風や気温が建築物に与える負荷を計算した。まさに、我々がソフトウェアを作る際に行う機能要件および非機能要件の定義である。同様に、橋の建設も監督し、こうした要件が正しく守られるようにした。

橋の建築には4600人以上が動員されたが、不幸なことに100人近くが亡くなり、数百人が身体の一部に障害を負った。しかし、結果として建てられた橋は産業革命期における奇跡のひとつに数えられるものとなった。1890年にフォース鉄道橋が完成したときには、世界で一番長い橋であった。21世紀になっても、片持ち梁型の橋としては世界で2番目の長さを誇っている。息の長いソフトウェアプロジェクトと同じように、フォース鉄道橋にも定期的な保守が必要である。保守は設計の一部として計画されており、橋と一緒に作られたものとしては、保守用の作業場だけでなく、ダルメニー駅に鉄道「居住地」として建てられた家が15棟ほどある。この橋が機能し続けるであろう期間は、この先100年以上になると考えられている。

## 奥付

本書はDocBookを直接使って書かれた。デイブはテキストの編集にTextMateを使い、ジェズはAquamacs Emacsを使った。図を描く際にはOmniGraffleを使った。デイブとジェズは普段別々の場所に住んでおり、すべてSubversionにチェックインすることで共有していた。また継続的インテグレーションをするために、CruiseControl.rbサーバーを立ててdblatexを実行し、誰かが変更をコミットするたびにPDFを生成した。

本書が印刷にまわる一ヶ月前に、ディミトリ・キルサーノフとアリナ・キルサーノワが製本作業を開始した。その際にはSubversionリポジトリや電子メール、あるいは調整のためにGoogle Docsの共有テーブルなどを使用しながら、著者と共同作業を行った。ディミトリはXemacsを使用してDocBookソースの編集作業を行い、アリナはそれ以外のことをすべて行った。カスタムXSLTスタイルシート

と XSL-FO フォーマッターを使って植字を行い、ソース内に著者がつけた索引用タグから索引を編集し、本の最終的な査読も行ったのだ。

# 謝辞

本書の執筆にあたっては、多くの人々にお世話になった。特にレビューアに感謝したい。デヴィッド・クラーク、レイナ・コットラン、リサ・クリスピン、サラ・エドリー、デーモン・エドワード、マーチン・ファウラー、ジェームズ・コヴァックス、ボブ・マクシムチャック、エリオット・ラスティ・ハロルド、ロブ・サンハイム、クリス・スミス。さらに、Addison-Wesleyの編集出版チームにも特別な感謝を捧げたい。クリス・グジコフスキー、ライナ・クロバック、スーザン・ザーン、クリスティ・ハート、アンディ・ビースター。ディミトリ・キルサーノフとアリーナ・キルサーノワは本書の編集と査読ですばらしい仕事をしてくれた。さらに、完全に自動化されたシステムを用いた組版も行ってくれた。

我々の同僚の多くも、本書で説明している考え方を発展させるのを手伝ってくれた。クリス・リード、サム・ニューマン、ダン・ノース、ダン・ワージントン＝ボダルト、マニッシュ・クマール、クレイグ・パーキンソン、ジュリアン・シンプソン、ポール・ジュリアス、マルコ・ヤンセン、ジェフリー・フレデリック、エイジェイ・ゴア、クリス・ターナー、ポール・ハーマン、フー・カイ、キョウ・ヤンドン、キョウ・リャン、デリク・ヤン、ジュリアス・ショー、ディープチィ、マーク・チャン、ダンテ・ブリオン、リー・ガングレイ、エリク・ドーネンバーグ、クレイグ・パーキンソン、ラム・ナラヤナン、マーク・リックマイアー、クリス・スティーブンソン、ジェイ・フラワーズ、ジェイソン・サンケイ、ダニエル・オスターマイアー、ロルフ・ラッセル、ジョン・ティアセン、チモニー・リーブス、ベン・ワイエス、ティム・ハーディング、ティム・ブラウン、ペイヴァン・カダビ・スダシャン、スティーブン・フォアシュー、ヨギ・クルカルニ、デイビッド・ライス、チャド・ワシントン、ジョニー・ルロイ、クリス・ブリーゼマイスター。

**ジェズの謝辞**：最高の伴侶である愛する妻のレイニーに感謝する。本書の執筆中、私が不機嫌になったときにも励ましてくれた。また、娘のアムリタにも感謝する。彼女の赤ちゃん言葉とだっこ、それによだれだらけの笑顔に。また、ThoughtWorksの同僚たちにも深く感謝する。ThoughtWorksで仕事をしたことで数々の着想が得られた。またシンディ・ミッシェルとマーチン・ファウラーに本書の執筆を支えてくれたことを感謝する。最後に、ジェフリー・フレデリックとポール・ジュリアスにCITCONを開催してくれたことを感謝する。また、そこで出会った人々にすばらしい対話ができたことを感謝する。

**デイブの謝辞**：妻のケイトと子供のトムとベンに感謝する。本書を執筆しているときも、それ以外のときも、いつでも私を支えてくれた。ThoughtWorks には特別な感謝を捧げたい。私はもはや退職してしまったが、この会社は従業員が知識を広げやる気を出して仕事を行う環境を提供してくれた。そしてソリューションを発見するための創造的なアプローチを育ててくれたのであり、そうして生まれたものが本書のかなり部分を占めている。さらに、現在の勤め先である LMAX と特にマーチン・トンプソンに感謝する。彼らは私を信頼し、支えてくれ、世界レベルの高性能処理を行うチャレンジングな技術的環境に対して、本書で説明しているテクニックを喜んで採用してくれた。

# 著者について

　11才でZX Spectrumに出会って以来、ジェズ・ハンブルはコンピュータと電子工学に魅せられている。その後、エイコーン・コンピュータやARMアセンブラ、BASICなどを経て大人になり、仕事に就く。ジェズがITの世界に入ったのは2000年のことだった。ちょうどドットコム・クラッシュが起きたときである。そのとき以来、彼は幅広く仕事をしている。開発者、システム管理者、トレイナー、コンサルタント、マネージャー、そしてスピーカー。ジェズはさまざまなプラットフォームや技術を扱い、非営利団体やテレコム、金融サービス、オンラインレンタル企業などのコンサルを行っている。2004年以来、ジェズはThoughtWorksと、北京、バンガロール、ロンドン、サンフランシスコのThoughtWorks Studioで働いている。オクスフォード大学の物理学および哲学の学士と、ロンドン大学東洋アフリカ学部民族音楽学の修士を有している。現在は、サンフランシスコに妻と娘と住んでいる。

　デイブ・ファーレイがコンピュータを好きになってから、30年近くが経つ。その経験の中で、デイブはほとんどの種類のソフトウェアを作ってきた。ファームウェアから、OSとデバイスドライバの整備を経て、ゲームや商用アプリケーションまで。しかも、あらゆる種類や規模のものを手がけてきたのだ。大規模な分散システムに初めて携わったのは20年以上前のことだ。疎結合でメッセージベースのシステムの開発の研究を行ったのだ。SOAの先駆けである。デイブは、複雑なソフトウェアを開発するチームリーダーを英国とアメリカで幅広く経験している。その中には、大規模なものもあれば、小規模なものもあある。デイブはアジャイル開発テクニックのアーリーアダプターであり、1990年代前半より商用プロジェクトで、イテレーティブな開発や継続的インテグレーション、かなりの量の自動テストなどを採用してきた。デイブのアジャイル開発に対するアプローチは、ThoughtWorksに勤めた四年半で磨き上げられた。ThoughtWorksの中でも最大で最も挑戦的なプロジェクトのいくつかで、技術的なリーダーを務めたのだ。デイブは現在、London Multi-Asset Exchange（LMAX）に勤務している。この組織は、世界でも最も高性能な金融為替システムを構築している。そこでは、本書で説明されている主なテクニックがすべて使われている。

# 訳者紹介

**和智右桂**
オブジェクト指向を愛する思想系プログラマ。グロースエクスパートナーズ株式会社 IT アーキテクト。本書のタイトルにもある「デリバリー」をキーワードに、要件定義、方式設計から開発、テストまでロールにとらわれずに仕事をしている。翻訳は趣味。海外のブログ記事などをときどき翻訳して公開している。訳書に『エリック・エヴァンスのドメイン駆動設計』(翔泳社、共訳) がある。認定プロダクトオーナー、認定スクラムマスター。
Blog:http://d.hatena.ne.jp/digitalsoul/
Twitter:@digitalsoul0124

**髙木正弘**
1972 年大阪府生まれ。仕事で使うことになったのがきっかけでオープンソースソフトウェアに興味を持ち、さまざまなプロジェクトでドキュメントの翻訳に携わるようになる。カメラ片手にあちこちに出歩くこと、そしておいしいお酒を飲むことが大好き。訳書に『プログラミング PHP 第 2 版』(オライリー・ジャパン)、『オープンソースソフトウェアの育て方』(共訳:オライリー・ジャパン) など。
Twitter:@takagi

# 第1部

# 基礎

# 第1章
# ソフトウェアデリバリーの問題

## 1.1 導入

　誰かがよいアイデアを思いついたとき、できるだけ早くそれをユーザーに届けるにはどうしたらいいだろう？　ソフトウェア開発を生業にする者として直面する最も重要な問題はこれだ。本書はこの問題の解決方法を提示している。

　我々が焦点を合わせるのは、ビルドとデプロイ、テスト、それにリリースプロセスといった、これまであまり書かれることのなかったテーマだ。だからといって我々が、ソフトウェア開発のためのアプローチを軽視しているというわけではない。むしろ、ソフトウェアライフサイクルにおける開発手法とは別の側面に目を向けなければ、ソフトウェアのリリースを安全で信頼でき、しかも素早く行えるものにして、我々の労働の成果を効率的なやり方でユーザーの手に渡すことはできないと考えているのだ。だが今のところ、こうした側面はたいてい、ソフトウェア開発に伴う問題全体からすれば周辺的なものであると考えられている。

　ソフトウェア開発手法は数多くあるが、そうした手法が第一に注力しているのは要件管理であり、それが開発作業に与える影響である。ソフトウェアの設計や開発、テストに関するさまざまなアプローチを詳細に扱ったすばらしい本はたくさんある。しかしそうした本も、我々に投資している人々や組織に対して価値を届けるという「**価値の流れ（バリューストリーム）**」からすれば、ごく一部を扱っているにすぎないのだ。

　いったん要件が特定され、ソリューションが設計、開発、テストされた後には何が起きるのだろう？こうしたプロセスをできる限り効率的で信頼できるものにしようと思ったら、このような活動同士の間をどのように結びつけたらよいだろう？　開発者やテスター、ビルド担当者や運用担当者が効率的に協業できるようにするにはどうすればいいだろう？

　本書ではソフトウェアの開発からリリースまでを効率的にするためのパターンを説明している。我々は、こうしたパターンを実装する上で役に立つようなテクニックやベストプラクティスについて説明し、さらにこのアプローチがソフトウェアデリバリーにおけるその他の側面とどう関係するのかも示していく。

本書の中心となっているパターンは、**デプロイメントパイプライン**だ。デプロイメントパイプラインとは、本質的には、アプリケーションのビルド・デプロイ・テスト・リリースといったプロセスを自動化する実装だ。ソフトウェアをリリースする際の「価値の流れ」は組織によって異なるので、どの組織も自身の価値の流れに応じて独自のデプロイメントパイプラインを実装することになる。しかし、実装を支配する原則は変わらない。

デプロイメントパイプラインの例を図1-1に示す。

図1-1　デプロイメントパイプライン

デプロイメントパイプラインの動きを一言で言えば、次のようになるだろう。アプリケーションの定義ファイルやソースコード、環境、あるいはデータに対するあらゆる変更がトリガーとなってパイプラインの新しいインスタンスが生成される。パイプラインの最初のステップではまず、バイナリやインストーラーを生成する。その後は、生成したバイナリに対して一連のテストを実行し、リリースできることを証明する。リリース候補が各テストを通過することで、バイナリコードや定義情報、環境、データの所定の組み合わせがうまく動くと自信を持てる。リリース候補がすべてのテストを通過したら、リリース可能となる。

デプロイメントパイプラインは**継続的インテグレーション**のプロセスにその基礎を置いており、本質的には継続的インテグレーションの考え方を論理的に突き詰めたものである。

デプロイメントパイプラインの目的は三つある。第一に、ソフトウェアのビルド・デプロイ・テスト・リリースというプロセスのあらゆる部分が関係者全員から見えるようにし、共同作業をやりやすくすること。第二に、フィードバックを改善し、プロセスにおいてできる限り早い時期に問題が特定されて解決されるようにすること。最後に、ソフトウェアの任意のバージョンを任意の環境に対して、完全に自動化されたプロセスを通じて好きなようにデプロイできるようにすること。

## 1.2 リリースによくあるアンチパターン

ソフトウェアのリリース日には、たいてい緊迫した空気が漂う。なぜそうなってしまうのだろう？ほとんどのプロジェクトでは、プロセスが原因でリリースが恐ろしいものになってしまっているのであり、どの程度緊迫するかはそれに伴うリスクがどの程度かによる。

ソフトウェアプロジェクトの多くでは、リリースは手作業で行われ、集中力を要するプロセスであ

る。ソフトウェアをホストする環境が手作業で個別に作られることも多い。この作業は通常、運用担当者か情報システム部門が実施する。自分たちのアプリケーションが依存しているサードパーティーのソフトウェアがインストールされ、アプリケーション自体を構成するソフトウェアも本番環境にコピーされる。また構成情報は、Webサーバーやアプリケーションサーバー、システム内のその他のサードパーティーコンポーネントに付属する管理コンソールを通じて、コピーされたり新規に作られたりする。マスタデータもコピーされ、最終的にはアプリケーションが起動する。分散アプリケーションやサービス指向アプリケーションの場合には、構成要素をひとつひとつ順に起動していくことになる。

　神経質になる理由は明らかだ。このプロセスの中に間違える可能性のある要素が非常にたくさんあるのだ。完璧に実行しなかったステップがひとつでもあれば、アプリケーションは正常に実行されない。この時点では、エラーがどこにあったのか、あるいはどのステップが間違ったのかということはまだ明らかになっていないだろう。

　本書はこの後、こうしたリスクをどのように回避したらよいかについて議論する。リリース日のストレスをどう軽減するか、各リリースを確実に予測可能で信頼できるものにするにはどうしたらよいか、といった内容だ。だがその前に、我々が避けようとしているプロセス上の失敗の種類を明らかにしておこう。ここでは、リリースプロセスを信頼できないものにしてしまうよくあるアンチパターンをいくつか紹介する。このようなアンチパターンはあまりにありふれているので、我々の業界で標準になってしまっているのだ。

## 1.2.1 アンチパターン：ソフトウェアを手作業でデプロイする

　いまどきのアプリケーションは、どんな規模でも、デプロイする作業は複雑になり、設定箇所も多いことがほとんどだ。多くの組織ではソフトウェアを手作業でリリースしている。これが意味しているのは、この複雑なアプリケーションをデプロイするために必要なステップを、個別でアトミックなものとして扱わなければならないということだ。この各ステップは個人やチームによって実施される。こうしたステップの中では往々にして裁量処置が必要で、そのためリリース時にヒューマンエラーが発生する可能性が生じてしまう。それが当てはまらなくても、これらのステップを実施する順序やタイミングが異なるせいで、別々の結果が生まれることがあり得る。こうした違いはたいてい問題を引き起こしてしまう。

　このアンチパターンの兆候を挙げよう。

- 広範囲にわたる詳細な手順書を作成し、リリースに必要なステップを記述する。また考えられる間違いについても記述する。
- アプリケーションが正しく動作していることを確認するために、手動テストに頼る。
- リリース当日にデプロイメントがうまくいかず、その理由を開発チームに対して頻繁に問い合わせる。

- リリースの過程でリリースプロセスを頻繁に修正する。
- クラスタ内に設定の異なるノードがある。たとえば、コネクションプーリングの設定が異なるアプリケーションサーバーや、レイアウトの異なるファイルシステムなどだ。
- リリースが数分単位では終わらない。
- リリースの結果が予測できない。リリース前に戻さざるを得なくなったり、不測の問題に行き当たったりすることがよくある。
- リリース日の翌日午前2時に、かすんだ目でモニター前に座っている。なんとかして動かしたいのだが。

## 代わりに……

　長い目で見れば、デプロイメントは完全に自動化していくべきだ。ソフトウェアを開発環境やテスト環境、あるいは本番環境にデプロイする際、人間がやらなければならないタスクはふたつだけであるべきなのだ。すなわち、どのバージョンをどの環境にデプロイするかを選択し、「デプロイ」ボタンを押すのである。パッケージ・ソフトウェアのリリースを構成するのは、インストーラーを生成するための自動化されたプロセスだけであるべきだ。

　本書の中で自動化については多く議論しているのだが、人によってはこの考え方に疑念を抱いていることもわかっている。自動デプロイを本質的な目標だと我々が考えているのはなぜなのか、説明させてほしい。

- デプロイメントが完全に自動化されていないと、デプロイを実施するたびにエラーが起きることになる。ただ、エラーが重大なこともあれば、些細なこともあるというだけだ。すばらしいデプロイ用テストを使ったとしても、バグの原因を突き止めるのは難しいかもしれない。
- デプロイメントプロセスが自動化されていないと、反復可能にならないし、信頼できない。その結果、デプロイの際に生じたエラーをデバッグするために時間を無駄にすることになる。
- デプロイメントプロセスを手作業で行っている場合には、それを手順化しなければならない。手順書を保守するのは複雑で時間のかかるタスクになるし、数人で協力しなければならないことも出てくる。したがって、たいていの場合、その手順書は不完全であるか、いつ見ても最新化されていない状態になってしまう。自動化されたデプロイメントスクリプトが一式あれば手順書の替わりになる。しかも、デプロイメントがうまくいくようにするため、スクリプトは常に最新化された完全な状態に保たれる。
- デプロイメントが自動化されることにより、共同作業が促進される。すべてがスクリプトの中に明記されているからだ。一方、手順書を書くときには読者がどこまで知っているかということについて何らかの前提を設けなければならない。そして、現実的にはデプロイメントを担当する人

の備忘録として書かれるのが常で、それ以外の人にとってはよくわからない。
- 前述したことの必然的な結果として、手作業でのデプロイメントは、デプロイメント職人に依存することになる。その職人が休みをとったり、仕事を辞めてしまったりしたら、困ったことになる。
- デプロイメントを手作業で実施するのは、退屈だし飽きもくる。だがそれでも、かなりの専門性が必要になる。退屈で飽きのくる、それでいて技術を要する作業を職人に頼むなどということは、思いつく限りで最も確実にヒューマンエラーを引き起こす方法である。睡眠不足によるミスが起きるかもしれないし、もしかしたら酒が入った状態で作業をするかもしれない。デプロイメントを自動化することで、高給取りで技術力もあり、そして働きすぎでもあるあなたの部下を解放し、もっと価値のある活動に従事してもらえるようになる。
- 手作業で行うデプロイメントプロセスをテストするには、実際にデプロイしてみるしかない。だが、それには時間もコストもかかることが多い。自動デプロイメントプロセスは安上がりで、テストするのも簡単だ。
- 手作業で行うプロセスのほうが自動化されたプロセスよりも監査しやすいという話を聞いたことがある。しかし我々はこれを聞いて完全に困惑してしまった。手作業のプロセスでは、手順書どおりに正しく実行される保証はない。自動化されたプロセスだけが、完全に監視できるのだ。デプロイメントスクリプト以上に監視しやすいものがあるだろうか？

　誰もが自動デプロイメントプロセスを使わなければならないし、それ以外のソフトウェアをデプロイすることがあってはならない。このように規則を定めることで、必要なときにデプロイメントスクリプトが動作することを保証できる。本書で我々が説明している原則のひとつに、あらゆる環境に対して同じスクリプトを使ってデプロイするというものがある。あらゆる環境に対して同じスクリプトを使えば、本番環境にデプロイするためのパスが、リリース日に必要になる前に、何百回あるいは何千回とテストされることになる。そうすれば、リリース時に何か問題が起こっても、それが環境に固有の設定の問題であり、スクリプトの問題ではないと自信を持って言えるのだ。

　ときには、リリースを集中して手作業で行い、それでうまくいくこともたしかにある。これまでたいていうまくいかなかったのは、我々が不幸だっただけかもしれない。しかし現実に、リリース作業は、ソフトウェアを作るプロセスにおいて潜在的にエラーの起こりやすいステップだと認識されているのではないだろうか？　だからこそ、あんな儀式が必要になるのであり、おなじみのプロセスや手順書があるのであり、作業は週末に行われるのであり、何かがうまくいかなかったときのために人が待機しているのではないだろうか？

## 1.2.2 アンチパターン：開発が終わってから疑似本番環境にデプロイする

　このパターンでは、ソフトウェアが本番をシミュレートした環境（たとえば、ステージング環境）にデプロイされるのは、開発作業がほぼ完了してからだ。少なくとも、開発チームの定義する「完了」後なのである。

　このパターンの特徴を挙げよう。

- ここに至るまでは、テスターが開発プロセスに絡んでいたとしても、システムのテストは開発機上で行われている。
- ステージング環境にリリースして初めて、運用担当者は新しいリリースに触れることになる。組織によっては、ソフトウェアをステージング環境にデプロイする運用チームと、本番環境にデプロイする運用チームは分かれている。そうだとすると、運用担当者がソフトウェアを初めて見るのは、本番環境にリリースする当日である。
- 疑似本番環境が、アクセスを厳格にコントロールしなければならないくらい高価であるか、必要なときに準備ができていないか、わざわざ構築しようとは誰もしなかった。
- 開発チームが、正しいインストーラーや設定ファイル、データベースの移行プログラム、デプロイメント用ドキュメントをまとめあげ、実際にデプロイメントを行う人に渡す。ただし、本番やステージングに似た環境ではどれもテストされていない。
- デプロイメントに必要なこれらのものを作るにあたり、開発チームと実際のデプロイ担当者はまったく協力しあわないか、したとしてもほんのわずかである。

　ステージング環境へのデプロイメントが必要になって始めて、それを実行するためのチームが招集される。このチームが必要なスキルをすべて備えていることもある。しかし、組織が大きいと、デプロイメントに必要な責務はいくつかのグループに分割される。データベース管理者やミドルウェアチーム、Webチームなどがアプリケーションの最新バージョンをリリースするために手を結ぶのだ。デプロイメントに必要ないくつものステップはステージング環境ではテストしていないので、エラーが発生することも少なくない。ドキュメントが重要なステップを抜かしていることもあるだろうし、対象となる環境のバージョンや設定についてドキュメントやスクリプト上の想定が誤っているせいでデプロイメントが失敗することもあるだろう。デプロイメントチームは、開発チームの意図を当て推量しなければならないのだ。

　よくあるのが、協力関係がほとんどないせいでステージング環境へのデプロイメントの際に問題が多発し、結局その都度電話をしたりメールをしたりして、急いで修正することになるという事態だ。規律正しいチームは、こうした当日のコミュニケーションもデプロイメント計画に組み入れるのだが、こうしたプロセスが効率的であることはほとんどない。プレッシャーが増すにつれて、開発チームとデプロイメントチームの間の協力関係を定義したプロセスは覆される。デプロイメントチームに割

り当てられた時間内にデプロイメントを終えなければならないからだ。

　デプロイメントを実施するプロセスの途上で、本番環境に対するシステム設計時の想定が間違っていたとわかることはめずらしくない。たとえば、我々自身がデプロイメントを行ったあるアプリケーションでは、データをキャッシュするためにファイルシステムを使用していた。開発者のマシンではこれでもうまくいったが、クラスタ化された環境ではうまくいかなかった。この類の問題を解決するには長い時間が必要であり、こうした問題が解決されるまではアプリケーションがデプロイされたとは言えないのだ。

　アプリケーションをステージング環境にデプロイした際に、新しいバグが見つかることもよくある。残念ながら、そうしたバグを修正する時間はないことが多い。プロジェクトもこの段階になれば期日が迫っており、リリース日を遅らせることは許されないからだ。すると、最も致命的なバグには急いでパッチが当てられ、既知の欠陥を記した一覧がプロジェクトマネージャーの手によって保管される。そして次のリリースに向けた作業が始まったときには結局優先度が下げられ、対応されることがない。

　もっとひどいこともある。リリースに関連した問題を悪化させるものをいくつか挙げよう。

- 新しいアプリケーションに取り組んでいるときには、ステージング環境に最初にデプロイするときが、最もトラブルが多いようだ。
- リリースサイクルが長くなるほど、開発チームがデプロイメントの前に行う想定は不正確にならざるを得ず、しかも長引くほど、修正するにも時間がかかるようになる。
- 大きな組織では、デリバリーのプロセスは別々のグループに分割されている。たとえば、データベース管理者、運用担当者、テスターなどだ。こうしたサイロ[1]をまたいで協力しあうコストは膨大で、申請書地獄のせいでリリースが遅くなってしまう。このような場合、開発者やテスター、それに運用担当者はデプロイメントを行うときに、常に申請書を提出しあうことになる（あるいはメールを送りあうことになる）。しかももっと悪いことに、デプロイメントの最中に起きる問題を解決するにも同じことをしなければならないのだ。
- 開発環境と本番環境との違いが大きくなるほど、開発中になされる想定も現実と乖離してしまう。これを定量化するのは難しいが、もしWindows機上で開発をしていて、Solarisクラスタにデプロイしようとしているのであれば、何か気づかなかった問題が発生することに賭けてもいい。
- もし、アプリケーションがユーザーの手によってインストールされたり、ユーザーの作ったコンポーネントを含んでいたりするなら、デプロイされる環境をコントロールすることはあまりできないだろう。企業向けのソフトウェアでない場合は特にそうだ。このような場合、大量のテストを追加で行う必要が生じる。

---

1　［訳注］もともとは家畜の飼料や穀物の格納庫。サイロには窓が無いことから、他部門と連携をとらない仕事のやり方も意味する。

### 代わりに……

こうした問題に対処するには、テストやデプロイメント、リリースといった活動を開発プロセスの中に統合すればいい。こうした活動を、開発時にいつも普通に実施するものとしておけば、システムを本番にリリースする準備が整ったときにもリスクは存在しないか、あってもごくわずかになる。テスト環境が段階的に本番環境に近づいていく過程で、リリースのリハーサルを行う機会がいろいろとあるからだ。ビルドおよびリリースを行うチームからテスター、開発者に至るまで、ソフトウェアデリバリープロセスにかかわる人全員がプロジェクトの最初から確実に協力しあうようにしよう。

我々はいわばテスト中毒であり、継続的インテグレーションや継続的デリバリーを広い範囲にわたって用いている。これは、ソフトウェアとデプロイメントプロセスの両方をテストするためであり、このことは我々がこれから説明するアプローチの礎となる。

## 1.2.3 アンチパターン：本番環境について手作業で構成管理を行う

多くの組織では、本番環境の構成管理を運用担当チームで行っている。データベース接続設定やアプリケーションサーバーのスレッドプール内のスレッド数を変更する必要が生じると、本番サーバーに対して手作業で変更が行われる。こうした変更の記録が残されるとしたら、おそらくは変更管理データベースへのエントリというかたちだろう。

このアンチパターンの兆候を挙げよう。

- ステージング環境へのデプロイメントは何度も成功しているのに、本番環境へのデプロイメントが失敗する。
- クラスタ内の別々のメンバーがそれぞれ別々のふるまいを見せる。たとえば、あるノードで耐えられる負荷が他より低かったり、リクエストの処理に時間がかかったりする。
- 運用チームがリリースのための環境を整えるのに時間がかかる。
- システムを以前の設定に戻すことができない。以前の設定という表現には、OS やアプリケーションサーバー、Web サーバー、RDBMS、さらにその他の基盤設定が含まれる。
- クラスタ内のサーバーに、意図せず別々のバージョンの OS やサードパーティー基盤、ライブラリがインストールされたり、あるいは異なるパッチが当てられたりしている。
- システムの設定は、本番システムの設定を直接修正することで行われる。

### 代わりに……

テスト環境やステージング環境、本番環境それぞれの持つあらゆる側面、とりわけシステムに含まれるサードパーティーの要素の設定は、自動プロセスを通じて、バージョン管理から適用されるべきである。

我々が本書で説明しているプラクティスのうち、主要なもののひとつが構成管理である。構成管理の中には、アプリケーションで使っている基盤のあらゆる構成要素を繰り返し再現できるということも含まれている。これが意味しているのは、オペレーションシステムから始まり、パッチレベル、OSの設置、アプリケーションスタックとその設定、基盤設定といったものがすべて管理されていなければならないということだ。本番環境は正確に再現できなければならないし、できれば自動化されているほうが好ましい。仮想化を行うことは、その第一歩を踏み出す助けになる。

　本番に何があるのかということを正確に把握しなければならないのだ。それはつまり、本番に対して行われる変更はすべて記録され監視できなければならないということを意味する。本番環境に最後にデプロイした人がパッチを当てたにもかかわらず、それを記録していなかったせいでデプロイメントが失敗するということはよくあることだ。実際には、テスト環境やステージング環境、本番環境に対して手作業で変更を加えることができてはならないのだ。こうした環境に対して変更を加えるには、自動プロセスを経由するしか方法がないようにするべきなのだ。

　アプリケーションが他のアプリケーションに依存していることも多い。だから、ソフトウェアのどれをとっても現在リリースされているバージョンがどれなのかが一目で正確にわかるようになっているべきなのだ。リリースをするのはうきうきした気分になるかもしれないが、一方では疲れるし、気が滅入るものでもあるのだ。リリース作業というものには、土壇場での変更がつきものだ。たとえば、データベースのログインの詳細を変更したり、外部サービスのURLを更新したりという具合だ。こうした変更を記録し、テストできるようにして導入する方法があるべきなのだ。ここでも自動化が欠かせない。変更はバージョン管理の下で行われ、自動化されたプロセスを通じて本番に伝えられるべきなのだ。もしデプロイが失敗した場合には、同じ自動プロセスを使って前のバージョンの本番環境にロールバックすることもできるようにするべきだ。

## 1.3 もっとうまくできないのだろうか？

　そのとおり。そしてこの本の目的は、どうすればよいかを説明することにある。我々の説明する原則やプラクティス、テクニックが目指しているのは、リリースをごく単純な作業にすることだ。このことは、複雑な「エンタープライズ」環境においてであっても変わらない。ソフトウェアのリリースは、リスクもコストも低く、頻繁に素早く行えて、予想外のことが発生しないプロセスにすることができるし、そうあるべきなのだ。こうしたプラクティスはここ数年間で発達してきており、こうしたプラクティスを使うことによって数多くのプロジェクトで大きな変化が引き起こされているところも、我々は目の当たりにしている。本書に書かれているプラクティスはどれも、小規模な開発チームだけでなく、分散したチームによる大規模なエンタープライズプロジェクトでも試されてきたものだ。我々は、こうしたプラクティスがうまくいくことを知っているし、大規模プロジェクトにスケールできることもわかっている。

> **自動化されたデプロイメントの威力**
>
> 　我々のクライアントの一人は、リリースのたびにそれに従事する大きなチームを構成していた。このチームは7日間共同作業をして、アプリケーションを本番環境にリリースする。なお、この7日間には週末が丸ごと含まれている。このチームの作業が成功する確率は低い。エラーが発生することもあれば、リリース当日に大規模な調整が必要になることもある。また、リリース時にエラーが発生したり、新しいソフトウェアの設定の際に人的ミスが発生したりするので、後日パッチを当てたりバグフィックスを行ったりする必要が生じることも多い。
>
> 　我々はクライアントを手伝って、ビルド・デプロイ・テスト・リリースを自動化する洗練されたシステムを実装した。さらに、それをサポートするために必要な開発プラクティスやテクニックを導入した。アプリケーションが本番環境にデプロイされるのを我々が最後に見たときには、7秒しかかからなかった。何かが起きたことに誰も気づかなかった。ただ、そのリリースで実装された新しいふるまいが、突然使えるようになったのだ。この有名なWebサイトの背後で行われるすばらしいデプロイメントが、何らかの理由で万が一失敗したとしても、同じく7秒で前の状態に戻すことができただろう。

　我々の目標は、デプロイメントパイプラインの使い方を説明すると同時に、テストからデプロイメント、さらに包括的な構成管理までを高度に自動化して、ボタンひとつでソフトウェアをリリースできるようにすることにある。つまり、開発環境やテスト環境、本番環境まで、どんなデプロイメント対象にもボタンひとつでソフトウェアをリリースするのだ。

　その過程で、パターン自体についても説明するし、そのパターンをうまく機能させるために必要なテクニックについても説明する。これから直面するであろう問題のうちいくつかを解決するために、いくつかの異なるアプローチについてアドバイスすることもある。こうしたアプローチの持つメリットは、それを実現するために必要となるコストを大幅に凌駕するのだ。

　どんなプロジェクトチームであっても、こうしたことは実現できる。厳格なプロセスも必要なければ、大量のドキュメントも、多くの人も必要ない。本章を読み終えるころには、このアプローチの背後にある原則をあなたがたが理解するようになっていてほしいと我々は考えている。

## 1.4　どうすれば目標を達成できるか？

　前述したとおり、ソフトウェア開発のプロとして我々が掲げる目標は、役に立って動作するソフトウェアをできる限り素早くユーザーに届けることである。

　スピードが欠かせないのは、ソフトウェアをデリバリーしないと機会損失が発生するからである。ソフトウェアがリリースされて初めて、投資の回収を始めることができる。本書の目的は重なりあったものがふたつあるのだが、そのひとつはサイクルタイムを減らす方法を見出すことだ。**サイクルタイム**とは、バグフィックスであれ新しいフィーチャであれ、変更すると決めてからユーザーが使える

ようになるまでにかかる時間である。

　デリバリーを素早く行うことは、自分たちの実装したフィーチャやバグフィックスが本当に役に立つかどうかを検証できるという意味でも重要である。アプリケーション構築の背後で意思決定を行う人々のことを、我々は顧客と呼ぶ。この顧客は、どのフィーチャやバグフィックスがユーザーにとって役立つかということを推測しているのだ。しかし、そうしたフィーチャやバグフィックスがユーザーの手に渡るまでは、あくまで推測にすぎない。そして、ソフトウェアを使うかどうかを決めるのはユーザーなのだ。したがって、サイクルタイムを最小化し、効果的なフィードバックループを構築できるようにすることがきわめて重要なのである。

　使い勝手において重要な部分を占めるのが、品質である。我々の作るソフトウェアはその用途にふさわしいものでなければならない。品質が良いということは完璧であるという意味ではない。ヴォルテールも言っているとおり、「完璧を目指してしまうと、善いことを見失ってしまう」のだ。ソフトウェアをできるだけ素早くデリバリーすることは重要だが、品質を適切なレベルに保つことも欠かせない。

　さて、本書の目的をもう少し精緻に言うと、我々は高品質で価値のあるソフトウェアを効率的で素早く、信頼できるやり方でデリバリーする方法を見つけ出したいのだ。
我々や、我々の提唱するやり方を採用している人々が発見したことがある。この「サイクルタイムを短く、品質を高く」という目標を達成するためには、ソフトウェアを自動化されたやり方でこまめにリリースしなければならないのだ。なぜだろう？

- **自動化**　ビルド・デプロイ・テスト・リリースのプロセスは、自動化されていなければ繰り返すことができない。このプロセスを行うたびに何かが異なることになる。その原因は、ソフトウェアの変更かもしれないし、システムの設定かもしれない。環境やリリースプロセスかもしれない。リリースのステップを手作業で行うので、エラーが起きるかもしれないし、正確に何が行われたのかをレビューすることもできない。つまり、リリースプロセスを制御する方法がないのだ。したがって、高品質を保証することもできない。ソフトウェアのリリースが職人芸になってしまっていることがあまりに多い。工学の一分野であるべきなのだ。
- **こまめに**　リリースをこまめに行えば、リリースとリリースの間で発生する差異は小さくなる。それによって、リリースに関連するリスクは大幅に減り、ロールバックもはるかに簡単になる。リリースをこまめに行えば、フィードバックも素早く得られるようになる。そうしたフィードバックは実際に必要なのだ。本書の大半は、アプリケーションとそれに関連する設定（環境やデプロイメントプロセス、データを含む）を変更した場合に、それに関するフィードバックをできる限り素早く得ることに集中している。

　こまめな自動リリースにとって、フィードバックが欠かせない。フィードバックを役立つものにするためには基準が三つある。

- あらゆる変更は、それがどんな種類のものであっても、フィードバックプロセスを引き起こさなければならない。
- フィードバックはできるだけ早く伝えなければならない。
- デリバリーチームはフィードバックを受けとり、それに対して行動を起こさなければならない。

これら三つの基準を詳細に検討し、それを実現するにはどうすればよいかを考えよう。

## 1.4.1 あらゆる変更はフィードバックプロセスを引き起こさなければならない

　動作するソフトウェアアプリケーションをうまく分解すると、四つのコンポーネントになる。それが、実行可能なコード、設定、ホスト環境、そしてデータだ。どれかが変更されたら、そのせいでアプリケーションのふるまいが変化する可能性がある。したがって、我々はこれら四つのコンポーネントを管理下に置き、どれかひとつでも変更があった場合にはそれを確実に確かめるようにするのである。

　実行可能なコードは、ソースコードに手が入った場合に変更される。ソースコードを変更するたびに、それに対応するものをビルドして、テストしなければならない。このプロセスをコントロールするためには、バイナリをビルドしテストする作業が自動化されていなければならない。チェックインのたびにアプリケーションをビルドしてテストするプラクティスのことは、継続的インテグレーションとして知られている。これについては、第3章で詳細に説明する。

　この実行可能なコードは、あらゆる環境にデプロイされるものと同一でなければならない。それがテスト環境であっても、本番環境であってもだ。もしシステムでコンパイル言語が使われているのであれば、ビルドプロセスの結果作られるバイナリ、つまり実行可能なコードが、必要に応じてあらゆる場所で再利用されるようにし、再ビルドされることのないようにしなければならない。

　環境ごとで変更すべきものがあるのなら、それは設定情報として扱わなければならない。アプリケーションの設定を何か変更したのなら、それがどの環境であれ、テストしなければならない。もし、そのソフトウェアのインストールがユーザーの手で行われるのであれば、想定される設定の選択肢は、サンプルシステムの示す代表的な範囲を網羅してテストしなければならない。構成管理については、第2章で議論する。

　もし、アプリケーションがデプロイされる環境に変更があったら、環境を変更した上で、システム全体をテストしなければならない。ここで変更されるものは、OSに始まり、アプリケーションをサポートするソフトウェアスタック、ネットワーク構成、あらゆる基盤や外部システムが含まれる。第11章では基盤や環境の管理を扱う。その際、テスト環境や本番環境の構築や保守を自動化することについても議論する。

　最後に、データの構造が変更されたら、それもテストしなければならない。データ管理については、第12章で議論する。

　フィードバックプロセスとは何だろう。ここには、できる限り完全に自動化されたやり方で、あら

ゆる変更をテストすることも含まれる。システムによってテストのやり方は異なるが、普通は少なくとも次に挙げるチェックが含まれている。

- 実行可能なコードを生成するプロセスが正しく動作しなければならない。このプロセスにより、ソースコードのシンタックスが正しいことが確認できる。
- ソフトウェアのユニットテストが通らなければならない。これにより、アプリケーションのコードが期待どおりにふるまうことが検証できる。
- ソフトウェアは特定の品質指標を満たさなければならない。テストのカバレッジをはじめ、他にも技術に特化した指標がある。
- ソフトウェアの機能的な受け入れテストが通らなければならない。これにより、アプリケーションが業務的な受け入れ基準を満たしていることを検証できる。つまり、意図された業務的価値をデリバリーしているということだ。
- ソフトウェアの非機能要件テストが通らなければならない。キャパシティや可用性、セキュリティといった観点から見て、アプリケーションが適切に動作し、ユーザーの要求を満たせていることを検証する。
- ソフトウェアは探索的テストに合格しなければならないし、さらに顧客に対するデモンストレーションやユーザーによる審査を受けなければならない。これらは通常、テスト環境において手作業で行われる。このプロセスの一部として、プロダクトオーナー[2]は欠けている機能がないかを判断しなければならないかもしれないし、あるいは修正が必要なバグが見つかったり、リグレッションを防ぐために自動化されたテストを作成したりしなければならないかもしれない。

こうしたテストが実施される環境はできる限り本番に近づけなければならない。それは環境に対するどんな変更も、アプリケーションの動作に影響を与えないことを確認するためである。

## 1.4.2 フィードバックはできる限り早く受けとらなければならない

素早いフィードバックの鍵は自動化だ。プロセスが完全に自動化されていれば、ハードウェアを投入していけばいくらでもスケールできる。プロセスが手作業で行われている場合、その作業を終わらせるために人に頼ることになる。人の手による作業は時間がかかる上に、エラーも発生する可能性があるし、監査もできない。さらに、ビルド・テスト・デプロイのプロセスを手作業で実施するのは、退屈で同じことの繰り返しだ。これは人材のうまい使い方からはほど遠い。人間は単価が高いし、価値も高い。だから、ソフトウェアを作ってユーザーを喜ばせることに集中するべきであり、さらにその喜びをできるだけ早くデリバリーするべきなのだ。リグレッションテストや仮想サーバーのプロビ

---

2 ［訳注］スクラムにおける3つのロールのひとつで、ROIに責任を持つ。顧客の代弁者となり、プロダクトがもたらすべきビジネス価値をプロダクトバックログとして表現する。

ジョニング*3、デプロイメントといった退屈でエラーの起きやすい作業は機械に任せておけばいい。

しかし、デプロイメントパイプラインを実装するのは、リソース集約型の作業である。広範囲にわたる自動テストスイートをいったん揃えてしまえば、特にそう言える。デプロイメントパイプラインの主目的のひとつは、人的リソースの用途を最適化することにある。我々は人々を退屈な作業から解放しておもしろい仕事をやってもらい、繰り返し作業は機械に任せたいのだ。

パイプラインのコミットステージ（図1-1）におけるテストの特徴を挙げよう。

- 素早く実行できる。
- できる限り包括的である。つまり、コードベースの75%程度以上を網羅しているので、テストが通ればアプリケーションが動くと自信を持って言える。
- テストがどれかひとつでも失敗したら、アプリケーションに致命的な欠陥があるということであり、いかなる状況であってもリリースしてはならない。これはつまり、UIの1要素の色を確かめるようなテストはこのテストセットに含めてはいけないということだ。
- できる限り環境に対して中立的でなければならない。つまり、環境を作るときに本番環境からレプリカを抜く必要はないということだ。こうしておけば、シンプルに安く作れる。

一方で、パイプラインの後半で行うテストには、一般に次の特徴がある。

- 実行するのに時間がかかるため、並列化を行う候補になる。
- テストのうちいくつかは失敗するかもしれないが、それでも状況によってはアプリケーションをリリースしてもよい（リリース候補に致命的な問題があるせいで、性能が事前に定めたしきい値を下回ることがあるかもしれない。その場合であっても、リリースするよう判断することもあるだろう）。
- こうしたテストは、本番にできるだけ似せた環境で実行しなければならない。こうすることで、テストの本来の目的であるアプリケーションをテストするだけでなく、デプロイメントプロセスや本番環境に対するすべての変更も間接的にテストできるのだ。

テストプロセスをこのように構成することにより、コミットステージのテスト一式を安価なハードウェア上で素早く動かすことができ、それが成功すれば、ソフトウェアに対して強い信頼が持てるようになる。これらのテストが失敗したら、リリース候補は次のステージに進むことができない。こうすることで、リソースを適正に使用することができる。パイプラインに関しては、第5章の「デプロイメントパイプラインの解剖学」とその後の第7章から第9章で詳しく扱う。第7章ではコミットテストステージ、第8章では自動受け入れテスト、第9章では非機能要件のテストをそれぞれ扱う。

---

3 ［訳注］システムリソースをあらかじめ準備しておき、オンデマンドで割り当てること。

我々のアプローチにとって、基礎となっているもののひとつが素早いフィードバックだ。変更に応じて素早くフィードバックできるようにするためには、我々は、ソフトウェア開発プロセスに対して注意を払わなければならない。バージョン管理の使い方や、コードの構成の仕方については特にそうだ。開発者は変更をバージョン管理システムに対してこまめにコミットしなければならない。さらに、コードを別々のコンポーネントに分割することで、人数が多かったり、別々の場所で作業したりしているチームを管理する。ほとんどの状況ではブランチを避けるべきだ。インクリメンタルなデリバリーとコンポーネントの使い方については、第13章の「コンポーネントや依存関係を管理する」で議論する。また、ブランチとマージのやり方については、第14章「高度なバージョン管理」で扱う。

## 1.4.3 デリバリーチームはフィードバックを受けとり、それに対応しなければならない

　ソフトウェアデリバリーのプロセスにかかわる人がフィードバックプロセスにもかかわっているということは重要だ。具体的には、開発者やテスター、運用担当者、データベース管理者、基盤専門家、そしてマネージャーなどだ。こうした役割の人々が毎日一緒に作業しているのでなければ（もっとも我々は職務横断的なチームを推奨しているのだが）、頻繁に会って、ソフトウェアデリバリーのプロセスを改善する作業を行うことが重要である。継続的な改善に基づいたプロセスが、高品質のソフトウェアを素早くデリバリーすることに欠かせないのだ。イテレーティブなプロセスによって、この種の活動のリズムが刻まれる。少なくても1回のイテレーションに一度はふりかえりを行って、次のイテレーションではデリバリープロセスをどう改善するかを全員で話し合うのだ。

　フィードバックに対応できるということは、情報を広く伝えることでもある。目に見える大きなダッシュボード（電子化されている必要はない）や、その他の通知の仕組みを使うことで、フィードバックが実際に伝えられ、最終的に誰かの頭の中に入ることが保証される。ダッシュボードはあらゆる場所に置いておくべきである。少なくとも、ひとつのチームの部屋にひとつはあるべきだ。

　最後に、フィードバックがあっても、それに対応しなければ何もいいことはない。そのためには規律と計画づくりが必要だ。何かを行う必要があるのなら、チーム全体の責任として今やっていることの手を止め、どうするべきかを決めなければならない。これが完了したら、チームは自分たちの作業を続けることができる。

## 1.4.4 このプロセスはスケールするのか？

　よく耳にする反論のひとつに、我々が説明しているようなプロセスは理想論にすぎないというものがある。小さなチームではうまくいくかもしれないが、自分たちの巨大な分散プロジェクトではうまくいかないというのだ！

　だが我々は何年もの間、さまざまな業種で多くの大規模プロジェクトに従事してきた。また幸運な

ことに、幅広い経験を持った同僚たちと一緒に仕事をすることもできた。我々が本書で説明している技術や原則はどれも、あらゆる種類の組織における実際のプロジェクトで証明されたものである。これらのプロジェクトは大きいものもあれば小さいものもあり、置かれていた状況も多彩だった。こうしたプロジェクトで同じ問題を何度となく経験したことがきっかけとなり、我々はこの本を書こうと思ったのだ。

　本書のほとんどが、リーンムーブメントの哲学や考え方から影響を受けていることに読者は気づくことになるだろう。リーン生産方式の目標は高品質な製品を素早くデリバリーするよう保証することにある。その際、無駄を省いてコストを抑えることに集中するのだ。いくつかの業界ではリーン生産方式のおかげで、コストとリソースは大幅に削減され、製品の品質ははるかに高くなり、市場投入までの時間（time-to-market）は短くなっている。この哲学はソフトウェア開発の分野でも主流になりつつある。そして本書の議論の多くもこの哲学によって特徴づけられている。リーンの適用は小規模なシステムに留まらない。リーンは巨大な組織のために作られたものであり、経済全体にさえ当てはめることができるのだ。

　リーンの理論やプラクティスは、小さいチームと同じように大きいチームにも当てはまるし、それがうまくいくことを我々は経験から知っている。しかし、我々の言うことを信じてくれとは言わない。自分たちで試して、確かめてほしい。うまくいくものを残して、そうでないものは捨てればよい。さらに、自分自身の経験を記して他の人がメリットを享受できるようにしてほしい。

## 1.5 どんな恩恵を受けられるのか？

　前節で説明したこのアプローチによって得られる最大の恩恵は、反復可能で信頼でき、予測可能なリリースプロセスが構築できる点にある。これによって、サイクルタイムは大幅に短縮され、ユーザーに対してフィーチャやバグフィックスを素早く届けられるようになる。節約できるコストだけを見ても本書を買っておつりが来るだけに留まらず、こうしたリリースシステムを構築し、保守するのに伴う時間的投資も賄える。

　それ以外にも受けることのできる恩恵はたくさんある。そのうちいくつかは想定できるものだが、中には思わぬ利点もある。

### 1.5.1 チームに権限を与える

　デプロイメントパイプラインの主要な原則のひとつが、プルシステムであるということだ。プルシステムとはすなわち、テスターや運用担当者、サポート担当者が自分の望むバージョンのアプリケーションを好きな環境に自分でリリースできるようになるということだ。我々の経験からすれば、サイクルタイムを長くする一番の要因は、デリバリープロセスにかかわる人々である。そうした人々はアプリケーションの「適正なビルド」が届くのを待っているのだ。適正なビルドを入手するには、電子

メールを送ったりチケットを切ったりといった非効率なかたちのコミュニケーションを延々と続けなければならないこともよくある。デリバリーにかかわるチームが分散していると、こうしたコミュニケーションは非効率の大きな原因となる。デプロイメントパイプラインを実装すれば、この問題は完全に解消される。望みの環境にデプロイするためにどのビルドが使えるのかということを誰もが知ることができ、ボタンを押すだけでデプロイメントを実行できるべきなのだ。

　我々がよく目にするのは、プルシステムを導入した結果、さまざまな環境で別々のバージョンが動いているという状態である。チーム内の別のメンバーが作業するからだ。ソフトウェアのあらゆるバージョンをどんな環境にもデプロイできることには、多くのメリットがある。

- テスターはアプリケーションの古いバージョンを選択し、新しいバージョンにおけるふるまいの変更を検証することができる。
- サポート担当者はリリースされたバージョンのアプリケーションをテスト環境にデプロイし、欠陥を再現させることができる。
- 運用担当者はディザスタリカバリーの演習の一環として、正しく動くとわかっているビルドを本番環境にデプロイできる。
- リリースがボタンひとつで実行できる。

　ここで紹介しているデプロイメントツールによってもたらされる柔軟性のおかげで、こうした人々の仕事のやり方が変わる。もちろん、いいほうにだ。全体としては、チームメンバーは自分たちの仕事をよりコントロールできるようになるのであり、仕事の品質は向上する。それによって、アプリケーションの品質も向上するのだ。チームメンバーはより効果的に協力しあうようになり、より積極的になり、より効率的に仕事ができる。正しいビルドが渡されるのを待つ必要がなくなるからだ。

## 1.5.2 エラーを削減する

　エラーはソフトウェア開発のあらゆる行程で入り込む。ソフトウェアを作ってくれと最初に頼む人が、間違ったことを依頼するかもしれない。要件を把握するアナリストが誤解するかもしれないし、開発者がバグのあるコードを書くかもしれない。しかしここでは特に、**構成管理**がまずいせいで製品に入り込んでしまうエラーについて触れたい。構成管理という言葉で意味しているものについては、第2章でより詳細に扱うことになる。さしあたりは、典型的なアプリケーションを動かすために適切に設定しなければならないものだと思っておいてほしい。適切なバージョンのコードはもちろん必要だ。しかし、データベーススキーマのバージョンも合っていなければならないし、ロードバランサーの設定も正しくなければならない。価格を検索するために使うWebサービスのURLも正しくなければならない。こういうことはたくさんある。我々が構成管理と言うときには、徹頭徹尾完璧な情報を一式識別し、コントロールできるようにするプロセスや仕組みのことを指しているのだ。

> ### ちょっと違うだけで大きく変わる
>
> 　数年前デイブは、とある有名な小売業者のための大規模なPOSシステムを開発していた。このころは、デプロイメントプロセスを自動化することについて考え始めたばかりだったので、自動化できている側面もあれば、そうでない側面もあった。そこで、実に忌々しいバグが製品に現れた。突然エラーログが爆発的に出力されるようになったのだ。どうもこれまで試したことのない環境の組み合わせが原因のようだったが、この問題はどのテスト環境でも再現できなかった。我々は、あらゆることを試した。本番で問題となっていると思われる症状をシミュレートしようとして、性能テスト環境で負荷テストを行い、本番環境における異常ケースと思われるものをシミュレートしようとしたが、やはり問題は再現できなかった。最終的に、ここには書ききれないくらい多くの調査を行った結果、本番環境とテスト環境で異なっている可能性のあるシステム内のものをすべて監査することに決めた。最終的に、アプリケーションが依存しているバイナリライブラリで、アプリケーションサーバーソフトウェアに同梱されていたものが、いくつかの環境で異なっていたのだ。製品にあるバイナリのバージョンを変更したところ、問題は霧散した。
>
> 　この話のポイントは、我々が勤勉でなかったとか、注意が足りなかったとかいうことではない。ましてや、システムを監査することを思いついた我々が賢かったということを言いたいのでもない。本当に重要なのは、ソフトウェアが非常に壊れやすいということだ。このときに扱っていたのは非常に大きなシステムで、クラスは数万個にのぼり、ライブラリは数千個、外部システムとの統合ポイントも数多くあった。それでも、深刻なエラーが製品に混入した原因は、サードパーティーのバイナリファイルのバージョンにあった数バイトの違いだったのだ。

　いまどきのソフトウェアシステムは数ギガバイトの情報が集まって構成されているので、コラムで示したようなわずかな違いを突き止めることは、機械の助けを借りなければ一人の人間の手には余るし、チームを組んでもできることではない。問題が発生するまで手をこまねいているのではなく、先にそうした問題が発生しないようにするために機械の助けを借りてはどうだろう？

　設定ファイルに始まり、データベースやスキーマを生成するスクリプト、ビルドスクリプト、テストハーネス、さらにはデプロイメント環境やOS設定に至るまで、変化する可能性があるものをすべて、積極的にバージョン管理で管理しよう。そうすることで我々は、コンピュータに得意なことをやらせることができる。つまり、指定した場所に指定した内容を（少なくとも、プログラムが動き始めるまでは）1ビットたりとも違わずに配置させるということだ。

> ### 手作業で構成管理を行うコスト
>
> 　我々がかかわったことのあるまた別のプロジェクトでは、専用のテスト環境が潤沢にあった。各テスト環境では、某有名EJBアプリケーションサーバーが実行されていた。このアプリケーションはアジャイルで開発されており、自動テストによるカバレッジも十分であった。ローカルでのビルドはよく管理されていて、開発するために開発者がコードをローカルで素早く実行できるようにするのは簡単だった。しかし、

> これは我々がアプリケーションのデプロイメントを自動化することについて注意を払うようになる前のことだった。そのため、各テスト環境は手作業で設定されており、その際にはアプリケーションサーバーのベンダーが提供しているコンソールベースのツールを使っていた。開発者がローカル環境へのインストールに使っていた設定ファイルのコピーはバージョン管理で管理していたが、各テスト環境の設定は管理していなかったのだ。どのテスト環境の設定もそれぞれ異なっていた。プロパティの順番はバラバラで、欠けているものもあれば、別の値が設定されているものもあった。名前が違うものもあれば、そこにしかない設定がされているものもあった。ひとつとして同じテスト環境はなく、本番環境ともすべて異なっていた。どのプロパティが必要で、どれが余分で、環境間で共通のものはどれで、独自でなければならないものはどれなのか。そういうことを判断するのは困難を極めた。結果として、そのプロジェクトでは 5 名からなるチームを雇い、これら別々の環境の設定を管理する責任を負わせたのだ。

我々の経験によれば、構成管理を手作業に頼っていることはよくある。我々が仕事をしてきた組織の多くにおいて、このことは本番環境にもテスト環境にも当てはまっている。サーバー A のコネクションプール上限が 100 であるのに対して、サーバー B の上限が 120 に設定されていたとしても、それが問題にならないことはある。しかし、それが大きな問題になることもあるのだ。

どの設定の違いが問題で、どれは問題でないかということが、業務的な取引が最も加熱している時間帯に偶然わかるというのは避けたい。この種の設定情報はコードが実行される環境を定義するのであり、その結果コード内の新しいパスを通ることもよくある。こうした設定情報を変更する際にはよく考えなければいけないし、コードが実行される環境はコード自体のふるまいと同じように適切に定義し、コントロールする必要がある。我々をデータベースやアプリケーションサーバー、アプリケーションサーバーの設定を間違えれば、ソースコードやコンパイラの設定を間違えた場合と同じく、簡単にアプリケーションが落ちてしまう。

こうした設定パラメタが手動で定義され、管理されていると、反復作業でミスをするという人間の習性によって被害を受けることになるだろう。間違った場所にちょっとしたタイポをするだけで、アプリケーションサーバーが止まってしまうことがある。だが、それだけではない。プログラミング言語には構文チェックがあるし、もしかしたらタイポが存在しないことを確認するためのユニットテストまであるかもしれない。しかし、設定情報に対して何らかのチェックが行われていることは滅多にない。設定情報がコンソールに直接打ち込まれるような場合には特にそうだ。

設定情報をバージョン管理システムに追加するだけでも大きな進歩だ。単純に考えても、設定情報がバージョン管理システムに登録されていれば、設定をうっかり変更してしまったときにそれを警告してくれる。それによって、最もよくエラーを引き起こす要因を少なくともひとつはつぶすことができる。

設定情報をすべてバージョン管理システムに登録すれば、次にやるべきことははっきりしている。その設定を適用する際に、間に人を立てて打ち込んでもらうのではなく、コンピュータを使って適用

するようにするのだ。こうしたことをやりやすい技術とそうでない技術はある。しかし、きわめて扱いにくいサードパーティーのシステムに対してさえ、設定のことを注意深く考えることで実に多くのものが得られるのだ。その事実を見れば、あなたや基盤ベンダーは驚くことになる。これについては、第4章で詳細に扱い、第11章でもある程度触れる。

## 1.5.3 ストレスを低減する

　わかりやすい恩恵はいくつかあるが、中でも最もうれしいのは、リリースにかかわる人すべてのストレスを軽減できることだ。ソフトウェアプロジェクトのリリース日が近づいて来るのを間近で見たことのある人はたいてい、それが実にストレスの溜まるイベントだということに気づいているだろう。リリース自体が問題を引き起こし得ることを、我々は経験上知っているのだ。分別があり、保守的で、品質に対する意識の高いプロジェクトマネージャーが、開発者にこう頼んでいるのを見たことがある。「ちょろっとコードを直してくれない？」あるいは、まともなデータベース管理者が、自分の知らないアプリケーション用データベースのテーブルにデータを入れていたこともあった。こういったことは他にもあるが、このどちらの状況においても、こうした変更が行われたのは「なんとか動くようにする」というプレッシャーへの反応だった。誤解しないでほしい。我々自身にもそういう経験はあるのだ。また、こうした対応が常に間違っていると示唆しているわけではない。本番に新しくコードをリリースしたせいで、刻々とお金が無駄になってしまっているような状況であれば、どんな手を使ってでもそれを解決するべきだ。

　ここで言いたいのはそういうことではない。ここで取り上げた例はどちらも、新しくデプロイされた本番システムを動くようにするためのちょっとした小細工だ。だがこの小細工は、金銭の絡んだ緊急の命令によって行われたわけではなく、計画された当日にリリースしなければならないというプレッシャーによって行われたのである。ここにある問題は、本番へのリリースが一大イベントだということだ。これが変わらない限り、多くの儀式的行為や神経をすり減らす作業に囲まれ続けることになる。

　ちょっと想像してほしい。次回のリリースが、ボタンひとつでできるとしたらどうだろう？　数分、場合によっては数秒で完了したら？　万が一最悪の事態が起きても、同じく数分か数秒でリリース前の状態に戻せるとしたら？　頻繁にリリースすることで、現在本番にあるものと、新しくリリースするものとの間で行われる変更が少なくなるとしたら？　そんなことが実現したら、リリースに伴うリスクは大幅に低減され、自分のキャリアがリリースの成功にかかっているというあまりうれしくない感情もほとんどなくなることになる。

　こうした理想を実現することが実質的に不可能なプロジェクトもいくつかはあるだろうが、そのようなプロジェクトはそれほど多くない。ほとんどのプロジェクトでこうしたことは実現可能なのである。もちろん、ある程度努力する必要はあるが。ストレスを軽減するための鍵はこれまで説明してきたある種の自動デプロイメントプロセスを準備することだ。そしてそのプロセスをこまめに実行し、万が一最悪の事態が起きても変更前の状態に戻せる筋書きを整えておくのだ。初めて自動化するとき

には、痛みを伴うことになる。しかし、そのうちに簡単になっていき、プロジェクトやあなた自身が受けられる恩恵は計り知れないくらいに大きくなるのだ。

## 1.5.4 デプロイメントの柔軟性

アプリケーションを新しい環境で動かし始めるというタスクはシンプルであるべきだ。理想的には、筐体や仮想イメージを作動させて、環境固有のプロパティを記述した設定情報を作るだけにしたい。その上で、自動化されたデプロイメントプロセスを利用してデプロイメント用の新しい環境を作り、アプリケーションのバージョンを選んでデプロイするのだ。

### ラップトップでエンタープライズソフトウェアを実行する

最近かかわったあるプロジェクトでは、国家の法律が予期せず変わったことによって、事業の実現性が覆ってしまった。そのプロジェクトでは新規事業に向けて、コアとなるエンタープライズシステムを作ろうとしていた。その事業は国境を越えて分散する予定で、ソフトウェアはさまざまな種類の高価なコンピュータを大量に集めた環境上で実行するよう設計されていた。当然ながら、プロジェクトの存在理由が霧散してしまったという知らせを聞いて、全員が肩を落とした。

しかし、我々にとってはちょっとしたハイライトが存在した。その組織はダウンサイジング分析を行ったのだ。「新しいシステムを動かすために必要な最小ハードウェア構成は何でしょう？ 私たちの資本コストを抑えるにはどうすればいいでしょうか？」これが彼らの問いだった。我々は答えた。「そうですね、ラップトップ上で動かせますよ。」彼らは驚いた。このシステムは高機能で、複数のユーザーが使うことを想定していたからだ。「ラップトップで動くことが、どうしてわかるんですか？」一通り考えた後で、彼らは尋ねてきた。「そうですね、こうやって受け入れテストがすべて動かせますので……」我々は彼らにデモをして見せた上で尋ねた。「どのくらいの負荷を想定すればいいですか？」答えられた負荷を聞いて、我々は負荷テスト用のスケーリングパラメタを1行変更し、実行した。ラップトップはかなり遅かったが、それほどひどいわけでもなかった。適切に設定すればサーバー1台で要求を満たせたし、サーバーの準備さえ整えば、ものの数分でアプリケーションを準備し実行することができた。

デプロイメントに関するこの種の柔軟性はすばらしいが、我々が本書で説明している自動デプロイメントのテクニックを使うだけでこういうことができるわけではない。アプリケーションもかなりうまく設計されていたのだ。しかし、必要とあればどこへでもアプリケーションをデプロイできるようになっていれば、いかなるときに行われるどんなリリースでも管理できるということについて、自分たちや顧客が強い自信を持てるようになる。リリースが困難なものでなくなるにつれて、各イテレーションの終わりにリリースするというアジャイルの理想について考えるのも容易になる。すべてのプロジェクトがこのように救えるわけではないが、少なくとも週末を家で過ごすことはできるようになる。

## 1.5.5 「できるようになりたければ、練習しろ」

　我々がこれまでかかわったプロジェクトでは、各開発者やそのペアに対して、なるべく専用の開発環境を割り当てるようにしてきた。しかし、そこまでできないプロジェクトであっても、チームが継続的インテグレーションやイテレーティブでインクリメンタルな開発テクニックを用いていれば必ず、アプリケーションをこまめにデプロイする必要が生じる。

　最善の策は、どこにデプロイする場合であっても、デプロイメントのアプローチを同一にするというものだ。特別なテスト環境用デプロイメント戦略があってはならないし、特別な受け入れテストも、本番用デプロイメント戦略もあってはならない。こうしておけば、アプリケーションをデプロイするたびに、デプロイメントの仕組みがうまく動いていることを確認していることになる。要するに、ソフトウェアがどこかにデプロイされるたびに、それが来るべき本番環境へのデプロイメントに向けた予行演習になるようにするのだ。

　バリエーションが許される特別な場合がひとつだけある。それが、開発環境だ。開発者にしてみれば、あらかじめ誰かがビルドしておいてくれたバイナリを使うのではなく、自分でバイナリをビルドする必要が生じることも当然あるだろう。だから、こうしたデプロイメントに対しては制約を緩めてもよい。ただし、開発者のワークステーションにおいてさえも、我々はできる限り同じやり方でデプロイメントを行い、同じやり方で管理するように心がけている。

# 1.6 リリース候補

　**リリース候補とは何だろう？**　コードに対する変更は、リリースできることもあれば、できないこともある。変更箇所を見て「この変更をリリースするべきだろうか？」と尋ねることがあったとしても、その答えは推測でしかない。その変更がリリースできるかどうかを検証するには、ビルド・デプロイメント・テストというプロセスをその変更に対して適用しなければならない。このプロセスによって、その変更が安全にリリースできるという自信が増すことになる。新しい機能であれ、バグフィックスであれ、性能を何らか向上させるためにシステムをあらためてチューニングするのであれ、そうした小さい変更を取り上げて、その変更を行ったシステムが、はたして自信を持ってリリースできるものかどうかを検証するのである。このリスクをさらに減らすためには、こうした検証をできる限り短い時間で行いたい。

　どんな変更も最終的にはユーザーに対してリリースできる成果物になるのだろうが、始めからそうであるわけではない。あらゆる変更は、適切かどうかを評価するべきなのだ。その結果、製品に欠陥がないことがわかり、顧客の準備した受け入れ基準を満たしていることがわかってはじめて、リリースできるのである。

　ソフトウェアをリリースするためにとられるアプローチはほとんどが、リリース候補をプロセスの

最後になって特定する。リリース候補を追跡するための作業が必要になったとしても、無理からぬことだ。本書の執筆時点では、開発ステージを説明しているWikipediaのエントリでは、「リリース候補」がプロセスにおける個別のステップとして示されている（図1-2）。しかし我々は、すこし違った見方をする。

図1-2　リリース候補に対する伝統的な見方

　ソフトウェア開発に対する伝統的なアプローチでは、リリース候補の選定をするために時間とコストのかかるステップをいくつか踏む。こうしたステップによってソフトウェアが十分な品質と機能を満たしていることを保証するのだ。しかし、ビルドやデプロイメントの自動化が包括的な自動テストと併せて積極的に追い求められていれば、プロジェクトの最後になって、集中的なテストを時間とお金をかけて手作業で行う必要はない。この段階になれば、通常、アプリケーションの品質はきわめて高いので、手動テストは機能を満たしていることを確認するだけでよいのだ。

　実際、テストを後回しにして開発プロセスが終わるのを待っていると、経験上、アプリケーションの品質は確実に低下する。欠陥は、入り込んだときに見つけて修正するのが一番だ。発見が遅れると、修正にかかるコストは常に高くなる。開発者は欠陥が入り込んだときに自分たちが何をしていたかを忘れてしまっており、その間に機能も変更されてしまっているかもしれない。最後までテストをしないでおくと、通常は実際にバグを修正する時間がなくなるか、その一部しか修正できなくなる。だから、できる限り早いうちにバグを見つけて修正したいのだ。できれば、チェックインする前が望ましい。

## 1.6.1　あらゆるチェックインは潜在的にリリースにつながる

　コードベースに対して開発者が行う変更はすべて、何らかのかたちで価値をつけ加えることを意図している。バージョン管理にコミットされる変更はすべて、自分たちの作業しているシステムの機能を改善するためのものだ。それが本当かどうかはどうやってわかるのだろう？　それを判定するためには、ソフトウェアを動かしてみて、期待したとおりの価値を実現しているかどうかを確かめるしかない。たいていのプロジェクトでは、プロセスにおけるこの部分をフィーチャの開発が終わりに近づくまで先延ばしする。誰でもわかるとおり、これではシステムがテストされるか使われるかして、動くことがわかるようになるまで、システムは壊れていることになってしまう。しかし、この時点になって壊れていることがわかると、通常、システムをあるべき姿で実行できるようにするために相当量の作業が必要になる。このフェーズは通常、統合と呼ばれており、開発プロセスの中で最も予期できず、管理できない部分であることがほとんどだ。統合フェーズに伴う痛みがあまりに大きいので、チーム

はそれを先延ばしにする。こまめに統合したら、痛みがひどくなるだけだというのだ。でも本当だろうか？

　ソフトウェアの世界では、何か痛みを伴うものがあった場合にその痛みを軽減する方法は、もっとこまめに行うことだけだ。行わないようにするのではない。まとめて統合するのではなく、こまめに統合するべきなのだ。それどころか、システムに対して何か変更を行ったら、必ずそれを統合するべきなのだ。継続的インテグレーションと呼ばれるこのプラクティスは、こまめな統合という考え方を論理的に極限まで突き詰めたものだ。この考え方により、ソフトウェア開発プロセスにパラダイムシフトが引き起こされる。継続的インテグレーションにより、変更したせいでシステムが壊れてしまったり、顧客の受け入れ基準を満たしていなかったりした場合に、それがシステムに入り込んだ時点で検出される。チームはその問題を発生してすぐに修正するのだ（これが継続的インテグレーションの第一のルールだ）。このプラクティスに従えば、ソフトウェアは**常**に動く状態になる。もしテストが十分に網羅的で、本番とほぼ同等の環境でテストを実行しているなら、ソフトウェアは事実上、常にリリースできる状態にあることになる。

　あらゆる変更は、実質上、リリース候補なのだ。ある変更がバージョン管理にコミットされるたびに、テストをすべて通過し、動くコードを生成し、本番環境にリリースできることが期待される。これが最初の想定だ。継続的インテグレーションシステムのやるべきことは、こうした想定を覆し、特定のリリース候補が本番に入れるのにふさわしくないことを示すことなのである。

## 1.7 ソフトウェアデリバリーの原則

　本書の背後にある考え方は、著者たちが何年もの間にかかわった数々のプロジェクトに基づいている。我々が自分たちの考え方をまとめあげる活動を始め、それを紙に書き出すにつれて、同じ原則が何度も何度も現れてきていることに気づいた。本節ではそれを列挙する。本書で述べることの中には但し書きや前提条件が付いているものもあるが、次に挙げる原則にはそのような但し書きは一切ない。我々の説明するデリバリープロセスを効果的にしたいと思えば、行わずにすますことなどできようもないものなのである。

### 1.7.1 ソフトウェアをリリースするための、反復可能で信頼できるプロセスを作り上げよ

　この原則は、我々が本書を書く際に狙いとしたことをまさに表現している。ソフトウェアのリリースは容易であるべきだ。なぜなら、リリースプロセスのどの一部分をとっても、その前に数百回とテストしているからだ。ボタンひとつ押すだけというくらいまでシンプルであるべきだ。こうした反復可能性と信頼性はふたつの原則から導き出される。ひとつめはほとんどすべてを自動化すること。ふたつめはアプリケーションをビルド・デプロイ・テスト・リリースするのに必要なものをすべてバー

ジョン管理に置くことである。

ソフトウェアのデプロイメントには、究極的には次の三つが含まれる。

- アプリケーションが実行される環境のプロビジョニングと管理（ハードウェア設定やソフトウェア、基盤、そして外部サービス）。
- そこに正しいバージョンのアプリケーションをインストールする。
- アプリケーションの設定を行う。それには、必要なデータや状態がすべて含まれる。

アプリケーションのデプロイメントは、バージョン管理に端を発する完全に自動化されたプロセスを用いて実装できる。アプリケーション設定も完全に自動化することができるし、そのために必要となるスクリプトや状態はバージョン管理やデータベースに保存できる。もちろん、ハードウェアはバージョン管理に置いておけない。しかし、安価な仮想化技術とPuppetのようなツールが登場してきたことで、プロビジョニングのプロセスも完全に自動化できるのだ。

本書ではこの後、本質的にはこうした原則を実現するための戦略について説明する。

## 1.7.2 ほとんどすべてを自動化せよ

自動化することが不可能なものも存在する。探索的テストはテスターの経験に頼っているし、ユーザーコミュニティの代表者に動くソフトウェアのデモを見せることは、コンピュータにはできない。また、コンプライアンスを目的とした承認行為も、その性質上人間がやらなければならない。しかし、自動化することのできないものを一覧に挙げても、多くの人が考えているほど長くはならない。一般的に、ビルドプロセスは人間による特定の指示や意思決定を必要とする時点までは自動化されるべきだ。このことはデプロイメントプロセスやソフトウェアのリリースプロセス全体に関しても同じように言える。受け入れテストも自動化できる。データベースのアップグレードやダウングレードも自動化できる。ネットワークやファイアウォールの定義さえも、自動化できるのだ。できる限り多くを自動化しなければならない。

これまで見てきたビルドやデプロイメントプロセスの中で、工夫と努力で自動化できなかったものはないと、我々は胸を張って言える。

ほとんどの開発チームがリリースプロセスを自動化していないのは、それが非常に気の重い作業のように感じられるからだ。「だって、手作業でやるほうが簡単じゃないか」と。確かに、最初にリリースするときにはそうかもしれない。しかし、リリースを10回も繰り返すなら自動化のほうが明らかに簡単だし、おそらくは3、4回もリリースするころには自動化するほうが安上がりになるはずだ。

自動化はデプロイメントパイプラインにとって不可欠だ。ボタンひとつで欲しいものが手に入ることを保証するには自動化するしかないからだ。しかし、すべてを一度に自動化することはできない。ビルド・デプロイ・テスト・リリースというプロセスの中で、現在ボトルネックになっているところ

を見ることから始めるべきだ。その後、時間をかけることですこしずつ自動化が進むし、そうしなければならないのである。

### 1.7.3 すべてバージョン管理に入れよ

　アプリケーションをビルドし、デプロイし、テストし、リリースするのに必要なものは、すべて何らかのかたちでバージョン管理のできるストレージに保存しなければならない。これには、要件定義ドキュメントやテストスクリプト、自動テストのケース、ネットワーク構成スクリプト、デプロイメントスクリプト、データベースの生成やアップグレード、ダウングレード、あるいは初期化に使うスクリプト、アプリケーションスタックの設定スクリプト、ライブラリ、ツールチェーン、技術ドキュメントといったものが含まれる。こうしたものはすべてバージョン管理されるべきで、あらゆるビルドに対して対応するバージョンを特定できなければならない。つまり、こうした**変更セット**は単一の識別子を持つべきなのだ。ビルドナンバーやバージョン管理の変更セットナンバーなど、あらゆる断片を参照できるものが求められるのである。

　新しいチームメンバーが新規のワークステーションの前に座ったときに、こんなことができなければならない。プロジェクトのリビジョン管理リポジトリからチェックアウトを行い、コマンドを1行実行して、アプリケーションをビルドし、アクセスできる環境にデプロイする。このデプロイ先は、ローカルの開発環境であってもよい。

　さらに、さまざまなアプリケーションのどのビルドがそれぞれどの環境にデプロイされており、そのビルドがバージョン管理のどのバージョンに由来しているかということがわからなければならないのだ。

### 1.7.4 痛みを伴うものはこまめに実施し、痛い思いは早めにしておけ

　ここで示している一覧の中で、すべてに通底しているものがこれだ。そしてこれは、原則というより経験則と言ったほうがいいかもしれない。しかし、ソフトウェアをデリバリーするという文脈で言えば、これは我々が知る限り最も役に立つ経験則だ。統合はひどい苦痛を伴うプロセスであることが多い。もし、あなたのプロジェクトでもそうなのであれば、誰かがチェックインするたびに統合を行おう。それも、プロジェクトの最初からやるのがよい。テストが苦痛を伴うプロセスで、リリースの直前になって行われているのであれば、最後になってやるのをやめよう。その代わり、プロジェクトの最初から継続的に行うようにしよう。

　もしソフトウェアのリリースが苦痛を伴うのであれば、誰かが変更をチェックインし、それが自動テストをすべて通るたびにリリースすることを目標にしよう。もし、変更のたびに実際のユーザーに対してリリースすることができないのであれば、チェックインのたびに疑似本番環境にリリースしよう。アプリケーションのドキュメントを作る作業が苦痛を伴うのであれば、新しい機能を開発するた

びに行おう。最後までとっておくことはない。あるフィーチャに対してドキュメントを作ることを完了の定義の一部とし、そのプロセスもできる限り自動化しよう。

現在の習熟度に応じて、こうした目標を達成するには多大な努力を要することもある。それに、そうしている間にも、もちろんソフトウェアのデリバリーは続けなければならないのだ。ほどほどの目標を定めよう。たとえば数週間おきに内部でリリースを行うとか、あるいはもしそれができているのであれば、毎週リリースをするといった具合に。理想に近づくためにすこしずつ作業をしよう。わずかなステップであっても、多大な利益をもたらすことになる。

エクストリームプログラミングは、本質的にはこうした経験則をソフトウェアの開発プロセスに適用した結果なのだ。本書に書かれているアドバイスの多くは、我々が同じ原則をソフトウェアのリリースプロセスに当てはめた経験に由来している。

### 1.7.5 品質を作り込め

この原則と、本節で最後に触れる原則（継続的改善）は、リーンムーブメントから堂々と盗んだものだ。「品質を作り込む」とはW・エドワード・デミングのモットーである。彼を指す言葉はいくつかあるが、その中のひとつにリーンムーブメントの先駆者というものがある。欠陥を早く見つけるほど、修正も安上がりになる。そもそもバージョン管理にチェックインされることがなければ、この上なく安く修正できるのだ。

継続的インテグレーションや包括的な自動テスト、さらに自動デプロイメントといった、我々が本書で説明しているテクニックは、デリバリープロセスのできるだけ早い時期に欠陥をとらえることができるように設計されている（これは「痛みを前倒しにする」という原則を適用したものだ）。次にやるべきことは、修正だ。誰もが無視したら、火災報知器には意味がない。デリバリーチームは、見つけたらすぐに欠陥を修正するよう訓練されていなければならない。

「品質を作り込む」ことから帰結するものは、あとふたつある。まず、テストはフェーズではないし、ましてや開発フェーズが終わってから始めるものでもない。テストを最後のころまで行わないとしたら、それでは遅すぎるのだ。そのころには欠陥を修正する時間がない。第二に、純粋に考えても原則に照らしても、テストはテスターだけでやるものではない。デリバリーチームの誰もが、常に、アプリケーションの品質に対する責任を負っているのだ。

### 1.7.6 完了したとはリリースしたということだ

開発者はどのくらいの頻度で、ストーリーやフィーチャが「完了した」と言っているだろう？　おそらく、プロジェクトマネージャーが開発者に「本当に完了したのか？」と尋ねているのを耳にしたことがあるだろう。「完了」とはどういう意味だろうか？　実は、フィーチャが完了したと言えるのは、価値をユーザーに届けたときだけなのだ。このことは、継続的開発というプラクティスを支える

モチベーションの一部である（第10章「アプリケーションをデプロイ・リリースする」を参照）。

アジャイルデリバリーチームの中には、本番へのリリースを指して「完了」と言っているところもある。ソフトウェア開発プロジェクトにとって、これは理想的な状況だ。しかし、リリースを完了の基準とすることが常に現実的であるわけではない。ソフトウェアシステムを最初にリリースしてから、実際の外部のユーザーがそこから利益を得られるようになるまでにはすこし時間がかかる。そこで我々は次善策に立ち戻り、機能をショーケースにうまくかけることができたら「完了」したと言うことにしている。つまり、疑似本番環境にリリースし、ユーザーコミュニティの代表者に対してデモを行い、触ってもらった時点だ。

「80%完了」などというものはない。完了したか、完了していないかのどちらかだ。何かを完了させるのに必要な残作業を見積もることはできる。しかし、それは見積もりでしかない。残作業の総量を判断する際に見積もりを基にすると、そのパーセンテージが表しているものが明らかになったときに犯人捜しをしてののしりあうことになる。そのパーセンテージは決して正しくないからだ。

この原則には興味深い帰結がついてくる。つまり、何かを完了させることは誰か一人の力ではできないのだ。何かを完了させるには、デリバリーチームの何人ものメンバーが協力しなければならない。だからこそ、誰もが（テスターやビルド・運用担当者、サポートチームや開発者が）、最初から協力しあうことが重要なのだ。これはまた、デリバリーチーム全員がデリバリーに責任を負っている理由でもある。この原則は非常に重要なので、これだけで1節を割くことにする……。

## 1.7.7 誰もがデリバリープロセスに対して責任を負う

理想的には、組織の誰もがゴールに向かって歩調を合わせ、実現に向けて協力して助け合うべきだ。究極的には、チームの成功と失敗はチームのものなのであり、個人のものではない。しかし現実的には、開発者が、壁の向こうにいるテスターに作業を放り投げているプロジェクトがあまりにも多い。そしてテスターはリリースのときになると、壁の向こうにいる運用担当者に作業を放り投げるのだ。こんなサイロ型アプローチでは欠陥が生じるのはわかり切っているのに、何か問題が起きると、人々はそれを修正するのにかける時間と同じくらい多くの時間を、お互いを非難しあうことに使うのだ。

小さい組織や、比較的独立した部署で働いているなら、ソフトウェアをリリースするために必要なリソースを完全にコントロールできるだろう。もしそうなら、すばらしい。もしそうでないなら、この原則を実現するには長い時間にわたる重労働が必要になるだろう。サイロ間に存在する障壁を打ち破り、人々を別々のロールに分断するのをやめなければならない。

新しいプロジェクトの最初から全員をデリバリープロセスに巻き込むことから始めて、こまめに定期的にコミュニケーションをする機会を持たせるようにしよう。いったん障壁が崩れれば、こうしたコミュニケーションは継続的に行われ続けるだろう。しかし、そのゴールにはインクリメンタルに向かっていかなければならないかもしれない。まずは、アプリケーションが正常かどうか、さまざまなビルドはどうなっているか、どのテストに通過したか、そしてデプロイ可能な環境の状態などを一目

で見ることができるようにするシステムからはじめよう。このシステムがあれば、メンバーが自分たちの仕事をやるのに必要な活動を行えるようになる。たとえば、コントロールしている環境へのデプロイメントといったことだ。

　これが、DevOps ムーブメントの中心にある原則である。DevOps ムーブメントは、我々が本書で掲げているのと同じ目標に注力している。すなわち、ソフトウェアプロセスにかかわる人すべての間でもっと共同作業が行われるようにし、価値あるソフトウェアをより素早く、信頼できるかたちでリリースするのだ [aNgvoV]。

### 1.7.8 継続的改善

　アプリケーションにとって、最初のリリースはライフサイクルにおける最初のステージでしかないということは強調しておく価値がある。あらゆるアプリケーションは進化するのであり、さらなるリリースが後に続くのだ。そこで、デリバリープロセスも一緒に進化することは重要だ。

　チーム全体が定期的に一緒に集まり、デリバリープロセスに対するふりかえりを行うべきなのである。これはつまり、何がうまくいって何がまずかったのかをチームで考えなければならないということであり、物事を改善するにはどうすればよいかを話し合わなければならないということだ。各アイデアに対しては誰かを割り当て、それに対するアクションをとるようにしなければならない。その上で、次にチームが集まったとき、何が起きたかを報告しなければならないのだ。これは**デミングサイクル**と呼ばれている[*4]。すなわち、計画（Plan）・実行（Do）・評価（Study）・改善（Act）だ。

　組織内の誰もがこのプロセスにかかわっていることが欠かせない。フィードバックをサイロの中でしか行わず、壁を越えなければ、破綻することは目に見えている。これでは、全体最適を犠牲にした部分最適しか行われず、最終的には犯人捜しになってしまう。

# 1.8 まとめ

　伝統的には、ソフトウェアをリリースする瞬間には大きなストレスがかかる。またリリースは、コードを書いたり管理したりするときには厳格な規律が適用されているのと比べると、証明されていない手作業のプロセスとして扱われており、システムの設定における重要な側面も、その場限りの構成管理に頼っていた。我々からすれば、ソフトウェアリリースに伴うストレスと、手動で行うエラーの起きやすいものという性質は相互に関連している。

　自動化されたビルド・テスト・デプロイメントというテクニックを採用することで、多大な恩恵を享受できる。変更を確認できるようになるし、複数の環境にまたがってプロセスを再現できるようになる。さらに、本番にエラーが紛れ込んでしまう可能性を大幅に低減できるのだ。変更をデプロイで

---

4　［訳注］「PDCA サイクル」という名称でも知られている。

きるようになり、それによってビジネス上の利益をより素早く提供できるようになる。リリースプロセス自体の敷居が下がっているからだ。自動化されたリリースシステムを実装することで、我々は他の優れたプラクティスも実践できるようになる。たとえば、ふるまい駆動開発や包括的な構成管理などだ。

さらに我々は、週末を自分の家族や友人たちと過ごせるようになるのであり、ストレスの少ない、それでいてより生産的な人生を送れるようになるのである。それが嫌な理由なんてあるだろうか？人生は短い。アプリケーションをデプロイするために週末をサーバールームで過ごすなんてもったいない。

開発・テスト・リリースプロセスを自動化することで、ソフトウェアをリリースする際のスピードや品質、コストがかなりの影響を受ける。著者の一人は現在、複雑な分散システムに従事している。このシステムの本番にリリースする作業は、大規模データベースでのデータ移行を含めて、5分から20分程度しかかからない。かかる時間は特定のリリースに関連したデータ移行の規模に依存する。データを移動するには長い時間がかかるのだ。このシステムに匹敵する規模で密接に関連しているシステムがもうひとつあるのだが、そちらはリリースするのに30日かかる。

本書ではこの後、より具体的なアドバイスを提示したり、何かを推奨したりする。だがこの章では本書のスコープに関して、理想的な、それでいて現実的な見方を広い視野で示したかったのだ。本書で扱っているプロジェクトはすべて現実のものである。うしろめたい点はすこし隠してしまったかもしれないが、技術的な詳細や特定のテクニックの価値を誇張しないように最大限配慮したつもりだ。

# 第2章
# 構成管理

## 2.1 導入

　構成管理という用語は広く使われており、バージョン管理と同義になっていることも多い。まずは、我々が内輪で使っている定義を使って、本章で議論するための足場を作ろう。

　構成管理とはプロジェクトに関連するあらゆる成果物とそれらの間にある関係性が、保存され、検索され、一意に特定され、修正されるプロセスのことである。

　どのような構成管理戦略を採用するかによって、プロジェクト内で発生するあらゆる変更がどのように管理されるかが決定される。構成管理戦略がシステムとアプリケーションの進化を記録することになるのだ。同じように、チームがどのように協力しあうかも構成管理戦略によって強く影響を受ける。あらゆる構成管理戦略がもたらす結果として、これは非常に重要でありながら、時として見過ごされがちだ。

　構成管理においてバージョン管理システムは最もわかりやすいツールであるが、そのツールを使うと決めること（どれほど小さいチームであっても、このツールを使わなければならない）は構成管理戦略を開発する上で最初のステップでしかない。

　最終的に、構成管理戦略を適切に策定しているならば、次の質問にすべて「YES」と答えることができなければならない。

- あらゆる環境を正確に再現できるだろうか？　再現すべきものには、OSのバージョンから始まり、パッチレベル、ネットワーク構成、ソフトウェアスタック、そしてデプロイされるアプリケーションとその設定なども含まれる。
- こうした項目ひとつひとつに対して、個別にインクリメンタルな変更を行い、それを自分の環境のどれか、あるいはすべてに対してデプロイすることが簡単にできるだろうか？
- 特定の環境で発生した変更をそれぞれ簡単に見分けられるだろうか？　さらに、変更がどんなも

ので、誰が変更して、それがいつ行われたのかを、追跡して正確に突き止めることができるだろうか？
- 自分が従うべきコンプライアンスの規約をすべて満たすことができるだろうか？
- チームのメンバー全員が必要な情報を取得し、必要な変更を行うことが簡単にできるだろうか？あるいは、効率的なデリバリーにとって戦略が邪魔になり、結果としてサイクルタイムが長くなり、フィードバックが減ることになってしまっていないと言えるだろうか？

最後のポイントが重要だ。なぜなら、最初の四つのポイントには取り組んでいるのに、チーム間の協力関係に対してはあらゆる障壁を張り巡らせてしまうような構成管理戦略があまりに多いからだ。そんなことをする必要はない。十分に注意すれば、最後の制約は他のものと相反することはないのである。我々は、本章におけるこうした問いすべてに答えるにはどうすればよいかを教えるわけではない。それでも、本書の中ですべてに対する取り組みは行う。本章では、問題を三つに分けている。

1. アプリケーションのビルド・デプロイ・テスト・リリースプロセスを管理するために必要な前提条件を定める。これに対する我々の取り組みは次のふたつだ。第一に、すべてをバージョン管理に入れること。第二に、依存関係を管理すること。
2. アプリケーションの設定を管理する。
3. 環境全体に対する構成管理。ここにはソフトウェアとハードウェア、そしてアプリケーションが依存する基盤が含まれる。これは、OSからアプリケーションサーバー、データベースやその他の商業パッケージ製品（COTS: Commercial Off-The-Shelf）といった環境管理を支える原則である。

## 2.2 バージョン管理を使う

バージョン管理システムは別名、ソースコントロール、ソースコード管理システム、リビジョン管理システムなどと呼ばれる。これは、ファイルのさまざまなバージョンを保持するための仕組みであり、これがあることで、ファイルを変更しても以前のバージョンに変わらずアクセスできるようになる。また、ソフトウェアデリバリーにかかわる人はこの仕組みを通じて協力しあうのである。

最初に登場した有名なバージョン管理システムは、プロプライエタリなUNIXのツールで、SCCS（Source Code Control System）と呼ばれていた。1970年代のことである。SCCSは後にRCS（Revision Control System）に取って代わられ、さらに後になると、CVS（Concurrent Version System）がその座を占めた。これら三つのシステムは今日でもまだ使われているが、市場でのシェアはどんどん小さくなっていっている。今日ではもっと優れたバージョン管理システムが数多くある。オープンソースのものもあれば、プロプライエタリのものもあり、さまざまな異なる環境で使えるように設計されている。だが思うに、SubversionやMercurial、あるいはGitといったオープンソースツールがチー

ムの要件のほとんどを満たせない状況というものはほとんどないのではないだろうか。バージョン管理システムや、ブランチやマージといった使い方のパターンについては、第14章の「高度なバージョン管理」でより詳細に検討する。

本質的には、バージョン管理システムのねらいは次のふたつだ。第一に、一度格納されたあらゆるファイルに対して、すべてのバージョンを保持し、アクセスできるようにすること。こうしたシステムはメタデータ（つまり、格納されたデータを説明する情報）を、ひとつのファイルやファイルのまとまりに対して付与する方法も提供している。第二に、バージョン管理システムがあることで、チームが離れた場所、別の時間帯で分散して作業していても、協力しあえるようにすること。

なぜこうしたことをやりたくなるのだろう？　理由はいくつかあるが、究極的には次の質問に答えるためだ。

- ソフトウェアの特定のバージョンを構成しているものは何か？　本番環境にかつて存在したソフトウェアのバイナリと設定の特定の状態を、どうすれば再現できるだろうか？
- いつ、誰が、何のために、何を行ったのか？　いつまずいことが起きたのかを知るのに役立つだけでなく、アプリケーションの経緯もわかるようになる。

こうしたことが、バージョン管理の基礎である。ほとんどのプロジェクトではバージョン管理を使っている。あなたのプロジェクトでまだバージョン管理を使っていないのであれば、次の数節を読んだ上で、この本を脇に置き、直ちに導入しよう。続く数節は、バージョン管理を最も効果的に使うためにはどうすればよいかということに関する我々からのアドバイスである。

## 2.2.1 ひとつ残らずすべてバージョン管理に保存せよ

我々が、ソースコントロールよりもバージョン管理という用語を好んで使う理由のひとつに、バージョン管理はソースコードのためだけのものではないというものがある。ソフトウェアの生成に関連する成果物をひとつ残らずバージョン管理の下に置かなければならないのだ。もちろん、開発者はソースコードに対してバージョン管理を使わなければならない。しかし、テストやデータベーススクリプト、ビルド・デプロイメントスクリプト、アプリケーションやコンピュータあるいはツールコレクションに対するドキュメントやライブラリ、あるいは設定ファイルといったものもバージョン管理の配下に置かなければならない。そうすることで、新しいメンバーがチームに加わってもゼロから作業を始めることができるのだ。

同じように、アプリケーションを実行するテスト環境や本番環境を再現するのに必要な情報をすべて格納しておくことも重要だ。こうしたものには、アプリケーションのソフトウェアスタックや環境を構成するOSに関する設定情報、DNSゾーンファイル、ファイアウォール定義などがある。最低限に抑えるなら、アプリケーションのバイナリと実行環境を再現するのに必要な**すべて**ということになる。

この目的は、プロジェクトのライフサイクルのどこかで変更される可能性のあるものを、すべて統制されたやり方で格納することにある。こうしておけば、システム全体の状態に対する正確なスナップショットを復元できるようになる。開発環境から本番環境までプロジェクトの歴史におけるどの一瞬を切り取っても、だ。開発チームが所有している開発環境の設定ファイルをバージョン管理で保存することも役に立つ。チーム内の誰もが簡単に同じ設定を使えるようになるからだ。アナリストは要件定義ドキュメントを格納しなければならない。テスターはテストスクリプトとプロシージャを、プロジェクトマネージャーはリリース計画や進捗チャート、リスクログをここに保存しておかなければならない。要するに、チーム内のメンバー全員が、プロジェクトに関係するドキュメントやファイルをすべてバージョン管理に格納しなければならないのだ。

> ### すべてをチェックインする
>
> もう何年も前、著者の一人は三つの別々のチームで開発が行われていたプロジェクトに従事したことがある。このチームは別々の場所で作業していた。各チームが担当していたサブシステムは、プロプライエタリなメッセージプロトコルを使い、IBM の MQSeries 上で通信していた。これは著者たちが、構成管理で問題が発生してしまうことを防ぐ門番として継続的インテグレーションを使い始める前のことだった。
>
> ソースコードに対しては厳格にバージョン管理を使うようにしていた。もっと昔にその教訓を学んでいたからだ。しかし、当時の我々のバージョン管理に対する意識はソースコードで止まっていた。
>
> プロジェクトの最初のリリースが近づき、三つのサブシステムを統合する日が来てはじめて、我々は恐ろしいことに気づいた。メッセージプロトコルを記述した機能定義があるのだが、チームのひとつがその別のバージョンを使っていたのだ。実は、彼らの使っていたドキュメントは六ヶ月も古くなっていた。当然のことながら、これに起因する問題を修正し、プロジェクトをスケジュール通りに戻すために、何日も夜遅くまで作業することになった。
>
> そのドキュメントをバージョン管理システムにチェックインしてさえいれば、その問題も起きなかったし、深夜残業もなかっただろう！ 継続的インテグレーションを行ってさえいれば、そのプロジェクトははるかに早く終わっていたはずなのだ。

構成管理を適切に行うことがどれほど重要かは、いくら強調しても足りない。構成管理をすることで、本書で説明している他のことがすべて可能になる。もし、プロジェクトの成果物をすべてバージョン管理に置いていなければ、本書で説明されている恩恵にはどれひとつとってあずかることができないだろう。ソフトウェアのサイクルタイムを削減し、品質を向上させるためのプラクティスには、継続的インテグレーションと自動テストからボタンひとつでのデプロイメントまでさまざまなものがある。しかし、プロジェクトに関連するものをすべてバージョン管理リポジトリに置かなければ、こうしたことはできないのだ。

ソースコードや設定情報を格納することに加え、アプリケーションサーバーやコンパイラ、仮想マシン、あるいはそうしたツールチェーンの一部について、バイナリイメージをバージョン管理に格納

しているプロジェクトも多い。こうしておくと、驚くほど役に立つし、新しい環境を作るスピードが上がる。さらに重要なことに、ベースとなる設定が完全に定義され、動くとわかっていることを保証できる。バージョン管理のリポジトリから必要なものをすべてチェックアウトするだけで、開発、テスト、さらには本番環境のための安定したプラットフォームができあがる。さらに、ベースとなる OS に基本的な設定を適用したものを含めて、環境全体を仮想イメージとして格納しておけば、さらに質の高い保証が得られ、デプロイメントもシンプルになる。

この戦略はバージョンのコントロールとふるまいの保証に関する究極型である。このように厳格な構成管理を行っているシステムであれば、プロセスの最後のほうになってエラーが入り込むということはない。このレベルで構成管理を行えば、リポジトリを健全な状態に保っている限り、ソフトウェアの動くバージョンを常に検索できるようになる。こうしておけば、コンパイラやプログラミング言語、あるいはプロジェクトに関連する他のツールで何かあいまいになってしまったときにも、防衛装置として働いてくれるようになる。

バージョン管理に入れないほうがいいものがひとつある。それは、アプリケーションをコンパイルした結果のバイナリだ。これにはいくつか理由がある。第一に、バイナリのサイズは大きいし、コンパイラと違って急激に増えていく（チェックインのたびにコンパイルと自動コミットテストを行い、それが通ればそのたびごとに新しいバイナリを生成する）。第二に、自動ビルドシステムがあるなら、ビルドスクリプトを再実行するだけで、ソースからバイナリを再生成できるのだ。覚えておいてほしい。ビルドプロセスの中で毎回リコンパイルを行うことを推奨しているわけではない。しかし緊急時には、ビルドシステムとソースコードを組み合わせるだけで、アプリケーションのインスタンスを再構築できるようにしておくべきなのだ。最後に、ビルド結果のバイナリを格納してしまうと、各アプリケーションのバージョンに対して、リポジトリ内の 1 バージョンを特定できるという理念が崩れてしまう。同じバージョンがふたつコミットされることになるからだ。ひとつはソースコード、もうひとつがバイナリである。たいしたことではないように思えるかもしれないが、本書の中心的な題材であるデプロイメントパイプラインを作る上で、これはきわめて重要なのだ。

## バージョン管理：削除する自由

あらゆるファイルのあらゆるバージョンをバージョン管理の下に置くことで、開発者は必要ないと考えるものを積極的に消せるようになる。バージョン管理があれば、「このファイルを消していいだろうか？」という問いに対して、リスクなく「YES」と答えられる。もし、その判断が間違っていたら、単純に以前の設定一式からファイルを取得して修正すればよい。

このように自由に削除できることはそれ自体が、巨大な設定一式を保守しやすくする上で重要な一歩なのである。巨大なチームが効率的に作業できるようにする上では、一貫性と構成が鍵となる。古い考え方や実装を取り除くことができるおかげで、チームは自由に新しいことを試したり、コードを改善したりできるようになるのだ。

## 2.2.2 定期的にtrunkにチェックインせよ

　バージョン管理を使って作業することの核心には、ある緊張感が存在する。一方で、成果物を最新の正しく動くとわかっているバージョンに戻せるといった恩恵の多くを受け取るには、こまめにチェックインすることが重要である。

　他方、いったん変更をバージョン管理にチェックインすれば、それは公開され、即座にチーム内の誰もが入手できるようになる。さらに、我々が勧める継続的インテグレーションを採用していれば、その変更はチーム内の他の開発者から見えるようになるだけではない。それがきっかけになって新しいビルドが行われ、しかも潜在的には受け入れテストや本番環境までいくことになるかもしれないのだ。

　チェックインが公開の一形態である以上、自分の作業が何であれ、チェックインの結果が公開されることに対して確実に準備をしなければならない。このため、開発者は、自分の作業の性質を鑑みて、チェックインの結果に対して注意深くなる必要があるのだ。もし開発者が、システムの複雑な部分に対して作業しており、それがまだ途中なのであれば、終わるまでチェックインしたくないと考えるだろう。自分たちのコードが適切な状態になり、システムの他の機能に対して悪影響を与えないと自信が持てるようになりたいのだ。

　チームによっては、チェックインするまでの期間が数日から、場合によっては数週間になってしまうかもしれない。それでは問題だ。バージョン管理の恩恵は、定期的にコミットすることでさらに高められる。特に、誰もがメインラインに対してこまめにコミットしていなければ、アプリケーションを安全にリファクタリングすることができなくなってしまう。マージがあまりに複雑になるからだ。こまめにコミットしていれば、その変更を他のメンバーも入手して、確認したり使ってみたりできるようになる。そうすれば、自分の変更がアプリケーションを壊していないということが明確にわかるようになるし、マージする分量も常に少なく、管理できるようになる。

　こうしたジレンマを解決するために、バージョン管理内で新しい機能に対してブランチを切る人もいる。ある時点で、変更が十分に完成したと見なされたときに、メインの開発ブランチにマージされるのだ。これはある意味、2ステージのチェックインと言える。実際、バージョン管理によってはこのやり方で自然に動作するものもある。

　しかし、我々はこのプラクティスには反対だ（第14章で議論するように、例外が三つある）。特にClearCaseのようなツールを使っている人にとって、この考え方には議論の余地がある。このアプローチにはいくつか問題があるのだ。

- これは継続的インテグレーションとは相容れない。ブランチを作ってしまえば新しい機能の統合が先延ばしになってしまうし、統合にかかわる問題がブランチをマージしたときにしか発見されないからだ。
- 複数の開発者がブランチを作ると、問題は爆発的に増大する。さらに、マージするプロセスも不合理なまでに複雑になってしまう。

- 自動マージのための優れたツールはいくつかあるが、こうしたツールも意味上の競合は解決してくれない。たとえば、誰かがあるブランチでメソッド名を変え、別の誰かが他のブランチでそのメソッドを新しく呼び出したというような場合を解決できないのだ。
- コードベースのリファクタリングが非常に難しくなってしまう。ブランチは多くのファイルを触りがちであるし、そのせいでマージがさらに難しくなるからだ。

ブランチとマージに伴う複雑さについては、第 14 章の「高度なバージョン管理」でより詳細に議論する。

これよりもはるかに優れているのが、新しい機能をインクリメンタルに開発し、それをバージョン管理の trunk に定期的にこまめにコミットするというやり方だ。こうすることで、ソフトウェアが動く状態を常に保ちつつ統合できるようになる。これが意味するのは、ソフトウェアが常にテストされているということだ。チェックインするたびに、継続的インテグレーション（CI）サーバーによって自動テストが trunk に対して実行されるからだ。こうしておけば、リファクタリングのせいで大規模なマージコンフリクトが発生してしまう可能性を抑えられる。また、統合にかかわる問題が即座に、まだ容易に修正できるうちに検出されることも保証される。その結果、ソフトウェアの品質は高くなる。ブランチを避けるためのテクニックについては、第 13 章の「コンポーネントや依存関係を管理する」でより詳細に扱う。

チェックインの際にアプリケーションを壊さないようにすることを保証する上で、有効なプラクティスがふたつある。ひとつは、チェックインの前にコミットテストを一式実行すること。コミットテストとは素早く実行できる一方で（10 分以内）、比較的包括的なテスト一式であり、明らかなリグレッションが発生していないことを確かめるものである。多くの CI サーバーには、プレテストコミットと呼ばれる機能がある。これを使えば、チェックインの前に、こうしたテストを疑似本番環境で実行できるようになるのだ。

ふたつめのプラクティスは、変更をインクリメンタルに行うというものである。バージョン管理に対して変更をコミットするタイミングは、インクリメンタルな個別の変更後やリファクタリング後にするのがよい。このテクニックを正しく使えば、どんなに少なくても 1 日に 1 回、たいていは 1 日に数回はチェックインしなければならなくなる。慣れていないと、非現実的に感じられるかもしれない。しかし、安心してほしい。こうすることで、ソフトウェアデリバリープロセスははるかに効率的になるのだ。

### 2.2.3 意味のあるコミットメッセージを使え

どんなバージョン管理システムにも、コミットに説明をつける機能がある。こうしたメッセージを省略するのは簡単だし、この悪い習慣に染まっている人も多い。わかりやすいコミットメッセージを書くことの最も重要な理由は、ビルドが壊れたときに、誰がどんな理由で壊したのかがわかるというも

のだ。しかし、理由はこれだけではない。我々は、コミットメッセージを十分にわかりやすく書いておかなかったせいで、窮地に追いやられたことが何度かある。こういうことになるのはたいてい、厳しいデッドラインを前に複雑な問題をデバッグしようとしているときだ。よくあるのはこんな感じだ。

1. バグを見つけ、その原因がコード中の意味のよくわからない一行にあることがわかる。
2. バージョン管理システムを使って、その一行を誰がいつつけ加えたのかを調べようとする。
3. その人は休みを取っているか、もう家に帰ってしまっていて、コミットメッセージには「よくわからないバグを修正した」とある。
4. 問題の一行を変更して、バグを修正する。
5. 別の場所が壊れる。
6. 再びアプリケーションを動くようにするのに、何時間もかかる。

　こうした状況では、その変更をコミットしたときに何をしていたのかを説明するコミットメッセージを残しておくことで、何時間というデバッグをしなくてすむようになる。こうしたことが何度も起きるほど、もっとよいコミットメッセージを書いていればと思うようになる。コミットメッセージを短く書いても、いいことなど何もない。何をしていたかについての概要を示す長めの文章をちょっと書いておくだけで、後になって何時間も節約できることが多いのだ。

　我々が好んで使っているのは、複数行にわたってコミットメッセージを書くというスタイルだ。1行目には要約を書き、その後に続けてより詳細な説明を加える。1行目の文章は、コミットごとに1行表示されるような場合に見ることができる。これを新聞の見出しだと考えてほしい。読者が続きを読みたいと思うかどうかを判断するのに十分な情報を与えるのだ。

　同じように、自分が取り組んでいるフィーチャやバグを、プロジェクト管理ツールにも紐づけなければならない。我々がかかわった多くのチームでは、システム管理者がバージョン管理システムに手を加え、この情報を含まないコミットが失敗するようにしていた。

## 2.3　依存関係の管理

　アプリケーションで最もよくある外部の依存関係が、使用しているサードパーティーライブラリや、組織内の別のチームが開発したコンポーネントやモジュールとの間の関係性である。ライブラリはたいてい、バイナリファイル形式でデプロイされ、自分たちのアプリケーション開発チームによって変更されることはない。そして更新されることも稀だ。一方、コンポーネントやモジュールは他のチームが開発中であることが多く、頻繁に変更される。

　依存関係については第13章の「コンポーネントや依存関係を管理する」でかなりの紙面を割いて議論している。だがここでは、依存関係の管理に関する主要な論点に触れておこう。構成管理に影響を与えるからだ。

## 2.3.1 外部ライブラリを管理する

　インタプリタ言語を使っていないのであれば、外部ライブラリは通常バイナリ形式で入手される。ただ、インタプリタ言語を使っている場合でも、外部ライブラリのインストールは通常、RubyGems や Perl modules のようなパッケージ管理システムによって、システムに対しグローバルに行われる。

　そうしたライブラリをバージョン管理すべきかということについては、議論の余地がある。たとえば、Java 向けのビルドツールである Maven を使えば、自分たちのアプリケーションが依存している JAR を特定し、インターネット上のリポジトリから（あるいは、もしあればローカルキャッシュから）ダウンロードできるようになるからだ。

　だが、こうしたことが常に望ましいわけではない。新しいチームメンバーは、プロジェクトでの作業を始めるにあたり、「インターネットからダウンロードする」（あるいは少なくとも、適切に切り分けられた一部をダウンロードする）ように強制されるからだ。しかし、こうすればバージョン管理でチェックアウトすべきものははるかに小さくなる。

　外部ライブラリのコピーをローカルのどこかにおいておくことを我々は推奨する（Maven であれば、組織用のリポジトリを作って、利用するライブラリの適切なバージョンを格納しておくべきだ）。コンプライアンスの規定に従おうと思えばこれは必須だし、プロジェクトにもより素早く取りかかれるようになる。このことは、常にビルドを再現できるということを意味する。さらに、ビルドシステムでは、利用している外部ライブラリの正確なバージョンを常に指定しなければならないということを強調しておこう。そうしなければ、ビルドを再現することができなくなる。完全に特定することに失敗してしまうと、時折誰かが、あるいはビルドシステムが、ライブラリの別のバージョンを使ってしまったために奇妙なエラーが発生し、それを突き止めるために長い時間をかけてデバッグしなければならなくなる。

　外部ライブラリをバージョン管理に入れるかどうかということには、トレードオフがある。こうすることで、ソフトウェアのバージョンとそれをビルドする際に使うライブラリのバージョンとを関連づけるのがはるかに簡単になるが、バージョン管理リポジトリは巨大化し、チェックアウトにも時間がかかるようになってしまうのだ。

## 2.3.2 コンポーネントを管理する

　よほど小さいアプリケーションでない限り、分割してコンポーネントにするのは優れたプラクティスだ。そうすることで、アプリケーションに対する変更のスコープが限定され、リグレッションバグも減る。また、再利用が促進され、大規模プロジェクトにおける開発プロセスがはるかに効率的になる。

　典型的には、まずはアプリケーション全体に対するバイナリやインストーラーを一気に生成する一枚岩的なビルドから始めることになるだろう。また普通はユニットテストを同時に実行する。使用している技術スタックにもよるが、通常、一枚岩的ビルドは小規模から中規模のアプリケーションをビ

ルドする上で最も効果的な方法となる。

　しかし、システムが成長したり、コンポーネントに複数のプロジェクトが依存したりするようになると、コンポーネントのビルドを別々のパイプラインに分割したいと思うようになるかもしれない。そのためにはパイプライン間の依存関係を、ソースではなく、バイナリに対して持たせることが重要となる。依存関係のリコンパイルは非効率なだけではない。すでにテストしたものとは潜在的に異なる成果物を生成することになるのだ。バイナリの依存関係を用いると、アプリケーションが壊れたときにその原因となったソースコードの変更を突き止めるのが難しくなる可能性がある。しかし、優れたCIサーバーを使っていれば、この問題に対処する助けになってくれるだろう。

　いまどきのCIサーバーは依存関係を管理する上で非常によい仕事をしてくれるのだが、その反面、アプリケーションに対するエンドツーエンドのビルドプロセス全体を、開発者用ワークステーション用に再現するのが難しくなる。理想的には、自分のマシンにコンポーネントをいくつかチェックアウトした場合に、その中のいくつかに変更を加えて、コマンドを1行実行すれば、必要な部分が適切な順序でリビルドされ、適切なバイナリが生成されて、対応するテストが実行されるということが比較的単純にできなければならない。だが残念ながら、こうしたことはたいていのビルドシステムの能力を超えている。IvyやMavenのようなツールや、GradleやBuildrのようなスクリプトテクノロジーのおかげで、こういうことは以前よりもやりやすくなってはいるのだが、それでもビルドエンジニアによるハッキングをかなり行わなければならないのだ。

　コンポーネントや依存関係の管理については、第13章でより詳細に扱う。

# 2.4 ソフトウェア設定を管理する

　アプリケーションを構成する主要な部分は三つあり、設定はそのうちのひとつである。あとのふたつが、バイナリとデータだ。設定情報はソフトウェアのふるまいをビルド時とデプロイ時、そして実行時に変更するのに使われる。デリバリーチームは設定上の選択肢としてどんなものが使えるのかを注意深く考える必要がある。他にも、アプリケーションのライフサイクル全体を通じてそうした選択肢をどう管理するのか、さらにコンポーネントやアプリケーション、各種テクノロジーを通じてそうした設定が一環して管理されていることを保証するにはどうすればよいかも考えなければならない。システムの設定情報は、コードを扱うのと同じやり方で扱うことができると我々は信じている。すなわち、適切な管理とテストの対象にするのだ。

## 2.4.1 設定と柔軟性

　ソフトウェアは柔軟であったほうがよいかと聞かれれば、誰もがそのとおりと答える。そうでない理由があるだろうか？　しかし、柔軟性には常に代償が伴う。

　当然そこにはグラデーションが存在する。一方には、ひとつの目的に特化したソフトウェアがある。

ひとつのことはうまくやるが、ふるまいを変えることはほとんどできないか、まったくできない。このグラデーションのもう一方の端には、プログラミング言語がある。これを使ってゲームもアプリケーションサーバーも、株式制御システムも書くことができる。これが柔軟性だ。だが、ほとんどのアプリケーションはこのどちらの極端にも存在しない。特定の目的のために設計されつつ、その目的の範囲内でふるまいを変更できるようなやり方を何らか準備しているのだ。

柔軟にしたいという欲求は、「究極の設定可能性」というよくあるアンチパターンにつながってしまうかもしれない。これがソフトウェアプロジェクトの要件として挙げられることは、あまりに多い。これは役に立たないばかりか、最悪の場合この要件ひとつのせいでプロジェクトがつぶされてしまう。

プログラミングを行っているアプリケーションのふるまいを、あなたはいつでも変更できる。プログラミングに使っている言語によって、その変更に関する制約はきついこともあれば、ゆるいこともある。しかし、いずれにしてもプログラミングであることに変わりはない。ユーザーが設定によってより変更できるようにしようと思えば、必然的にシステムの設定に対する制約はゆるくしなければならない。すると、プログラミング環境はより高度なものになる必要がある。

ソースコードを変更するよりも設定情報を変更するほうがいくぶんリスクが低いという考え方は長く続いているが、これは神話にすぎないと我々は考えている。思うに、ソースコードと設定ファイルの両方を書き換えてよいと言われれば、システムを停止させようと思ったとして、ソースコードを変更するのと同じくらい容易に設定ファイルを変更しても目的を達成できるだろう。ソースコードを変更する場合、自分たちが間違ったことをしないようにするための手段がいろいろある。意味のないコードはコンパイラがはじいてくれるし、自動化されたテストがあればその他のエラーもほとんど検出してくれるに違いない。その一方で、ほとんどの設定情報は好きな形式で書けるし、テストもされない。ほとんどのシステムでは、URI を「http://www.asciimation.co.nz/」から「不正な URI です。」に変更することを防ぐ仕組みは存在しない。ほとんどのシステムでは、こうした変更を実行時まで検出できないのだ。その時点になってはじめて、ユーザーは『スターウォーズ』のアスキーアート版を楽しむ代わりに、忌々しい例外レポートを目にすることになる。URI クラスは「不正な URI です。」という文字列をパースできないからだ。

ソフトウェアでさまざまな設定ができるようにすることを目指す途上には、重大な落とし穴がたくさんある。だが、中でも最悪なのは次のふたつだろう。

- 設定を柔軟にしようとするせいで分析麻痺に陥ってしまうことがよくある。問題があまりに大きく、手に負えないように見えてしまうせいで、チームがどうやって解決しようかを考えることに時間を使ってしまい、実際に何かを解決することに時間を使えなくなってしまうのだ。
- システムがあまりに複雑になってしまい、柔軟性によってもたらされる恩恵のほとんどが失われてしまう。極端な場合には、設定をする労力が個別に開発を行う場合のコストに匹敵するようになる。

> **何でも設定できるようにすることの危険性**
>
> 　以前、我々に声をかけてきた顧客の中に、ある業界でパッケージアプリケーションのベンダーと3年にわたって協業してきた人たちがいた。このアプリケーションは非常に柔軟に設計されており、顧客の要望に合わせて柔軟に設定できるようになっていた。ただし、その作業には設定の専門家が必要だった。
>
> 　この顧客は、システムを本番で使う準備がまだまだ整っていないことを心配していた。我々の組織は、それに対応するアプリケーションをJavaでゼロから個別に実装したが、それには八ヶ月しかかからなかった。
>
> 　設定でふるまいを変えられるソフトウェアが、常に見た目ほど安上がりなわけではない。むしろ、価値の高い機能をわずかな設定でデリバリーすることに注力し、その上で後から必要に応じて設定の選択肢を追加したほうがいいことがほとんどなのだ。

　誤解しないでいただきたいのだが、設定がそもそも悪いものだというわけではない。ただ、注意深く一貫した管理が必要なのだ。最近のコンピュータ言語は、エラーを低減するためにあらゆる種類の特徴や技術を発達させてきている。ほとんどの場合、こうした予防策は設定情報に対しては存在しておらず、さらにたいていの場合はソフトウェアが正しく設定されているかをテスト環境や本番環境で検証するようなテストすら存在しないのだ。164ページの「デプロイメントをスモークテストせよ」で説明するような、開発スモークテストはこうした問題を和らげるひとつの手段であり、常に行うべきだ。

## 2.4.2 設定の種類

　設定情報をアプリケーションに注入するタイミングは、ビルド・デプロイ・テスト・リリースプロセスを通じて何度かある。また、それを取り込むタイミングも、普通は複数回ある。

- ビルドスクリプトによって、設定を選び出し、**ビルド時**にバイナリに取り込む。
- パッケージソフトであれば、アセンブリやear、あるいはgemを作るといった**パッケージング時**に設定を注入できる。
- デプロイメントスクリプトやインストーラーを使えば、必要な情報をフェッチするか、ユーザーから、インストールプロセスの一部として**デプロイメントの際**にアプリケーションに渡してもらうようにできる。
- アプリケーション自体が**起動時や実行時**に設定を読み込むことができる。

　一般的に、設定情報をビルド時やパッケージング時に注入するのは悪いプラクティスだと我々は考えている。その考えの基になっているのは、あらゆる環境に対して同じバイナリをデプロイできるべきだ、という原則だ。それによって、リリースしたものがテストしたものと同じであることを保証できるからだ。ここからは次のような帰結が導き出される。すなわち、デプロイメントのたびに変更さ

れるものは何であれ、設定と考える必要があり、アプリケーションがコンパイルされたりパッケージングされたりするときに組み込んではならないのだ。

> **設定情報のパッケージング**
>
> 　J2EE 仕様に関して、我々は深刻な問題を抱えている。設定をその他のアプリケーションと一緒に war や ear にパッケージングしなければならないのだ。この仕様によって提供されているものに代えて、他の設定の仕組みを使わない限り、設定が何かしら異なる場合にはデプロイする環境ごとに別々の war なり ear ファイルを作らなければならなくなる。もしこれにはまってしまったら、デプロイメント時や実行時にアプリケーションの設定を行うための別の方法を探す必要がある。これについては、この後でいくつか提案している。

　アプリケーションの設定をデプロイメント時に行い、依存しているサービス（データベース、メッセージングサーバー、外部システム）がどこにあるかを定義できるようにすることは、たいていの場合重要だ。たとえば、アプリケーションの実行時の設定がデータベースに格納されている場合には、データベースの接続パラメタをデプロイメント時にアプリケーションに渡し、起動時に検索できるようにしたいと考えるだろう。

　本番環境を制御できるなら、普通はデプロイメントスクリプトを調整して、この設定を読み込んでアプリケーションに渡すようにできる。パッケージ化されたソフトウェアの場合には、デフォルトの設定は組み込まれているのが普通だが、テストのためにはデプロイメント時に何らかのかたちで上書きする必要がある。

　最後に、アプリケーションの設定を起動時や実行時に行う必要があるかもしれない。起動時の設定は、環境変数か、システムを起動するのに使われるコマンドへの引数か、どちらかのかたちで渡される。あるいは、実行時の設定に使うのと同じ仕組みを使うこともできる。たとえば、レジストリの設定やデータベース、設定ファイル、あるいは外部の設定サービス（たとえば SOAP や REST 形式のインターフェイスでアクセスできるもの）などだ。

　どの仕組みを選んだ場合でも、アプリケーションと組織内にあるすべての環境のための設定情報を同じ仕組みを使って提供することを、実用的である限り我々は強く勧める。これができないこともあるが、もしできるのであれば、設定の変更や管理、バージョン管理、あるいは（必要に応じて）上書きを行う際の起点がひとつになるということになるのだ。このプラクティスに従っていない組織で、自分たちの環境のひとつにある特定の設定がどこに由来しているのかを突き止めるのに、何時間もかかっているところを我々は目にしたことがある。

## 2.4.3 アプリケーションの設定を管理する

アプリケーションの設定を管理する上で、考えなければならない問いが三つある。

1. 設定情報をどのように表現するか？
2. デプロイメントスクリプトからどのようにアクセスするか？
3. 環境やアプリケーション、あるいはアプリケーションのバージョンによってどのように変更されるのか？

設定情報は、名前と値がセットになった文字列としてモデル化されていることが多い。設定システムで型を使い、階層的にまとめることが役に立つこともある。Windowsのプロパティファイルには、見出しでまとめられた名称と値のセットが含まれている。YAMLファイルはRuby界で有名だ。また、Javaのプロパティファイルは比較的シンプルな形式だが、ほとんどの場合に十分使えるくらい柔軟だ。現実的に複雑にできるのは、おそらく設定をXMLファイルに格納することが限度だろう。

アプリケーションの設定情報をどこに格納するかを決める上では、明らかな選択肢がいくつかある。それが、データベース、バージョン管理システム、あるいはディレクトリやレジストリだ。おそらくバージョン管理システムが最も簡単だ。設定ファイルをチェックインするだけで、これまでの設定の履歴が容易に取得できる。アプリケーションに設定可能な選択肢の一覧をソースコードと同じリポジトリに保持しておくことには意味がある。

設定を格納する場所は、アプリケーションが設定にアクセスする仕組みとは分けておくこと。アプリケーションはその設定に対して、ローカルファイルシステム上のファイルを通じてアクセスすることもできるし、Webやディレクトリサービス、あるいはデータベースといったより特殊な仕組みでアクセスすることもできる。これについては、次の節でより詳細に扱う。

アプリケーションのテスト環境や本番環境に固有の設定情報をソースコードと分けて管理しておくことは、たいていの場合重要だ。一般的にこの情報は、他のバージョン管理された成果物とは異なる速度で変化する。しかし、このように分けておけば、設定情報のどのバージョンがアプリケーションのどのバージョンと整合しているかを丁寧に追跡しなければならなくなる。こうした分離は、セキュリティに関連する設定要素に対しては常に重要だ。パスワードやデジタル認証などに対しては、アクセスを制限しなければならないからだ。

パスワードをソースコントロールにチェックインしたり、アプリケーションにハードコーディングしたりしないこと

もしこんなことをしているのが見つかったら、運用担当者からスプーンで目玉をくりぬか

れてしまうだろう。彼らにそんな愉しみを与えてはいけない。覚えておく以外に、パスワードをどこかに格納しなければならないのだとしたら、暗号化された形式でホームディレクトリに置いておいてもいいだろう。

　こうしたテクニックに代わる悪名高いもうひとつの方法としては、あるレイヤのアプリケーションのパスワードを、コードやファイルシステムといったどこか別のアクセス可能なレイヤに格納しておくというものがある。パスワードは常にデプロイメントを実施するユーザーによって入力されなければならない。マルチレイヤシステムの認証を扱う上で、やってもよい方法はいくつかある。認証を使ってもいいし、ディレクトリサービスを使ってもいい。あるいは、シングルサインオンシステムが使えるかもしれない。

　データベースやディレクトリ、あるいはレジストリといった場所は、設定を格納しておく上で重宝する。こうした場所にはリモートからアクセスできるからだ。ただし、設定に対する変更履歴は確実に保持しておくこと。これは監査とロールバックのためだ。こうしたことの面倒を自動的に見てくれるシステムを使うか、バージョン管理を設定の参照用システムとして使い、必要に応じてデータベースやディレクトリから適切なバージョンをロードしてくれるスクリプトを使うかである。

### 設定にアクセスする

　設定を管理する上で最も効果的な方法は、あらゆるアプリケーションが必要な設定を取得できるような中央集権的サービスを置くことである。このことは、パッケージ化されたソフトウェアに当てはまるし、同じように、企業のアプリケーションにも、インターネット上にホストされるサービスとしてのアプリケーションにも当てはまる。こうしたシナリオ間の主な違いは、設定情報を注入するときに現れる。つまり、パッケージ化されたソフトウェアであればパッケージングを行うときであるし、そうでなければ、デプロイメント時や実行時になる。

　おそらく、アプリケーションが設定にアクセスする上で最も簡単なのは、ファイルシステムを経由する方法だ。この方法には、クロスプラットフォームで、あらゆる言語でサポートされるというメリットがある。しかし、アプレットのようなサンドボックス型ランタイムには向かない。また、たとえばアプリケーションをクラスタ上で実行する必要がある場合には、ファイルシステム上の設定を同期させておかなければならないという問題もある。

　代案としては、RDBMSやLDAP、あるいはWebサービスといった中心的なリポジトリから設定をフェッチしてもよい。Escape [apvrEr] と呼ばれるオープンソースツールを使えば、RESTfulインターフェイスを通じて簡単に設定情報を管理し、アクセスできるようになる。アプリケーションは、HTTPのGETを実行する際にアプリケーション名と環境名をURIに含めることで、自身の設定を読み込むことができる。この仕組みはアプリケーションの設定をデプロイメント時や実行時に行う場合に最も効果を発揮する。環境名をデプロイメントスクリプトに渡せば（プロパティやコマンドラインス

イッチ、環境変数などを使う）、スクリプトが適切な設定を設定サービスから引き出してくれて、ファイルシステム上のファイルのかたちでアプリケーションから見えるようにしてくれる。

設定情報を格納しているものの性質がどのようなものであれ、シンプルなファサードクラスを作って、技術的な詳細をアプリケーションから隔離しておくべきだ。こうしたクラスにはこういうインターフェイスを準備しておけばよい。

```
getThisProperty()
getThatProperty()
```

そうすれば、テスト時にモックを作ることも、必要に応じて格納の仕組みを変えることもできるようになる。

## 設定をモデリングする

各設定はタプルとしてモデル化されるので、アプリケーションの設定はタプルの集合から構成されることになる。しかし、取得できるタプルの集合とその値は通常、次の三つに依存する。

- アプリケーション
- アプリケーションのバージョン
- アプリケーションの実行環境（たとえば、開発環境やUAT環境、性能環境、ステージング環境、それに本番環境など）

たとえば、帳票アプリケーションのバージョン1.0はバージョン2.2とは別のタプルの集合を有しているし、あるいはポートフォリオ管理アプリケーションのバージョン1.0とも異なる。こうしたタプルの値はそれぞれデプロイされる環境に応じて異なることになる。たとえば、UAT時にアプリケーションが使用するデータベースサーバーは本番で使われるものとは異なるのが普通だし、開発者のマシン間でも異なるかもしれない。同じことはパッケージ化されたソフトウェアや、外部の統合ポイントにも当てはまる。アプリケーションが使う更新サービスは、インテグレーションテストを実行する場合と顧客のデスクトップからアクセスされる場合で異なるだろう。

設定情報を表現するのに何を使ったとしても（ソースコントロールでXMLを使っても、RESTfulなWebサービスであっても）、こうしたさまざまな局面を扱うことができなければならない。設定情報をモデリングする際に考えなければならないユースケースを挙げよう。

- 新しい環境を追加する（新しい開発者用のワークステーションかもしれないし、キャパシティテスト環境かもしれない）。この場合には、新しい環境にデプロイされるアプリケーション用に新しい値の集合を定義できる必要がある。
- アプリケーションの新しいバージョンを生成する。このためには、新しい設定が導入され、古い

設定が削除される。この新しいバージョンを本番にデプロイする際には、アプリケーションが新しい設定を使い、古いバージョンにロールバックした場合には古い設定を使うよう保証しなければならない。
- アプリケーションの新しいバージョンをある環境から別の環境に移しかえる。新しい設定がどれも新しい環境で取得できること、ただし新しい環境用に適切な値が設定されていることを保証しなければならない。
- データベースサーバーをリファクタリングする。このデータベースを参照している設定を更新して新しいデータベースに向けることが、きわめて単純にできなければならない。
- 仮想化によって環境を管理する。仮想化管理ツールを使って、特定の環境の新しいインスタンスを作ることができなければならない。またその環境のすべての VM は適切に設定されていなければならない。この情報は、その環境にデプロイされるアプリケーションの、特定のバージョン向け設定の一部として含めたいと思うかもしれない。

環境をまたがって設定を管理するために、我々は、本番の設定として期待されるものをデフォルトとし、それ以外の環境では適切に上書きするというアプローチをとる（適切な場所にファイアウォールを設置し、本番システムを間違って叩いてしまうことがないようにすること）。これはつまり、環境に特化した調整がどれもこうした設定プロパティだけにまとめられ、それを変更することでソフトウェアがその特定の環境で動くようにならなければいけないということだ。こうすることで、何をどこに設定しなければならないかという構図がシンプルになる。しかし、このアプローチができるかどうかは、アプリケーションの本番の設定が特別かどうかによる。組織によっては、本番の設定は他の環境とは別のリポジトリに保管するように期待されていることもある。

### システム設定をテストする

アプリケーションやビルドスクリプトをテストする必要があるのと同じように、設定もテストする必要がある。設定のテストはふたつの部分からなる。

最初のステージでは、設定にある外部サービスへの参照が適切であることを保証する。使うことになっているメッセージングバスが実際に起動しており、設定されたアドレスで実行されていること、そして機能テスト環境でアプリケーションが使うことになっていたモックの注文サービスが動作していることをデプロイメントスクリプトの中で確かめなければならない。少なくとも、外部サービスすべてに対して ping を打つことはできるだろう。デプロイメントスクリプトやインストールスクリプトは、依存しているアプリケーションがどれかひとつでも動いていなかったら落ちなければならない。設定に対する大がかりなスモークテストとして機能しなければならないのだ。

第二のステージでは、アプリケーションがインストールされた後で実際にいくつかスモークテストを実行し、期待どおりに作動することを確認する。このためには、設定が正しいかどうかに依存する

機能を動作させるようなテストをいくつか含めなければならない。理想的には、こうしたテストの結果が期待どおりでなければ、アプリケーションを止めて、インストールやデプロイメントプロセスを失敗させなければならない。

## 2.4.4 アプリケーションをまたいで設定を管理する

　構成管理に伴う問題は、中規模から大規模の組織で特に複雑になる。多くのアプリケーションを一緒に管理しなければならないからだ。通常こうした組織ではレガシーのアプリケーションが存在し、よくわからない深淵な設定オプションがついている。最も重要な作業のひとつが、各アプリケーションにある設定オプションをすべて一覧化しておくことだ。どこに格納されていて、ライフサイクルはどうで、どうやって変更できるのか、といった内容をである。

　可能であれば、こうした情報は、ビルドプロセスの一環として各アプリケーションのコードから自動生成されるべきだ。しかし、それができなければ、Wikiやその他の文書管理システムで集積しておかなければならない。

　完全にユーザーによってインストールされるのではないアプリケーションを管理する場合には、動作しているアプリケーションそれぞれが現在どのような設定になっているかを知ることが重要だ。目標は、各アプリケーションの設定を運用チームの本番監視システムを通じて見ることができるようになることだ。こうしたシステムは各アプリケーションのどのバージョンがそれぞれの環境にデプロイされているかを表示することもできなければならない。NagiosやOpenNMS、あるいはHP OpenViewといったツールはどれもこうした情報を記録するためのサービスを提供している。あるいは、もしビルドおよびデプロイメントプロセスを自動化されたかたちで管理しているのであれば、設定情報は常にこうしたプロセスを通じて適用されるべきであり、したがってバージョン管理やEscapeのようなツールに格納されていなければならない。

　こうしたことは、アプリケーションが相互に依存しあっていて、デプロイメントをオーケストレイトしなければならない場合に、リアルタイムに設定情報にアクセスしようと思うと特に重要だ。ひとつのアプリケーションの設定オプションがいくつか間違っていたことによってサービス全体が落ちてしまうと、計り知れない時間が失われることになる。こうした問題を診断するのは極端に難しい。

　各アプリケーションの構成管理はプロジェクトの開始期の中で計画しなければならない。エコシステムを構成するその他のアプリケーションがどうやって設定を管理しているかを考慮し、可能であれば同じ方法をとろう。構成管理をどのように行うかという判断をその場しのぎでやってしまい、その結果アプリケーションがすべて設定を別々の場所にパッケージングして、そこにアクセスするために別々の仕組みを使っているということはあまりに多い。これでは、環境の設定を確定することが必要以上に難しくなってしまう。

## 2.4.5 アプリケーション構成管理の原則

アプリケーションの設定はコードと同じように扱おう。また、適切に管理し、テストしよう。アプリケーションの設定を行うシステムを作る際に考慮すべき原則を一覧に挙げる。

- アプリケーションのライフサイクルの中で、設定の特定の一部分を注入する意味がある場所はどこかを考えよう。リリース候補をパッケージングする際の組み立てポイントなのか、デプロイメント時やインストール時なのか、起動時なのか、実行時なのか。運用チームや支援チームと話をして、彼らの要望が何なのかを明らかにしよう。
- アプリケーションで使うことのできる設定オプションを、ソースコードと同じリポジトリ内に保持しておこう。ただし、値はどこか別の場所に置いておこう。設定のライフサイクルはコードのライフサイクルと完全に異なっているし、パスワードやその他の機密情報は決してバージョン管理にチェックインしてはならないからだ。
- 設定を行う際には、自動化されたプロセスで設定リポジトリから取得した値を常に使うようにしよう。そうすることで、あらゆる環境にあるすべてのアプリケーションの設定を常に識別できるようになる。
- 設定システムは、アプリケーションやバージョン、さらにデプロイされる環境に応じて、アプリケーションに個別の値を提供できなければならない。あるアプリケーションの特定のバージョンをとりあげ、デプロイ先のあらゆる環境を通じて使うことのできる設定オプションが何であるのか、誰もが簡単にわかるようになっていなければならない。
- 設定オプションには明確な命名規約を用いよう。あいまいな名前や暗号じみた名前を避けよう。誰かがマニュアルを見ずに設定ファイルを読んでいるところを想像してみよう。設定プロパティが何なのかを理解できるべきなのだ。
- 設定情報はモジュール化し、カプセル化しよう。こうすれば、1か所変更した場合に、一見関連のない他の場所に波及してしまうことがなくなる。
- DRY（don't repeat yourself）原則を用いよう。設定の要素を定義する際には、各概念を表現している要素が、設定情報の中でひとつだけになるようにしよう。
- ミニマリストでいよう。設定情報はシンプルに保ち、焦点を絞っておこう。設定オプションを作るのは、要件があったり、そうすることに意味があったりする場合だけにしよう。
- 設定システムに関するオーバーエンジニアリングを避け、できる限りシンプルに保とう。
- 設定に対しては、デプロイメント時やインストール時に確実にテストを実行しよう。アプリケーションが依存しているサービスにアクセスできることをチェックし、スモークテストを使って、設定に依存している機能が期待通りに動くことを確認しよう。

## 2.5 環境を管理する

　孤立しているアプリケーションというものはない。あらゆるアプリケーションは動くために、ハードウェアやソフトウェア、基盤、あるいは外部システムに依存している。本書を通じて我々はこうしたもののことをアプリケーションの環境と呼んでいる。環境管理については第11章「基盤と環境を管理する」である程度扱っている。しかし、この話題は構成管理の文脈である程度議論しておく価値がある。そこで、ここで紹介しておこう。

　アプリケーションが実行される環境を管理する際に頭をよぎる原則は、その環境の設定がアプリケーション自体の設定と同じくらいに重要だということだ。たとえば、もしアプリケーションがメッセージングバスに依存していたら、そのバスを正しく設定しなければ、アプリケーションは動かない。OSの設定も同じように重要だ。たとえば、あるアプリケーションが動くためには大量のファイル記述子が必要になるかもしれない。もしOSシステムが定めているファイル記述子の上限がそれよりも低ければ、アプリケーションは動かない。

　設定情報を管理する上で最悪のアプローチは、その場限りのやり方で扱うというものだ。これでは、必要なソフトウェアを手作業でインストールし、関連する設定ファイルを編集することになってしまう。こうした戦略は最もよく見かけるものではある。一見シンプルに見えるが、この戦略をとると、すべてとはいわないまでもほとんどのアプリケーションで共通して問題が起きる。最も明らかな落とし穴はこうだ。何らかの理由で新しい設定が動かなかった場合に、正しく動くとわかっている状態に自信を持って戻すのが難しいのだ。以前の設定を一切記録していないからである。これに関連する問題を挙げよう。

- 設定情報を集めると大量になってしまう。
- すこし変更するだけでアプリケーション全体を壊してしまう。あるいは、性能に深刻なデグレードが発生する。
- いったん壊れてしまうと、問題を見つけ出して修正するためにどのくらい時間がかかるかわからないし、熟練した担当者をつける必要も生じる。
- 手作業で設定を行った環境をテストのために正確に再現するのは、極端に難しい。
- 設定なしでこうした環境を保守するのは難しい。したがって、異なるノードのふるまいはどんどん別々になっていってしまう。

　『THE VISIBLE OPS HANDBOOK—見える運用』において著者たちは、手作業で設定された環境のことを「職人芸」と呼んでいる。環境管理にかかわるコストやリスクを減らすためには、我々の環境を大量生産できるものにすることが欠かせない。こうしたものは繰り返し作ることができるし、作るのにかかる時間も予期できる。構成管理が貧弱であるせいで、甚大な出費が必要になってしまって

いるプロジェクトは、我々がかかわったものだけで大量にある。つまり、システムの構成管理のためだけに1チームを雇っているのだ。しかも、こうした状況は開発プロセスの生産性を下げ続ける。テスト環境や開発環境、あるいは本番環境にデプロイする作業が必要以上に複雑かつコストがかかるようになってしまうのだ。

環境管理の鍵は環境構築を完全に自動化されたプロセスで行うことにある。環境を新しく作るほうが古い環境を直すよりも常に安上がりであるべきなのだ。環境を再現できることはいくつかの理由で欠かせない。

- こうすることで、基盤がバラバラに散らかり、設定を理解している人が組織を辞めてしまってもう連絡がつかないということがなくなる。基盤や設定が混乱してしまうと、かなりのダウンタイムを背負い込むことになる。これは大きなリスクだし、しかもこんなリスクを抱える必要はない。
- 環境のひとつを修正するのには数時間かかるかもしれない。あらかじめわかっている時間内に環境を再構築できるほうがよい。そうすれば、正しく動くとわかっている状態に戻すことができる。
- テストのために、本番環境のコピーを構築できることが欠かせない。ソフトウェアの設定という観点からすると、テスト環境は本番環境の正確なレプリカであるべきだ。そうすれば設定の問題が早期に発見できる。

気にしておくべき環境設定の種類には次に挙げるものがある。

- 環境にあるさまざまなOS。バージョンやパッチレベル、あるいは設定も含む。
- 各環境に追加でインストールする必要のあるソフトウェアパッケージ。これはアプリケーションをサポートするものである。またここには、パッケージのバージョンや設定も含まれる。
- アプリケーションが動作する上で必要なネットワークトポロジー。
- アプリケーションが依存する外部サービス。外部サービスのバージョンや設定も含まれる。
- アプリケーション内のあらゆるデータや状態（たとえば、本番データベース）。

効果的な構成管理戦略の基礎となる原則で、我々が発見したものがふたつある。ひとつは、バイナリファイルを構成情報とは独立させておくこと。さらに、あらゆる設定情報を1か所にまとめておくこと。こうした基礎をシステムのあらゆる部分に適用させることで、自分たちの進む道が整備される。その結果、新しい環境の構築やシステムの一部のアップグレードや、システムを止めずに新しい設定をロールアウトさせるといったプロセスを、自動化されたシンプルなものにできる。

こうしたことは、すべて考える必要があるのだ。OSをバージョン管理にチェックインすることは明らかに非現実的だが、その設定のバージョン管理を行うことは間違いなく理に適っている。リモートインストールシステムと、PuppetやCfEngineのような構成管理ツールを組み合わせることで、中央集権的な管理とOSの設定が簡単に行えるようになる。この話題については、第11章「基盤と環境を

管理する」で詳細に扱う。

　ほとんどのアプリケーションにとっては、この原則をそのアプリケーションが依存しているサードパーティーのソフトウェアに対しても適用させることのほうが重要だ。優れたソフトウェアには、コマンドラインから実行でき、ユーザーによる介入を必要としない優れたインストーラーがついている。このインストーラーにはバージョン管理で管理できる設定がついており、インストール時に手作業を行う必要がないのだ。サードパーティーソフトウェアの依存関係がこうした基準を満たさないのであれば、別のものを探さなければならない。サードパーティーソフトウェアを選択する際のこうした基準は非常に重要なので、ソフトウェアを評価する活動すべての中核に置かなければならない。サードパーティーの製品やサービスを評価する際にはまず次の質問から始めよう。

- デプロイできるか？
- 設定のバージョンを効率的に変えられるか？
- 我々の自動デプロイメント戦略と整合するか？

　こうした質問に対して、どれかひとつでも何らか「YES」と答えられないのであれば、実施し得る対処はいくつかある。詳しくは第11章で議論する。

　適切にデプロイされた状態にある環境は、構成管理の用語では**ベースライン**と呼ばれる。自動化された環境プロビジョニングシステムは、プロジェクトで最近存在したあらゆるベースラインの構築や再構築ができなければならない。アプリケーションのホスト環境をどこか変更するたびに、その変更を格納し、ベースラインの新しいバージョンを生成してそれをアプリケーションのバージョンと関連づけなければならない。こうしておけば、次にアプリケーションをデプロイしたり、新しい環境を構築したりするときに、この変更が確実に取り込まれるようになる。

　本質的には環境をコードと同じように扱わなければならないのだ。つまり、インクリメンタルに変更して、その変更をバージョン管理にチェックインするのである。あらゆる変更はテストして、その新しいバージョンの環境で動作するアプリケーションを何も壊していないことを保証しなければならない。

---

### 構成管理を基盤に適用する

　最近我々がかかわったプロジェクトでは、構成管理の効果的な利用とそれほど効果的ではないアプローチとの違いを際立たせるようなことがあった。

　最初のプロジェクトでは、プロジェクトが基づいているメッセージング基盤を置き換えることにした。そのプロジェクトでは非常に効率的に構成管理が行われていたし、設計もうまくモジュール化されていた。基盤を置き換える前に、我々は最新バージョンにアップグレードしようとした。ベンダーも、我々のやりたいことはこれでほぼできるだろうと保証してくれた。

我々のクライアントもベンダーも、明らかにこのアップグレードは大がかりな作業になると考えていた。彼らは数か月かかると計画し、開発チームに与えるかもしれない壊滅的な影響のことを心配していた。実際のアップグレードでは、我々のチームメンバー二人で作業を行い、本節で説明したようなやり方で新しいベースラインを準備した。テストをローカルで行い、その際にトライアルバージョンに対して受け入れテストパックを一式すべて実行した。そのテストによって、数々の問題が明らかになった。

目に付く問題にはほとんど対応したが、すべての受け入れテストを通るようにはできなかった。それでも、その修正は簡単に行えるだろうという自信を持てるところまでは来ていた。しかも、最悪の場合でも、以前のベースラインイメージに戻すことはできたのだ。すべてバージョン管理内に安全に格納されていたからである。ほかの開発チームの同意を得て、我々は変更をコミットし、メッセージ基盤のバージョン変更に伴って入り込んだバグをチーム全体で一緒に修正できるようにした。このプロセスはすべて１日で終わった。しかも、自動テストをすべて実行して作業の結果を確認するところまでいったのである。その後に続くイテレーションで、他にバグがないかどうかを手作業でテストして注意深く観察したが、ひとつも見つからなかった。自動受け入れテストのカバレッジが十分優れていることが証明されたのだ。

ふたつめのプロジェクトでは、調子の悪くなったレガシーシステムを修正するように依頼された。このシステムは何年も本番稼働しており、性能は悪くエラーも起きやすかった。我々が参画したときには受け入れテストは存在せず、構成管理もソースコードレベルの最も基本的なものしか行われていなかった。我々のタスクのひとつはアプリケーションサーバーのバージョンをアップグレードすることだったが、システムが乗っていたバージョンはもはやベンダーによるサポートが切れていた。継続的インテグレーションによるサポートもなく、また自動テストもない状態のアプリケーションにしては、このプロセスはそれなりにスムーズに進んだ。しかし、変更した上でテストを行い、本番にデプロイするために、六人からなる小さいチームで二ヶ月を要した。

ソフトウェアプロジェクトである以上、ふたつのプロジェクトを直接比較することはできない。問題の技術はまったく異なっていたし、コードベースも異なっていた。しかし、どちらにもコアとなるミドルウェア基盤の一部をアップグレードする作業が含まれていた。一方は六人体制で二ヶ月かかり、もう一方は二人で半日作業するだけでよかったのだ。

## 2.5.1 環境管理のためのツール

PuppetとCfEngineは、OS管理を自動化できるようにするツールの例だ。このようなツールを使うことで、筐体へのアクセス権をどのユーザーに付与するべきで、どのソフトウェアをインストールするべきかといったことを宣言的に定義できるようになる。こうした定義はバージョン管理システム内に格納しておくことができる。システム上で実行されているエージェントが定期的に最新の設定を取り出し、OSとそこにインストールされているソフトウェアをアップデートするのだ。このようなシステムを使えば、ファイルを作成するためにログインする意味はなくなる。あらゆる変更はバージョ

ン管理システムを通じて開始されるので、あらゆる変更に対して、いつ誰が行ったのかという完全な履歴が取得できる。

仮想化を用いても環境管理プロセスを効率化できるかもしれない。自動プロセスを使って新しい環境をスクラッチから作る代わりに、自分の環境内にある各筐体のコピーをとり、それをベースラインとして格納すればよいのだ。こうしておけば、新しい環境の構築はたいしたことではなくなる。ボタンひとつクリックするだけで完了できるのだ。仮想化による恩恵としては他にも、ハードウェアを統合し、アプリケーションにさまざまな環境が必要である場合にもハードウェアプラットフォームを標準化できるというものがある。

こうしたツールについては第11章の「基盤と環境を管理する」でより詳細に扱う。

## 2.5.2 変更プロセスを管理する

最後に、環境に対して変更を行うプロセスを管理できるようにすることが欠かせない。本番環境は限られた人しか触れないようになっているべきだ。組織で定められた構成管理プロセスを経ない限り、誰も変更できないようになっているべきなのだ。この理由はシンプルである。ちょっとした変更であっても、本番環境を壊してしまう可能性があるからだ。変更は本番にいく前にテストしなければならないし、そのためにはスクリプト化され、バージョン管理にチェックインされていなければならない。そうしておけば、いったん変更が認められたら、自動化されたかたちで本番環境に展開できるのだ。

この意味で、環境に対する変更は、ソフトウェアに対する変更とほぼ同じなのだ。ビルド・デプロイ・テスト・リリースというプロセスを、アプリケーションに対する変更とまったく同じやり方で経なければならない。

この点からすると、テスト環境は本番環境と同じように扱わなければならない。ただ、承認手続きは常に本番よりもシンプルになるだろう。テスト環境の承認プロセスはテスト環境を管理する人の手にあるべきだからだ。しかしそれ以外の点では、構成管理は同じである。テスト環境へのデプロイメントプロセスと本番へのデプロイメントプロセスをそろえておくことが欠かせないのは、こうしておけば本番環境の管理に使うプロセスを、テスト環境にデプロイする際にテストできるからだ。テスト環境に対するデプロイメントのほうがこまめに行われるのである。ソフトウェアの設定上は、テスト環境を本番環境になるべく近づけておくべきだということは繰り返し言っておく価値がある。そうしておけば、本番にデプロイする際に初めてわかることがなくなると思われるからだ。だからといって、テスト環境が高価な本番環境のクローンであるべきだと言っているわけではない。そうではなく、管理やデプロイメント、あるいは設定を同じ仕組みで行うべきだということなのだ。

## 2.6 まとめ

　構成管理は本書に書かれていることすべての基礎である。構成管理を行わなければ、継続的インテグレーションもリリース管理もデプロイメントパイプラインも実現できない。また構成管理を行っておけば、デリバリーチーム内の共同作業に対して、多大なよい影響が与えられる。これまでの説明で明らかになっているとよいのだが、これは実装ツールをどれにするかというだけの問題ではない。それはそれで重要ではあるが、むしろ本質的には、優れたプラクティスを実践できるかどうかという問題なのだ。

　構成管理プロセスを徹底しているというなら、次の質問に「YES」と答えることができなければならない。

- 格納しているバージョン管理された資産を使って、本番システムをスクラッチから完全に再構築できるか？　ただし本番データは除く。
- 以前の、正しく動くとわかっている状態にアプリケーションを戻すことができるか？
- 本番やステージングあるいはテストといったデプロイ対象の環境が正確に同じやり方でセットアップされていると保証できるか？

　もしそうでなければ、組織はリスクを抱えていることになる。我々としては特に、次に挙げるものについてベースラインを格納し、変更を制御するための戦略を準備することをお勧めする。

- アプリケーションのソースコードやビルドスクリプト、テストドキュメント、要件、データベーススクリプト、ライブラリ、そして設定ファイル。
- デプロイメントやテスト、運用に使うツールチェーン。
- 開発環境やテスト環境、さらに本番環境。
- アプリケーションに関連するすべてのアプリケーションスタック。それも、バイナリと設定の両方。
- あらゆる環境で実行されるあらゆるアプリケーションに関連する設定。それも、アプリケーションのライフサイクル全体（ビルド、デプロイメント、テスト、運用）をまたがるもの。

# 第3章
# 継続的インテグレーション

## 3.1 導入

　非常に奇妙でありながら多くのソフトウェアプロジェクトに共通して見られる性質がひとつある。それは、開発プロセスの長い間アプリケーションが動く状態にない、というものだ。実際、大規模なチームによって開発されるソフトウェアのほとんどは、開発にかかる時間の大部分を使えない状態ですごすのだ。この理由を理解するのは簡単だ。開発の終わりまで、アプリケーション全体を実行してみることに興味がある人が誰もいないからだ。開発者は変更をチェックインするし、自動ユニットテストも実行するかもしれない。しかし、実際にアプリケーションを起動し、疑似本番環境で使ってみようという人は誰もいないのだ。

　このことは、寿命の長いブランチを使っていたり、受け入れテストを終了間際まで先延ばしにしたりしているプロジェクトには、間違いなく当てはまる。こうしたプロジェクトの多くは、開発の終わりに長い統合フェーズを計画し、開発チームがブランチをマージして、受け入れテストに備えてアプリケーションを動くようにすることができるようにしている。さらに悪いことに、プロジェクトによっては統合フェーズに入ってはじめて、ソフトウェアが目的にそぐわないことに気づくこともある。だが、統合には極端に長い時間がかかる可能性があるし、そもそも、どのくらい時間がかかるかを予期する方法は誰にもわからないのだ。

　その一方で、最新の変更によってアプリケーションが動かない状態にある時間が長くても数分であるというプロジェクトも、我々は数多く見てきている。この違いは継続的インテグレーションを行っているかどうかだ。継続的インテグレーションを行うためには、誰かが何か変更をコミットするたびにアプリケーション全体をビルドし、それに対して包括的な自動テストを実行しなければならない。さらに重要なことに、ビルドやテストプロセスが失敗したら、開発チームは何をしていても手を止めて、即座に問題を修正するのである。継続的インテグレーションの目標は、ソフトウェアを常に動く状態にしておくことだ。

　継続的インテグレーションについて最初に書かれたのは、ケント・ベックの著書『エクストリームプログラミング入門』（1999年刊行）でのことだった。XPにあるその他のプラクティスと同様に、継

続的インテグレーションの背後にあるのは、「もしコードベースを定期的に統合することがよいことなのであれば、それを常にやったほうがいい」という考え方だ。統合のコンテキストからすると、「常に」ということは、誰かがなんらかの変更をバージョン管理システムにチェックインするたびに、ということである。我々の同僚の一人であるマイク・ロバートが言うように、「継続的というのは、思っているよりも頻度が高い」[aEu8Nu]のである。

継続的インテグレーションによって、パラダイムシフトがもたらされた。継続的インテグレーションを行わなければ、ソフトウェアは、誰かが動くことを証明するまで壊れていることになる。そしてこの証明は通常、テストや統合の段階で行われる。継続的インテグレーションによって、ソフトウェアは新しい変更を行うたびに動くことが証明される（ただし、十分に包括的な自動テストがあってのことであるが）。さらに、壊れればその瞬間にわかり、即座に修正することができる。継続的インテグレーションを効果的に使っているチームはソフトウェアをはるかに速くデリバリーできるのであり、そうでないチームと比べてバグの量も少ない。バグはデリバリープロセスにおけるかなり早い段階で検出される。その時点であれば修正も安く上がり、コストも時間も大きく節約できる。したがって、我々は継続的インテグレーションがプロフェッショナルなチームにとって欠かせないプラクティスであると考え、バージョン管理の利用と同じくらい重要であると考えるのである。

本章ではこの後、継続的インテグレーションをどう実現すればよいかについて説明する。プロジェクトが複雑になるにつれてよく発生する問題をどう解決すればよいかを解説し、継続的インテグレーションをサポートする効果的なプラクティスを列挙しよう。また、継続的インテグレーションが設計や開発プロセスに与える影響についても解説する。さらに、分散したチームでCIを行うにはどうすればよいかといった、より応用的な話題についても議論する。

継続的インテグレーションは、本書と同じマーチン・ファウラー=シグニチャシリーズの本で詳細に扱われている。それが、ポール・デュバルの『継続的インテグレーション』(Addison-Wesley, 2006)だ。本書で扱っているよりももっと詳しい内容を知りたければ、この本を読むといい。

本章は主に開発者を対象としている。しかし、継続的インテグレーションの**プラクティス**についてもっと知りたいと思っているプロジェクトマネージャーがいれば、その人にとって役に立つであろう内容も含まれている。

## 3.2 継続的インテグレーションを実現する

継続的インテグレーションのプラクティスを実践するためには、ある前提が整っている必要がある。まずはその前提を網羅した上で、使うことのできるツールを見ていこう。おそらく、継続的インテグレーションを行う上で最も重要なのは、いくつかの本質的なプラクティスにチームが従わなければならないということだ。したがって、少し紙面を割いて、この点について議論しよう。

## 3.2.1 始める前に必要なもの

継続的インテグレーションを始められるようにする上で、必要なものが三つある。

### 1. バージョン管理

プロジェクトにあるものはすべて単一のバージョン管理リポジトリにチェックインしなければならない。コードから始まり、テスト、データベーススクリプト、ビルド・デプロイメントスクリプト、さらにアプリケーションの構築・インストール・実行・テストを行う上で必要なものすべてである。こう書くと、そんなことは当たり前だと思えるだろうが、驚くべきことにバージョン管理を一切使っていないプロジェクトもまだ存在するのだ。人によっては、自分たちのプロジェクトの規模であれば、バージョン管理を使わなくてもよいと考えているようなのだ。しかし我々は、バージョン管理を使わなくてよいほど小さいプロジェクトは存在しないと考えている。自分たちの必要とするものを作るために、自分たちのコンピュータ上で、自分でコードを書くときでも、やはり我々はバージョン管理を使うのである。シンプルで強力、かつ軽量で無料のバージョン管理がいくつかある。

リビジョン管理システムの選び方と使い方については、70ページの「バージョン管理を使う」と、第14章「高度なバージョン管理」でより詳細に扱う。

### 2. 自動ビルド

ビルドはコマンドラインを叩いて開始できるようにしておかなければならない。最初のうちは、コマンドラインプログラムから IDE にソフトウェアのビルドとテストを実行するよう指示を出すようにしておいてもいいし、複数のビルドスクリプトがお互いを呼び合うような複雑なものになるかもしれない。仕組みはどうあれ、人間なりコンピュータなりが、ビルド・テスト・デプロイメントプロセスをコマンドラインから自動的に実行できるようにしておかなければならないのだ。

今日では IDE や継続的インテグレーションツールが非常に洗練されてきているので、コマンドラインを叩くような操作をしなくてもソフトウェアをビルドしてテストを実行することができる。しかし、IDE を使わずにコマンドラインから実行できるようなビルドスクリプトを準備しておくべきだと我々は考えている。一見矛盾しているようだが、これには理由があるのだ。

- 継続的インテグレーション環境から、ビルドプロセスを自動的に実行できる必要がある。何か問題が起きたときに監視できるようにするためだ。
- ビルドスクリプトはコードベースと同じように扱わなければならない。テストをしなければならないし、常にリファクタリングも行わなければならない。そうすることで、スクリプトをきれいにしておけるし、理解も容易になる。IDE が作り出すビルドプロセスでは、こうしたことができない。プロジェクトが複雑になるにつれて、このことは一層重要になる。

- これによって、ビルドを理解し、保守し、デバッグするのが容易になる。さらに、運用担当者との共同作業もうまくいくようになる。

### 3. チームの合意

継続的インテグレーションは、プラクティスであってツールではない。実現するためには、開発チームがかなりコミットし、規律を守らなければならないのだ。全員に、インクリメンタルな変更を少しずつこまめにチェックインしてもらう必要があるし、変更によってアプリケーションが壊れてしまったら、それを修正することをプロジェクトにおける最大優先度のタスクとすることに合意してもらう必要もある。継続的インテグレーションを機能させるのに必要な規律が採用されなければ、継続的インテグレーションをやろうと努力しても、望むほどの品質の向上にはつながらないだろう。

## 3.2.2 基本的な継続的インテグレーションシステム

継続的インテグレーションを行うために継続的インテグレーションソフトウェアは必要ない。すでに言ったとおり、継続的インテグレーションとはプラクティスであってツールではないのだ。ジェームズ・ショアは継続的インテグレーションを開始する上で最も簡単なやり方について、「1日1ドルでの継続的インテグレーション」と呼ばれる記事 [bAJpjp] で説明している。使われていない開発機とゴム製のニワトリ、それにベルを使うのだ。この記事は読むに値する。CI のエッセンスをバージョン管理以外のツールを使わずに見事に示しているからだ。

だが実際には、いまどきの CI ツールはインストールして実行するのがきわめてシンプルだ。Hudson[1] や由緒正しい CruiseControl ファミリー（CruiseControl, CruiseControl.NET, and CruiseControl.rb）といったオープンソースツールもいくつかある。Hudson と CruiseControl.rb は、実に簡単に準備して実行できる。CruiseControl.rb は非常に軽量で、Ruby の知識がある人なら誰でも容易に拡張できる。Hudson にはプラグインが豊富に準備されており、ビルド・デプロイメントのエコシステムにあるほぼすべてのツールと統合できるようになっている。

本書の執筆時点で、小規模チーム用の無料版がある商用 CI サーバーがふたつある。それが、ThoughtWorks Studios の Go と、JetBrains の TeamCity だ。その他の商用 CI サーバーには、Atlassian の Bamboo と Zutubi の Pulse がある。ハイエンドなリリース管理とビルド支援システムで、普通のシンプルな CI にも使えるものに、UrbanCode の AntHillPro、ElectricCloud の ElectricCommander、IBM の BuildForge がある。こうしたシステムは他にも数多くある。完全な一覧が見たければ、CI 機能マトリクス [bHOgH4] を参照するとよい。

前述した前提を満たしていれば、選んだ CI ツールをいったんインストールすればほんの数分で CI

---

1 ［訳注］現在では Jenkins という名称になっている。

を始めることができる。ソースコントロールリポジトリがどこにあるか、コンパイルのためにはどのスクリプトを実行すればよいか、また必要に応じてアプリケーションのための自動コミットテストを実行するのはどのスクリプトなのか、さらに最新の変更によってソフトウェアが壊れてしまったらどうやって通知すればよいのかといったことをツールに指定すればよい。

はじめてCIツールでビルドを実行するときには、CIツールを実行する筐体にソフトウェアスタックと設定が足りないことに気づくことになるだろう。これは二度とない学習のチャンスだ。動くようにするためにやったことをすべてメモにとり、プロジェクトのwikiに上げよう。少し時間をとって、システムが依存しているソフトウェアや設定をバージョン管理にチェックインし、新しいボックスのプロビジョニングを行うプロセスを自動化しなければならない。

次のステップは、全員にCIサーバーを使い始めてもらうことだ。従うべきシンプルなプロセスを示そう。

最新の変更をチェックインする準備が整ったら、こんなことをしなければならない。

1. ビルドがすでに実行されているかを確認する。もし実行中であれば終了するのを待つ。もし失敗したら、チームの他のメンバーと一緒になって動くようにした上でチェックインする必要がある。
2. ビルドが終了してテストが通ったら、開発環境のコードをバージョン管理の最新バージョンで更新し、他の人が行った更新を取得する。
3. ビルドスクリプトとテストを開発機上で実行し、コンピュータ上ですべてがまだ正しく動いていることを確かめる。あるいは、CIツールの個人ビルド機能を使ってもよい。
4. ローカルビルドが通ったら、バージョン管理にコードをチェックインする。
5. 自分の変更に対してCIツールがビルドを実行するのを待つ。
6. もしビルドが失敗したら、今やっていることの手を止め、自分の開発機で即座に問題を修正する。その後、ステップ3にいく。
7. ビルドが通ったらまずは喜んで、それから次のタスクに移る。

どんな変更をコミットするときにも、チーム内の全員が必ずこうしたシンプルなステップに従えば、CIサーバーのある筐体と同じように設定されたあらゆる筐体で、常にソフトウェアが動くことがわかるようになるだろう。

## 3.3 継続的インテグレーションの前提条件

継続的インテグレーションをするだけで自然とビルドプロセスが修正されるわけではない。実は継続的インテグレーションは、プロジェクトの途中から始めようと思うと多大な苦痛を伴いかねないものなのだ。CIを効率的に行うには、始める前に次に挙げるプラクティスを準備しておく必要がある。

## 3.3.1 定期的にチェックインせよ

**継続的インテグレーション**を適切に機能させる上で最も重要なプラクティスは、trunk やメインラインにこまめにチェックインすることである。コードを一日に少なくとも２回はチェックインするべきだ。

定期的にチェックインすることで、他にも数多くの恩恵を受けられるようになる。こうすることで変更は小さくなり、ビルドを壊す可能性も低くなる。これはつまり、正しく動くとわかっているバージョンの最新版が準備され、ミスをしてしまったり、間違った方向に進んでしまったりした場合に元いた場所に戻ることができるようになるということだ。こうしておけば、リファクタリングに関する規律を以前より守れるようになり、ふるまいを保ったまま小さな変更を行うことにこだわるようになる。また、多くのファイルに手が入るような変更が他の人の作業とコンフリクトする可能性も低くなる。しかも、開発者がいろいろなことを模索するようになり、新しい考え方を試したり、最後にコミットされたバージョンに戻すことでそれを捨てたりするようになる。さらに、定期的に休憩をとってストレッチをすることになり、そのおかげで腱鞘炎や筋肉痛を防げるようになる。また、こまめにチェックインするということは、何か大惨事が起こっても（たとえば間違って何かを消してしまうといったもの）、それによって失われる作業はそれほど多くなくなるということだ。

trunk にチェックインするという表現を使ったのはわざとだ。バージョン管理のブランチを使って大規模なチームを管理しようとするプロジェクトは多い。しかし、ブランチを使いながら本当の意味での継続的インテグレーションを行うのは不可能だ。定義上、ブランチで作業しているということは、他の開発者と統合していないということだからだ。寿命の長いブランチを使っているチームは、統合に際して、本章の最初で説明したのとまったく同じ問題に直面することになる。きわめて限定的な状況を除き、我々はブランチを使うことを推奨しない。この問題については、第 14 章の「高度なバージョン管理」でより詳細に扱う。

## 3.3.2 包括的な自動テストスイートを作成せよ

自動テストの包括的なスイートがなければ、ビルドが通ったということからわかるのは、アプリケーションのコンパイルとアセンブルができたということだけだ。チームによってはこれだけでも大きなステップであるが、あるレベルの自動テストを準備して、アプリケーションが実際に動いていると自信を持って言えるようになることがきわめて重要なのだ。自動テストには多くの種類があり、これについては次の章でより詳細に議論する。しかし、継続的インテグレーションのビルドで実行しようと考えているテストは３種類だ。それが、ユニットテスト、コンポーネントテスト、受け入れテストである。

ユニットテストは、アプリケーションを構成する細かいコードのふるまいを個別にテストするために書かれる（つまり、メソッドや関数、あるいはそれらの小さいグループ間のインタラクションなど

だ）。ユニットテストは通常、アプリケーション全体を起動しなくても実行できる。ユニットテストでは、データベース（仮に存在しても）やファイルシステム、ネットワークを叩くことがない。アプリケーションが疑似本番環境で実行されている必要もない。ユニットテストは非常に高速に実行できなければならない。大規模なアプリケーションであっても、スイート全体を10分以内で実行できなければならないのだ。

コンポーネントテストでは、アプリケーション内にあるいくつかのコンポーネントのふるまいをテストする。ユニットテストと同じように、アプリケーション全体を起動する必要が常にあるわけではない。しかし、データベースやファイルシステム、あるいは他のシステムを叩くことになるだろう（もしかしたらスタブ化されているかもしれないが）。コンポーネントテストを実行するのには、もう少し時間がかかるのが普通だ。

受け入れテストでは、ビジネスによって定められた受け入れ基準をアプリケーションが満たしていることをテストする。受け入れ基準は、アプリケーションが提供する機能であることもあれば、キャパシティや可用性、セキュリティといった性質であることもある。受け入れテストは、アプリケーション全体を疑似本番環境で起動した状態で実行するのが一番いい。受け入れテストを実行するには長い時間がかかる。受け入れテストスイートを順に実行して1日以上かかったという話も聞いたことがある。

これら3セットのテストを組み合わせることで、きわめて強い自信を持って、新しく加えられた変更が既存の機能を破壊していないと言えるようにならなければいけない。

## 3.3.3 ビルドプロセスとテストプロセスを短く保て

コードをビルドしてユニットテストを実行するのにあまりに長い時間がかかると、こんな問題が発生する。

- チェックインの前に全体をビルドしてテストを実行するのをやめてしまう。すると、前よりもビルドが失敗するようになっていく。
- 継続的インテグレーションのプロセスに非常に長い時間がかかるので、ビルドを再実行している間に複数のコミットが行われるようになる。すると、どのチェックインでビルドが壊れたのかわからなくなる。
- ソフトウェアがビルドされてテストが実行されるのをいつまでも待っていなくてはならないので、チェックインをこまめにやらなくなってしまう。

理想的には、コンパイルとテストプロセスのうちチェックインの前に実行するものやCIサーバーで実行するものは数分以上かからないようにするべきだ。我々の考えでは10分がほぼ限界である。5分で終わるならそのほうがいいし、90秒で終わるなら理想的だ。小さいプロジェクトで作業するのに慣れている人にとっては、10分はかかりすぎであるように感じるかもしれない。逆に、数時間にわたる

コンパイルを経験している年長者にとっては、非常に短い時間に思えるだろう。ちょっと紅茶を一杯淹れて、軽くおしゃべりをし、メールをチェックしてストレッチをするぐらいの時間だ。

これはひとつ前に挙げた要件、つまり、包括的な受け入れテストを一式準備するという要件と矛盾するように思えるかもしれない。しかし、ビルド時間を減らすためのテクニックは数多くある。まずは、テストをより高速に実行できるようにすることから考え始めよう。JUnit や NUnit をはじめとする xUnit 型のツールは、各テストにどのくらいの時間がかかったかを解析して出力してくれる。どのテストに時間がかかっているかを明らかにして、それを最適化する方法があるかどうか、あるいはもっと少ない処理でコードに対して同じカバレッジと自信を持てるようになる方法があるかどうかを考えよう。このプラクティスは定期的に実施すべきだ。

しかし、ある時点でテストプロセスを複数のステージに分割しなければならなくなる。これについては第5章の「デプロイメントパイプラインの解剖学」でより詳細に説明する。どうやってテストを分割すればよいだろう？　まず最初にやるべきなのは、ステージをふたつ作ることだ。最初のステージでは、ソフトウェアをコンパイルし、ユニットテストスイートを実行する。このテストでは、アプリケーションを構成する個別のクラスをテストする。そして、デプロイ可能なバイナリを生成するのだ。このステージをコミットステージと呼ぶ。ビルドにおけるこのステージについては第7章でかなり詳細に扱う。

ふたつめのステージでは、最初のステージからバイナリを取得し、受け入れテストを実行する。あるいは、もし存在すれば、インテグレーションテストやパフォーマンステストも実行する。最近のCIサーバーであれば、このようなやり方でビルドのステージを分け、複数のタスクを並列実行して、ビルドの結果が一目でわかるようにまとめることが簡単にできる。

コミットステージはチェックインの前に実行しなければならないし、CI サーバー上でもチェックインのたびに実行しなければならない。受け入れテストステージは、チェックインテストスイートが通ったら実行するべきだが、もう少し時間がかかる。2番目のビルドが30分以上かかることがわかったら、マルチプロセッサのボックスを使ってテストスイートを並列実行することを考えるべきだ。あるいはビルドグリッドを構築してもよい。最近の CI システムであればこうしたことがシンプルにできる。コミットステージにシンプルなスモークテストスイートを取り入れておくのも役に立つことが多い。このスモークテストでは、シンプルな受け入れテストやインテグレーションテストをいくつか実施し、最もよく使われる機能が壊れていないことを確認し、もし壊れていたら素早くフィードバックする。

受け入れテストはほとんどの場合、機能ごとにまとめておいたほうがよい。そうしておけば、ある機能に対して変更した後に、システムのふるまいの中でも特定の側面に集中したテストのまとまりを実行できるようになる。ユニットテストフレームワークの多くで、このようなかたちでテストをカテゴリー分けできるようになっている。

あなたのプロジェクトが、いくつかのモジュールに分割して、それぞれを機能的に独立させる必要のある段階に来ていることもあるだろう。このような場合には、こうしたサブプロジェクトをリビジョン管理とCIサーバーの両方でどうまとめあげるかという観点から注意深く考えなければならない。これについては、第13章の「コンポーネントや依存関係を管理する」でより詳細に扱う。

## 3.3.4 開発ワークスペースを管理する

開発者が高い生産性で健全に作業するためには、開発環境が注意深く管理されていることが重要である。開発者が新しい作業に取りかかるときには、常に正しく動くとわかっている開始地点から始めるべきだ。ビルドを実行し、自動テストを実施し、コントロールされた環境にアプリケーションをデプロイするのである。一般的に、開発環境は開発者のローカルマシンに置いておくべきだ。開発に共有された環境を使うのは、例外的な状況だけだ。ローカルの開発環境でアプリケーションを実行する際には、継続的インテグレーションやテスト環境、さらに最終的には本番環境で使われるのと同じ自動プロセスを用いるべきだ。

これを実現する上でまずやっておかなければならないものが構成管理である。その対象はソースコードだけでなく、テストデータやデータベーススクリプト、ビルド・デプロイメントスクリプトも含む。これらはすべてバージョン管理に格納しなければならず、最も新しい正しく動くとわかっているバージョンをコーディングに着手する際の開始地点とするべきなのだ。この文脈で「正しく動くとわかっている（known-good）」という言葉が意味しているのは、作業しているリビジョンが継続的インテグレーションサーバー上で自動テストをすべて通ったということである。

2番目のステップは、サードパーティーの依存関係やライブラリ、コンポーネントに対する構成管理である。すべてのライブラリおよびコンポーネントに対する適正なバージョンがあることがきわめて重要である。適正とはつまり、自分が作業しているソースコードのバージョンと組み合わせて動くことがわかっているのと同じバージョンということだ。サードパーティーの依存関係を管理する上で役に立つオープンソースのツールがある。MavenとIvyが最も有名だ。しかし、こうしたツールで作業する場合には注意すべきことがある。正しく設定して、ローカルの作業ファイルにある依存対象に対していつも最新のバージョンを取ってきてしまうようなことがないようにしなければならない。

ほとんどのプロジェクトにとって、依存しているサードパーティーライブラリはそれほど頻繁には変更されない。そこで、最もシンプルに解決するなら、こうしたライブラリをソースコードと一緒にバージョン管理にコミットすればよい。こうしたことすべてについてのさらなる情報は、第13章の「コンポーネントや依存関係を管理する」で扱う。

最後のステップでは、スモークテストを含む自動テストが、開発機で実行できることを確認する。大規模システムだと、これはミドルウェアシステムを設定したり、データベースのインメモリバージョンやシングルユーザーバージョンを実行したりすることを含むかもしれない。これにはある程度の努力が必要だが、開発機上で動くシステムに対して、チェックインに先駆けて開発者がスモークテストを

実施できるようにすることによって、アプリケーションの品質を大きく向上させることができる。実際、アプリケーションアーキテクチャが優れていることを示すひとつの指標として、アプリケーションがそれほど労力を払わず開発機上で実行できるようになっているというものがある。

## 3.4 継続的インテグレーションソフトウェアを使用する

世の中には自動ビルドおよびテストプロセスに対して基盤を提供する製品が数多く存在する。継続的インテグレーションソフトウェアの最も基本的な機能は、バージョン管理システムをポーリングして何らかのコミットが行われたかを確かめ、もしコミットがあればソフトウェアの最新バージョンをチェックアウトし、ビルドスクリプトを実行してソフトウェアをコンパイルし、テストを実行し、結果を通知するのである。

### 3.4.1 基本的な操作

継続的インテグレーションサーバーソフトウェアの核心にあるのは、ふたつのコンポーネントだ。ひとつめが定期的にシンプルなワークフローを実行できるロングランのプロセスだ。ふたつめが、そのプロセスを実行した結果のビューを提供し、ビルドやテストの実行結果が成功だったか失敗だったかを通知し、テストレポートやインストーラーといったものへのアクセスを提供するものだ。

通常のCIワークフローでは、リビジョン管理システムに対して一定の間隔でポーリングを行う。もし何らかの変更が検知されたら、プロジェクトのコピーをサーバーのディレクトリかビルドエージェント上のディレクトリにチェックアウトする。その上で、指定したコマンドを実行する。通常こうしたコマンドは、アプリケーションのビルドを行った上で、対応する自動テストを実行する。

たいていのCIサーバーにはWebサーバーが含まれていて、実行したビルドの一覧が表示されるようになっているので（図3-1）、各ビルドが成功したのか失敗したのかを示すレポートを見ることができる。この一連のビルド指示は最終的に、本番や、その結果作られるバイナリやインストールパッケージといった成果物の格納先に届けられる。それによってクライアントやテスターが、ソフトウェアの最新の適正なバージョンを容易にダウンロードできるのだ。たいていのCIサーバーはWebインターフェイスやシンプルなスクリプトを通じて設定ができる。

### 3.4.2 オプション機能

CIパッケージのワークフロー機能を使うと、基本的な機能を超えて多くのことができるようになる。たとえば、最新のビルドのステータスを外部のデバイスに送ることができる。最新のビルドのステータスを示すのに赤と緑のラバーランプを使っている人を見たことがあるし、CIシステムがステータスをNabaztagのワイヤレスラビットに送っているのも見たことがある。我々が知っている開発者の一

人は電子工学のスキルを持っていて、ピカピカ光るライトとサイレンのついた豪華なタワーを作った。それが複雑なプロジェクトで行われるさまざまなビルドの進展を示すために動作するのだ。他の小技としては文字の読み上げソフトを使って、ビルドを壊した人の名前を読むというものもある。継続的インテグレーションサーバーの中にはビルドのステータスと一緒に、チェックインした人のアバターを表示できる。これを大きな画面に映すのもよいだろう。

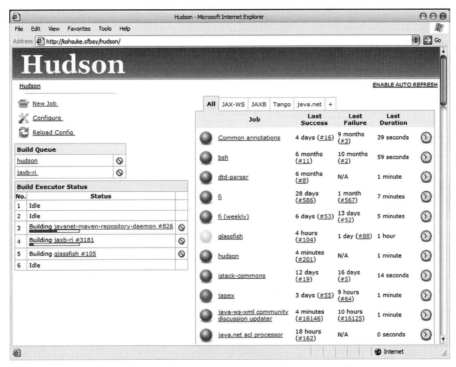

図3-1 川口耕介氏によるHudsonのスクリーンショット

　こうしたガジェットをプロジェクトで使う理由はシンプルだ。ビルドの状態を誰もが一目でわかるようになるすばらしい方法なのだ。CIサーバーを使うことで得られる最も重要な恩恵のひとつが可視性だ。ほとんどのCIサーバーソフトウェアにはウィジェットが同梱されており、それを開発機上にインストールすれば、デスクトップの隅にビルドの状態を表示することができる。こうしたツールは分散しているチームには特に役に立つし、少なくとも、同じ部屋で共同作業をしていないのであればそう言える。

　こうした可視性の唯一の欠点は、開発チームが顧客のすぐ近くで作業をしている場合に（アジャイルプロジェクトではほとんどが該当するべきだが）、ビルドの失敗はプロセスのごく自然な一部であるにもかかわらず、アプリケーションの品質に問題があることの兆候であると見なされるようになってしまうかもしれないということだ。だが、実は正反対なのだ。ビルドが失敗するということは、問題が見つかったということであり、本番にいってしまう可能性のあるものを事前に検出したというこ

となのである。しかし、これを説明するのが難しいこともある。我々はこうしたことを何度もやってきており、我々の誰にとっても好ましくないぐらい長い間ビルドが壊れてしまって、クライアントと交渉するのが難しくなった経験もある。それを踏まえて我々が推奨できるのは、可視性の高いビルドモニターを使い続け、それによって得られる本当の恩恵について説明する努力をすることだ。もちろん、誰にとっても最善の答えはビルドをグリーンに保つために最大の努力をすることである。

ビルドプロセスでソースコードの解析を行うようにすることもできる。テストカバレッジやコードの重複、コーディング規約に準拠しているかどうか、サイクロマチック係数、さらに健全性を示すその他の指標を判定し、各ビルドのサマリーページに結果を表示しているチームも多い。さらに、プログラムを実行してオブジェクトモデルやデータベーススキーマモデルの図を生成することもできる。これはすべて可視性にかかわる問題だ。

いまどきの高機能な CI サーバーを使えばビルドグリッドごとに作業を分散させ、ビルドを管理し、また、協力しあうコンポーネントのまとまり同士の依存関係を管理し、プロジェクト管理トラッキングシステムに対して直接レポートするといったことをはじめ、役に立つことを数多く実行できる。

### 継続的インテグレーションの先駆

継続的インテグレーションが導入される前は、多くの開発チームがナイトリービルドを行っていた。このナイトリービルドは長い間、Microsoft で一般的に使われるプラクティスだった。ビルドを壊した人は当直をして、その後のビルドを監視しなければならず、それは次に誰かがビルドを壊すまで続けられた。

今でもナイトリービルドを行っているプロジェクトは多い。これは毎晩、全員が家に帰った後に、バッチプロセスでコードベースのコンパイルと統合を行うという考え方だ。これは正しい方向に向いてはいるが、翌朝チームメンバーが出社したときになってコードがコンパイルできなかったことがわかるというのはあまり役に立たない。翌日にはまた新しく変更を行うのだが、その夜にならないとシステムが統合できるかどうかを検証できないのだ。そのため、何日もビルドがレッドのままになる。お察しのとおり、そうこうしているうちに、また統合の機会を逸してしまうのだ。加えて、共通のコードベースに対して作業しているチームが地理的に離れていて時差のある場所にいる場合、この戦略は役に立たない。

この次に起きた進歩は自動テストを追加することだった。我々がこれを試したのはもう何年も前のことだ。そのとき行ったのは最も基本的なスモークテストで、コンパイルした後にアプリケーションが動くかどうかを単純に確かめるというものだった。当時のビルドプロセスにとってこれは大きな一歩だった。我々は内心大喜びしたのだ。今日では、最も基本的な自動ビルドであってももう少し多くが望まれるだろう。ユニットテストは大きな進歩を遂げた。シンプルなユニットテストスイートであっても、それを実行することにより、後に続くビルドに対してはるかに大きな自信を持てるようになる。

プロジェクトによってはさらなる洗練がなされた（正直言うと、最近は見ていないのだが）。それが「ローリングビルド」のプロセスだ。これを行うと、スケジューリングされたバッチプロセスを使ってソフトウェアを夜間にビルドするのではなく、継続的にビルドが実施されるのだ。ビルドが完了するたびに最新バージョンがバージョン管理から取得され、またプロセスが開始されるのだ。1990 年代初頭に、デイブ

> はこのテクニックを使って優れた結果を納めた。夜間にビルドを行うよりは、こちらのほうがはるかにいい。このアプローチの問題は、特定のチェックインとビルドとの間に直接的な関係がないことである。したがって、開発者にとっては役に立つフィードバックループがある一方で、何がビルドを壊したのかというトレーサビリティが不十分であるため、大規模なチームにはスケールしないのだ。

## 3.5 基本的なプラクティス

さて、これまで我々が説明してきたことは、ほとんどがビルドとデプロイメントの自動化に関することだった。しかし、その自動化は人間が処理する環境の範囲でしか行われていない。継続的インテグレーションはプラクティスであってツールではなく、効果的にするには規律を守らなければならない。継続的インテグレーションシステムの運用を続けるためには、大規模で複雑なCIシステムを扱う場合には特に、開発チームが全体でかなりの規律を守らなければならない。

我々のCIシステムの目的は、ソフトウェアが動くことを確認することである。それも、本質的には常に確認するのだ。このような確認を行えるようにチームを強化するためのプラクティスを挙げよう。必須ではないがやったほうがよいプラクティスについては後ほど議論するが、ここに挙げるプラクティスは継続的インテグレーションを機能させる上で必須のものである。

### 3.5.1 ビルドが壊れているときにはチェックインするな

継続的インテグレーションにとって最大の罪は、ビルドが壊れているのにチェックインしてしまうことである。ビルドが壊れたら、それにかかわった開発者は直ちに修正する。ビルドが壊れた原因をできる限り早く特定し、修正するのだ。この戦略を適用すれば、ビルドが壊れた原因を突き止め、即座に修正することが常に容易にできるようになる。同僚の一人がチェックインをして、その結果ビルドが壊れてしまったら、その修正を最も容易に行うためには、問題がどこにあるかはっきりさせなければならない。その状態ではさらなる変更をチェックインしてはならない。新しくビルドがトリガーされてしまうし、さらに問題を増やしてしまうからだ。

このルールが破られると、必然的にビルドを修正するのにさらに時間がかかるようになってしまう。ビルドが壊れている状態に慣れてしまい、ビルドが常に壊れたままという状況にすぐに陥ってしまう。チームの誰かがその状況にしびれを切らして、英雄的な努力をもってビルドをグリーンにするまで、こうした状況は続く。そして、同じことがまた繰り返されるのだ。この作業が終わったすぐ後というのは、全員が一緒になってこの原則に従うことの大切さを思い出すいい機会だ。この原則に従うことで、グリーンなビルドが保証され、常にソフトウェアを動く状態にできるのである。

## 3.5.2 コミットする前に、常にローカルでコミットテストを実行せよ あるいは代わりにCIサーバーにやってもらえ

すでに何度も言っているように、コミットをすることはリリース候補を生成するトリガーとなる。これはある種の公開だ。どんなかたちであれ、ほとんどの人は自分の仕事を公開する前には確認するものだし、チェックインも同じである。

チェックインを軽量化して、気楽に20分程度の間隔で定期的にチェックインできるようにしたいのではあるが、それでもコミットする前には軽く立ち止まってコミットしてよいかを考えてみる程度には正式なものにしたい。ローカルでコミットテストを実行するのは、実際にコミットを実行する前の健全性チェックだ。また、自分たちが動くと信じているものが実際に動くことを確認する方法でもある。

作業が一段落してコミットの準備ができたら、開発者はバージョン管理から最新版を取得して、プロジェクトのローカルコピーを最新化しなければならない。その上で、ローカルビルドを行って、コミットテストを実行しなければならないのだ。これがうまくいってはじめて、バージョン管理システムに変更をコミットする準備が整ったと言える。

以前にこのアプローチを見たことがなければ、チェックインの前にローカルでコミットテストを実行する理由がわからないだろう。チェックインすればコードはコンパイルされ、コミットテストが実行されるからだ。このアプローチには理由がふたつある。

1. バージョン管理から最新版を取得した後で他の人がチェックインをしているかもしれず、自分が新しく変更したものと後からチェックインされたものを組み合わせたときにテストが失敗するかもしれない。チェックアウトした上でコミットテストをローカルで実行すれば、ビルドを壊すことなくこの問題に気づける。
2. チェックインで発生するエラーの原因でよくあるのが、リポジトリに新しい成果物をチェックインするのを忘れたというものだ。この手続きに従った上でローカルビルドが通っていれば、CI管理システムが**コミットステージ**で失敗した場合に、誰かが作業中にチェックインをしたか、自分が新しいクラスやまさに作業していた設定ファイルをバージョン管理システムにチェックインし忘れたかのどちらかだとわかる。

このプラクティスに従うことで、ビルドをグリーンに保っておけるのだ。

いまどきのCIサーバーは、プレテストコミット、パーソナルビルド、プリフライトビルド[2]といったさまざまな名前で知られる機能を提供している。この機能を使えば、自分でチェックインする代わりに、CIサーバーがローカルで行われた変更を受け取り、CIグリッド上でビルドを実行してくれる

---

2 ［訳注］コミット前に実施するビルド

のだ。ビルドが通れば、CI サーバーはあなたの代わりに変更をチェックインしてくれる。逆にビルドが失敗したら、どんな問題が起きたかを通知してくれる。この機能があれば、コミットテストが終わるのを待たずに次のフィーチャやバグフィックスの作業を開始できる。

執筆時点で、Pulse、TeamCity、ElectricCommander などの CI サーバーは、すべてこの機能を提供している。このプラクティスは分散バージョン管理システムとの相性がよい。中央サーバーにプッシュせずに、ローカルでコミットができるからだ。このやり方であれば、ローカルでのビルドが失敗したときの対応も簡単だ。パッチを作って変更を脇に置いておき、前に CI サーバーに送信したバージョンにコードを戻せばよい。

### 3.5.3 次の作業を始める前に、コミットテストが通るまで待て

CI システムはチームで共有するリソースだ。チームで CI が効果的に行われているのであれば、つまり我々のアドバイスに従ってこまめにチェックインを行っているのであれば、どんな理由であれビルドが壊れてしまうと、チームやプロジェクト全体がちょっとつまずくことになってしまう。

しかし、ビルドが壊れるのはこのプロセスにとってありふれた想定内のことだ。我々のねらいは、できるだけ素早くエラーを見つけて取り除くことにある。完璧を期したりエラーをゼロにしたりしようというのではない。

チェックインの時点で、それを行った開発者にはビルドの進捗を観察する責任が生じる。チェックインしたコードがコンパイルされ、**コミットテスト**に通るまでは、その開発者は作業を新しく開始してはならない。昼飯を食べに行っても、ミーティングを始めてもいけない。ビルドに対して十分注意を払い、数秒で出てくる**コミットステージ**の結果がそろうところを確認しなければならない。

コミットが成功して初めて、開発者は次の作業に着手できるようになる。コミットステージが失敗したら、すぐに問題の本質を突き止めて修正する作業を開始する。新しくチェックインしたり、バージョン管理に格納されている以前のバージョンに戻したりするのだ。この戻し作業では、動かすにはどうすればよいかがわかるまで自分たちの変更を取り消すのである。

### 3.5.4 ビルドが壊れているのに、家に帰ってはならない

金曜日、午後 5 時 30 分。同僚たちは退社していて、あなたもちょうど変更をコミットしたところだ。そこでビルドが壊れた。あなたには選択肢が三つある。残業するという事実を受け入れて、修正しようとするか、変更を取り消して、来週チェックインをやり直すか、とりあえず放置して、ビルドを壊れたままにするか。

ビルドを壊れたままにしてしまったら、月曜日に戻ってくるころには自分の行った変更に対する記憶は薄れていて、問題を理解して修正するのに非常に長い時間がかかるようになってしまうだろう。また、月曜日の朝、ビルドを直しに来る前に他の人が来ていたら、他のメンバーから後ろ指を指され

ることになる。朝来てみたらビルドが壊れていて、作業に支障をきたすのだから。週末に風邪をひいて、月曜日も仕事ができなくなってしまったら、電話が何本も鳴ってビルドをぶっ壊した詳細とどうやって修正するかを訊かれるか、同僚の一人があなたの変更をぶっきらぼうに破棄するか、どちらかだろう。この場合もやはり、後ろ指を指されることになる。

　ビルドが壊れることによる被害は、タイムゾーンが異なる地域にチームが分散している場合には何倍にもなる。一日の作業の終わりに壊れたままになった場合は特にそうだ。こうした状況では、ビルドが壊れているのに家に帰ってしまうというのは、離れた場所で作業している同僚とケンカをする上で最も効果的な方法だ。

　はっきりさせておくと、**ビルドを修正するために、長い時間残業しろ**と言っているわけではない。そうではなく、定期的に、万が一問題が起きても対処できるくらい早い時間にチェックインすることを勧めているのだ。そうでなければ、チェックインを翌日に持ち越したほうがよい。熟練した開発者は、作業終了の1時間前になったらチェックインしないことにしている。代わりに翌朝一番でチェックインするのだ。もし失敗したら、変更をソースコントロールからリバート[3]して、ローカルの作業コピーに置いておけばいい。バージョン管理によっては、他のユーザーにプッシュしなくても、ローカルリポジトリにチェックインを蓄積しておけるため、こうしたことがやりやすくなっている。分散型のバージョン管理にはどれもこの機能がある。

### 分散プロジェクトにおけるビルドの規律

　著者は以前、当時自分たちが世界最大のアジャイルプロジェクトだと考えていたところに従事していたことがある。このプロジェクトは地理的に分散しつつ、コードベースを共有して作業していた。チーム全体ではプロジェクトのライフサイクルにおけるさまざまなフェーズにあり、アメリカのサンフランシスコとシカゴ、イギリスのロンドン、インドのバンガロで同時に作業をしていた。一年を通しても、24時間のうちに誰もコードを触っていない時間は約3時間しかなかった。それ以外の時間では、バージョン管理システムに対して絶え間なく変更がコミットされ、新しいビルドも絶え間なくトリガーされていた。

　インドのチームがビルドを壊したまま家に帰ってしまうようなことがあったら、ロンドンのチームはその日の作業に恐ろしく支障をきたしただろう。同じように、ロンドンのチームがビルドを壊したまま家に帰ってしまうようなことがあったら、アメリカにいる同僚が次の8時間、ブツブツと悪態をつくことになっただろう。

　ビルドに対する厳格な規律が欠かせなかった。そのため我々はビルドマスターを割り当て、ビルドの保守をするだけでなく、ビルドを壊した人がそれを修正する作業をしているかどうかを確かめるための監視も行っていたのだ。もし修正していなければ、ビルドエンジニアがチェックインをリバートするのである。

---

3　［訳注］変更を元に戻すこと

## 3.5.5 常に以前のリビジョンに戻す準備をしておくこと

すでに説明したように、どんなに注意しても我々はミスを犯す。そこで、常に誰かがビルドを壊すことを想定するのだ。大規模なプロジェクトでは、ビルドが毎日のように壊れることはよくある。プレテストコミットを行うことで、ビルドが壊れる可能性が大きく緩和されても、この事態は起こり得るのだ。こうした状況では、ビルドの修正は通常シンプルで、すぐに原因がわかるし、ちょっと1行変更してコミットすれば修正できる。しかし、それよりもひどいことはときどき起きる。どこに問題があるかがわからないこともあれば、チェックインが失敗して初めて、今まさに行った変更にかかわる重要なものが何か足りないことに気づくこともあるのだ。

**コミットステージ**が失敗した場合に我々がとるリアクションがどのようなものであれ、すべてが動いている状態に素早く戻すことが重要なのだ。理由がどうあれ、問題を素早く修正できなければ、リビジョン管理に保持されている以前の変更にリバートし、問題に対する対応を自分たちのローカル環境で行うのだ。結局、そもそも我々がリビジョン管理システムを欲する理由のひとつは、このリバートを正確にできるようにするためだ。

飛行機のパイロットは、着陸するたびに何か問題が起きることを想定するべきだと教えられる。したがって、着陸するのをあきらめて、「一周して」もう一度着陸に挑戦する準備ができていないといけないのだ。チェックインをするときにも同じ心がけでいこう。何かを壊してしまうかもしれず、それを直すのに数分以上かかるかもしれないと想定しよう。そして、変更をリバートしてバージョン管理内にある正しく動くとわかっているリビジョンに戻すために何をすればよいか知っておこう。以前のリビジョンに問題がないことはわかっているはずだ。**ビルドが壊れていたらチェックインしてはいけない**のだから。

## 3.5.6 リバートする前にタイムボックスを切って修正する

チームのルールを作ろう。チェックインをしてビルドが壊れたら、10分時間を取って修正する努力をする。10分経っても解決できなかったら、バージョン管理システムから以前のバージョンに戻すのだ。余裕があるときには、多少オーバーしても構わない。たとえば、もしチェックインするためにローカルビルドを行っていて、それが中間あたりまでできているのであれば、終わるまで待ってうまくいくかを確かめてもいい。うまくいったのであれば、チェックインしてよいし、おそらくその修正でうまくいくだろう。ローカルで失敗したり、その後のチェックインで失敗したりしたら、正しく動くとわかっている状態にリバートしよう。

熟練した開発者はどんな場合でもこのルールを強制することが多い。他の人のビルドが壊れて10分かそれ以上の間直らなければ、喜んでリバートするのだ。

## 3.5.7 失敗したテストをコメントアウトするな

　ひとつ前に紹介したルールを強制し始めると、その結果として開発者が、失敗したテストをコメントアウトしてチェックインしようとすることがよくある。気持ちはわかるが間違っている。しばらく通っていたテストが落ち始めると、それがなぜかを突き止めるのは難しいことがある。本当にリグレッションの問題が見つかったのだろうか？　もしかしたら、テストで行っていた想定のひとつがもはや妥当ではなくなっているか、妥当な理由でテスト対象の機能が本当に変更されたのかもしれない。こうした事情のどれに該当しているのかを突き止めるには、全員と会話をしなければいけないし、時間もかかる。しかし、何が起きているのかを全力で突き止め、コードを修正するか（リグレッションが見つかった場合）、テストを修正するか（想定していたもののひとつが変更されていた場合）、消すか（テスト対象の機能がもう存在しない場合）する作業は欠かせないのだ。

　失敗したテストをコメントアウトするのは、最後の手段であるべきだ。正しく修正するという訓練を十分に行っていない限り、よほどのことがなければ使ってはならない。スケジュールに乗せる必要のある重大な開発作業があったり、顧客との打ち合わせがあったりする場合には、ごく一時的にテストをコメントアウトしてもよい。しかし、こういうことをすると、低きに流れがちだ。我々は、テストの半分がコメントアウトされたコードを見たことがある。コメントアウトされたテストの数を追跡して、目に見える巨大な図に貼り出すか、画面に映し出すとよい。コメントアウトされたテストが閾値を超えたら、ビルドが失敗するようにしてもよい。閾値はおそらく全体の2%程度だろう。

## 3.5.8 自分が変更してビルドが壊れたら、すべてに対して責任をとれ

　変更をコミットして、自分の書いたテストが全部通っても、他の人の書いたテストが通らなかったら、ビルドは壊れたままだ。通常、このことが意味するのはアプリケーションにリグレッションバグを埋め込んでしまったということだ。変更をした以上、その結果に対して通っていないテストをすべて修正するのは、変更した人の責任だ。CIの文脈で考えればこれは明白だと思われるが、実際にはこのプラクティスはそれほど多くのプロジェクトで使われていない。

　このプラクティスで示唆されていることがいくつかある。まず、変更の過程で壊す可能性があるコードにはすべてアクセスできるようになっている必要がある。そうでなければ、壊れたときに修正できない。さらに、コードの中に自分だけが作業するサブセットを開発者が持つことはできないということだ。CIを効率的に行うには、全員がコードベース全体にアクセスできる必要がある。もし何らかの理由でコードに対するアクセスがチーム全体で共有されていない状況に追い込まれたら、必要なアクセス権を持っている人とうまく協力して切り抜ければよい。しかし、これはあくまで次善策だ。こうした制約を取り除くように努力しなければならない。

### 3.5.9 テスト駆動開発

包括的なテストスイートを準備することは、継続的インテグレーションに欠かせない。自動テストのための戦略については次の章で詳細に扱うが、ひとつ強調しておこう。継続的インテグレーションがもたらすものの核心である素早いフィードバックは、ユニットテストのカバレッジが十分にないと可能にならないのだ（受け入れテストのカバレッジが十分であることも同じく欠かせないが、受け入れテストを実行するにはもっと時間がかかる）。我々の経験からすると、ユニットテストのカバレッジを十分高くするには、テスト駆動開発を行うしかない。本書では、アジャイル開発のプラクティスについて教条的にならないようにしているが、継続的デリバリーのプラクティスを可能にする上でテスト駆動開発は欠かせない。

テスト駆動開発になじみがない人のために少し説明しよう。これは、新しい機能の一部を開発したり、バグの修正を行ったりする場合に、開発者がまずテストを作成するという考え方だ。このテストは、これから書かれるコードに期待されるふるまいを表現する実行可能な仕様となるのだ。こうしたテストによってアプリケーションの設計が駆動されるだけでなく、リグレッションテストとしても、コードやアプリケーションに期待されるふるまいに対するドキュメントとしても使えるようになる。

テスト駆動開発に関する議論は本書のスコープを超えている。しかし、こうしたプラクティスがすべてそうであるように、テスト駆動開発についても、訓練し現実に合わせなければ意味がない。テスト駆動開発について詳しく知りたければ、お勧めできる本が2冊ある。スティーブ・フリーマンとナット・プライスの『Growing Object-Oriented Software, Guided by Tests』と、ジェラルド・メサローシュの『xUnit Test Patterns: Refactoring Test Code』だ。

## 3.6 やったほうがいいプラクティス

この後に紹介するプラクティスは、必須ではない。しかし、役に立つことはわかっているので、プロジェクトで使うことについて少なくとも検討をすべきだ。

### 3.6.1 エクストリームプログラミング（XP）の開発プラクティス

継続的インテグレーションは、ケント・ベックの著作で紹介された12の中核的なプラクティスのひとつだ。したがって、その他のXPのプラクティスと相補関係にある。XPにある他のプラクティスを使わなかったとしても、継続的インテグレーションを行うことで、そうでない場合と比べて大きな違いが出る。しかし、他のプラクティスと組み合わせたほうがはるかに効果的なのだ。特に、前節で説明したテスト駆動開発とコード所有権の共有に加え、ソフトウェア開発を効率的に進めるための礎石としてリファクタリングを行うことも検討すべきだ。

リファクタリングとは、アプリケーションのふるまいを変更させることなくコードを改善するため

に、一連の小さい変更をインクリメンタルに行うことだ。CI とテスト駆動開発によって、リファクタリングが可能になる。変更によってアプリケーションのふるまいが変わっていないことが保証できるからだ。こうしておけば、コードの広い範囲に影響を与える変更も、アプリケーションを壊してしまうのではないかと心配することなく自由に行えるようになる。このプラクティスによって、チェックインをこまめに行うこともできるようになる。開発者は、細かい変更をインクリメンタルに行うたびにチェックインするのだ。

## 3.6.2 アーキテクチャ上の違反事項があった場合にビルドを失敗させる

システムアーキテクチャの中には、開発者が容易に忘れてしまう側面もある。我々は以前、こうしたルール違反が存在しないことを証明するテストをコミット時のテストに含めるというテクニックを使ったことがある。

このテクニックは実は限定的にしか使わないものなので、具体例を示さないと説明が難しい。

---

**ビルド時にリモートコールを強制する**

これを説明する上で最良の具体例として我々が思い出せるのは、分散サービスの集合として実装されたあるプロジェクトの事例だ。これは本当の意味で分散されたシステムで、クライアントシステムの重要な部分がクライアントシステムで実行されつつ、実際のビジネスロジックがサーバーでも実行されていたのだ。これは実際の業務要件によるもので、プログラミングがまずかったというだけではない。

開発チームは、すべてのコードを開発環境のクライアントシステムとサーバーシステムの両方にデプロイしていた。開発者は、クライアントとサーバー間でローカルコールを行っていたため、実際にはクライアントとサーバー間でリモートコールを行う必要があるという事実を容易に忘れがちだった。

デプロイメントにあたって我々は、このレイヤ化戦略を反映したファセットにコードをまとめた。我々はこうしてまとめた情報とコードの依存関係を評価するためのオープンソースソフトウェアを使い、また依存関係調査ツールの出力を grep して、規約に違反している依存関係がパッケージ間に存在しないかを確かめた。

このおかげで機能テストの前に問題が発覚し、システムのアーキテクチャを補強するのにも一役買った。ここで開発者はふたつのシステム間に重要なプロセス境界があることを思い出したのである。

---

このテクニックは少し重たいように思えるだろう。開発対象のシステムのアーキテクチャについて、開発チームで明確に理解しておくことはやはり必要だ。しかし、アーキテクチャに関する重要な問題を防ぐ上では、このテクニックは役に立つこともある。こうでもしなければ、早期に検出するのが難しいものもあるのだ。

### 3.6.3 テストが遅い場合にビルドを失敗させる

　前述したとおり、CIをうまく機能させるには細かくこまめにコミットしなければならない。コミットテストの実行に時間がかかってしまったら、チームの生産性を大きく損なうことになり得る。ビルドとテストが終わるまでの待ち時間が長くなるからだ。すると今度は、こまめにチェックインをするのが嫌になる。するとチームメンバーはチェックインを溜め始め、そのせいでコミットひとつひとつがより複雑になってしまう。マージ時のコンフリクトがより起こりやすくなり、エラーが入り込む確率も上がり、テストも失敗するようになる。こうしたことのせいで、すべてにおいて一層時間がかかるようになるのだ。

　テストを高速に実行できるようにしておくことが重要だということについて、チームは注意を払い続けなければならない。そこで、各テストに一定時間以上かかっているようであれば、コミットテストを失敗させてもよい。我々がこのアプローチを一番最近使ったときには、実行に2秒以上かかるテストがあった場合には必ずビルドを失敗させていた。

　我々が好んで用いるプラクティスでは、ちょっとした変更が広範囲に影響を及ぼし得る。これもそうしたプラクティスのひとつだ。もし実行するのに非常に長い時間のかかるコミットテストを書いてしまったら、変更をコミットするときにビルドが失敗することになる。そうしておけば開発者は、テストを高速に実行できるようにするための戦略について、注意深く考えるようになるのだ。テストが素早く実行できたら、開発者はもっとこまめにチェックインするようになる。開発者がもっとこまめにチェックインするようになれば、マージの問題が起きる確率も低くなる。さらに発生する問題も小さくなり、解決しやすくなって、開発者の生産性も向上する。

　だが、注意すべきこともある。このプラクティスは諸刃の剣になる可能性があるのだ。結果が変化し得るテストを作るときには慎重にならなければならない。たとえば、CI環境に何らかの理由で通常以上の負荷がかかった場合に失敗してしまうようなテストを作る場合だ。このアプローチを使う上で最も効果的なのが、ビルドのたびに用いるのではなく、大規模なチームに特定の問題に集中させるための戦略として使うというやり方だ。ビルドに時間がかかるようになってきたら、このアプローチを使ってしばらくの間チームの集中力をテストの速度向上に集めるのだ。

　忘れないでほしい。我々はテストの性能の話をしているのであって、性能テストの話をしているのではない。キャパシティテストについては、第9章の「非機能要件をテストする」で扱う。

### 3.6.4 警告やコードスタイルの違反があったときにビルドを失敗させる

　コンパイラ警告が出されるのには、たいていそれなりの理由がある。我々が採用し、ある程度成功を収めてきたある戦略は、開発チームから「コードナチズム」と呼ばれることもあった。これは、警告があった場合にビルドを失敗させるというものだ。状況によってはやや過酷かもしれないが、優れたプラクティスを強要するやり方としては効果的だ。

このテクニックをより効果的にするには、コーディング規約違反に対するチェックを好きなだけ追加すればよい。特殊なものでも一般的なものでも構わない。オープンソースのコードチェックツールはいくつもあるが、その中のひとつを使うことで、我々はある程度の成功を収めてきた。

- Simian はよく使われている言語のほとんど（テキストを含む）で重複を見つけ出すことのできるツールだ。
- Java の JDepend と、.NET 用の商業用姉妹版である NDepend は、設計の品質に関する役立つメトリクスを大量に生成する（メトリクスの中にはあまり役に立たないものもある）。
- CheckStyle は、悪いコーディングプラクティスを評価できる。たとえば、ユーティリティクラス内のパブリックコンストラクタ、入れ子になったブロック、長い行などだ。同様に、よくあるバグの元凶やセキュリティホールも検出できるし、拡張も簡単だ。.NET 用の姉妹版に FxCop がある。
- FindBugs は Java ベースのシステムで、CheckStyle の代わりになる。このシステムでも同じようなバリデーションができる。

これまで説明してきたとおり、プロジェクトによっては警告があった場合にビルドを失敗させるというのはあまりに厳格すぎると受け取られる。このプラクティスを徐々に導入するために我々がとってきたアプローチが、**ラチェット方式**だ。警告や TODO といったものの数を以前のチェックインと比較し、数が増えていたらビルドを失敗させるのだ。このアプローチを使えば、コミットのたびに少なくともひとつは警告や TODO の数を減らすことを容易に強制できる。

> ### CheckStyle: 結局、口うるさく言うことには意味がある
>
> 　コミットテストに CheckStyle テストを加えたプロジェクトのひとつで、あまりに口うるさく言われて嫌になってしまったことがある。我々のチームは経験のある開発者で構成されており、「しばらくの間口うるさく言われたことでよい習慣が身についたし、プロジェクトを始める上で適切な足固めができればよいだろう」ということで合意した。
>
> 　そして、数週間は CheckStyle を実行してきたところで、このテストを取り除いたのだ。これによってビルドの速度は上がったし、口うるさく言われることもなくなった。その後、チームメンバーが少し増え、さらに数週間が経ったところで、コードが「きな臭い」ことに気づきはじめた。シンプルな片づけ的リファクタリングにかける時間が以前よりも増えてきたのだ。
>
> 　最終的に我々が認識したのは、コストがかかるとは言え、CheckStyle をかけることで、ちょっとしたことが積み重なり、結果としてコードの品質が高くなっていたということだ。我々は再び CheckStyle を ON にして、引っかかったものをすべて修正するのにちょっと時間をかけるようにした。だが、少なくともあのプロジェクトにとって、これには意味があった。口うるさく文句を言われていることに不平を言うのを、我々はやめたのである。

## 3.7 分散したチーム

継続的インテグレーションを分散したチームで使うのは、プロセスやテクノロジーの観点からすると、他の環境でやるのと大差ない。しかし、チームメンバーが同じ部屋に座っていないという事実、しかも、もしかしたら時差のある場所で作業しているかもしれないという事実によって影響を受ける側面も存在する。

技術的に見て最もシンプルであり、プロセス的に見て最も効果的なのは、バージョン管理システムと継続的インテグレーションシステムの共有を続けるというアプローチだ。あなたのプロジェクトで、後の章で説明するデプロイメントパイプラインが使われているなら、それも同じようにチームメンバー全員が使えるようになるはずだ。

これは最も効果的なアプローチである。しかも、飛び抜けて効果的なのだ。この理想を実現するために努力する価値はある。ここで説明しているその他のアプローチはすべて次善策でしかなく、しかも大きな差が開いている。

### 3.7.1 プロセスに与えるインパクト

チームが分散していても時差がなければ、継続的インテグレーションを行う上での違いはほとんどない。もちろん、物理的なチェックイントークン[4]を使うことはできないが、CIサーバーによっては仮想的なチェックイントークンをサポートしている。また、チームが離れていると人間関係が若干希薄になるので、誰かにビルドを直すようリマインドしたときに気分を害させやすくなる。だから、パーソナルビルドのような機能が、一層役に立つようにはなる。だが、全体としては、プロセスは同一だ。

時差のある場所で作業するチームにとって、対処すべき問題はもっと多い。サンフランシスコのチームがビルドを壊したまま家に帰ってしまったら、ちょうどその時間に作業を始める北京のチームにとって深刻な問題となる。つまり、プロセスは変わらないのだが、プロセスを守ることの重要性が倍増するのだ。

分散したチームで構成された大規模プロジェクトでは、VoIPのようなツール（たとえばSkype）やインスタントメッセンジャーが非常に重要になる。物事を円滑に進める上で必要な、ちょっとしたコミュニケーションができるようになるからだ。プロジェクトマネージャーやアナリスト、開発者、テスターなど開発にかかわる人は皆、インスタントメッセンジャーやVoIPを使って互いに声を掛けあうことができなければならない。デリバリープロセスを円滑に進める上では、定期的にメンバーが行き来することが欠かせない。そうすれば、別のグループに属するメンバー同士が個人的に知り合えるからだ。チームメンバー間で信頼関係を築き上げることは重要だ。信頼関係というものはチームが分散していると、最も損なわれやすいのである。ふりかえりやショーケース、スタンドアップミーティ

---

4 ［訳注］チェックインに対して一意に振られる識別子

ング、あるいはその他普通のミーティングをビデオ会議で行うこともできる。他にも、開発チームがそれぞれ、スクリーンキャプチャ用ソフトを使って短いビデオを録画し、その日に作業した機能について話すというテクニックがある。

　もちろん、これは単なる継続的インテグレーションを越えた幅広い題材となる。ここで言いたかったのは、プロセスを同じにしつつ、適用にあたってはより厳しい規律が必要だということだ。

## 3.7.2 中央集権的継続的インテグレーション

　継続的インテグレーションサーバーの中には、ビルドファームの集中管理や、洗練された認証スキームといった機能があるものもある。これらの機能を使うことで、大規模分散チームに対し、継続的インテグレーションを中央集権サービスとして提供できるようになるのだ。こうしたシステムを使えば、チームで独自にハードウェアを確保しなくても、継続的インテグレーションをセルフサービスで容易に実施できる。同様に、運用チームがサーバーリソースを1ヶ所にまとめ、継続的インテグレーションとテスト環境の設定を管理して、どれも一貫性があって本番相当になっていることを保証することもできる。さらに、サードパーティーライブラリの構成管理といった優れたプラクティスを強制し、コードのカバレッジや品質に関する一貫したメトリクスを集積するためにプリインストールされたツールも提供できるようになる。最後に、こうしておけば、プロジェクトをまたがって標準的なメトリクスを収集・監視することができ、マネージャーやデリバリーチームがプログラムレベルでコードの品質を監視するためのダッシュボードを作れるようになる。

　仮想化も、中央集権CIサーバーとうまく組み合わせることができる。ベースラインイメージを格納しておけば、ボタンひとつで新しい仮想マシンをスピンアップさせることができるようになるのだ。仮想化を使うことで、完全に自動化されたプロセスによって新しい環境のプロビジョニングができるようになる。こうしたことは、デリバリーチームが自分たちで実施できるのだ。同様に、ビルドやデプロイメントを実行する環境が、常に一貫したベースラインバージョンであることも保証される。これには、「職人芸的な」継続的インテグレーション環境を取り除けるといううれしい作用もある。現在のテスト環境や本番環境と何の関係もないソフトウェアやライブラリ、設定などが何ヶ月にもわたって累積されてしまったものを捨て去ることができるのだ。

　中央集権的な継続的インテグレーションは全員にとってうれしい状況になり得る。しかし、これを実現するためには、新しい環境や設定、ビルド、さらにデプロイメントを、開発チームが自動化されたやり方で自分で入手できるようになっていることが欠かせない。最新のリリースブランチに対する新しいCI環境を入手しようと思ったときに、チームが何通かメールを送って数日待たなければならないのだとしたらどうなるか想像してほしい。そのプロセスが覆されて、自分たちの机の下に代わりの筐体を立てて独自の継続的インテグレーションを行うことになるかもしれないし、下手をすると、継続的インテグレーションを一切行わなくなってしまうだろう。

## 3.7.3 技術的な問題

　選択するバージョン管理システムによっては、チーム間に引かれた回線が細かったり遅かったりする場合、バージョン管理システムに対するアクセスやビルドおよびテストリソースに対するアクセスを地理的に分散されたチームで共有するのが、ひどく大変になることもあり得る。

　継続的インテグレーションがうまくいっていれば、チーム全体が定期的にコミットを行う。これが意味するのは、バージョン管理システムとのやりとりが、かなり高い水準で維持される傾向があるということだ。ひとつひとつのやりとりは、サイズを考えると比較的少ないのが普通だ。コミットや更新がこまめに行われるので、回線が細いと生産性に大きく影響を与える。開発の中央と十分に太い回線の接続を引くことには意味がある。同様に、Git や Mercurial のような分散バージョン管理システムに移行することを検討してもよい。そうすれば、伝統的に「マスター」と呼ばれるサーバーと通信できないときでも、チェックインできるようになるのだ。

> **分散バージョン管理でなければうまくいかない場合**
>
> 　数年前に我々が従事していたプロジェクトには、ある問題があった。インドにいる同僚との通信基盤があまりに遅く、またよく落ちたので、一切チェックインができない日が数日あったのだ。こういうことがあると、その後の数日にも連鎖的に影響を与えてしまう。最終的に無駄にしている時間のコストを分析したところ、回線をアップグレードするのにかかる金額が、ものの数日で元を取れることがわかった。また、別のプロジェクトでは、十分高速で信頼できる回線を引くことが純粋に不可能だった。チームは中央集権的なバージョン管理システムである Subversion から、分散バージョン管理システムである Mercurial に切り替え、その結果生産性は大いに向上した。

　バージョン管理システムを、自動テストの実行をホストするビルド基盤から十分近い場所に置いておくことには意味がある。これらのテストがチェックインのたびに実行されるのであれば、ネットワークを通じてかなりの量のやりとりが発生するということだからだ。

　バージョン管理システムや継続的インテグレーションシステム、さらにデプロイメントパイプラインにおけるさまざまなテスト環境をホストしている物理筐体は、あらゆる開発現場から平等にアクセスできなければならない。もしインドにあるバージョン管理システムがディスクフルが原因で止まってしまい、それがインドのメンバーが全員帰宅してしまった後だったら、ロンドンの開発チームはかなりの不利益を被ることになる。こうしたシステムに対するシステム管理者レベルのアクセスは、あらゆる場所からできるようにしておこう。各地域にいるチームが、アクセスできるだけでなく、自分たちの作業中に発生したあらゆる問題に対処できる知識も持っているようにしよう。

## 3.7.4 代替案

　開発の中央との間に太い回線を確立するために今以上のコストをかけられない理由があり、それを解消できないならば、理想的ではないにしてもやり方はある。継続的インテグレーションシステムとテストシステムをローカルに立て、極端な場合にはバージョン管理システムもローカルに立てるのだ。おわかりのとおり、我々はこのアプローチを勧めているわけではない。これを避けるために、あらゆる手段を尽くそう。このアプローチには時間も労力もかかるし、アクセスを共有することに比べるとはるかに劣る。

　継続的インテグレーションシステムは簡単に作れる。継続的インテグレーションサーバーやテスト環境、さらには本格的なデプロイメントパイプラインをローカルに立てることは十分可能なのだ。ローカルで手作業によるテストを大量に行わなければならないのであれば、これにも意味はある。もちろん、これらの環境は注意深く管理し、各地域で一貫させておく必要がある。唯一気をつけなければならないのは、バイナリやインストーラーのビルドは一回限りとし、それを必要とされる場所すべてに出荷すべきだ、ということだ。しかし、インストーラーのサイズが大きいせいで、これが現実的ではないことも多い。ローカルでバイナリやインストーラーをビルドしなければならないのであれば、ツールチェーンの設定を厳格に管理し、どこでビルドしても同じバイナリが生成されることを保証することが一層重要になる。これを保証するためのアプローチのひとつに、md5のようなアルゴリズムを使ってバイナリのハッシュを自動的に生成し、CIサーバーで「マスター」バイナリのハッシュと自動的に突き合わせて、差分がないことを確認する、というものがある。

　たとえばバージョン管理システムが遠隔地にあって、そことの通信回線が細く不安定であるといった極端な状況では、継続的インテグレーションシステムをローカルでホストするのもやむを得ない。継続的インテグレーションを使う目的として、我々が繰り返し述べているものに、できる限り早い時期に問題を識別する能力がある。どんなかたちであれバージョン管理システムが分割されていたら、この能力を妥協することになる。こうせざるを得ない状況においても、バージョン管理システムを分割することの目的は、エラーが入り込んでからそれを発見するまでの時間を最小化することであるべきだ。

　そもそも、分散されたチームがローカルでバージョン管理システムにアクセスできるようにするためには、選択肢がふたつある。アプリケーションをコンポーネントに分割するか、バージョン管理システムのうち、分散機能があるものか、複数のマスターを持てるようなものを使うかである。

　コンポーネントベースのアプローチの場合、バージョン管理リポジトリとチームを分割するのは、コンポーネントか機能によって引かれる境界だ。このアプローチについては、第13章「コンポーネントや依存関係を管理する」で、より詳細に扱う。

　もうひとつ、チームごとにローカルなリポジトリとビルドシステムを置き、全体のマスターリポジトリを共有するというテクニックも見たことがある。この機能を使う場合、日中チームがローカルリポジトリに対して行ったコミットを分けておく。そして、毎日決まった時間になると、ローカルチーム

のメンバーの一人が、責任を持ってチーム全体の変更をコミットし、発生するマージをすべて行うという労を担うのだ。これが行われるのはたいてい、時差が異なる分散チームのひとつがその日の作業を終えたときである。分散バージョン管理システムを使っていれば、この作業はもちろんはるかに容易になる。しかし、このソリューションは理想的ではないし、失敗して悲惨なことになったのを我々は見たこともある。大量のコンフリクトが発生してしまったせいだ。

　要約すれば、本書で説明しているのはすべて、分散したチームでもうまくいくことが多くのプロジェクトで証明されたテクニックである。地理的に分散したチームが効率的に協業する上で最も重要な要素が2、3あるが、我々はCIがそのうちのひとつだと考えている。継続的インテグレーションにおける「継続的」の部分が重要なのだ。他の選択肢が本当になければ、回避する方法はいくつかある。しかし、我々としては、回線を太くするのにお金を使ったほうが中長期的視点で見れば安上がりだと言いたい。

## 3.8 分散バージョン管理システム

　分散バージョン管理システム（DVCS）の台頭は、チームの共同作業のやり方に革命を起こした。オープンソースプロジェクトでは、かつてパッチをメールで送ったり、フォーラムにポストしたりしていたのだが、GitやMercurialのようなツールを使うことで、開発者やチームの間でパッチのやりとりをしたり、ブランチを作ったり、マージをしたりするのが信じられないくらい簡単になった。DVCSを使えば、オフラインでも簡単に作業し、変更をローカルにコミットして、他のユーザーにプッシュする前にリベースしたり、シェルブしたりできるようになった。DVCSの中核的な特徴は、すべてのリポジトリがプロジェクトの履歴全体を保持しているということだ。つまり、規約で定めるのでない限り特定のリポジトリが特権を持つことはないのだ。このように、中央集権的なシステムと比べると、DVCSには間接的なレイヤがひとつ多くある。ローカルの作業コピーに変更を加えたら、他のリポジトリにプッシュする前にローカルリポジトリにチェックインしなければならない。さらに、他のリポジトリからの更新があれば、作業コピーを更新する前にローカルリポジトリによって調整される。

　DVCSは共同作業のための強力なやり方を新しく提供しているのだ。たとえば、GitHubによってオープンソースプロジェクト用の新しい共同作業のモデルが開拓された。伝統的なモデルでは、あるプロジェクトにおける権威的なリポジトリに対する門番としてふるまい、コントリビューターから送られるパッチを受け入れたり拒否したりしていた。プロジェクトのフォークは、コミッター間での議論がまとまらないという極端な状況でしか起きなかった。しかし、GitHibモデルでは、まず最初にフォークが発生する。コントリビューターはまず対象プロジェクトのリポジトリをフォークし、変更を行い、オリジナルのリポジトリのオーナーに対して変更をプルしてくれるよう依頼するのだ。活発なプロジェクトでは、フォークの網の目が急速に増えていき、それぞれがさまざまな新しいフィーチャを実装していく。これらのフォークがさらに分割することもときどきある。伝統的なモデルでは、メー

リングリスト上でパッチが送られなくなったり、無視されたりしていたのだが、それと比べるとこのモデルははるかにダイナミックである。その結果、開発のペースはGitHubのほうが速くなりがちだ。コントリビューターが多数集まることになるからだ。

しかし、このモデルはCIのプラクティスにおける本質的な想定を揺さぶる。その想定とはすなわち、コードには正規で唯一のバージョンがあり（通常、メインラインあるいはtrunkと呼ばれる）、それに対してあらゆる変更がコミットされるというものだ。DVCSを使っても、バージョン管理のメインラインモデルは使えるし、CIを完璧にうまく行えるということを指摘しておくのは重要だ。ひとつのリポジトリをマスターと定め、そのリポジトリに対して変更があった場合にはCIサーバーが動くようにするのだ。そして、変更を共有するには、変更をすべてそのリポジトリにプッシュするよう全員に指示するのである。これは完璧に理にかなったアプローチで、多くのプロジェクトでこれがうまくいくところを我々は見てきた。このアプローチはDVCSの持つ多くの恩恵を保っている。たとえば、他のメンバーと共有せずに変更をこまめにコミットできる（ゲームをセーブするようなものだ）。新しいアイデアを調査していたり、複雑なリファクタリングを通して行っていたりするような場合、これは非常に役に立つ。しかし、CIができなくなってしまうような、DVCSの利用パターンもいくつかある。たとえばGitHubモデルは、コードの共有におけるメインライン／trunkモデルに違反している。したがって、本当の継続的インテグレーションの妨げとなる。

GitHubでは、各ユーザーの行った変更のまとまりが別々のリポジトリに存在しており、どのユーザーが行ったどのまとまりがうまく統合できるのかを簡単に識別する方法はない。リポジトリをひとつ作って、他のリポジトリをすべて監視し、どれかひとつに変更があったらすぐにマージしてみるというアプローチをとることもできる。しかし、このやり方はマージの段階でほぼ毎回失敗するし、まして自動テストを実行すれば必ず失敗することになる。コントリビューターの数が増加し、それに伴ってリポジトリの数も増加すれば、問題は爆発的に悪化していく。CIサーバーが言っていることに誰も耳を傾けなくなり、アプリケーションが現在うまく動いているかどうか（そして、動いていないのだとしたら、誰があるいは何が壊したのか）をコミュニケーションする手段としてのCIは失敗する。

継続的インテグレーションの恩恵のうちいくつかを提供している類似のモデルに立ち戻ることは可能だ。こちらのモデルでは、各リポジトリに対してCIビルドを構築するのである。変更が行われるたびに、マスターと定められたリポジトリからマージして、ビルドを実行するよう試みるのだ。図3-2は、CruiseControl.rbのスクリーンショットである。ここではRapidsmsプロジェクトの、メインリポジトリでのビルド結果が表示されている。なお、このプロジェクトにはフォークがふたつある。

このシステムを作るためには、メインプロジェクトリポジトリに向けられたブランチを、CC.rbの各Gitリポジトリに次のコマンドを使って追加しなければならない。`git remote add core git://github.com/rapidsms/rapidsms.git` ビルドがトリガーされるたびに、CC.rbはマージしてビルドを実行するよう試みる。

図 3-2　ブランチを統合する

```
git fetch core
git merge --no-commit core/master
[ビルドを実行するコマンドが続く]
```

　ビルドの後で、CC.rb は `git reset --hard` を実行し、ローカルリポジトリを、向き先のリポジトリの head で初期化する。このシステムは本物の継続的インテグレーションを提供しているわけではない。しかし、フォークやメインリポジトリの保守担当者に対して、フォークがメインリポジトリとそもそもマージできるかどうかを伝えることはできる。さらに、マージした結果できあがるバージョンのアプリケーションが正常に動くかどうかも伝えているのだ。おもしろいことに、図 3-2 を見ると、メインリポジトリが現在壊れていることがわかる。しかし、Dimagi のフォークはマージがうまくいっているだけでなく、壊れたテストも修正している（そしておそらく、独自の機能もいくつか追加しているのだろう）。

　継続的インテグレーションからもう一歩進めると、マーチン・ファウラーが「無差別なインテグレーション」[bBjxbS] と読んでいるものになる。このモデルでは、コントリビューターがフォークと中央リポジトリの間からだけでなく、フォークの間からも変更をプルできる。このパターンは GitHub を使った大規模プロジェクトではよく見られる。息の長いフィーチャブランチで作業している開発者が、そのフィーチャブランチからフォークしたリポジトリから変更をプルするのだ。実はこのモデルでは、特権的なリポジトリが存在している必要はない。テストがすべて通り、プロジェクトリーダーによって受け入れられたのであれば、ソフトウェアの特定のリリースはどのフォークから行ってもよいのだ。このモデルは DVCS の可能性を論理的に突き詰めている。

　継続的インテグレーションに対するこれらの代替案を用いても、高品質な動くソフトウェアを作ることができるのだ。しかし、そのためには次に挙げる条件をクリアしなければならない。

- 少人数の熟練したメンバーで構成されたコミッターのチームが、パッチのプルを管理し、自動テストの面倒を見て、ソフトウェアの品質を保証する。
- フォークから定期的にプルを行い、マージが難しい在庫がフォークに大量に溜まらないようにする。この条件は、リリーススケジュールが厳格である場合に特に重要になる。リリース間近になるまでマージするのを先延ばしにしたいという誘惑にかられるし、実際にそのころになるとマージをするのが極端に大変になっているからだ。これでは、まさに継続的インテグレーションが解決しようとした問題が再発していることになる。
- 比較的少人数の中心的な開発者が、比較的ゆっくりなペースで作業をする大きなコミュニティに支えられている。こうなっていれば、マージは管理可能になる。

これらの条件は、ほとんどのオープンソースプロジェクトや、小さいチーム一般に当てはまる。しかし、開発者がフルタイムで作業してる中規模から大規模なチームにこれが当てはまることはほとんどない。

要約しよう。一般的に、分散バージョン管理システムには大きなメリットがあり、共同作業のための強力なツールとなる。これは、分散プロジェクトであっても、そうでなくてもだ。DVCSは伝統的な継続的インテグレーションシステムの一部としてきわめて効果的だ。ひとつのリポジトリを中央と定めて、それに対して全員が定期的に変更をプッシュするのだ（少なくとも1日に1回）。他のパターンのうち、継続的インテグレーションは行わないがソフトウェアをデリバリーする上で効果的なものも、DVCSを使うことができる。しかし、前述したような正しい条件が満たされない限り、そのようなパターンを使う際には注意したほうがよいだろう。第14章の「高度なバージョン管理」では、こうしたパターンやそれが効果的となる条件について詳しく議論する。

## 3.9 まとめ

本書にあるプラクティスのうち、ひとつだけ選んで開発チームで実施しようというのであれば、継続的インテグレーションを選択することをお勧めする。継続的インテグレーションを行うことで、ソフトウェア開発チームの生産性が一段上にいくところを我々は何度も見てきた。

継続的インテグレーションを実施するということは、チーム内でパラダイムシフトを起こすということである。CIを行わない場合、アプリケーションが壊れていることをどこかで証明するまで、直されることがない。CIを行えば、アプリケーションは基本的に動く状態となる。ただ、それについてどこまで自信を持てるかは、自動テストのカバレッジによる。CIを行うことで、緊密なフィードバックループが作られ、問題が入り込んですぐ、まだ安上がりに修正できるうちに問題を発見できるようになるのだ。

CIを実現することで従わざるを得なくなる重要なプラクティスがあとふたつある。ひとつが適正な

構成管理であり、もうひとつが、自動ビルド・テストプロセスの構築と保守だ。チームによっては簡単ではないかもしれないが、このふたつはインクリメンタルに実現できる。適正な構成管理を行うためのステップについては前の章で議論した。ビルドの自動化については第6章の「ビルド・デプロイメントスクリプト」でさらに詳しく論じる。テストについては次の章でより詳細に扱う。

はっきりさせておきたいのだが、CIを行うためにはチームが規律に正しく従うことが求められる。しかし、どんなプロセスであってもこれは必要だろう。継続的インテグレーションで特別なのは、規律が守られているかどうかが端的に示されるという点だ。つまり、ビルドがグリーンになっているかをみればよい。ビルドがグリーンであるにもかかわらず、規律が十分守られていなかったらどうすればよいだろう。たとえば、ユニットテストのカバレッジが十分でなかったら。簡単だ。CIシステムにチェックを追加し、規律を守るよう強制すればよい。

ここから最後のポイントが導き出される。CIシステムを確立することで、さらなる基盤を構築するための基礎が固まるのだ。こうした基盤の例を挙げよう。

- 巨大なディスプレイを目に見えるところに置いて、ビルドシステムからの情報をまとめて表示する。これによって品質の高いフィードバックが得られる。
- テストチームがレポートとインストーラーを参照するためのシステムを立てる。
- プロジェクトマネージャー向けに、アプリケーションの品質に関するデータを提供する。
- デプロイメントパイプラインを使うことで本番にまで届けることのできるシステムを立てる。デプロイメントパイプラインを使えば、テスターや運用担当者がボタンひとつでデプロイできる。

# 第4章

# テスト戦略を実装する

## 4.1 導入

　ソフトウェアの一部が機能要件および非機能要件を満たしていることを検証するために、手作業での受け入れテストだけに頼っているプロジェクトはあまりに多い。自動テストが存在していても、まともに保守されず最新版に対応しなくなってしまっていて、手作業のテストを追加で行って補わなければならなくなっている。本章と、第2部の関連する章では、効果的な自動テストシステムの計画を立て、それを実装する際の助けになることを目的としている。それにあたって、よくある状況でのテスト自動化戦略を提供し、自動テストをサポートし、また自動化を可能にするためのプラクティスについて説明する。

　W・エドワード・デミングが挙げた14のポイントのうちひとつにこうある。「高品質を実現するために、大人数での調査に頼るのをやめよ。まずはプロセスを改善し、本番の品質を作り込め。」[9YhQXz] テストは職務横断的な活動であり、チーム全体を巻き込む。しかも、プロジェクトの最初から継続的に行わなければならない。品質を作り込むとは、自動テストをさまざまな抽象度で書くということを意味する（ユニットテスト、コンポーネントテスト、そして受け入れテスト）。デプロイメントパイプラインの一部としてそれらのテストを実行し、さらに、アプリケーションや設定、あるいは環境やソフトウェアスタックに変更があるたびにデプロイメントパイプラインがトリガーされるようにするのだ。手動テストも、品質を作り込む上で欠かせない。ショーケース、ユーザビリティテスト、あるいは探索的テストは、プロジェクトを通じて継続的に実施する必要がある。品質を作り込むということは、自動テスト戦略を改善するために定期的に作業するということでもある。

　理想的には、プロジェクトが始まったときから、テスターが開発者やユーザーと協力して自動テストを書く。これらのテストは、開発者がテスト対象のフィーチャについて作業を開始する前に書かれる。これらのテストは全体として、システムのふるまいに関する実行可能な仕様を形成し、テストが通れば、顧客が求める機能が完全に正しく実装されたことを証明することになるのだ。自動テストスイートは、アプリケーションに対して変更が行われるたびにCIシステムによって実行される。つまり、このテストスイートはリグレッションテストとしても使えるのだ。

これらのテストは、システムの機能面をテストしているだけではない。キャパシティやセキュリティ、その他の非機能要件は早期に固められ、それを守らせるために自動テストスイートが書かれる。こうした自動テストによって、これらの要件を妥協しなければならなくなるような問題が何かあれば、早期に検知される。発見が早ければ、修正するコストも安く上がるのだ。システムの非機能的なふるまいに対するテストがあるおかげで、開発者は経験的なエビデンスを基にリファクタリングやアーキテクチャを組み合わせられるようになる。「最近検索処理を変更したせいで、アプリケーションの性能が劣化した。ソリューションを考え直して、キャパシティ要件に合うようにする必要がある」という具合だ。

　この理想は、プロジェクトで適切な規律を早いうちから採用すれば、完全に実現できる。すでにある程度走り出しているプロジェクトで、こうした戦略を実装する必要があるとすると、事態はもう少し難しい。自動テストのカバレッジを高めるには時間がかかる。それに、注意深く計画を立てて、自動テストをどう実装するかをチームが学習している間も開発が続けられるようにしなければならない。レガシーコードベースはおそらく、こうしたテクニックの多くから恩恵を受けるだろう。ただし、はじめから自動テストを書きながら構築されたシステムと同じレベルの品質に至るまでには、長い時間がかかるだろう。こうしたテクニックをレガシーシステムに適用する方法については、本章の後半で議論する。

　テスト戦略の設計は、まず第一に、プロジェクトのリスクを識別して優先順位をつけ、それを緩和するためにどんなアクションを取ればよいかを決定するプロセスなのだ。しかし優れたテスト戦略には、他にもうれしい効果が数多くある。テストによってソフトウェアが期待どおりに動いているという自信が得られる。つまり、バグが減り、サポートのコストも安く上がり、製品の評判もよくなるのだ。また、テストをすることで開発プロセスに制約が与えられ、それによって優れた開発プラクティスが促進される。包括的な自動テストスイートは、アプリケーションに関する最も完全で最新化された形式のドキュメントとなる。実行可能な仕様のかたちを取っていて、システムがどう動くべきかだけでなく、実際にどう動くかも書いているのだ。

　最後に、ここではテストについて表層をさらったにすぎない。ここでの意図は自動テストの基本を網羅することにある。本書のこの後の話がわかるように十分なコンテキストを提供し、あなたのプロジェクトに合ったデプロイメントパイプラインを実装できるようにしたかったのだ。特に、テストの実装に関する技術的な詳細には踏み込んでいない。あるいは探索的テストのような話題については詳細に語ってもいない。テストについてより詳細に知りたければ、マーチン・ファウラー＝シグニチャシリーズにお勧めの本がある。リサ・クリスピンとジャネット・グレゴリーの『Agile Testing (Addison-Wesley, 2009)』だ。

## 4.2 テストの種類

テストにはさまざまな種類がある。ブライアン・マリックが考えたのが図4-1であり、これが今では、高品質なアプリケーションのデリバリーを保証するために必要な、さまざまな種類のテストをモデリングするために広く使われるようになっている。

この図では、四つの観点からテストが分類されている。ビジネスの観点からか技術の観点からか、そして、開発プロセスをサポートしているのか、プロジェクトを評価するのに使われるのか。

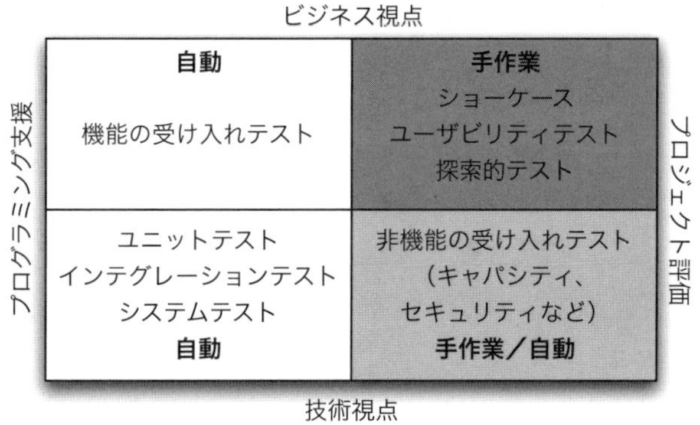

図4-1 テストの四象限図 ブライアン・マリックによる当時「話題になっていた」アイデアより

### 4.2.1 開発プロセスをサポートするビジネス視点のテスト

この区画にあるテストは、一般的に機能テストあるいは受け入れテストとして知られている。受け入れテストとは、ストーリーに対する受け入れ基準が満たされていることを保証するテストだ。受け入れテストは、あるストーリーに対する開発が始まる前に書かれなければならず、理想的には自動化されるのが望ましい。受け入れ基準と同じく、受け入れテストも構築するシステムのあらゆる属性をテストできる。そこには機能のほか、キャパシティやユーザビリティ、セキュリティ、変更しやすさ、可用性といったものが含まれる。システムの機能を関心の対象とする受け入れテストは、機能受け入れテストと呼ばれる。非機能の受け入れテストは、図の第4象限に該当する。機能テストと非機能テストの違いはあいまいでよく誤解されているが、それに関する詳細は、「プロジェクトを評価する技術視点のテスト」で後述する。

受け入れテストはアジャイルを行っている場合に欠かせない。なぜなら、開発者の「どうすれば完了したとわかるのか？」という問いに答えると同時に、ユーザーの「必要なものは手に入ったのか？」という問いにも答えるからだ。受け入れテストが通れば、テスト対象の要件やストーリーが何であれ、すべて完了したと言える。したがって理想的には、各要件に対する成功条件を定義した後で、顧客やユーザーが受け入れテストを書くのがよい。CucumberやJBehave、Concordion、あるいはTwistと

いったいまどきの機能テスト自動化ツールは、この理想を実現しようとしている。そのために、テストスクリプトを実装と切り離しつつ、シンプルに実装と同期できるような仕組みを提供しているのだ。こうすれば、ユーザーがテストスクリプトを書けるようになり、また一方では開発者やテスターがそれを実装するコード上で協力しあえるようになるのだ。

ストーリーや要件ひとつひとつを、ユーザーが実施するアクションの観点から見ると、一般的には、アプリケーションを通ることになる規範的なパスがひとつ存在することになる。このパスは**正常パス**と呼ばれる。このパスはこんな形式で表現されることが多い。すなわち「前提（Given）[テストを開始する際のシステムの状態について重要な特徴をいくつか書く]、もし（When）[ユーザーが実行するアクションを書く]、ならば（Then）[システムの新しい状態に関する重要な特徴をいくつか書く]となる」という形式だ。これは、テストのための「Given-When-Then」モデルと呼ばれることもある。

しかし、よほどシンプルなシステムでない限り、あらゆるユースケースには初期状態や実行されるアクション、アプリケーションの最終的な状態についてバリエーションが存在する。ときには、こうしたバリエーションは別々のユースケースとなることもある。その場合には**代替パス**と呼ばれる。そうでなければエラーを引き起こすべきで、その場合には**異常パス**と呼ばれる。こうしたさまざまな条件について別々の値を使って実行すれば、さまざまなテストを数多く行えることは明らかだ。同値分割分析や境界値分析によって、こうした可能性を減らして数の少ないテストケースを作り、それによって問題の要件を完全にテストできるようになる。しかし、その場合であっても、最も適切なケースを拾い出すには直感が必要だ。

受け入れテストは、システムを疑似本番モードにして実行するべきだ。手作業での受け入れテストは、通常、アプリケーションをユーザー受け入れテスト（UAT）環境に置いた上で実施される。UAT環境は、設定上もアプリケーションの状態から見てもできる限り本番に似せて作られる。ただし、外部サービスに対してはモックバージョンを使うかもしれない。テスターはアプリケーションの標準的なユーザーインターフェイスを使ってテストを実行する。自動受け入れテストも、同じように疑似本番環境で実行するべきだ。テストハーネスが、実際にユーザーが使う場合と同じやり方でアプリケーションとやりとりするのである。

## 4.2.2 受け入れテストを自動化する

自動受け入れテストには、価値ある特徴がいくつもある。

- フィードバックループを加速させる。開発者はテスターのところに行かなくても、自動テストを実行することで特定の要件を完成できたか確認できる。
- テスターの作業負荷を軽減する。
- テスターが反復作業に悩まされることがなくなり、自由な時間がとれるようになるので、探索的テストやもっと価値の高い活動に集中できるようになる。

- 受け入れテストが、強力なリグレッションテストスイートとなる。このことは、大規模なアプリケーションを書いていたり、大規模なチームで作業していたりするときに特に重要になる。複数のフレームワークや多くのモジュールが使用されているせいで、1ヶ所変更するだけで、他のフィーチャにも影響を与えるかもしれないからだ。
- ふるまい駆動開発が提唱するように、テストやテストスイートの名前を人間に読めるようにすることによって、テストから要件ドキュメントを自動生成することも可能になる。実際、CucumberやTwistのようなツールはアナリストが実行可能なテストスクリプトとして要件を書けるようにすることを目的に設計されている。このアプローチのメリットは、要件ドキュメントが陳腐化することがないということだ。ビルドのたびに自動生成できるからである。

　リグレッションテストの問題は特に重要だ。リグレッションテストは、前述の四象限図では触れられていない。カテゴリーをまたがるものだからだ。自動化されたテストが全体でリグレッションテストとなる。このテストのおかげで、変更を行ったときにも既存の機能を壊していないことが保証される。また、コードのリファクタリングも簡単になる。リファクタリングが完了したときにふるまいを一切変更していないことを検証できるからだ。自動受け入れテストを書くときには、リグレッションテストスイートの一部を形成することになるのだということを心に留めておかなければならない。

　しかし、自動受け入れテストの保守は高くつくかもしれない。下手にやると、デリバリーチームに対して重大なコストを負わせかねない。そのため、大規模で複雑な自動テストスイートを作ることに対して反対する人もいる[*1]。しかし、優れたプラクティスに従って適切なツールを使えば、自動受け入れテストを作成して保守するコストを劇的に低減できる。自動テストによる恩恵が明らかにコストを上回るところまではいけるのだ。こうしたテクニックについては、第8章「自動受け入れテスト」でより詳細に議論する。

　「すべてを自動化する必要はない」ということを覚えておくのは重要だ。システムの中には、性質上人間のほうがうまくテストできる側面も数多くある。ユーザビリティやルックアンドフィールの一貫性などは、自動テストで検証するのが難しい。探索的テストも自動的に実施するのは不可能だ。もちろん、シナリオの下準備やテストデータの生成のために、テスターが一部を自動化するのは構わない。多くの場合、手動テストで十分なこともあるし、実際、手動テストのほうが自動テストよりも優れている。通常我々は、自動受け入れテストの使用を制限して、正常パス的ふるまいを完全に網羅するだけにしがちで、それ以外の重要な場所については一部しか網羅していない。この戦略は安全だし効率的でもある。ただし、この場合には、他の種類の自動リグレッションテストで包括的なものが一式そろっていることを前提にしている。我々が「包括的」というときには、コードカバレッジが80%以上であることを指している。ただし、テストの品質がきわめて重要なのであり、カバレッジ自体は貧弱なメトリクスにすぎない。ここでいう自動テストのカバレッジには、ユニットテストやコンポーネン

---

1　たとえば、ジェームズ・ショアの [dsyXYv] など。

トテスト、受け入れテストが含まれている。そして、それぞれがアプリケーションの80%をカバーしていなければならないのだ（ユニットテストのカバレッジが60%で、受け入れテストのカバレッジが20%であれば合わせて80%であるという素朴な考え方には与しない）。

自動化された受け入れテストのカバレッジに対する試金石として、こんなシナリオを考えてみよう。システムの一部（たとえば永続化層）を差し替えて、別の実装でリプレイスしようとしていると思ってほしい。リプレイスが完了して、自動化された受け入れテストを実行し、テストが通った。システムが実際にうまく動いていると、どれほど自信を持って言えるだろうか？ 適切な自動テストスイートがあれば、リファクタリングを行うのに必要な自信が得られるし、さらにはアプリケーションのアーキテクチャを再構成することもできる。テストが通れば、アプリケーションのふるまいが実際に影響を与えられていないことがわかるからだ。

ソフトウェア開発というものがすべてそうであるように、プロジェクトはどれひとつとして同じものはないので、手動テストを繰り返し行うためにどれほどの時間が費やされているかを観察し、いつテストを自動化するべきかを判断する必要がある。経験則としては、同じテストを2回繰り返したら自動化するのがよいようだ。それも、テストの保守に大量の時間を費やさなくてもすむだろうという自信があるときだ。テストをいつ自動化するべきかという話題についてもっと知りたければ、ブライアン・マリックの論文「テストはいつ自動化するべきか」[90NC1y] を読むのがよい。

## 受け入れテストはUIを叩くべきか？

受け入れテストは、一般的にエンドツーエンドのテストで、本番相当の実際の動作環境で実行される。つまり、理想的にはアプリケーションのUIに対して直接実行するべきだということだ。

しかし、UIテストツールが採用しているアプローチはほとんどが素朴であるため、UIとテストを密結合させてしまう。すると、UIをほんの少しでも変更するとテストが壊れてしまうのだ。このせいで、誤った判定が多く下されることになる。アプリケーションのふるまいにはまったく問題がないのに、チェックボックスの名前が変わっただけでテストが壊れてしまうのだ。テストをアプリケーションと同期させておこうと思うと、何の価値もデリバリーすることなく大量の時間を浪費することになり得る。ことあるごとにこう自問しよう。「本当のバグで受け入れテストが壊れたことがどのくらいの頻度であっただろうか？ そして、要件が変わったために受け入れテストが壊れたことはどのくらいの頻度であっただろうか？」この問題を解決する方法はいくつかある。ひとつには、テストとUIとの間に抽象レイヤを設けて、UIが変更された際に必要となる作業の量を減らすことが考えられる。もうひとつは、UIのすぐ下に公開APIを設けておいて、それに対して受け入れテストを実行するのだ。UIもこのAPIを使って実際のアクションを実行する（言うまでもなく、UIにビジネスロジックが含まれていてはならない）。この場合、UIを叩くテストは必要である。ただし、ビジネスロジックを除いたUI自体のテストをすればよいので、テストの数は減らすことができる。大量の受け入れテストスイートを、ビジネスロジックに対して実行すればよいのだ。

この話題については、第8章の「自動受け入れテスト」でより詳細に扱う。

自動テストの中でも最も重要なのは、主要な正常パスに対するテストだ。ストーリーや要件それぞれが、少なくともひとつは自動化された正常パス受け入れテストを持つべきなのだ。こうしたテストは、開発者のスモークテストとして使われ、作業中に機能の一部を壊していないかどうかについて、素早くフィードバックを提供するべきだ。まずはこれを自動化するとよい。

　さらにテストを書いて自動化する余裕がある場合、代替正常パスと異常パスのどちらがよいかを選ぶのは難しい。もし、アプリケーションが十分安定していれば、代替正常パスのテストをしたほうがよいだろう。すべてユーザーが定義したシナリオだからだ。もしアプリケーションにバグが多く、ときどき落ちてしまうのであれば、異常パスのテストを戦略的に選択することで、問題領域を特定し修正する上で役に立つだろう。そして、自動化のおかげでアプリケーションが安定し続けることが保証される。

## 4.2.3 開発プロセスをサポートする技術視点のテスト

　これらの自動テストは、もっぱら開発者によって書かれ、保守される。このカテゴリーに当てはまるものには3種類ある。ユニットテスト、コンポーネントテスト、そしてデプロイメントテストだ。ユニットテストは、コードの特定の一部を個別にテストする。そのため、テストダブルを使って、システムの他の部分をシミュレートすることもよくある。ユニットテストでは、データベースにアクセスしたり、ファイルシステムを使ったり、外部システムと通信したりしてはならない。もっと一般化すれば、システムのコンポーネント間でやりとりしてはいけないのだ。このルールによって、ユニットテストは非常に高速に実行でき、変更によって既存の機能が壊れていないかということについてのフィードバックを素早く受け取ることができるのだ。こうしたテストは、システム内のほぼすべてのコードパスを網羅しなければならない（最低でも80%くらい）。こうして、この3種類のテストは、リグレッションテストスイートにおける重要な部分を占めることになるのだ。

　しかし、このスピードのために犠牲になっているものもある。アプリケーションのさまざまな構成要素間でやりとりが行われた結果発生するバグについては取りこぼしてしまうのだ。たとえば、（オブジェクト指向プログラミングであれば）オブジェクトやアプリケーションデータの一部が、まったく異なるライフサイクルを経るというのは実によくあることだ。アプリケーションをより大きなチャンクでテストしなければ、データやオブジェクトのライフサイクルが適切に管理されていないことに起因するバグを検出することができない。

　コンポーネントテストでは、もっと大きな機能のクラスタをテストするので、こうした問題を検知できる。コンポーネントテストは通常、ユニットテストよりも遅い。セットアップにも時間がかかるし、I/Oも多く、データベースやファイルシステム、あるいは他システムとも通信する。コンポーネントテストのことは「インテグレーションテスト」と呼ばれることもあるが、この用語はさまざまな意味で使われているので、本書では使わないことにする。

　デプロイメントテストは、アプリケーションをデプロイする際に必ず実施される。このテストでは、

デプロイメントがうまくいったことを確認する。別の言い方をすれば、アプリケーションが正しくインストールされ、正しく設定され、必要なサービスと接続できて、レスポンスが戻ってくることを確認するのだ。

## 4.2.4 プロジェクトの評価をするビジネス視点のテスト

　これらの手作業で行うテストでは、期待されている価値をアプリケーションがユーザーに対して実際にデリバリーしていることを検証する。これは、アプリケーションが仕様を満たしていることを検証するだけではない。その仕様が正しいことも確かめているのだ。アプリケーションの仕様が前もって完璧に定義されたプロジェクトなど、我々はこれまで従事したことも聞いたこともない。ユーザーがアプリケーションを実際に使ってみれば、改善の余地があることが明らかになるのは避けられないのだ。あるいは、ユーザーが操作をすることで壊れてしまうところも出てくる。それまでに誰も試したことのない操作の組み合わせをやろうとするからだ。自分たちが最もよく行う作業がもっとやりやすくできるはずだと、アプリケーションに対して不平を言うだろう。アプリケーションを触ることで、さらなる価値を提供してくれる新しい機能を思いつくかもしれない。ソフトウェア開発は本質的にイテレーティブなプロセスであり、効果的なフィードバックループを構築して初めてうまくいくのだ。違うとらえ方をしているとしたら、それは自分に嘘をついているということだ。

　ビジネス視点のプロジェクト評価用テストで最も重要なのがショーケースだ。アジャイルチームはイテレーションが終わるごとにユーザーに対してショーケースを実施して、デリバリーした新しい機能をデモして見せる。開発中も、できる限り頻繁に顧客に対して機能のデモをするべきだ。そうすれば、誤解していたり、仕様に問題があったりしたとしても、できる限り早期に検知できるからだ。うまくいったショーケースには、よい面も悪い面もある。ユーザーは新しい成果を手にして、いろいろと試してみるのが大好きだ。しかし、その結果として大量の提案や改善が出されるのは避けられない。この時点で、こうした提案を取り込むためにどこまでプロジェクト計画を変更したいのかを顧客とプロジェクトチームで判断しなければならない。ただ、結果がどうであれ、フィードバックは早めにもらったほうがよい。プロジェクトの終わりになって、変更できなくなってしまってからでは遅すぎるのだ。ショーケースはあらゆるプロジェクトにとって活力の根源となる。ショーケースをやって初めて、作業の一部が本当に完了したと言えるのだ。最終的にお金を払ってくれる人が満足してくれるからである。

　探索的テストについて、ジェームズ・バッハは手作業で行うテストの一形態だと説明している。その際、「テスターはテストを実施する際にテストの設計を積極的にコントロールし、そこで得られた情報を使ってよりよいテストを新しく設計する」のだ[*2]。探索的テストは創造的な学習プロセスである。単にバグを発見するだけでなく、自動テストを新しく作ることにもつながるし、潜在的にはアプリケーションに対する新しい要件のための素材も提供するのだ。

---

2　ジェームズ・バッハの「Exploratory Testing Explained」、2ページ。

ユーザビリティテストは、ユーザーがソフトウェアを使って目的を達成するのがどれほど簡単かを知るために行われる。開発をしていると、問題に視野が限定されてしまうことはよくある。技術畑でない人がアプリケーションの仕様を定めるために作業している場合であってもそうなのだ。したがってユーザビリティテストは、アプリケーションが実際にユーザーに価値を提供できるかどうかを測る究極のテストなのだ。ユーザビリティテストにはアプローチの方法がいくつかある。コンテキストをヒアリングすることから、アプリケーションの前にユーザーを座らせて、よくある作業を実施するところを記録することまでさまざまだ。ユーザビリティテスターはさまざまなメトリクスを集積する。ユーザーが作業を完了するまでどのくらい時間がかかるのかをメモに取ったり、間違ったボタンを押してしまわないかを監視したり、正しいテキストフィールドを見つけるのにどのくらい時間がかかるかをメモしたり、最終的な満足度を記録してもらったりする。

最終的に、アプリケーションを実際のユーザーに渡して、ベータテストプログラムを使ってもらってもよい。実際、Web サイトの多くは永遠にベータの状態にあるようだ。もっと将来を見越しているサイトのいくつかは（たとえば、NetFlix など）、選んだユーザーに対して継続的に新しいフィーチャをリリースしている。しかも、ユーザーはそのことに気づくことさえない。多くの組織では、カナリアリリースを用いている（321 ページの「カナリアリリース」の節を参照）。少しだけ異なるバージョンのアプリケーションを同時に本番に置き、その効果を比較するのだ。このような組織では、新しい機能がどのように使われるかに関する統計を収集し、十分に価値をデリバリーしていないようであれば破棄する。こうすることで、発展的なアプローチによって、非常に効果の高い機能を採用できるようになるのだ。

## 4.2.5 プロジェクトを評価する技術視点のテスト

受け入れテストには 2 種類ある。機能テストと非機能テストだ。非機能テストでは、機能以外のシステムの品質をすべてテストする。キャパシティや可用性、セキュリティなど。前述したように、機能テストと非機能テストの区別はそれほどはっきりしたものではない。これはビジネス視点のテストではないからだ。違いは明白に見えるかもしれないが、多くのプロジェクトでは非機能要件をその他の要件と同じように扱っていないし、（ひどいときには）非機能要件を一切検証しようとしないことさえある。ユーザーが時間をかけてキャパシティやセキュリティの性質を事前に定義することはほとんどないが、クレジットカード情報の詳細が盗まれたり、キャパシティの問題で Web サイトがよく落ちたりすれば、確実に腹を立てるだろう。そのため、「非機能要件」という名前がよくないという議論が数多くなされてきた。その代わりに提案されているのが、機能横断要件（cross-functional requirements）やシステム特性（system characteristics）といった用語だ。我々はこの考え方に共感しているが、本書では一貫して「非機能要件」という言葉を使っている。何の話をしているか、全員がわかるからだ。ただ、どう名前をつけても、非機能の受け入れ基準はアプリケーションの要件の一部として定義されるべきだし、それも、機能の受け入れ基準とまったく同じやり方でやるべきだ。

受け入れ基準が満たされているかどうかを確認するのに使われるテストや、そうしたテストを実行するのに使われるツールは、機能の受け入れ基準に従っているかを検証するのに使われるものとまったく異なるものになる傾向がある。非機能のテストを行うためには、実行するのに特殊な環境が必要であったり、準備して実装するのに専門知識が必要であったりするし、実行にも長い時間がかかる（自動化されている場合でも、そうでない場合でも）。したがって、実装は先延ばしになる傾向がある。完全に自動化されている場合であっても、機能の受け入れテストほどにはこまめに実行されないし、デプロイメントパイプラインのだいぶ後のほうに置かれることになる。

だが、こうした事態は変わってきている。非機能のテストを実施するのに使われるツールは成熟してきており、それを開発する際に使われるテクニックも主流になりつつある。我々としては、プロジェクトが始まるときに少なくとも基本的な非機能要件のテストはいくつか準備しておくことをお勧めする。リリースの直前になって性能が出ないという不意打ちを何度も食らっているからだ。このテストはシンプルな、ちょっとしたもので構わない。もっと複雑なプロジェクトやミッションクリティカルなプロジェクトでは、プロジェクトの最初から、もっと時間をかけて非機能要件のテストを調査し実装するべきだ。

## 4.2.6 テストダブル

自動テストにおけるポイントのひとつに、システムの一部を実行時にシミュレーション用のものと置き換えるということがある。このやり方であれば、アプリケーションのうちテスト対象となっている部分と他の部分との間で発生するやりとりが厳しく制約されるので、ふるまいはもっと簡単に決定できるようになる。こうしたシミュレーション用部品は、モックやスタブ、ダミーなどとも呼ばれる。我々はジェラルド・メサローシュが『xUnit Test Patterns』で使い、マーチン・ファウラーが要約している用語に従う [aobjRH][*3]。メサローシュは一般的な用語として「テストダブル」を提唱し、テストダブルのさまざまなタイプを詳細に区別している。

- ダミーオブジェクトは渡されるが、実際に使われることはない。普通は、パラメタリストを埋めるためだけに使われる。
- フェイクオブジェクトは、実際に動くように実装されている。しかし、通常はいくつか手抜きをしているので、本番で稼働させるには向かない。フェイクオブジェクトの好例が、インメモリのデータベースだ。
- スタブはテスト中に行われる呼び出しに対して、お決まりの回答を返す。普通は、テストのためにプログラムされたもの以外に対しては何も返さない。
- スパイはスタブの一種だが、どう呼ばれたかに関する情報をある程度記録する。メールサービスで、どれほどのメッセージが送信されたかを記録するものがこの一種と言えるだろう。

---

3 ［訳注］日本語版は http://capsctrl.que.jp/kdmsnr/wiki/bliki/?TestDouble。

- モックでは、呼び出されるであろう内容を定義したエクスペクテーションがあらかじめプログラムされる。期待していない呼び出しをされた場合には例外をスローし、期待される呼び出しがすべて行われたことを保証するために検証時にチェックすることもできる。

テストダブルの中でも、モックは間違って使われることが特に多い。モックを間違って使うと、意味がない上に脆弱なテストを容易に書いてしまう。コラボレーターとのやりとりではなく、いくつかのコードの動作に関する詳細をアサートするためだけに使ってしまうのだ。このような使い方が脆弱なのは、実装が変わるとテストが壊れてしまうからである。モックとスタブの区別について検討することは、本書のスコープをはるかに超える。ただし、第8章の「自動受け入れテスト」でより詳細に議論する。モックの正しい使い方を紹介した最も包括的な論文は、おそらく「Mock Roles, Not Objects」[duZRWb]*4だろう。また、マーチン・ファウラーは彼の記事「Mocks Aren't Stubs」[dmXRSC]で、いくつか参考文献を示している。

## 4.3 実際に起こり得る状況と戦略

テストを自動化しようとしたときに、チームが直面するであろう典型的なシナリオをいくつか示しておこう。

### 4.3.1 新規プロジェクト

新規プロジェクトは、本書で説明している理想を実現するチャンスである。この段階であれば、変更のコストは低く、比較的シンプルな基礎的ルールを定め、比較的シンプルなテスト基盤を構築すれば、継続的インテグレーションに向けたすばらしいスタートを切れる。このような状況であれば、重要なのは一番最初から自動受け入れテストを書くことである。そのためには、こんなことをやる必要がある。

- テクノロジープラットフォームとテストツールを選択する。
- シンプルな自動ビルドを準備する。
- INVEST原則 [ddVMFH]（独立していて、交渉が可能で、価値があり、見積もりできて、粒が小さく、テストできなければならない）に従ったストーリーを受け入れ基準と合わせて導き出す。

その上で、厳格なプロセスを実装できる。

---

4 ［訳注］日本語版は「ロールをモックせよ」（http://jmock.org/oopsla2004_ja.pdf）

- 顧客、アナリスト、テスターが受け入れ基準を定義する。
- テスターは開発者と作業して、受け入れ基準に従った受け入れテストを自動化する。
- 開発者は受け入れ基準を満たすふるまいをコーディングする。
- 自動テストがどれかひとつでも失敗したら（それがユニットテストでも、コンポーネントテストでも、受け入れテストでも）、開発者は優先度を最大にして、それを修正する。

このプロセスはプロジェクトの最初に採用したほうが、イテレーションを何度か行った後で受け入れテストが必要だと判断するのと比べて、はるかにシンプルである。開発も後のほうになると、受け入れテストを実装する方法を試しつつ見つけ出さなければならなくなる。フレームワークの中には受け入れテストをサポートする機能がまだ存在しないからだ。さらにその上、懐疑的な開発者に対してこのプロセスに従うことの必要性を粘り強く説明しなければならなくなる。チームメンバーに受け入れテストが必須だと思ってもらうのは、プロジェクトの最初から始めたほうがはるかにシンプルだ。

しかし、顧客やプロジェクトマネージャーを含むチームの全員が、受け入れテストによる恩恵に賛同することは欠かせない。あまりに多くの時間が自動受け入れテストのために費やされていると顧客が感じてしまったせいでキャンセルされたプロジェクトを、我々はいくつか見てきているのだ。自動受け入れテストスイートの品質を犠牲にしてでも、アプリケーションを素早く市場に出すことを優先したいと顧客が本当に思っているなら、その判断には従わなければならない。ただし、その結果何が起こるかははっきりさせておくべきだ。

最後にもうひとつ。重要なのは、受け入れ基準を注意深く書き、ストーリーによってデリバリーされるビジネス価値をユーザーの視点から表現するようにしておくことだ。下手に書かれた受け入れ基準を何も考えず自動化してしまうというのは、受け入れテストスイートが保守できなくなってしまう主要な原因のひとつだ。あなたの書く受け入れ基準ひとつひとつに対して、そこで記述された価値がユーザーにデリバリーされることを証明するための自動受け入れテストを書くことができなければならない。これはつまり、テスターが最初から要件を一緒に書くべきだということだ。そうして、一貫して保守しやすい自動受け入れテストスイートがシステムの成長を通じてサポートされることを保証するのである。

ここで説明したプロセスに従うことで、開発者のコードの書き方が変わる。プロジェクトの最初から自動受け入れテストを使って開発されたコードベースと、後から受け入れテストが考えられたコードベースを比較すると、ほぼ常に前者のほうが、カプセル化がうまく行われ、意図がわかりやすく、関心事が明確に分離され、コードの再利用もよく行われていることがわかる。これは本当の意味での好循環だ。適切なタイミングでテストをすると、コードは優れたものになるのである。

## 4.3.2 プロジェクトの途中

　プロジェクトをスクラッチから作り始めるというのは常に喜ばしいものだが、現実はそうもいかない。リソースの乏しい巨大なチームで、デリバリーのプレッシャーを受けつつ、変化の激しいコードベースに取り組んでいることが多いのだ。

　自動テストを導入するための最善の方法は、最も一般的で価値が高く重要なユースケースから始めることだ。そのためには顧客と会話して、本当のビジネス価値がどこにあるのかを明確に特定し、その上で、テストを使ってその機能をリグレッションから守るのだ。こうした会話を元に、この価値の高いシナリオを網羅する正常パステストを自動化するべきだ。

　さらに、こうしたテストが網羅するアクションの数を最大化しておくことは有益だ。普段ストーリーレベルの受け入れテストに取り組むときと比べて、少しだけ広いシナリオを網羅するようにしよう。テストでの要求を満たす際に、できだけ多くのフィールドに値を入力して、できるだけ多くのボタンを押すようにするのだ。このようなアプローチをとれば、コアとなるふるまいをテストする際に、テスト対象の機能をいくらか広く網羅できるようになる。システムの詳細で、失敗したり何かが変わったりしたことをテストで強調しなくてもよいのだ。これはたとえば、システムの基本的なふるまいがうまくいっていることがわかるが、いくつかのバリデーションがうまくいっていないことに気づけないかもしれないということだ。それでも、こうしておけば手動テストが少し効率的になる。フィールドひとつひとつに対してテストをする必要がないからだ。自動テストを通ったビルドが正しく機能し、ビジネス価値をデリバリーしていると確信できるようになる。たとえ、ふるまいのいくつかの側面が思ったように動いていなくても、である。

　この戦略が意味しているのはこういうことだ。正常パスしか自動化していないので、システムが完全にあるべき姿で動いていることを保証するには、相応に大量のテストを手作業で実施しなければならない。また、こうした手動テストがコロコロと変更されることに気づかされるだろう。新しく作られた機能や、新たに変更された機能をテストすることになるからだ。同じ機能に対して手動テストを2回以上行っていることに気づいたら、その機能がこの先変更されるかどうかを確かめてみよう。変更がなさそうであれば、そのテストを自動化するのだ。逆に、特定のテストを修正するのに長い時間をかけていることに気づいたら、テスト対象の機能はよく変更されるだろうと想定できる。その場合は、顧客や開発チームのところに行って、本当にそうかを確かめよう。実際によく変更されるのであれば、自動テストフレームワークにそのテストを無視するよう指示しよう（たいていそういうことができる）。ただし、そのときにできる限り詳細なコメントを書くことを忘れないこと。そうすれば、いつまたテストを自動化すべきかがわかるようになる。そのテストが今のかたちで使われることがもうないと考えているのであれば、削除しよう。もし見込み違いであっても、バージョン管理からいつでも戻すことができる。

　時間が迫っているときには、多くの操作を伴う複雑なシナリオをスクリプト化するために多大な労力をかけることはできないだろう。そういう状況では、さまざまなパターンのテストデータを使って

カバレッジを保証するほうがよい。テストの目的をはっきりと定義し、その目的を満たす上でできる限りシンプルなスクリプトを見出し、テスト開始時にアプリケーションができるだけ多くの状態になるようシナリオの数を増やすのだ。テストデータのローディングに関しては、第12章の「データを管理する」で議論する。

## 4.3.3 レガシーシステム

　マイケル・フェザーズは、著書『レガシーコード改善ガイド』の中で、「レガシーシステムとは自動テストのないシステムのことである」と挑発的に定義している。このシンプルな定義は役に立つ（ただ、物議はかもすだろう）。このシンプルな定義には、シンプルな経験則が付いてくる。それが、「変更するコードのテストを書け」だ。

　このようなシステムに取り組む際にまず優先するべきなのは、もし存在しなければ自動ビルドを作ることだ。その上で、システムの周囲を取り囲むように自動機能テストの足場を作っていくのである。自動テストスイートの作成は、ドキュメントがあれば容易になる。レガシーシステムで作業しているチームのメンバーと話ができればさらに簡単だ。しかし、そうではないことも多い。

　プロジェクトのスポンサーは、開発チームが価値が低いように見える活動に時間を使うことを許そうとしないし、システムですでに本番にあるふるまいのテストを作るという活動の価値は低いように思える。「この機能は過去にQAチームがテストしたのではないですか？」と思われてしまうのだ。だから、システムについて価値の高い活動を対象にすることが重要だ。顧客に対し、リグレッションテストスイートを作ってシステムの機能を保護することの価値を説明するのは簡単だ。

　システムのユーザーと一緒に座って、価値の高い使い方を特定するのが重要だ。前節で説明したのと同じテクニックを使って、この価値の高い中核的な機能を網羅する自動テストを幅広く作ろう。この作業に時間をかけすぎてはいけない。これはレガシーの機能を保護するスケルトンにすぎないからだ。新しく追加するふるまいに対しては、新しいテストを後からインクリメンタルに追加していけばいい。そうしたテストが本質的には、レガシーシステムに対するスモークテストになる。

　いったんこうしたスモークテストが準備できれば、ストーリーの開発を始めることができる。この時点では、自動テストをレイヤ化するアプローチが役に立つ。最初のレイヤは、シンプルで高速に実装できるテストにするべきだ。このテストを用いて、役に立つテストを行ったり、機能を開発したりする際の妨げになる問題を解消する。二番目のレイヤでは、特定のストーリー用の重要な機能をテストする。新しい機能については、新規プロジェクトの節で前述したのとできる限り同じやり方で開発し、テストを行うべきだ。新しいフィーチャ用には受け入れ基準を伴うストーリーが作られるべきであり、そうしたストーリーを完成させる上では自動テストを必須にしなければならない。

　これは、口で言うより難しいこともある。テストしやすいように設計されたシステムと比べると、そうでないシステムは、モジュール度が低く、テストするのも難しい。しかし、だからといって目的から目を背けてはならない。

こうしたレガシーシステムに固有の問題は、コードがモジュール化されていなかったり、構成が拙かったりする点にある。したがって、コードの一部を変更したときに、他の領域のふるまいに悪い影響を与えるというのはよくあることなのだ。こうした状況で役に立つであろう戦略がひとつある。テストが終了したときに、アプリケーションの状態を念入りに検証するのだ。時間があれば、ストーリーの代替パスをテストしてもよい。さらに、受け入れテストをもっと書いて、例外条件を検証したり、よくあるエラーモードや望ましくない副作用から保護したりすることもできる。

自動テストを書くのは価値をデリバリーできるときだけにするべきだということは重要なので覚えておこう。アプリケーションは本質的にふたつの部分に分けられる。アプリケーションのフィーチャを実装するコードがあり、根底にはそれを支える補助コードやフレームワークコードがあるのだ。リグレッションバグのほとんどは、フレームワークコードを変更したことが原因だ。したがって、フレームワークや補助コードを変更する必要のないフィーチャを追加するだけなら、包括的な自動テストを書いて足場を作ることには、あまり価値がない。

例外は、ソフトウェアを数多くの別々の環境で実行しなければならないときだ。そのような場合、疑似本番環境への自動デプロイメントと組み合わせた自動テストは多大な価値をもたらす。スクリプトをテスト対象の環境に向けるだけで、手作業でテストする手間を大幅に省けるからだ。

## 4.3.4 インテグレーションテスト

実装しているアプリケーションが、さまざまな外部システムと別々のプロトコルで通信していたり、疎結合のモジュールが複雑にインタラクションすることで成り立っていたりした場合、インテグレーションテストがきわめて重要になる。インテグレーションテストとコンポーネントテストとの線引きはあいまいだ（インテグレーションテストという言葉はさまざまな意味で使われるが、それだけが原因というわけでもない）。我々が**インテグレーションテスト**という用語を使うときは、アプリケーション内の独立した各部分が、依存しているサービスとうまく連携できることを保証するテストのことを指している。

インテグレーションテストは、普通の受け入れテストと同じやり方で書くことができる。通常、受け入れテストは2通りのコンテキストで実行するべきだ。第一に、テスト対象のシステムを、依存している実際の外部システムやサービスプロバイダーの制御するレプリカに対して実行する。第二に、コードベースの一部として作成したテストハーネスに対して実行する。

本番でない限り、実際の外部システムを叩かないことを保証することが不可欠だ。あるいは、テストのためにダミーのトランザクションを送信していることをサービスに伝える手段がなければならない。実際の外部システムを叩かずにアプリケーションを安全にテストできるようにするため、よく使われる方法がふたつある。一般的にはこの両方が必要になるだろう。

- テスト環境における外部システムへのアクセスをファイアウォールで隔離する。これは、開発プロセスの早期になんらかのかたちで必要になるだろう。外部サービスが使えない場合のアプリケーションのふるまいをテストする上でも、このテクニックは役に立つ。
- アプリケーションが疑似的な外部サービスと通信できるようにするための設定を用意する。

サービスプロバイダーにレプリカテストサービスがあって、性能を除いて本番サービスとまったく同じようにふるまってくれるのであれば理想的だ。そうであれば、レプリカサービスに対するテストを開発できる。しかし現実には、自分でテストハーネスを開発する必要があることも多い。それは、こういう場合だ。

- 外部システムが開発中だが、前もってインターフェイスが定義されている（こうした状況では、インターフェイスが変更される可能性を想定しておくこと）。
- 外部システムの開発はすでに終わっているが、テスト用のインスタンスが準備されていない。あるいは、テストシステムが遅すぎたり、バグが多すぎたりして、自動テストを定期的に実行する対象としてはそぐわない。
- テストシステムは存在するが、レスポンスが入力によって決定されるわけでなく、自動テストでテスト結果の検証をすることができない（たとえば、株式市場のフィードなど）。
- 外部システムが別のアプリケーションのかたちをとっているせいでインストールするのが難しい。あるいは、UIを通じて手作業を行う必要がある。
- 外部サービスを含んだ機能用に、標準的な自動受け入れテストを書く必要がある。こうしたテストは常にテストダブルに向けて実行するべきだ。
- 自動化された継続的インテグレーションシステムによってかかる負荷や、それが求めるサービスレベルに、軽量なテスト環境では耐えきれない。手作業での探索的テストを数件実施することを想定されているだけだからだ。

あるサービスのテストダブルを構築する際、そのサービスが状態を記憶する場合には、テストハーネスはきわめて凝った作りにしなければならないかもしれない。外部システムが状態を記憶する場合、テストハーネスは送信するリクエストに応じて別々のふるまいをすることになる。この状況で書ける最も価値の高いテストは、ブラックボックステストだ。その際、外部システムが返して来る可能性のあるレスポンスをすべて考慮し、そのレスポンスそれぞれに対してテストを書くのだ。モック外部システムは、なんらかの方法でリクエストを識別し、適切なレスポンスを送り返す必要がある。あるいは、予期せぬリクエストに対しては、例外を返さなければならない。

サービス呼び出しに対して期待されるレスポンスだけでなく、予期せぬものについてもテストハーネスで複製することが不可欠だ。『Release It!』の中で、マイケル・ナイガードはこんな議論をしている。テストハーネスを作るときには、リモートシステムがおかしくなったり、基盤の問題が発生し

たりした場合に想定される異常系のふるまいもシミュレートしなければならないのだ[*5]。こうした異常はネットワーク転送のせいかもしれないし、ネットワークプロトコルの問題かもしれない。あるいは、アプリケーションのプロトコルの問題や、アプリケーションロジックの問題かもしれない。こうした異常な現象の例を挙げよう。ネットワーク接続が拒否される。受けつけられたのに破棄される、あるいは受けつけられたのに応答がない。リクエストに対する反応が極端に遅い。予期しないほど容量の大きいデータを送り返してくる。ゴミが返ってくる。証明書が拒否される。例外が送り返される。正しい形式のレスポンスが返ってくるのに、アプリケーションの状態と照らしあわせると妥当ではない。テストハーネスではこうした条件をそれぞれシミュレートできなければならない。そのためにはエラーモードに対応するポートをいくつか準備しておいて、それを listen してもよい。

できる限り多くのシミュレーション可能な異常な状況に対してアプリケーションのテストを行い、その状況に対処できることを確認しなければならない。ブレーカーや隔壁といったナイガードが説明している他のパターンも、本番で起きることを避けられない予期せぬイベントに対して、アプリケーションを堅牢にするために使われる。

自動インテグレーションテストはシステムを本番にデプロイした際のスモークテストとして使える。あるいは、本番システムを監視するための診断アプリケーションとしても使うことができる。開発時に統合の問題をリスクとして認識した場合には（そうでないことなどほとんどないが）、自動インテグレーションテストを開発することが最も重要となる。

統合にかかわる活動をリリース計画に組み込むことが不可欠だ。外部サービスとの統合は複雑なので、時間もかかるし計画を立てる必要もあるのだ。外部システムと統合しなければならないということは常に、プロジェクトにリスクが追加されるということなのだ。

- 使えるテストサービスはあるか？　そして性能は十分か？
- サービスプロバイダーは、質問に答えたり、バグフィックスをしたり、カスタマイズ機能を追加したりしてくれるか？
- システムの本番バージョンにアクセスして、キャパシティや可用性の問題を診断するためにテストすることができるか？
- サービス API はアプリケーション開発に使っている技術を用いて簡単にアクセスできるか？　あるいはチーム内に専門スキルを持った人間が必要か？
- 自分たちで使うテストサービスを書いたり保守したりする必要があるか？
- 外部サービスが期待どおりにふるまってくれなかった場合に、自分たちのアプリケーションはどう動くべきか？

さらに、インテグレーションレイヤや関連するランタイム設計を構築し、保守するスコープも追加しなければならない。キャパシティテストのように必要となるテストサービスやテスト戦略も同様だ。

---

[5] 5.7「テストハーネス」（119〜123ページ）

## 4.4 プロセス

　受け入れテストを作るのは高くつくかもしれないし、チームメンバー間のコミュニケーションが効果的に行われていない場合には、骨の折れるタスクになる可能性すらある。プロジェクトの多くが、テスターに頼ることで、新たに出される要件を詳細に調査したり、あり得るシナリオをすべて網羅したり、複雑なテストスクリプトを設計してもらって後でそれに従ったりしている。このプロセスの結果は顧客に送って承認してもらい、その後でテストを実装することになるだろう。

　このプロセスをシンプルに最適化できるポイントがいくつかある。最善の解決策は、各イテレーションの最初にステークホルダー全員を集めて打ち合わせを一回行うか、イテレーション型で開発を行っていないのであればストーリーの開発を始める一週間前にそうした打ち合わせを開くことだとわかっている。顧客、アナリスト、テスターを同じ部屋に集めて、テストをする優先度が最も高いシナリオを決めるのだ。CucumberやJBehave、Concordion、あるいはTwistといったツールを使えば、受け入れ基準を自然言語のかたちでテキストエディターに書き出せるので、それらのテストを実行可能にするためにコードを書けばよい。テストコードに対するリファクタリングはテスト仕様も更新する。他にも、テストにドメイン特化言語（DSL）を使うアプローチもある。こうすれば、受け入れ基準をDSLで書けるようになる。少なくとも、シナリオの正常パスを網羅するできる限りシンプルな受け入れテストを、顧客に頼んでその場で書いてもらうことはできるだろう。打ち合わせの後でデータセットを追加し、テストのカバレッジを上げることも多い。

　こうした受け入れテストやその目的を簡潔に書いておけば、開発者が関心対象のストーリーに取り組む際の出発点になる。テスターや開発者は、開発が始まる前のできる限り早いうちから、協力して受け入れテストについて議論するべきだ。そうすれば、開発者はストーリーの概要を適切にとらえ、最も重要なシナリオが何かということを理解できるようになる。こうでもしなければ、開発の最後のころになって、開発者とテスター間の大量のフィードバックサイクルが発生してしまうだろう。だが、こうしておけばぎりぎりで発生するフィードバックサイクルの量を減らせるし、機能の漏れやバグの数を減らすのにも一役買うことができる。

　ストーリー開発の最後で開発者からテスターに引き継ぐプロセスは、容易にボトルネックになってしまうのだ。最悪の場合、開発者があるストーリーを終わらせることができて、他のストーリーに着手して半分くらいまできたところで、テスターがひとつ前のストーリーのバグを上げ、開発が中断するということが起こり得る（あるいは、いくつか前のストーリーであることさえもある）。これではきわめて非効率だ。

　あるストーリーを開発する間に開発者とテスターが密接に協力しあうことは、リリースまでをスムーズに進める上で欠かせないのだ。開発者が機能の開発を終えたらすぐに、テスターを呼んでレビューしてもらうべきだ。その際、テスターは開発者の使っているマシンを受け取ってテストをするべきだ。テストの間は、開発者は隣に置いてある端末やラップトップで作業を続け、目立つリグレッションバ

グを直すといったことをすればよいだろう。こうしておけば開発者は手を動かしておけるし（テストに少し時間がかかるのであれば）、テスターが何か議論したいと思ったときには、声をかけることができる。

## 4.4.1 欠陥バックログを管理する

　理想的には、バグがアプリケーションに入り込んでしまうということなど、そもそもあってはならない。テスト駆動開発と継続的インテグレーションを実践し、システムレベルの受け入れテストからユニットテストとコンポーネントテストを含んだ包括的な自動テストが一式あれば、バグがテスターやユーザーに見つかる前に検出できるようになるはずだ。しかし、探索的テストやショーケースを行ったり、ユーザーが触ったりすれば、システムのバグが見つかることは避けられない。こうしたバグは、通常欠陥バックログに登録されることになる。

　欠陥バックログをうまく作る方法やそれにどう取り組むかということについては、学派がいくつかある。ジェームズ・ショアは欠陥ゼロを主張している [b3m55V]。これを実現する方法のひとつが、バグが見つかったらどんなときもすぐに修正されるようにしておくというものだ。もちろんそのためには、テスターがバグを早期に発見し、開発者がすぐに直せるようにチームが編成されていなければならない。しかし、すでに欠陥バックログがあるならば、こうしたことは役に立たない。

　バグのバックログがある場合、問題が誰にでもはっきりとわかるようになっていること、また、開発チームのメンバーが責任を持ってバックログを減らすためのプロセスを推進することが重要だ。特に、受け入れビルドのステータスを「成功」「失敗」とだけ表示しても、常に失敗しているようであれば十分ではない。代わりに、成功したテストの数と失敗したテストの数、そして無視したテストの数を表示し、それらの数字の推移をグラフにしてどこか目立つところに貼りだそう。こうすることで、チームが問題に集中していられるようになる。

　欠陥バックログに置いておくことにしたシナリオにはリスクがある。先行きが不安なのだ。多くの開発チームや開発プロセスが、過去にかなりの数のバグを無視し、それを修正する努力を「いずれもっと余裕ができたら」と先延ばしにしてきた。そのまま数ヶ月が経つと、大量のバグリストができあがってしまう。中には決して修正されることがないものもあれば、アプリケーションの機能が変更されたせいで、もはや関係なくなったものもある。中には何人かのユーザーに重大な影響を及ぼすものもあるのに、ノイズの中に消えてしまうのである。

　受け入れテストがまったくなかったり、フィーチャがブランチで開発されていて定期的に trunk にマージされていないせいで受け入れテストが効果的でなかったりすると、こうした問題はさらに悪化する。そういう場合、コードが統合されシステムレベルの手動テストが始まると、大量の欠陥が発生してチームが完全に圧倒されてしまうという事態がよく起きる。テスターや開発者、マネージャーの間で議論が勃発し、リリースが延期され、ユーザーは品質の低いソフトウェアを押しつけられることになる。もっとよいプロセスに従うことで、多くの欠陥が防げたであろう好例だ。より詳細な議論は

第 14 章の「高度なバージョン管理」を参照してほしい。

　他には、欠陥をフィーチャと同じように扱うというアプローチもある。結局、バグに取り組もうとすると、その他のフィーチャに取り組むための時間も労力も取られてしまうのだ。したがって、フィーチャと特定のバグを比べて、相対的にどちらの優先順位が高いかを決めるのは顧客の仕事なのだ。たとえば、数人しか使わない管理画面でまれにしか発生しない欠陥で、回避方法もわかっているのであれば、アプリケーション全体にかかわる利益を得るためのフィーチャと比べると、修正することはそれほど重要ではない。ただ少なくとも、バグを分類して「致命的」「作業の妨げになる」「中」「低」といった優先度をつけることには意味がある。より包括的なアプローチとしては、バグがどの程度の頻度で発生するか、ユーザーに対する影響は何か、回避方法はあるかということを考慮に入れることもできる。

　このように分類すれば、バグはバックログ内でストーリーと同じように優先順位がつけられ、一緒に見ることができる。特定のタスクが欠陥なのかフィーチャなのかという議論を避けられるだけでなく、やるべき作業がどのくらい残っているのかが一目でわかるようになり、それに従って優先順位付けできるということだ。優先度の低いバグはバックログに戻され、優先度の低いストーリーと同じように扱うことができるようになる。バグによっては顧客が直さなくてよいと言うこともよくある。そこで、フィーチャと一緒にバグをバックログに積んでおくのは、管理上も理にかなったやり方なのだ。

## 4.5 まとめ

　多くのプロジェクトでは、テストのことを、専門家が実行する特殊なフェーズだと考えている。しかし、高品質なソフトウェアを作れるようにするには、ソフトウェアのデリバリーにかかわる人すべてがテストに責任を負うようにならなければならない。そして、プロジェクトの初期からライフサイクルを通じて実践されなければならないのだ。テストの第一の目的は、開発、設計、リリースを駆動するフィードバックループを構築することである。テストをプロジェクトの最後まで先延ばしにするような計画はどれもうまくいかない。品質や生産性を高めるためのフィードバックループを取り除いてしまうのだし、より重要なことに、プロジェクトをどう完了させればよいかを示す指標も取り去ってしまうからだ。

　最も短いフィードバックループは、システムを変更するたびに実行される自動テスト一式によって作られる。こうしたテストは、ユニットテストから始まり、受け入れテストに至るまで、あらゆるレベルで実行するべきだ（しかも、機能面・非機能面の両方で）。自動テストは、探索的テストやショーケースを使って補完しなければならない。本章では、適切なフィードバックを生み出すために必要な、さまざまな種類の自動テストと手動テストを理解してもらい、さらにさまざまな種類のプロジェクトでそれをどう実装したらよいかを理解してもらうことを目的としていた。

　127ページの「導入」で説明した原則では、「完了」の定義について議論した。デリバリープロセス

のあらゆる場所にテストを組み込むのは、作業を完了させる上で非常に重要である。テストに対するこのアプローチによって、我々の「完了」に対する理解が定義されるので、テストの結果はプロジェクト計画の礎となるのだ。

　テストは「完了」の定義と本質的に相関している。さらに、テスト戦略によってフィーチャがひとつずつ理解できるようにしなければならないし、プロセスを通じてどこででもテストが行われるようにしなければならない。

# 第2部
# デプロイメントパイプライン

# 第5章
# デプロイメントパイプラインの解剖学

## 5.1 導入

　継続的インテグレーションを採用することにより、ほとんどのプロジェクトで生産性と品質が大きく向上する。CIを行えば、複雑な大規模システムを協力して作っているチームが、自分たちのやっていることに対して非常に強い自信を持ち、コントロールできるようになる。他の方法で同じレベルに到達することはできない。CIによって、チームとして我々が作り出すコードがうまく動くことが保証される。コミットした変更によって入り込んだかもしれない問題について、迅速にフィードバックが得られるようになるからだ。CIでは、コードのコンパイルが成功し、ユニットテストと受け入れテストが一通り通るかを確認することに、まず焦点が合わせられる。しかし、CIだけでは十分ではない。
　CIが主に焦点を合わせるのは、開発チームだ。CIシステムの成果物は、通常手動テストプロセスに対するインプットとなり、さらに、その後のリリースプロセスに引き継がれる。ソフトウェアをリリースする際の無駄は、ほとんどがテストや運用といったプロセスをソフトウェアが進んでいくときに発生する。よく見られる例を挙げよう。

- ビルドチームや運用チームがドキュメントやバグフィックスの完了を待っている。
- ソフトウェアが「適切に」ビルドされるのをテスターが待っている。
- 開発チームが、新しい機能に着手して数週間経ってからバグ報告を受け取る。
- 開発プロセスの終わりが近くなってから、アプリケーションのアーキテクチャがシステムの非機能要件をサポートしていないことがわかる。

　この結果、ソフトウェアをデプロイすることができなくなる。疑似本番環境で動くようにするのに非常に長い時間がかかるからだ。また、バグも増える。開発チームと、テスト・運用チームとのフィードバックサイクルがあまりにも長すぎるからだ。
　ソフトウェアをデリバリーする方法に関しては、インクリメンタルな改善がいろいろと行われている。それらの中には、すぐに効果が出るものもある。たとえば、ソフトウェアをいつでも本番に

デプロイできるように書く方法を開発者に教えたり、疑似本番環境でCIを実行したり、職能横断型（cross-functional）のチームを設立したりといった施策が挙げられる。こうしたプラクティスによって確かに事態は改善するが、これだけでは、デリバリープロセスのどこにボトルネックがあり、それをどう改善するかということについての洞察が得られない。

　こうした問題を解決するには、ソフトウェアをデリバリーする上で、より全体論的なエンドツーエンドのアプローチを採用すればよい。我々は今までに、構成管理にかかわる幅広い問題に取り組み、ビルド・デプロイ・テスト・リリースプロセスの幅広い範囲を自動化してきた。我々はこの問題を押し進めて、たとえ本番に対してであってもアプリケーションをデプロイする際に、どのビルドをデプロイしたいのかを選んでボタンを押すだけでいいようにしている。こうすることで、強力なフィードバックループが生み出される。テスト環境に対して、非常にシンプルにアプリケーションをデプロイできるので、チームはコードとデプロイプロセスの両方に対して素早くフィードバックを得られる。デプロイプロセスが自動化されているので（開発機に対してであれ、最終リリースであれ）、このプロセスは定期的に実行されることになる。これはすなわち、プロセスが定期的にテストされるということでもある。こうすることでリリースのリスクが下がり、デプロイプロセスの知識が開発チームに伝えられる。

　最終的にできあがるのは、（リーン風に言えば）**プルシステム**だ。テストチームはビルドをテスト環境に自分たちでデプロイする。これはボタンを押すだけだ。運用チームはビルドをステージング環境や本番環境にデプロイできる。これもボタンを押すだけだ。開発者は、どのビルドがリリースプロセスのどの段階まで行っているか、そしてどんな問題が見つかったのかを見ることができる。マネージャーはサイクルタイムやスループット、コードの品質といった主要なメトリクスを見ることができる。その結果、デリバリープロセスにかかわる人全員が得るものがふたつある。ひとつには、必要なときに必要なものにアクセスできるようになることがある。またふたつめとして、リリースプロセスが目に見えるようになってフィードバックが改善され、ボトルネックを特定し、最適化し、消し去ることができるようになることが挙げられる。その結果デリバリープロセスは、速いだけでなく安全にもなるのだ。

　ビルド・デプロイ・テスト・リリースプロセスがエンドツーエンドで自動化されるように実装すると、数々の連鎖反応が起こり、思ってもいなかった恩恵がもたらされる。我々はこうしたテクニックを多くのプロジェクトで用いてきており、その結果、今では自分たちの構築したデプロイメントパイプラインがかなり似通っていることがわかっている。自分たちの見出した抽象概念を用いると、これまでに試したあらゆるプロジェクトで、いくつかの一般的なパターンがうまく当てはまるのだ。このようなパターンを理解することで、非常に洗練されたビルド・テスト・デプロイシステムを立ち上げ、プロジェクトの最初からきわめて素早く実行することができるようになる。こうしたエンドツーエンドのデプロイメントパイプラインによって、自分たちがプロジェクトをデリバリーする際にかなりの自由度と柔軟性を味わえるようになった。数年前であれば想像することすらできなかったものである。このアプローチを使えば、複雑なシステムをより高い品質で、またきわめて低いコストとリスクで構

築し、テストし、デプロイすることができるようになると、我々は自信を持って言える。こうしたことは、他の方法では実現し得ない。

以上がデプロイメントパイプラインの目的である。

## 5.2 デプロイメントパイプラインとは何か？

　抽象的に言えば、デプロイメントパイプラインとは、ソフトウェアをバージョン管理から取り出してユーザーの手に渡すまでのプロセスを自動化して表現したものだ。ソフトウェアを変更するたびに、リリースまでの複雑なプロセスを通過することになる。このプロセスにはソフトウェアのビルドも含まれている。その後に、テストやデプロイメントなどのさまざまなステージを経てビルドが進展するのだ。このそれぞれのステージで、多くのメンバーや複数のチームにまたがった共同作業が必要になる。デプロイメントパイプラインはこのプロセスをモデル化している。そして、継続的インテグレーションおよびリリース管理用ツールを用いてこのプロセス実現することで、チェックインした変更がプロセスを進んでいく様子を見ながらコントロールできるようになるのだ。ソフトウェアはバージョン管理からチェックアウトされ、さまざまなテストやデプロイメントを行った上でユーザーにリリースされるのである。

　このように、デプロイメントパイプラインでモデル化されるプロセス、つまり、ソフトウェアをチェックインしてからリリースするまでのプロセスは、顧客やユーザーの頭の中からフィーチャを引き出して、その手に渡すまでのプロセスの一部を構成している。コンセプトから現金までというプロセス全体は、バリューストリームマップとしてモデル化できる。新しい製品を作るための、抽象的なバリューストリームマップを図5-1に示す。

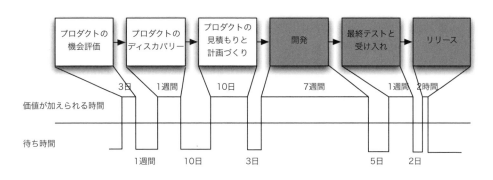

図5-1　製品のためのシンプルなバリューストリームマップ

　このバリューストリームマップは、あるストーリーを伝えている。このプロセス全体は、3ヶ月半かかっている。そのうち約2ヶ月半が実際の作業だ。ソフトウェアをコンセプトから現金に換えるプロセスはいくつかのステージから構成されており、その間には待ち時間がある。たとえば、開発チー

ムが最初のリリース作業を終えてから、テストプロセスが開始されるまでには、待ち時間が5日間ある。たとえばこれは、アプリケーションを疑似本番環境にデプロイするのに時間がかかるせいかもしれない。余談だが、この図の中では製品がイテレーティブに開発されているかどうかということはわざと明示していない。イテレーティブなプロセスであれば、開発プロセス自体がテストやショーケースを含むいくつかのイテレーションから構成されていなければならない。価値を発見してからリリースするまでのプロセス全体は、何度も繰り返されることになる[*1]。

バリューストリームマップを作るのに難しい技術は必要ない。メアリー・ポッペンディークとトム・ポッペンディークの古典である『リーンソフトウエア開発〜アジャイル開発を実践する22の方法〜』には、こう書いてある。

> 鉛筆と手帳を持って、あなたの組織が顧客の要求を受け取る場所に行こう。目的は、顧客のリクエストが到着してから完成するまでの平均時間を表すグラフを書くことだ。こうした活動それぞれにかかわっている人と一緒に作業すると、顧客の要求を実現させるために必要なプロセスのステップをすべて描き出せる。各ステップにかかる時間の平均も一緒にだ。マップの一番下にはタイムラインを描いて、価値を追加する活動にどのくらいの時間が掛かっているか、そして待ち時間や価値を追加しない活動にどのくらいの時間が掛かっているかを示そう。

あなたが、このプロセスを改善するという組織変革の仕事に興味があるのであれば、より詳細に見て、プロセスのどの部分に誰が責任を持っているのか、例外条件ではどのようなサブプロセスが発生するのか、誰が引き渡しを承認するのか、どのようなリソースが必要なのか、組織の報告はどうなっているのかといったことも記述する必要があるだろう。しかし、ここでの議論には必要ない。より詳細に知りたければ、メアリー・ポッペンディークとトム・ポッペンディークの著作『リーン開発の本質 ソフトウエア開発に活かす7つの原則』を読むといい。

本書では「バリューストリーム」の一部について議論している。すなわち、開発からリリースまでの間だ。この部分は図5-1で、箱の背景を灰色にしている。バリューストリームの中でこの部分を特徴づけているのは、リリースまでの間にビルドが何度も通り抜ける点だ。デプロイメントパイプラインや変更がそこを通り抜ける方法について理解しようと思ったときには、実はシーケンス図として見えるようにすることができる[*2]。これを図5-2に示す。

パイプラインに対するインプットが、バージョン管理における特定のリビジョンだということに注目してほしい。変更を行うと毎回ビルドが生成される。そして、このビルドがギリシア神話に登場する英雄のように一連の試練、すなわちテストをくぐり抜け、本番リリースに耐えられるかどうかを試

---

1 製品開発プロセスにおいて、顧客のフィードバックに基づいて価値をイテレーティブに発見していくことの重要性は、マーティー・カガンの『Inspired』や、スティーブン・ゲイリー・ブランクの『The Four Steps to the Epiphany』といった本で強調されている。
2 この考え方を思いついたのは、クリス・リードだ [9EIHHS]。

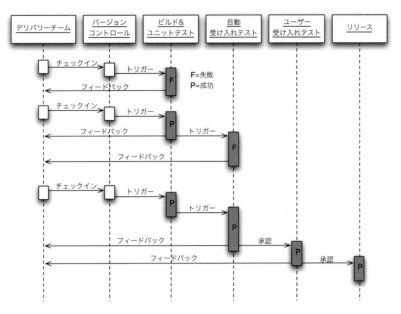

図 5-2　変更がデプロイメントパイプラインを通り抜ける

されるのだ。この一連のテストステージでは、ビルドがそれぞれ別々の視点から評価される。そしてこのプロセスは、バージョン管理にコミットが行われるたびに開始されるのだ。継続的インテグレーションプロセスの始まり方と同じである。

　ビルドが適合性のテストに通過するたびに、ビルドに対する自信も増していく。したがって、そのビルドで使いたいと考えるリソースの数も増えていく。つまり、ビルドが通過する環境は徐々に本番環境に近づいていくのである。こうすることの目的は、適合しないリリース候補をプロセスのできる限り早期のうちに消し去ることだ。そして、失敗の根本原因をできる限り素早くチームにフィードバックするのである。このため、プロセスの中のあるステージで失敗したビルドは、一般的には次のステージにいくことがない。このトレードオフについては図 5-3 に示す。

　このパターンを適用することによって、重要な帰結が生み出される。第一に、ビルドを徹底的にテストして、意図された目的にあっているかどうかをわかるようにすることで、不適切なビルドを本番にリリースしてしまうことを効率的に避けられるようになる。さらにリグレッションバグが避けられる。本番に対して緊急の修正をリリースしなければならない場合は特にそうだ（こうした修正は、他の変更と同じプロセスをたどる）。経験上、新しくリリースされたソフトウェアが、システムのコンポーネントと環境との間に発生する予期せぬインタラクションのせいで壊れてしまうということは非常によくあることだ。予期せぬインタラクションには、たとえば、新しいネットワークトポロジーや、本番サーバーの設定が少しだけ違うといったことが挙げられる。デプロイメントパイプラインがもたらす規律によって、こうしたことが起きる可能性が抑えられる。

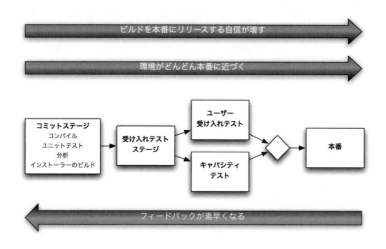

図5-3 デプロイメントパイプラインのトレードオフ

　第二に、デプロイメントと本番リリース自体が自動化されていれば、素早く実行できるし、反復可能で信頼もできる。いったんプロセスが自動化されていれば、リリースを実施するのははるかに簡単になることが多いので、リリースが「普通の」イベントとなる。つまり、望むならもっとこまめにリリースを実施できるのだ。これはバージョンを上げる場合と同様、以前のバージョンに戻ることができるという意味でも重要だ。これができると、リリースには本質的にリスクがなくなるのだ。起こり得る最悪の事態は、致命的なバグが入り込んでしまったことがわかるということだ。だがそれでも、その時点でそのバグを含まない前のバージョンにリバートし、裏で新しいリリースを修正すればよい（第10章「アプリケーションをデプロイ・リリースする」を参照）。

　このようなうらやましい状態に到達するには、リリース候補が目的に適合していることを証明するテストスイートを自動化しなければならない。また、テスト環境やステージング環境、あるいは本番環境に対するデプロイメントも自動化して、手作業で集中力を要しエラーも発生しやすいステップを取り除かなければならない。多くのシステムでは、違ったかたちのテストも行う必要があり、したがってリリースプロセスにおける他のステージも必要となる。しかし、あらゆるプロジェクトに共通したサブセットはこうなる。

- **コミットステージ**：このステージでは、システムが動くことを技術レベルで検証する。コンパイルを行い、自動テストスイート（主にユニットテスト）を通し、コード解析を実行する。
- **自動受け入れテストステージ**：このステージでは、システムが動くことを機能および非機能レベルで検証する。つまり、ユーザーのニーズと顧客の仕様を満たすふるまいをしていることを確かめるのだ。
- **手動テストステージ**：このステージでは、システムが使いやすいか、あるいは要件を満たしているかを検証し、自動テストでとらえることのできない欠陥を検出し、ユーザーに価値を提供して

いることを確認する。こうしたステージには通常、探索的テスト環境やインテグレーション環境、ユーザー受け入れテスト環境（UAT: User Acceptance Testing）が含まれることになるだろう。
- **リリースステージ**：このステージでは、システムをユーザーにデリバリーする。これはソフトウェアパッケージとして行うこともあれば、本番やリリース環境にデプロイすることで行うこともある（ステージング環境とは、本番環境とまったく同じテスト環境である）。

これらのステージと、それ以外にソフトウェアデリバリープロセスをモデル化するのに必要なステージのことを、**デプロイメントパイプライン**と呼んでいる。これは、継続的インテグレーションパイプラインやビルドパイプライン、本番デプロイメントライン、あるいはリビングビルドなどと呼ばれることもある。呼び方はどうあれ、これは本質的には、自動化されたソフトウェアデリバリープロセスだ。リリースプロセスの過程で人間がシステムを操作しなくてよいと言っているわけではない。こうすることで、エラーの起こりやすい複雑なステップが、自動化され、信頼できる反復可能なものになるのだ。こうすると、実は人間の操作は増える。どの開発ステージでもシステムがボタンひとつでデプロイできれば、テスターやアナリスト、開発者、さらに（最も重要なことに）ユーザーがこまめに使うようになるからだ。

## 5.2.1 基本的なデプロイメントパイプライン

典型的なデプロイメントパイプラインと、本書で提示するアプローチの本質を図5-4に示す。もちろん実際のパイプラインは、あなたのプロジェクトでソフトウェアをデリバリーするための実際のプロセスを反映したものになるだろう。

このプロセスは、開発者がバージョン管理システムに変更をコミットするところから始まる。この時点で、継続的インテグレーション管理システムがコミットに反応し、パイプラインの新しいインスタンスを生成する。パイプラインの第一ステージ（コミットステージ）では、ユニットテストを実行し、コード解析を行い、インストーラーを生成する。もし、ユニットテストがすべて通り、コードの準備が整ったら、実行可能なコードを組み合わせてバイナリを作り、成果物リポジトリに格納する。いまどきのCIサーバーはこうした成果物を格納する機能を提供しており、ユーザーやパイプラインの後のステージが簡単にアクセスできるようになっている。あるいは、NexusやArtifactoryのような成果物管理に役立つツールは数多くある。パイプラインでコミットステージの一部として実行してもよいタスクは他にもある。たとえば、受け入れテストで使うテストデータベースの準備などだ。いまどきのCIサーバーであれば、こうした作業をビルドグリッド[※3]上で並列実行できる。

第2ステージは主に、実行にさらに時間のかかる自動受け入れテストで構成される。この場合も、CIサーバーを使ってこれらのテストを複数のスイートに分割し、並列で実行することにより、スピードを上げて、フィードバックを素早く与えられる。かかる時間は、通常1時間から2時間だ。第2ス

---

3 ［訳注］ビルド処理を複数のコンピュータに分散させること。

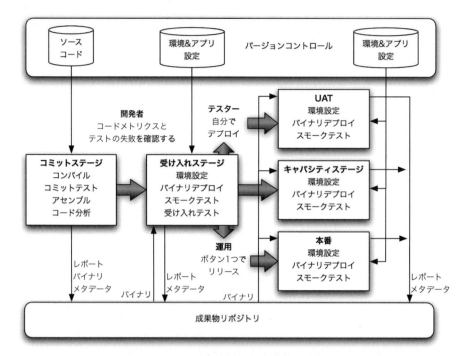

図5-4 基本的なデプロイメントパイプライン

テージは、パイプラインの第1ステージがうまく完了したら自動的にトリガーされる。

この時点でパイプラインは枝分かれして、さまざまな環境にビルドを独立してデプロイできるようになる。この場合であれば、UAT（ユーザー受け入れテスト）や、キャパシティテスト、本番などだ。受け入れテストステージが成功しても、その後のステージが自動的に始まったら困ることもよくある。その代わり、テスターや運用チームが自分たちで手作業でデプロイできるようにしたいのだ。そのためには、このデプロイメントを実施する自動スクリプトが必要になる。テスターは、自分たちが入手できるリリース候補を見ることができるだけでなく、その状態もわからなければならない。ここで状態と言っているのは、各ビルドが通ってきたのはどのステージか、チェックインコメントは何か、他にコメントはないか、といった内容だ。その上で、ボタンをひとつ押すだけで、該当する環境でデプロイメントスクリプトを実行し、選んだビルドがデプロイできなければならない。

同じ原則は、パイプライン上のもっと後のステージにも適用される。ただし、デプロイしたいと考えるさまざまな環境は、別々のユーザーグループによって「所有」されており、そうしたユーザーグループが自分たちでデプロイできるようにしなければならない。たとえば運用チームは、自分たち以外に本番へのデプロイメントを承認できる人がいるのは嫌がるだろう。

最後にひとつ。これらの目的が、できる限り素早くフィードバックを受け取ることにあるということを覚えておくのは重要だ。フィードバックサイクルを早めるためには、どのビルドがどの環境にデプロイされたか、また各ビルドがパイプラインのどのステージを通ったかを見ることができる必要が

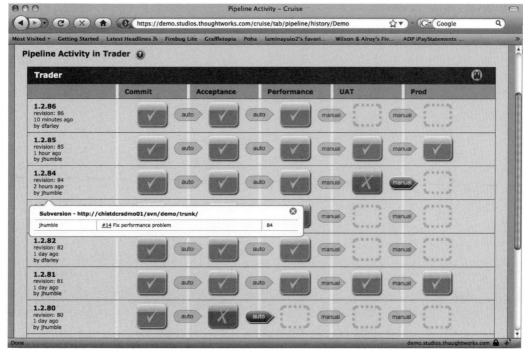

図5-5　どの変更がどのステージを通過したかを Go 上で表示する

ある。図 5-5 は、具体的にどうなるかを示す Go のスクリーンショットだ。

　すべてのチェックインが一覧表示され、パイプライン上で各チェックインが通過した各ステージが表示されている。また、そのステージが成功したのか失敗したのかもわかるようになっている。特定のチェックインとそこから生まれるビルドを、パイプライン上で通過したステージに関連づけることは決定的に重要だ。つまり、（たとえば）受け入れテストで問題が見つかったら、その失敗の原因となった変更がどれなのかをすぐ突き止められるからだ。

## 5.3 デプロイメントパイプラインのプラクティス

　この後で、デプロイメントパイプラインを構成する各ステージについて、より詳細に見ていく。しかしその前に、このアプローチによる恩恵を受けるためには、いくつかのプラクティスに従わなければばらない。

### 5.3.1 バイナリをビルドするのは1回限りとせよ

　便宜上、実行可能なコードの集まりのことをバイナリと呼ぶことにする。コンパイルが必要ない場合、これらの「バイナリ」はソースファイルの集まりかもしれない。Jar や.NET アセンブリ、.so ファ

イルはどれもバイナリの例だ。

多くのビルドシステムでは、バージョン管理システムに保持されているソースコードを正規のものとし、それを元に多くのステップを実行する。このコードは、さまざまなコンテキストで繰り返しコンパイルされることになる。コミットプロセスの間に1回、受け入れテストのときにもう1回、キャパシティテストでもう1回。さらに、デプロイ先それぞれに対して毎回ビルドすることも多い。コードをコンパイルするたびに、何らかの差分が紛れ込むリスクを冒していることになる。後のステージにインストールされているコンパイラのバージョンが、コミットテストで使ったものと異なっているかもしれないし、あるサードパーティーライブラリについて意図せず異なるバージョンを拾い出しているかもしれない。コンパイラの設定のせいで、アプリケーションのふるまいが変わるかもしれない。こうしたことすべてについて、それが原因となったバグが本番までいってしまったところを見たことがある。

これに関連するアンチパターンとして、バイナリではなくソースコードを中心に据えるというものもある。このアンチパターンについてより詳しく知りたければ、469ページの「ClearCaseと「ソースから再ビルド」アンチパターン」を参照してほしい。

このアンチパターンは重要な原則をふたつ破っている。ひとつはデプロイメントパイプラインを効率的にしておき、チームができる限り早くフィードバックを受け取れるようにするという原則だ。リコンパイルはこの原則に違反している。なぜなら、リコンパイルには時間がかかるからだ。大規模なシステムでは、特にそう言える。ふたつめは、正しいとわかっている基礎の上にビルドせよ、という原則だ。本番にデプロイされるバイナリは、受け入れテストプロセスを通ったものとまったく同じでなければならない。そして、多くのパイプラインの実装ではこれをチェックするため、バイナリの生成時にハッシュを格納し、その後に続くステージで必ずそのバイナリが同一であることを確かめているのだ。

バイナリを再生成してしまうと、バイナリの生成とリリースとの間に何らかの変更が紛れ込んでしまうというリスクを冒すことになる。たとえば、コンパイル間のツールチェーンに変更があったり、テストしたものと違うバイナリをリリースしてしまったりといったことがあり得るのだ。監査プロセスにとって、バイナリの生成とリリースの実行との間には、悪意であれミスであれ、一切変更が加えられていないことを保証することが欠かせない。組織によっては、コンパイルやアセンブリ、あるいは（インタプリタ言語の場合には）パッケージングが特殊な環境で行われるので、上級職の人間しかアクセスできないと主張することもある。その場合でも、いったんバイナリを生成すれば、使う段階では再生成することなく再利用できる。

したがって、バイナリはコミットステージで1回ビルドすればいいのだ。こうしたバイナリはファイルシステムのどこかに格納するべきだ（バージョン管理に入れてはいけない）。ベースラインからの

派生物であって、その一部ではないからだ)。パイプラインの後のステージで取り出すのが簡単な場所がいい。ほとんどの CI サーバーはこの作業を代わりにやってくれる。また、そのバイナリを生成するのに使われたバージョン管理へのチェックインを追跡できるようにするという重要な作業もやってくれる。長い時間を費やして、確実にバイナリがバックアップすることに価値はない。バージョン管理にある正しいバージョンを元に自動ビルドプロセスを実行することで、正確にバイナリを再生成することができなければならないのだ。

 この忠告を受け入れた場合、最初は作業が増えたように感じられるだろう。デプロイメントパイプラインの後のステージにバイナリを伝えるために、何らかの方法を確立する必要が生じるのだ。ただ、CI ツールが代わりにやってくれることもある。有名な開発環境に付いてくるシンプルな構成管理ツールの中には、間違ったことをやるものもある。この有名な例が、コードと設定ファイルを両方含んだアセンブリをビルドプロセスの 1 ステップとして直接生成してしまうプロジェクトテンプレートだ。たとえば、ear ファイルや war ファイルである。

この原則が生み出す重要な帰結のひとつが、こうしたバイナリをあらゆる環境にデプロイできなければならないというものだ。そのためには、各環境で変わらないコードと、環境ごとに異なるバイナリを分けておかなければならない。その結果、設定を正しく管理するようになり、ビルドシステムをよりよい構造にするというプレッシャーが緩やかにかけられるようになるのである。

### なぜバイナリが環境に特化してはいけないのか

単一の環境で実行することを意図してバイナリを作ることはきわめて悪いプラクティスであると、我々は考えている。よく見られるものではあるのだが、このアプローチにはいくつか深刻な欠点があって、デプロイメントが全体的に難しくなったり、柔軟でなくなったり、システムの保守性を損なったりするのだ。だが、ツールによってはこのアプローチを推奨しているものすらある。

ビルドシステムがこのように構成されていると、たいていすぐに非常に複雑になってしまい、さまざまなデプロイメント環境の差分や不思議な挙動をなんとかするために、特別な小細工を大量にやらなければならなくなる。かつて我々が従事したプロジェクトのひとつでは、ビルドシステムが非常に複雑で、保守するには五人からなるチームでその作業に専念しなければならなかった。最終的に、不評だった仕事からそのチームを解放するために、ビルドを再構成し、環境固有の設定を各環境で共通のバイナリから分離しなければならなかった。

このようなビルドシステムは、新しいサーバーをクラスタに追加するといった本来であれば些細な作業を不必要に複雑にしてしまう。すると今度は、リリースプロセスがもろく、高くつくものになってしまう。もし今、あなたのビルドが生成するバイナリが、特定のマシンでしか実行できないのであれば、それを再構成する計画を今すぐ始めよう!

ここから、次のプラクティスにつながる。

## 5.3.2 あらゆる環境に対して同じやり方でデプロイせよ

各環境に対してデプロイするのに同じやり方を用いることが不可欠だ。開発者やアナリストのワークステーションやテスト環境、本番環境すべてに対してである。これはビルド・デプロイメントプロセスを効率的にテストできるようにするためだ。開発者は常にデプロイを行うが、テスターやアナリストがデプロイメントを行う頻度はもう少し低い。通常、本番に対するデプロイメントはきわめてまれだ。しかし、このデプロイメントの頻度は、各環境に関連するリスクと反比例している。デプロイメントの頻度が最も低い環境（つまり本番環境）が最も重要なのだ。多くの環境で数百回デプロイメントプロセスをテストした後であれば、デプロイメントスクリプトにあるエラーをほぼ取り除ける。

各環境はどこかしら異なっている。少なくとも一意のIPアドレスを持つことになるし、たいていはそれ以外にも違いはある。たとえば、OSやミドルウェアの設定、データベースや外部サービスのロケーション、その他デプロイ時に設定する必要のある設定情報などだ。だが、だからといって環境ごとにデプロイメントスクリプトを別々にしなければならないということではない。そうではなく、各環境ごとに一意の設定を分けておけばよいのだ。そのためには、プロパティファイルを使って設定情報を保持しておくというやり方もある。環境ごとに別々のプロパティファイルを準備すればよい。これらのファイルはバージョン管理にチェックインすべきだ。そして、正しいプロパティは、ローカルサーバーのホスト名を見るか、（マルチマシン環境の場合は）デプロイメントスクリプトに渡される環境変数を使って選択するべきだ。デプロイ時の設定を与えるためには、他にも、ディレクトリサービス（LDAPやActiveDirectory）に保持したり、データベースに格納してESCAPEのようなアプリケーションを通じてアクセスしたりするという方法がある。こうした方法については、78ページの「ソフトウェア設定を管理する 」でより詳細に扱っている。

各アプリケーションに対してデプロイ時の設定を行う際に、すべて同じ仕組みを用いることは重要だ。巨大企業や、雑多な技術が使われている場合には特にそう言える。我々は基本的に、こうしろと上から言うのは嫌いだが、ある環境に置かれたあるアプリケーションに対して、デプロイ時には実際にどの設定が与えられているのかということを突き止めるのがあり得ないほど困難になってしまっている組織をさんざん見てきている。こうした情報を集めるために、別の大陸にいる別のチームにメールを送らなければならないチームも我々は知っている。これはバグの根本原因を明らかにしようとしたときの効率をひどく阻害する。しかも、こうしてもたらされるバリューストリームの遅延を積み重ねると、信じられないほど高くつくようになるのだ。

あらゆる環境に置かれているすべてのアプリケーションの設定を明らかにする際には、それを調べるために1ヶ所当たればいいようにしなければならないのだ（バージョン管理リポジトリやディレクトリサービス、データベースなど）。

あなたが働いている企業で、本番環境を管理しているチームと開発環境やテスト環境に責任を持っているチームが別々なのであれば、両方のチームで協力して自動デプロイメントプロセスが開発環境を含むすべての環境でうまく動くことを保証しなければならない。開発環境にデプロイするのと同じスクリプトを使って本番環境にデプロイすれば、「僕のマシンではうまくいくんだけど」症候群 [c29ETR] を防ぐことができる。また、こうしておけば、デプロイメントプロセスをあらゆる環境にデプロイするのに使っているので、リリースを行うころにはデプロイメントプロセスを数百回テストしていることになる。これはソフトウェアをリリースする際のリスクを低減する上で、我々が知る限り最善の方法だ。

あなたはアプリケーションをデプロイするためのプロセスをすでに自動化しているかもしれない。しかし、手作業でデプロイしている企業はまだ多いのだ。デプロイメントプロセスを手作業で行っている場合には、そのプロセスがすべての環境で同じであることを確かめることから始め、その上で少しずつ自動化していって、最終的にはすべてスクリプトにすることになる。究極的には、デプロイ対象の環境とアプリケーションのバージョンを選択すれば、あとのデプロイメントがうまくいくようにするべきだ。デプロイメントプロセスを自動化し標準化しておけば、アプリケーションのリリースを反復可能で信頼できるものにする上で、多大なよい効果がもたらされる。さらに、プロセスが完全にドキュメント化され監査されていることも保証できる。デプロイメントの自動化については後の章で詳細に扱う。

この原則は実は、「変化するものはそうでないものと分けておかなければならない」というルールを違ったかたちで適用したものにすぎない。デプロイメントスクリプトが、個別の環境に対して別々になってしまっていると、テストしたものが本番で実際にうまくいくかどうかを知る術がない。逆に、どこにデプロイするのにも同じプロセスを使っていれば、特定の環境に対してデプロイメントがうまくいかなかった場合にその原因を次の三つのうちどれかだろうと絞り込める。

- アプリケーションに含まれる、環境に固有のファイルの設定がおかしい。
- アプリケーションが依存している基盤やサービスのひとつに問題がある。
- 環境の設定がおかしい。

これらのうちのどれが根本的な原因なのかを突き止めることが、次のふたつのプラクティスの主題である。

### 5.3.3 デプロイメントをスモークテストせよ

アプリケーションをデプロイするときには、アプリケーションが稼働していることを確かめるスモークテストを、自動スクリプトで実行しなければならない。これは、アプリケーションを起動して、メイン画面に期待通りの内容が表示されていることを確かめる程度のシンプルなものでいい。また、スモークテストではアプリケーションが依存しているサービスがすべて稼働していることを確かめるべきだ。サービスとはたとえば、データベースやメッセージバス、外部サービスなどである。

スモークテスト、あるいはデプロイメントテストは、いったんユニットテストスイートを実行できるようになったら、その次に書くべき最も重要なテストだろう。このテストによって、アプリケーションが実際に起動しているという自信を持てるようになる。起動していない場合、スモークテストである程度の基本的な診断ができなければならない。依存している何かが稼働していないせいでアプリケーションが落ちているということがないかを確かめるのだ。

### 5.3.4 本番のコピーにデプロイせよ

多くのチームが経験する主要な問題は他にもある。本番環境がテスト環境や開発環境と大きく異なっていることがあるのだ。リリースしようとしているものが実際に動くことについて、高いレベルで自信を持つためには、テストと継続的インテグレーションを本番環境にできる限り似せた環境で行う必要がある。

本番環境がシンプルであったり、十分予算があったりという理想的な状況であれば、本番の正確なコピーを準備して手動テストや自動テストを実行することができる。環境が同じであることを保証するには、ある程度の規律をもって優れた構成管理のプラクティスを適用しなければならない。保証する必要があるのは、こういったことだ。

- ネットワークトポロジーやファイアウォール設定といった基盤が同じであること。
- パッチを含めて OS の設定が同じであること。
- アプリケーションスタックが同じであること。
- アプリケーションのデータが、既知の妥当な状態であること。アップグレード時のデータ移行は、デプロイメントを苦しくする主要な原因になり得る。これについては第 12 章の「データを管理する」でより詳しく扱う。

ディスクイメージングや仮想化といったプラクティスを用いたり、Puppet や InstallShield といったツールをバージョン管理リポジトリと一緒に用いたりすることで、環境設定を管理できる。これについては、第 11 章の「基盤と環境を管理する」で詳細に論じる。

## 5.3.5 各変更は直ちにパイプライン全体を通り抜けなければならない

継続的インテグレーションが導入される前は、プロジェクトの多くがプロセスの各部分をバラバラにスケジューリングしていた。たとえば、ビルドは1時間ごと、受け入れテストは夜中、キャパシティテストは週末、という具合だ。デプロイメントパイプラインでは別のアプローチがとられる。最初のステージはチェックインのたびにトリガーされなければならない。そして、各ステージが成功するたびに、その後のステージがすぐトリガーされなければならないのだ。もちろん、開発者がチェックインする頻度があまりに高く（大規模なチームでは特に）、プロセスを構成する各ステージに十分な時間を割けない場合、これは実現できないこともある。この問題を図5-6に図示する。

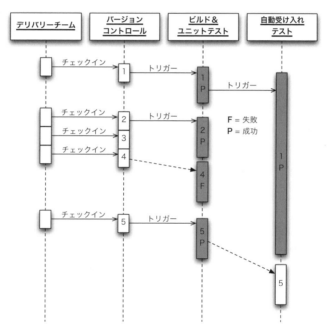

図5-6　パイプラインのステージをスケジューリングする

この例では、誰かがバージョン管理にチェックインして、バージョン1を作成する。これによって、パイプラインの第1ステージがトリガーされる（ビルドとユニットテスト）。第1ステージが通り、自動受け入れテストを行う第2ステージがトリガーされる。ここで、誰かが別の変更をチェックインして、バージョン2を生成する。これによってビルドとユニットテストが再びトリガーされる。しかし、これらが通っても、自動受け入れテストの新しいインスタンスをトリガーすることはできない。すでに実行中だからだ。そうこうしているうちに、他のチェックインが連続してさらに2回発生した。しかし、CIシステムはどちらのチェックインに対してもビルドを始めてはならない。このルールが守られ、開発者が同じ間隔でチェックインを続けたら、ビルドは開発者が現在行っていることからどんど

ん遅れてしまう。

　その代わり、いったんビルドとユニットテストが完了したら、CIシステムが新しい変更があるかどうかをチェックし、もしあれば、最新のバージョン（この場合であればバージョン4）に対してビルドを行うようにしよう。このとき、ビルドとユニットテストステージが壊れたとしよう。このビルドシステムは、コミット3とコミット4のどちらが原因で壊れたかがわからない。しかし、開発者が自分で突き止めるのは通常それほど難しくない。使っているCIシステムによっては、特定のバージョンに対するビルドを順番に関係なく実行できる。この場合、開発者はリビジョン3に対して第1ステージをトリガーし、通るか失敗するかを確かめることができる。こうすることで、ビルドを壊したのがコミット3とコミット4のどちらであるかがわかるのだ。どちらの場合も、開発チームは問題を修正し、バージョン5としてチェックインすればよい。

　受け入れテストが最終的に完了したら、CIシステムのスケジューラーは新しい変更が入手できることを通知し、バージョン5に対する新しい受け入れテストの実行をトリガーする。

　このようにスケジューリングを賢く行うことは、デプロイメントパイプラインを実装する上できわめて重要だ。使っているCIサーバーがこの種のスケジューリングワークフローをサポートしているかどうか確認しよう（多くはサポートしている）。そして、変更が直ちに通り、固定したスケジュールに基づいてステージを実行する必要がなくなることを保証しよう。

　これは、受け入れテストを含むステージのように、完全に自動化されたステージにしか当てはまらない。パイプラインの後のほうの、手動テスト環境にデプロイメントを行うステージは、オンデマンドで動くようにする必要がある。これについては本章の後のほうで説明する。

## 5.3.6　パイプラインのどの部分であっても、失敗したらラインを止めよ

　96ページの「継続的インテグレーションを実現する」で言ったとおり、本書の目的（素早く反復可能で信頼できるリリース）を達成するために最も重要なステップは、バージョン管理にコードをチェックインするたびに、ビルドが成功してテストがすべて通ったことをチームが確認することである。これは、デプロイメントパイプライン全体に当てはまる。もしある環境へのデプロイメントが失敗したら、その責任はチーム全体で持つ。手を止めて、他のことをやる前に修正しなければならないのだ。

## 5.4　コミットステージ

　デプロイメントパイプラインの新しいインスタンスはチェックインのたびに生成され、第1ステージが通れば、リリース候補が生成される。パイプラインにおける第1ステージのねらいは、本番にふさわしくないビルドを排除し、アプリケーションが壊れていることをできる限り早くチームに知らせることである。明らかに壊れているバージョンに対して費やしてしまう時間と労力をさらに少なくしたいのだ。そこで、開発者が変更をバージョン管理システムにコミットしたときには、アプリケーショ

ンの最新バージョンを素早く評価したい。そこで、チェックインした開発者は、次のタスクに進む前に結果が出るのを待つのである。

コミットステージの一部としてやっておきたいことがいくつかある。典型的には、これらのタスクはビルドグリッド（この機能はほとんどの CI サーバーで提供されている）上のジョブのまとまりとして実行される。したがって、このステージは妥当な時間内に完了する。コミットステージは 5 分以内で終わることが理想的で、おそらく 10 分以上かかってはいけない。コミットステージには、典型的にはこのようなステップが含まれる。

- （必要に応じて）コードをコンパイルする。
- コミットテストを一式実行する。
- 後のステージで使うためのバイナリを生成する。
- コードの健全性をチェックするために解析を実行する。
- 後のステージで使うために、テストデータベースのような成果物を準備する。

最初のステップでは、ソースコードの最新バージョンをコンパイルし、コンパイルエラーが出たら、最後にチェックインがうまくいった後に変更をコミットした開発者に通知する。このステップが失敗したら、コミットステージを直ちに失敗させて、このインスタンスについてはもう考えないようにする。

次に、きわめて素早く実行できるように最適化されたテストを一式実行する。このテスト一式のことは、ユニットテストではなくコミットステージテストと呼ぶ。実際ほとんどがユニットテストではあるが、別の種類のテストを少し選び出してこのステージに含めておいて、コミットステージが通ればアプリケーションが実際に動くのだと強い自信を持って言えるようにすることは役に立つからだ。これは開発者が自分たちのコードをチェックインする前に実行するのと同じテストである（あるいは、ビルドグリッド上のプレテストコミットで行ってもよい）。

コミットテストスイートの設計は、ユニットテストをすべて実行するところから始めよう。そのあとで、受け入れテストの実行時やパイプラインのその後のステージでよく発生する失敗がどのようなタイプかわかったら、コミットテストスイートに専用のテストを追加し、そうした失敗に早めに気づけるようにするべきだ。この最適化のプロセスはずっと続いていく。このことは、パイプラインの後のステージになってバグを見つけて修正するコストを避けようと思うと重要だ。

コードがコンパイルできて、テストが通ることを確認するというのはよいことだ。しかし、アプリケーションの非機能的性質についてここからわかることはあまりない。キャパシティのような非機能的性質をテストするのは難しいが、分析ツールを実行して、テストカバレッジや保守性、セキュリティ上の脆弱性といったコードベースの性質に関するフィードバックを受け取ることはできる。こうしたメトリクスについて事前に定められた境界値にコードが達していなかった場合、テストに失敗した場合と同じようにコミットステージを失敗させなければならない。役に立つメトリクスにはこんなものがある。

- テストカバレッジ（コミットテストでコードベースの5%しかカバーできていないとしたら、まったく役に立たない）
- 重複コードの量
- サイクロマチック複雑度
- 求心性結合と遠心性結合[*4]
- 警告の数
- コードスタイル

すべてがうまくいった場合、コミットステージの最終ステップでは、その後の環境どれにでもデプロイできるコードのアセンブリを生成する。コミットステージが全体として成功したと言うためには、これも成功しなければならない。実行可能なコードの生成自体を成功基準として扱えば、継続的インテグレーションによってビルドプロセス自体が常に評価されレビューされていることをシンプルに保証できる。

## 5.4.1 コミットステージのベストプラクティス

第3章「継続的インテグレーション」で説明したプラクティスのほとんどは、コミットステージに当てはまる。開発者は、デプロイメントパイプラインのコミットステージが完了するのを待たなければならない。失敗したら、直ちに問題を修正するか、バージョン管理から変更を取り除かなければならない。CPUのパワーが無限大で回線に制限がないという理想的な状況であれば、手動テストも含めてすべてのテストが通るまで開発者に待っていてほしい。そうすれば、どんな問題が起きてもすぐに修正できるからだ。だが、そんなことを実際に期待するのは現実的でない。デプロイメントパイプラインの後のほうのステージ（自動受け入れテストやキャパシティテスト、手作業での受け入れテストなど）には時間がかかるからだ。だからこそ、テストプロセスをパイプライン化するのである。フィードバックをできる限り早く、問題の修正が安上がりなうちに受け取ることは重要で、より包括的なフィードバックが得られるようになるまで待つ必要はない。

---

### 「デプロイメントパイプライン」という用語の由来

最初にこの考え方を使ったときに、我々はパイプラインと名付けた。だがそれは、パイプの中を液体が流れていくのと似ているからではない。我々の周りにいるような真性ギークにとって、この名前はプロセッサーが実行命令を「パイプライン」して一定の並行処理ができるようにしているところを思い起こさせるのだ。プロセッサーのチップは命令を並列に実行できる。しかし、シリアルに実行するよう意図されたマ

---

4 ［訳注］関連オブジェクトの数を表すメトリクス。複数のオブジェクトから依存されていれば求心性結合が高くなり、複数のオブジェクトに依存していれば遠心性結合が高くなる。

> シンの命令を一続き取り出して、意味のある並列処理に分けるにはどうしたらいいだろう？　プロセッサーがこれを行うやり方は非常に賢くまた複雑だが、本質的には、ある時点で別の実行パイプラインの処理結果を効率的に「推測」し、その推測に基づいて処理を開始するのだ。後になってその推測が間違っていたことがわかったら、その推測に基づくストリームは単純に破棄される。得られるものはないが、失うものもない。しかし、もし想定が正しければ、プロセッサーはひとつのストリームを実行するのにかかる時間で倍の作業をやったことになる。言ってみれば、2倍速く実行したことになるのだ。
>
> 我々のデプロイメントパイプラインの考え方も同じように機能する。我々はコミットステージを設計する際、問題の大半を検出できるようにしつつ、きわめて素早く実行できるようにしているのだ。そこで、我々は後に続くテストステージが通ることを想定している。その上で新しいフィーチャに対する作業を再開して、次のコミットを準備し、次のリリース候補を作り始めるのだ。その間、成功するという想定に基づいて、新しいフィーチャの開発と並行してパイプラインが実行される。

コミットステージが通ることは、リリース候補を生み出す過程にとって重要なマイルストーンとなる。これは我々のプロセスにとっての関門であり、いったん通れば開発者は次のタスクに自由に進めるようになるのだ。しかし、その後のステージの進展を監視する責任は相変わらず残っている。壊れてしまったビルドの修正は、開発チームにとって最大の優先度であり続ける。壊れたのがパイプラインのもっと後のステージであってもだ。ギャンブルにたとえれば、成功するほうに賭けているが、負けたときには技術的負債を返済する準備はあるということだ。

開発プロセスにおいてコミットステージしか実装していないのだとしても、チームのアウトプットの信頼性と品質は非常に高まるのが普通だ。しかし、デプロイメントパイプラインとして最低限必要と我々が考えるものを完成させるには、他にもいくつかステージが必要となる。

## 5.5　自動受け入れテストという関門

　包括的なコミットテストスイートがあれば、さまざまな種類のエラーがあるかどうかを判定するすばらしいリトマス試験紙となる。しかし、そこで検出できないものも数多くある。コミットテストの大部分を占めるユニットテストは、低レベルのAPIと密結合しているので、そのAPIが特定の問題を解決しているかどうかを検証するよりも、その解決方法が特定のやり方で動作するかを検証してしまいがちなのだ。

> **なぜ、ユニットテストでは不十分か？**
>
> 我々は以前、開発者が約80人いる巨大プロジェクトに従事したことがある。このシステムは、開発プロセスの中核として継続的インテグレーションを用いていた。チームとして見ると、我々のビルドに関す

る規律はきわめて適切だった。この規模のチームでは規律を守る必要があったのだ。

　ある日、ユニットテストに通った最新のビルドをテスト環境にデプロイした。この作業には時間がかかったが、統制のとれたやり方で、環境の専門家が実施していた。しかし、システムは動きそうもなかった。設定の何が問題だったのかを明らかにするために我々は長い時間を費やしたが、問題を見つけることはできなかった。そこで、経験のある開発者の一人が開発機でアプリケーションを試してみた。そこでもやはり動かなかったのだ。

　そこで彼はどんどん前のバージョンに遡っていき、実はシステムが3週間前に動かなくなっていたことを突き止めた。目立たないちょっとしたバグがひとつあったせいで、システムが正しく起動しなかったのだ。

　このプロジェクトのユニットテストのカバレッジは優れていて、すべてのモジュールに対して平均90%前後となっていた。それにもかかわらず、80人の開発者が普段アプリケーションを実行せずにテストだけを実行していたため、3週間もの間、問題に気づかなかったのだ。

　我々はバグを修正し、継続的インテグレーションプロセスの一部として、シンプルな自動スモークテストを2、3追加して、アプリケーションが実行でき、最も基本的な機能が実行できることを確かめるようにした。

　ここからは多くのことを学べたし、この巨大で複雑なプロジェクトを通じて多くのことを経験した。だが最も本質的な学びは、ユニットテストでテストしているのは問題を解決するにあたっての開発者の視点だけだということだ。ユーザーからの視点で見たときにアプリケーションにやってほしいことが、実際にできていることを証明する能力は限られている。アプリケーションがユーザーに対して望む価値を提供していることを確認したいのであれば、違うかたちでテストをしなければならない。開発者が自分たちでアプリケーションをもっとこまめに実行し、実際に触ってみていれば、これを達成できただろう。前述した個別の問題を解決することにはなっただろうが、巨大で複雑なアプリケーションに対するアプローチとしては効率的ではない。

　この教訓は、我々が使っていた開発プロセスにありがちな失敗をもうひとつ指し示している。最初我々は、デプロイメントに問題があると想定した。テスト環境にデプロイするときにシステムの設定をどこか間違ってしまったのだろうと思ったのだ。想定自体は悪くない。この種の失敗はよくあることだったからだ。アプリケーションのデプロイメントは複雑で、集中して手作業で行うプロセスであり、よくエラーが起きたのだ。

　つまり我々は、洗練され、うまく管理された規律正しい継続的インテグレーションプロセスを準備していたにもかかわらず、実際の機能の問題を特定できるという自信を持っていなかったのだ。また、システムをデプロイする際にも、もっと他のエラーが紛れ込んでいないと保証することもできなかった。さらに、デプロイメントにかなりの時間がかかったので、デプロイメントのたびにデプロイメントプロセスが変更されるということはよくあったのだ。これは、デプロイしようという試みが毎回新しい実験だったということだ。手作業で行われるエラーの起きやすいプロセスだったのだ。そのため、リスクの高いリリースを意味する悪循環が生み出されていた。

## 5.5　自動受け入れテストという関門

　チェックインするたびにコミットテストを実行すれば、最新ビルドの問題とアプリケーションのバグに関する問題について適切なタイミングで局所的なフィードバックが返される。しかし、疑似本番環境で受け入れテストを実行しなければ、アプリケーションが顧客の仕様を満たしているかわからないし、デプロイして実際の利用に耐えられるかどうかもわからない。こうした内容について適切なタイミングでフィードバックがほしいと思えば、継続的インテグレーションプロセスの範囲を拡大して、本番を想定したリハーサルを行わなければならない。

　デプロイメントパイプラインにおける自動受け入れテストステージと機能の受け入れテストとの関係は、コミットステージとユニットテストとの関係に似ている。つまり、受け入れテストステージで実行されるテストの大部分は機能の受け入れテストだが、すべてがそうだというわけではないのだ。

　受け入れテストステージの目標は、顧客の期待する価値をシステムがデリバリーできていること、そして、受け入れ基準を満たしていることを検証することである。受け入れテストステージはリグレッションテストスイートとしての役目も果たす。新しく変更したことによってバグが既存のふるまいに紛れ込んでいないことを検証するのだ。第8章の「自動受け入れテスト」で説明するように、自動受け入れテストを作成し保守するプロセスは、別々のチームによって遂行されるわけではない。開発プロセスの核心に置かれ、職能横断型（cross-functional）のデリバリーチームによって遂行されるのだ。開発者やテスター、顧客が一緒になって作業し、こうしたテストを作成する。ユニットテストや、通常の開発プロセスの一部として書くコードと一緒にだ。

　重要なことだが、受け入れテストが壊れた場合には、開発チームは即座に対応しなければならない。しかも、こうしたことは普通に開発をやっていれば起きることなのだ。開発者はテストが壊れた原因が紛れ込んだリグレッションの結果、つまりアプリケーションのふるまいが内部で変わったせいなのか、テストの問題なのかを見分けなければならない。その上で、自動受け入れテストがまた通るようになるために、適切なアクションをとらなければならないのだ。

　自動受け入れテストという関門は、リリース候補のライフサイクルにとってふたつめの重要なマイルストーンなのである。たとえば、いつ行うかを人が決めるデプロイのように、デプロイメントパイプラインの後のほうに属するステージは、自動受け入れテストというハードルをうまくクリアしたビルドにしかアクセスできない。システムを叩いて落とすことができたとしても、それには非常に時間もかかるし高くつきもする。したがってその労力は、デプロイメントパイプラインが特定した問題を修正したり、デプロイメントパイプラインがサポートする制御され反復可能なやり方でデプロイしたりすることに向けるべきだ。デプロイメントパイプラインがあれば、間違ったことをやるより正しいことをやるほうが簡単になる。だから、チームは正しいことをやるようになるのだ。

　こうして、受け入れ基準をすべて満たしていないリリース候補がユーザーにリリースされてしまうことがなくなる。

## 5.5.1 自動受け入れテストのベストプラクティス

あなたのアプリケーションが本番で出会うであろう環境について考えることは重要だ。デプロイする本番環境がひとつだけで、それをコントロールできるというなら、運がいい。その環境のコピーを作って、そこで受け入れテストを実行するだけでよいからだ。本番環境が複雑だったり高価だったりする場合には、スケールダウンしたバージョンを使えばよい。たとえば、ミドルウェアサーバーが本番では数多くあるところを、2、3台にしておくという具合だ。アプリケーションが外部サービスに依存しているなら、依存している外部の基盤すべてに対してテストダブルを使えばよい。こうしたアプローチについては、第8章「自動受け入れテスト」でより詳細に見ていく。

数多くのバラバラな環境を対象にデプロイしなければならないこともある。たとえば、ユーザーのコンピュータにインストールするソフトウェアを開発しているような場合だ。もしそうであれば、想定され得る環境上で受け入れテストを実行する必要があるだろう。これはビルドグリッドを使えば簡単に実現できる。複数のテスト環境を選んで準備し、各テスト環境に対して最低ひとつとして、すべてに対して受け入れテストを並列に実行しよう。

機能テストがまったく自動化されていない組織の多くでよく見られるのが、プロダクションコードとテストスイートの保守に別々のチームを割り当てるというプラクティスだ。第4章の「テスト戦略を実装する」で詳細に説明したとおり、これはよくない考え方だ。これに起因する最大の問題は、開発者が、受け入れテストを所有しているのは自分たちだと思わなくなってしまう点にある。その結果、デプロイメントパイプラインにおける受け入れテストステージが失敗しても、注意を払わなくなりがちで、その結果、長い間壊れたままになってしまうのだ。受け入れテストが開発者を巻き込まずに書かれると、UIと密接に結合してしまい、もろくなったり、まずい抽出のされ方をしたりする。これは、UIの根底にある設計をテスターが正しく理解していないせいであり、抽象レイヤを作成したり、公開APIに対して受け入れテストを実行したりするスキルがないせいでもある。

実は、**受け入れテストはチーム全体のもの**なのだ。パイプラインのステージひとつひとつがチーム全体のものであるのと同じである。受け入れテストが失敗したら、チーム全体が手を止めて、即座に修正しなければならない。

このプラクティスから生まれる当然の帰結として、開発者は自動受け入れテストを自分たちの開発環境で実行することができなければならない。受け入れテストの失敗に気づいた開発者が、自分のマシンで簡単に修正し、受け入れテストをローカルで実行して直っていることを検証することが簡単にできなければならないのだ。こうしようとしたときに最もよく現れる障壁を挙げよう。ソフトウェアのテストで使われるライセンスが不足している。あるいは、アプリケーションアーキテクチャのせいで開発環境にシステムをデプロイできないため、受け入れテストを実行することができない。自動受け入れテスト戦略を長い目で見ても成功させようと思ったら、この種の障壁は取り除かなければならない。

受け入れテストは本来システムがビジネス価値をもたらしていることを検証するべきなのだが、ア

プリケーションの特定のソリューションと容易に密結合してしまう。そうなってしまった場合、受け入れテストの保守にはどんどん時間がかかるようになる。システムのふるまいを少し変更しただけでもテストが無効になってしまうからだ。受け入れテストはビジネスの言葉（エリック・エヴァンスの言う「ユビキタス言語」[5]）で表現されるべきだ。アプリケーションの技術的な言葉でではない。これはつまり、チームで開発に使っているのと同じプログラミング言語で受け入れテストを書くのは構わないが、その抽象概念はビジネスのふるまいのレベルで動くべきなのだ。「注文する」のであって「ボタンを押下する」のではない。あるいは、「送金を確認する」のであって「資金テーブルに結果が入っているかを確認する」のではない。

受け入れテストの価値は計り知れないが、作るのも保守するのも高くつく可能性がある。そこで、自動受け入れテストがリグレッションテストでもあるということを心に留めておくことが欠かせない。受け入れ基準を取り上げて、すべてを何も考えず自動化するという愚を犯さないこと。

我々が従事してきたいくつかのプロジェクトでは、前述したようなバッドプラクティスのいくつかに従った結果、自動化された機能テストが十分な価値をもたらせなくなってしまったのだ。保守するのにあまりにコストがかかりすぎてしまい、自動化された機能テストが止められた。テストにかかる労力が、テストで節約できる労力を上回った場合、これは正しい判断だ。しかし、テストの作成方法と保守の管理方法を変えるだけで、かかる労力を低減し、費用対効果を劇的に変化させることができただろう。受け入れテストを正しく行う方法は、第8章「自動受け入れテスト」の主題である。

## 5.6 後に続くテストステージ

受け入れテストステージは、リリース候補のライフサイクルにおいて重要なマイルストーンである。いったんこのステージが完了したら、リリース候補は、開発チームの手を離れ、より広い関心を集めて使われるようになる。

シンプルなデプロイメントパイプラインでは、受け入れテストを通ったビルドはユーザーにリリースする準備が整ったことになる。少なくとも、システムの自動テストがカバーする限りについてはそう言えるのだ。リリース候補がこのステージに失敗した場合、当然リリースするのは適切ではない。

リリース候補がパイプラインを進むところが、この段階までは自動化されていたとしよう。あるステージをうまく通れば、自動的に次のステージに進むのだ。ソフトウェアをインクリメンタルにデリバリーしているのであれば、本番に対して自動デプロイメントを行うことも可能である。これについては、ティモシー・フィッツのブログエントリ「Continuous Deployment」[dbn1G8]で説明されている。しかし、多くのシステムにとっては、リリース前に何らかのかたちで手動テストを行うことが望ましい。包括的な自動テストが一式あっても、だ。多くのプロジェクトにはテスト環境が複数ある。他のシステムとの統合をテストするための環境や、キャパシティテスト用環境、探索的テスト用環境、

---

5　Evans, 2004.

ステージング環境、それに本番環境などだ。これらの環境はそれぞれが多かれ少なかれ本番をシミュレートしていて、独自の設定がされている。

デプロイメントパイプラインはテスト環境へのデプロイメントも面倒を見る。AntHillPro や Go のようなリリース管理システムでは、各環境に対して現在何がデプロイされているかを見ることができる。さらにそれらの環境に対してボタンひとつでデプロイメントも実施できる。もちろん裏では、こうした製品は書かれたスクリプトを単純に実行してデプロイを行っている。これを行うために、Hudson や CruiseControl ファミリーのようなオープンソースを元にして独自のシステムを構築することもできる。ただ、商用ツールならば、デプロイメントの可視化やレポーティング、きめ細かい権限制御などが始めから組み込まれている。独自のシステムを構築する場合に主要な要件になるであろうものを挙げよう。受け入れテストステージに通ったリリース候補の一覧を見ることができること。選んだバージョンを選んだ環境にデプロイするためのボタンがあること。各環境に対してどのリリース候補がデプロイされているかがわかること。それがバージョン管理のどのバージョンかがわかること。これらの機能を実現した手作りのシステムを図 5-7 に示す。

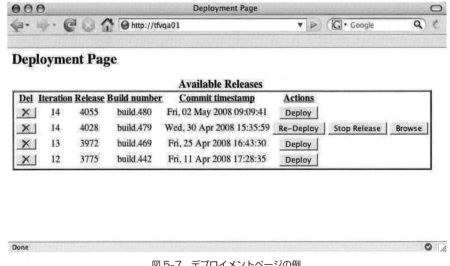

図 5-7　デプロイメントページの例

これらの環境へのデプロイメントは順番に行われるかもしれない。つまり、それぞれがひとつ前のステージをうまく通った成果物に依存するのだ。その場合、本番にデプロイできるのは、UAT 環境とステージング環境にデプロイした後だ。これは並行して行ってもよいし、どのステージにデプロイするかを手作業で選択してもよい。

重要なのは、デプロイメントパイプラインのおかげで、テスターがあらゆるビルドをテスト環境に好きなようにデプロイできるようになることである。これは「ナイトリービルド」という概念に取って代わる。デプロイメントパイプラインを使った場合、テスターは任意のリビジョン（全員が家に帰る前にコミットした最新版）を元にしたビルドを受け取るのではない。自動テストを通ったのがどの

ビルドであるのか、アプリケーションに対してどんな変更が行われたのか、ということを見ることができ、望みのビルドを選べるのだ。選んだビルドが何らかのかたちで不十分であることがわかったら（正しく変更されていない場所があるかもしれないし、バグがあるせいでテストする意味がないかもしれない）、テスターは他のビルドをデプロイすることができる。

## 5.6.1 手動テスト

　イテレーティブなプロセスでは、受け入れテストの後には常に手動テストが続く。それは、探索的テストのかたちをとったり、ユーザビリティテストやショーケースのかたちをとったりする。その前に、開発者はアナリストやテスターに対してアプリケーションのフィーチャのデモを行っているだろう。しかし、アナリストやテスターが自動受け入れテストを通ったとわかっていないビルドに対して時間を無駄にすることはない。このプロセスにおけるテスターの役割が、システムのリグレッションテストを行うことであってはならない。テスターがやるべきことは、何よりもまず、受け入れテストが本当にシステムのふるまいを検証していることを保証するために、受け入れ基準が満たされていることを手作業で証明することであるべきなのだ。

　その上でテスターは、自動テストではうまくできないテストで、人間のほうが優れている種類のものに集中するのだ。テスターは探索的テストを行い、アプリケーションのユーザビリティをテストするためのユーザーテストを実施し、さまざまなプラットフォーム上でルックアンドフィールを確かめ、システムに障害があった場合の異常系テストを実行する。自動受け入れテストの目的は、テスターが自由に使える時間を作り、価値の高いこうした活動に集中できるようにすることにある。人間がテストスクリプト実行マシンにならずにすむようにするのだ。

## 5.6.2 非機能のテスト

　あらゆるシステムには、非機能要件が数多くある。たとえば、ほぼすべてのシステムにはキャパシティやセキュリティに関する何らかの要件があったり、準拠すべきSLA（service-level agreements）があったりする。自動テストを実行して、システムがこうした要件をどの程度守っているかを測定することには、通常意味がある。これをどうやるのかという詳細については、第9章「非機能要件をテストする」を参照してほしい。システムによっては、非機能要件のテストを継続的に行う必要はない。ただ必要な場合には、デプロイメントパイプライン上にこれらの自動テストを実行するためのステージを作る価値があると経験上言える。

　キャパシティテストステージの結果が悪かった場合、その先を通さないようにするか、結果を元に人間が判断するかは、そのデプロイメントパイプラインを所有する組織で決めるべき基準のひとつだ。アプリケーションに要求されるパフォーマンスがきわめて高い場合には、受け入れテストステージをうまく通過したリリース候補に対して、完全に自動化されたかたちでキャパシティテストを実行する

ことには意味がある。この場合、リリース候補がキャパシティテストに失敗したら、普通はデプロイできないと見なされる。

だが、多くのアプリケーションにとっては、何をもって受け入れ可能とするかの判断はもっと主観的だ。キャパシティテストの結果は表示して、リリース候補をその先に進めるかどうかを人間に判断させたほうがよい。

## 5.7 リリースに備える

本番環境に対するリリースには、常にビジネスリスクが伴う。運がよくても、リリース時に深刻な問題があったら、価値のある新しい機能の導入が遅れてしまうだろう。最悪の場合、きちんとしたバックアウト[6]計画が準備されていなければ、ミッションクリティカルなリソースがないままビジネスを行わなければならなくなるかもしれない。新しいシステムのリリースと一緒に、重要なリソースを捨てなければならなくなるかもしれないのだ。

デプロイメントパイプラインの結果としてリリースを行うようにすれば、こうした問題は単純に緩和できる。本質的にやりたいのはこういうことだ。

- 開発者やテスター、運用や基盤、支援担当者も含めて、ソフトウェアのデリバリーにかかわる人全員で作成し、保守するリリース計画を作る。
- プロセスをできる限り自動化し、最もエラーの起こりやすいステージから開始することで、人間によるミスの影響を最小化する。
- 疑似本番環境で行われる手続きを何度も繰り返し、プロセスやそれを支えるテクノロジーのデバッグができるようにする。
- 計画通りに物事が進まなかった場合に、バックアウトできるようにしておく。
- 設定と本番データを移行する戦略をアップグレードとロールバックプロセスの一部としておく。

我々の目標は、リリースプロセスを完全に自動化することだ。リリースはできる限りシンプルであるべきだ。アプリケーションのバージョンをひとつ選んで、ボタンを押すだけにしたい。バックアウトも同じくらいシンプルであるべきだ。これらの題材については、第10章の「アプリケーションをデプロイ・リリースする」でより詳細に扱う。

---

6 ［訳注］リリースを撤回し、リリース前の状態に復元すること

## 5.7.1 デプロイメントとリリースを自動化する

　自分たちのコードの実行環境をコントロールできなくなるほど、予期せぬふるまいが発生する確率は上がる。したがって、ソフトウェアシステムをリリースするときには必ず、デプロイされるものを1ビットたりとも違わずコントロールしたいと思うようになるのだ。こうした理想を妨げる要因がふたつある。第一に、多くのアプリケーションでは、作成するソフトウェアの運用環境を完全にコントロールすることがそもそもできない。ゲームやオフィスアプリケーションのように、製品やアプリケーションがユーザーの手によってインストールされる場合、これは特に当てはまる。この問題は通常、対象環境の代表的なサンプルを選択して、自動受け入れテストスイートをこれらのサンプル環境で並行して実行することで緩和される。その上で、どのプラットフォームでどのテストが失敗したのかを明らかにするために作ったデータを埋め込むことができる。

　ふたつめの制約は、このレベルでコントロールできるようにするためには恩恵以上にコストがかかると見なされてしまうことだ。だが、普通は逆だ。本番環境にかかわる問題のほとんどは、コントロールが十分にできていないことに起因する。第11章で説明するとおり、本番環境は安易に触れないようになっているべきだ。つまり、本番環境の変更は自動化されたプロセスを通じてのみ行われるべきなのである。ここで変更と言っているのは、アプリケーションのデプロイメントだけではなく、設定やソフトウェアスタック、ネットワークトポロジーや状態の変更も含んでいる。このようにして初めて、信頼できる監査を行い、問題を診断し、その修正にかかる時間を予期できるようになる。システムが複雑になり、さまざまな種類のサーバーが増えたり、より高い性能が求められたりするようになるにつれて、どこまでコントロールできているかということが重要になる。

　本番環境を管理するプロセスは、ステージング環境やインテグレーションテスト環境といったその他のテスト環境でも使うべきだ。こうすることで、自動化された変更管理システムを使って、手動テスト環境の設定も完璧に調整できるようになる。こうした設定を調整して完璧にするためには、キャパシティテストから得られるフィードバックを使って、設定の変更を評価しなければならないだろう。結果に満足したら、本番環境を含めてその設定を必要とするすべてのサーバーにコピーできる。それも、何が起こるか予期できる信頼できるやり方で行えるのだ。ミドルウェア（データベース、Webサーバー、メッセージブローカー、アプリケーションサーバー）も含めて環境のあらゆる側面はこのように管理すべきだ。それぞれは細かく調整され、最適な設定が設定ベースラインに追加される。

　環境のプロビジョニングと保守を自動化するコストは、自動プロビジョニングや環境の管理、適切な構成管理プラクティス、あるいは（場合によっては）仮想化を行うことで大幅に低減できる。

　いったん環境の設定が適切に管理されれば、アプリケーションはデプロイできる。この詳細は、システムで採用されている技術に大きく依存するが、そこまでのステップは非常に似通っているのだ。ビルド・デプロイメントスクリプトを作成するためのアプローチが似通っていること、さらにそのプロセスを監視する方法については、第6章「ビルド・デプロイメントスクリプト」で議論する。

　自動デプロイメントと自動リリースを用いれば、デリバリープロセスは「民主的」になる。開発者

やテスター、運用チームは、デプロイされたビルドを入手するためにチケットシステムや電子メールのスレッドに頼らなくてもよくなるので、システムを本番リリースする準備がどこまでできているのかということについて、フィードバックを集めることができる。テスターは、どのバージョンのシステムをテスト環境にリリースすればよいかを判断するのに、専門知識がなくてもよくなる。また、デプロイする際にそのような専門家に頼らなくてもよくなる。デプロイメントがシンプルなので、テストを行う対象のビルドをより頻繁に変更できるようになる。特に問題となるバグを見つけたときには、システムを以前のバージョンに戻して、最新バージョンとのふるまいを比較するようなこともできるのだ。あるいは販売担当は、顧客との取引に大きな影響を与えるキラー・フィーチャの入った最新バージョンにアクセスできるようになる。もっと細かい変化もある。開発にかかわる人が少しリラックスできるようになるのだ。プロジェクト全体のリスクが少し下がったと感じるからだ。また実際に、リスクは下がっているのである。

リリースプロセス自体がリハーサルされ、テストされ、完成度が高められるほど、リスクは確実に低くなる。各環境にシステムをデプロイするのと同じプロセスでリリースするので、デプロイメントプロセスが非常にこまめにテストされることになる。おそらく、一日に何度もだ。複雑なシステムも50回100回とデプロイして何も問題が起きていなければ、デプロイメントが一大イベントだとはもう思わないだろう。我々の目標はそういったところまでできるだけ早く到達することにある。リリースプロセスやそこで使われるテクノロジーに完全に自信を持ちたければ、普段からそれを利用して適切であることを証明しなければならない。これは、システムの他の側面と同じなのだ。ひとつ変更を加えたときに、デプロイメントパイプラインを通じて本番にデプロイできなければならず、それも最小限の時間と儀式で行えなければならない。リリースプロセスは継続的に評価され、改善されるべきだ。あらゆる問題は、それが入り込んだ時点にできるだけ近い場所で特定しなければならない。

多くのビジネスでは、ソフトウェアの新バージョンを一日に数回リリースできる必要がある。製品開発を行っている会社であっても、ソフトウェアの新バージョンをすぐにユーザーが使えるようにする必要がある。致命的な欠陥やセキュリティホールが見つかった場合などだ。デプロイメントパイプラインや本書にあるそれに関連したプラクティスを用いれば、こうしたことを信頼できるやり方で安全にできるようになる。多くのアジャイル開発プロセスは、本番にこまめにリリースすることをよしとするものだし、我々も適切である場合にはこうすることを強く推奨する。ただ、こうすることに常に意味があるわけではない。ユーザー全体から見て意味のあるフィーチャを一式リリースする前には、やらなければならないことが大量にあることもある。製品開発という分野では特にそうだ。しかし、ソフトウェアを一日に何度もリリースする必要がなかったとしても、デプロイメントパイプラインを実装するプロセスは、ソフトウェアを信頼できるやり方で素早くデリバリーする能力に莫大な影響を与えるのだ。

## 5.7.2 変更をバックアウトする

　リリース当日が昔から恐れられているのには理由がふたつある。ひとつめは、問題が入り込んでしまうことに対する恐怖だ。この原因は、ソフトウェアリリースを手作業で進めていく過程で、見つけるのが難しいミスを誰かが犯してしまったり、手順書にミスがあったりといったことなどだ。ふたつめは、リリースが失敗してしまうのではないかという恐怖だ。この原因は、リリースプロセスに問題があったり、ソフトウェアの新バージョンに欠陥があったりすることなどだ。どちらの場合も、できるだけ早く問題を解決できる能力が自分にあることに賭けるしかない。

　最初の問題については、リリースプロセスを一日に何度もリハーサルすることで緩和できる。自動デプロイメントシステムがうまく動くことを一日に何度も検証するのだ。ふたつめの恐怖は、バックアウト戦略を提供することで緩和できる。最悪の場合でも、リリース開始前の状態には戻すことができるのだ。そうすれば、問題を評価して気の利いた解決策を見出す時間がとれるというわけだ。

　一般的に、最善のバックアウト戦略はアプリケーションのひとつ前のバージョンをリリースの間も使えるようにしておくことだ。リリースの後しばらくの間使えるようにしておいてもいい。これは、第10章「アプリケーションをデプロイ・リリースする」で議論しているデプロイメントパターンのいくつかにとっての基礎となる。きわめてシンプルなアプリケーションであれば（データや設定の移行を無視すれば）、各リリースを別のディレクトリに分けておき、シンボリックリンクを使って現バージョンに向ければよい。通常、デプロイメントやロールバックに関連する最も複雑な問題は、本番データの移行である。これについては、第12章「データを管理する」で詳細に議論する。

　次によいやり方は、以前の適切なバージョンを1からデプロイし直すことだ。このためには、テストステージをすべて通ったアプリケーションであれば、どのバージョンでもボタンひとつでリリースできるようになっていなければならない。デプロイメントパイプラインの制御下にあるあらゆる環境に対してできるのと同じようにだ。この理想的な身分に完全に到達することができるシステムもある。大量のデータを抱えていたとしても、不可能ではないのだ。しかしシステムによっては、個別の変更であっても、バージョンを問わない完全なバックアウトを可能にするためのコストが、資金はともかく時間の面で割に合わなくなってしまうかもしれない。それでも、この理想は役に立つ。あらゆるプロジェクトが実現しようと努力するべき目標を設定しているからだ。部分的には不完全であっても、理想に近づくにつれてデプロイメントは容易になっていく。

　何があっても、デプロイするときと違う方法でバックアウトを行ったり、インクリメンタルなデプロイメントやロールバックを行ったりしてはならない。こうしたプロセスがテストされることはほとんどなく、したがって信頼もできないのだ。また、正しく動くとわかっているベースラインから始められることもないので、もろいのだ。デプロイ済みの旧バージョンを保持するか、ひとつ前の正しく動くとわかっているバージョンからデプロイし直すか、ロールバックを行うときはこのどちらかにしよう。

### 5.7.3 成功を積み重ねる

リリース候補が本番にデプロイできるようになるころには、次に挙げるような内容が真実であると確実に言えるようになっている。

- コードがコンパイルできる。
- コードは開発者の期待通りに動く。なぜなら、ユニットテストを通っているからだ。
- システムはアナリストやユーザーの期待通りに動く。なぜなら、受け入れテストをすべて通っているからだ。
- 基盤やベースラインとなる環境の設定が適切に管理されている。なぜなら、アプリケーションが本番と同じようにテストされているからだ。
- コードには適切なコンポーネントがすべてそろっている。なぜなら、デプロイできるからだ。
- デプロイメントシステムは正常に動く。なぜなら、リリース候補がこのステージに進んでくるまでに、一回は開発環境で、一回は受け入れテストステージで、一回はテスト環境で使われることになるからだ。
- バージョン管理システムには、デプロイメントに必要なものがすべて格納されていて、手作業での操作は必要ない。なぜなら、システムをすでに何度かデプロイしているからだ。

この「成功を積み重ねる」アプローチは、「プロセスをできるだけ早く失敗させる」という我々の規範と組み合わされて、あらゆるレベルで機能しているのだ。

## 5.8 デプロイメントパイプラインを実装する

プロジェクトを1からスクラッチで構築しているのであれ、既存システムに対して自動パイプラインを作成しようとしているのであれ、たいていの場合、デプロイメントパイプラインを実装するためにはインクリメンタルなアプローチをとらなければならない。この節では、何もないところから完全なパイプラインを作成するための戦略を紹介する。たいていの場合、このようなステップを踏むことになる。

1. バリューストリームをモデル化して、動くスケルトンを作成する。
2. ビルドとデプロイプロセスを自動化する。
3. ユニットテストとコード解析を自動化する。
4. 受け入れテストを自動化する。
5. リリースを自動化する。

## 5.8.1 バリューストリームをモデリングし、動くスケルトンを作成する

本章の最初で説明したように、最初のステップはチェックインからリリースまでにいたるバリューストリームの一部を描き出すことになる。すでにプロジェクトが稼働しているのであれば、このプロセスは、紙とえんぴつを使って30分くらいで実施できる。このプロセスにかかわっている人全員のところに行って、ステップを書き出せばいいのだ。待ち時間と価値が追加される時間についても想定してもらおう。新規プロジェクトに取り組んでいるのであれば、適切なバリューストリームを考え出さなければならない。そのための方法のひとつとして、同じ組織にあって似たような特徴の別プロジェクトを見てもよい。あるいは、最低限のところから始めてもよい。つまり、アプリケーションをビルドし、基本的なコード解析とユニットテストを実行するコミットステージと、受け入れテストを実行するステージ、そしてアプリケーションを本番環境にデプロイしてデモできるようにするためのステージの三つを作るのだ。

いったんバリューストリームマップが書ければ、先に進んで継続的インテグレーションのプロセスとリリース管理ツールをモデル化することができる。ツールのせいでバリューストリームを直接モデル化できなければ、プロジェクト間の依存関係を使ってシミュレーションすることもできる。これらのプロジェクトは、最初は何も行ってはならない。順番にトリガーできるプレースホルダーにすぎないのだ。この「必要最小限」の例を使うと、コミットステージは誰かがバージョン管理にチェックインするたびに実行されなければならない。受け入れテストを実行するステージは、コミットステージが通った場合に自動的にトリガーされるべきだ。このとき使用するバイナリは、コミットステージで作ったものと同じである。バイナリを疑似本番環境にデプロイして手動テストやリリースを行うステージはどれも、人の手でボタンを押さなければならない。デプロイするバージョンを選ぶためだ。そしてこれには通常、認証が必要となる。

そのうえで、こうしたプレースホルダーが実際に何かをやるようにするのだ。もしプロジェクトがすでに進行中なのであれば、既存のビルド・テスト・デプロイメントスクリプトをプラグインすることを意味する。もしそうでなければ、目標は「動くスケルトン」[bEUuac] を作ることだ。これはつまり、主要な要素をすべて準備するために、必要最低限の作業を行うということだ。まずは、コミットステージを動くようにしよう。まだコードやユニットテストがなければ、できる限りシンプルな「Hello World」的サンプルを作るか、Web アプリケーションであれば、HTML のページを1枚書いて、それを検証するユニットテストをひとつ書こう。その上で、デプロイすればよい。IIS 上に仮想ディレクトリを準備し、Web ページを配置することになるかもしれない。最後に、受け入れテストをやればよい。これはデプロイメントが終わった後にやる必要がある。受け入れテストを実行するには、アプリケーションがデプロイされていなければならないからだ。受け入れテストでは WebDriver や Sahi を起動して、Web ページに「Hello World」の文字列が含まれていることを確認すればよい。

新規プロジェクトでは、開発作業を始める前にこうしたことをすべて行うべきだ。イテレーティブな開発プロセスを採用しているのであれば、イテレーション・ゼロの一部で行うことになる。あなた

の所属する組織のシステム管理者や運用担当者も、デモを実行したり、アプリケーションをデプロイするスクリプトを開発したりするために、疑似本番環境の準備にかかわらなければならない。次の節では、動くスケルトンをどう作るか、プロジェクトの成長に合わせてそれをどう開発していくかについて、より詳細に議論する。

## 5.8.2 ビルドとデプロイメントプロセスを自動化する

　パイプラインを実装する第一歩は、ビルドとデプロイメントプロセスの自動化だ。ビルドプロセスはソースコードをインプットとし、アウトプットとしてバイナリを生成する。「バイナリ」という単語は意図的にあいまいに使っている。ビルドプロセスから生成されるものは、使っている技術によって異なるからだ。バイナリの主要な特徴を挙げよう。バイナリは新しいマシンにコピーできなければならない。また、適切に設定された環境が与えられ、その環境でのアプリケーションの設定が正しければ、アプリケーションを起動できなければならない。その際、そのマシンにインストールされた開発ツール群に一切依存してはいけないのだ。

　ビルドプロセスは、誰かがチェックインするたびに、継続的インテグレーションサーバーソフトウェアによって実行されなければならない。96ページの「継続的インテグレーションを実現する」に挙げた一覧の中からどれかひとつを使えばよい。CIサーバーの設定は、バージョン管理システムを監視し、変更されるたびにソースコードをチェックアウトするか更新して、自動ビルドプロセスを実行し、ファイルシステムにバイナリを格納するようにしなければならない。バイナリの格納場所は、チーム全体がCIサーバーのユーザーインターフェイスを通じてアクセスできるようにしよう。

　いったん継続的ビルドプロセスが稼働したら、次のステップはデプロイメントの自動化だ。第一に、アプリケーションをデプロイするマシンを入手しなければならない。新規プロジェクトの場合、継続的インテグレーションサーバーが載っているマシンになるかもしれない。より成熟したプロジェクトであれば、マシンを何台か見つけなければならないかもしれない。組織のルールによって、こうした環境はステージング環境と呼ばれたり、ユーザー受け入れテスト（UAT）環境と呼ばれたりする。どちらの場合であっても、こうした環境は本番環境を何らかシミュレートしているべきだ（これについては、第10章「アプリケーションをデプロイ・リリースする」で説明している）。また、プロビジョニングと保守のプロセスは完全に自動化されていなければならない（これについては第11章「基盤と環境を管理する」で説明している）。

　デプロイメントを自動化するためのよくあるアプローチについては、第6章「ビルド・デプロイメントスクリプト」でいくつか議論する。デプロイメントの前には、まずアプリケーションのパッケージングを行わなければならないかもしれない。アプリケーションのいくつかの部分を別々のマシンにインストールする必要がある場合、いくつかのパッケージに分かれることもある。次に、アプリケーションをインストールし、設定するプロセスを自動化しなければならない。最後に、何らかのかたちで自動デプロイメントテストを書いて、アプリケーションが正常にデプロイされたことを検証しなけ

ればならない。デプロイメントプロセスが信頼できることは重要だ。自動受け入れテストの前提条件として使用されるからである。

アプリケーションのデプロイメントプロセスがいったん自動化されたら、次のステップはUAT環境にボタンひとつでデプロイできるようにすることである。CIサーバーを設定することで、アプリケーションの好きなビルドを選び、ボタンをクリックしてそのビルドによって生成されるバイナリを取り出し、そのビルドをデプロイするスクリプトを実行し、デプロイメントテストを実行できるようにしよう。ビルド・デプロイメントシステムを開発するときには、我々が説明してきた原則を確実に使うようにしよう。「バイナリのビルドは一度だけにする」あるいは「バイナリと設定を分けておく」といったことだ。そうすることで、同じバイナリがあらゆる環境で使えるようになるだろう。こうすることで、プロジェクトの構成管理が確固たるものになる。

ユーザーがインストールするソフトウェアを除き、リリースプロセスはテスト環境にデプロイするのと同じプロセスにしなければならない。技術的に違うのは、環境の設定だけであるべきだ。

## 5.8.3 ユニットテストとコード解析を自動化する

デプロイメントパイプラインを開発する際の次のステップは、コミットステージ全体を実装することだ。これはつまり、ユニットテストやコード解析、究極的には受け入れテストやインテグレーションテストの中からいくつか選んだものをチェックインのたびに実行するということだ。ユニットテストを実行する際には、複雑な準備は必要ない。定義上、ユニットテストはアプリケーションが立ち上がっていなくてもいいからだ。その代わり、数あるxUnitスタイルフレームワークをどれかひとつ使い、バイナリに対して実行される。

ユニットテストはファイルシステムやデータベースに触らないので（触るのであれば、コンポーネントテストになる）、実行も高速であるべきだ。だからこそ、アプリケーションをビルドした直後にユニットテストを実行し始めるべきなのだ。その上で、静的解析ツールをアプリケーションに対して実行し、コーディングスタイルやコードカバレッジ、サイクロマチック複雑度、結合度といったレポートを出力させればよい。

アプリケーションがより複雑になるにつれて、大量のユニットテストやコンポーネントテスト一式も書く必要が出てくる。こうしたことはすべてコミットステージで行うべきだ。コミットステージが5分を超えたら、いくつかのスイートに分割して並列実行できるようにしたほうがよい。そのためには、マシンが何台か必要になるだろうし（一台でやるなら、RAMが十分でCPUがいくつかある必要がある）、CIサーバーについても作業を分割して並列実行できるものを使う必要がある。

## 5.8.4 受け入れテストを自動化する

　パイプラインの受け入れテストフェーズでは、テスト環境にデプロイするのに使ったスクリプトを再利用する。違うのは、スモークテストを実行した後に受け入れテストフレームワークを起動し、それが生成するレポートをテストの最後に集積して分析する必要があるという点だ。アプリケーションが生成するログを格納することにも意味がある。アプリケーションにGUIがあるのであれば、Vnc2swfのようなツールを使って、受け入れテストが実行されている間、画面の動きを記録し、問題をデバッグできるようにしてもよい。

　受け入れテストは2種類に分けられる。それが、機能と非機能だ。どんなプロジェクトであっても、キャパシティやスケーリングといった非機能のテストを早いうちから始めることは重要だ。そうすれば、アプリケーションが非機能要件を満たせるかどうかについてある程度わかるようになる。セットアップやデプロイメントの観点からすると、このステージは機能の受け入れテストステージとまったく同じように動く。だが、テストの内容はもちろん異なる（これらのテストの作り方について、さらなる議論は第9章「非機能要件をテストする」を参照）。始めたばかりのときには、受け入れテストと性能テストをひとつのステージの中で連続して実行することも十分可能だろう。その上で、種類ごとにテストを分割して、どのテストが失敗したのかを簡単に見分けられるようにすることもできる。適切な自動受け入れテストが一式あれば、起きたり起きなかったりして再現の難しい問題の原因を突き止める際に役に立つ。こうした問題には、競合条件やデッドロック、リソース競合などがあり、いったんアプリケーションがリリースされてしまえば、問題を見つけてデバッグするのがはるかに難しくなる。

　デプロイメントパイプラインにおいて、受け入れテストステージやコミットテストステージの一部として作成するテストの種類は、もちろんテスト戦略によって策定される（第4章「テスト戦略を実装する」を参照）。しかし、実行する必要のあるテストのうち、少なくともひとつかふたつは、プロジェクトの初期の段階で自動化し、デプロイメントパイプラインの中に組み込むように試してみるべきだ。このようにして、プロジェクトの成長にあわせてテストを簡単に追加できるようにするためのフレームワークが手に入るのである。

## 5.8.5 パイプラインを進化させる

　前述してきたステップは、ほぼすべてのバリューストリームに存在するし、したがって、これまでに見たことのあるパイプラインにも必ず存在した。自動化する上では、これが最初の対象になることが多い。プロジェクトが複雑になるにつれ、バリューストリームも進化する。パイプラインが拡張される可能性は他にもふたつある。それがコンポーネントとブランチだ。大規模なアプリケーションは、組み合わせることのできるコンポーネントのまとまりとして構築するのが最もよい。このようなプロジェクトでは、各コンポーネントに対してまずはミニパイプラインを作成し、その後にすべてのコン

ポーネントを組み合わせるパイプラインを作成して、アプリケーション全体に受け入れテストや非機能テストを行い、その上でテスト環境、ステージング環境、本番環境にデプロイするのがよい。この話題については、第13章「コンポーネントや依存関係を管理する」で詳細に扱う。ブランチの管理については、第14章「高度なバージョン管理」で議論する。

　パイプラインの実装はプロジェクトによって大きく異なるが、タスク自体はほとんどのプロジェクトで共通している。この共通性をパターンとして利用することで、どんなプロジェクトでもビルドやデプロイメントのプロセス作りを迅速に行えるようになる。しかし、究極的にはパイプラインのポイントは、アプリケーションのビルド・デプロイメント・テスト・リリースのプロセスをモデル化することである。こうすることで、パイプラインがあれば、各変更が独立して、できる限り自動化されたやり方でこのプロセスを通り抜けられるようになる。

　パイプラインを実装していると、パイプラインにかかわる人々と交わす会話や、実現される効率化によってプロセスが影響を受けるようになることがわかる。したがって、これから挙げる三つのことを覚えておくことが重要だ。

　まず第一に、パイプライン全体を一度に実装する必要はない。インクリメンタルに実装すべきだ。プロセスの一部が現在手作業で行われているなら、そのためのプレースホルダーをワークフローの中に作ろう。ただし、手作業でのプロセスがいつ開始され、いつ完了するのかは記録するように実装しよう。こうしておけば、手作業でのプロセスにどのくらい時間がかかっているかがわかるし、どれほどボトルネックになっているかも見積もれるようになる。

　第二に、パイプラインを見れば、アプリケーションをビルド・デプロイメント・テスト・リリースするためのプロセスがどれほど効率的か、実によくわかる。デプロイメントパイプラインを実装するときには、プロセスの開始時刻と終了時刻、それにプロセスの各ステージを通過したのが正確にはどの変更だったかを記録しなければならない。この情報があれば、変更をコミットしてから本番にデプロイするまでのサイクルタイムや、プロセスの各ステージに費やされた時間を計測できるようになる（商用ツールの中にはこうしたことをやってくれるものもある）。こうして、プロセスのボトルネックがどこにあるのかが正確にわかるようになり、優先順位をつけて潰していくことができるようになる。

　最後に、デプロイメントパイプラインは生きたシステムだ。デリバリープロセスを改善する取り組みを継続的に行うには、デプロイメントパイプラインに注意を払い続けなければならない。デプロイメントパイプラインでデリバリーされるアプリケーションに対して行うのと同じように、デプロイメントパイプライン自体も改善し、リファクタリングしなければならないのだ。

## 5.9 メトリクス

あらゆるソフトウェアデリバリープロセスの核心にはフィードバックがある。フィードバックを改善する上で最もよい方法は、フィードバックサイクルを短くし、結果を見えるようにすることである。継続的に結果を計測し、その結果を、対応せざるを得ないかたちで周知するのだ。たとえば、非常にわかりやすいかたちで壁に張り出したり、専用のディスプレイを準備して結果を大きく映したりといった具合だ。こうした端末は、情報発信器（information radiators）と呼ばれる。

だが、ここで重要な問いがある。何を計測すべきなのだろうか？ 計測すると決めたものは、チームのふるまいに対して莫大な影響を与えることになる（これはホーソン効果[7]と呼ばれる）。コードの行数を測れば、開発者は 1 行を短くして行数を多くしようとする。修正したバグの件数を測れば、テスターは、開発者と少し話してすぐ直せるものも記録するようになる。

リーンの哲学に従えば、部分最適ではなく、全体最適を行うのが重要だ。多くの時間を費やしてボトルネックを取り除いても、それがデリバリープロセスを本当に妨げているものでなければ、デリバリープロセスに何の影響も与えない。したがって、デリバリープロセスを全体として見て問題があるかどうかを判断するグローバルなメトリクスを設定することが重要なのだ。

ソフトウェアデリバリープロセスにとって、最も重要なグローバルメトリクスは、サイクルタイムである。これは、実装する必要のあるフィーチャを決定してから、それをユーザーにリリースするまでにかかる時間だ。メアリー・ポッペンディークはこう問いかけている。「コードを 1 行だけ変更したとして、その変更をデプロイするのにあなたの組織ではどのくらいかかるだろうか？ その変更からデプロイまでの作業は反復可能で信頼できるやり方に基づいて行われているだろうか？」[8] このメトリクスを計測するのは難しい。分析から開発、リリースに至るまで、ソフトウェアプロセスの多くの部分を見る必要があるからだ。しかし、他のどんなメトリクスよりも、これが一番プロセスについて教えてくれる。

多くのプロジェクトでは、第一のメトリクスとして、間違って他のものを使ってしまっている。ソフトウェアの品質に関心のあるプロジェクトは、欠陥の数を計測すると決めることが多い。しかし、それは二次的なメトリクスだ。このメトリクスを使っているチームが欠陥を発見しても、その修正版をリリースするまで 6 ヶ月かかっていたら、欠陥があることがわかってもあまり役に立たない。サイクルタイムを減らすことに集中すれば、品質を向上させるプラクティスが推奨される。たとえば、包括的で自動化されたテストスイートを作って、チェックインのたびに実行するといったことだ。

デプロイメントパイプラインを適切に実装すれば、チェックインからリリースまでのバリューストリームを構成する各部分のサイクルタイムを簡単に計測できるようになるはずだ。同様に、プロセスの各ステージにチェックインしてからのリードタイムも見えるようになるはずなので、ボトルネックを

---

7 ［訳注］目標意識が作業効率に大きな影響を与えるというもの
8 Implementing Lean Software Development, p. 59.

発見できるようになる。

アプリケーションのサイクルタイムがわかれば、それを短くするための一番いい方法を突き止められるようになる。このためには、次のプロセスに従うことで「制約理論[*9]」（Theory of Constraints）を使える。

1. システムにとっての制約条件を特定する。制約条件とはすなわち、ビルド・テスト・デプロイ・リリースプロセスのボトルネックだ。適当に例を挙げると、おそらく、手動テストプロセスが該当するだろう。
2. 制約を活用する。つまり、プロセスのボトルネックになっている場所のスループットを最大化すべきだということだ。今の例では（手動テスト）、手作業でテストする必要があるストーリーが常に溜まっているようにし、手動テストにかかわるリソースがそれ以外の場所に使われないようにすることを保証するのだ。
3. 他のプロセスをすべて制約に従属させる。これはつまり、他のリソースを100%活用できないということだ。たとえば、開発者がストーリーの開発を全力で行っても、テスト待ちストーリーのバックログが膨らみ続けてしまうだろう。その代わりに、開発者には、バックログを一定に保つためにちょうどいい位で作業をしてもらい、残りの時間は自動テストを書いてバグを発見し、手動テストにかかる時間を減らせるようにする。
4. 制約の限界を上げる。サイクルタイムがまだ長すぎる場合には（つまり、ステップ2とステップ3では足りなければ）、使えるリソースを増やす必要がある。テスターをもっと多く雇うか、あるいは、自動テストにもっと労力を投入するかである。
5. 繰り返す。次に制約となっているものを見つけて、ステップ1に戻る。

サイクルタイムはソフトウェアデリバリーにおいて最も重要なメトリクスであるが、問題があったときに警告してくれる診断方法は他にも数多くある。例を挙げよう。

- 自動テストのカバレッジ。
- コードベースの特徴。重複コードの量やサイクロマチック複雑度、遠心性結合と求心性結合、スタイルの問題など。
- 欠陥の数。
- ベロシティ。つまり、チームがコードを動くようにし、テストし、使えるようにしてデリバリーできる速度。
- 一日当たりにバージョン管理システムに対してコミットされる数。
- 一日当たり何回ビルドされたか。

---

9 ［訳注］収入の割合は制約条件、すなわちボトルネックによって制限されているという考え方。

- 一日当たり何回ビルドに失敗したか。
- 自動テストを含むビルドにかかる時間。

こうしたメトリクスをどう表現するかは一考の価値がある。前述したようなレポートは大量のデータを生み出すし、そのデータを解釈するのは一種の職人芸だ。たとえば、プログラムマネージャーであれば、このデータを分析してひとつの「健全性」を示すメトリクスに集約して、赤・黄・青という信号のようなかたちで見たいと思うだろう。そのチームの技術リーダーであれば、より詳細に知りたいと思うはずだ。しかし、だからといって何ページもあるレポートを1ページずつ見ていくのは嫌だろう。我々の同僚であるジュリアス・ショーは Panopticode と呼ばれるプロジェクトを作った。これはJava コードに対して一連の評価を行い、さまざまなかたちで視覚化して（図 5-8）、コードベースに問題があるかどうか、あるとしたらどこにあるのかを一目でわかるようにしている。ポイントは、データを集約して視覚化し、人間の脳が持つ比類のないパターンマッチングスキルを有効活用して、プロセスやコードベースの問題を特定できるように表示することにある。

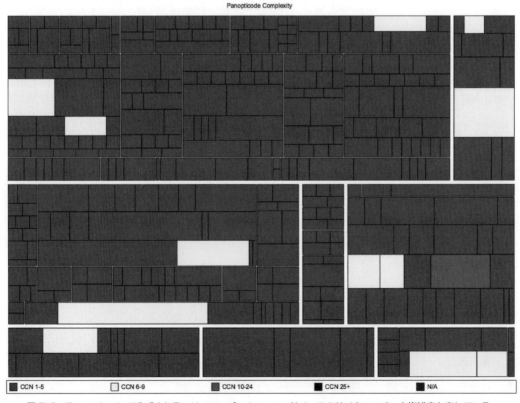

図 5-8　Panopticode で生成されるツリーマップ。Java コードベースのサイクロマチック複雑度を表している。

各チームの継続的インテグレーションサーバーはチェックインのたびに、こうしたレポートを生成して視覚化し、成果物リポジトリに成果物を格納しなければならない。その上で、データベース内の結果を照らし合わせ、あらゆるチームを横断して追跡するべきだ。これらの結果は内部のWebサイトで公開しよう。各プロジェクトごとに1ページ作るとよい。最後に、その結果を集約し、開発プログラムや場合によっては組織全体にわたってモニタリングできるようにしよう。

## 5.10　まとめ

　デプロイメントパイプラインの目的は、ソフトウェアデリバリーにかかわる人すべてにとって、チェックインからリリースまでのビルドの進展を見えるようにすることである。どの変更によってアプリケーションが壊れてしまったのか、手動テストやリリースに適したリリース候補になったものはどれなのかがわかるようになっているべきだ。デプロイメントパイプラインは、ボタンひとつで手動テスト環境にデプロイできるように実装すべきであり、そうした環境にはどのリリース候補があるのかがわからなければならない。アプリケーションのどのバージョンをリリースするかは、ボタンひとつで選べなければならないし、しかもそれは、これからデプロイするリリース候補がパイプライン全体を失敗せずに通過したかを完全にわかった上で実施できなければならない。したがって、自動テストとマニュアルテストを、疑似本番環境で一通り実行しておかなければならないのだ。

　デプロイメントパイプラインをいったん実装すれば、リリースプロセスのどこが非効率なのかがわかるようになる。あらゆる種類の役に立つ情報が、動いているデプロイメントパイプラインから得られる。たとえば、リリース候補がさまざまな手動テストステージを通過するのにどのくらいかかっているのか、チェックインからリリースまでの平均的なサイクルタイムはどのくらいか、プロセスのどのステージでどのくらいの欠陥が発見されたのか、といった内容だ。いったんこの情報が得られれば、ソフトウェアをビルドし、リリースするためのプロセスを最適化する取り組みを行えるようになる。

　デプロイメントパイプラインを実装するという複雑な問題に対しては、すべてに当てはまる万能の解決策などというものはない。各変更について、チェックインからリリースまでを管理するような記録システムを作る上で最も重要なポイントは、プロセスのできる限り早い時期に問題を発見するために必要な情報を提供することである。そうすれば、デプロイメントパイプラインの実装を使って、プロセスの非効率な部分を駆逐し、フィードバックサイクルをより素早く、強力なものにできるようになる。おそらくそのためには、自動受け入れテストをさらに追加してより積極的に並列実行できるようにするか、テスト環境をより本番に近づけるか、より優れた構成管理プロセスを実装するかだろう。

　逆に、デプロイメントパイプラインを作るためには、いくつかの基盤が整っていなければならない。その基盤とはすなわち、優れた構成管理、アプリケーションのビルド・デプロイを行う自動スクリプト、アプリケーションがユーザーに価値を届けていることを証明する自動テストなどだ。そのためには、規律もいくつか必要になる。たとえば、変更をリリースするには、自動化されたビルド・テスト・

デプロイメントのシステムを通過しなければならない、といったものだ。こうした前提条件や必要な規律については、第15章「継続的デリバリーを管理する」で議論する。その際、継続的インテグレーションやテスト、データ管理などについての成熟モデルにも触れる。

　この後に続く章では、デプロイメントパイプラインを実装する上でのさらなる詳細を見ていく。その際、よく起きる問題について探究し、ここで説明しているようなデプロイメントパイプラインのライフサイクル全体というコンテキストに適用できるテクニックについて議論する。

# 第6章
# ビルド・デプロイメントスクリプト

## 6.1 導入

　非常にシンプルなプロジェクトであれば、ソフトウェアのビルドとテストは統合開発環境（IDE: Integrated Development Environment）の機能を使って実現できるだろう。しかし、IDE で済ませられるのはささいな作業だけだ。プロジェクトにかかわる人が二人以上になったり、期間が数日以上かかるようになったり、あるいは、成果物がいくつかの実行ファイルになったりすると、複雑になったり扱いにくくなったりしなくても、コントロールが必要になる。チームの人数が多かったり、分散したりしている場合（オープンソースプロジェクトを含む）には、アプリケーションのビルド・テスト・パッケージングをスクリプトにすることが欠かせない。そうでなければ、新しいチームメンバーが入ってからアプリケーションを動かすまでに何日もかかってしまうからだ。

　実は、最初のステップは非常にシンプルだ。いまどきのプラットフォームであればたいてい、コマンドラインからビルドを実行する方法が準備されている。Rails プロジェクトであれば、デフォルトの Rake タスクを実行できる。.NET プロジェクトであれば、MSBuild を使える。Java プロジェクトでは（正しく準備すれば）、Ant や Maven、Buildr[1]が使えるし、Gradle を使ってもよい。あるいは SCons を使えば、簡単な C/C++ プロジェクトをたいして手間をかけずに動かせるようになる。これらを使えば、継続的インテグレーションを簡単に始められるようになる。CI サーバーにこのコマンドを実行させ、バイナリを生成すればよいのだ。テストも、有名なテストフレームワークを使ってさえいれば、多くのプラットフォームで比較的簡単に実行できる。Rails ユーザーや、Maven や Buildr を使う Java プロジェクトでは、対応するコマンドを実行するだけだ。.NET や C/C++ ユーザーはアプリケーションを起動させるために少しコピー＆ペーストを行う必要がある。このように CI を簡単に準備することもできるが、コンポーネントの数が増えたり、普通とは違うパッケージングが必要になったりして、プロジェクトがより複雑になってしまえば、気合いを入れてビルドスクリプトを作る必要が出てくるだろう。

---

[1] 本書の執筆時点で、Buildr は Scala、Groovy、Ruby をシームレスに扱うことができる。読者が本書を読むころには、より多くの JVM 言語がサポートされるようになっているだろう。

デプロイメントを自動化することで、一層複雑になることもある。ソフトウェアをテスト環境や本番環境にデプロイするには、バイナリファイルをひとつ本番環境に放り込んで笑顔で立ち去るだけではすまない。ほとんどの場合、デプロイするにはいくつかのステップが必要になる。アプリケーションの設定を行い、データを初期化し、基盤やOS、ミドルウェアの設定を行い、外部システムのモックをセットアップし、といったことをやらなければならないのだ。プロジェクトがより複雑になると、こうしたステップの数は増え、時間がかかるようになり、(自動化されていなければ) 失敗も起きやすくなる。

汎用ビルドツールを使ってデプロイメントを行うと、よほどシンプルなプロジェクトでもない限り問題が起きる。デプロイメントの仕組みも対象となる環境やミドルウェアをサポートするものに限られる。より重要なことに、自動デプロイメントをどのように行うかということの判断は、開発者と運用担当者が一緒に行わなければならない。どちらも使う技術に慣れている必要があるからだ。

本章では、あらゆるビルド・デプロイメントツールに共通した原則の概要や必要な情報、コツや小技、さらなる情報への参照などを示すことを目標とする。本章では、スクリプトによる環境管理には触れない。これについては、第11章の「基盤と環境を管理する」で扱うことになる。他にも本章で扱わないものとしては、コードサンプルやツールの詳細な説明などがある。そうした情報はすぐに陳腐化してしまうからだ。使えるツールやサンプルスクリプトの詳細については、本書のWebサイト [dzMeNE] を見てほしい。

ビルド・デプロイメントシステムは、最初の開発プロジェクトだけでなく、その後本番においても、保守しやすいソフトウェアシステムとして使い続けられる必要がある。したがって、注意深く設計し、保守しなければならない。他のソースコードと同じように扱わなければならないのだ。さらに、定期的に実行して、実際に使う準備が整ったときに確実に動くようにしておかなければならない。

## 6.2 ビルドツールの概要

自動ビルドツールはもう長いことソフトウェア開発の一部に組み込まれている。Makeを始めとして、長年使われてきた標準的なビルドツールの亜種を覚えている人も多いだろう。あらゆるビルドツールには共通のコアがある。すなわち、依存関係のネットワークをモデル化できるようになっているのだ。ビルドツールを実行すると、定義されたゴールに到達するために、タスクが正しい順序で実行される。ゴールが依存している各タスクが、正確に一度だけ実行されるのだ。たとえば、テストを実行したいとしよう。そのためには、コードとテストコードをコンパイルして、テストデータをセットアップする必要がある。すべてをコンパイルするには、環境を初期化しなければならない。図6-1は依存関係のネットワークの例を示している。

ビルドツールは最終的に、依存関係のネットワーク内にあるタスクをすべて実行する必要がある。最初に実行するのは、初期化でもテストデータのセットアップでもよいだろう。こうしたタスクは何

にも依存していないからだ。いったん初期化が終われば、ソースコードかテストコードをコンパイルする。ただし、テストを実行するためには、ソースコードとテストコードを両方ともコンパイルして、テストデータをセットアップしなければならない。複数のターゲットが初期化に依存していたとしても、初期化は一度しか実行されない。

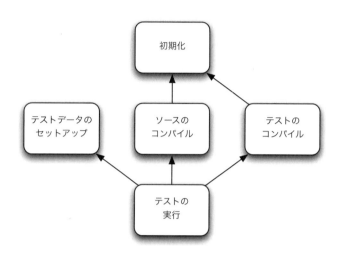

図6-1　ビルドの依存関係のシンプルなネットワーク

　ひとつ蛇足を加えておくと、タスクには本質的な性質がふたつある。すなわち、「実行内容」と、「依存する別のタスク」だ。このふたつの性質はあらゆるビルドツールでモデル化されている。

　しかし、ビルドツールによって異なる領域がひとつある。それが、**タスク指向**か**プロダクト指向**かということだ。タスク指向のビルドツール（たとえば、AntやNAnt、MSBuildなど）は、依存関係のネットワークをタスクの集まりという観点から記述する。一方、Makeのようなプロダクト指向のツールは、実行ファイルのように生成するプロダクトの観点から依存関係のネットワークを記述するのだ。

　この区別は一見、単なる分類の問題でしかないように思える。しかし、ビルドを最適化する方法を理解し、ビルドプロセスの正しさを保証する上では重要なのだ。たとえば、ビルドツールは与えられたゴールに対して、各前提条件が一度だけ実行されることを保証しなければならない。前提条件が間違っていれば、ビルドプロセスの結果は間違ったものになる。前提条件が複数回実行されたら、運がよくてもビルドに余計な時間がかかることになるし（前提条件が冪等[2]であった場合）、最悪の場合、ビルドプロセスの結果が正しくなくなる。

　典型的には、ビルドツールはネットワーク全体を走査し、各タスクを呼び出す（ただし、必ずしも実行するわけではない）。前述の例で使った仮想のビルドツールでは、「テストデータのセットアップ」、「初期化」、「ソースのコンパイル」、「初期化」、「テストのコンパイル」といったタスクを呼び出し、そ

---

2　［訳注］ある操作を何度繰り返しても、一度だけ実行したときと同じ結果になるということ。

の上で、「テスト実行」タスクを呼び出すことになる。タスク指向のツールの場合、各タスクがビルドの一部としてすでに実行されているかどうかがわかっている。したがって、「初期化」タスクが2回呼び出されても、一回しか実行されないのだ。

しかし、プロダクト指向のツールでは、タスクがファイル一式としてモデル化される。たとえば、先ほどの例に戻ると、「ソースのコンパイル」と「テストのコンパイル」ではそれぞれファイルがひとつできあがり、そこにコンパイルされたコードがすべて含まれている。これを source.so と test.so と呼ぼう。一方、「テスト実行」のターゲットは、testreports.zip と呼ばれるファイルを生成する。プロダクト指向のビルドシステムでは、「ソースのコンパイル」と「テストのコンパイル」の後に「テスト実行」が呼び出されることが保証されるが、「テスト実行」のターゲットが実際に実行されるのは、どちらかの.soファイルのタイムスタンプが、testreports.zipのタイムスタンプよりも新しくなっている場合だけだ。

プロダクト指向のビルドツールはこのように、タスクが生成したファイルのタイムスタンプのかたちで状態を保持している（SCons は MD5 署名を使っている）。C や C++（一例だが）をコンパイルする場合にはこれでうまくいく。Make を使えば、コンパイルされるソースコードは、前回ビルドを実行してから変更があったものだけにすることを保証できるからだ。インクリメンタルビルドと呼ばれるこの機能を使えば、大規模プロジェクトでクリーンビルドを行う際に何時間も節約できる。C/C++ ではコンパイルに比較的時間がかかる。コンパイラがコードを最適化するためにかなりの仕事をやらなければならないからだ。仮想マシン上で実行される言語では、コンパイラはバイトコードを生成するだけである。そして、仮想マシンのジャストインタイムコンパイラが実行時に最適化を行うのだ。

これと対照的に、タスク指向のビルドツールでは、ビルド間で状態が保持されない。このせいでできることが減り、C++のコンパイルにはまったく適さなくなっている。しかし、C#のような言語に対してはうまくいく。こうした言語のコンパイラにはインクリメンタルビルドを行うためのロジックが組み込まれているからだ[*3]。最後に付け足すと、Rake にはプロダクト指向としての機能もタスク指向としての機能もある。依存関係のネットワークについてより詳細に知りたければ、マーチン・ファウラーの『Domain-Specific Languages』[8ZKox1] を参照してほしい。

ここで、いまどきのビルドツールについて簡単に見ていこう。こうした技術の多くを使ったビルドスクリプトの例やさらなる参考文献が見たければ、本書の Web サイト [dzMeNE] を見てほしい。

## 6.2.1 Make

Make とその亜種はシステム開発の世界で未だに力を発揮している。Make は強力なプロダクト指向ビルドツールで、ビルド内の依存関係を追跡し、特定の変更によって影響を受けるコンポーネントだけをビルドする。コンパイルにかかる時間が開発サイクルの中でかなりのコストを占めている場合、

---

3 Java の場合、事態はもう少し複雑になる。執筆時点では、Sun の Javac コンパイラはインクリメンタルビルドを行っていない（したがって、Ant タスクになる）。だが、IBM の Jikes コンパイラを使えばインクリメンタルビルドができる。しかし、Ant の javac タスクはインクリメンタルなコンパイルを行うのである。

開発チームのパフォーマンスを最適化する上で、このことは重要だ。

　残念ながらMakeには欠点も数多くある。アプリケーションがより複雑になり、コンポーネント間の依存関係が増えるにつれて、Makeに組み込まれるルールは複雑になり、デバッグが難しくなっていく。

　この複雑さに何らか対処するために、チームが大規模なコードベース上で作業する場合に採用されることの多い規約がある。各ディレクトリに対してMakefileを作り、それとは別にトップレベルのMakefileを準備して、各サブディレクトリのMakefileを再帰的に実行させるのだ。これはつまり、ビルドの情報とプロセスが、最終的に多くのファイルに散らばってしまうということだ。誰かがビルドの変更をチェックインした場合、正確には何が変わったのか、そして最終的な成果物がどのような影響を受けるのかを正確に突き止めるのはきわめて難しくなる可能性がある。

　Makefileでは、見つけるのがきわめて難しい類のバグも起きやすい。環境によってはホワイトスペースが意味を持ってしまうことが原因だ。たとえば、コマンドスクリプトでは、シェルに渡されるコマンドはタブで始めなければならない。代わりにスペースが使われてしまうと、そのスクリプトは動かない。

　Makeのもうひとつの欠点は、何を行うにも実際にはシェルに頼っているということだ。その結果、Makefileは特定のOSでしか使えなくなる（実際、さまざまなUNIXベースをまたがってビルドできるようにするために、Make周りのツールチェインにはかなりの労力が注ぎ込まれている）。Makefileは外部DSLであり、コアシステムを拡張できるようにはなっていないので（ただし、新しいルールは定義できる）、拡張する場合にはMake内部のデータ構造に触らずに、一般的な解決策を再発明しなければならない。

　こうした問題に加え、たいていの開発者は、Makeアプリケーションの根源にある宣言的プログラミングモデルになじみがない（たいていの開発者は命令的プログラミングがやりやすいと思うのだ）。したがって、商業アプリケーションを新しく開発するときにメインのビルドツールとしてMakeが使われることはほとんどないのだ。

> 「昔はソフトウェアを使っていて不愉快な思いばかりしていたのだが、当時はかなりのソフトウェアがMakeでビルドされていたと思うと驚かされる。」──マーク・ドミナス『'make install'でひどい目に遭う』[dyGIMy]

　今日では、多くのC/C++開発者が、MakeよりもSConsを好んで使っている。SCons自体とビルドファイルはPythonで書かれている。そのおかげで、このツールはMakeよりもはるかに強力かつ扱いやすくなっている。SConsには、難しい設定をしなくてもWindowsをサポートしていたり、並列ビルドが行えたりといった役に立つ機能が多くある。

## 6.2.2 Ant

　Javaの台頭にあわせて、開発者たちは前にも増してクロスプラットフォームでの開発を行うようになった。その結果、Makeに内在する限界は、ますます苦痛を伴うものとなった。それへの反応として、Javaコミュニティはいくつかの解決策を模索した。まずは、MakeをJavaに移植することが試みられた。それと時を同じくして、構造化されたドキュメントを構築するための便利な手段としてXMLが主流になってきた。このふたつのアプローチが互いに歩み寄り、Apache Antビルドツールとして実を結んだのだ。

　完全にクロスプラットフォームでありながら、AntにはJavaで書かれたタスクがいくつか含まれていて、コンパイルやファイル操作といったよくある処理を実行できるようになっている。AntはJavaで新しいタスクを書くことで簡単に拡張できる。すぐにAntはJavaプロジェクトにおけるデファクトスタンダードなビルドツールになった。いまでは、さまざまなIDEやその他のツールで幅広くサポートされている。

　Antはタスク指向のビルドツールである。AntのランタイムコンポーネントはJavaで書かれているが、AntスクリプトはXMLで書かれた外部DSLだ。この組み合わせによって、Antには強力なクロスプラットフォームの能力が与えられている。Antはきわめて柔軟で強力なシステムでもあり、Antタスクを使えばやりたいと思うであろうことはたいてい実現できる。しかし、Antにもいくつか欠点はある。

- ビルドスクリプトをXMLで書く必要がある。XMLは簡潔でもないし、人間にとって読みやすくもない。
- Antはドメインモデル貧血症にかかっている。タスクには本物のドメインに関する概念が存在しない。これはつまり、コンパイルしてJARを生成し、テストを実行するといったことを行う決まり切ったコードを書くために、かなりの時間を費やさなければならないということだ。
- Antは宣言的な言語であり、命令的な言語ではない。しかし、命令型のタグも十分に用意されているせいで（たとえば、あの恐るべき`<antcall>`）、ユーザーがメタファーを混同し、あちこちで混乱を引き起こしてしまっている。
- Antタスクに関して、「テストがいくつ実行されたのか？」あるいは「どのくらい時間がかかったのか？」という質問を軽々しくすることができない。できるのは、こうした情報をコマンドラインに出力させて、それを解析するか、Javaコードを作り込んでAntの内部でフックするかである。
- Antは`import`や`macrodef`を使うことでタスクの再利用ができるが、新人ユーザーにはほとんど理解されない。

　こうした限界があるため、Antファイルはリファクタリングされない長いものになりがちだ。Antでは、数千行になることも珍しくない。Antファイルに取り組む際に計り知れない価値をもたらして

くれるリソースが、『The ThoughtWorks Anthology』に収録されているジュリアン・シンプソンの記事「Refactoring Ant Build Files」だ。

### 6.2.3 NAntとMSBuild

　Microsoftが最初に.NETフレームワークを導入したときには、Java言語やその環境と共通した特徴が数多くあった。この新しいプラットフォームに取り組んだJava開発者たちは、すぐに、自分の気に入ったオープンソースJavaツールをいくつか移植した。こうして、JUnitとJMockの代わりに、NUnitとNMockができて、予想通り、NAntができたのだ。NAntでは、基本的にはAntと同じ構文が使われているが、違う点も少しある。

　Microsoftが後になって、NAntの純正マイナー版を提供し、それをMSBuildと名付けた。これは、AntやNAntの直系の後継者で、こうしたツールを使ってきた人なら誰でも馴染める。しかし、このツールはVisual Studioと密接に統合されており、Visual Studioソリューションやプロジェクトをどのようにビルドし、依存関係をどう管理するかを理解している（その結果、NAntスクリプトはコンパイルを行うためにMSBuildを呼び出すことが多い）。MSBuildはNAntよりも柔軟性がないと不満を言うユーザーもいるが、MSBuildのほうが更新頻度が高く、.NETフレームワークの一部として出荷されることから、NAntのほうがマイナーになった。

　NAntにもMSBuildにも前述したAntとほとんど同じ限界がある。

### 6.2.4 Maven

　しばらくの間、AntはJavaコミュニティのどこででも使われていたが、イノベーションの波はそこで止まらなかった。MavenはAntファイルに見られた大量の「型にはまったコード」を取り除こうと試みて、より複雑なドメインを作り上げた。その結果、Javaプロジェクトの構成についてかなりの想定をすることになった。「設定よりも規約を重視する」（convention over configuration）この原則が意味することはこうだ。プロジェクトがMavenの指定する構造に従う限り、あなたの想像するどんなビルド・デプロイ・テスト・リリースタスクもコマンドひとつで実施できるのだ。そのためにはXMLを数行書きさえすればよい。同時に、プロジェクト用にWebサイトを作って、アプリケーションのJavadocをデフォルトでホストすることもできる。

　Mavenには他にも重要な機能があり、Javaライブラリやプロジェクト間の依存関係を自動的に管理できる。こうした依存関係がもたらす問題は、巨大なJavaプロジェクトでは泣き所のひとつとなっていた。また、Mavenは複雑ながら厳格なソフトウェア分割スキームをサポートしており、そのおかげで、複雑なソリューションをより細かいコンポーネントに分解できるようになっている。

　Mavenの問題は三つある。第一に、プロジェクトの構造やライフサイクルがMavenの想定に従っていない場合、Mavenにやりたいことをやってもらうのは極端に難しくなる（場合によっては不可

能になる)。見ようによっては、これを機能と考えることもできる。開発チームはMavenの言うとおりにプロジェクトを構造化せざるを得なくなるからだ。チームの開発経験が浅かったり、プロジェクトの数が多かったりした場合、これはよいことになる。しかし、引かれたレールから少しでも外れたことをやりたい場合には（たとえば、テストの前に独自のテストデータをロードするといったこと）、Mavenのライフサイクルとドメインモデルを覆さなければならなくなる。これはひどい苦痛を伴うし、保守不可能になってしまう方向性だが、避けられないことも多い。柔軟性という点では、Antのほうが Maven よりもはるかに上だ。

　Mavenのふたつめの問題は、Antと同じく、XMLで書かれた外部DSLを使っていることである。そのため、拡張するためにはコードを書かなければならない。Mavenプラグインを書くことはそれほど複雑ではないが、数分でやっつけられるものでもない。Mojoやプラグイン記述子、そのときそのときでMavenが使っているDIフレームワークについて学ぶ必要がある。幸い、普通のJavaプロジェクトでやりたいと思うであろうことのほとんどには、Mavenのプラグインがある。

　Mavenの三つめの問題は、デフォルトの設定だと自動更新してしまうことにある。Mavenのコアは非常に小さく、動作するようにするためには、インターネットからプラグインを落としてくる。Mavenは実行されるたびに更新を試みるので、プラグインのひとつがアップグレードもしくはダウングレードしてしまい、その結果、予期せずビルドが失敗することがある。より深刻なのは、こうした自動更新のせいでビルドを再現できないということだ。これと関連し、Mavenのライブラリと依存関係管理機能によって、コンポーネントのスナップショットがプロジェクトをまたがって使用されるが、やはりそのせいで、スナップショットの依存関係を使っているビルドを再現することが難しくなる。

　チームによっては、Mavenによってもたらされる制約が非常に深刻なこともあれば、Mavenの想定に合わせて自分たちのビルドを変更するのに時間がかかりすぎてしまうこともある。その結果、こうした人たちはAntに留まることになる。より最近では、Mavenを使わずにライブラリとコンポーネント間の依存関係を解決できるようにするIvyと呼ばれるツールが作られた。Ivyを使うと、何らかの理由でAntを使わざるを得なくなっている場合に、Mavenの恩恵にいくつかあずかることができる。

　IvyとMavenはコンポーネント間の依存関係を管理するのに優れているが、外部の依存関係を管理するためのデフォルトの仕組み（Mavenコミュニティがメンテナンスしているインターネットアーカイブからダウンロードする）が、常に最善だというわけではない。何よりもまず、Mavenには有名な問題がある。最初にビルドを行うときには、Mavenがインターネットから大量のライブラリをダウンロードするのを待たなければならないのだ。より深刻な問題もある。使用している依存ライブラリに対して、それぞれどのバージョンを使っているかということを非常に厳密に把握しない限り、菱形依存問題[4]が発生し、ライブラリのバージョンをMavenが勝手に変えるせいで、ビルドが壊れてしまうのだ。

---

4　[訳注]四つのパッケージA、B、C、Dがあり、AがBとCに依存、BとCがDに依存しているという状態で、BとCがビルドされた際に用いたDのバージョンが異なる場合に発生する問題。BとCがDのインターフェイスをAに見せてしまっていると型が不一致になる。

ライブラリやコンポーネント間の依存関係の管理について、さらなる議論は第13章「コンポーネントや依存関係を管理する」を参照してほしい。

## 6.2.5 Rake

Antとその兄弟はソフトウェアをビルドするための外部DSLだ。しかし、こうした言語を表現するためにXMLを選んでしまったせいで、書いたり読んだり保守したり拡張したりするのが難しくなってしまった。Rubyにおいて主流のビルドツールであるRakeは、ある実験から始まった。すなわち、Makeの機能は、Rubyで内部DSLを作れば簡単に再現できるのではないかと考えられたのだ。その答えは「YES」であり、そうしてRakeが生まれた。RakeはMakeに似たプロダクト指向のツールだが、タスク指向のツールとしても使える。

Makeのように、Rakeもタスクや依存関係以外には何も知らない。しかし、Rakeスクリプトが純粋なRubyであるため、RubyのAPIを使ってやりたいタスクをすべて実行できる。その結果、Rakeを使うことで、プラットフォームに依存しない強力なビルドファイルが作れるようになった。汎用プログラミング言語が持つ本来の力を必要に応じて使えるのだ。

もちろん、汎用言語を使うということは、通常の開発で必要なツールがすべて、ビルドスクリプトを保守するときに使えるということだ。ビルドのリファクタリングとモジュール化を行えるし、通常の開発環境も利用できる。普通のRubyデバッガーを使ってRakeのデバッグをするのも簡単だ。Rakeビルドスクリプトを実行中にバグを踏んだら、スタックトレースを見て何がまずかったかを理解することもできる。実際、Rubyのクラスは自由に拡張できるので、ビルドスクリプト内からRakeのクラスにデバッグ用のメソッドを追加することもできる。こうしたテクニックを始め、他にもRakeで役に立つテクニックはマーチン・ファウラーのblikiエントリである「Using the Rake Build Language」[91fL15]で説明されている。

RakeはRubyプログラマによって開発され、Rubyプロジェクトで広く使われているが、だからと言って他の技術を使ったプロジェクトでRakeを使えないというわけではない（たとえば、AlbacoreプロジェクトはNETシステムをビルドするためのRakeタスクを一式提供してる）。Rakeは汎用ビルドスクリプトツールなのだ。もちろん、開発チームはRubyの基本的なプログラミングスキルを持っている必要がある（あるいは、勉強する必要がある）。しかし、AntやNAntにしても同じことが言える。

ただ、Rakeには欠点がふたつある。第一に、プラットフォーム上で適切な実行環境がなければならない（信頼できるポータブルなプラットフォームのほとんどで、JRubyは急速に人気を獲得している）。第二に、RakeではRubyGemsとやりとりしなければならない。

### 6.2.6 Buildr

　Rakeが単純かつ強力だったことから、競合製品はビルドスクリプトを実際のプログラミング言語で書かなければならないというプレッシャーを受けた。新世代のビルドツールであるBuildrやGradle、Gantはこのアプローチをとっている。これらのツールはどれもソフトウェアをビルドするための内部DSLであることが特徴だ。しかし、依存関係管理や複数プロジェクトのビルドを簡単にするという、より複雑な試みもなされている。ここではBuildrについてもう少し詳細に議論する。我々が最も親しんでいるツールだからだ。

　BuildrはRakeの上に構築されているので、RakeでできることはすべてBuildrでもできる。しかし、Buildrは差し当たりMavenの代わりにもなる。ファイルシステムの構成や成果物定義、リポジトリも含めてMavenと同じ規約を使っているのだ。またBuildrは、一切定義せずにAntタスクも使える（カスタムタスクも同様だ）。このおかげで、Rakeのプロダクト指向フレームワークでインクリメンタルビルドができるようになっている。驚くことに、BuildrはMavenよりも高速である。しかし、Mavenと違ってタスクをカスタマイズしたり、独自のタスクを作ったりするのがきわめて簡単だ。

　もしあなたが、Javaプロジェクトを新規に始めていて、AntやMavenの代わりになるものを探しているなら、Buildrを強くお勧めする。あるいはGroovyでDSLを書きたければGradleでもよいだろう。

### 6.2.7 Psake

　Windowsを使っているからといって、内部DSLビルドツールの新しい波に乗れないわけではない。「saké」と発音するPsakeはPowerShellで書かれた内部DSLであり、タスク指向の依存関係のネットワークを提供する。

## 6.3 ビルドスクリプトとデプロイメントスクリプトの原則とプラクティス

　本節では、ビルドスクリプトとデプロイメントスクリプトに関する一般的な原則とプラクティスを紹介する。これらの原則やプラクティスはどのテクノロジーを使っても適用することができる。

### 6.3.1 デプロイメントパイプラインのステージそれぞれに対してスクリプトを書け

　我々はドメイン駆動設計[5]の熱烈なファンであり、我々が作るどんなソフトウェアの設計にもこうしたテクニックを取り入れている。ビルドスクリプトを設計するときでも、これは変わらない。自分た

---

5　Evans(2003)を参照。

ちのビルドスクリプトが、実装しているプロセスを明確に表現したものであってほしいのだ、と言ったら誇張しすぎだろうか。このアプローチをとることで、我々のスクリプトが適切な構造になり、保守している間もきれいに保てるようになるし、ビルド・デプロイメントシステムのコンポーネント間の依存関係も最小化できる。幸い、デプロイメントパイプラインを使うことで、ビルドスクリプト間で責務を分解するための優れた構成原理が得られる。

プロジェクトを最初に始めるときには、デプロイメントパイプラインを実行する際に行われるあらゆる処理をひとつのスクリプトにまとめておくことは理にかなっている。まだ自動化されていないステップにはダミーのターゲットを入れておけばよい。しかし、スクリプトが十分に長くなってきたら、パイプラインのステージごとに別々のスクリプトに分けたほうがいい。こうして、コミットスクリプトができあがる。このスクリプトには、アプリケーションをコンパイルし、パッケージングし、コミットテストスイートを実行し、コードの静的解析を行うのに必要なターゲットがすべて含まれている[*6]。次に必要なのは、機能の受け入れテストスクリプトである。デプロイメントツールを呼び出してアプリケーションを適切な環境にデプロイし、必要なデータをすべて準備し、最後に受け入れテストを実行する。また、ストレステストやセキュリティテストといった非機能のテストを実行するスクリプトもあるだろう。

スクリプトはすべてバージョン管理リポジトリに格納しておくこと。このとき、ソースコードを格納しているのと同じリポジトリであることが望ましい。開発者や運用担当者がビルド・デプロイメントスクリプトを協力して作れるようにすることが重要であり、同じリポジトリに入れておくことでそれが可能になる。

## 6.3.2 アプリケーションをデプロイするのに適切なテクノロジーを使え

典型的なデプロイメントパイプラインでは、コミットステージが成功した後に続くステージ（自動受け入れテストステージやUATステージなど）は、疑似本番環境にデプロイされるアプリケーションに依存する。

このデプロイメントも自動化されていることが重要だ。しかし、デプロイメントを自動化する際には、汎用スクリプティング言語ではなく適切なツールを使わなければならない（デプロイメントプロセスがきわめてシンプルなのであれば別だが）。一般的なミドルウェアにはほとんどに、設定とデプロイメントを行うためのツールが付属しているので、それを使わなければならない。たとえば、WebSphere Application Server を使っているのであれば、コンテナの設定とアプリケーションのデプロイメントを行うのに Wsadmin ツールを使いたいと思うだろう。

---

6 Ant、Maven、MSBuild、Psake で書かれたコミットスクリプトの例は本書の Web サイトにある [dzMeNE]。

より重要なのは、アプリケーションをデプロイするのが、開発者（少なくとも自分のマシンにはデプロイする）だけでなく、テスターや運用担当者でもあるということだ。このように、アプリケーションをどのようにデプロイするかということを決める際には、関係者を全員巻き込まなければならない。また、こうしたことは、プロジェクトの最初から行う必要がある。

> **運用担当者と開発者はデプロイメントプロセスについて協力しあわなければならない**
>
> 有名なテレコム企業で行われたあるプロジェクトでは、開発者がアプリケーションをローカルにデプロイするために Ant ベースのシステムを作っていた。しかし、本番相当の UAT 環境にデプロイする段になって、開発者のデプロイメントスクリプトが悲惨な落ち方をしたに留まらず、環境を管理していた運用チームがそれを使うことを拒否したのだ。運用チームには Ant を使った経験がなかったのである。
>
> これもひとつの理由になって、あらゆる環境にデプロイする統一プロセスを作るためのビルドチームが結成された。このチームは、運用担当者と開発者両方と密接に強力しあって作業し、どちらにも受け入れられるシステムを作らなければならなかった。こうして、Bash スクリプトが一式作り出された（このスクリプトをまとめて、開発者たちはコナンと読んでいた）。このスクリプトはたとえばアプリケーションサーバーのノードにリモートからアクセスし、Apache や WebLogic の設定を変更するといったことができた。
>
> 運用チームが本番にデプロイするのに喜んでコナンを使ったのには理由がふたつある。第一に、運用チームメンバーはコナンを作るのに協力していた。第二に、スクリプトがパイプラインを通して使用され、各テスト環境にデプロイするところを見ていたので、信用するようになっていたのだ。

デプロイスクリプトは、アプリケーションをスクラッチからインストールする場合と同じように、アップグレードも行わなければならない。これはつまり、デプロイする前に実行中のアプリケーションをシャットダウンしなければならないということであり、また、既存のデータベースを更新することもゼロから作成することもできなければならないということだ。

### 6.3.3 すべての環境にデプロイするのに、同じスクリプトを使え

159ページの「デプロイメントパイプラインのプラクティス」の節で説明したとおり、アプリケーションが実行されるあらゆる環境にデプロイするのに、同一のプロセスを使うことは重要だ。そうすれば、ビルド・デプロイメントプロセスのテストを効率的に実施できるからである。これはつまり、各環境へのデプロイメントに同じスクリプトを使い、環境間の差分（たとえばサービス URI や IP アドレス）は設定情報として別々に管理するということだ。設定情報はスクリプトと区別し、バージョン管理に格納しておこう。その際には、第 2 章の「構成管理」で示したように、デプロイメントスクリプトから検索できるような仕組みを提供するのだ。

ビルドスクリプトとデプロイメントスクリプトの両方が疑似本番環境と同じように開発機でも動く

ことが欠かせない。そして、開発者が行うあらゆるビルドやデプロイメントで使用されなければならない。並行ビルドシステムで開発者が使うものだけを起動させるのはきわめて簡単だ。しかしこのせいで、ビルド・デプロイメントスクリプトを、柔軟性があり、うまくリファクタリングされて、適切にテストされた状態に保つ上での主要な動機が失われてしまう。もしアプリケーションが社内で開発されている別のコンポーネントに依存しているのであれば、開発機上からそのコンポーネントの適切なバージョン（つまり、信頼して組み合わせられるとわかっているもの）を取得するのが簡単であることを確認したいだろう。これは、Maven や Ivy のようなツールが非常に手軽に導入される領域である。

もし、デプロイメントアーキテクチャという観点から見てアプリケーションが複雑であるなら、開発機でも動くようにするためになんらか単純化しなければならないだろう。これには、デプロイ時にOracle クラスタをインメモリデータベースに置き換えるといった重い作業が伴うかもしれない。しかし、こうした努力は確実に報われるのだ。アプリケーションを実行するのに、開発者が共有リソースに頼らなければならないのだとしたら、実行される頻度は確実に下がるし、フィードバックループもはるかに遅くなる。こうなれば、欠陥の数は多くなるし、開発のペースも落ちる。問題は「どうやってコストを正当化するか？」ではなく「アプリケーションをローカルで実行できるようにするために投資しない理由をどう正当化するか？」なのだ。

## 6.3.4 OSのパッケージングツールを使え

我々は本書を通じて「バイナリ」という用語を使い、アプリケーションのデプロイメントプロセスの一環として対象環境に置くオブジェクトをひとまとめに表している。たいていの場合、バイナリはビルドプロセスによって生成される大量のファイル群やアプリケーションが要求するライブラリであるし、さらにはバージョン管理にチェックインされる別の静的ファイル一式がつけ加わるかもしれない。

しかし、ファイルシステムをまたがって分散する必要のあるファイル一式をデプロイするのは、非常に非効率的だし、保守（アップグレードやロールバック、アンインストールなど）も非常に大変になる。だからこそ、パッケージングシステムが発明されたのだ。対象の OS がひとつであったり、関連する OS 数個であったりするなら、デプロイする必要のあるものをすべてまとめるのに、その OS のパッケージングテクノロジーを使うことを強くお勧めする。たとえば、Debian と Ubuntu はどちらもDebian パッケージシステムを利用している。RedHat や SuSE、その他の Linux の亜種は RedHat のパッケージシステムを利用している。Windows ユーザーであれば、Microsoft のインストーラーシステムが使えるだろう。こういった例は枚挙にいとまがない。こうしたパッケージングシステムは、どれも比較的シンプルに使え、ツールのサポートもよくなされている。

デプロイメントの際に、ファイルシステムをまたがっていくつかのファイルをばらまかなければならなかったり、レジストリにキーを登録しなければならなかったりするのであれば、そういうことはパッケージシステムを使ってやろう。こうすることには多くのメリットがある。アプリケーションのメンテナンスが非常にシンプルになるだけでなく、デプロイメントプロセスを Puppet や CfEngine、

Marimbaといった環境管理ツールにも簡単に載せられるようになるのだ。組織のリポジトリにパッケージをアップロードし、こうしたツールを使ってパッケージの適切なバージョンをインストールすればよい。たとえばApacheの適切なバージョンをインストールするときと同じだ。筐体ごとに別々のものをインストールする必要があるのであれば（たとえば、N層アーキテクチャを採用している場合など）、各ティアやボックスの種類ごとにパッケージを作ることができる。バイナリのパッケージングは、デプロイメントパイプラインにおいて自動化されていなければならない。

もちろん、どんなデプロイメントでもこのやり方で管理できるというわけではない。たとえば、商用ミドルウェアサーバーはデプロイメントに特殊なツールを要求することも多い。このような場合には、ハイブリッド型のアプローチが求められる。すべてを準備するのには特別なツールを必要としないパッケージを使い、特別なツールを使ってデプロイメントの続きを実行しよう。

プラットフォームに特有のパッケージングシステムを使って、アプリケーションを配信することもできる。こうしたシステムには、たとえば、RubyGemsやPython Eggs、PerlのCPANなどがある。しかし我々は、デプロイメント用のパッケージを作る際には、OSのパッケージングシステムを使うほうを好む傾向にある。プラットフォームに特有のツールを使っても、そのプラットフォームにライブラリを配信する場合であればうまくいくだろう。しかし、それらのツールは開発者のために設計されているのであって、システム管理者のために設計されているわけではない。システム管理者の大半はこうしたツールを嫌う。使おうと思うと、管理しなければならないレイヤがひとつ増えるし、そうしたレイヤはOSのパッケージ管理システムと常に相性がいいわけではないからだ。純粋なRailsアプリケーションを複数のOSにまたがってデプロイしようとしているなら、パッケージングをするにはぜひともRubyGemsを使おう。だが、可能であればOSの標準的なパッケージ管理ツールチェーンに従うのがよい[7]。

## 6.3.5 デプロイメントプロセスが冪等であることを保証せよ

デプロイメントプロセスは、デプロイメント開始時の状態にかかわらず、対象環境を常に同一の（正しい）状態にしておかなければならない。

これを実現するための最も単純な方法は、正しく動くとわかっているベースライン環境から開始することだ。この環境は自動的にプロビジョニングされたものであっても、仮想化によるものであっても構わない。このベースライン環境には適切なミドルウェアがすべて含まれていなければならないし、

---

[7] CPANはうまく設計されたプラットフォームパッケージングシステムのひとつだ。PerlモジュールのRedHatやDebianのパッケージへの変換を完全に自動的に行うからだ。あらゆるプラットフォームのパッケージフォーマットが、システムパッケージフォーマットに自動的に変換できるよう作成されていたら、このような衝突は存在しなかっただろう。

アプリケーションが動くために必要なものもすべて含まれていなければならない。その上でデプロイメントプロセスは、アプリケーションの指定されたバージョンを読み込んで環境にデプロイする。その際には、ミドルウェアに合った適切なデプロイメントツールを使用する。

こうしたことが、自分の使っている構成管理プロシージャでうまく実現できないのであれば、次善策は環境がデプロイメントプロセスの想定通りであるかを検証し、合致していなければデプロイメントを失敗させることだ。たとえば、適切なミドルウェアがインストールされ、実行され、正しいバージョンであることを検証するのもよい。どんな場合であっても、アプリケーションが依存しているサービスがすべて実行中であること、また、それが適切なバージョンであることを検証するべきだ。

アプリケーションがひとつのまとまりとしてテストされ、ビルドされ、統合されるのであれば、デプロイメントもひとつのまとまりとしてやることには意味がある。これはつまり、デプロイするたびに、すべてをスクラッチからデプロイしなければならないということだ。このときに元にするバイナリはバージョン管理の単一のバージョンが元になる。アプリケーション層とプレゼンテーション層が同時に開発されるようなマルチティアシステムであってもそうだ。あるひとつのティアをデプロイするときには、すべてのティアをデプロイしなければならない。

多くの組織では、変更を最小限に抑えるために、変更した成果物だけをデプロイすべきだと主張される。しかし、何が変更されたかを突き止めるよりは、スクラッチからデプロイしたほうが、複雑にならないしエラーも起きにくい。また、変更した成果物だけをデプロイすると、テストするのも難しい。もちろん、こうしたプロセスであり得る組み合わせをすべてテストすることは不可能だ。したがって、考慮していなかった異常系のケースがリリース時に発生すれば、システムが定義されていない状態に置き去りにされてしまう。

このルールにはいくつか例外がある。第一に、クラスタシステムの場合には、クラスタ全体を同時に再デプロイすることに常に意味があるわけではない。より詳細については、321ページの「カナリアリリース」を見てほしい。

第二に、アプリケーションがコンポーネント化されており、そのコンポーネントが複数のソースコードリポジトリから取得される場合、リビジョン管理リポジトリのリビジョンのタプル（x, y, z, . . .）から生成されるバイナリをデプロイする必要がある。その場合、変更のあったコンポーネントがひとつだけだとわかっていて、**本番に置こうとしているコンポーネントのバージョンの組み合わせをテストしたことがあるのであれば**、変更しようとしているコンポーネントだけをデプロイすればよい。ここにある決定的な違いは、以前の状態から新しい状態へのアップグレードがすでにテストされていることである。同じ原則は、サービス指向アーキテクチャを構成する個々のサービスにも当てはまる。

最後に、冪等であることが保証されるツールをデプロイメントに使うというアプローチもある。たとえば、低レベルでは、rsyncを使うことで、あるシステムの対象ディレクトリが他のシステムの配信元ディレクトリとまったく同じであることが保証される。これは対象ディレクトリのファイルの状態にかかわらない。そのために、強力なアルゴリズムを使って、対象ディレクトリと配信元ディレクトリ間の差分だけを転送しているのだ。ディレクトリ更新を行うバージョン管理でも同じような結果

が得られる。Puppetについては、第11章の「基盤と環境を管理する」でも詳細に説明するが、このPuppetでは対象環境の設定を分析し、望ましい状態と同期させるために必要な変更だけを行う。なお、この望ましい状態は、宣言的に指定できる。BMCやHPそれにIBMは、デプロイメントとリリースを管理するために数々の商用アプリケーションを提供している。

## 6.3.6 デプロイメントシステムをインクリメンタルに進化させよ

　デプロイメントプロセスを完全に自動化することの魅力は誰にでもわかる。「ソフトウェアのリリースはボタンひとつで行え」ということだ。大規模エンタープライズシステムがこのようなやり方でデプロイされるところを見ると、まるで魔法のようだ。この魔法の問題は、外から見ると恐ろしく複雑であるかのように見えてしまう点にある。だが実は、我々のデプロイメントシステムをどれかひとつ精査すれば、きわめてシンプルでインクリメンタルなステップが集まったものにすぎないことがわかる。そうしたステップが、時間をかけて、洗練されたシステムを作り上げているのだ。

　ここでのポイントは、自分の作ったものから価値を得るためにはこれらのステップをすべて完了させなければならないわけではないということだ。最初に、アプリケーションをローカルの開発環境にデプロイするスクリプトを書き、そのスクリプトをチームで共有した段階で、個々の開発者の作業をかなり節約したことになる。

　テスト環境へのアプリケーションのデプロイメントを自動化する作業は、運用チームに開発チームと共同作業してもらうところから始めよう。そして、運用担当者がデプロイメントに使われるツールを満足して使えるようにしよう。さらに、開発者が開発環境にアプリケーションをデプロイして実行するときにも、同じプロセスを使えるようにしよう。その上で、これらのスクリプトを整備し、受け入れテスト環境にデプロイして実行し、テストを流せるようにするのにも使えるようにしよう。さらに、デプロイメントパイプラインを下り、運用チームが同じツールを使ってアプリケーションをステージング環境と本番環境にデプロイするのにも使えるようにしよう。

## 6.4 JVMを対象としたアプリケーションのためのプロジェクト構造

　本書ではできる限り特定技術に特化しないようにしているが、我々がJVMを対象としたプロジェクトをどう配置しているかを説明することには一節を割く価値があると思う。役に立つ規約はあるが、Mavenを使っているのでない限り、強制されるものではないからだ[8]。ただMavenを使っていなくても、標準的なレイアウトに従えば、開発ははるかにやりやすくなる。少し労力を払えば、ここで紹介された情報を抽象化して他の技術に応用することはできるだろう。特に、.NETプロジェクトは、まっ

---

8　ただし、Railsではディレクトリ構成は強制されるし、.NETツールチェインではこうしたことをツールがやってくれる。

たく同じレイアウトを有益に使うことができる。もちろん、バックスラッシュをスラッシュに置き換える必要はあるが。

## 6.4.1 プロジェクトのレイアウト

これから、Mavenが想定しているプロジェクトのレイアウトを紹介する。Maven標準ディレクトリ構成と呼ばれているものだ。Mavenを使わないとしても（あるいは、Mavenが嫌いであっても）、Mavenは貢献してくれている。Mavenが行った最も重要な貢献のひとつは、プロジェクトレイアウトに関する標準的な規約を導入したことだ。

典型的なソースのレイアウトはこのようになる。

```
/[project-name]
  README.txt
  LICENSE.txt
  /src
    /main
      /java          プロジェクト用のJavaソースコード
      /scala         他の言語を使う場合には、同じ階層にくる
      /resources     プロジェクト用のリソース
      /filters       リソースフィルターファイル
      /assembly      アセンブリ記述子
      /config        設定ファイル
      /webapp        Webアプリケーションリソース
    /test
      /java          テスト用ソースコード
      /resources     テスト用リソース
      /filters       テスト用リソースフィルター
    /site            プロジェクトWebサイト用のソースコード
    /doc             その他のドキュメント
  /lib
    /runtime         プロジェクトの実行時に必要となるライブラリ
    /test            テスト時に必要なライブラリ
    /build           プロジェクトのビルド時に必要となるライブラリ
```

Mavenサブプロジェクトを使う場合には、それぞれがプロジェクトのルートディレクトリに置かれる。そしてそのサブディレクトリがMavenの標準ディレクトリ構成に従うのだ。libディレクトリがMavenの一部ではないことに注意してほしい。Mavenは自動的に依存対象をダウンロードし、自分が管理するローカルリポジトリに格納する。しかし、Mavenを使わないのであれば、ライブラリをソースコードの一部としてチェックインしておくのも理にかなっている。

## 6.4.2 ソースコードを管理する

常に標準的なJavaのプラクティスに従い、ファイルのパッケージ名と同じ名前のディレクトリにファイルを格納しよう。そして1ファイルにつき1クラスとする。Javaコンパイラやいまどきの開発環境によって、こうした規約が強制される。しかし、いまだにこうしたことに違反しているところを見かけることがある。この規約をはじめ、Java言語にある他の規約に従わない場合、見つけるのが難しいバグが生み出される可能性がある。しかし、より重要なのは、そうした規約違反のせいでプロジェクトを保守するのが難しくなるし、コンパイラも警告を出すようになるのだ。同じ理由で、Javaの命名規約にも従うようにしよう。パッケージ名を小文字で始め、クラス名を大文字で始めるのだ。CheckStyleやFindBugsのようなオープンソースツールを使い、こうした命名規約を守るように、コミットステージのコード解析ステップで強制しよう。命名規約に関するさらなる詳細は、Sunのドキュメント「Code Conventions for the Java Programming Language」[asKdH6]を読んでほしい。

生成される定義やメタデータ（たとえば、アノテーションやXDocletで生成されるもの）はsrcディレクトリに含めてはならない。そうしたファイルはtargetディレクトリに置いて、クリーンビルドを実行したときには消去されるようにしよう。そうしておけば、間違ってバージョン管理にチェックインされることもなくなる。

## 6.4.3 テストを管理する

テスト用のソースコードはすべて、test/[language]ディレクトリに置く。ユニットテストはソースコードのパッケージ階層を複製し、その中に置くべきだ。つまり、あるクラスに対するテストは、テスト対象クラスと同じパッケージに置くべきだということだ。

受け入れテストやコンポーネントテストといったその他のテストは、別のパッケージに置いておける。たとえば、com.mycompany.myproject.acceptance.uiやcom.mycompany.myproject.acceptance.api、com.mycompany.myproject.integrationなどだ。しかし、普通は他のテストと同じディレクトリに置いておくものだ。ビルドスクリプトでは、パッケージ名を元にフィルタリングを行い、テストが別々に実行されるようにすればよい。testディレクトリの配下にテストの種類に応じて別々のディレクトリを作るほうが好きな人もいる。しかし、IDEやビルドツールはどちらのレイアウトにも対応しているので、これは好みの問題だ。

## 6.4.4 ビルドの成果物を管理する

Mavenがプロジェクトをビルドするときには、プロジェクトルートにtargetという名前のディレクトリを作り、そこにすべて格納する。ここには生成されたコードや、Hibernateマッピングファイルのようなメタデータファイルなども置かれる。これらを別のディレクトリに置いておけば、以前の

ビルドで作られた成果物の掃除も簡単にできるようになる。ディレクトリを消すだけでいいからだ。target ディレクトリからは、バージョン管理にコミットしてはならない。バイナリ成果物をチェックインすることに決めたのであれば、リポジトリの他のディレクトリにコピーしよう。target ディレクトリのことは、ソースコントロールシステムは無視しなければならない。Maven では target ディレクトリのファイルをこのように生成する。

```
/[project-name]
  /target
    /classes            コンパイル済クラス
    /test-classes       コンパイル済テストクラス
    /surefire-reports   テストレポート
Compiled classes
Compiled test classes
Test reports
```

Maven を使っていない場合は、tartget 配下の report ディレクトリにテストレポートを格納しよう。

ビルドプロセスは最終的に、JAR や WAR、EAR のかたちでバイナリを生成しなければならない。これらは target ディレクトリに置かれ、ビルドシステムによって成果物リポジトリに格納される。手始めに、各プロジェクトは JAR をひとつ生成する。しかし、プロジェクトが成長するにつれて、別のコンポーネントに対しては別の JAR を作ってもよい（コンポーネントに関するさらなる議論は、第 13 章の「コンポーネントや依存関係を管理する」を参照）。たとえば、システムにとって重要な機能のチャンクで、コンポーネントやサービス全体を表すものを JAR として生成できる。

どのような戦略をとっても、JAR を複数生成するポイントはふたつだと覚えておいてほしい。第一に、アプリケーションのデプロイメントをシンプルにすること。第二に、そうすることでビルドプロセスをより効率的にし、依存グラフの複雑さを最小化することである。こうした考慮をすることによって、アプリケーションをどのようにパッケージングするかが導き出されることになる。

コードをすべてひとつのプロジェクトに格納して JAR を複数生成するのではなく、各コンポーネントやサブプロジェクトごとに別々のプロジェクトを作るのだ。プロジェクトを一定のサイズに抑えておけば、長い目で見たときに保守しやすくなる。IDE で見たときにコードを辿りやすくもなるからだ。こうした選択は、実は開発環境に依存するし、別々のコンポーネントに含まれるコード間の結合度にも依存する。いくつかの JAR からアプリケーションを組み立てるステップをビルドプロセスの中で別に作ることで、柔軟性が保たれ、自分の行ったパッケージングのやり方を後から変えられるようになる。

## 6.4.5 ライブラリを管理する

ライブラリを管理する上では選択肢がいくつかある。ひとつは、ライブラリ管理を Maven や Ivy のようなツールに完全に委譲してしまうことだ。この場合、ライブラリをバージョン管理にチェックインする必要は一切なく、必要となる依存ライブラリをプロジェクト定義で宣言するだけでよい。これ

と正反対のやり方として、プロジェクトのビルドやテストを行ったり、システムを実行したりする上で必要なライブラリをすべてソースコントロールにチェックインするということが挙げられる。この場合、依存ライブラリはプロジェクトのルートに lib という名前のディレクトリを作り、そこに置くのが一般的だ。我々はこうしたライブラリを、ビルド時やテスト時、あるいは実行時といったタイミングで必要かに応じて、別々のディレクトリに分けておくようにしている。

ビルド時の依存ライブラリをどこまで格納するかについては、たとえば Ant 自体をどうするかのように、議論の余地がある。どうするかは、プロジェクトの規模やプロジェクトがどの程度続くかによるだろう。一方で、コンパイラや Ant といったツールは、別々の多くのプロジェクトをビルドするのに使われるかもしれない。したがって、これらをプロジェクトに一々格納しておくのは無駄だとも言えるだろう。ここにはトレードオフがあるのだ。プロジェクトが成長するにつれて、依存関係の管理はどんどん大きな問題になっていく。シンプルな解決策として、ほとんどの依存ライブラリをバージョン管理内で独自のプロジェクトとして別々に格納しておくことも考えられる。

より洗練されたアプローチは、組織の中でリポジトリを作り、あらゆるプロジェクトで必要となるライブラリをすべて格納しておくことだろう。Ivy も Maven もカスタムリポジトリをサポートしている。コンプライアンスが重要な組織では、適切に承認されたライブラリを入手できるようにする方法として、こうしたやり方を用いることもできる。こうしたアプローチについては、第 13 章「コンポーネントや依存関係を管理する」でより詳細に議論する。デプロイメントパイプラインの一部として、アプリケーションが依存するライブラリがすべてアプリケーションバイナリと一緒にパッケージングされるようにしなければならない。これについては、203 ページの「OS のパッケージングツールを使え」で説明したとおりだ。なお、Ivy や Maven は本番の筐体に置くものではない。

## 6.5 デプロイメントスクリプト

環境管理を行う上でコアとなる原則のひとつが、「テスト環境や本番環境の変更は、必ず自動化されたプロセスを通じて行わなければならない」というものだ。つまり、テスト環境や本番環境のシステムにリモートからログインしてデプロイメントを実施してはならないということである。デプロイメントは完全にスクリプト化されていなければならない。デプロイメントをスクリプト化するやり方は三つある。まず第一に、システムが単一の筐体で実行されるのであれば、その筐体でローカルに実施する必要のあるものをすべて行うスクリプトを書けばよい。

しかし、たいていの場合、デプロイメントを行うためにはある程度のオーケストレーションが必要である。つまり、デプロイメントを実施するためには別々のコンピュータでスクリプトを実行しなければならない。このような場合、デプロイメントスクリプトをいくつか準備する必要がある（デプロイメントプロセスの独立した部分それぞれに対してひとつ必要だ）。そして、それらのスクリプトをすべて所定のサーバーで実行しなければならない。だからといって、サーバーごとにスクリプトがひと

つしかないというわけではない。たとえば、データベースをアップグレードするのにひとつ、各アプリケーションサーバーに新しいバイナリをデプロイするのにひとつ、アプリケーションが依存しているサービスをアップグレードするのにまたひとつ、ということである。

リモートにあるマシンにデプロイするためには、やり方が三つある。ひとつめが、各筐体にログインして、適切なコマンドを実行するやり方。ふたつめが、ローカルで実行されるスクリプトを書いた上で、エージェントを使って各リモートマシンでそのスクリプトを実行するやり方。三つめが、使っているプラットフォームにおいて適切なパッケージング技術を使ってアプリケーションをパッケージングし、基盤管理やデプロイメントツールを使って新しいバージョンを配布するやり方。その際、ミドルウェアを初期化するために必要なツールはすべて実行する。この三つめのやり方が最も強力だ。理由を挙げよう。

- ControlTier や BMC BladeLogic のようなデプロイメントツールや、Marionette Collective や CfEngine、Puppet のような基盤管理ツールは宣言的かつ冪等的であり、適切なバージョンのパッケージがすべて必要な筐体にインストールされていることを保証してくれる。これはデプロイメントがスケジューリングされていたときに筐体がいくつか落ちていたり、VM や新しいマシンを環境に追加したりしたとしても大丈夫なのだ。こうしたツールに関するさらなる議論は第 11 章の「基盤と環境を管理する」を参照してほしい。
- アプリケーションのデプロイメント管理と基盤管理の両方に同じツールセットを使える。両方に対して責任を負うのが同じ人（つまり、運用チーム）であり、両者を平行して進められるので、両方のプロセスに単一のツールを使うことには意味がある。

この選択肢が選べなかったとしても、エージェントモデルの継続的インテグレーションサーバー（CI サーバーはたいていエージェントモデルなのであるが）であれば、ふたつめの選択肢も簡単である。このアプローチには、メリットがいくつかある。

- やるべき作業が減る。ローカルで実行されるかのようにスクリプトを書き、バージョン管理にチェックインし、CI サーバーを使って特定のリモートマシンで実行させればよい。
- CI サーバーはジョブ管理のための基盤をすべて提供してくれる。たとえば、失敗時に再実行したり、コンソールへ出力されたものを表示したり、さらに、ダッシュボードを提供して、デプロイメントのステータスやどのバージョンのアプリケーションが現在どの環境にデプロイされているかを見ることができるようにしたりしてくれる。
- セキュリティ要件によっては、筐体上に CI エージェントを準備して、CI サーバーを呼び出し、必要なものをすべて取得するようにしてもよい。そうすれば、スクリプトからテスト環境や本番環境にリモートアクセスしなくてもよくなる。

最後に、何らかの理由で前述したようなツールを一切使えないのであれば、デプロイメント用に独自にスクリプトを書くこともできる。リモートマシンが UNIX であれば、「古き良き」scp や rsync を使って、バイナリやデータをコピーし、ssh を使って関連するコマンドを実行してデプロイメントを実施すればよい。Windows を使っている場合であっても、どうにかする方法はある。それが、PsExec や PowerShell だ。他にも、Fabric や Func、Capistrano のような高度なツールを使えば、基本的な部分の面倒を見てもらえる。そのおかげで、独自のデプロイメントをきわめて簡単にスクリプト化できるようになるのだ。

しかし、CI システムを使っても、独自にデプロイメントをスクリプト化しても、デプロイメントが部分的にしか完了していないといった例外条件は処理できないし、グリッドに新しいノードが追加されてプロビジョニングやデプロイメントが必要になった場合にも対応できない。だからこそ、適切なデプロイメントツールを使ったほうがよいのだ。

この分野のツールは、日々進化している。こうしたツールのいくつかを使っている例は本書の Web サイト [dzMeNE] に掲載しているし、新しいツールが登場したらサイトも更新する予定だ。

## 6.5.1 デプロイレイヤとテストレイヤ

デリバリー一般に対する我々のアプローチにとっての本質的なコアであり、特に複雑なシステムのビルド・デプロイメントを行う際のコアでもある原則をひとつ挙げよと言われたら、それは「適正であることがわかっている土台の上にシステムを構築するよう努力せよ」ということだ。これはつまり、コンパイルできない変更をテストすることはないし、コミットテストに失敗した変更に対して受け入れテストをやることもない、ということだ。

リリース候補を疑似本番環境にデプロイするときがくると、こうしたことがまさに該当するようになる。デリバリー可能なバイナリをファイルシステムの所定の場所にコピーする手間すら惜しんで、その前に、環境がすでに整っていることを確認したいのだ。これを実現するために、デプロイメントのことを複数のレイヤが積み重なったものと考えたい。図 6-2 を見てほしい。

最も低次のレイヤには OS がある。次がミドルウェアとアプリケーションが依存するその他のソフトウェアだ。これらのレイヤが両方準備できたところで、アプリケーション本体をデプロイできるようにするために、何らかの設定が必要になる。そうした設定を付け加えて初めて、自分たちのソフトウェアをデプロイできるようになる。これには、デプロイ可能なバイナリと、サービスやデーモン、それと関連する設定などが含まれる。

## 6.5.2 環境設定をテストする

各レイヤへのデプロイメントを間違って行ってしまうと、アプリケーションが正しく動かなくなってしまう。これはつまり、各レイヤをテストして、問題が起きたときにはすぐに環境設定プロセスを

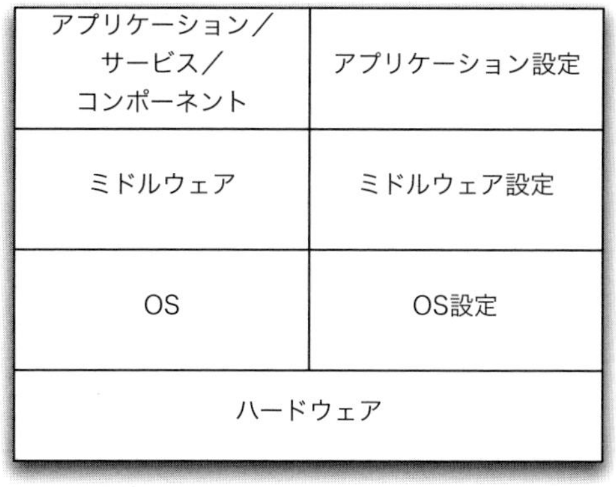

アプリケーション／
サービス／
コンポーネント
アプリケーション設定
ミドルウェア
ミドルウェア設定
OS
OS設定
ハードウェア

図 6-2　ソフトウェアをレイヤ状にデプロイする

失敗させなければならないということだ。テストを行えば、問題がどこにあるのかが明確に示されるようになる。

こうしたテストを網羅的にやる必要はない。よくある失敗や、高くつく潜在的な失敗を検出できればよいだけなのだ。したがって、きわめてシンプルなスモークテストを行って、主要なリソースがあるかどうかを確かめればよい。目的は、デプロイしたばかりのレイヤが動いていると、ある程度自信を持って言えるようになることだ。

1. デプロイおよび環境設定
ミドルウェア
ミドルウェア
設定
OS
OS設定
ハードウェア
2. 環境の
スモークテスト
3. デプロイおよびアプリケーション設定
アプリ／サービス
／コンポーネント
アプリケーション
設定
ミドルウェア
ミドルウェア
設定
OS
OS設定
ハードウェア
4. デプロイメント
テスト

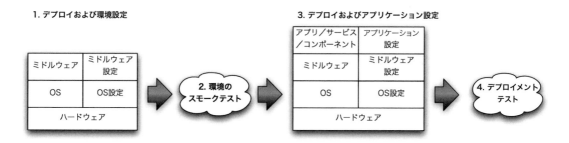

図 6-3　レイヤをデプロイ時にテストする

あなたの書く基盤用スモークテストは、各システムで独自のものとなる。しかし、テストの目的は変わらない。それは、特定環境の設定が我々の期待通りであることを証明することだ。基盤の監視については、378ページの「基盤やアプリケーションを監視する」で詳述する。我々が何を考えているのか、あなたがもう少しわかるようにするため、役に立つことがわかっているテストの例を挙げる。

- データベースからレコードを検索できることを確認する。
- Web サイトにアクセスできることを確認する。
- メッセージブローカーに正しくメッセージが登録されていることを確認する。

- ファイアウォール経由で ping を何本か打ち、通信ができて、サーバー間のラウンドロビンが可能であることを確かめる。

---

**Nティアアーキテクチャのスモークテスト**

　我々は、.NET プロジェクトをいくつかのサーバーにデプロイしようとしていた。このプロジェクトも、その他の.NET 環境と同じように、物理的に分割されたいくつかのティアが存在した。このシステムには、Web サービスがデプロイされるサーバーがふたつあった。それがデータベースサーバーとアプリケーションサーバーである。各 Web サービスには独自のポートと URI があり、それらは別のティアの定義ファイルで指定されていた。通信に関する問題を診断するのは非常に大変で、各通信チャネルの末端にあるマシンに出力されたサーバーログをあさって、何が問題なのかを明らかにしなければならなかった。

　そこで、簡単な Ruby スクリプトを書いて、config.xml ファイルを読み込み、各 URI に順次接続を試みるようにした。その上で、結果をこんな感じでコンソールに出力するのだ。

```
http://database.foo.com:3002/service1  OK
http://database.foo.com:3003/service2  OK
http://database.foo.com:3004/service3  Timeout
http://database.foo.com:3003/service4  OK
```

こうすることで、接続の問題を簡単に診断できるようになった。

---

## 6.6 コツと裏技

　この節では、ビルドやデプロイメントでよくある問題を解決するために我々が用いてきた解決策や戦略を一覧化する。

### 6.6.1 常に相対パスを使え

　ビルドにおいて最もよくある過ちは、デフォルトで絶対パスを使ってしまうことだ。これでは、特定のマシンの設定とビルドプロセスの間に強い依存関係が生まれてしまう。その結果、他のサーバーを設定したり、保守したりするのが難しくなる。たとえば、同じプロジェクトをひとつのマシンにふたつチェックアウトすることができなくなる。しかし、このプラクティスは、コンペラティブデバッ

グ*9や並列テストなどといったさまざまな状況で非常に役に立つものなのだ。

　デフォルトでは、すべてに対して相対パスを使うべきだ。そうしておけば、ビルドの各インスタンスが完全に自足し、バージョン管理にコミットしたイメージによって、すべてが正しい場所に置かれ、あるべき姿で動くことが自動的に保証される。

　ときには、絶対パスを使わざるを得ないこともある。だが、創造力を働かせて、可能な場合には絶対パスを避けるようにしよう。絶対パスを使わざるを得ないときには、ビルドの中での特例として扱い、それが標準にならないようにしよう。絶対パスはプロパティファイルや、ビルドシステムとは独立した別の設定の仕組みの中に置いておくようにしよう。絶対パスを使うのに十分な理由があることもあるだろう。ひとつめが、ハードコードされたパスに依存するようなサードパーティーライブラリと統合する必要がある場合だ。このような場合には、こうした場所をシステムの中でできるかぎり分離させておき、ビルドの他の部分に影響を与えないようにしよう。

　アプリケーションをデプロイするときにも、絶対パスを避けることが可能だ。どんな OS やアプリケーションスタックにも、ソフトウェアをインストールするための規約がある。たとえば、UNIX の FHS などだ。システムのパッケージングツールを使って、こうした規約を強制しよう。標準的ではない場所にインストールしなければならない場合には、設定システムのオプションを使って行おう。システム内でルートパスをうまく定義し、すべてのパスをそこからの相対パスとして定義することで、こうした問題を最小化するよう試みよう。こうしたルートパスはひとつだけでも複数あってもよい。デプロイメントルートや設定ルートなどだ。そして、こうしたルートだけを上書きするようにしよう。

　デプロイメント時のアプリケーション設定についてさらなる情報が必要であれば、第2章の「構成管理」を参照してほしい。

## 6.6.2　手作業を根絶せよ

　ソフトウェアのデプロイメントを手作業で行ったり、GUI ツールを使って行ったりしている人が非常に多いことには驚かされる。多くの組織では、「ビルドスクリプト」とは一連の指示が書かれたドキュメントを指すようだ。たとえばこういうものだ。

```
...
ステップ14：CD-ROMのディレクトリE:\web_server\dlls\から、新規に作成した仮想ディレクトリに
dllをすべてコピーする。
ステップ15：コマンドプロンプトを開いて、次のように打ち込む。regsvr webserver_main.dll
ステップ16：Microsoft IIS管理コンソールを開いて、「新規アプリケーションを作成する」をクリック
する。
...
```

　この手のデプロイメントは退屈だし、エラーも起きやすい。ドキュメントは常に間違っているか、最新化されておらず、したがって、プレ本番環境でリハーサルを行う必要がある。あらゆるデプロイ

---

9　［訳注］別々のバージョンのプログラムを同時に実行し、どこで差が現れるかを比較検証するというデバッグ手法。

メントは同じものがふたつとない。バグフィックスやシステムのちょっとした変更に対するデプロイメントであれば、システムの1、2ヶ所に対して行えばいいからだ。したがって、デプロイメント手順書はリリースのたびに書き直さなければならない。以前のデプロイメントで使われた知識や成果物は再利用されることがない。各デプロイメントは、実は記憶力のトレーニングであり、デプロイメントを行う個人がシステムをどの程度理解しているかのテストでもある。したがって、デプロイメントをこのように実施していると、本質的にエラーが起きやすいのだ。

それでは、プロセスの自動化をいつ考えるべきだろう？ 最もシンプルな答えはこうだ。「同じことを2回やることになったとき。」何かを3回目に行うときには、自動プロセスを使わなければならない。このような、細粒度でインクリメンタルなアプローチをとることで、開発・ビルド・テスト・デプロイメントプロセスのうち、何度も繰り返される場所が急速に自動化されていく。

## 6.6.3 バイナリからバージョン管理へのトレーサビリティを組み込め

バイナリを見て、生成元がバージョン管理内のどのリビジョンかがわかるということはとても大切だ。本番環境で問題があったときには、各コンポーネントのどのバージョンがその筐体に載っていて、それがどのリビジョンに由来するのかが正確にわかるようになっていると、助かることも多い（ボブ・アイエロは、自身の著作『Configuration Management Best Practices』ですばらしい話をしてくれている）。

これを実現するにはやり方がいくつかある。.NETでは、アセンブリにバージョニング用のメタデータを含めることができる。ビルドスクリプトで常にこれを行うようにし、バージョン管理のリビジョン番号を含めるようにしよう。JARファイルもマニフェストファイルにメタデータを含めることができるので、同じようなことができる。使っているテクノロジーで、パッケージにメタデータを含めることができないのであれば、他にもやり方はある。ビルドプロセスで、各バイナリのMD5ハッシュを、名称およびリビジョン番号と一緒に生成して、データベースに格納しておくのだ。そうすれば、バイナリのMD5を取得すれば、それが何でどのリビジョンに由来するのかがわかるようになる。

## 6.6.4 ビルド時にバイナリをバージョン管理にチェックインするな

ビルドプロセスの一部としてバイナリやレポートをバージョン管理にチェックインするのは、いい考えに見えることもある。しかし、一般的にはこういうことをすべきではない。いくつか問題があるのだ。

第一に、リビジョン管理番号の最も重要な機能のひとつは、特定のチェックインで何が起きたのかをトレースできるようにすることだ。通常は、リビジョン管理IDをビルドラベルと紐づけ、それを使って、変更がさまざまな環境を経て本番に至る過程を追跡する。ビルド時にバイナリやレポートをチェックインしてしまうと、バージョン管理のリビジョン番号に対応したバイナリが、バイナリ自身

の独自のリビジョン番号を持つことになってしまう。これは混乱の元だ。

　その代わりに、バイナリとレポートを共通のファイルシステムに置こう。バイナリをなくしてしまったり、再生成する必要が生じたりした場合には、ソースを取得して再度生成するのが一番だ。ソースから確実にバイナリを生成することができないのであれば、構成管理がスタート地点にも立てていないということであるから、改善しなければならない。

　一般的なルールとしては、ビルドやテスト、デプロイメントといったサイクルの中で生成されるものをバージョン管理にチェックインしてはならない。その代わり、こうした成果物はメタデータとして、ビルドをトリガーしたリビジョンの識別子と紐づけておこう。いまどきのCIやリリース管理サーバーには、たいてい成果物リポジトリとメタデータ管理システムがついていて、こうしたことがやりやすくなっているし、あるいはMavenやIvy、Nexusのようなツールを使ってもよい。

## 6.6.5　テストが失敗してもビルドは続けよ

　ビルドシステムによっては、タスクが失敗するとすぐにビルドが失敗するのがデフォルトのふるまいとなっている。たとえば、「test」ターゲットがあり、そのターゲットで定義されたテストが失敗した場合、そのターゲットを実行するとすぐにビルドが失敗する。だが、たいていの場合これではうまくいかない。そうではなく、そのアクティビティが失敗したという事実を記録した上で、ビルドプロセスを続けるようにしよう。そのうえで、プロセスの最後に、各タスクのどれが失敗したかを確認し、失敗していたら失敗コードとともに終了すればよい。

　これが問題になるのは、多くのプロジェクトではtestターゲットを複数準備したほうがよいからだ。たとえば、コミットテストスイートの中にはユニットテストが一式あるだろうし、インテグレーションテストがいくつかと、受け入れスモークテストも多少は入っているだろう。ユニットテストをまず実行して、そこでビルドが失敗してしまったら、インテグレーションテストが通るかどうかが次にチェックインするまでわからない。これでは時間の無駄だ。

　テストが失敗した場合にはフラグを立てておくだけにして、ビルドは続けるようにし、もっと役に立つレポートを生成したり、より包括的なテストを実行したりできるようにしたほうがよい。ビルドを失敗させるのはその後でいい。たとえば、NAntやAntでは、テストタスクのfailure-property属性を使えばこういうことが実現できる。

## 6.6.6　統合スモークテストでアプリケーションに制約をかけよ

　インタラクションデザイナーはインターフェイスに制限をかけて、望ましくない入力をユーザーが行わないようにしている。同じように、アプリケーションに制限をかけて、アプリケーションがおかしな状態になっているとわかったときには動かなくなるようにしよう。たとえば、デプロイメントスクリプトで何かをデプロイする前に、正しいマシン上で動いていることをチェックしてもよい。こう

したことは、テストや本番の設定をする際にはきわめて重要になる。

　ほとんどのシステムには、定期的に実行される「バッチ処理」が存在する。会計システムであれば、月に一度や四半期に一度、あるいは年に一度しか実行されないコンポーネントがある。そのような場合、デプロイされたバージョンがインストール時にこの設定を確認するようにしよう。今日行ったインストールのデバッグを、来年の正月の朝3時にやりたくはないだろう。

### 6.6.7 .NETのコツと裏技

　.NETには独特なクセがある。気をつけなければいけない点をいくつか挙げよう。

　.NETのソリューションファイルやプロジェクトファイルには、実際にビルドするファイルへの参照が含まれている。もしファイルの参照がないと、ビルドが行われない。これはつまり、ファイルがソリューションから取り除かれたのに、ファイルシステムにはまだ存在することがあり得るということだ。このせいで、原因がわかりにくい問題が生じることがある。どこかで誰かがそのファイルを見て、何のためのものか悩むことがあるのだ。こうしたファイルを取り除いて、プロジェクトをきれいに保つことが重要だ。これを簡単に行う方法のひとつが、ソリューション内の「隠しファイルを表示する」機能をONにして、アイコンのないファイルに注意することだ。そういうファイルを見つけたときには、ソースコントロールシステムから消すようにしよう。

　理想的には、ソリューションからファイルを消したときに、こうした処理が自動的に行われるほうがよい。しかし、Visual Studioと統合されたソースコントロール統合ツールでは、たいていの場合こうしたことが行われない。ツールベンダーがこの機能を実装してくれるまでは、自分で気をつけることが重要だ。

　binディレクトリとobjディレクトリには注意しよう。ソリューション内のbinディレクトリとobjディレクトリ内をすべて削除するようにするのだ。これを確実に行うためには、「clean」時にDevenvの「clean solution」コマンドを呼び出すようにすればよい。

## 6.7 まとめ

　ここでは「スクリプト」という言葉をきわめて広い意味で使っている。基本的に「スクリプト」という用語で意味しているのは、ソフトウェアのビルド・テスト・デプロイ・リリースを自動的に行う仕組みすべてだ。デプロイメントパイプラインの後ろからこうしたスクリプトを幅広く集めようと思うと、恐ろしく複雑に思えるだろう。しかし、ビルドスクリプトやデプロイメントスクリプトの各タスクはシンプルで、プロセス自体も複雑なものではない。我々が強く推奨するのは、ビルドおよびデプロイメントプロセスをガイドとして使ってスクリプトを集めるやり方だ。ビルドやデプロイメントの自動化は少しずつ進めよう。デプロイメントパイプラインをイテレーティブに何度も通し、最も問題のあるステップを特定してそこを自動化していこう。いつも目標を念頭に置いておこう。つまり、開

発、テスト、本番で同じデプロイメントの仕組みを共有するのが目標だ。しかし、ツール作りのあまりに早いうちからその考えにとらわれすぎないように。そして、こうした仕組みづくりには、運用担当者と開発者の両方を巻き込むようにしよう。

　現在では、ビルド・テスト・デプロイメントプロセスをスクリプト化するために、非常に多様な技術を使えるようになっている。Windowsは伝統的に自動化に弱かったが、PowerShellやIIS内のスクリプティングインターフェイス、その他のMicrosoftスタックが台頭したことで、使い勝手のよいツールが手に入るようになっている。本章では、最も有名なものをとりあげ、その他のリソースについての詳細な情報については参考資料を示している。本書のように幅広い題材を扱っている本では、このトピックの上っ面をなでることしかできない。本書を読んでビルドスクリプトの基礎を確実に理解できれば、さまざまな可能性が開かれることになる。そして、もっと重要なのが、あなたが感化されることだ。その結果、さらなる自動化への道が拓けるのであれば、我々の目標は達成されたことになる。

　最後に、スクリプトはシステムにおけるファーストクラスの位置づけだということは再度強調しておく価値があるだろう。スクリプトはシステムのライフサイクルを通して生き続けなければならない。さらに、バージョン管理を行い、保守し、テストし、リファクタリングしなければならず、ソフトウェアをデプロイする**唯一の**方法としなければならない。ビルドシステムを後知恵と見なすチームは多い。我々の経験によれば、ビルド・デプロイメントシステムは設計とはほとんど関係しない。その結果、あまり保守されないシステムはリリースプロセスの基礎になることはなく、リリースを反復可能にうまく実施する際の障壁になってしまうことが多い。デリバリーチームは時間と手間をかけて、ビルド・デプロイメントスクリプトを適切なものとしなければならない。インターンに研修としてやらせるような作業ではないのだ。少し時間をとって、達成したい目標について考えよう。そして、そこに到達できるようにビルド・デプロイメントプロセスを設計しよう。

# 第7章
## コミットステージ

## 7.1 導入

　コミットステージは、プロジェクトの状態が変化するところから始まる。つまり、バージョン管理へのコミットから始まるのだ。コミットステージが終わると、失敗した場合には内容を表したレポートが出力されるか、成功した場合には、バイナリ成果物やデプロイ可能なアセンブリのまとまりが生成され、その後に続くテストやリリースで使われることになる。また、アプリケーションの状態に関するレポートも生成される。コミットステージの実行は5分以内で終わるのが理想であるし、10分以上かかってはならない。

　コミットステージは、デプロイメントパイプラインへの入り口をさまざまなかたちで表現しているのだ。コミットステージではリリース候補が生成されるが、それだけではない。このステージは、多くのチームがデプロイメントパイプラインを実装し始める場所でもある。あるチームが継続的インテグレーションのプラクティスを実装するときには、その過程でコミットステージが作られる。

　これは大切な第一歩だ。コミットステージを用いることで、コードレベルの統合に費やされる時間を最小限に抑えることができるようになる。また、コミットステージによって優れた設計プラクティスが採用されるようになるし、コードの品質も劇的な影響を受ける。さらに、デリバリーの速度も上がるのだ。

　また、コミットステージはデプロイメントパイプラインの構築を始めるべき場所でもある。

　すでに、前の章「継続的インテグレーション」と「デプロイメントパイプラインの解剖学」でコミットステージについて説明している。本章では、このコミットステージに関する議論を広げて、効果的なコミットステージと効率的なコミットテストをどう作成するかについて、より詳細に説明する。この議論に興味を引かれるのは、まずは開発者だろう。コミットステージからのフィードバックを最初に受け取る人だからだ。コミットステージを図7-1に示す。

　コミットステージでやるべきことを思い出しておこう。誰かがバージョン管理のメインライン（trunk）に変更をチェックインする。すると、継続的インテグレーションサーバーが変更を検知して、ソースコードをチェックアウトし、一連のタスクを実行する。

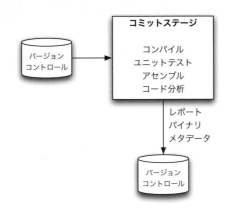

図7-1 コミットステージ

- 必要に応じてコンパイルし、統合されたソースコードに対してコミットテストを実行する。
- あらゆる環境にデプロイできるバイナリを生成する（コンパイル言語を使っている場合には、コンパイルとアセンブリの作業も含まれる）。
- コードベースの健全性をチェックするために必要な分析をすべて行う。
- デプロイメントパイプラインの後のステージで使われることになる成果物（データベース移行スクリプトやテストデータ）をすべて生成する。

こうしたタスクがビルドスクリプトによってオーケストレーションされ、継続的インテグレーションサーバーによって実行される。ビルドスクリプトについては、第6章の「ビルド・デプロイメントスクリプト」でより詳細に解説している。バイナリ（コミットステージが成功した場合）とレポートが中央の成果物リポジトリに格納され、デリバリーチームやパイプラインの後のステージで使えるようになる。

　開発者にとって、コミットステージは開発プロセスにおける最も重要なフィードバックサイクルだ。開発者がシステムに入り込ませてしまうありがちなエラーのほとんどに対して迅速なフィードバックを与えてくれる。コミットステージの結果は、あらゆるリリース候補のライフサイクルにおける最も重要なイベントとなる。このステージに成功してはじめて、デプロイメントパイプラインに入れるのであり、こうしてソフトウェアデリバリープロセスが開始されるのだ。

## 7.2 コミットステージの原則とプラクティス

　デプロイメントパイプラインのゴールのひとつが、本番にデプロイするのに適さないビルドを排除することであるとするなら、コミットステージは入り口の用心棒である。コミットステージの目的は、トラブルを起こす前に望まぬ客をすべて確実に排除することにある。コミットステージの主な目的は、

デプロイ可能な成果物を作ることであると同時に、早め早めに失敗させて、その理由をチームに伝えることでもある。

コミットステージを効果的なものにするための原則とプラクティスを紹介しよう。

## 7.2.1 役に立つフィードバックを素早く提供せよ

コミットテストが失敗する原因は、通常次の三つのうちのどれかだ。コードに構文エラーが紛れ込み、コンパイル言語の場合にはコンパイル時に検出される。あるいは、アプリケーションに意味上のエラーが紛れ込み、そのせいでテストがひとつふたつ落ちる。あるいは、アプリケーションの設定や環境（OSを含む）に問題がある。問題が何であれ、失敗した場合にはコミットテストが完了してすぐに開発者に通知するべきであり、失敗の原因について簡単なサマリーを提供するべきだ。たとえば、失敗したテストやコンパイルエラー、その他エラー条件の一覧などである。開発者はコミットステージの実行時のコンソール出力に簡単にアクセスできなければならない。この出力は、いくつかの筐体に分かれているかもしれない。

エラーは初期に検知するほど、修正するのが簡単だ。エラーが紛れ込んだ時点に近いほどよい。これは、エラーをシステムに入れ込んだ人の記憶に新しいというだけでなく、エラーの原因を発見する仕組みがよりシンプルだからだ。開発者がコードを変更した結果、テストが失敗し、その原因がすぐにわからなくても、前回システムが動いていたときから変更した箇所をすべて見れば、探す対象を絞り込むことができる。

開発者が我々の忠告に従い、頻繁にコミットしていれば、各変更のスコープは小さくなる。デプロイメントパイプラインでその失敗を素早く特定できれば（コミットステージで特定できるのが理想的だ）、変更のスコープは開発者が一人で行ったものに限られる。これはつまり、コミットステージで発見された問題を修正するのは、後のプロセスで発見された問題を修正するよりもはるかにシンプルだということだ。後のステージでは、もっと多くの変更をまとめてテストするからだ。

したがって、デプロイメントパイプラインを効率的にするには、できる限り早くエラーを検出する必要がある。ほとんどのプロジェクトでは、いまどきの開発環境を最大限に活用することで、このプロセスをコミットステージの前に開始している。コンパイル時の警告や構文エラーが開発環境でハイライトされたときに、すぐに修正するよう最大限の努力を払うのだ。いまどきのCIサーバーの多くでは、**プレテストコミット**や**プレフライトビルド**と呼ばれる機能が提供されている。この機能では、変更をチェックインする前にコミットステージを実行する。この機能がなければ、コミットする前にローカルでコンパイルし、コミットテストを実行しなければならない。

コミットステージは、個々の開発者の枠を超えて品質に集中できるようにしてくれる正式な第一歩だ。コミットステージではまず、コミッターによる変更がメインラインと統合され、統合されたアプリケーションに対してある種の「査読」が自動的に行われる。エラーを早期に特定するという我々の目的にこだわるなら、早め早めに失敗させることに集中する必要がある。そこで、開発者がアプリケー

ションに入れ込みがちなエラーのほとんどをコミットステージで検出しなければならないのだ。

継続的インテグレーションを採用して最初のうちによくある過ちに、「早く失敗させる」という教義を文字通り受け取りすぎ、エラーが見つかってすぐにビルドを失敗させてしまうというものがある。この考え方は悪くはないが、最適化しすぎだ。我々は通常、コミットステージをいくつかのタスクに分割している（数はプロジェクトによる）。たとえば、コンパイル、ユニットテストの実行、などだ。コミットステージを止めるのは、たとえばコンパイルエラーのように、エラーのせいでステージの続きが実行できないときだけだ。そうでなければ、コミットステージを最後まで実行し、エラーや失敗をすべてまとめて見せるようにしている。そうすれば一気に修正できるからだ。

## 7.2.2 どういうときにコミットステージを止めるべきか？

伝統的には、コミットステージは前述したような状況のどれかが起きたときに失敗するように設計されている。すなわち、コンパイルの失敗、テストの失敗、環境の問題の三つである。どれも大丈夫であれば、コミットステージは成功し、すべて問題なしとレポートする。しかし、テストが少ししかないせいでうまくいくような場合をどう考えればいいだろう？　あるいは、コードの品質が悪かったら？　コンパイルがうまくいっていても、警告が何百と出ていたら、それでもよいのだろうか？　コミットステージがグリーンであることは、容易に擬陽性となってしまう。現実は違ってもアプリケーションの品質が許容できるものであるように思えてしまうのだ。

コミットステージに対して、OKかNGかで結果を出すのはあまりに限定的だろうという反論があるかもしれない。コミットステージの実行が完了した際に、コードカバレッジやその他の指標を示すグラフのようなより細かい情報を提供できるようにするべきだ。こうした情報は、いくつか境界値を使って集約し、信号（赤・黄・青）やスライドバーのようにして表示することもできる。たとえば、ユニットテストのカバレッジが60%未満であればコミットステージを失敗させ、80%に達していなければ通過はさせるがステータスは青ではなく黄色にしておく、といったこともできる。

実際のプロジェクトですべてをここまで洗練できたことはない。しかし、警告の数が増えたり、減らせなかったりした場合にコミットステージを失敗させるようなスクリプトを書いたことはある（このプラクティスのことは「ラチェッティング」と呼んでいた）。これについては、115ページの「警告やコードスタイルの違反があったときにビルドを失敗させる」で説明したとおりである。スクリプトを書くときに、コード内の重複の量が事前に定めた一定の限界を超えたり、その他コードの品質が悪くなったりしていた場合にコミットステージが失敗するようにするのは完全に正しい。

しかし、「コミットステージが失敗した場合には、デリバリーチームが何をしていても手を止めてそれを修正しなければならない」というルールがあることを覚えておこう。チーム全体で合意していない理由を基にコミットテストを失敗させないようにしよう。そうでなければメンバーが失敗を深刻に受け止めなくなり、継続的インテグレーションが破綻してしまう。だが、アプリケーションの品質を継続的にレビューし、適切な場合にはコミットステージで品質指標を強制することを考えよう。

### 7.2.3 コミットステージを丁寧に整備せよ

　コミットステージには、ビルドスクリプトとユニットテストや静的コード解析ツールを実行するスクリプトが両方とも含まれることになる。こうしたスクリプトは丁寧に保守して、アプリケーション本体を扱うのと同じくらいの敬意を払って扱う必要がある。他のソフトウェアシステムと同様に、ビルドスクリプトの設計や保守がうまく行われていない場合には、動かし続けるのにかかる労力が指数関数的に増加してしまう。これは二重の脅威となる。アプリケーションにビジネス的ふるまいを作るという仕事が重要なのに、ビルドシステムが貧弱だと、価値があり高くつく開発の労力がその仕事から奪われてしまう。しかもそれだけでなく、ビジネス的ふるまいを実装しようとしている人の作業も妨げてしまうのだ。プロジェクトが、ビルドの問題という重圧の下できしみ音をあげて止まってしまったところを何度か見たことがある。

　コミットステージのスクリプトが成長するのに合わせて、品質や設計、性能を改善するよう継続的に作業しよう。コミットステージが効率的で素早く実行でき、信頼できるものであることは、どんな開発チームにとっても生産性を向上させる鍵になる。したがって、コミットステージをうまく動くようにするために少しばかり時間と知恵を投資すれば、ほとんどの場合すぐにその報酬を受け取れるのだ。コミットビルドを高速に保ち、どんな種類であっても失敗した場合には早めに検知できるようにするためには、創造力が必要だ。たとえば、テストケースを注意深く選んで設計するといったことをやらなければならない。スクリプトをアプリケーションより劣るものとして扱ってしまうとすぐに、理解したり保守したりできなくなってしまう。我々が見たことのある最長レコードは、XML1万行のAntスクリプトだ。言うまでもなく、このプロジェクトではチームメンバー全員が必死で取り組まなければ、ビルドを動かし続けることができなかった。リソースの完全な無駄遣いである。

　第6章「ビルド・デプロイメントスクリプト」で説明したように、スクリプトをモジュール化しておくようにしよう。スクリプトを構造化して、毎回使われるが変更がほとんどない共通のタスクを、よく変更するタスクと分けておこう。たとえば、新しいモジュールをコードベースに追加するといったスクリプトは頻繁に変更される。デプロイメントパイプライン中で別のステージで実行されるスクリプトは、別に分けておこう。何より重要なのは、環境に特化したスクリプトを書かないようにしよう。環境に特化した設定は、ビルドスクリプト自体とは分けておこう。

### 7.2.4 開発者に所有権を与えよ

　組織によっては、モジュール化された効果的なビルドパイプラインを作り、それを実行する環境を管理することに秀でた専門家チームがいる場合もある。著者は二人ともこの役割で仕事をしたことがある。しかし、こうした専門家しかCIシステムを保守できなくなってしまうと、それはそれで失敗だと考えられる。

　コミットステージを自分たちが所有しているのだという感覚をデリバリーチームが持つことが重要

なのだ（実際には、コミットステージの後に続くパイプラインにも同じことが言える）。コミットステージは、デリバリーチームの作業や生産性と密接に結びついているからだ。開発者が変更を素早く効果的に行うことを妨げてしまうと、開発者の進捗スピードを落としてしまうことになるし、後のトラブルの火種を蒔くことになってしまう。

新しいライブラリや設定ファイルなどを追加するといったありきたりの変更は、必要なときに開発者や運用担当者が協力しあって行うべきだ。この種の活動は、ビルドの専門家が行うべきではない。例外は、プロジェクトが始まったばかりでチームがビルドを構築しようと作業しているときだけだろう。

専門家の持つ卓越した技術は過小評価してはならないが、そうした専門家の目的は、優れた構造やパターン、技術の使い方を確立し、その知識をデリバリーチームに伝えることにある。こうした基本的なルールが確立されたら、専門知識が必要になるのは構造上の大きな変化があるときだけにすべきで、ビルドを日々保守する際には必要ないようにしたい。

きわめて大規模なプロジェクトでは、作業が大量にあって、環境がいつも埋まっていたり、ビルドの専門家がいつも何かやることがあったりするという場合もある。しかし経験上、このような場合は厄介な問題を解決するための一時しのぎで対処し、専門家と一緒に作業した開発チームが、その結果得られた知識をデリバリーチームに広めるのがよい。

開発者や運用担当者は、ビルドシステムを保守することに対して不安を感じず、自分たちに責任があると感じなければならない。

## 7.2.5 きわめて大規模なチームにはビルドマスターを置け

20人から30人くらいまでの、同じ場所で作業している小規模なチームであれば、自己組織化が非常にうまくいく。この規模のチームであれば、ビルドが壊れてもそれに対して責任を負うべきメンバーを見つけるのは簡単だし、それについて何か作業したかどうかを思い出してもらったり、作業したのであれば手伝ってもらうよう頼んだりするのも簡単だ。

しかし、チームの規模が大きくなったり作業場所が分散したりすると、こうしたことが簡単にできなくなることがある。こうした状況下では、誰かに「ビルドマスター」の役割を演じてもらうことが有効だ。ビルドマスターの仕事は、ビルドを監督して保守を管理することであり、同時にビルドに関する規律を奨励したり強制したりすることである。もしビルドが壊れたら、ビルドマスターがそれに気づいて、チームに対してビルドを素早く直すか変更をバックアウトするという責任があることを丁寧に伝える（ビルドが壊れている期間が長ければ、少し怒って伝えることになるかもしれない）。

ビルドマスターという役割が有効である状況がもうひとつある。それは、チームが継続的インテグレーションに慣れていない場合だ。このようなチームでは、ビルドに関する規律がしっかりと身についていないので、物事をルールに従って進めるためには、ルールを思い出させてくれる人が必要なのだ。

ビルドマスターは、誰か一人がずっと続けてはならない。チームメンバーに順番にその役割をあてがうべきだ。週ごとに交代するのがよいだろう。全員が順番にこの役割になってみるというのは、よ

い練習になる（また、学習する貴重な機会でもある）。いずれにせよ、ビルドマスターをフルタイムでやりたいと思う人は少ないし、実際にはほとんどいない。

## 7.3 コミットステージの結果

　デプロイメントパイプライン内にある各ステージと同じように、コミットステージにも入力と出力がある。入力はソースコードであり、出力はバイナリとレポートだ。生成されるレポートには、テストレポートやコードベース解析の結果レポートがある。テストレポートは、テストが失敗したときに何がまずかったのかを突き止める上で大切だ。解析レポートには、テストカバレッジやサイクロマチック複雑度、コピペ解析、求心性結合と遠心性結合といったものをはじめ、コードベースの健全性を確立するために役に立つ指標が含まれる。コミットステージで生成されるバイナリは、パイプライン全体を通じてまったく同じものが再利用され、最終的にはユーザーにリリースされるかもしれない。

### 7.3.1 成果物リポジトリ

　レポートやバイナリといったコミットステージのアウトプットは、どこかに格納しておいて、パイプラインの後のステージで再利用できるようにする必要がある。そしてチームが後で入手できるようにもしなければならない。わかりやすい場所はバージョン管理システムだろう。しかし、そうすべきでない理由がいくつかある。バージョン管理に入れてしまうと、ディスクスペースが急速になくなっていってしまうとか、バージョン管理システムによってはこうしたことをサポートしていないといったこともあるが、それだけではないのだ。

- 成果物リポジトリは特殊なバージョン管理システムで、バージョンをいくつか管理できればよい。リリース候補がデプロイメントパイプライン中でステージをいくつか通過できなかった場合、もはやそのリリース候補に興味はない。そこで、必要に応じてバイナリとレポートを成果物リポジトリから削除できるのだ。
- リリースしたソフトウェアを基に、それを生成するのに使ったバージョン管理のリビジョンを逆に追跡できるようにしておくことが大切だ。そのためには、パイプラインのインスタンスは、それをトリガーしたバージョン管理システムのリビジョンと紐づけておかなければならない。パイプラインの一環としてすべてをソースコントロールにチェックインしてしまうと、このプロセスがはるかに複雑になってしまう。パイプラインに紐づくリビジョンが増えてしまうからだ。
- 優れた構成管理戦略のための受け入れ基準のひとつとして、バイナリ生成プロセスが反復可能であることが挙げられる。つまり、バイナリを削除した上で、元々それをトリガーしたリビジョンに対してコミットステージを再実行すれば、まったく同じバイナリが入手できるようにしておくべきなのだ。構成管理の世界では、バイナリはセカンドクラスの位置づけだ。ただし、バイナリ

のハッシュを永続化ストレージに格納しておいて、まったく同じものを再生成できたかを確認したり、本番からコミットステージをたどれるようにしたりしておくことには意味がある。

いまどきの継続的インテグレーションサーバーはほとんどが成果物リポジトリの機能を提供している。また、不要な成果物を一定期間経過後に削除するような設定も含まれている。たいていの継続的インテグレーションサーバーには、実行したジョブに従ってどの成果物をリポジトリに格納したいかを宣言的に定義する仕組みが備わっているし、チームがレポートやバイナリにアクセスするためのWebインターフェイスもある。あるいは、Nexusのような専用の成果物リポジトリや、その他のMaven型のリポジトリマネージャーを使ってバイナリを扱うこともできる(一般的には、これらはレポートを格納するのには適さない)。リポジトリマネージャーを使えば、CIサーバーと統合しなくても開発機から簡単にバイナリにアクセスできるようになる。

> **自前の成果物リポジトリを作る**
>
> 必要であれば、自前の成果物リポジトリを作るのは簡単だ。成果物リポジトリの背後にある原則については、第13章の「コンポーネントや依存関係を管理する」でより詳細に説明している。

図7-2は、典型的に設置した場合の成果物リポジトリの使い方を示したものだ。成果物リポジトリは、各リリース候補のバイナリやレポート、あるいはメタデータを格納する主要なリソースなのである。

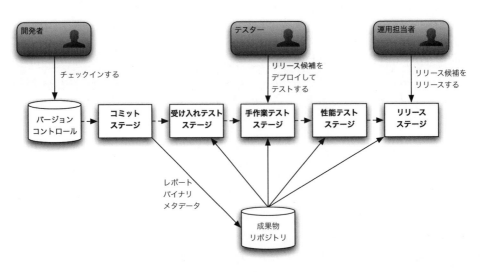

図7-2 成果物リポジトリの役割

7.3 コミットステージの結果

　すべてがうまくいって、リリース候補が本番にたどり着くという正常パスにはどのようなステップがあるのか、詳細を示そう。数字は図 7-2 での順番と対応している。

1. デリバリーチームの誰かが変更をコミットする。
2. 継続的インテグレーションサーバーがコミットステージを実行する。
3. うまくいったら、バイナリとレポートおよびメタデータが成果物リポジトリに格納される。
4. CI サーバーがコミットステージで生成されたバイナリを取得し、疑似本番テスト環境にデプロイする。
5. 継続的インテグレーションサーバーが受け入れテストを実行する。その際、コミットステージで生成されたバイナリを再利用する。
6. うまくいったら、リリース候補には受け入れテストを通過したというフラグが立てられる。
7. テスターは、受け入れテストを通ったビルドの一覧を入手することができて、ボタンひとつで自動プロセスを実行して、手動テスト環境にデプロイできる。
8. テスターが、手動テストを実施する。
9. **手動テスト**がうまくいったら、テスターがリリース候補のステータスを更新し、手動テストを通過したことを示す。
10. CI サーバーが、受け入れテストや手動テストを通過した最新のリリース候補を成果物リポジトリから取得し（どちらを取得するかは設定による）、アプリケーションを本番テスト環境にデプロイする。
11. キャパシティテストをリリース候補に対して実行する。
12. うまくいったら、リリース候補のステータスを「キャパシティテスト完了」に更新する。
13. このパターンは、パイプラインでの必要に応じていくつものステージで繰り返される。
14. リリース候補が関連するステージをすべて通過したら、「リリース準備完了」となり、適切な承認を受けた上で、誰でもリリースできるようになる。通常、この承認行為、QA と運用担当者が一緒になって行う。
15. リリースプロセスの最後に、リリース候補のステータスは「リリース済」となる。

話をわかりやすくするため、順番に実行されるプロセスとして説明している。初期のステージではこの通りで、順番に実行しなければならない。しかし、プロジェクトによっては、受け入れステージ以降のステップは、並列実行したほうがよいこともある。たとえば、手動テストとキャパシティテストはどちらも、受け入れテストがうまくいったら始めてよい。あるいは、テストチームが別のリリース候補を環境にデプロイするようにしてもよい。

## 7.4 コミットテストスイートの原則とプラクティス

　コミットテストスイートを設計する際に重要な原則とプラクティスがいくつかある。コミットテストの大部分はユニットテストで構成されているべきであり、本節が焦点を合わせるのもユニットテストである。ユニットテストの最も重要な特徴は、きわめて高速に実行できることであるべきだ。テストスイートが十分高速に実行されていない場合、ビルドを失敗させることもある。ふたつめに重要な特徴は、コードベースの広い範囲をカバーしなければならないということだ（一般的には、80%前後をカバーしていることが望ましい）。そうすることで、コミットテストが通った場合に、アプリケーションが動きそうだとかなりの自信を持って言えるようになる。もちろん、ユニットテストひとつひとつは、アプリケーションを起動せずにごく一部をテストするだけだ。したがって、定義上、ユニットテストスイートを実行してもアプリケーションが動くと完全に自信を持つことはできない。だから、デプロイメントパイプラインには続きがあるのだ。

　マイク・コーンは、自動テストスイートをどのように構造化すべきかということについて、優れた方法を示した。図7-3はコーンの書いたテストの自動化ピラミッドだ。ここでも、ユニットテストはテストの大部分を占めている。ただし、頻繁に実行されるため、ユニットテストスイートは数分で完了しなければならないとされている。受け入れテストの数は少ないが（受け入れテストは、サービステストとUIテストとに細分されている）、システム全体に対して実行するため、ユニットテストよりもはるかに長い時間がかかるのが普通だ。アプリケーションが動いていて、期待されたビジネス価値をデリバリーしていることを保証するには、すべてのレベルが欠かせない。このテストピラミッドは、129ページの「テストの種類」で示したテストの四象限図の左側（「プログラミングのサポート」）をカバーしている。

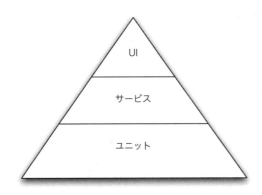

図7-3　テストの自動化ピラミッド（コーン, 2009, 第15章）

　素早く実行できるコミットテストを設計することは、簡単ではないこともある。いくつか戦略があるので、次の数段落で説明していこう。だが、こうした戦略のほとんどが目指している目標はひとつ

だ。すなわち、あらゆるテストのスコープを最小化し、システムのひとつの側面だけをテストすることに可能な限り集中できるようにすることである。特に、ユニットテストを実行する際には、ファイルシステムやデータベース、ライブラリ、フレームワークや外部システムに触ってはならない。こうした環境の一部に対する呼び出しはすべて、モックやスタブのようなテストダブルと置き換えなければならない（テストダブルの種類については、136ページの「テストダブル」で定義している）。ユニットテストやテスト駆動開発については、すでに多くが書かれているので、ここでは軽く触れるだけにしよう。この話題についてさらに知りたければ、参考文献を参照してほしい[1]。

### 7.4.1 ユーザーインターフェイスを避けよ

　ユーザーインターフェイスは、定義上、ユーザーが最もバグを見つけやすい場所だ。その結果、テストを行う労力をユーザーインターフェイスに集中させるという傾向が自然に生じる。その結果、他の種類のテストが犠牲になることもある。

　しかし、コミットテストの目的に照らすと、UIを通じたテストは一切行わないことをお勧めする。UIテストはふたつの点で難しい。第一に、テスト対象のソフトウェアにある多くのコンポーネントやレイヤを巻き込んでしまいがちだ。これが問題なのは、テスト自体を実行する前に、登場人物の準備をすべて整えるために労力がかかるし、したがって時間もかかるからだ。第二に、UIは人間の時間感覚にあわせて動くように設計されている。そして、人間の時間感覚はコンピュータのそれと比較すると、ひどく遅いのだ。

　プロジェクトや選択した技術で、こうした問題をどちらも避けられるのであれば、UIを通じて操作するユニットレベルのテストを作ることにも意味があるだろう。しかし経験上では、UIテストはたいてい問題含みであり、デプロイメントパイプラインの受け入れテストステージで処理したほうがよいのだ。

　UIテストに対するアプローチについては、受け入れテストの章でより詳細に扱う。

### 7.4.2 DIを使用せよ

　DI（Dependency Injection）と呼ばれたり、IoC（Inversion of Control）と呼ばれたりするデザインパターンでは、オブジェクト間の関係性がオブジェクトの外部から確立されなければならないと考えられている。明らかに、このアドバイスはオブジェクト指向言語を用いている場合にしか当てはまらない。

　私が`Car`クラスを作ったとすると、新しい`Car`インスタンスを生成するたびに独自の`Engine`を生成するようにしてもよい。しかし、そうではなくて、`Car`インスタンスを生成するときに、`Engine`を渡すことを強制するようにすることもできる。

---

[1] ジェームズ・カーはTDDパターンのいくつかについて、優れたブログエントリ [cX6V1k] を書いている。

後者がDIだ。このほうが、Carのコードを変更することなく別の種類のEngineを積み込めるようになるため、より柔軟である。さらにCarインスタンスを生成するときに特殊なTestEngineを積み込み、Carをテストしている間にEngineのふりをさせることもできる。

このテクニックによってソフトウェアははるかに柔軟になり、モジュール化もされるが、それだけでなく、テストのスコープをテスト対象のクラスだけに絞ることが簡単にできるようになる。そのクラスに依存したお荷物を抱え込まなくてよくなるのだ。

## 7.4.3 データベースを避けよ

自動テストを始めたばかりの人は、コード中のいくつかのレイヤとやりとりして結果をデータベースに格納し、その上で結果が格納されていることを確認するようなテストを書いてしまいがちだ。これはわかりやすくシンプルなアプローチではあるが、その他の点ではきわめて非効率なアプローチだ。

第一に、このようなアプローチで書かれるテストは、実行するのに極端に時間がかかる。テストがステートフルだと、繰り返し実施したいと思ったり、似たようなテストを連続していくつも実行したいと思ったりした場合に妨げとなる。基盤をセットアップするのが複雑であるせいで、テストのアプローチ全体を確立し、管理するのが難しくなる。最後に、テストからデータベースにかかわる処理を取り除くのが難しいとすると、それはレイヤリングや関心事の分離がうまくできていないことを示唆している。テスタビリティとCIによって、あなたを始めチームメンバーが、優れたコードを開発せよというちょっとしたプレッシャーを受けることになる。

コミットテストの大部分を構成するユニットテストは、データベースに依存してはならない。これを実現するためには、テスト対象コードをストレージと分離できなければならない。そのためには、コードの中をうまくレイヤ化する必要があるし、もちろん、DIを使ったり、最後の手段としてはインメモリデータベースを使ったりということもやらなければならない。

しかし、コミットテストにはきわめてシンプルなスモークテストをひとつふたつ含めなければならない。こうしたスモークテストは受け入れテストスイートの中から選んだエンドツーエンドテストでなければならず、それも、価値が高くてよく使われる機能をテストし、アプリケーションが実際に動いていることを確かめるものでなければならない。

## 7.4.4 ユニットテストでの非同期処理を避けよ

単一のテストケースというスコープで非同期のふるまいがあると、システムをテストするのが難しくなる。最もシンプルなアプローチは、テストを分割して非同期のふるまいを避け、ひとつのテストを非同期処理が終わるところまで実行し、その後で別のテストを実行する。

たとえば、システムがメッセージをポストし、それに対してふるまうのであれば、低レイヤのメッセージ送信テクノロジーをまとめて独自のインターフェイスを提供しよう。その上で、期待通りの呼び

出しが行われていることをひとつのテストケースで確認する。その際、メッセージングインターフェイスを実装したシンプルなスタブを使ってもよいし、次の節で説明するモック化を行ってもよい。メッセージハンドラのふるまいを確認するふたつめのテストを追加する場合には、メッセージング基盤から通常呼び出されるのと同じようにエンドポイントを呼び出せばいい。だが、採用しているアーキテクチャによっては、このようにテストをするためにかなりの作業が必要になることもある。

我々としては、コミットステージのテストからは非同期処理を取り除くのに最大の努力を払うことをお勧めする。メッセージングのように基盤に依存するテストは（インメモリであっても）、ユニットテストではなく、コンポーネントテストと考えよう。より複雑で、実行に時間のかかるコンポーネントテストは、コミットステージではなく、受け入れテストステージで実施しよう。

## 7.4.5 テストダブルを利用する

ユニットテストでは、密接に関連しあう小粒のコンポーネントに集中するのが理想的だ。たいていは、クラスひとつか、密接に関連しあう数個のクラスが対象となる。

しかし、うまく設計されたシステムでは、各クラスは比較的サイズが小さく、目的を達成するために他のクラスとインタラクションする。これは、優れたカプセル化の核心だ。各クラスはどのように目的を達成しているのかということについて、秘密を守っている。

問題は、このようにうまく設計されたモジュール化システムでは、関係性のネットワークの中間にあるオブジェクトをテストするために、それを取り巻くクラスを長々とセットアップしなければならないかもしれないということだ。これを解決するには、あるクラスが依存している対象とのやりとりを偽装すればよい。

このような依存対象のコードをスタブ化することには長い歴史があり、そこには敬意を払うべきだ。`Engine` の代わりに `TestEngine` を使うことを提案した際にも、DI の使い方について説明し、スタブ化についてのシンプルな例を見せている。

スタブ化とは、システムの一部をお決まりのレスポンスを返すシミュレーションバージョンに置き換えることだ。スタブは、あらかじめプログラムされたもの以外、何も対応することがない。これは非常に強力かつ柔軟なアプローチだ。テスト対象が依存しているシンプルなクラスひとつをスタブ化することから、システム全体をスタブ化するところまで、あらゆるレベルで役に立つ。

### スタブを使ってメッセージングシステムを置き換える

デイブは以前、他システムとやりとりする必要のある取引システムの開発に携わったことがある。このやりとりはかなり複雑で、他のチームが開発したシステムとメッセージキューを介して行うことになっていた。通信される情報量はかなり多く、取引のライフサイクルを駆動するメッセージの集合を用いて行われ、ふたつのシステムで歩調を合わせながら保存されていた。この外部システムがないと、こちら側のシ

> ステムは取引を完了させることができなかったので、意味のあるエンドツーエンドの受け入れテストを作るのは難しかった。
>
> そこで我々は、実際のシステムの処理をシミュレーションできるような複雑なスタブを実装したのだ。それによって多大な恩恵を受けることができた。こうすることで、我々のシステムのライフサイクルから抜けていた箇所をテストのために埋められるようになったのだ。また、このやり方には、実際のシステムで準備するのは難しい極端なケースもシミュレーションできるというメリットもあった。さらに、他のシステムで並行開発されていた箇所への依存を断ち切ることもできた。
>
> 分散システムが互いに通信しあうという複雑なネットワークを保守する必要なく、いつ実際のシステムとやりとりし、いつシンプルなスタブで処理するかということを選べるようになった。スタブのデプロイメントは設定によって管理していたので、実際のシステムとやりとりするかスタブとやりとりするかを環境ごとに選ぶことができたのだ。

我々は大きなコンポーネントやサブシステムに対しても広くスタブを用いることが多い。しかし、プログラミング言語レベルのコンポーネントに対してスタブを用いることはあまりない。プログラミング言語レベルでは、我々はモックのほうを好むことが多いのだ。

モックは新しいテクニックだ。モックが生まれたのは、スタブが好きで広く使いたいと思いつつも、スタブコードを大量に書きたくはないという動機からだった。あるクラスの依存対象をスタブ化するために長々とコードを書く必要がなくなり、自動的にスタブが組み立てられるようになったらすばらしいと思わないだろうか？

モックとは本質的にはそのようなものだ。モッキングのためのツールセットはいくつかある。たとえば、Mockito、Rhino、EasyMock、JMock、NMock、Mochaなどだ。モッキングによって、効率的にこう命令できるようになる。「X型のクラスのようにふるまうオブジェクトを構築せよ。」

しかもすばらしいことに、モックはその先にいっていて、シンプルなアサーションをいくつか書くだけで、テスト対象のコードが期待するふるまいを定義できるようになる。これが、モックとスタブの本質的な違いだ。スタブを使う場合、スタブがどう呼ばれるかは気にしない。モックの場合には、自分の書いたコードが期待したとおりにモックとやりとりしているかを検証できる。

前述したCarの例に戻って、ふたつのアプローチを並べて考えてみよう。具体例に入る前に、要件についてまず考えておこう。Car.driveを呼び出した場合、まずEngine.accelerateを呼び出した上で、Engine.startが呼び出されることを期待する。

すでに説明したとおり、スタブの場合もモックの場合もCarにEngineを紐づけるためにはDIを使う。クラスはシンプルにこんな感じになるだろう。

```
class Car {
    private Engine engine;

    public Car(Engine engine) {
```

```
        this.Engine = engine;
    }

    public void drive() {
        engine.start();
        engine.accelerate();
    }

    Interface Engine {
        public start();
        public accelerate();
    }
}
```

スタブを使う場合、スタブ実装である `TestEngine` を使い、`Engine.start` と `Engine.accelerate` の両方が呼び出されたという事実を記録する。`Engine.start` が先に呼び出されなければならないので、`Engine.accelerate` のほうが先に呼び出されてしまった場合には、スタブの中で例外をスローするか、あるいは何らかのかたちでエラーを記録しなければならない。

ここまでで書いたテストはこうなっている。すなわち、`TestEngine` をコンストラクタに渡して `Car` を新しく生成し、`Car.drive` メソッドを呼び出し、`Engine.start` と `Engine.accelerate` がそれぞれ順番に呼び出されていることを確認する。

```
class TestEngine implements Engine {
    boolean startWasCalled = false;
    boolean accelerateWasCalled = false;
    boolean sequenceWasCorrect = false;

    public start() {
        startWasCalled = true;
    }
    public accelerate() {
        accelerateWasCalled = true;  {
        if (startWasCalled == true) {
            sequenceWasCorrect = true;
        }
    }
    public boolean wasDriven() {
        return startWasCalled && accelerateWasCalled && sequenceWasCorrect;
    }
}
class CarTestCase extends TestCase {
    public void testShouldStartThenAccelerate() {
        TestEngine engine = new TestEngine();
        Car car = new Car(engine);
```

```
        car.drive();

        assertTrue(engine.wasDriven());
    }
}
```

モックツールを使った場合、テストはこうなる。Engineのインターフェイスを定義したインターフェイスかクラスの参照を引数としてmockクラスを呼び出し、Engineのモックを生成するのだ。

エクスペクテーションをふたつ宣言して、Engine.startとEngine.accelerateが正しい順番で呼び出されることを定義する。最後に、モックシステムに指示を出して、期待したことが実際に起きたことを確認する。

```
import jmock;

class CarTestCase extends MockObjectTestCase {
    public void testShouldStartThenAccelerate() {
        Mock mockEngine = mock(Engine);
        Car car = new Car((Engine)mockEngine.proxy());

        mockEngine.expects(once()).method("start");
        mockEngine.expects(once()).method("accelerate");

        car.drive();
    }
}
```

この例では、JMockと呼ばれるオープンソースのモックシステムを使っている。しかし、他のツールも似たようなものだ。JMockの場合、最後の確認は各テストメソッドの最後で暗黙的に実施されている。

モックを使うメリットは明らかだ。このあきれるほど単純化した例を見ても、明らかにモックのほうがコードの量が少ない。実際に使えば、モックによってかなりの手間が省ける。さらにモックは、サードパーティーコードをテストのスコープから切り離すのにも役立つ。サードパーティーコードのあらゆるインターフェイスをモック化できるので、テストのスコープから実際のコードを排除できるのだ。こうしたやりとりの中でコストのかかるリモート通信が行われたり、重い基盤が必要になったりする場合、これは非常にうれしいことである。

最後に、依存対象とそれに関連する状態をすべて組み立てることと比べると、モックを使うテストのほうが、たいていの場合非常に高速である。モックは多くのメリットがあるテクニックだ。我々としては使うことを強くお勧めする。

## 7.4.6 テスト内の状態を最低限に抑える

　理想的には、ユニットテストではシステムのふるまいをアサートすることに集中するべきだ。効率的なテスト設計に慣れていない人によく見られる問題として、テストに状態を持たせてしまうということが挙げられる。これに伴う問題はふたつある。第一に、システム内のあるコンポーネントに値を投入して、返される結果を取得するというものであれば、ほとんどどんなテストであっても簡単に想像できる。関連するデータ構造をまとめあげることでテストを書き、適切なかたちで入力を送信して、期待する出力と結果を比較する。実は、多少の差こそあれほとんどすべてのテストはこのかたちなのだ。問題は、ここから外れてしまうと、システムやそれに関連するテストがどんどん複雑になってしまう点にある。

　テストをサポートするために理解するのも保守するのも難しい手の込んだデータ構造を構築してしまうという罠には容易に陥ってしまう。理想的なテストとは、素早く簡単に準備ができ、後始末はさらに高速に簡単にできるものだ。うまくリファクタリングされたコードには、整理されたテストがついているものだ。テストが扱いにくく、複雑なのであれば、それは実際のシステムの設計を反映しているということだ。

　しかし、問題を特定するのは難しい。我々としては、テスト内で状態に依存するのをなるべく抑えることをお勧めする。現実に状態をすべて取り除くことはできない。しかし、テストを実行するために構築する必要のある環境がどの程度複雑かということに継続して注意を払い続けることは重要だ。テストがどんどん複雑になってきたら、それはコードの構造を見直す必要があるという警告であるに違いない。

## 7.4.7 時間の概念を偽装する

　時間は自動テストにおいて問題となるのだが、それには理由がいくつかある。たとえば、システムで日時処理を午後 8 時にトリガーする必要があるかもしれない。あるいは、次のステップに進む前に 0.5 秒待たなければならないかもしれない。あるいは、閏年の 2 月 29 日には何か別のことをしなければならないかもしれない。

　これらのテストはどれも扱うのが難しい。そして、実際のシステム日付と結びつけようと思うと、ユニットテスト戦略に違反してしまう危険性がある。

　時間に基づくふるまいに対する我々の戦略は、時間への要求を別のクラスに抽象化し、コントロール下に置くというものだ。通常我々は、時間にかかわるシステムレベルのふるまいに対しては DI を使ってラッパーをインジェクトしている。

　こうすれば、Clock クラスを始め適切な抽象概念のふるまいをスタブやモックにすることができる。テストのスコープで、「閏年」や「0.5 秒後」にしたいと思った場合にも、完全に制御することができる。

　高速にビルドするためには、何らかの遅延や待ち時間を発生させる原因となるふるまいをすべてス

タブやモックにすることが重要だ。コードを構造化してテスト実行時の遅延をゼロにし、テストのパフォーマンスを適正に保とう。ユニットテストで実際の遅延が必要になる場合、コードやテストの設計を見直してそれを避けるようにしたほうがよいだろう。

我々の開発ではこうしたことが染みついているので、どんな場合であっても時間の概念を必要とするコードを書くときにはシステム日付に対するアクセスを抽象化し、ビジネスロジックから直接呼び出さないようにしている。

## 7.4.8 しらみつぶし

開発者は常にコミットサイクルを最速にすることに賛成するようになる。だが現実には、コミットサイクルのスピードを保ちつつ、入り込んでしまいがちなエラーをコミットステージで特定できるようにしておけるようにバランスを取る必要がある。こうしたバランスは、試行錯誤のプロセスを通じて最適化しなければならない。ときには、時間をかけてテストの実行速度を最適化したり、検出できるバグの割合を減らしたりするよりも、コミットステージが遅くなることを許容したほうがよいこともある。

我々は通常、コミットステージを10分以内に収めることを目標にしている。おそらく、これがほぼ上限だろう。理想的にはこれよりも短く、5分以内に収めたい。大規模なプロジェクトに従事する開発者は、10分という目標を聞いて、そんなに短い時間ではまず無理だと尻込みするかもしれない。一方で、あまりに妥協しすぎだと思う開発チームもあるだろう。コミットステージを効果的に行うにはもっと素早く実行できるべきだとわかっているからだ。しかし、我々は多くのプロジェクトを観察した経験に基づき、この数字が役に立つガイドだと考えている。この限界が破られてしまったときに、開発者がやり始めることがふたつある。どちらも開発プロセスに対してひどく悪い影響を与えるものだ。まず第一に、チェックインをこまめにやらなくなり始める。さらに、コミットステージが10分を**はるかに**超えるようになると、コミットテストスイートが通ったかどうかを気にしなくなってしまうのだ。

コミットテストスイートを高速に実行できるようにするためにはコツがふたつある。まず第一に、コミットテストスイートを複数のテストスイートに分割して、いくつかのマシンで並列実行できるようにしよう。いまどきのCIサーバーには「ビルドグリッド」機能がついていて、こうしたことがきわめて簡単にできる。コンピュータの処理能力は、人と比べれば安価であることを覚えておこう。フィードバックを適切なタイミングで受け取ることは、サーバーを何台か追加するコストよりもはるかに価値がある。ふたつめのコツは、ビルドの最適化を行う過程で、実行に時間がかかる割にあまり失敗することがないテストを受け入れテストステージに押し出してしまうことだ。ただしこの場合には、変更によって押し出されたテストが壊れたかどうかというフィードバックを受け取れるまで時間がかかってしまうということは覚えておこう。

# 7.5 まとめ

　コミットステージで集中すべきことはひとつだ。すなわち、変更によってシステムに入り込んでしまいがちな欠陥を、できる限り早く検出し、開発者に通知して、問題を素早く修正できるようにすることである。コミットステージによってもたらされるフィードバックの価値はきわめて高いので、コミットステージが効率的に、また素早く動き続けられるようにするために投資することには価値がある。

　デプロイメントパイプラインのコミットステージは、誰かがアプリケーションコードや設定に変更を加えるたびに実行しなければならない。こうして、コミットテストステージは、一日に何度も、開発チームの各メンバーによって実行されることになるのだ。開発者の常として、通常許容できる範囲よりもビルドが遅くなると不平を言い始める。5分を超えると文句が出始めるだろう。こうしたフィードバックに耳を傾けて、コミットテストステージを高速に保つためにあらゆることを行うのが重要だ。その際、コミットテストステージの真価から目を背けないようにしよう。このステージが早めに失敗するようにしておけば、後になって修正しようと思うとはるかにコストのかかる失敗に対してフィードバックを与えてくれるのだ。

　プロセスを自動化し、変更が加えられるたびに起動してバイナリをビルドし、自動テストを実行し、メトリクスを生成するという、こうしたコミットステージを確立することは、継続的インテグレーションのプラクティスを採用する上で最低限やるべきことだ。コミットステージによって、デリバリープロセスの品質と信頼性が大幅に向上する。ただし当然、こまめなチェックインや、欠陥は見つけたらすぐに直すといった、継続的インテグレーションに含まれるその他のプラクティスに従った上でのことだ。コミットステージはデプロイメントパイプラインの入り口でしかないのだが、それでも開発に与えるインパクトはかなり大きいだろう。なにしろ、アプリケーションを壊してしまう変更が入り込んだ瞬間を把握し、素早く修正するためのパラダイムシフトなのだ。

# 第8章
# 自動受け入れテスト

## 8.1 導入

　本章では、自動受け入れテストがどのようなもので、デプロイメント内でどう位置づけられるのかについて、もう少し詳細に調べていく。受け入れテストはデプロイメントパイプラインにおける重要なステージだ。受け入れテストステージがあるおかげで、デリバリーチームは基本的な継続的インテグレーションの枠を超えて先に進むことができる。いったん受け入れテストの準備ができれば、アプリケーションのビジネス的な受け入れ基準をテストしていることになるのであり、それはつまり、ユーザーに価値のある機能を提供できていることを検証していることになるのである。一般的に受け入れテストは、コミットテストを通ったソフトウェアすべてに対して実行される。デプロイメントパイプラインにおける受け入れテストステージのワークフローについて、図8-1に示す。

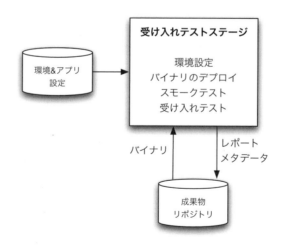

図8-1　受け入れテストステージ

　本章は、デリバリープロセスにおける受け入れテストの重要性について議論するところから始めた。その上で、受け入れテストを効果的に書き、受け入れテストスイートを効率的に保守するにはどうすればよいのかについて掘り下げて議論する。最後に、受け入れテストステージ自体を支配する原則と

プラクティスについても取り上げる。しかし、まず始めに、受け入れテストという言葉で我々が何を意味しているのかを明らかにしなければならないだろう。機能テストやユニットテストと比べたときに、受け入れテストの役割は何が違うのだろうか？

個々の受け入れテストは、ストーリーや要件の受け入れ基準が満たされているかどうかの検証を意図したものだ。受け入れ基準にはさまざまな種類がある。まず、機能的な受け入れ基準と非機能的な受け入れ基準があるだろう。非機能の受け入れ基準には、キャパシティや性能、変更が容易にできるかどうか、可用性、セキュリティ、ユーザビリティといったものがある。ここで重要なのは、特定のストーリーや要件と紐づいた受け入れテストが通った場合に、受け入れ基準が満たされたこと、さらに、作業が完了してソフトウェアが動いていることが示されるということだ。

受け入れテストスイートは全体として見れば、顧客の期待するビジネス価値をアプリケーションが提供していることを保証し、既存の機能を破壊するようなリグレッションや障害から保護してくれるものなのだ。

受け入れテストの焦点が、各要件の受け入れ基準をアプリケーションが満たしていることを示すことにあるととらえることのメリットは他にもある。こうすることで、顧客やテスター、開発者、アナリスト、運用担当者、プロジェクトマネージャーといったデリバリープロセスにかかわる人々が、各要件がうまくできるということがどういうことなのかを考えるようになるのだ。さらなる詳細は250ページの「実行可能な仕様としての受け入れ基準 」で取り上げる。

あなたがテスト駆動設計をやってきたのであれば、自分たちのユニットテストと何が違うのか疑問に思うだろう。違いは、受け入れテストがビジネス視点であって、ユニットテストのように開発者視点ではない点にある。受け入れテストは、疑似本番環境でアプリケーションを実行させ、すべてのストーリーを一度にテストする。確かにユニットテストはテストの自動化戦略において重要な役割を果たす。しかし、ユニットテストだけでは、アプリケーションをリリースできるという自信を高いレベルで持てるようにはならない。受け入れテストの目的は、顧客が意図したことをアプリケーションが実行しているということを証明することにある。つまり、プログラマがこう動くべきと考えた通りに動いていることを証明するためのものではないのだ。ユニットテストもこうした顧客視点の目的を持つことはあるが、そうではないこともある。ユニットテストの目的はアプリケーションの一部がプログラマが意図したとおりに動いていることを示すことにあり、このことは、ユーザーが必要なものを手に入れられるということを検証するのとはまったく違うのだ。

## 8.2 なぜ自動受け入れテストが欠かせないのか？

自動受け入れテストについては、かなりの議論がなされてきている。プロジェクトマネージャーや顧客はたいてい、自動受け入れテストを作成し、保守するのは高くつきすぎると考えるものだ。実際、うまくやらないとそうなってしまう。テスト駆動開発によって作られたユニットテストスイートがあ

れば、リグレッションを防ぐのに十分であると考えている開発者は多い。しかし我々の経験によれば、自動受け入れテストスイートを適切に作成して保守すれば、受け入れテストやリグレッションテストを手作業で頻繁に行うよりもはるかに安上がりである。また、こうした手作業でのテストをやらないでリリースしてしまうと、今度は品質が悪くなってしまう。また、自動受け入れテストを行うことで、ユニットテストやコンポーネントテストをどれほど包括的に行っても検出できない深刻な問題を検出できることもわかってきた。

なによりも、手作業での受け入れテストを行うコストは指摘する価値がある。欠陥がリリースされてしまうことを避けるためには、リリースのたびに受け入れテストを行う必要がある。我々は、リリースのたびに行う手作業での受け入れテストに、毎回300万ドルかけていた組織をひとつ知っている。ソフトウェアをこまめにリリースしようと思うと、このことはきわめて重大な制約となる。手作業で行うテストにかかる労力は、アプリケーションが複雑であろうとなかろうと、きわめて高くつき得るのだ。

さらに、リグレッション障害を検出するという役割を果たすためには、こうしたテストは開発が完了しリリースが近づいてきたときに専用のフェーズを設けて実施しなければならない。こうして、手動テストは、通常、ソフトウェアをリリースするためにチームが極端なプレッシャーを受けているときに行われることになる。その結果、手作業での受け入れテストをする中で発見された欠陥を修正するのに、十分な時間を割けないことが多い。最後に、修正が複雑な欠陥が見つかると、アプリケーションにさらなるリグレッション問題が入り込んでしまう可能性が高まる[*1]。

アジャイルコミュニティの中には、自動受け入れテストをすっぱりやめてしまって、ユニットテストスイートとコンポーネントテストスイートを包括的に書こうと主張する人もいる。ペアプログラミングやリファクタリング、注意深い分析、顧客やアナリスト、テスターが一緒になって行う探索的テストといったXPの他のプラクティスと組み合わせれば、ユニットテストスイートとコンポーネントテストスイートを行うことで、コストをかけて受け入れテストを自動化することに代えられると考えられているのだ[*2]。

だが、この議論にはいくつか欠点がある。第一に、多少の違いこそあれ本番とほぼ同じように動いているアプリケーションが、ユーザーの求めるビジネス価値を提供していることを証明するテストは、受け入れテスト以外にないのだ。ユニットテストやコンポーネントテストではユーザーシナリオのテストはできない。ユーザーがアプリケーションを操作するとさまざまな状態をたどることになるのだが、その際に現れる欠陥を発見することができないのだ。受け入れテストはまさにこの目的のために設計されている。また、受け入れテストはスレッドに関する問題や、イベント駆動アプリケーションに見られる突発的なふるまい、アーキテクチャ上のミスや環境および設定ファイルに起因する問題の

---

1 受け入れテストの自動化は重要なものであり、アウトソーシングしてはいけない理由については、ボブ・マーチンが記事にしている [dB6JQ1]。
2 このアプローチを主張する人の中には、「結合テストは詐欺だ」[a0tjh0] というブログ記事を書いたJ.B. ラインスバーガーや、「受け入れテストの問題」[dsyXYv] というブログ記事を書いたジェームズ・ショアがいる。

検出にも優れた効果を発揮する。この種の欠陥を手動テストで見つけるのは難しい。ユニットテストやコンポーネントテストで見つけるのが難しいのは言うまでもない。

また、受け入れテストを行うことで、大規模な変更を行う場合にもアプリケーションを保護できる。大規模な変更を行う場合、ユニットテストやコンポーネントテストはドメインにあわせて大幅に変更しなければならなくなるだろうし、そうなればアプリケーションの機能が壊れないように守ることもあまりできなくなってしまう。こうしたプロセスを経た後でアプリケーションがまだ動いていることを証明できるのは、受け入れテストだけなのだ。

最後に、受け入れテストの自動化をあきらめたチームでは、はるかに重い負荷がテスターにかかることになる。この場合テスターは、退屈なリグレッションテストを繰り返すのにはるかに多くの時間を割かなければならなくなるのだ。我々の知っているテスターはこうしたアプローチを好まない。この負担の一部を開発者が受け持つこともできるが、開発者の多くはユニットテストやコンポーネントテストを書くのに慣れていて、自分のやった作業の欠陥を見つけることをテスターほど効率的にはできない。我々の経験上、テスターを巻き込んで書かれた自動受け入れテストは、開発者が書いたテストよりも、ユーザーシナリオ上の欠陥を見つけるのがはるかにうまいのだ。

自動受け入れテストが嫌がられる理由は、実は、高くつきすぎると感じられる点にある。しかし、自動受け入れテストにかかるコストを、効率性と費用対効果が十分見込める水準まで下げることは可能だ。自動受け入れテストを、コミットテストを通ったビルドすべてに対して実行すれば、ソフトウェアデリバリープロセスに対する効果は劇的に現れる。まず第一に、フィードバックループがはるかに短くなるので、より早期のまだ修正にコストがかからないうちに欠陥が発見される。第二に、テスターや開発者、顧客が密接に協力しあって適切な自動受け入れテストスイートを作成する必要があるので、協業が促進され、アプリケーションによってもたらされるであろうビジネス価値にだれもが集中するようになる。

効率的な受け入れテストに基づく戦略によってもたらされるよい効果は他にもある。受け入れテストが最もうまくいくのは、アプリケーションがうまく構成されていて、UIレイヤが薄くなるよう適切に構造化されていたり、本番環境と同じように開発機でも実行できるように注意深く設計されていたりする場合だ。

自動受け入れテストを効率的に作成し保守する上での問題を、我々は次の四つに区別した。1. 受け入れテストの作成、2. アプリケーションドライバレイヤの作成、3. 受け入れテストの実装、4. 受け入れテストスイートの保守。詳細にいく前に、我々のアプローチについて簡単に説明しておこう。

## 8.2.1 保守しやすい受け入れテストスイートの作り方

保守しやすい受け入れテストを書くためには、なによりもまず、分析プロセスを注意して行わなければならない。受け入れテストは受け入れ基準から導き出される。したがって、アプリケーションの

受け入れ基準は自動化を念頭に置いて書かなければならないし、INVEST 原則[3]に従わなければならない。また、エンドユーザーにとって価値があってテスト可能でなければならない。自動受け入れテストに集中した結果、開発プロセス全体が受けることになる微妙ながら重要なプレッシャーはいくつかあり、これはその中のひとつだ。すなわち、要件をより適切に記述すべしというプレッシャーがかかるのだ。書き方が拙く、開発する機能がユーザーにどんな価値をもたらすかを説明していない受け入れ基準を自動化してしまうと、受け入れテストスイートが貧弱で保守が難しくなってしまう。

ユーザーにデリバリーされるべき価値を記述した受け入れ基準が一式あれば、次はそれを自動化すればよい。自動受け入れテストは、図 8-2 に示すように常にレイヤ化しなければならない。

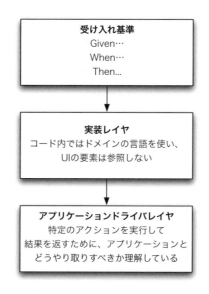

図8-2 受け入れテストのレイヤ

受け入れテストにおける最初のレイヤは受け入れ基準だ。Cucumber や JBehave、Concordion、Twist、FitNesse といったツールを使えば、受け入れ基準を直接テストに投入し、そのベースにある実装と紐づけることができる。しかし、本章で後述するように、xUnit テストのかたちで受け入れ基準をコードに書くというアプローチをとることもできる。そうしておいて、xUnit テストフレームワーク上で直接受け入れ基準を実行すればよい。

重要なのは、テストの実装でドメインの言語を使うようにすることと、アプリケーションとどのようにやりとりするかという詳細を含まないようにすることだ。テストの実装がアプリケーションの API や UI を直接参照していると、テストはもろくなってしまい、UI を少し変更しただけでも変更のあった UI を参照しているテストがすべて壊れてしまう。UI の要素をひとつ変更しただけでこうした受け

---

[3] つまり、独立し（Independent）、交渉可能で（negotiable）、価値があり（valuable）、見積もり可能で（estimable）、小さく（small）、テストできなければならない（testable）。

入れテストスイートが大々的に壊れてしまうというのは、珍しいことではない。

　残念ながらこのアンチパターンは実によく見られるのだ。ほとんどのテストは、処理の詳細な実行方法の観点で書かれている。「こうして、ああして、ここで結果を確認する」という具合だ。こうしたテストは、記録再生型のテスト自動化製品によって生成される。しかし、このような製品は、自動受け入れテストが高くつくという汚名を着せられていることの原因になっている。これらのツールで作られる受け入れテストスイートはどれも UI と密接に結びつけられているため、極端にもろくなってしまっているのだ。

　たいていの UI テスティングシステムでは、データをフィールドに設定し、ボタンをクリックし、該当ページの特定の領域から結果を読み取るという処理ができるようになっている。最終的にはこのレベルの詳細が必要にはなるが、テストケースの意味（すなわち実際の価値）からはほど遠い。受け入れテストケースで検証したいふるまいはどれも、まったく違う抽象度にあるのだ。我々が本当に知りたいのは、「注文をしたら受けつけられるか？」あるいは「クレジットカードの限度額を超えたら、適切に知らせてもらえるか？」といった質問に対する答えなのだ。

　テストの実装では、我々がアプリケーションドライバレイヤと呼ぶ、より抽象度の低いレイヤを呼び出して、テスト対象システムとやりとりするべきなのだ。アプリケーションドライバレイヤの備えている API は、どのようにアクションを実行して結果を返すべきかを知っている。アプリケーションの公開 API に対してテストを実行する場合には、アプリケーションドライバレイヤがこの API の詳細を把握し、正しい箇所を呼び出してくれる。GUI に対してテストを実行する場合には、このレイヤがウィンドウドライバを含むことになる。うまく構成されたウィンドウドライバでは、所定の GUI 要素は数回しか呼び出されることがない。これはつまり、変更があっても参照している箇所を数ヶ所修正すればよいということだ。

　長期にわたって受け入れテストを保守するためには、規律が必要になる。テストの実装を効率的に、また構成を適切に保つためには、状態の管理やタイムアウトの制御を注意深く扱わなければならないし、テストダブルを注意して使わなければならない。受け入れテストスイートも、新しい受け入れ基準が追加された場合にはリファクタリングして、一貫性を保つようにしなければならない。

## 8.2.2 GUIを叩いてテストする

　受け入れテストを書くときに重要となる懸念に、テストの実行時にアプリケーションの GUI を直接叩くかどうかというものがある。我々の受け入れテストはユーザーとシステムとのやりとりを模倣しようとしているので、理想的には、システムにユーザーインターフェイスがあれば、そこでやりとりするべきだ。ユーザーインターフェイスを通じてのテストを行わなければ、ユーザーがシステムと実際にやりとりするときに辿るコード内のパスと同じパスをテストしていないことになる。しかし、GUI を直接叩いてテストすることにはいくつか問題がある。GUI は頻繁に変更されるし、シナリオをセットアップしてテスト結果にアクセスする処理は複雑になる。また、GUI を作っているテクノロジーに

よってはテストできないこともあるのだ。

　アプリケーション開発のプロセスを通じて、ユーザーインターフェイスは頻繁に変更される場合が多い。受け入れテストがUIと結合してしまっていると、UIを少し変えただけでも受け入れテストスイートを壊してしまう。このことは、アプリケーション開発をしている間に留まらない。システムのユーザーテストをしている間に、ユーザビリティを改善したり、綴りを訂正したりしているうちに起きるかもしれないのだ。

　第二に、システムにアクセスする方法がUIしかないと、シナリオのセットアップが複雑になるかもしれない。テストケースをセットアップする際、システムをテストできる状態にするために相当やりとりをしなければならないかもしれないし、テストの最後には、UIを通じてテスト結果を取得することができないかもしれない。テスト結果を検証するのに必要な情報が、UIから取得できないかもしれないのだ。

　最後に、UIを作る際に使っているテクノロジーによっては、新技術の場合は特に、テストを自動化するのが極端に難しいかもしれない。UIで使うことにしたテクノロジーが自動テストフレームワークで動かせるか確認することが重要だ。

　GUIを叩いてテストするのではないやり方もある。アプリケーションがうまく設計されていれば、GUIレイヤには明確に定義された表示専用のコードだけが集められていて、独自のビジネスロジックは含まれていないだろう。その場合、UIを迂回してその下のレイヤにあるコードに対してテストを書くリスクは比較的低い。アプリケーションがテスタビリティを念頭に置いて書かれていれば、アプリケーションを動かすためのAPIが準備されていて、それをGUIから呼び出すこともテストハーネスから呼び出すこともできるだろう。ビジネスレイヤに対して直接テストを実行することは、アプリケーションがそれに耐えられるのであれば理にかなった戦略と言えるのであり、我々としてはお勧めする。やるべきことは、開発チームでしっかりとした規約を守って、プレゼンテーションレイヤをただのお絵かきにしておくことに集中し、ビジネスロジックやアプリケーションロジックの領域に迷い込まないようにしておくことだけだ。

　あなたが開発しているアプリケーションがそのように設計されていないのであれば、UIに対して直接テストを行わなければならない。本章ではこの後、こうした問題を管理するための戦略について議論する。主な戦略はウィンドウドライバパターンだ。

## 8.3 受け入れテストを作成する

　本節では、自動受け入れテストをどのように作るべきかについて議論する。まずは、アナリストやテスター、顧客が一緒になって受け入れ基準を識別するところから始め、自動化できるかたちで受け入れ基準を表現することについて議論しよう。

## 8.3.1 アナリストとテスターの役割

　開発プロセスは、各プロジェクトの要求にあわせて手直しをしなければならない。しかし、一概に言えば、どんな規模のプロジェクトであっても各チームに一人はビジネスアナリストがいるべきだ。ビジネスアナリストの役割は、まず第一に顧客やシステムのユーザーの代表になることにある。ビジネスアナリストは顧客と一緒になって作業をして、要件を識別したり、優先順位付けを行ったりする。さらに開発者と協力して、開発者がユーザーの視点でアプリケーションをうまく理解できるようにする。開発者を導いて、意図したビジネス価値をストーリーがデリバリーできるようにするのだ。さらに、ビジネスアナリストはテスターと協力しあって、受け入れ基準が適切に定義されていることを確認し、開発された機能がこうした受け入れ基準を満たしており、期待された価値をデリバリーしていることを確認する。

　テスターはどんなプロジェクトにも欠かせない。究極的にはテスターの役割は、開発中のソフトウェアが現在どのような品質であるか、あるいは本番にリリースする準備がどの程度できているかについて、顧客を含むデリバリーチームの全員が理解していることを確かめることにある。そのためには、顧客やアナリストと協力してストーリーや要件の受け入れ基準を定義し、また、開発者と協力して自動受け入れテストを書き、さらに探索的テストのような手動テストを実施したり、あるいは手作業での受け入れテストを実施したり、ショーケースを行ったりする。

　誰か一人、この役割に100%専念する人を割り当てる必要はない。ときには、開発者がアナリストとしての仕事をすることもあるし、アナリストがテスターとしての仕事をすることもある。あるいは、顧客がチームの隣に座り、アナリストとしての役割を果たすなら理想的だ。重要なのは、こうした役割を果たす人が常にチーム内にいることである。

## 8.3.2 イテレーティブなプロジェクトにおける分析

　我々は本書を書くにあたり、基本的には、読者がどのような開発プロセスを使っているかについて前提を設けないようにしてきている。我々の説明しているパターンは、どんなプロセスを使っているデリバリーチームに対しても恩恵をもたらすことができると信じているからだ。しかし我々は、高品質なソフトウェアを作る上では、イテレーティブな開発プロセスが欠かせないと考えている。そこで、これからイテレーティブな開発プロセスについていくらか詳細に語ることにも意味があると思うのだが、どうか許してほしい。こうすることで、アナリストやテスター、開発者という役割を正確に描写できるようになるのだ。

　デリバリーに向けてイテレーティブなアプローチをとる場合、アナリストは受け入れ基準を定義することにほとんどの時間を費やすことになる。こうした基準を使うことで、特定の要件が満たされたかどうかをチームで判断できるようになるのだ。最初のうちは、アナリストはテスターや顧客と密接に協力しあって受け入れ基準を定義する。アナリストとテスターがこの段階で協力しあうことは、ど

ちらにとっても役に立つことだし、開発プロセスもより効率的になる。アナリストにとってうれしいのは、ストーリーの完了を定義するためにはどのようなことを測定しなければならないかを、テスターの経験から伝えてもらえるからだ。テスターにとっても、取り組んでいる要件の本質を理解してから、その要件のテストに集中できるようになるというメリットがある。

　受け入れ基準がいったん定義されれば、要件が実装されることになる直前に、担当する開発者と一緒にアナリストとテスターが話し合う。可能であれば顧客も一緒がよい。アナリストは要件とその要件が置かれる業務的なコンテキストについて説明し、受け入れ基準を一通り見せる。その後で、テスターが開発者と一緒に作業して、受け入れ基準が満たされていることを証明するための自動受け入れテスト一式について合意する。

　この短いキックオフミーティングは、イテレーティブなデリバリープロセス同士を結びつける上で重要だ。つまりこうすることで、ある要件を実装するチームが、確実にその要件を理解し、またデリバリーにおいて自分たちの果たす役割を適切に理解できるようになるのである。こうしたアプローチをとることで、アナリストは、実装やテストが高くつく「象牙の塔」の要件を作ってしまうことを避けられる。またテスターも、システムを誤解したせいで本来は欠陥ではないものを欠陥ととらえてしまうことを避けられる。さらに開発者も、本来求められているものとはほとんど関係のないものを実装してしまうことを避けられるのだ。

　要件を実装している間によくわからない箇所や問題を見つけたり、要件によって提示される問題を解決したりするのにもっと効率的な方法があることがわかった場合、開発者はアナリストに相談する。こうした会話がイテレーティブなデリバリープロセスの核心である。デプロイメントパイプラインを使えば、いつでも必要なときに望みの環境上でアプリケーションを実行することができるのであり、そのおかげでこうした会話ははるかに容易になる。

　開発者が作業を完了したと思ったときのことを考えてほしい。完了したとはつまり、関係するユニットテストとコンポーネントテストがすべて通り、受け入れテストがすべて実装されてシステムが要件を満たしていることが示されたということだ。そうなったら、開発者はアナリストやテスター、さらに顧客の前でデモをする。このようにレビューをすることで、アナリストや顧客が要件に応じた動作する解決策を目にすることができるのであり、意図したとおりに要件が実現されていることを確認する機会も与えられる。このレビューの最中に細かい問題がいくつか挙げられることも多いが、そうした問題はすぐに対応される。ときにはこうしたレビューがきっかけとなって、代替案についての議論が行われたり、関連した変更が行われたりすることもある。このレビューは、システムが進化する方向性についての理解がチームで共有されているかどうかを確かめるいい機会なのだ。

　要件が満たされていることをアナリストと顧客が確認したら、そのフィーチャはテスターの手に引き渡されてテストが実施される。

## 8.3.3 実行可能な仕様としての受け入れ基準

イテレーティブなプロセスを採用するプロジェクトにおいて、受け入れテストがデリバリーの中心に置かれるようになるにつれて、こうしたプロセスを実践する人の多くが、自動テストが単なるテストではないと気づくようになってきた。むしろ、受け入れテストは開発中のソフトウェアのふるまいに対する実行可能な仕様となるのだ。これはきわめて重要な気づきであり、ふるまい駆動開発と呼ばれる自動テストアプローチはここから生み出された。ふるまい駆動開発における中核的な考え方のひとつが、受け入れ基準はアプリケーションのふるまいに対する顧客の期待というかたちで書かれるべきだというものだ。このように書かれた受け入れ基準を取り上げて、アプリケーションに対して直接実行し、アプリケーションがその仕様を満たしていることを検証できなければならない。

このアプローチには重要な利点がいくつかある。仕様というものはほとんどが、アプリケーションが進化するのにあわせて陳腐化していく。しかし、実行可能な仕様であれば、そんなことは起こり得ない。アプリケーションの挙動を正確に定義していなければ、その仕様を実行したときに例外がスローされることになるだろう。パイプラインの受け入れテストステージは、その仕様を満たしていないバージョンのアプリケーションに対して実行すれば、そのステージは失敗することになる。それはつまり、そのバージョンをデプロイしたりリリースしたりしてはならないということだ。

受け入れテストはビジネス視点である。それはすなわち、アプリケーションがユーザーに価値をもたらしていることを確認しなければならないということだ。アナリストは、複数のストーリー用に受け入れ基準を定義する。この基準はストーリーが完了したと認識されるために満たされなければならない。クリス・マッツとダン・ノースは、受け入れ基準を書くためのドメイン特化言語を考え出した。それは次のようなかたちである。

前提（Given） ＜最初のコンテキスト＞ という条件で、
もし（When） ＜あるイベント＞ が発生したとき、
ならば（Then） ＜何らかの結果＞ となる。

アプリケーションの観点から見ると、「前提」節はテストケースが始まるときのアプリケーションの状態を表現する。そして、「もし」節はユーザーとアプリケーションの間のやりとりを記述し、「ならば」節は、やりとりが完了した後のアプリケーションの状態を記述する。テストケースでやるべきことは次の三つだ。まず、アプリケーションを「前提」節で記述された状態にすること。次に、「もし」節で記述されたアクションを実行すること。最後に、アプリケーションの状態が「ならば」節で記述された状態にあることを検証すること。

たとえば、金融取引アプリケーションについて考えてみてほしい。受け入れ基準は次の形式で書くことができる。

```
フィーチャ：注文を受けつける

    シナリオ：ユーザーの注文を口座から正しく引き落とさなければならない
        前提  ボンドという名前の証券がある
        かつ  デイブというユーザーがいて、口座に50ドルある
        もし  デイブの名義でログインする
        かつ  ボンドという名前の証券を選択する
        かつ  4口買うことにして、それぞれ10ドルである
        かつ  その注文がうまくいった
        ならば  口座には10ドル残る。
```

　CucumberやJBehave、Concordion、Twist、FitNesseといったツールを使えば、こうした受け入れ基準をプレーンテキストとして書いて、実際のアプリケーションと同期化させておけるようになる。たとえば、Cucumberを使えば、前述の受け入れ基準を `features/placing_an_order.feature` といった名前のファイルに保存できる。このファイルが図8-2に書かれた受け入れ基準を表現する。その上で、Rubyファイルを作成し、このシナリオに必要とされるステップを記述すればよい。ファイル名は、`features/step_definitions/placing_an_order_steps.rb` のようになる。このファイルは、図8-2のテスト実装レイヤを表現している。

```ruby
require 'application_driver/admin_api'
require 'application_driver/trading_ui'

Before do
    @admin_api = AdminApi.new
    @trading_ui = TradingUi.new
end

Given /^(\w+)という名前の証券がある$/ do |instrument|
    @admin_api.create_instrument(instrument)
end

Given /^(\w+)という名前のユーザーがいて、口座に(\w+)ドルある$/ do
        |user, amount|
    @admin_api.create_user(user, amount)
end

When /^(\w+)の名義でログインする$/ do |user|
    @trading_ui.login(user)
end

When /^(\w+)という名前の証券を選択する$/ do |instrument|
    @trading_ui.select_instrument(instrument)
end

When /^(\d+)口買うことにして、それぞれ(\d+)ドルである$/ do
```

```
        |quantity, amount|
    @trading_ui.place_order(quantity, amount)
end

When /^(\d+)口の(\w+)証券がそれぞれ(\d+)ドルでうまく買える$/ do
        |quantity, instrument, amount|
    @trading_ui.confirm_order_success(instrument, quantity, amount)
end

Then /^口座には(\d+)ドル残る$/ do |balance|
    @trading_ui.confirm_account_balance(balance)
end
```

これを始めとしたテストをサポートするためには、application_driverディレクトリにAdminApiやTradingUiクラスを作る必要がある。これらのクラスが、図8-2のアプリケーションドライバレイヤを形成するのだ。アプリケーションがWebベースであれば、このレイヤはSeleniumやSahi、あるいはWebDriverを呼び出すことになるだろう。あるいはリッチクライアントの.NETアプリケーションであればWhiteを、アプリケーションにREST APIがあればHTTP POSTやGETを使うことになる。Cucumberをコマンドライン上で実行すると、次のような出力が得られる。

```
    フィーチャ: 注文を受けつける

        シナリオ: ユーザーの注文を口座から正しく引き落とさなければならない
                # features/placing_an_order.feature:3
        前提 ボンドという名前の証券がある
                # features/step_definitions/placing_an_order_steps.rb:9
        かつ デイブというユーザーがいて、口座に50ドルある
                # features/step_definitions/placing_an_order_steps.rb:13
        もし デイブの名義でログインする
                # features/step_definitions/placing_an_order_steps.rb:17
        かつ ボンドという名前の証券を選択する
                # features/step_definitions/placing_an_order_steps.rb:21
        かつ 4口買うことにして、それぞれ10ドルである
                # features/step_definitions/placing_an_order_steps.rb:25
        かつ 4口のボンド証券がそれぞれ10ドルでうまく買える
                # features/step_definitions/placing_an_order_steps.rb:29
        ならば 口座には10ドル残る
                # features/step_definitions/placing_an_order_steps.rb:33

1 scenario (1 passed)
7 steps (7 passed)
0m0.016s
```

このアプローチによって実行可能な仕様を作成することが、ふるまい駆動設計の本質である。このプロセスをまとめるとこうなる。

- ストーリーの受け入れ基準について顧客と議論する。
- 前述したような実行可能な形式で受け入れ基準を書き出す。
- ドメインの言語だけを使って、アプリケーションドライバレイヤにアクセスするテストの実装を書く。
- テスト対象のシステムと通信するアプリケーションドライバレイヤを作成する。

　伝統的には、受け入れ基準をWord文書やトラッキングツールに保存したり、受け入れテストを作るのに記録再生型のツールを使ったりしていたが、このアプローチをとることで、それよりもはるかに先へ進むことができる。実行可能な仕様はテストを記録するシステムを形成する。つまり、本当の意味で実行可能な仕様なのだ。テスターやアナリストがWord文書を書いて、壁の向こうにいる開発者に投げつける必要はもはやない。アナリストや顧客、テスター、開発者は一緒になって、開発を進める際に実行可能な仕様について協力しあえるのだ。

　読者が従事しているプロジェクトで監査上の制約が特に厳しいのであれば、この実行可能な仕様は、シンプルな自動プロセスを用いることで、簡単に監査に適したドキュメントに変換できる。我々がかかわったチームの中には、こうしたことが非常にうまく行われ、監査者が結果に満足したものがいくつかある。

## 8.4 アプリケーションドライバレイヤ

　アプリケーションドライバレイヤはアプリケーション、つまりテスト対象のシステムとどのようにやりとりするかを理解しているレイヤである。アプリケーションドライバレイヤ用のAPIはドメインの言語で表現されているので、実は、独自のドメイン特化言語であると考えることができる。

### ドメイン特化言語とは何か？

　ドメイン特化言語（DSL）とは、コンピュータプログラミング言語であり、特定の問題領域に特化した問題を解決することを目的としている。DSLは特定の問題領域に対してのみ作用するよう設計されているため、解決できないさまざまな問題も数多くある。その点が汎用プログラミング言語との違いである。

　DSLは2種類に分類される。それが、内部DSLと外部DSLだ。外部DSLでは、命令を実行する前に言語解析処理を明示的に行う必要がある。前節のCucumberの例で最上位の層を形成する受け入れ基準スクリプトが外部DSLである。他にも、AntやMavenで使われるXMLビルドスクリプトもこの一例だ。また、外部DSLはチューリング完全である必要はない。

　内部DSLはコードで直接表現されるDSLだ。後述するJavaの例が内部DSLである。Rakeも内部DSLの一例だ。概して内部DSLのほうが、ベースになっている言語の力を自由に使える分、強力だ。しかし、ベースになっている言語の構文によっては、DSLが読みにくくなる場合もある。

> 実行可能な仕様という領域においては、実に興味深い仕事がいくつか進められている。この実行可能な仕様は、コンピュータ処理における最近の流行テーマふたつを横断しているのだ。それがすなわち、意図的プログラミングとドメイン特化言語だ。テストスイートや実行可能な仕様のことを、アプリケーションで意図されたことを定義するものとして見ることができるようになる。そして、その意図を宣言する方法をドメイン特化言語と考えられる。この場合のドメインとはアプリケーションの仕様だ。

アプリケーションドライバレイヤがうまく定義されていると、受け入れ基準レイヤを完全に不要とし、受け入れ基準をテストの実装で表現できるようになる。次に示すのは、前にCucumberで書いたのと同じ受け入れテストをシンプルなJUnitテストで表現したものだ。この例は著者のデイブが現在かかわっているプロジェクトからこっそり持ってきている。

```java
public class PlacingAnOrderAcceptanceTest extends DSLTestCase {
    @Test
    public void userOrderShouldDebitAccountCorrectly() {
        adminAPI.createInstrument("name:  bond");   // 証券を生成（名称：ボンド）
        adminAPI.createUser("Dave", "balance:  50.00"); // ユーザーを生成（デイブ、残高：50.00）
        tradingUI.login("Dave");

        tradingUI.selectInstrument("bond");
        tradingUI.placeOrder("price:  10.00", "quantity:  4");
        tradingUI.confirmOrderSuccess("instrument:  bond", "price:  10.00", "quantity:  4");

        tradingUI.confirmBalance("balance:  10.00");
    }
}
```

このテストでは新規にユーザーを生成し、その登録に成功させ、取引に十分な資金を持っていることを確認している。さらに、取引をするための証券も生成している。こうした活動はやりとり自体が複雑である。しかし、DSLによってある程度抽象化することで、テストの初期化を2行でシンプルに済ませることができている。このように書かれたテストは、抽象化することによってテストの詳細を隠しているところが主な特徴だ。

これらのテストの主な特徴のひとつが、ポイントとなる値を表現するために別名を使っていることだ。前述した例では、ボンドという名前の証券とデイブという名前のユーザーを生成している。そして、アプリケーションドライバが、この背後で実際の証券とユーザーを生成している。どちらに対しても、アプリケーションの生成する一意識別子が付与される。アプリケーションドライバはこれらの値に対して内部で別名をつけ、我々がデイブやボンドという名前で参照できるようにしている。実際のユーザーがtestUser11778264441といった名前で呼ばれていても、意識しなくてよいのだ。この値はランダムで、テストが実行されるたびに変わることになる。新しいユーザーが毎回作られるからだ。

このメリットはふたつある。第一に、こうすることで、受け入れテスト同士が完全に独立するよう

になる。それにより、各テストが別のテストのデータを壊してしまうのではないかと心配せずに受け入れテストを平行して実行できるようになる。第二に、抽象的でシンプルなコマンドをいくつか指定するだけでテストデータを生成できるようになる。いくつものテストのために複雑な元データを準備する必要がなくなるのだ。

前述したスタイルの DSL では、各処理（placeOrder や confirmOrderSuccess など）が、文字列のパラメタをいくつか使って定義されている。パラメタの中には必須なものものあるが、はとんどはシンプルなデフォルト値が与えられ、必要な場合に設定すればよくなっている。たとえば、ログイン処理ではユーザーの別名に加えて、特定のパスワードやプロダクトコードを含めることができるようになっている。テストでそうした詳細にこだわらないのであれば、DSL がデフォルト値を設定してくれる。

どのようなレベルでデフォルト値を設定しているのかがわかるように、createUser に設定できるパラメタの一覧を挙げよう。

- name（必須）
- password（デフォルトは password）
- productType（デフォルトは DEMO）
- balance（残高：デフォルトは 15000.00）
- currency（通貨：デフォルトは USD）
- fxRate（デフォルトは 1）
- firstName（デフォルトは Firstname）
- lastName（デフォルトは Surname）
- emailAddress（デフォルトは test@somemail.com）
- homeTelephone（デフォルトは 02012345678）
- securityQuestion1（秘密の質問 1：デフォルトは「好きな色」）
- securityAnswer1（秘密の答え 1：デフォルトは青）

アプリケーションドライバレイヤをうまく設計すると、テストの可読性が向上する。この例の元になっているシステムでは、非同期処理がかなり行われている。つまり、結果が帰ってくるのを待ってから次のステップに進めなければならないということだ。そのため、テストがタイミングのわずかな違いの影響を受けるようになり、不安定になったりもろくなったりしかねない。DSL を使用することで再利用がかなりできるようになるので、複雑なやりとりや操作は一度書けば何度も使えるようになる。受け入れテストスイートの一部として実行されるテストが不安定になってしまうという問題が出た場合にも、1ヶ所修正するだけでよい。そうすれば、これらのフィーチャを将来使うことになるテストも同じように信頼できるようになる。

アプリケーションドライバレイヤの構築は、きわめてシンプルなところから始める。まずは 2、3 ケースを決めて、シンプルなテストを構築するのだ。その後で要件に取り組み、特定のテストで必要と

なるフィーチャが足りないとわかったときに、その都度レイヤに追加していけばよい。アプリケーションドライバレイヤの API を DSL で表現しておけば、比較的短期間で柔軟に拡張できるようになる。

### 8.4.1 受け入れ基準の表現方法

　前述の JUnit で書いた受け入れテストの例を、前節の Cucumber の例と比較してみると、学べることが多い。これらのアプローチはどちらもうまくいくし、それぞれにメリット・デメリットがある。どちらのアプローチも、受け入れテストに対する伝統的なアプローチと比較すると大幅に改善されている。ジェズは現在のプロジェクトで Cucumber 型のアプローチをとっている（ただし、Cucumber ではなく Twist を使っている）し、デイブは（前述したとおり）JUnit を直接使っている。

　外部 DSL を使うアプローチのメリットは、受け入れ基準を使い回すことができる点にある。受け入れ基準を追跡ツールに登録し、xUnit テストスイートで再度記述しなくても、受け入れ基準（あるいはストーリー）が、そのまま実行可能な仕様になるのだ。いまどきのツールを使えば、実行可能な受け入れ基準を書き、受け入れテストの実装と同期させておく手間は減るが、それでもまだオーバーヘッドがある[4]。

　アナリストや顧客が十分技術を知っていて、内部 DSL を使って書かれた xUnit テストを見てくれるのであれば、xUnit を直接使うアプローチは実にうまくいく。そのほうが複雑なツールを使わなくよいし、標準的な開発環境に備わっている自動補完機能を使うこともできるからだ。DSL に対しては、間接レイヤを経由せずにテストから直接アクセスしてもよい。前述したように、自由に別名をつけられるからだ。しかし、AgileDox のようなツールを使えば、クラス名とメソッド名をフィーチャ（前述の例で言うと、"Placing an order"）やシナリオ（"User order should debit account correctly"）を列挙したドキュメントに変換することができるとはいえ、実際のテストを変換して、1 ステップずつを記したテキストにするのは難しい。しかも、この変換は一方通行だ。変更があった場合には、受け入れ基準ではなく、テストのほうを直さなければならない。

### 8.4.2 ウィンドウドライバパターン：テストとGUIを疎結合にする

　本章での例は、受け入れテストの3レイヤへの分割をわかりやすく説明することを意図して書いている。三つのレイヤとはすなわち、実行可能な受け入れ基準、テスト実装、アプリケーションドライバレイヤである。このうち、アプリケーションとどうインタラクションするかを理解しているのはアプリケーションドライバレイヤだけだ。他のふたつのレイヤでは、ビジネスのドメイン言語だけが使われるのだ。構築しているアプリケーションに GUI があり、受け入れテストを GUI に対して実行すべきだと決めたのであれば、そのやりとりをどうすべきかはアプリケーションドライバレイヤが理解

---

4 Twist はジェズの勤める会社で作られた商用ツールであり、Eclipse の自動補完機能とパラメタルックアップ機能を受け入れ基準スクリプトで直接利用できる。さらに、スクリプトやその下層にあるテスト実行レイヤをリファクタリングして両者を同期化させておける。

することになる。アプリケーションドライバレイヤの中で、GUI とやりとりする箇所はウィンドウドライバと呼ばれる。

ウィンドウドライバパターンは、GUI に対して実行するテストがもろくならないようにするために設計されている。そのために抽象レイヤを導入し、受け入れテストとテスト対象システムの結合度を減らしているのだ。こうすることでシステムの GUI を変更してもテストに影響が及びにくくなる。本質的には、テストに対してユーザーインターフェイスのふりをする抽象レイヤを書いているのだ。あらゆるテストは、このレイヤを介してのみ実際のユーザーインターフェイスとやりとりする。このように、もし GUI に変更が入っても、それに対応してウィンドウドライバを変更し、ウィンドウドライバのインターフェイスを変えずにおけば、テストは変更せずにいられる。

オープンソーステスティングツールである FitNesse も似たようなアプローチをとっている。テスト対象が何であれ、Fit のフィクスチャを「ドライバ」として作れるようにしてくれているのだ。これは、このコンテキストで真価を発揮するすばらしいツールだ。

ウィンドウドライバパターンを実装した場合、GUI の各部品に対して対応するデバイスドライバを書かなければならない。受け入れテストコードは、適切なウィンドウドライバを通じてしか GUI とやりとりしないのだ。このウィンドウドライバが提供する抽象レイヤが、アプリケーションドライバレイヤの一部を形成しており、それによってユーザーインターフェイスの詳細が変更されてもテストコードを変えずにすむようになっている。UI を変更した場合、ウィンドウドライバのコードを変更すれば、それに依存するテストがすべて修正されることになる。このウィンドウドライバパターンを図 8-3 に示す。

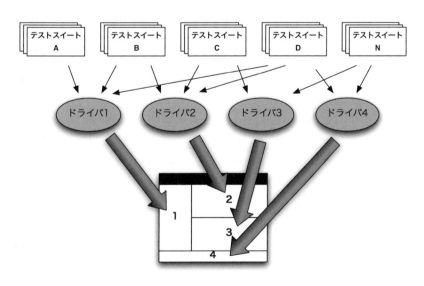

図 8-3　受け入れテストでウィンドウドライバパターンを使用する

アプリケーションドライバとウィンドウドライバの違いはこう考えればよい。すなわち、GUIとどのようにやりとりすべきかを理解しているのがウィンドウドライバだということだ。アプリケーションに新しいGUIを導入した場合（たとえば、Webインターフェイスに加えてリッチクライアントを導入した場合など）、新しいウィンドウドライバを作成して、アプリケーションドライバにプラグインすればいい。

> **ウィンドウドライバパターンを使って保守しやすいテストを作る**
>
> 　非常に規模の大きなプロジェクトで、我々はあるオープンソースGUIテストスクリプトツールを使うことにした。最初のリリースに向けて開発をしているときには、テストスクリプトの開発がプロダクション開発のペースにほぼ追いついていた。ソフトウェアのバージョンから遅れること1、2週間で自動受け入れテストスイートを実行していたのだ。
>
> 　だが、2回目のリリースでは、受け入れテストスイートのほうがどんどん追いつけなくなり始めた。2回目のリリースが終わるころには、受け入れテストスイートははるかに遅れていて、最初のリリースで使ったテストが一切動かなくなっていた。動くテストがひとつもなかったのである。
>
> 　3回目のリリースではウィンドウドライバパターンを実装し、テスト生成や保守といったプロセスの中身をいくつか変更した。最も顕著だった変更は、開発者がテスト保守に責任を持つようにしたことである。3回目のリリースが終わるころには、デプロイメントパイプラインが動いていて、各コミットがうまくいくと直ちに自動テストが実行されるようになっていたのだ。

本章で説明したレイヤリングを一切行わずに受け入れテストを書いた例がこれだ。

```
@Test
public void shouldDeductPaymentFromAccountBalance() {
    selectURL("http://my.test.bank.url");
    enterText("userNameFieldId", "testUserName");
    enterText("passwordFieldId", "testPassword");
    click("loginButtonId");
    waitForResponse("loginSuccessIndicator");

    String initialBalanceStr = readText("BalanceFieldId");

    enterText("PayeeNameFieldId", "testPayee");
    enterText("AmountFieldId", "10.05");
    click("payButtonId");

    BigDecimal initialBalance = new BigDecimal(initialBalanceStr);
    BigDecimal expectedBalance = initialBalance.subtract(new BigDecimal("10.05"));
    Assert.assertEquals(expectedBalance.toString(), readText("BalanceFieldId"));
}
```

この例をリファクタリングして、テスト実装とウィンドウドライバというふたつのレイヤに分けてみよう。この例では AccountPanelDriver がウィンドウドライバだ。テストを分解する出発点としては、これがちょうどよい。

```java
@Test
public void shouldDeductPaymentFromAccountBalance() {
    AccountPanelDriver accountPanel = new AccountPanelDriver(testContext);

    accountPanel.login("testUserName", "testPassword");
    accountPanel.assertLoginSucceeded();

    BigDecimal initialBalance = accountPanel.getBalance();
    accountPanel.specifyPayee("testPayee");
    accountPanel.specifyPaymentAmount("10.05");
    accountPanel.submitPayment();

    BigDecimal expectedBalance = initialBalance.subtract(new BigDecimal("10.05"));

    Assert.assertEquals(expectedBalance.toString(), accountPanel.getBalance());
}
```

テストのセマンティクスと UI とやりとりする詳細は、こちらのほうが明確に区別されているということが見てとれる。このテストを支えるコード、すなわちウィンドウドライバのコードも考慮に入れると、テスト全体としてのコードの量はこちらのほうが多くなる。しかし、このコードは抽象度が高いのだ。ウィンドウドライバはこのページとやりとりする別々のテストにまたがって使うことができるし、作業を進めながら機能を追加することもできる。

この例の場合、Web ベースのユーザーインターフェイスの代わりに、タッチスクリーンに対するジェスチャーベースのユーザーインターフェイスを使うことに決まったとしても、このテストの本質は変わらない。退屈な Web ページの代わりにジェスチャーベースの UI とやりとりするようなウィンドウドライバを作り、アプリケーションドライバレイヤにある元々のドライバと置き換えれば、テストは動き続けるのだ。

## 8.5 受け入れテストを実装する

受け入れテストの実装はレイヤリングをして終わりではない。受け入れテストでは、アプリケーションを特定の状態にし、いくつかのアクションを実行し、結果を検証する。受け入れテストが不安定になってしまうことを防ぐには、非同期処理とタイムアウトを制御できるように書かなければならない。テストデータは注意深く管理しなければならないし、外部システムとの統合をシミュレーションできるようにするためにテストダブルが必要になることも多い。こうした話題が本節の主題だ。

## 8.5.1 受け入れテストにおける状態

　前章では、ユニットテストに状態を持たせることの問題点について議論し、テストにおいて状態に依存してしまうのは最低限に抑えるようアドバイスした。受け入れテストの場合、これはさらに複雑な問題となる。受け入れテストはシステムとユーザーとのやりとりが実際に行われているところをシミュレートし、ビジネス要件を満たしていることを証明する。ユーザーがシステムとやりとりするときには、システムが管理する情報を設定したり、それに基づいて処理を行ったりする。こうした状態を保持しなければ、受け入れテストは無意味になってしまう。しかし、正しく動くとわかっている出発点、すなわち実際のテストの前提条件を確立し、その状態に依存するテストを構築するのは難しいかもしれない。

　「テストに状態を持たせる」という話をする場合、物事をいくつか省略している。「状態を持った（ステートフル）」という用語を使う場合、それによって暗に示そうとしているのは、アプリケーションの何らかのふるまいをテストするためには、そのアプリケーションが特定の開始状態（ふるまい駆動開発の「前提」節）にいなければならないということだ。おそらく、アプリケーションには特定の権限を持ったアカウントや、処理を行うための特定の株式商品一式も必要だろう。必要な開始状態がどのようなものであっても、アプリケーションがテスト対象のふるまいを動かせるように準備することは、テストを書く上で最も難しい。

　どのようなテストであっても、そこから実際に状態を取り除くことは難しいし、まして受け入れテストの場合には特にそうだ。それでも、複雑な状態にテストが依存してしまうことを最小限に抑えるよう注力するのは重要である。

　何よりもまず、プロダクションデータのダンプを取得して、受け入れテスト用にテストデータベースに投入したいという誘惑に負けないこと（ただし、キャパシティテストをやるには役に立つこともある）。そうではなく、統制の取れた最小限のデータセットを保守しよう。テストをする上で重要な側面は、正しく動くとわかっている開始地点を確立することだ。テスト環境で本番システムの状態を追跡しようと思うと（こうしたアプローチをとっている組織は業種にかかわらず数多い）、テストよりもデータセットを動かすほうに時間を取られてしまう。結局、テストで集中すべきはシステムのふるまいであって、データではないのだ。

　量を最小限に抑えて整合性を保ったデータセットを保守することで、システムのふるまいを探索できるようになる。当然、この最小限の開始状態はスクリプトのまとまりとして表現されてバージョン管理システムに格納され、受け入れテストの実行前にデータベースに投入される。理想的には、第12章「データを管理する」で説明するように、テストではアプリケーションの公開APIを使って、テストを開始する上で適正な状態にするべきだ。こうしたほうが、データを直接アプリケーションのデータベースに投入するよりも堅牢になる。

　理想的には、テストはアトミックであるべきなのだ。テストをアトミックにするということは、テストをどのような順序で実行してもよいということだ。こうすることで、追跡が難しいバグを生み出

してしまう主要な原因を排除できる。また、テストがアトミックであるということは、テストを並列実行できるということである。これはどんな規模のアプリケーションであっても作った後でフィードバックを素早く受け取るためには欠かせない。

　アトミックなテストは、実行に必要なものをすべて生成して、それを内部に隠蔽し、成功したか失敗したかという記録以外に痕跡を残さない。これを受け入れテストでやるのは難しいかもしれないが、不可能ではない。トランザクションのあるシステムでコンポーネントテストを実施する際に我々がよく使うのは、テストの開始時にトランザクションを確立し、テストの最後でロールバックするというテクニックだ。こうすれば、データベースがテストの開始前と同じ状態になる。だが残念ながら、我々のもうひとつのアドバイス、すなわち受け入れテストをエンドツーエンドテストとして扱えというアドバイスを鑑みると、たいていの場合、このロールバックするというアプローチは使えなくなる。

　受け入れテストに対する最も効率的なアプローチはアプリケーションの機能を使ってテストのスコープを区切ることだ。たとえば、個別のアカウントを持った複数のユーザーがソフトウェアでサポートされているのであれば、テストの開始時にアプリケーションの機能を使って新しいアカウントを作ろう。これは前節の例で示したやり方だ。また、アプリケーションドライバレイヤにシンプルなテスト基盤を作り、新しいアカウントをごくシンプルに生成できるようにしよう。こうすれば、テストを実行するときに、そのテストで使うアカウントに紐づいた行為やその結果現れる状態は、その他のアカウントで行われる行為に依存しなくなる。このアプローチをとることで、各テストが隔離されることが保証されるだけでなく、受け入れテストを並列実行すれば、テストが分離されていることをテストすることもできる。この効果的なアプローチが問題となるのは、アプリケーションがきわめて特殊で、ケースを分離する意味がない場合だけだ。

　だがときには、テストケース間で状態を共有するしかない場合もある。そのような状況では、テストを非常に注意深く設計しなければならない。このようなテストは、もろくなってしまう傾向がある。開始地点がわからない環境で処理が行われるからだ。単純に考えて、データベースにレコードを4件書き込み、そのうち三つめを次のステップで取り出すような場合、テストを開始する前に誰もレコードを追加しないようにしなければならない。そうでなければ、間違ったレコードを取り出してしまうことになる。また、テストを繰り返し実行する場合には、その間に実行されるプロセスを破棄するよう注意しなければならない。こうしたテストは保守をして動かし続けるのが大変だ。残念ながら、こうした状況が避けがたいこともある。しかし、できる限り避けるように努力する価値はある。テストをどのように設計するかを注意深く考え、テストが終わった後に状態を残してしまうことがないようにしよう。

　いろいろ試しても、開始状態を保証することもきれいにすることもできないテストを作成せざるを得なくなった場合には、そのようなテストはなるべく防御的に作ることに集中するようお勧めする。テストの開始時の状態が期待通りであることを確かめ、何かが不適切であるようなら即座にテストを失敗させるのだ。前提条件のアサーションを使ってテストを保護し、システムが、そのテストを実行するのにふさわしい状態になっていることを保証しよう。こうしたテストは相対的な観点から動作す

るようにしよう。相対的というのは、たとえば、コレクションにオブジェクトを三つ追加し、コレクション内にオブジェクトが三つしかないことを確認するテストを書くのはやめようということだ。そうではなく、最初の個数を取得しておいて、それに三つ追加されていることを確認するのだ。

## 8.5.2 プロセス境界・カプセル化・テスト

　最も素直なテストについて考えてほしい。そういうテストはあらゆる受け入れテストのモデルとなるべきであり、特権的なアクセスを一切必要とせずにシステムの要件を証明しなければならない。自動テストを新しくはじめた人は、コードをテストしやすくするためには設計アプローチを変える必要があることに気づくものだし、この気づきは正しい。ただその際に、結果を確認できるようにするために、秘密のバックドアをコードに設定する必要があると考えてしまうことが多いのだが、これは間違っている。本書のあちこちで説明してきたように、自動テストによってあなたはプレッシャーを与えられ、コードをよりモジュール化し、よりよくカプセル化しなければならなくなる。しかし、コードをテストしやすくするためにカプセル化を破壊しているのだとすると、同じ目的を達成するためにもっといい方法があることに気づいていないということなのだ。

　たいていの場合、ちょっとしたコードを書いて、アプリケーションのふるまいを検証できるようにしたいという欲望には抗わなければならない。このような特権的なアクセスを避けるよう努力し、あきらめる前によく考えよう。自分に厳しくするのだ。どうしても他によい方法がないと確信が持てるまでは、安易な手段で妥協しないようにしよう。

　しかしときには、いい考えが浮かばず、何らかのバックドアを作らざるを得なくなるかもしれない。バックドアとしては、システムの一部のふるまいを変更できるようにしたり、主要な結果を返したり、システムの一部を特殊なテストモードに切り替えたりするといったことが考えられるかもしれない。他に選択肢が本当になければ、このアプローチもうまくいく。しかし我々としては、こうしたことを行うのはシステム外部のコンポーネントだけに限るようアドバイスしたい。つまり、外部コンポーネントとやりとりするコードを、制御可能なスタブなどのテストダブルと置き換える場合だけにするのだ。リモートシステムにテスト専用のインターフェイスを作り、それを本番にデプロイしてしまうのは止めておくようお勧めする。

### スタブを使って外部システムをシミュレートする

　この問題に対する最もわかりやすい例のうち、これまでに我々が出会ったことがあるものとしては、テストの最中にプロセス境界に突き当たったときのことが挙げられる。受け入れテストの中に、他システムへのゲートウェイとなるサービスとの通信を含ませたいとする。この他システムはテストのスコープ外だ。しかし、我々のシステムがその境界までは正しく動いていることを確認したい。同様に、その通信で発生するどのような問題に対しても自分たちのシステムが適切に対応することを保証したい。

　外部システムを表現するスタブはすでにあるし、我々のサービスはそのスタブとやりとりしている。最

> 終的に、「次に呼び出されたときに何をしたらいいか」メソッドを実装し、それを使ってスタブを待機モードに変更し、次に呼び出されたときには定義したとおりに対応するようにする。

　特殊なインターフェイスの代わりに、特別な決め打ちデータに対応するテスト用コンポーネントを作ることもできる。しかし、この戦略もうまくはいくが、本番システムの一部としてデプロイしないようにしておかなければならない。テストダブルとしては、これは役に立つ戦略だ。

　これらの戦略によって作られるテストはどちらも手がかかるものとなり、こまめな整備が必要となる。現実的な解決策としては、可能な限りこの種の妥協を避け、システムの実際のふるまいに頼りつつ、あらゆるテストがうまくいくことを検証したほうがよい。ここで紹介したような戦略は、他にどうしようもないときに限ろう。

## 8.5.3　非同期とタイムアウトを管理する

　非同期のシステムをテストすることには、それに伴う独自の問題が一通りそろっている。ユニットテストを実施するときには、テストのスコープで何らかの非同期処理を行ったり、テストの境界を越えてしまったりすることを避けるべきだ。後者の場合、テストが不安定になり、見つけるのが難しいテストの失敗につながる。受け入れテストの場合、アプリケーションの性質によっては非同期処理が避けられないこともある。この問題は、非同期であることが明らかなシステムで起きるだけでなく、スレッドやトランザクションを用いるシステムであればどんなシステムでも発生し得る。このようなシステムでは、呼び出しを行った際に、他のスレッドやトランザクションが終了するのを待たなければならないかもしれない。

　ここでの問題は、次のように要約できる。すなわち、テストが失敗したのか、あるいは結果が戻ってくるのを待っているだけなのかわからないのだ。この問題に対応する上で最も効率的な戦略は、テストをこの問題と隔離するフィクスチャを構築することだ。テストに関して言えば、テストを組み込んだ一連のイベントが同期されるようにするのがコツだ。これは、非同期処理を同期呼び出しの背後に隠蔽することで実現できる。

　ファイルを収集して格納するシステムを構築していると想像してほしい。このシステムでは、ファイルシステム上のある場所に受信箱を準備しておいて、そこに対して一定の期間ごとにポーリングを行うことになる。ファイルがあったら、安全な場所に格納し、誰かにメールを送って新しくファイルが届いたことを通知する。

　コミット時に実行するユニットテストを書いているときには、システムのコンポーネントを別々にテストすることができる。テストダブルを使って小さなまとまりに区切り、その中で隣接オブジェクトと適切にやりとりしていることをアサートすればよいのだ。このようなテストでは、ファイルシステムに実際に触ることがない。テストダブルを使ってファイルシステムをシミュレートするのだ。テ

ストの最中に時間という概念に行き当たった場合には（今回はポーリングのせいで必要になる）、時計のニセ物を作るか、「今この瞬間に」ポーリングするよう強制することになる。

だが、受け入れテストの場合には、より多くの知識が必要だ。デプロイメントがうまくいったことを知る必要があるし、ポーリングの仕組みを設定できたことも知る必要がある。さらに、メールサーバーが正しく設定されていることや、コードがすべてシームレスにうまくつながることも知る必要がある。

ここでのテストには問題がふたつある。それがすなわち、システムで新しいファイルがきているかどうかをチェックする際のポーリング間隔と、Eメールが届くまでにかかる時間だ。

理想的なテストの概要を（C#の構文で）示すと、このようになる。

```
[Test]
public void ShouldSendEmailOnFileReceipt() {
    ClearAllFilesFromInbox();
    DropFileToInbox();
    ConfirmEmailWasReceived();
}
```

しかし、このテストのコードを素朴に書いてしまい、テスト中で該当する行にきたときにEメールを受け取ったかどうかをチェックするだけにしてしまうと、テストのほうがアプリケーションの処理を追い越してしまうのは間違いないだろう。つまり、受信したかどうかをチェックするまでにEメールが届くことはなさそうだ。するとテストは失敗してしまう。しかし、失敗したといっても、Eメールが届く前にアサートしているだけなのだ。

```
// このバージョンではうまくいかない
private void ConfirmEmailWasReceived() {
    if (!EmailFound()) {
        Fail("No email was found");
    }
}
```

正しくは、テストのほうでいったん処理を止め、アプリケーションが追いつく時間を作ってから、失敗したかどうかを判定しなければならない。

```
private void ConfirmEmailWasReceived() {
    Wait(DELAY_PERIOD);

    if (!EmailFound()) {
        Fail("No email was found in a sensible time");
    }
}
```

`DELAY_PERIOD`を十分に長くとれば、このテストも、妥当なテストとして動くようになる。

このアプローチの欠点は、こうした`DELAY_PERIOD`が簡単に積み上がってしまうことだ。以前我々は、受け入れテストにかかる時間を2時間から40分に削減したことがある。そのときには、この戦略をもう少し工夫したものと切り替えたのだ。

このときの新しい戦略は、基本的に、ふたつの考え方に基づいていた。ひとつには結果のポーリングを行い、もうひとつにはテストをしてよいかを判断するために、媒介となるイベントを監視したのだ。タイムアウトが起きるまでに許容される時間を単純にずっと待つのではなく、ある程度リトライを実装したのである。

```
private void ConfirmEmailWasReceived() {
    TimeStamp testStart = TimeStamp.NOW;
    do {
        if (EmailFound()) {
            return;
        }
        Wait(SMALL_PAUSE);
    } while (TimeStamp.NOW < testStart + DELAY_PERIOD);
    Fail("時間内にメールを受け取れなかった");
}
```

この例では、待ち時間を多少設けている。そうしなければ、Eメールのチェックをするために貴重なCPUサイクルを無駄にしてしまい、受信したEメールの処理に使えるものも使えなくなってしまうからだ。しかし、この`SMALL_PAUSE`を使うだけでも、このテストはひとつ前のバージョンと比べてはるかに効率的だ。

最後にもう一歩機能を改善できるが、こちらのほうはもう少しご都合主義的で、アプリケーションの性質に強く依存する。非同期処理が数多く行われているシステムでは、他にも役に立つことが行われている。この例で言えば、受信したEメールの処理を行うサービスがあると想像してほしい。このサービスは、Eメールが届くと、それに対応してイベントを生成する。そこで、Eメールの受信をポーリングするより、そのイベントを待ったほうがテストは高速になる（ただし、より複雑になるかもしれない）。

```
private boolean emailWasReceived = false;

public void EmailEventHandler(...) {
    emailWasReceived = true;
}

private boolean EmailFound() {
    return emailWasReceived;
}

private void ConfirmEmailWasReceived() {
    TimeStamp testStart = TimeStamp.NOW;
```

```
        do {
            if (EmailFound()) {
                return;
            }
            Wait(SMALL_PAUSE);
        } while(TimeStamp.NOW < testStart + DELAY_PERIOD);
        Fail("時間内にメールを受け取れなかった");
    }
```

ConfirmEmailWasRecived のクライアントに関して言えば、この確認のステップは、ここで紹介したすべてのバージョンでも同期的であるように見える。こうすることで、このサービスを使う抽象度の高いテストが、はるかにシンプルに書けるようになる。このチェックの後に続くアクションがある場合には特にそうだ。この種のコードはアプリケーションドライバレイヤに置いておいて、別々のテストケースから再利用できるようにするべきだ。こうすると比較的複雑になるが、その努力をする価値はある。こうすることでアプリケーションドライバレイヤが効率的かつ完全に信頼できるようになり、それに依存するテストもすべて信頼できるようになるからだ。

## 8.5.4 テストダブルを利用する

　受け入れテストがうまくいくかどうかは、疑似本番環境で自動受け入れテストを実行できるかどうかにかかっている。しかし、こうしたテスト環境において、自動テストをうまくサポートできるかどうかはテストの成否を左右する。自動受け入れテストはユーザー受け入れテストとは違うのである。その違いのひとつは、自動受け入れテストは外部システムとすべて統合された環境で実行してはならないということだ。そうではなく、自動受け入れテストではテスト対象のシステムが実行できる制御可能な環境を提供することに集中しなければならない。ここでいう「制御可能」とは、テスト用の初期状態を正しく作れるということだ。実際の外部システムと統合してしまうと、制御することはできなくなってしまう。

　受け入れテストを実施している間は、外部の依存対象による影響を最小限に抑えるようにしなければならない。しかし、我々の目標は問題をできる限り早期に発見することであり、これを実現するために、システムを継続的に統合することを目論んでいる。ここには明らかに矛盾がある。外部システムと適切に統合するのは難しく、問題が起きる原因となることも多い。これはつまり、こうした統合点を注意深く、また効率的にテストすることが重要だということだ。問題は、受け入れテストのスコープに外部システム自体を含めてしまうと、システムやその初期状態を制御しにくくなってしまう点にある。さらに、受け入れテストの強度によっては、こうした外部システムに対して予期せぬ重大な負荷をかけてしまうかもしれない。プロジェクトが始まったばかりだと、そのシステムを担当する人がまだ負荷を想定できていないかもしれないのだ。

　このようなバランスをとろうとすると、たいていの場合、チームでとっている戦略の一部としてあ

る種の妥協が生まれることになる。開発プロセスのあらゆる側面と同じように、普遍的に「正しい」答えというものはほとんどなく、プロジェクトによっても変わる。我々の戦略にはふたつの側面がある。まず第一に、我々は通常、自分たちのシステムがやりとりする外部システムすべてに対して、その通信を表現するテストダブルを作成する（**図 8-4**）。同様に、各統合地点の周りに小粒のテストスイートを構築し、外部システムと実際に通信できる環境で実行できるようにする。

テストのベースとなる既知の開始地点を構築できるようになることに加え、外部システムの代わりに使えるテストダブルを構築することには他にもメリットがある。こうすることでアプリケーションの内部に、ふるまいを制御したり、通信失敗のシミュレーションを行ったり、エラーが返されたときや高負荷の場合のレスポンスをシミュレートしたりできる箇所が作られるのだ。こうして、すべてを完全に制御できるようになるのである。

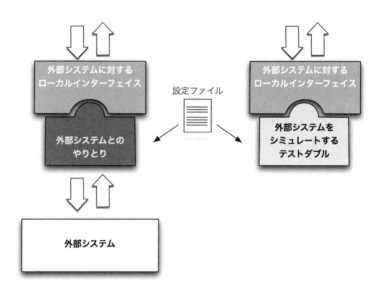

図 8-4　外部システムのテストダブル

優れた設計の原則というものは、設計者を導いて、外部システムと開発対象システムとの結合度を最小化させるものでなければならない。通常我々は、ある外部システムとのやりとりを表現したコンポーネントをシステム内にひとつ作ることを目標にする。つまり、1 外部システムに対して 1 コンポーネント（ゲートウェイやアダプタ）だ。このコンポーネントは通信とそれに関連する問題をすべて 1 ヶ所にまとめ、その通信にかかわる技術的な詳細をシステムの他の部分から隔離する。このようなコンポーネントがあれば、アプリケーションの安定性を改善させるパターンを実装することもできるようになる（たとえば、『Release It!』[5]で紹介されているブレーカーパターンなどだ）。

このコンポーネントは外部システムのインターフェイスを表現している。使用するインターフェイ

---

5　5.2.「ブレーカー」（100 ページ）

スが、外部システム自体に属するものであれ、自分のコードベースの一部であれ、このインターフェイスはうまく動作するのに必要な契約を表現している。このインターフェイスは、自システムとのやりとりという観点と、外部システムとの本当の通信地点という観点の両方から保証しなければならない。スタブを使えば、自分のシステムがリモートシステムと正しくやりとりしていることを証明できる。次に説明するインテグレーションテストを行うことで、外部システムがそのやりとりにおいて期待通りにふるまっていることを検証できるようになる。この意味で、テストダブルとインタラクションテストを両方使うことで、エラーが発生する可能性をなくすことができるのだ。

## 外部システムとの統合ポイントをテストする

　外部システムに対するインテグレーションポイントは問題がよく起きる場所だが、その原因はさまざまだ。通信をうまく行うために必要な何かを、チームで作業中のコードが変更してしまったのかもしれない。自システムと外部システムで共有しているデータ構造やメッセージ変換の頻度、宛先解決の仕組みの設定など、あらゆるものを変更すると問題が起きるかもしれないのだ。通信を行う相手側のコードも変更されるかもしれない。

　こうした統合ポイントのふるまいを検証するために各テストでは、発生し得る問題に集中しなければならない。また、こうしたテストは統合の性質や、外部システムの開発が今どういうフェーズにあるのかということに強く依存する。外部システムが成熟し、すでに本番稼働している場合に直面する問題は、本番システムがまだ開発中である場合に直面する問題とは異なるだろう。こうした要因により、我々がインテグレーションテストをいつどこで実行できるかがある程度定まる。

　外部システムがまだ開発されている最中であれば、ふたつのシステムの間におかれたインターフェイスの性質も変わっていくだろう。スキーマやシステム間の契約も変更されるだろうし、もっと細かいことを言えば、やりとりする情報の中身も変わるかもしれない。このようなシナリオに対処するには、丁寧なテストを常日頃から行い、ふたつのチームがどこで合流するのかを見きわめなければならない。我々の経験によれば、ほとんどのインテグレーションでシミュレートすべき明確なシナリオがいくつかある。こうした明確なシナリオは、少数のテストで網羅することをお勧めする。だが、この戦略をとると、問題をいくつか見落とすことになる。まず、我々のアプローチは、発生し得る問題を検出するテストを書くことでその問題を発見しようとするものだ。各インテグレーションポイントに対する小粒のテストスイートを時間をかけて構築し、ほとんどの問題を素早く検出するようにするのだ。この戦略は完璧ではない。しかし、こうしたシナリオにおいて完璧なカバレッジを実現しようとするのはたいてい非常に難しく、費用対効果は急速に下がっていく。

　テストでは常に、自システムと外部システムとの特定のやりとりを網羅するようにスコープを定めなければならない。外部システムのインターフェイスを完全にテストしようとしてはならない。ここでも再び、「収穫逓減の法則」[6]に従っている。特定のフィールドがあるかどうかを気にしないのであ

---

6　［訳注］生産にかかる費用と収穫は比例せず、費用が増大していくと費用当たりの収穫量が減っていくという考え方。

れば、そのフィールドに対してテストを行ってはならない。また、141ページの「インテグレーションテスト」の節で示したガイドラインにも従ってほしい。

すでに言ったとおり、インテグレーションテストを実行するタイミングは固定化できない。プロジェクトによっても、インテグレーションポイントによっても異なる。ときにはインテグレーションポイントを受け入れテストと同時に注意深く実行しなければならないこともあるが、たいていの場合はそうではない。外部システムに対する要求については、注意深く考えること。テストが一日に何度も実行されることを覚えておいてほしい。外部システムに対するインタラクションテストすべてで実際のやりとりが行われるのであれば、自動テストが外部システムに対して本番相当の負荷をかけることになるだろう。こうしたことが常に許されるわけではない。外部システムのプロバイダが自分たちで自動テストをそれほど行っていない場合には特にそうだ。

こうした問題を緩和するための戦略のひとつが、テストスイートを実装する際に、受け入れテストが実行されるたびに毎回テストを実行するのではなく、一日に一度、あるいは週に一度実行するようにするというものだ。たとえばこうしたテストは、デプロイメントパイプラインの個別のステージとして実行するか、キャパシティテストステージの一部として実行すればよい。

## 8.6 受け入れテストステージ

いったん受け入れテストスイートができたら、そのスイートはデプロイメントパイプラインの一部として実行する必要がある。受け入れテストスイートは、コミットテストを通過したビルドすべてに対して実行しなければならないのだ。受け入れテストを実行する際に適用できる原則をいくつか挙げよう。

受け入れテストに失敗したビルドはデプロイしてはならない。デプロイメントパイプラインパターンでは、受け入れテストステージを通過したリリース候補だけが、その後のステージにデプロイできる。パイプラインのもっと後のステージでは、ほとんどの場合人間による判断が必要になる。リリース候補がキャパシティテストを通過できなかった場合、たいていのプロジェクトでは誰かがその失敗を見て、リリース候補をこれ以上先に進めることができないのか、その程度のパフォーマンスの問題なら先に進めてもよいのかを判断する。だが受け入れテストには、このようにあいまいに扱う余地はない。受け入れテストを通れば、リリース候補を先に進めてよいということだし、通らなければ決して先に進めることはできないということだ。

このように厳しく線を引いているおかげで、受け入れテストに通るかどうかはきわめて重要な関門になる。また、開発プロセスをスムーズに進めたければ、受け入れテストをそのように厳しいものとして扱わなければならない。複雑な受け入れテストを動かし続けるには、開発チームの時間を割かなければならない。しかし、このコストはある種の投資だ。我々の経験によると、この投資は、保守コストが削減されたり、アプリケーションの広い範囲に変更を入れる際のセーフティネットができあがっ

たり、きわめて高い品質が得られたりというかたちで回収できる。またこのことは「痛い思いは早めにしておけ」という我々の一般原則にも従っている。自動受け入れテストのカバレッジを十分にしておかなければ、次に挙げる三つのうちどれかが起きることになるということを、我々は経験から知っているのだ。すなわち、プロセスの最後、開発が完了したと考えるころになってバグが見つかり、修正するために大量の時間を費やしてしまうか、手作業での受け入れテストやリグレッションテストを行うために大量の時間とお金を費やすことになるか、品質の悪いソフトウェアをリリースすることになるかのいずれかである。

### デバッグのために受け入れテストを記録する

　自動 UI テストを行うとよく発生するのが、テストが失敗した理由を正確に理解することが難しいという問題だ。こうしたテストはきわめて包括的なので、失敗する可能性のある箇所が数多くある。こうした失敗は、プロジェクトと一切関係ないかもしれない。あるいは、テストスイートの最初のころ、別のウィンドウやダイアログで失敗の原因が起きており、後になって問題につながっているのかもしれない。何がまずかったのかを明らかにするためには、テストをやり直して進展を見守るしかない、というのはよくあることだ。

　あるプロジェクトに携わっているとき、我々はこうしたことをもっと簡単に行う方法を見つけた。テストが始まる前に、Vnc2swf というオープンソースツールを使って、テスト機でスクリーンキャプチャの録画を開始するようにしたのだ。テストが終わったあとで、失敗した場合にはその映像を成果物として公開する。ビルドを失敗させるのは、この映像を作成した後だ。このおかげで、受け入れテストをデバッグするのがとても簡単になった。

　あるステージでは、誰かがテスト機にログインして、タスクマネージャーを確認していたことがわかった。おそらく、メモリ使用率やパフォーマンスを見たかったのだろう。その人がウィンドウを開いたままにしたのだ。そのウィンドウがモーダルウィンドウだったため、アプリケーションウィンドウを隠してしまっていた。したがって、UI テストでいくつかのボタンを押すことができなかった。このバグは、ビルドページで「ボタン X が見つかりません」とレポートされたが、映像があったおかげで本当の原因が明らかになったのだ。

　自動受け入れテストに対してこれほどまでに投資すべきだということを、理由を列挙して根拠を示すのは難しい。我々が通常かかわるような類のプロジェクトでは、自動受け入れテストやデプロイメントパイプラインの実装から始めるのは、たいていの場合理にかなっている。だが、極端に期間の短いプロジェクトを 4 名弱の小さいチームで実施する場合であれば、これではやりすぎだ。CI プロセスのステージをひとつだけにしておき、その一部として、エンドツーエンドテストをいくつか実行したほうがよいだろう。だが、プロジェクトがもう少し大きくなれば、自動受け入れテストによって開発者がビジネス価値に集中できるようになることはきわめて価値があることなので、準備するコストに見合う。繰り返すが、巨大なプロジェクトも小さいプロジェクトとしてスタートを切る。そして、プ

ロジェクトが大きくなるころには、包括的な自動受け入れテストを一式作ることが難しくなり、英雄的な努力をしない限り達成できなくなってしまうものなのだ。

デリバリーチームで自動受け入れテストを作り、それを所有して保守するということは、どんなプロジェクトであっても行うようにお勧めしたい。

## 8.6.1 受け入れテストをグリーンに保つ

効果的な受け入れテストスイートを実行するのには時間がかかるので、デプロイメントパイプラインの後のほうで実行するほうが理にかなっていることが多い。だが、これに伴う問題もある。コミットテストのときのように開発者がテストの完了を待たないので、受け入れテストが失敗しても無視されてしまうのだ。

これは非効率だが、デプロイメントパイプラインのコミットステージで失敗をほとんど検出するようになっていれば、許容できるトレードオフだ。ただし、アプリケーションに対する自動テストのカバレッジは適正に保たなければならない。このアンチパターンについて、軽く触れておこう。究極的には、これは規律に従うかどうかという話だ。デリバリーチーム全体で受け入れテストが通る状態に責任を持たなければならないのである。

受け入れテストが壊れた場合、チームは手を止めて、直ちに問題の仕分けを行う必要がある。テストが不安定なことが原因なのか、環境の設定がまずかったのか、アプリケーションが変更されたせいで前提が変わってしまったのか、あるいは本物の失敗なのか。その上で、誰かが直ちに対応して、再びテストが通るようにしなければならない。

---

**受け入れテストは誰の所有物か？**

しばらくの間は我々も、受け入れテストにはテストチームが責任を持つべきというかなり伝統的なモデルを用いてきた。だがこの戦略は、特に大規模プロジェクトにおいてはきわめて問題の多いことが明らかになった。テストチームは常に開発という鎖の終端にいるので、我々の受け入れテストはほぼ常に失敗していることになるのだ。

開発チームは粛々と作業を続け、受け入れテストを広い範囲にわたって壊してしまうかもしれない変更を加えても、その変更による影響を意識しない。テストチームが変更に気づくのは、プロセスの比較的後のほうだ。そのころには開発が終わり、チェックインもされている。テストチームが修正すべき自動テストはきわめて多いので、最も最近に壊れた場所の修正に取りかかるまでには少し時間がかかる。これはつまり、開発者はすでに別のタスクに着手してしまっており、その問題を修正するのに理想的な状態ではなくなってしまっているということだ。テストチームのタスクは、修正すべきテストであっという間に埋もれてしまう。しかも、開発者が実装中の新しい要件に対して、新しいテストも実装しなければならないのだ。

これはただならぬ問題だ。受け入れテストは複雑なことも多く、受け入れテストが失敗した根本原因を突き止めるのには時間がかかることも多いのだ。こうした事情があるからこそ、我々は最初のパイプライ

ンを構築しようと考えたのだ。問題を引き起こすような変更がコードに対して行われてから、受け入れテストを行うことでそこに問題があるとわかるようになるまでの期間を短くしたいのである。

そこで我々は、自動受け入れテストの所有者を変更した。自動受け入れテストの開発と保守の責任をテストチームに持たせるのではなく、開発者やテスターを含むデリバリーチーム全体で責任を持つようにしたのである。こうすることで、さまざまな恩恵を得ることができた。まず、開発者が要件の受け入れ基準を実現することに集中するようになった。これにより、開発者が自分たちの行った変更の影響をより直接的に意識するようになった。受け入れテストのビルドを追跡する責任を持つようになったからだ。さらに、開発者が受け入れテストの観点から考えるようになったので、新しく変更したときに受け入れテストスイートのどの部分に影響が出るかをより的確に予期できるようになり、それによって自分たちのやるべきことを的確に見つけることができるようになったのである。

受け入れテストを動かし続け、開発者がアプリケーションのふるまいに注力できるようにするためには、受け入れテストをデリバリーチーム全体で所有し、保守することが重要である。テストチームが個別に所有してはならないのだ。

受け入れテストを陳腐化するままにしてしまうと、何が起こるだろう？ リリースが近づくにつれ、ソフトウェアの品質に自信を持てるようにするために、あなたは受け入れテストをグリーンにしようとすることになる。受け入れテストが進むにつれて、受け入れテストが失敗したときに、それが受け入れ基準が変わったせいなのか、テストと実装が緊密に結合してしまっているところにリファクタリングをしてしまったせいなのか、アプリケーションのふるまいが間違っているせいなのかを見分けるのが極端に難しくなる。このような状況では、テストが最終的に削除されたり、無視されるようになったりするのはよくあることだ。テストが失敗した理由を明らかにするのに必要な「コードの考古学」を行う時間がとれないからだ。これでは、継続的インテグレーションが解決しようとしたのと同じ状況に陥ることになる。すなわち、最後になってあわててすべてを動くようにしようとするが、作業にどのくらい時間がかかるかもわからず、コードが実際にどうなっているかもはっきりしないという状況である。

受け入れテストが壊れたときに、できるだけ早く修正することが大切だ。そうでなければ、受け入れテストスイートがあっても実際の価値がまったくなくなってしまう。最も重要なステップは、失敗したときに見えるようにすることである。我々はこれまで、さまざまなアプローチを試してきた。たとえば、ビルドマスターを立てて、特定の失敗の原因を作ったと思われる人を見つけ出したり、責任があると思われる人にメールを出したり、立ち上がって「受け入れテストビルドを誰か修正している？」と叫んだりしてもらうことまでやった（これはかなりうまくいった）。これまで見つけた中で最も効果があったのは、ギミックを使うアプローチだ。たとえば、ラバーランプや巨大なビルドモニターなど104ページの「オプション機能」で説明したテクニックを使うのである。テストを適切なかたちにしておくのに役立つ方法を紹介しよう。

**犯人とおぼしき人物を特定せよ**

特定の受け入れテストが失敗した理由が何であるかを判別するのは、ユニットテストのときほど容易ではない。ユニットテストは開発者一人もしくは、開発ペア一組がチェックインしたことでトリガーされることになる。もしあなたが何かチェックインして、それまでうまくいっていたビルドが失敗したのであれば、あなたが壊したことに疑いの余地はほとんどない。

しかし、受け入れテストが一度実行され、その次にもう一度実行されるまでの間には、いくつかコミットが行われる可能性があるので、ビルドが壊れている可能性はユニットテストよりも高い。ビルドパイプラインを設計するときに、どの変更に紐づいて各受け入れテストが実行されたのかを追跡できるようにしておくことには価値がある。いまどきの継続的インテグレーションシステムの中には、パイプライン化されたビルドをライフサイクルを通じて簡単に追跡できるようにしているものもある。そういったものを使えば、この問題は比較的素直に解決できる。

> **受け入れテストとビルドマスター**
>
> 我々が初めて複雑なビルドパイプラインを実装したプロジェクトでは、シンプルなスクリプトをいくつか書いて、マルチステージの CruiseControl ビルドプロセスの一部として実行するようにしていた。このスクリプトでは、最後に受け入れテストがうまくいったときとチェックインされたものとを照合し、コミットタグをすべて識別していた。したがって、そのコミットタグを作成した開発者が全員わかったので、コミットを行ったのにまだ受け入れテストが行われていない場合に、コミットした人全員にメールを送ることができた。このチームはかなり人数が多かったが、このやり方はうまくいった。ただ、誰かがビルドマスターとしての役割を果たして規則を守らせ、失敗した場合に取り組むようにする必要は相変わらずあった。

## 8.6.2 デプロイメントテスト

前述したとおり、適切な受け入れテストでは特定のストーリーや要件の受け入れ基準が満たされていることを証明することに焦点が合わせられている。理想的な受け入れテストはアトミックである。すなわち、独自の事前条件を生成し、最後には元通りにするのだ。このようにテストを理想的に行えば、状態に対する依存を最小限に抑えることができるし、バックドアによるアクセスを行うことなく、公開されたチャネルだけを通じてアプリケーションをテストできる。しかし、テストの種類によってはこのようなやり方ではうまくいかないし、そうしたテストも受け入れテストへの関門として実行することに大きな価値があることもある。

我々が受け入れテストを実行するときには、期待される本番環境にテスト環境をできる限り近づけるように設計する。値段が高くなりすぎなければ、完全に同じであるべきだ。値段が高い場合には、

仮想化を行ってできる限り本番環境に近づけよう。OS や使用するミドルウェアはすべて、もちろん本番環境と完全に同じであるべきだ。そして、重要なプロセスの境界についても、開発環境ではシミュレートすることも無視することもあるだろうが、ここでは本番と同じように表現してみることになる。

これはつまり、受け入れ基準が満たされているかをテストすることに加え、疑似本番環境に対する自動デプロイメントがうまく動き、デプロイメント戦略がうまくいっていることを確認する最初の機会なのである。我々が行うことが多いのは、新しくスモークテストを設計して、環境が期待通りに設定されていることと、システム内のさまざまなコンポーネント間の通信チャネルが正しく準備されて意図したとおりに動作していることを検証するというやり方だ。このようなスモークテストのことは、基盤テストや環境テストと呼んでいる。だが実際にはこれは、デプロイメントが成功したことを示し、後に続く機能的な受け入れテストのために、正しく動くとわかっている開始地点を構築することを目的としたデプロイメントテストなのだ。

いつものように、ここでの我々の目的も、早めに失敗させることである。受け入れテストビルドが失敗するのであれば、できるだけ早く失敗させたい。この目的のため、我々はデプロイメントテストを特別なテストスイートとして扱う。デプロイメントテストが失敗した場合には、受け入れテストステージ全体を直ちに落とす。受け入れテストスイートの実行を完了させるにはたいてい時間がかかるので、それを待つようなことはしないのだ。このことは、非同期のシステムをテストするときには特に重要だ。非同期システムでは基盤を正しく準備しておかないと、テスト時にあらゆる場所でタイムアウトぎりぎりまで時間がかかってしまうからだ。かつて我々が経験したプロジェクトのひとつでは、この失敗モードが原因で、受け入れテストを包括的に実行して失敗させるのに 30 時間以上かかっていた。正常系のテストは、90 分ほどで完了したのに、である。

このように優先順位付けされ、早めに失敗させるようにしたテストが一式あると、不安定なテストやよくある問題を定期的に検出するテストを置いておくのに便利である。前述したように、よくある失敗モードを検出できるコミットレベルのテストを見つけ出すべきだ。しかしこの戦略は、よくあるけれどもテストするのが難しい問題をどう検出するかを考えている間に使う一時的なステップとしても使える。

### Aardvark（アリクイ）の点呼

あるプロジェクトでは、JUnit ベースの受け入れテストを使用していた。どのテストスイートがいつ実行されるかを便利に制御するために我々が使えたのは、テストスイートの名前だけだった。つまり、テストスイートは名前順に実行されたのだ。我々は一連の環境テストを構築し、他のテストスイートよりも前に呼び出されるよう「aardvark（アリクイ）点呼テスト」と呼んでいた。

あなたのプロジェクトでも、アリクイの点呼を取ってから、それに依存するテストを始めるようにしよう。

## 8.7 受け入れテストのパフォーマンス

　我々の自動受け入れテストの目的は、システムがユーザーに対して期待通りの価値をもたらしていることを確認するためであり、パフォーマンスは二の次だ。デプロイメントパイプラインを作成する理由のひとつは、受け入れテストを行うのに通常はあまりに時間がかかるため、コミットサイクルの間に結果が出るのを待てないからだ。人によっては、この考え方を毛嫌いする。受け入れテストのパフォーマンスが悪いということは、受け入れテストスイートが適切に保守されていないことの兆候だというのだ。この点について明らかにしておこう。受け入れテストスイートに対しては常に気を配って、適切にリファクタリングされ整合性がとれた状態に保つことが重要だと我々は考えている。しかし、究極的には、受け入れテストスイートを10分で終わらせることよりも、包括的なテストスイートをそろえることのほうが重要なのだ。

　受け入れテストはシステムのふるまいを検証しなければならない。これは、できる限り外部のユーザーの視点から行うべきであり、システム内に隠されたレイヤのふるまいをテストするだけではいけない。そのため、比較的シンプルなシステムに対してであっても性能が厳しく問われることになる。テストひとつ実行するだけでも実行時間について考える前に、システムや適切な基盤がすべてデプロイされ、設定が完了しており、起動および終了できなければならないのだ。

　しかし、デプロイメントパイプラインを実装する方向に歩みを進め始めれば、フェイルファストシステムと、素早いフィードバックサイクルが功を奏し始める。問題が入り込んでから発見されるまでの時間が長くなるほど、その問題の原因を突き止めて修正するのは難しくなる。たいていの場合、受け入れテストスイートの実行を完了するには、数分ではなく数時間かかるものだ。だがこの程度であれば問題ない。受け入れテストステージに数時間かかっても、多くのプロジェクトでは非常にうまくいっているのだ。しかし、もっと効率的にもできる。チーム全体の効率化を図るために、受け入れテストステージの結果を得られるまでにかかる時間を減らすためのテクニックは数多くあるのだ。

### 8.7.1 共通のタスクはリファクタリングせよ

　明らかに最初にやるべきことは、最も時間のかかるテストを一覧化しておいて、定期的に時間を取ってそのテストをもっと効率的にする方法を探り、それによって速攻性のある解決策を探ることだ。これは、我々がユニットテストを管理するためにアドバイスしているのとまったく同じ戦略である。

　ここからもう一歩進めたのが、共通のパターン探しだ。特に対象となるのが、テストの初期化である。一般的に、受け入れテストはその性質上、ユニットテストよりもステートフルである。受け入れテストに対してはエンドツーエンドのアプローチをとって、状態を共有することを避けるように勧めてきたが、これは各受け入れテストを個別の事前条件でセットアップするべきであるということだ。このようなテストのセットアップで必要となる特殊なステップは多くのテストで共通であるので、少し時間を取ってこうしたステップを効率化することには意味がある。このようなセットアップを行う

際に、UIを叩く代わりに使える公開APIがあるならば、それは理想的だ。ときには、「元データ」を前もってアプリケーションに入れておいたり、バックドアを使ってアプリケーションにテストデータを設定したりすることが理にかなっていることもある。しかし、こうしたバックドアのことはある程度懐疑的に考えなければならない。なぜなら、このようなテストデータがアプリケーションを普通に操作して作ったデータと異なっていることは実によくあることだからだ。だがそれでは、後に続くテストが正しくないことになってしまう。

仕組みがどうであれ、テストをリファクタリングしてテストヘルパークラスを作ることで、共通のタスクに対して実行されるコードが同一であることを保証することは、テストの性能と信頼性を向上させる上で重要なステップだ。

## 8.7.2 高価なリソースは共有せよ

コミットステージのテストで適切な開始状態を作り出すためのテクニックについては、すでに前節でいくつか説明した。こうしたテクニックは、受け入れテストにも適用できる。しかし、受け入れテストの性質がブラックボックスであることから、いくつかの選択肢が除外される。

適切な開始状態を作り出すという課題に素直にアプローチすると、テストの最初に何も設定されていない標準的なアプリケーションのインスタンスを生成し、テストの最後にそれを破棄することになる。この場合テストは、このインスタンスを生成し、必要な初期データをすべて与えることに完全に責任を持つことになる。これはシンプルかつきわめて信頼できる方法であり、完全に再現可能な既知の開始状態から始まるという性質を各テストに持たせることができる。だが残念ながら、我々が作成するシステムはほとんどの場合、このやり方では時間がかかる。よほど単純なソフトウェアシステムでもない限り、あらゆる状態を初期化し、アプリケーションを立ち上げるのにはかなりの時間がかかるからだ。

そういうわけで、妥協が必要になる。テスト間で共有されるリソースがどれで、単一のテストのコンテキストで管理することになるリソースがどれなのかを切り分ける必要があるのだ。典型的には、サーバーベースのアプリケーションであればほぼ、システム自体のインスタンスを共有するところからはじめることができる。受け入れテストを実行する最初に、テスト対象のシステムのクリーンな実行インスタンスを生成しよう。そのインスタンスに対して受け入れテストをすべて実行し、最後にそれをシャットダウンする。テスト対象のシステムの性質に応じて、他にも時間のかかるリソースが存在することもある。その場合は、受け入れテストスイート全体が素早く実行できるように最適化すればよい。

> **Seleniumテストを高速化させる**
>
> 　デイブが現在かかわっているプロジェクトでは、Webアプリケーションをテストするのに、オープンソースのすばらしいツールであるSeleniumを使っている。Selenium Remotingを使用し、本章の前半で説明したDSLテクニックを用いて、受け入れテストをJUnitテストとして記述しているのだ。このDSLはウィンドウドライバの最上位のレイヤに位置づけられる。最初はこれらのウィンドウドライバは必要に応じてSeleniumのインスタンスとテストブラウザの起動および停止を行うだけだった。このやり方は便利で、堅牢で、信頼できるものでもあったが、実行に時間がかかった。
> 　コードを修正して、Seleniumの実行インスタンスやブラウザをテスト間で共有することもできただろう。そうしていれば、コードやセッションステートはもう少し複雑になっただろうが、最終的には受け入れテストのビルドを3時間は高速化させることができたはずだ。
> 　だが、デイブがとったのは別の戦略だった。受け入れテストを並列化し、コンピュートグリッド上で実行させたのだ。後になって、デイブは各テストクライアントを最適化し、Seleniumインスタンスを個別に実行させることになるのだが、それについては後述する。

## 8.7.3 並列テスト

　受け入れテストを分離することがよいことなのであれば、高速化するための他の手立ても自ずと明らかになる。すなわち、テストの並列実行だ。マルチユーザーのサーバーベースシステムにとって、この方向に進むべきなのは明らかだ。ふたつのテスト間で相互作用が発生するリスクなくテストを分割することができるのであれば、システムの単一インスタンスに対してテストを並列実行させることによって、受け入れテストステージ全体にかかる時間は大幅に減少する。

## 8.7.4 コンピュートグリッドを用いる

　マルチユーザーではないシステムや、そもそも高くつくテスト、あるいは同時並行でユーザーに使われることをシミュレートすることが重要なテストにとっては、コンピュートグリッドを使うことで多大な恩恵を受けることができる。仮想サーバーと組み合わせて使う場合、このアプローチはきわめて柔軟かつスケーラブルになる。このアプローチを限界まで行うと、各テストに個別のホストを割り当てることができるので、受け入れテストスイートの実行にかかる時間は、最も時間のかかるテストをひとつ実行するのと同じ時間で収まる。
　だが実際には、割り当てをより制限したほうが理にかなっていることが多い。このメリットが活きるベンダーもいくつかある。いまどきのCIサーバーにはほとんど、まさにこの目的のためにテストサーバーのグリッドを管理する機能がついている。Seleniumを使っているのであれば、オープンソースのSelenium Gridを使うことも考えられる。そうすれば、Selenium Remotingを使うために書かれた受け入れテストを変更せずにコンピュートグリッド上で並列実行できる。

## 受け入れテストのためにクラウドコンピューティングを利用する

デイブがかかわったプロジェクトのひとつでは、受け入れテスト環境を、時間をかけて洗練していっていた。最初は、JUnit で書かれた Java ベースの受け入れテストを使用し、Selenium Remoting を経由して Web アプリケーションとやりとりするところからはじめた。これはとてもうまくいったが、テストが増えるにつれて、受け入れテストスイートを実行するのにかかる時間はどんどん増えていった。

これに対して我々は、最初は最適化アプローチを定期的に行っていた。すなわち、受け入れテストの中で共通のパターンを特定し、リファクタリングを施していたのだ。その結果、非常に役に立つヘルパークラスがいくつかできあがった。そのおかげで、テストのセットアップがかなり抽象化され、単純化された。おかげで性能もいくぶん改善されたが、最も改善されたのは、非同期処理がきわめて多くテストするのが難しいアプリケーションに対するテストの信頼性であった。

このアプリケーションには公開 API と、その API を通じてバックエンドシステムとやりとりする個別の Web アプリケーションがいくつかあった。そこで、最適化として我々が次に行ったのは、API テストを切り離して UI ベースのテストに先だって実行するというものだった。もし、API に対する受け入れテストスイート（UI テストよりもはるかに高速に実行できた）が失敗したら、受け入れテストの実行をその場で直ちに失敗させたのだ。こうすることで、より素早く失敗させることができるようになったし、ばかげたミスを検出して素早く修正できるようにもなった。

それでも、テストが増えるにつれて、受け入れテストにかかる時間は少しずつ延びていった。

次のステップは、テストを細粒度で並列実行することだった。我々は受け入れテストをふたつのバッチに分けた。単純化のため、我々はこのグループをアルファベット順に並べたのだ。その上で、テストバッチを両方実行した。どちらに対しても開発環境上に作った別々の仮想マシン上に個別にアプリケーションのインスタンスを立てた。このころには、開発環境上での仮想化をかなり使い込んでいたので、開発機と本番機を問わずすべてのサーバーが仮想化されていた。

こうした工夫により、受け入れテストにかかる時間は一気に半分になった。そして、このアプローチはごくわずかな設定のオーバーヘッドだけで容易に拡張できたのだ。完全な並列実行と比較すると、このアプローチにはテストを分離すべき箇所が少なくてすむというまぎれもないメリットがあった。取りまとめた受け入れテストスイートには、それぞれ個別のアプリケーションインスタンスを準備し、各テストスイートのスコープ内では、以前と同じようにシリアルに実行したのだ。ただし、こうしたメリットには、仮想であれ物理であれ、取りまとめた受け入れテストスイートの数だけホストが追加で必要となるというコストが伴った。

しかし、この時点になって我々は少し方針を変えることにした。Amazon EC2 コンピュータクラウドを使って、より幅広いスケーラビリティを実現できるようにしたのだ。仮想テスト機の論理的な構成を図 8-5 に示す。このとき、VM を 1 セットはインハウスでホストしたが、それ以外の、テスト対象システムとやりとりするクライアントのシミュレータを実行する環境は、Amazon EC2 クラウド上に分散されていた。

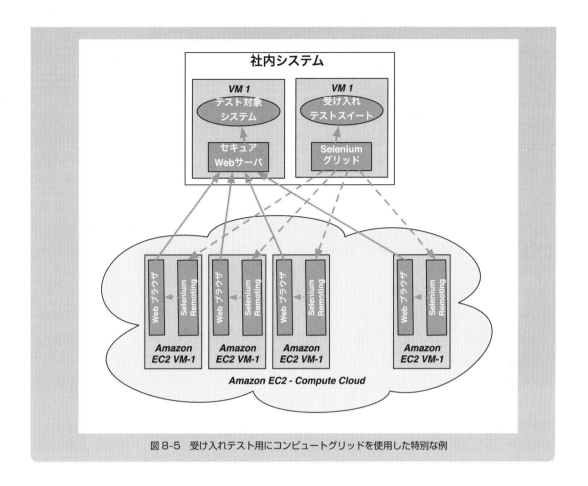

図8-5 受け入れテスト用にコンピュートグリッドを使用した特別な例

## 8.8 まとめ

　受け入れテストは使い方によって、開発プロセスの効率を大幅に向上させる。受け入れテストによって、デリバリーチームのメンバー全員が本当に価値のあること、すなわちユーザーがシステムに求めるふるまいに集中できるようになるのだ。

　自動受け入れテストは通常ユニットテストよりも複雑である。保守をするのには時間がかかるし、壊れている時間もユニットテストより長いだろう。失敗を修正して受け入れテストスイートを通るようにするには、性質上タイムラグがあるからだ。しかし、自動受け入れテストをユーザーの視点から見たシステムのふるまいを保証するテストとして用いれば、リグレッションによる問題に対する計り知れない防御策となる。このような問題は、複雑なものからシンプルなものまであらゆるアプリケーションで発生するのだ。

　ソフトウェアプロジェクト同士を意味のあるやり方で比較するのは、不可能とは言わないまでも極

端に難しい。そのため、「自動受け入れテストを行ったほうが長い目で見れば割に合う」という我々の主張を支えるデータを提示することはなかなかできない。我々が断言できるのは、これまでには、自動受け入れテストを動かし続けるのが困難で、複雑な問題に直面したプロジェクトも数多くあったが、自動受け入れテストをやらなければよかったと後悔したことはないということだ。実際、システム内の幅広い箇所を変更できるようになっていたおかげで、助かったこともよくあった。開発チーム内でこのようなテストに集中することはソフトウェアデリバリーを成功させる上で非常に強力な要素であると、我々は今でも強く信じている。あなたも本章で説明したように受け入れテストに注力してみた上で、その価値があるかどうかを確かめることをお勧めする。

受け入れテストという関門を通過できないリリース候補をすべてそこで止めるという規律に従うことは、思うに、デリバリーチームが出す成果物の品質を向上させる上で重要な一歩となる。

これまで我々がソフトウェア業界で経験してきたことに照らせば、手動テストが標準であるし、チームで採用されたテスト形式がそれだけだという場合も少なくない。だが手動テストは、ひどく高くつくし、高品質の結果を保証できるほど適切に行われることがほとんどない。手動テストにももちろん役目はある。すなわち、探索的テストや、ユーザビリティーテスト、ユーザー受け入れテストやショーケースなどだ。しかし、人間というものは、複雑な作業をいつも同じように効率的に繰り返すことが得意ではない。手作業でのリグレッションテストにはこうしたことが欠かせないし、どうしても惨めな感じを受けてしまう。品質の低いソフトウェアは、このような品質の低いプロセスから生み出されるのだ。

近年、ユニットテストに対して注目が高まったおかげで、チームによってはこうしたことをうまくできるようになっている。手動テストだけに頼ることに比べれば、これは大きな一歩だ。しかし経験上、ユニットテストだけではユーザーが求めていることを行うコードにはならない。ユニットテストはビジネスに目を向けていないのだ。受け入れ基準によって駆動されるテストを採用することによって、さらにその先に歩を進めることができると我々は信じている。なぜなら、こういうことができるようになるからだ。

- ソフトウェアが目的にかなっているという自信が増す。
- システムを大幅に変更してもリグレッションエラーを防ぐ防衛策がある。
- 自動リグレッションテストを包括的に行うことで、品質が大幅に改善される。
- 欠陥がいつ発生しても、信頼できるフィードバックが素早く得られるので、直ちに修正できる。
- テスターの手が空くので、テスト戦略を考えたり、実行可能な仕様を開発したり、探索的テストやユーザーテストを実行できるようになったりする。
- サイクルタイムを減少させ、継続的な開発を可能にする。

# 第9章
## 非機能要件をテストする

## 9.1 導入

　アプリケーションのテストの自動化について、デプロイメントパイプラインを作成するためのプロセスの一環としてさまざまな側面から説明してきた。しかし、これまで主に扱ってきた内容は、一般にアプリケーションの機能要件と呼ばれるふるまいのテストに関することがほとんどだった。本章では、非機能要件をテストするための方法について説明する。非機能要件の中でも特に、キャパシティとスループットそしてパフォーマンスに重点を置く。

　まずはじめに、あいまいな用語の定義をはっきりとさせておこう。本章では、マイケル・ナイガードと同じ用語を使う[*1]。詳しく説明すると、まず**パフォーマンス**は単一のトランザクションの処理に要する時間を表し、単体で計測することもできれば負荷のかかった状態で計測することもできる。**スループット**は、一定の期間内にシステムが処理できるトランザクション数を表す。これは常に、システム内の何らかのボトルネックの制約を受ける。また、一定の負荷がかかった状態で、個々のリクエストを許容範囲のレスポンスでさばききれる最大のスループットのことを、システムの**キャパシティ**と呼ぶ。顧客が通常気にするのは、スループットあるいはキャパシティである。日常生活では「パフォーマンス」という言葉をもっと広い意味で使うことが多い。しかし本章では、ここで説明した意味でだけ使うよう注意する。

　非機能要件が重要なのは、それがソフトウェアプロジェクトのデリバリーに関する重大なリスクとなるからである。非機能要件をきちんと把握していたところで、その要件を満たすために何をどれだけすればいいのかはなかなか気づけない。多くのシステムが失敗する要因は、負荷に耐えられなくなったりセキュリティを確保できなかったり、反応速度が遅すぎたりといったものである。中でも最もありがちな理由は、コードの品質があまりにも低くて保守しきれなくなるということだ。プロジェクトによっては、逆方向に突っ切りすぎて失敗することもある。非機能要件を満たすことに必死になるあまりに開発の速度が低下したり、システムを複雑に作り込みすぎて誰も面倒を見きれず効率的な開発を進められなくなってしまうのだ。

---

1 『Release It! 本番用ソフトウェア製品の設計とデプロイのために』の 145 ページ。

たいていの場合、機能要件と非機能要件の区別は恣意的だ。可用性やキャパシティ、セキュリティ、そして保守性といった「非機能要件」はどれも「機能要件」と同様に大切なものであり、システムをきちんと動かすために不可欠なものだ。そもそも「非機能要件」という言い方が誤解の元である。「機能をまたがる要件」あるいは「システムの特性」などと呼んだほうがよいだろう。経験上、非機能要件への対応はあまりうまくできていないところが多い。プロジェクトのステークホルダーから見ればきっと、「クレジットカードでの支払いをできるようにする」ほうが「同時1000ユーザーのアクセスに耐えられるようにする」ことよりも大切に思えるのだろう。ただ彼らは純粋に、業務上の価値を他よりも重視しているだけである。

どの非機能要件が重要なのかを、プロジェクトの開始時に見つけることが大切だ。大切な非機能要件が見つかったらそれを計測する方法を探し、定期的な計測作業をデリバリースケジュールに組み込むようにする。そして、可能ならデプロイメントパイプラインにも組み込んでしまえばよい。本章では、まず非機能要件の分析について扱う。それから、キャパシティ要件を満たすためのアプリケーションの開発手法について説明する。次に、キャパシティを計測する方法と計測用の環境の作り方をとりあげる。最後に、自動化した受け入れテストスイートからキャパシティテストを作る戦略について議論し、非機能要件のテストをデプロイメントパイプラインに組み込む方法を説明する。

## 9.2 非機能要件を管理する

ある意味では非機能要件もそれ以外の要件と同じである。どれもみな、ビジネス上の何らかの価値を持っている。しかし、見方を変えると両者は異なる。非機能要件は、その他の要件の領域まで範囲をまたがる傾向がある。多くの分野にまたがるという性質のせいで、非機能要件の分析もその要件を満たすための実装も非常に困難になる。

システムの非機能要件の扱いが機能要件の扱いと違って難しいのは、ついついプロジェクトの計画から抜け落ちてしまいがちな点や分析の際にもきちんと検討できない点である。これは非常にまずいことだ。というのも、非機能要件はプロジェクトのリスクとなることが多いからである。プロジェクトの終盤になって初めて、（重大なセキュリティホールやひどいパフォーマンスなどで）そのアプリケーションが使い物にならないことに気づくというのはあまりにもありがちなことだ。結局そのプロジェクトは大幅に遅れてしまい、ひどい場合は打ち切られたりすることになる。

実装の観点で考えると、非機能要件の実装は複雑になる。なぜなら、非機能要件はシステム全体のアーキテクチャに大きな影響を及ぼすことが多いからである。たとえば、高パフォーマンスを要求されるシステムでは、リクエストの処理を階層化することなどないだろう。システムのアーキテクチャは後から変更しにくいものなので、非機能要件についてはプロジェクトの序盤で検討することが重要だ。つまり、システムにとって最適なアーキテクチャを選択するために、事前に十分な分析が必要になるということである。

さらに、非機能要件は他の要件に干渉することが多い。セキュアであることにこだわったシステムは使い勝手の面である程度妥協することになるし、何でもできる柔軟なシステムはパフォーマンスで妥協することになるといった具合だ。理想を言えば、誰もがきっと「安全かつ高パフォーマンス。しかも、ものすごく柔軟だしスケーラビリティもある。もちろん使いやすくてサポートも簡単。開発もお手軽にできて保守しやすいシステム」を欲しがるだろう。しかし現実の世界では、これらの各項目を実現するにはそれなりのコストがかかる。すべてのアーキテクチャは、非機能要件に関する何らかのトレードオフを含んでいる。そこで、カーネギーメロン大学ソフトウェア工学研究所は Architectural Tradeoff Analysis Method（ATAM）を作成した。これは、チームにとって適切なアーキテクチャを決めるために、非機能要件（彼らは「品質属性」と呼んでいる）を使って分析する手法だ。

まとめると、プロジェクトを始めるときには、デリバリーにかかわる全員（開発者や運用担当者、テスター、そして顧客）がアプリケーションの非機能要件を考慮する必要があるということだ。そしてそれがシステムのアーキテクチャやプロジェクトのスケジュール、テスト戦略、そして全体的なコストにどのような影響を及ぼすかも考えねばならない。

## 9.2.1 非機能要件を分析する

すでに進行中のプロジェクトでは、非機能要件のことを機能的なストーリーの受け入れ要件と見なしてしまうことがある。そして、特別な苦労をしなくても満たせるものであると考えてしまいがちだ。しかし、たいていの場合それは勘違いであり、非機能要件を扱う方法としては不適切だ。そんなときは、非機能要件自体を扱うストーリーあるいはタスクをプロジェクトの開始時に別途作成したほうがよい。分野をまたがる問題に対処する手間をできるだけ軽減するのが狙いなのだから、両者の手法（非機能要件を扱うことだけを考えるタスクを新たに作るか、あるいは非機能要件を他のタスクの受け入れ要件ととらえるか）を適宜取り混ぜて使う必要がある。

たとえば、非機能要件のひとつである可監査性を管理する方法として「システム上の重要な操作はすべて、監査すること」などとして、関連するストーリーの受け入れ基準に「やりとりを監査すること」を追加できる。また、もうひとつの方法としては、監査人側の視点での要件を考えることもできる。監査人が見えるべきのもは何だろうか？　彼らが見たいと考えるレポートすべてに対して、監査人側からの要件を提示できる。この方式にすれば、もはや機能をまたがる非機能要件ですらなくなる。その他の要件と同様に扱い、テストの対象にしたり他の要件と比べた優先順位をつけたりできるようになるのだ。

同じことが、キャパシティなどの他の特性についても成り立つ。システムに対する期待値をストーリーとして定量的に定義してその詳細を指定しておけば、費用対効果を分析して適切な優先順位付けができる。経験上、そのようにしたほうが結果的により効率よく要件を管理できるようになる。それはきっと、ユーザーにとっても顧客にとってもうれしいことだ。この戦略を使えば、たいていの非機能要件（セキュリティや可監査性、設定しやすさなど）をずっとうまく扱えるようになるだろう。

大切なのは、非機能要件を分析するときにはある程度詳細なレベルまで踏み込むことだ。レスポンスタイムに対する要件が「できるだけ速く」などというものでは不十分だ。「できるだけ速く」だと、どこまで速くすればいいのかがわからないし、どれだけの予算をつぎ込めばいいのかも判断できない。「できるだけ速く」とだけ言われたら、どうしたらいいのだろう。キャッシュの方法を工夫する？　それとも、Apple が iPad を作ったときみたいに自前の CPU を組み立てる？　すべての要件は、機能要件であるか非機能要件であるかにかかわらず、数値目標を設定して見積もりや優先順位付けができるようにしておく必要がある。このようにしておけば、開発の際の最適な予算配分についても考えられるようになる。

多くのプロジェクトが抱えている問題は、アプリケーションの受け入れ基準がきちんと把握できていないということである。受け入れ基準は「すべてのユーザーインターフェイスは2秒未満で応答を返すこと」「システムが一時間に 80,000 トランザクションを処理できること」など、一見きちんと定義できているように見える。しかし、この手の定義は我々が必要とするものには程遠い。「アプリケーションのパフォーマンス」というあいまいな用語は、パフォーマンス要件やユーザビリティ要件その他さまざまなことを手っ取り早く表す言い方として使われることが多い。「アプリケーションが2秒未満に応答を返すこと」とは、どんな状況でもそうでなければならないということだろうか？　どこかのデータセンターがダウンしてしまったとして、それでも2秒未満という要件を満たす必要があるのだろうか？　めったに使わないような操作と頻繁に使う操作をどちらも同じ基準で扱うのだろうか？

「2秒」というけれど、その2秒は処理が成功して完了するまでの時間なのだろうか？　それとも2秒未満でとりあえず何らかの反応を返せればいいだけなのだろうか？　何か問題が起こってエラーメッセージを返すときも2秒未満にしなければならないのだろうか？　それとも、処理が正しく行われたときだけのルールなのだろうか？　システムに負荷がかかっているときや処理のピーク時にも2秒という条件を満たさねばならないのだろうか？　それとも、平均の応答時間が2秒未満ならいいのだろうか？

パフォーマンス要件の誤用としてもうひとつよくある例が、システムのユーザビリティ要件のかわりとして深く考えずに使ってしまうことだ。「2秒以内に応答すること」という要件は、実は単に「コンピュータの前に座ってずっと反応を待ち続けたくない」というだけの意味であることが多い。ユーザビリティはユーザビリティの問題と認識して対応すべきであり、それをパフォーマンス要件にすり替えてはいけない。

## 9.3 キャパシティを確保するためのプログラミング

非機能要件についての分析が不十分だと、考えすぎた設計や不適切な最適化をしてしまいがちになる。「高パフォーマンスな」コードを書くために無駄に時間を費やしてしまうこともよくある。プログラマは一般的に、アプリケーションのパフォーマンス上のボトルネックがどこにあるのかを予測す

るのが下手である。コードを不必要に複雑にしてしまい保守しづらくなったけれども、結局パフォーマンスがどれだけ向上したのかは疑わしいということになりがちだ。ここに、あのドナルド・クヌースの有名な見解を引用する。

> 細かい効率化については忘れることだ。97％くらいの状況がそうだろう。早まった最適化は諸悪の根源である。しかし、重要な残り3％について見逃してはいけない。よいプログラマはそんな論法では納得せず、問題のコードを注意深く吟味するだろう。しかし、それができるのは問題のコードを特定できてからである。

特に重要なのが、最後の文だ。解決策を見つける前に、まずは問題の原因を特定しなければならない。さらにその前に、問題があるということに気づかねばならない。キャパシティテストステージの狙いは、問題があるかどうかを知ることだ。問題を発見できれば、修正に向けて考えを進められるようになる。推測するな、計測せよ。

---

### 早まった最適化の実例

我々はかつて、あるプロジェクトでレガシーシステムの「機能追加」にかかわっていた。そのシステムは比較的少人数のユーザーに向けて書かれたものだったが、あまりにもパフォーマンスがお粗末だったため、実際にそれを使う人はさらに少なかった。ある操作で、メッセージキューから取り出したエラーメッセージを表示する必要があった。このエラーは、キューから取り出してメモリ内のリストに追加されていた。そのリストは別々のスレッドから非同期でポーリングされ、その後別のモジュールに送られた。別のモジュールはもうひとつのリストの中にあり、さらにそのリストもポーリングされていた。このようなパターンを7回繰り返した後、やっとメッセージが画面上に表示されるという状態だったのだ。

何というひどい設計だと思ったことだろう。実際、ひどかった。しかし、この設計のそもそもの狙いは、パフォーマンスのボトルネックを解消することだったのだ。非同期ポーリングパターンは、負荷が急増したときにアプリケーション全体のキャパシティを落とさないようにするために用意したものだった。いくら何でも7回も繰り返すのは明らかにやりすぎだ。しかし理論上は、高負荷時のアプリケーションの保護策としては間違っていなかった。真の問題は、そんな複雑な解決策を要するほどの問題がその環境では発生しなかったということである。そんな状況になるはずがなかった。というのも、メッセージキューがエラーであふれることなどあり得なかったからだ。仮にあふれたとしても、相当頻繁に問い合わせない限りアプリケーションには影響しなかった。それなのに、誰かさんが七段階ものお手製のキューを作って、商用のメッセージキューの前に置いてしまったのだ。

ほとんど病気と言ってもいいほどのキャパシティへのこだわりは、たいてい複雑すぎるまずいコードの元となる。キャパシティの高いシステムの設計はただでさえ難しい。しかし、開発を進める中で、キャパシティを気にかけるタイミングを間違えると、設計がさらに難しくなる。

最適化をあまりに時期尚早にやったり、やりすぎたりしてしまうと非効率的になり、コストもかかる割には、システムのパフォーマンスが高くなることはほとんどない。こだわりすぎると、プロジェクト全体のデリバリーの妨げになってしまう。

実際のところ、高キャパシティなシステム向けに書かれたコードは、必然的に一般的なシステムのコードよりもシンプルになるはずだ。複雑にすればするほど処理に遅延が生じる。それなのに、多くのプログラマはなかなかそれを理解しようとしないし、ましてや実践することもない。本書はハイパフォーマンスなシステムの設計に関する論文ではないが、我々が使ってきた手法の概要をここで説明しておこう。キャパシティテストをデリバリープロセスの一環として組み込むためである。

どんなシステムを設計するときにも、システムのパフォーマンスを要求される場面では何らかのボトルネックが存在する。発見しやすい場合もあるが、たいていの場合はボトルネックを見つけづらい。プロジェクトを立ち上げるときには、キャパシティに影響を及ぼす主な要因を認識し、それを回避できるようにすることが大切だ。いまどきのシステムではほとんどの場合、最もコストのかかる作業はネットワーク越しの通信やディスクへのデータの保存だろう。プロセス間通信やネットワーク越しの通信はパフォーマンス面でのコストが非常に高く、アプリケーションの安定性にも大きく影響する。したがって、これらの通信は極力抑えるべきだ。

高キャパシティなソフトウェアを書くには、そうでないシステムを書く場合よりもさらに訓練を要する。また、そのアプリケーションの動作を支えるハードウェアやソフトウェアの仕組みに関する知識も必要となる。ハイパフォーマンスを求めるとさらにコストがかかる。その点を理解し、パフォーマンスの向上がもたらすビジネス上の価値とその実現にかかるコストを比較できるようにしなければならない。キャパシティへの注力は、技術者として魅力を感じるものである。だがいき過ぎると、最悪の場合、無駄なソリューションを作り込みすぎてプロジェクトのコストがさらに上がることになる。重要なのは、システムのキャパシティに関する要件の検討や最終決定をビジネススポンサーに任せることだ。先述のとおり、ハイパフォーマンスなシステムはよりシンプルになるはずであり、複雑にはならない。ここで面倒なのは、ある問題に対するシンプルな解決策を見つけるにはそれなりの作業が必要になるということだ。

バランスが大切である。高キャパシティなシステムを構築するのは容易ではなく、単純に「問題が出ても、あとで全部対応できるはず」ととらえるのはあまりよい考えではない。アプリケーションのパフォーマンスに関する最初の（おそらく広範囲に及ぶ）問題にアーキテクチャレベルで対応し、プロセスをまたがるやりとりを最小化したなら、開発中で細かいレベルの「最適化」を行う必要はないはずだ。ただし、明確に特定できて計測可能な問題を修正する場合はその限りではない。ここは経験がものを言う場面だ。うまく進めるには、どちら側に倒すにしてもやりすぎないことだ。「キャパシティの問題はすべて後で何とかなる」と楽観すること、逆に「あとでキャパシティの問題が発生するだろうから」と対策しすぎてコードを複雑にしてしまうこと。どちらもやりすぎはよくない。

我々は、キャパシティの問題に対応するときに次の手順で進める。

1. アプリケーションのアーキテクチャを決める。プロセスやネットワークの境界、そして入出力などには細心の注意を払う。
2. システムの安定性やキャパシティに影響するパターンを身につけ、アンチパターンを回避する。マイケル・ナイガードのすばらしい著書『Release It! 本番用ソフトウェア製品の設計とデプロイのために』に、詳細な説明がある。
3. チームの作業は、選択したアーキテクチャによって定められる境界内に留める。このときに、適切な場面でパターンを適用するのはよいが、キャパシティのためと称してそれ以外の最適化を始めてしまわないようにする。秘伝の技を使うのではなく、コードをできるだけ明確かつシンプルに保つよう心がける。テストをして利益が得られるとはっきりわかったものでないかぎり、キャパシティのために可読性を犠牲にしてはいけない。
4. データ構造やアルゴリズムの選択に気をつけ、そのアプリケーションに適したものを選ぶようにする。たとえば、$O(1)$ のパフォーマンスを要する場面で $O(n)$ のアルゴリズムを使ってはいけない。
5. スレッドには細心の注意を払う。著者のデイブが現在かかわっているプロジェクトでは、最大級のパフォーマンスを要するシステム(為替取引のシステムで、秒間数万トランザクションを処理できるもの)を構築している。ハイパフォーマンスを達成するためのポイントとなる方法のひとつは、アプリケーションのコアをシングルスレッドに保つことだった。ナイガードも言うように、「ブロックされたスレッド」アンチパターンは多くの障害の主因であり、「連鎖反応」および「カスケード障害」につながりやすい[2]。
6. 自動テストの仕組みを用意し、必要なレベルのキャパシティが確保できているかどうかを確かめる。テストが失敗したら、そのテストを指針として問題を修正する。
7. プロファイリングツールは、あくまでもテストで見つけた問題を修正するための手段として使うものであって、決して「とりあえず、できるだけ高速化する」ために使うものではない。
8. できる限り、実際に要求されるキャパシティ指標を使う。実際の本番環境のシステムこそが、唯一の真の指標となる。本番環境のシステムの訴えに耳を傾けよう。特に注意すべきなのは、システムの利用者数やその操作パターン、そして本番データの大きさである。

## 9.4 キャパシティを計測する

キャパシティを計測するには、アプリケーションの特性に関する幅広い調査が必要となる。計測の方法には、このようなものがある。

- スケーラビリティテスト。個々のリクエストに対する応答時間や利用可能な同時ユーザー数が、サーバーやサービスあるいはスレッドの設定を変えたときにどのように変化するか？

---

[2] 『Release It! 本番用ソフトウェア製品の設計とデプロイのために』の 72 ページ。

- **長期稼働テスト**。システムを長時間動かし続け、処理をずっと続けた場合にパフォーマンスが変化するかを調べる。この種のテストでは、メモリリークや安定性の問題を検出できる。
- **スループットテスト**。システムが一秒間に処理できるトランザクション数やメッセージ数、あるいはページ数はどの程度か？
- **負荷テスト**。アプリケーションへの負荷が本番と同等あるいはそれ以上になったときに、キャパシティはどのように変化するか？　これはおそらく、キャパシティテストで最も一般的なものである。

　これらはすべて、システムのふるまいについての興味深くて有効な測定である。しかし、アプローチは別々になる可能性がある。最初のふたつのテストは、残りのふたつとは異なり、相対的な測定をしている。つまり、システムの状況が変わったときに、システムのパフォーマンスにどのような影響がでるのかというテストである。一方、残りのふたつは絶対的な指標としてのみ有用となる。

　我々がキャパシティテストの重要なポイントとしてとらえているのは、キャパシティテストがそのアプリケーションの実際の利用シナリオをシミュレートできるということである。これ以外のとらえ方もある。システム上のある技術的な操作をベンチマークするというアプローチだ。技術的な操作とはすなわち、「データベースに秒間何トランザクションを保存できるか？」「メッセージキューが秒間何メッセージを処理できるか？」などである。プロジェクトを進める過程ではこの手のベンチマークが役立つ場面もあるだろうが、あまり現実的ではない。それよりは、ビジネス寄りに焦点を合わせた「通常の利用パターンで、秒間に何件の売り上げを処理できるか？」や「想定ユーザー層は、負荷が最も高くなる時期にもシステムを普通に使えるだろうか？」などのほうが現実的だ。

　焦点を絞ったベンチマーク形式のキャパシティテストが非常に有用となるのは、コードを特定の問題から守ったり特定の範囲のコードを最適化したりする場合である。ときには、そのテストから得られる情報が、使う技術を選択するときの参考になることもある。しかしそれは、全体像のごく一部に過ぎない。もしパフォーマンスやスループットがそのアプリケーションにとって大切な問題なのだとしたら、必要となるのは、システムが業務要件を満たしているかどうかを調べるテストである。「このコンポーネントのスループットはこうなっているはず」というエンジニア視点での推測などではない。

　このため、我々はシナリオベースのテストをキャパシティテスト計画に含めることが必須だと考えている。我々はシステムの特定の利用シナリオをテストとして使い、現実世界でそれが何を成し遂げるべきなのかという業務上の見込みに対して評価する。その詳細については294ページの「キャパシティテストを自動化する」で説明する。

　しかし現実世界では、モダンなシステムのほとんど（少なくとも我々が通常目にする範囲において）は、一度にひとつのことだけをするわけではない。POSシステムは、売り上げを処理する際に同時に在庫情報も更新するし、各種サービス用の発注を扱ったりタイムシートを記録したり、店内で使う監査証跡を残したりといったことも行っている。もし我々のキャパシティテストがそうした複雑な処理の組み合わせをテストできなければ、キャパシティテストでは対応しきれないさまざまな問題がある

ことになるだろう。これが意味するところは、我々が用意するシナリオベースのテストが、他の操作に関する別のキャパシティテストと同時に実行できなければならないということである。最も効率を上げるには、複数のキャパシティテストをひとつのテストスイートにまとめて並列実行できるようにしておく必要がある。

どんな負荷をどの程度かけるかを考え、さらに観点の異なるシナリオ（まったく無関係なインデックスサービスがシステムの邪魔をするなど）まで考慮することには、ナイガードも言うとおり「熟練と科学が求められる。本番環境における本物のトラフィックを真似るのは不可能なので、トラフィック解析と経験と直感を活用し、できる限り現実に近いシミュレーションを行う」のだ[*3]。

## 9.4.1 キャパシティテストの成功・失敗の判断基準は？

我々がこれまでに見てきたキャパシティテストの多くは、実際のところテストというよりはむしろ計測といったほうがよいものだ。成功したか失敗したかの判断は、収集した結果に基づく人間の判断に委ねられる。キャパシティをテストするのではなく計測してしまうことの弱点は、結果の分析に時間がかかることである。しかし、キャパシティテストシステムがこういった計測結果を生成してくれることは非常に有用だ。それを見れば何が起こったのかを吟味できるので、単に成功したか失敗したかだけのレポートよりはずっと役立つ。キャパシティテストにおいては、ひとつのグラフの有用性は千の言葉に匹敵する。判断を下す際には、全体的な傾向のほうが実際の値よりも重要となる。そのため、我々は常にキャパシティテストでグラフを生成している。そしてそのグラフには、デプロイメントパイプラインのダッシュボードから容易にアクセスできるようにしている。

しかし、もしキャパシティテスト環境をテストだけでなく計測用にも使うのなら、テストを実行するたびに、テストが通るとはどういうことかを定義しなければならない。キャパシティテストが通るための一定のレベルを設定することは容易ではない。あまりにも高いレベルを追求しすぎ、万事順調に動いたときしか通らないようにすると、不意にテストに失敗するという現象が頻発してしまう。たまたま他のタスクがネットワークを使っていたとか、キャパシティテスト環境で他のタスクが同時に動いていたとか、そんな理由でもテストは失敗してしまうだろう。

逆に、テストで調べているのはアプリケーションが秒間100トランザクションを処理できるかどうかだけれども、そのアプリケーションが実は秒間200トランザクションをさばける能力があったとしよう。そんなテストでは、もし仮にスループットを半減させるような変更をしてしまっても、それを検出できないだろう。つまり、問題となる可能性のある現象に気づくのがかなり遅れてしまい、気づいたころにはその原因となった変更の詳細を忘れてしまっているということになる。かなり後で、正当な理由があって多少キャパシティを落としてしまうような変更をしたときに、突然テストが失敗してしまう。その変更ではほんの数パーセントしかキャパシティが落ちなかったというのに。

取り得る戦略はふたつある。まずは、安定した再現性のある結果を目指すという戦略だ。現実的に

---

3 『Release It! 本番用ソフトウェア製品の設計とデプロイのために』の135ページ。

可能な範囲で、キャパシティテスト環境をできるだけ他の影響から隔離し、キャパシティの計測専用に使わせる。そうすれば、テストに関係ない他のタスクの影響を減らせ、結果がより一貫したものとなる。キャパシティテストは、仮想化に向いていない数少ない事例のひとつである（本番環境も仮想化されているのならば話は別だ）。仮想化によってパフォーマンス上のオーバーヘッドが生じるからである。もうひとつの戦略は、テストが通るための閾値を微調整することだ。テストが通るたびに、受け入れレベルを少しずつ厳しくしていけばよい。こうすれば、本来通るべきテストが失敗してしまうことを防げる。あるコミットの後でテストが失敗するようになったとしよう。その時点でもし要件を上回る閾値を設定しているのなら、必要に応じて（そのコミットによってある程度キャパシティが落ちるのが納得済みで受け入れられる場合は）閾値を下げればよい。それでもそのテストの価値は落ちず、不意にキャパシティに影響を及ぼすような変更からは守ってくれる。

## 最初のキャパシティ閾値を設定する

　ある架空のシステムを例にして考えよう。このシステムは文書を処理するものであり、毎日 100,000 件の文書を処理する必要がある。各文書には五段階の検証ステップがあり、すべて終えるのに三日間かかる。説明の都合上、このシステムは単一のタイムゾーン内で稼働するものとする。つまり、このシステムの性質からして平日の昼間に最も負荷がかかることになる。

　まずは文書の視点で考えよう。負荷が均等に分散すると仮定すれば、約 100,000 の文書を平日昼間の 8 時間で処理する必要がある。つまり毎時 12,500 文書ということだ。アプリケーションのスループットを最優先で考えるのなら、テストを丸一日実行する必要はないし、一時間かける必要もない。長期稼働テストはそれ単体で別に行えばよい。一時間で 12,500 文書を処理するには、一分で 210 弱、あるいは一秒で 3.5 の文書を処理できればよいことになる。30 秒間のテストで 105 の文書を処理できれば、大体うまくいくだろうと見なせる。

　そう、大体は、だ。しかし現実の世界では、これらの文書をすべて受け付けたその間にも別の作業がシステム内で行われている。現実に即したテストをしたければ、文書を処理している間にシステムにかかるその他の負荷もシミュレートしなければならない。各文書はシステム内で三日間動き続け、その間に五段階の検証プロセスを経ることになっている。つまり、任意の一日を切り出したときに、文書を受け付ける際にシステムにかかる負荷以外にも検証作業による負荷も考慮しなければならない。考慮すべき負荷は、二日前に追加した文書に対する検証の 5/3 と一日前に追加した文書に対する検証の 5/3、そして当日に追加した文書に対する検証の 5/3 回である。つまり、平均で考えると、システムが一件の文書を受け付けるたびに、それと同時に五段階の検証もシミュレートしなければならないということだ。

　つまり、30 秒のテストが通るための条件は「105 件の文書の受付と 105 回の検証を、30 秒以内にさばけること」となる。この例は、我々が実際に経験したプロジェクトを元にしたものである。そしてそのプロジェクトでは、この推定がまさに的中した。しかし、ここで覚えておくべき重要なことは、多くのシステムは負荷の変動が激しく、状況によって負荷は大きく変わるということだ。つまり、このようなテストをするときは、推定される最高の負荷がかかった状態を元にして条件を算出しなければならない。

自分たちのテストを、単なるパフォーマンス測定ではない真のテストにするためには、各テストが固有のシナリオを具現化したものでなければならない。またその閾値は、テストが通ることを要求される値を上回らなければならない。

## 9.5 キャパシティテスト環境

　システムのキャパシティを確実に計測するには、理想を言えば、最終的にシステムが稼働する本番環境を可能な限り再現したテスト環境を用意しなければならない。

　設定の異なる環境であっても有用な情報を得ることは可能だろう。しかし、計測に基づいたものでない限り、テスト環境のキャパシティから本番環境のキャパシティを推測しようとしても、かなり不確かなものとなってしまう。ハイパフォーマンスなコンピュータシステムのふるまいは、専門的で複雑な領域である。設定の変更がキャパシティに与える影響は、非線形的になる傾向がある。アプリケーションサーバーの接続やデータベースの接続に対して許可するUIセッションの割合を変更するといったシンプルな変更が、システム全体のスループットを桁違いに向上させることもあり得る（つまり、このあたりを調整してみるのも非常に大切なことである）。

　キャパシティやパフォーマンスが重要になるアプリケーションなら、システムのコア部分についてはある程度の投資をして本番環境の複製を用意するべきだ。同じハードウェアやソフトウェアを用意し、本書の内容に従って構成を管理して、各環境の構成を（ネットワークやミドルウェア、OSの設定も含めて）確実にそろえておく。ほとんどの場合、高キャパシティのシステムを構築しているのなら、この方式にしておかないと新たなリスクが発生してしまう。つまり、いざシステムを本番環境にのせて外部システムと接続し、本番環境のデータ量や負荷をさばくようになった段階で、アプリケーションがキャパシティ要件を満たせなくなる恐れがあるということだ。

### iPodクラスター上でのキャパシティテスト

　同僚のチームがかつて、有名なWeb企業向けのプロジェクトに参加していた。長い歴史を持つ企業だということもあり、以前からずっと引き継いでいる問題もいろいろあった。そのチームでは、まったく新しいシステムをその企業向けに構築していたのだが、顧客側は資金を節約するために、大昔に本番稼働していたハードウェアを持ち出してパフォーマンステスト用の環境を構築した。

　彼らは当然のごとくシステムのキャパシティも気にかけており、長い時間とお金をかけて、開発チームがキャパシティの問題に注力するよう仕向けた。ことあるたびに我々のチームは指摘した。「テスト環境のハードウェア自体が古すぎます。そもそもそのことが、キャパシティテストの結果が芳しくない一番の原因になっていますよ」と。

　あるテストの結果が特にひどい状態になったのを機に、チーム内でちょっとした比較を行った。その結果、当時のキャパシティテスト環境よりもiPodのクラスタ環境のほうがパフォーマンスが優れていることがわかった。それを見た顧客企業は、やっと新しいハードウェアをテスト用に購入してくれたのだ。

実際は、キャパシティテスト用に本番環境の完全な複製という理想的な環境が用意できるとは限らない。複製を用意することが理にかなわない場合もある。たとえば、プロジェクトが小規模である場合や、本番環境のハードウェアを複製するために費用がかかる割にアプリケーションのパフォーマンスの優先度が低い場合などである。

　それとは対極にあるプロジェクトの場合も同様に、本番環境の複製を作るのは妥当でない。大規模なソフトウェアサービスプロバイダーでは、本番環境で数百から数千のサーバーが稼働していることも珍しくない。そんな環境の完全な複製を用意することは、保守の手間やハードウェアの費用を考えると非現実的だ。仮に環境を用意できたとしても、そんな環境に対して複雑な負荷をかけたり大量のデータセットを用意したりするのはとてつもなく大がかりな作業になってしまう。そんな状況でキャパシティテストを行うときには、カナリアリリース戦略（詳細は321ページの「カナリアリリース」を参照）の一環として実行するとよい。新たな変更によってアプリケーションのキャパシティが悪化するというリスクを軽減するには、より頻繁にリリースすればよい。

　しかし、ほとんどのプロジェクトはこんな極端な状況にはない。そういったプロジェクトでは、キャパシティテスト環境をできる限り本番環境に近づけるべきだ。たとえプロジェクトの規模が小さすぎて本番環境を複製するための費用を捻出するのが難しい場合でも、これだけは覚えておこう。低スペックのハードウェアでキャパシティテストをしていると、重大なキャパシティの問題は目立つが、アプリケーションが実際のところそのキャパシティ要件を満たしているかどうかは示せない。これは、プロジェクトのリスクとして評価しなければならない。しかし、計算すればなんとかなるというのは甘い考えだ。

　「ハードウェアの何らかの要素を2倍3倍と増やしていけば、それに応じてアプリケーションのキャパシティも2倍3倍になる」などといった考えではいけない。たとえば、テスト環境のCPUのクロック数が本番サーバーの半分だからと言って、本番環境ではアプリケーションの速度が2倍になるだろうと考えるのは甘すぎる。アプリケーションの速度がCPUの制約を受けているとして、CPUの速度が上がったところでまだそこがボトルネックのままであることも考えられる。複雑なシステムでは、パフォーマンスが直線的に変化することはまずあり得ない。たとえそうなるように作っていたとしてもである。

　もしどうしようもない場合は、テスト環境と本番環境の違いを変化させたときのベンチマークを可能な限り多く実行するようにしよう。

---

### 倍率で考えることの問題

　あるプロジェクトでこんなことがあった。本番環境用のハードウェアを2組そろえるための支出を渋った顧客が、キャパシティテスト用の環境として本番機より大幅に見劣りするマシンを用意してきたのだ。幸いにもそのときは、何とか顧客を説得して新しい本番サーバーの試験運用を一週間遅らせることができた。そうしてくれれば、それまで我々が本番稼働時にあり得ると説明してきたリスクをより軽減できるだ

> ろうと伝えたのだ。与えられた一週間、我々はものすごい勢いでキャパシティテストを実行し、大量のデータを収集した。その後、まったく同じテストを貧弱なキャパシティテスト環境で再実行し、倍率を一通り算出した。これできっと、今後のキャパシティテストの結果から本番環境での動きを推測できるはずだ。よさそうな話に見える。しかし実際はどうだったかというと、システムの本番稼働が始まってからも予期せぬキャパシティの問題が見つかった。もし本番環境と同等のハードウェアでキャパシティテストができていれば、これらの問題はテストの時点で見つけられたはずだった。このプロジェクトに関しては、キャパシティテスト用に本番と同等の環境を用意しなかったことは何の節約にもならなかった。我々が構築していたのはハイパフォーマンスなシステムであり、発覚した問題を低スペックなテスト環境で再現しようにもそれだけの負荷をかけることができなかったからである。あとで見つかった問題を修正するコストは高くついた。

テスト環境のコストを抑えつつ、ある程度正確なパフォーマンス計測を行えるようにする方法がひとつあるとすれば、それはアプリケーションのデプロイ先の本番環境が図9-1のようなサーバーファームになっている場合である。テスト環境はサーバー群の一部を切り取って図9-2のようにすればよく、全体を複製する必要はない。

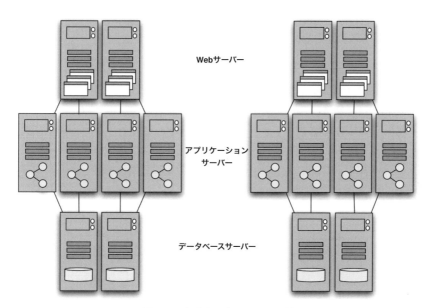

図9-1　本番サーバーファームの例

たとえば、アプリケーションのデプロイ先がWebサーバー4台とアプリケーションサーバー8台、そしてデータベースサーバー4台で構成されているものとする。この場合は、Webサーバーとデータベースサーバーを1台にアプリケーションサーバーを2台組み合わせたパフォーマンステスト環境を用意すればよい。こうすれば、最小限のセットで動かしたときのパフォーマンスをかなり正確に計測

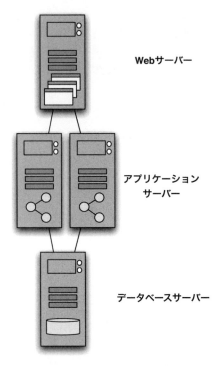

図9-2　キャパシティテスト環境の例

できるだろうし、複数のサーバーが別の層のリソース（データベース接続など）を巡って競合したときに発生する問題も見つけられる。

　キャパシティの推測は経験則に基づくものである。どうするのが一番よい方法か、そしてその方法でうまくいくのかなどは、プロジェクトによって異なる。ここで助言できることは、結果に基づく推測を鵜呑みにしないこと、そして逆に疑心暗鬼に陥らないようにすることぐらいである。

## 9.6 キャパシティテストを自動化する

　過去にかかわっていたプロジェクトでは、我々はキャパシティテストの扱いを間違えていた。完全に別個の作業としてとらえ、デリバリープロセス内でそれ単体のフェーズとして個別に実行していたのだ。こうしたアプローチをとっていたのは、キャパシティテストを用意したり実行したりするのにコストがかかるからだった。コストの件はひとまず置いておいて、もしプロジェクトにとってキャパシティが重要な問題であるなら、ある変更がシステムのキャパシティに悪影響を与えないかどうかを知る必要がある。その必要性は、ある変更が機能的な問題を引き起こさないかどうかの確認と何ら変わらない。キャパシティの低下があれば、それを引き起こした変更が行われてからできるだけ早く気づかなければならない。そうすれば、手早く効率的に修正できる。つまり、キャパシティテストはデ

プロイメントパイプラインのひとつのステージとして組み込めばよい。

　キャパシティテストをパイプラインに組み込むには、まず自動化したキャパシティテストスイートを用意しなければならない。そして、コミットステージや（もしあれば）受け入れテストステージを通過したすべての変更に対して、そのテストスイートを実行する必要がある。これはそんなに簡単ではない。なぜなら、その他の受け入れテストにくらべてキャパシティテストは壊れやすく複雑になりがちで、ソフトウェアにほんの少し変更が加わるだけで簡単に動かなくなってしまうからだ。キャパシティに問題があることが原因で動かなくなるぶんにはまったくかまわないが、キャパシティテストで使っていたインターフェイスが変わってしまったことでテストが壊れてしまうこともあり得る。

　キャパシティテストは、このような条件を満たさねばならない。

- 実際にあり得るシナリオをテストすること。テストをあまりにも抽象化しすぎてしまうと、実際の利用中に起こる重大なバグを見落としてしまう。
- どこまでいけば成功と見なすのか、閾値を事前に決めておくこと。そうしないと、そのテストが成功したのか失敗したのかの判断ができない。また、実行時間は短くし、キャパシティテストが妥当な時間内に完了するようにしておくこと。
- 変更に対して堅牢にしておくこと。アプリケーションに変更があるたびにテストをそれに追従させる作業が発生するようではいけない。
- 複数を組み合わせてより大規模で複雑なシナリオをテストできるようにしておくこと。そうすれば、現実的な使用例をシミュレートできる。
- 繰り返し実行できるようにしておくこと。また、複数のテストを順に実行することも同時に実行することもできるようにしておくこと。そうすれば、そのテストスイートを負荷テストや長期稼働テストにも流用できる。

　これらの目標をすべて達成しつつ、開発プロセスの邪魔をしないようテストの作り込みすぎを避けるというのは簡単なことではない。うまい作戦のひとつとしては、既存の受け入れテストからいくつかピックアップしてそれをキャパシティテスト用に書き換えるという方法がある。受け入れテストがうまくできていれば、それはきっと実際のシステム上であり得る現実的なシナリオを反映していることだろう。そしてきっと、アプリケーションに変更があってもあまり変更せずにすむはずである。受け入れテストに欠けているのは、規模を拡大する（アプリケーションに対して厳しめの負荷をかける）ことと、成功したかどうかを判断することである。

　それ以外の観点については、これまでの章における助言に従って受け入れテストの作成や管理を行っていれば、先ほどまとめた「よいキャパシティテストの条件」のほとんどはすでに満たせていることだろう。残された目標はふたつだ。まずは本番環境に近い現実的な負荷をかけること。もうひとつは、負荷のかかる現実的な状況（ただし、異常な状態）を再現することである。二番目が特に重要だ。受け入れテストでは、万事順調な正常系だけをテストするわけではない。キャパシティテストでもそれ

は同様である。たとえば、システムの規模が拡大してもきちんと動作するかどうかを判断するうまいテクニックとして、ナイガードは次のような提案をしている。「コストが最も高いトランザクションを何でもいいから特定し、そうしたトランザクションの割合を2～3倍しよう[*4]。」

もしこれらのテストがシステムとやりとりする内容を記録し、それを何度も複製した上で再び実行できるのなら、さまざまな種類の負荷をテスト対象システムにかけられるようになり、したがって、さまざまなシナリオをテストできるようになる。

我々は、この一般的なやり方が、実際にいくつかのプロジェクトで機能しているのを見てきた。実際に使っている技術はそれぞれ異なっていたし、キャパシティテストの要件もそれぞれ異なっていた。テストを記録するための方法も違えばその規模を拡大する方法も違ったし、テストを再度実行する方法もプロジェクトごとに大きく異なっていた。一貫していたのは基本的な考え方だけである。つまり、機能的な受け入れテストの出力を記録してから後でその規模を拡大し、個々のテストが成功したと見なせる条件を定義してから、システムに大量の負荷をかけた状態でテストを再度実行するという流れだ。

まず最初に決めなければならないのは、アプリケーションの操作の記録と再生をどこで行うかということである。目標は、システムを実際に使うときの流れにできるだけ近づけるということである。しかし、それにはコストがかかる。システムによっては、普通にユーザーインターフェイスを通した操作を記録して後で再生するという作業で十分なこともある。しかし、いま作っているシステムが何万人ものユーザーに使われるものであった場合はどうだろうか。そんな場合はUI経由の操作でシステムに負荷をかけようとしてはいけない。現実的な状況をシミュレートするには、何万台ものマシンを用意してシステムに負荷をかけさせることになってしまう。ときには妥協が必要なのだ。

いまどきのサービス指向アーキテクチャを使ったシステムや非同期通信を主な入力元とするシステムの場合は特に、我々がよく使う「記録再生型」作戦の影響を受けやすい。

システムのふるまいやベースとなるアーキテクチャなどのさまざまな要素によって、記録と再生を行う場所は次のいずれかに落とし込める（図9-3）。

1. ユーザーインターフェイスを使う。
2. サービスあるいは公開APIを使う（たとえば、HTTPリクエストを直接Webサーバーに送る）。
3. 低レベルAPIを使う（たとえば、サービス層やデータベースを直接呼び出す）。

## 9.6.1 ユーザーインターフェイス経由のキャパシティテスト

操作の記録や再生を行う場所として最も明白なところは、ユーザーインターフェイスである。大半の商用負荷テスト製品は、ユーザーインターフェイス経由での操作を行っている。この手のツールは、

---

4 『Release It! 本番用ソフトウェア製品の設計とデプロイのために』の57ページ。

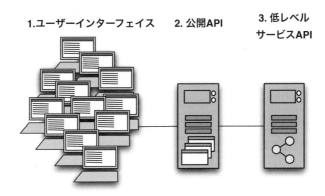

図9-3 キャパシティテスト用の注入ポイントになり得る箇所

スクリプトを書いてやりとりを記録したり、あるいはユーザーインターフェイス経由で直接やりとりを記録したりする。そして、記録した内容を複製して大規模なテスト操作を準備する。これを使えば、ひとつのテストに対して何百あるいは何千ものやりとりをシミュレートできる。

　先述のとおり、大規模なシステムでは必ずしもこの手法が現実的であるとは限らない。システム全体を通してテストを実行することには多大な利点があるのだが、大規模なシステムの中にはそうもいかないものもあるだろう。また、この方法にはもうひとつの大きな弱点がある。分散型アーキテクチャで、複数のサーバーが重要なビジネスロジックを分担して受け持っている（このような場合はキャパシティの問題がより重要になる）場合は、システムに適切な負荷をかけて十分にテストすることが不可能になる可能性がある。同じ理由で、クライアント側が独自のロジックを持ちすぎて複雑になっている場合や、逆にあまりにも薄っぺらくて軽量なUIだけしかなく、ほとんどの処理を中央サーバーで行っている場合もUI経由でのキャパシティテストは難しい。そんな場合、実際の計測値はサーバー当たりのクライアントの台数に比例する。

　UIベースのテストが正解であるシステムも存在する。しかし実際のところ、この戦略がうまく使えるのは適度な規模のシステムだけであろう。そんなシステムであっても、UI中心のテストを管理したり保守したりするコストは非常に高くつく。

　UIベースのテストには、根本的な問題がひとつある。きちんと設計されたシステムはいくつかのコンポーネントを組み合わせて作られており、各コンポーネントはそれぞれ別の責務に専念している。たいていのシステムにおけるUIの役割は、その定義上、ユーザーがシステムとやりとりするための適切なインターフェイスを用意することである。そして通常は、このインターフェイスがいくつかの操作をひとまとめにして、システム内の他のコンポーネントとやりとりする目的を絞り込む。たとえば、テキストボックスに何かを入力してからリストを選択してボタンをクリックすると、それ全体がひとつのイベントとして別のコンポーネントに渡されるといった具合である。イベントを受け取る側のコンポーネントはより安定したAPIを持っているだろう。したがって、このAPIに対するテストはGUI向けに書かれたテストよりも壊れにくくなる。

分散型アプリケーションのキャパシティテストにおいて、クライアント側のUIを気にかけるかどうかはシステム全体の特性に依存する。シンプルなWebベースのクライアントの場合は、クライアント自体のパフォーマンスをあまり気にすることはない。それよりは中央サーバー側に集まったリソースのパフォーマンスのほうが気になるだろう。もし受け入れテストが「UI経由の実行によって何らかの機能が正常に動くことを保証する」という作りになっているのなら、UI経由ではなくアプリケーションの別の場所で記録や再生をしたほうが、キャパシティテストをより有効に機能させられるだろう。しかし逆に、キャパシティの問題が表面化するのがクライアントとサーバーの間のやりとりのみである場合もある。特に、重厚長大なクライアントを使っている場合はそうなりがちだ。

分散型のシステムで複雑なクライアントアプリケーションと中央サーバーベースのコンポーネントという構成になっている場合は、先述したような差し込みポイントを探しての記録・再生によるキャパシティテストはサーバー向けだけにしておくとよい。UIクライアントのテストは別に用意して、そのときにはUIの操作をバックエンドシステムのスタブに向けるようにする。「話が違うじゃないか」と思うかもしれない。確かに先ほどは、エンドツーエンドな「システム全体」のテストを用いてキャパシティテストをすることを勧めていた。しかし、分散型システムのキャパシティテストにおいては、UIを例外的なケースとして特別に扱うようにする。ここでは、他の場合にもまして、テスト対象のシステムの特性に合わせた対応をしているのである。

まとめると、我々としてはたいていの場合、UI経由でのキャパシティテストを避けるようにしているのだ。それが、キャパシティテストにおける最も一般的なアプローチであり、また市販のキャパシティテストツールがそのように作られていようとも、である。例外があるとすれば、UI自体を精査することが重要な場合や、クライアント・サーバー間のやりとりがボトルネックになっていない場合くらいである。

## 9.6.2 サービスや公開APIに対するインタラクションを記録する

この戦略が使えるのは、グラフィカルなユーザーインターフェイスではなくAPIを公開しているようなアプリケーションだ。Webサービスやメッセージキュー、あるいはその他のイベント駆動な通信の仕組みなどがこれにあたる。サービスや公開APIは、やりとりを記録する場所として理想的なポイントになり得る。クライアント数の増加に関する問題も回避できるし、何百あるいは何千ものクライアントプロセスを管理せずに済むし、ユーザーインターフェイス経由でシステムとやりとりするほどにはもろくない。サービス指向アーキテクチャのシステムには、この方式が最適だろう。

図9-4にキャパシティテストの記録用コンポーネントを示す。これは、両者の間でインタラクションが発生した際にそれを記録するためのコンポーネントである。

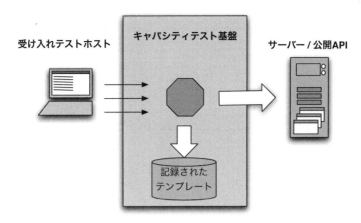

図 9-4　公開 API に対するインタラクションを記録する

## 9.6.3 記録したインタラクションテンプレートを使う

　システムとのやりとりを記録するそもそもの目的は、システムに対する操作のテンプレートを作ってそれを受け入れテストで使えるようにすることだ。このインタラクションテンプレートがあれば、後でそれを使ってキャパシティテスト用のデータを生成し、キャパシティテストで使うことができる。

　理想的には、受け入れテスト全体あるいはその一部（キャパシティテストシナリオとなるもの）を特殊なやり方で実行したいのだ。つまり、実行中に、特殊なコードを何らかのかたちで注入してコードを解析するのである。注入したコードでやりとりを記録し、ディスクに保存して、適切なシステムに渡すのだ。システム全体から見れば、いまそこで起こっているやりとりには何の違いもない。記録は透過的に行われるのだ。単に、すべての入出力がディスクに書き出されるだけである。

　図 9-5 に、そのプロセスの一例を示す。この例では、後で置換するためのタグをつけている値もあればそのまま残しているところもある。そのまま残しているのは、その値があってもテストを行う意味に影響を与えないからである。もちろん、必要に応じてメッセージ内のタグ付けを多くすることも少なくすることもできる。しかし全体としては、置換項目はできるだけ少なく抑えるように心がけている。テストでうまく使えるための必要最小限の置換だけにしておくべきだろう。そうすればテストとテストデータ間が過度に結合してしまわないようにでき、テストをより柔軟かつ壊れにくくできる。

　インタラクションテンプレートが記録できたら、次にテンプレートとともに使うテストデータを作成しよう。このデータはインタラクションテンプレートと組み合わせて使うためのもので、テストデータのコレクションを適切なテンプレートと組み合わせると、テスト対象のシステムに対する有効なインタラクションとなる。図 9-6 に、データとテンプレートを組み合わせる部分を示す。

　テンプレートに記録した内容に加えて、そのテンプレートが表すテストが成功するための条件も追加することになる。我々はまだこの方式でのテストの経験があまりなく、これが最善の方法でこうしなければならないとお勧めするには至っていない。しかし、あるプロジェクトでこの方法を試してみた

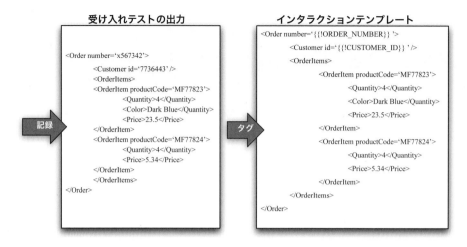

図 9-5　インタラクションテンプレートを作成する

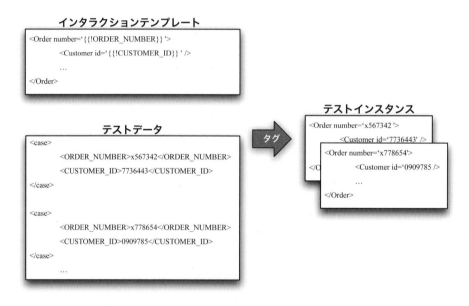

図 9-6　テストインスタンスをインタラクションテンプレートから作成する

限りでは非常にうまく機能し、非常にシンプルながらもとても強力なキャパシティテストシステムを構築できた。一度仕組みを作ってしまえば、新しいテストを記録するのにほとんど手間がかからないし、キャパシティテストの準備や実行には一切手間がかからなくなる。

最後に、キャパシティテストを実行するときに、これらの個別のテストインスタンスをシステムに対して同時に実行するのだ。

インタラクションテンプレートとテストデータの組み合わせは、Apache JMeter や Marathon ある

いはBenchといったオープンソースのパフォーマンステストツールへの入力としても使える。あるいは、シンプルなテストハーネスを書いて、この方式でテストを管理したり実行したりすることもできる。キャパシティテスト用のテストハーネスを自作するというのは、思ったほどばかげたことではないし、そんなに難しいことでもない。自作しておけば、テストハーネスをカスタマイズして、自分のプロジェクトにとってまさに必要な計測をできるようになるだろう。

このセクションで紹介した方法には、ひとつ弱点がある。非常に高いレベルのキャパシティとパフォーマンスが求められるシステムの場合、システム全体で最もパフォーマンスが高くなる場所は必然的にテストコードとなり、製品コードではなくなる。テストには、負荷をかけて結果を確認するのに十分なだけの処理速度が必要となる。最近のハードウェアは非常に高速なので、ここで議論しているようなレベルでのパフォーマンスを要求されることはほとんどない。しかし、クロック周期を考慮したりコンパイラが生成した機械語に手を加えたりというレベルになると、インタラクションテンプレートはコストが高すぎて使い物にならないだろう。少なくとも我々は、そのようなシステムでアプリケーションを効率的にテストできるような方法をまだ発見していない。

## 9.6.4 キャパシティテスト用スタブを使ったテスト作り

非常に高いパフォーマンスを要求されるシステムのキャパシティテストでは、キャパシティテストを書くほうがそのテストを通るくらいに十分高速なコードを書くよりも困難であることが多い。そのため、作ったテストが本当に必要な要件を検証できるのかを確かめることが重要となる。キャパシティテストを書くときに大切なのは、テスト対象のアプリケーション（あるいはインターフェイス、テクノロジー）の何もしないシンプルなスタブの作成から始めることだ。そうすれば、これから書くテストが十分高速に動くことを確認できるし、相手側が何もしないときに正しくテストが通ることも確認できる。

少しやりすぎに見えるかもしれない。しかし実際のところ、我々がこれまでに見てきた多くのキャパシティテストでは、テストそのものがアプリケーションの速度に追いつけないというだけの理由でテストが失敗することがあった。著者のデイブが本書の執筆時点で参加している現場は、ハイパフォーマンスコンピューティング環境である。このプロジェクトでは、キャパシティテストとパフォーマンステストをすべてのレベルで行っている。皆さんの期待通りこれらのテストはデプロイメントパイプラインの一環として動作しており、ほとんどのテストではベンチマーク実行もしている。まずはじめにテストスタブ相手に各テストを実行してテスト自体が正しく機能することを確かめる仕組みである。これによって、その後の結果の信頼性を保証している。ベンチマーク実行の結果は他のキャパシティテストの結果とは別に報告されるので、何か問題があればすぐに気づける。

## 9.7 キャパシティテストをデプロイメントパイプラインに追加する

　ほとんどのアプリケーションには、最低限満たすべきキャパシティ要件が存在する。いまどきの商用アプリケーションの多くは同時に多数のユーザーをさばけるようになっており、ピーク時の要求に耐えつつ一定のレベルのパフォーマンスを維持しなければならない。そこで開発中に、自分たちが開発しているアプリケーションが利用者の求めるキャパシティを達成できているかどうかを確かめることができなければならない。

　キャパシティ関連の非機能要件がプロジェクトの開発作業で重要な一面である一方で、何をもって「十分達成できた」とするのかという測定可能な条件を設定することも大切である。この達成条件は、何らかの形式の自動テストで評価できるものでなければならない。この自動テストを、デプロイメントパイプラインに組み込んで実行する。つまり、コミットテストと受け入れテストを通過したすべての変更は、自動的にキャパシティテストの対象にならなければならないということだ。そうすれば、ある変更がアプリケーションのキャパシティに重大な影響を及ぼしたときに、それをすぐに検出できるようになる。

　自動化したキャパシティテストと明確に線引きされた達成条件があれば、アプリケーションがそのキャパシティ要件を満たしていることを保証できる。この方法を使って我々は、キャパシティ問題に過剰に対応して作り込みしすぎてしまうことを防いでいる。我々が常に心がけているのが、必要最小限の作業で目標を達成し、余計なことはしないということだ。これは、いわゆる YAGNI (You Ain't 'Gonna Need It ／ そんなの必要ないって）原則を踏まえたものである。この原則は、「あとで必要になるかも」と思って追加した機能は徒労に終わる可能性があるということを思い出させてくれる。クヌースの言葉を借りると、最適化をするのはそれが必要だとはっきりするまで先送りすべきである。もうそれ以上引き延ばせないところまで我慢し、実際のアプリケーションのプロファイリング結果に基づいて、重要度の高いものから順にボトルネックに対応していく。

　いつもどおり、我々にとってあらゆるテストの目標は同じである。もし何かを変更したせいで前提が崩れてしまったら、できるだけ素早くテストを失敗させるということだ。そうすれば、失敗の原因となった変更を容易に特定でき、素早く修正できるようになる。しかし、キャパシティテストは他のテストとくらべて複雑になりがちで、実行に時間がかかることもある。

　もし幸運にも数秒以内にアプリケーションがパフォーマンス要件を満たすことを確認できるのなら、キャパシティテストをコミットテストステージに組み込むとよい。そうすれば、何か問題があったときにすぐにフィードバックを得られる。しかしこの場合は、実行時最適化コンパイラに依存する技術には注意を要する。.NET や Java における実行時最適化が安定するまでには何回かの反復処理があるので、安定した結果を収集するには数分の「ウォームアップ」が必要となるのだ。

　似たような戦略が有効となるのが、パフォーマンス上の問題になりやすい箇所で開発が進むにつれ

て状況が悪化するのを防ぐときである。そのような箇所が見つかったら「ガードテスト」を作る。このテストは、コミットテストの一環として組み込めるように、高速に実行できるものにしておく。この種のテストは、パフォーマンスチェック用のスモークテストとして機能する。そのアプリケーションがパフォーマンス要件をすべて満たしていることを教えてくれるわけではないが、悪い方向に進んでいるときにはそれをはっきり示し、問題となる前にそれに立ち向かうように仕向けてくれるのだ。しかし、信頼できないテストを仕込んでしまわないように注意が必要だ。そんなテストがあると、この戦略はうまく機能しなくなってしまう。

しかし、大半のキャパシティテストは、デプロイメントパイプラインのコミットステージに含めるには適していない。通常は実行時間が非常に長くなるし、実行するには多くのリソースが必要となるからである。キャパシティテストの受け入れテストステージへの組み込みは、キャパシティテストが極めてシンプルで実行時間も短いのならば可能だろう。しかし一般的には、キャパシティテストをデプロイメントパイプラインの受け入れテストステージに含めることはお勧めしない。理由は次のとおりである。

- 真に効果的なテストをするなら、キャパシティテストはそれ専用の環境で実行する必要がある。あるリリース候補がキャパシティ要件を大幅に悪化させたとしよう。もしその真の原因が「同じ環境で他の自動テストが同時に動いていたから」だとしたら、それを見つけるのは至難の業だ。CIシステムには、テスト用のターゲット環境を指定できるものもある。この機能を使えば、キャパシティテストを個別に分けて、受け入れテストと並列に実行できるようになる。
- キャパシティテストの中には、非常に実行時間がかかるものがある。その結果、受け入れテストの結果を得るまでに耐えがたい遅延が発生してしまう。
- 受け入れテスト以降の多くの段階で、最新版の動作するソフトウェアのデモや手動テスト、インテグレーションテストなどとキャパシティテストを並列実行できる。これらの作業のためにキャパシティテストの通過が必須だというわけではなく、多くのプロジェクトにとってこれは非効率的である。
- プロジェクトによっては、キャパシティテストを受け入れテストと同じ頻度で実行するのはあまり意味がないことがある。

一般に、先に述べたパフォーマンスのスモークテストは別として、我々は自動キャパシティテストをそれ単体のステージとしてデプロイメントパイプラインに組み込むことを好む。

パイプライン内でキャパシティテストステージをどのように扱うかは、プロジェクトによって異なる。プロジェクトによっては、受け入れテストステージと同様の扱いにするのもよいだろう。これは、完全に自動化されたデプロイメントを行うためのひとつの関門にするということだ。つまり、キャパシティテストステージでのテストがすべて通らなければ、手動で手を加えない限りデプロイできないということだ。ハイパフォーマンスを要求されるシステムや大規模なシステムには、この方針が最も適

している。熟考の上で設定されたキャパシティの閾値を満たせなければ、それだけでアプリケーションとしては役立たずになるからである。これは最も厳格な形式のキャパシティテストであり、一見するとほとんどのプロジェクトに適しているように感じる。しかし、常にそうだとは限らない。

スループットやレイテンシーに実際に問題があったり、特定の期間内にしか関連する情報が取得できなかったりする場合は、自動テストは実行可能な仕様として非常にうまく機能し、このテストで要件を満たしているかどうかを検証できる。

広い目で見ると、デプロイメントパイプラインにおける受け入れテストステージは、キャパシティテストも含めたそれ以降のすべてのテストステージのテンプレートとなる。その様子を図9-7に示す。キャパシティテスト（そしてその他の受け入れテスト以降のテスト）ステージは、まずデプロイの準備から始まる。その後デプロイし、環境やアプリケーションが正しく設定されてデプロイできているかどうかを確認する。キャパシティテストを実行するのはそれからとなる。

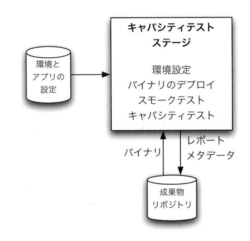

図9-7　デプロイメントパイプラインにおけるキャパシティテストステージ

## 9.8 キャパシティテストシステムのもうひとつの利点

キャパシティテストシステムは、想定している本番システムに最も近い構成になることが多い。それ自体、非常に価値のあるリソースである。さらに、我々の助言に従ってキャパシティテストを設計し、組み合わせ可能なシナリオベースのテストを作ったのなら、それは本番システムを非常にうまくシミュレートしたものとなる。

これは、いろいろな意味でかけがえのないリソースである。なぜシナリオベースのキャパシティテストが重要なのかについてはすでに議論した。しかし、より一般的な手法で特定の技術に関する操作をベンチマークするなら、それは繰り返す価値のあるものとなる。シナリオベースのテストはシステ

## 9.8 キャパシティテストシステムのもうひとつの利点

ムとの実際のやりとりのシミュレーションである。これらのシナリオを複雑に組み合わせれば、さまざまな検証や調査を疑似本番システム上で効率的に行える。

我々は、この仕組みを利用してさまざまな作業を行っている。

- 本番環境での複雑な不具合の再現
- メモリリークの検出とデバッグ
- 長期稼働テスト
- ガベージコレクションの影響の検証
- ガベージコレクションのチューニング
- アプリケーションの設定パラメタのチューニング
- サードパーティーのアプリケーション（OS やアプリケーションサーバー、データベースなど）の設定のチューニング
- 最悪の状態である異常系のシミュレート
- 複雑な問題に関するさまざまな解決策の検証
- インテグレーションの失敗のシミュレート
- さまざまなハードウェア構成で実行を繰り返すことによる、アプリケーションのスケーラビリティの計測
- 外部システムとの通信の負荷テスト（ただし、我々の行うキャパシティテストは、本来、インターフェイスのスタブを相手に実行するすることを意図していた）
- 複雑なデプロイメントのロールバック作業のリハーサル
- いくつか抜粋したパーツやアプリケーションを失敗させることによる、サービスの劣化に関する評価
- 現実世界でのキャパシティのベンチマークを、差し当たり手に入る本番用ハードウェアで実行する。それにより、それ以降長期にわたって使うことになる低スペックなキャパシティテスト環境上でのテスト結果をより正確に評価できるようにする。

すべてをここに挙げることはできないが、これらの例はどれも実際のプロジェクトからとりあげたものである。

基本的にキャパシティテストシステムは実験用のリソースであり、必要に応じて効率的に活用できる。このシステムを使ってあらゆる実験を行えば、発生した問題の調査や将来起こるであろう問題の予知、そしてその回避策を検証する助けとなるだろう。

## 9.9 まとめ

　非機能要件を満たすようにシステムを設計するのは、複雑な作業だ。非機能要件の多くは機能をまたがるものなので、それがプロジェクトにもたらすリスクを管理することは難しい。そのため、次のふたつのふるまいにつながりがちとなる。ひとつはプロジェクトの開始時期から非機能要件に注意を払わなくなること。もうひとつは、過剰に反応しすぎてアーキテクチャを作り込みすぎること。

　技術者という人種は、完全でかつ閉じたソリューションを好む。つまり、思いつく限りのあらゆる場面に対応した完全な自動化を行いたいと考えるのである。彼らにとっては、問題解決の手段としてそれが至極当然のことなのだ。たとえば運用部隊は、システムの再デプロイメントや設定変更のときにシャットダウンせずに済むようにしたい。一方開発者たちが望むのは、アプリケーションに今後どのような変更があっても対応できるように準備しておくことだ。そんな変更が必要になるかどうかは気にしない。非機能要件が機能要件と比べて面倒なのは、開発者が要件を分析するときに余分な情報も得てしまうところだ。その結果、本来提供するはずだったビジネス上の価値を損なってしまうかもしれない。

　ソフトウェア開発における非機能要件とは、橋を架ける建築家が橋桁を選ぶ際に想定交通量や天候を考慮するのと同じようなものだ。現実の要件として実際に検討しなければならないが、それは橋を利用する人が考えている要件とは異なる。利用者にとって大切なことは、何かをきちんと川の向こう岸に届けられることと見栄えがよいことだからである。技術者としては技術的なソリューションを第一に考えてしまいがちだが、そうならないように注意が必要だということである。顧客やユーザーときちんと向き合い、そのアプリケーションにとって何が大切なのかを確かめ、詳細な非機能要件を定義するときには実際のビジネス上の価値に基づいて考えなければならない。

　これがうまくいけば、デリバリーチームはそのアプリケーション用に適切なアーキテクチャを決められるようになる。そして、非機能要件に関する受け入れ基準も、機能要件を考えるときと同様に設定できる。そうすれば、非機能要件を満たすために必要な作業の見積もりや優先順位付けも、機能要件の場合とまったく同様にできるだろう。

　そこまで終えたら、デリバリーチームは自動テストを作成して、これらの要件を満たすことを確かめられるようにしなければならない。テストはデプロイメントパイプラインの一環として動かし、アプリケーションや基盤そして設定に関する変更がコミットステージと受け入れテストステージを通過するたびに実行することになる。受け入れテストを元にした、より広範囲なシナリオベースのテストで非機能要件を検証する。これが、システムの特性を包括的で保守可能な形式で保つための最善策である。

# 第10章
## アプリケーションをデプロイ・リリースする

## 10.1 導入

　ソフトウェアを本番環境にリリースするのと、テスト環境へデプロイするのとではわけが違う。特に、リリース担当者の血中アドレナリン濃度には大きな違いが出るだろう。しかし、技術的な観点からすれば、両者の違いは設定ファイルなどにカプセル化しなければならない。本番環境へのデプロイメントも、その他の環境へのデプロイメントと同じ手順に従うべきである。自動デプロイメントシステムを立ち上げ、デプロイしたいソフトウェアのバージョンとデプロイ先の環境を指定し、あとは「OK」ボタンを押すだけといった具合だ。このプロセスを、それ以降のすべてのデプロイメントやリリースで使う。

　どちらも同じプロセスを利用するので、本章ではソフトウェアのデプロイとリリースの両方について扱う。本章では、テスト環境へのデプロイメントも含んだソフトウェアのリリース戦略の作り方とそれに従う方法を説明する。デプロイメントとリリースの主な違いはロールバックの方法である。この問題については本章で詳しく取り上げる。また、非常に強力なふたつのテクニックを新たに導入する。これらを利用すれば、ゼロダウンタイム・リリースやロールバックを大規模な本番システム上でも実現できるようになる。その名は「ブルーグリーン・デプロイメント」と「カナリアリリース」だ。

　テスト環境や本番環境へのデプロイメントおよびロールバックといったプロセスはすべて、デプロイメントパイプラインの一部として組み込む必要がある。また、これらの環境にデプロイ可能なビルドの一覧を確認したり、デプロイしたいバージョンとデプロイ先を選べばボタン一発（あるいはクリックするだけ）でデプロイできたりするような仕組みも必要だ。それだけではなく、すべての環境に対するあらゆる変更はこの仕組みを使わないと行えないようにすべきである。当然、OSやサードパーティーのソフトウェアの設定変更も含む。そうすれば、どのバージョンのアプリケーションがどの環境に導入されているのかやそのデプロイメントを承認したのが誰であるか、そして直近のデプロイメントからアプリケーションにどんな変更があったのかなどが正確に把握できるようになる。

　本章で主に考えるのは、複数のユーザーが共有する環境へのアプリケーションソフトウェアのデプロイメントに関する問題である。しかしこれらの指針は、ユーザーがインストールして使うソフトウェ

アにも同様に当てはまるだろう。本章では、クライアントにインストールするソフトウェアのリリースや継続的デリバリーについても扱う。

## 10.2 リリース戦略を作成する

　リリース戦略の作成で最も重要なのは、そのアプリケーションのステークホルダーにもプロジェクトの計画作りに参加してもらうことである。彼らと十分に話し合い、アプリケーションのデプロイメントやその利用中の保守に関する問題について共通認識を得ることが大切だ。この共通認識を、リリース戦略としてまとめる。リリース戦略の文書は、そのアプリケーションを使い続けている間ずっと、ステークホルダーが更新したり保守したりすることになる。

　リリース戦略に関する文書の最初のバージョンをプロジェクトの開始時に作るときには、次に挙げることを検討しなければならない。

- 各環境へのデプロイメント、そしてリリースの責任者。
- 資産管理や構成管理の戦略。
- デプロイメントに使う技術についての説明。これは、運用チームと開発チームとの間での合意に基づくものでなければならない。
- デプロイメントパイプラインの実装計画。
- 受け入れテスト、キャパシティテスト、インテグレーションテスト、そしてユーザーの受け入れテスト用に用意する環境の一覧。そして、これらの環境間でビルドを移動させるときの手順。
- テスト環境や本番環境へデプロイする際に従う手順についての説明。変更リクエストの書き方やどのように承認を得るのかなど。
- アプリケーションを監視するための要件。アプリケーションから運用チームにその状態を通知するときに使うAPIやサービスなど。
- アプリケーションのデプロイ時や実行時の設定を管理する方法、そしてそれが自動デプロイメントプロセスにどのようにかかわるのかについての議論。
- 外部システムとのインテグレーションについての説明。リリース作業中のどのステージでどのようにテストするのか？　問題が発生したときに、運用チームはどこに問い合わせをすればよいのか？　など。
- ログの詳細な記録方法。運用チームはこれを使ってアプリケーションの状態を判断し、何かエラーがないかを調べることになる。
- ディザスタリカバリー計画。災害発生時にアプリケーションをどのように復旧するのかなど。
- ソフトウェアのサービスレベルに関する合意。これをもとに、そのアプリケーションにフェイルオーバーなどの高可用性戦略が必要かどうかを判断する。

- 製品の規模やキャパシティに関する計画。実際のアプリケーションはどの程度の量のデータを生成するか？ どの程度のログファイルやデータベースが必要か？ どの程度のネットワーク帯域やディスク容量が必要か？ クライアントはどの程度のレイテンシーを期待しているか？ など。
- アーカイブ戦略。使わなくなったデータを監査用やサポート用として保存しておくための手順。
- 本番環境への最初のデプロイメントをどのように行うか。
- 本番環境において欠陥の修正やパッチの適用をどのように処理するか。
- 本番環境の更新（データ移行も含む）をどのように処理するか。
- アプリケーションのサポートをどのように管理するか。

リリース戦略づくりという作業はとても有用だ。というのも、これが機能要件や非機能要件を定義するもとになるからである。ソフトウェア開発の面だけでなく、システムの設計やハードウェア環境の構成を考えて発注する際にも役立つ。これらの要件はそのようなものとしてとらえるべきであり、開発計画にも追加していかなければならない。

戦略の作成は、もちろん最初の一歩にすぎない。プロジェクトが進むにつれて戦略が追加されることもあれば変更されることもあるだろう。

リリース戦略に欠かせないのは、どのようにリリースするのかを説明した**リリース計画**である。

## 10.2.1 リリース計画

最初のリリースは、通常は一番リスクの高い作業である。そのため、十分な計画を要する。リリース計画の成果物は、自動化スクリプトかもしれないし文書かもしれない。あるいはその他の手続きでもよいが、信頼性を確保してアプリケーションを繰り返し本番環境にデプロイできるようにする必要がある。リリース戦略で検討した内容に加え、リリース計画では次のことを考えなければならない。

- 最初にアプリケーションをデプロイするための手順
- アプリケーションやアプリケーションが利用するサービスのスモークテストを、デプロイ作業の一環として行う方法
- デプロイメントがうまくいかなかったときに、それを取り消す手順
- アプリケーションの状態をバックアップしたりバックアップから復旧させたりする手順
- アプリケーションの更新を、その状態を壊さずに行う手順
- アプリケーションがダウンしたときに、再起動させたり再デプロイしたりする手順
- ログが記録される場所や、ログに記録する情報についての説明
- アプリケーションを監視する方法
- リリース作業中にデータのマイグレーションを行う手順
- これまでのデプロイメント中に発生した問題と、その解決策の一覧

これ以外に検討が必要になることもある。たとえば新しいシステムが既存システムを置き換えるものだった場合は、既存のユーザーを新システムに移行させて旧システムを廃止するための手順書を作る必要がある。当然、もし何か問題が発生したときに元に戻す手順も忘れてはならない。

この計画もまた、一度作って終わりではなく保守し続けなければならない。プロジェクトが進むにつれて新たな知見が得られることがあれば、それを反映させる必要がある。

## 10.2.2 製品をリリースする

これまでに挙げた戦略や計画は、どれも一般的なものばかりだ。たとえ検討の後にその一部だけを採用することになるのだとしても、すべてのプロジェクトで検討するだけの価値があるだろう。

別の問題も考慮しなければならない類のソフトウェアプロジェクトが一種類ある。それが、商用製品としてリリースするソフトウェアだ。ソフトウェア製品として売り出すプロジェクトで追加検討しなければならないことを次に挙げる。

- 価格体系
- ライセンス戦略
- サードパーティーの技術を使っている場合の著作権問題
- パッケージング
- 宣伝素材（印刷物、Web、ポッドキャスト、ブログ、プレスリリース、発表会など）
- 取扱説明書
- インストーラー
- 販売チームやサポートチームの編成

# 10.3 アプリケーションをデプロイする

アプリケーションのデプロイメントの信頼性を保ち、一貫したやり方で進めるには、常に練習しておくことが大切だ。どんな環境にデプロイするときにも、本番環境へのデプロイメントと同じ手順を使うようにしよう。デプロイメントの自動化は、テスト環境へ最初にデプロイする時点から始めるべきだ。手動でソフトウェアの体裁を整えていくのではなく、デプロイメント用のシンプルなスクリプトを書くようにする。

## 10.3.1 最初のデプロイメント

　どんなアプリケーションであっても、最初にデプロイするのは、1回目のイテレーションで最初のストーリーあるいは要件の成果をショーケースで顧客に見せるときになるだろう。優先度が高いけれども比較的シンプルに終えられるストーリーあるいは要件をひとつかふたつ選び、それを最初のイテレーションで開発しよう（ここでは、一週間から二週間単位でのイテレーションを行う小規模なチームを想定している。それ以外の場合は、最初のイテレーションに選ぶストーリーの数は変わるだろう）。このときの顧客への披露を口実にして、アプリケーションをデモ用の疑似本番環境にデプロイできる仕組みを作る。プロジェクトの最初のイテレーションにおける目標のひとつとして我々が念頭に置いているのは、デプロイメントパイプラインの前半のステージをきちんと動作させること、そして最終的に、どんなに小さいものでもよいので**何か**をデプロイしてデモできるようにすること、である。通常はビジネス上の価値を最優先するが、このときばかりはビジネスよりも技術的な意味での価値を重視することをお勧めする。この戦略は、今後の開発プロセスのための下準備と考えればよい。
　この下準備用のイテレーションが完了した時点で、このようなものが揃っているはずだ。

- デプロイメントパイプラインのコミットステージ
- デプロイ先の疑似本番環境
- コミットステージで作ったバイナリをデプロイ先の環境に送るための自動プロセス
- デプロイメントがうまくいってアプリケーションが動作することを確かめるためのシンプルなスモークテスト

　アプリケーションの開発が始まってまだ数日しかたっていないのだから、ここに力を入れすぎてしまってはいけない。大切なのは、疑似本番環境がどのようにあるべきかを知ることだ。デプロイ先は決して本番環境の完全な複製である必要はない。しかし、本番環境のさまざまな側面の中には、他と比べてより重要なものもある。
　よくある疑問が「本番環境は自分の開発環境とどれくらい違うのか？」というものだ。もし本番環境で別のOSが動いているのなら、ユーザー受け入れテスト用環境には本番環境と同じOSを使わなければならない。もし本番環境がクラスタ構成になっているのであれば、規模を小さくしたクラスタをステージング環境として用意すべきだろう。本番環境が分散型でさまざまなノードから構成されているのなら、疑似本番環境には、少なくともひとつ別プロセスを用意してプロセス間の境界を再現できるようにしよう。
　仮想化技術およびチキンカウンティング（0、1、たくさん）がここで役立つ。仮想化技術を使えば、本番環境の重要な性質を再現した環境を簡単に作れるし、それを単一の物理マシン上で動かせるようになる。チキンカウンティングの考え方を使えば、仮に本番サイトが250台のWebサーバーで構成されているとして、2台のテスト環境を用意すれば重要なプロセス境界を表現するのに十分である。そ

の後開発を進めていく過程で、これをより洗練させていけばよい。

一般に、疑似本番環境にはこのような特徴がある。

- 本番システムで動かす予定のOSと同じOSが稼働していなければならない。
- 本番システムに導入する予定のソフトウェアと同じものをインストールしておかなければならない。そして特に、開発用のツール群（コンパイラやIDEなど）をインストールしてはいけない。
- この環境の管理は、無理をしない範囲でできるだけ本番環境の管理方法に近づけなければならない。そのために、第11章「基盤と環境を管理する」で説明するテクニックを使う。
- ユーザーにインストールさせる形式のソフトウェアの場合は、ユーザー受け入れテスト環境は顧客が使うハードウェア環境を代表するものでなければならない。少なくとも、現実の世界での統計情報[*1]に基づいたものとする。

## 10.3.2 リリースプロセスをモデル化し、ビルドを反映する

アプリケーションが成長して複雑化すれば、それにあわせてデプロイメントパイプラインも複雑になるだろう。デプロイメントパイプラインはテストやリリースのプロセスをモデル化したものだから、まず最初にテストプロセスやリリースプロセスについてはっきりさせなければならない。デプロイメントパイプラインはビルドを各種環境に展開するという観点で語られることが多いが、我々が気にするのはその詳細である。特に大切なのが、これらである。

- あるビルドをリリースするまでにどんなステージを経ることになるのか（たとえば、インテグレーションテスト→QAの受け入れテスト→ユーザーの受け入れテスト→ステージング→本番）
- どんな関門あるいは承認が必要になるのか
- 個々の関門について、あるビルドがそこを通過できることを決める権限は誰が持つのか

このあたりを確認すれば、最終的に図10-1のような図が得られる。もちろん、これよりももっと複雑になるかもしれないし、もっと簡潔になるかもしれない。この図を作るということは、実際のところ、リリースプロセスに対するバリューストリームマップを作るための第一歩となる。バリューストリームマップについては、リリースプロセスを最適化する手段として第5章「デプロイメントパイプラインの解剖学」で紹介した。

この図を作れば、デプロイメント管理ツールにおけるリリースプロセスの各部分についてプレースホルダを作ることができる。GoやAntHillProはどちらも単体でプレースホルダ作りに対応している

---

1　Unity 3D Web Playerによる統計情報が、サイトに公開されている [cFI7XI]。

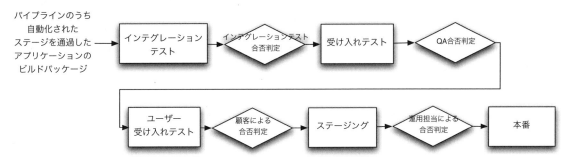

図 10-1　テストおよびリリースプロセスの例

し、ほとんどの継続的インテグレーションツールもちょっとした作業で同じように管理できる。ここまでできれば、承認権限を持つ人がそのツールを使って承認し、特定のビルドにリリースプロセスの関門を通過させることもできるはずだ。

　これ以外にも、デプロイメントパイプラインを管理するツールが提供すべき重要な機能がある。それは、各ステージで「パイプライン内のそれまでの全ステージを通過して、次のステージに移る準備が整ったビルドの一覧」を見られるようにすることだ。そうすれば、一覧の中からビルドをひとつ選んでボタンを押すだけでデプロイできるようになる。この作業をビルドの反映（promotion）と呼ぶ。ビルドの反映をボタン一発でできるようにしておけば、デプロイメントパイプラインはプル型のシステムとなり、デリバリープロセスにかかわる人なら誰でも自分の作業をできるようになる。アナリストやテスターは、探索的テスト環境やデモ用環境そしてユーザビリティテスト環境へのデプロイを自分でできる。運用担当者も、自分で好きなバージョンを選んでそれをステージング環境や本番環境にデプロイできるようになる。単にボタンを押すだけで完了だ。

　自動デプロイメントの仕組みを作ってしまえば、ビルドの反映は、リリース候補を選んでそれが正しい環境にデプロイされるのを待つだけの単純な作業になる。自動デプロイメントの仕組みは、アプリケーションをデプロイする必要があるすべての人が使えるようにしなければならない。デプロイメントに用いられる技術について何らかの知識あるいは理解がなければデプロイできないということではいけないのだ。そのために非常に有用なのが、自動化したスモークテストを仕組みの中に含めておくことだ。自動スモークテストは、システムの準備が整ったとデプロイメントシステムが判断した時点で自動的に実行される。こうしておけば、デプロイメントのリクエストを出した誰か（アナリストでもテスターでも運用担当者でもかまわない）に対して、システムの準備が整っていて期待通りに動作するということを保証できる。また準備が整っていない場合にも、その原因を調査しやすくなる。

## 製品開発用の継続的なデモ

我々はかつて、スタートアップ企業向けのあるプロジェクトに参加していたことがある。そこでは、まったく新しいビジネス分野向けの新規開発をしていた。極めて重要だったのが、潜在顧客やパートナー、そ

> して出資を受けている投資家にデモを見せられるようにすることだった。プロジェクトが始まったばかり
> のころは、モックアップやスライドそしてシンプルなプロトタイプなどでデモをしていた。
> 　しかし間もなく、実際のアプリケーションがプロトタイプの先を行き始めた。そこで我々は、手動テス
> ト環境のひとつを使ってデモをすることにした。デモの前にはちょっとしたことわりを入れておくことが
> 多かった。デプロイメントパイプラインはうまく機能していたので、受け入れテストの関門をクリアした
> ビルドはデモに耐えうるものであると確信できた。また、すべてのリリース候補が手軽に素早くデプロイ
> できることも確信していた。
> 　チームのビジネスアナリストも、テスト環境へのデプロイをすることができた。そのおかげで、デモに
> どのリリース候補を使うかを自由に選べたし、テストチームと調整してデモに使うテスト環境を決め、テ
> ストチームの作業を邪魔しないようにもできたのだ。

　テストとリリース作業の各ステージは、基本的に同じ流れとなる。アプリケーションの特定のバージョンをテストして、それがリリースに足る状態であるかどうかを受け入れ基準に照らし合わせて判断する。テストをするためには、選択したバージョンのアプリケーションをテスト環境にデプロイできなければならない。テスト用の環境は、テスターのデスクトップマシンになるかもしれない。ユーザーにインストールさせるソフトウェアを手動でテストする場合などがこの例にあたる。組み込み系のソフトウェアなら、テスト用に特別な専用ハードウェア環境を用意することになるだろう。サービスとして提供するソフトウェアでは、本番環境に合わせたマシン群になるかもしれない。あるいはこれらを組み合わせたものになる可能性もある。

　いずれにせよ、テストステージでの作業の流れはほぼ同じになる。

1. どのバージョンのアプリケーションをテスト環境にデプロイするのかを、テスト担当者やテストチームが何らか選べる必要がある。選択肢には、デプロイメントパイプラインのそれまでの全ステージをクリアしたバージョンをすべて含めておく。ビルドを選んだら、それ以降の手順は実際のテストまで自動的に行われなければならない。
2. 環境やそれに付随する基盤（ミドルウェアなど）を準備し、クリーンな状態にしてアプリケーションのデプロイメントに備える。これは完全に自動化できるはずだ。その方法は第11章「基盤と環境を管理する」で説明する。
3. アプリケーションのバイナリをデプロイする。バイナリは常に成果物リポジトリから取得するようにする。決してデプロイのたびに新たにビルドするようなことがあってはならない。
4. アプリケーションの設定を行う。設定情報の管理はすべてのアプリケーションで一貫した方法で行い、デプロイ時あるいは実行時にEscape[apvrEr]のようなツールで適用する。この件に関する詳細な情報は、第2章「構成管理」を参照すること。
5. アプリケーションが管理するデータの準備あるいはマイグレーションを、第12章「データを管理

する」に示す方法で行う。
6. デプロイメントに対してスモークテストを行う。
7. テストを実行する（手動でも自動でもかまわない）。
8. そのバージョンのアプリケーションがテストに通れば、次の環境への反映を承認する。
9. そのバージョンのアプリケーションがテストに通らなければ、理由を記録する。

## 10.3.3 設定を反映させる

　反映させる必要があるのはバイナリだけではない。その環境やアプリケーションの設定も、同時に反映させなければならない。事態をさらに複雑にしているのが、設定をすべて反映させればいいわけではないということである。たとえば、何か新しい設定項目が追加されたらすべて他の環境にも反映させねばならないが、インテグレーションテスト用のデータベースや外部サービスのテストダブルを指している設定は本番環境に反映させてはならない。設定項目のうちアプリケーションに関連するものは反映させて、環境に関連するものは反映させないというのは複雑な問題である。

　この問題に対応するひとつの方法が、スモークテストをして設定が正しいことを確かめるという方法だ。たとえばテストダブルをひとつ用意して、対話相手として想定している環境を文字列で返させるようにしておく。そしてスモークテストでは、アプリケーションが外部サービスから取得した文字列をチェックして、それがデプロイ先の環境と一致することを確かめる。ミドルウェアの設定（スレッドプールなど）については、Nagios などのツールを使って設定を監視するとよいだろう。基盤のテストを書いて、そのテストに重要な設定項目をチェックさせ、監視用ソフトウェアに報告させることもできる。384ページの「ふるまい駆動監視」でその詳細を説明する。

　サービス指向アーキテクチャやコンポーネントベースのアプリケーションの場合は、アプリケーションを構成するすべてのサービスやコンポーネントをまとめて反映させねばならない。先のセクションで説明したように、アプリケーションのサービスやコンポーネントがすべてうまく動くバージョンの組み合わせがまとまるのは、通常はインテグレーションテスト環境である。デプロイメントシステムではこの組み合わせをまとめて反映させなければならない。誰かが間違ったバージョンのサービスをデプロイしてしまえば、アプリケーションが失敗することになるし、ひどい場合には再現性が低くて原因を追及しにくい障害の元になってしまう。

## 10.3.4 オーケストレーション

　複数のアプリケーションで環境を共有することも多い。これは、ふたつの意味で混乱の元となる。まず、共有させるということは、アプリケーションを新しくデプロイする環境の準備に余分な注意を要するということである。同じ環境上で稼働する他のアプリケーションに影響を及ぼさないようにし

なければならない。具体的には、OSやミドルウェアの設定を変更する際には他のアプリケーションのふるまいが変わらないようにしなければならない。本番環境を複数のアプリケーションで共有させるときは、この点に気をつければ、導入する各アプリケーションのバージョンが互いに衝突しないことを保証できる。もしそれが複雑になりそうなら、何らかの仮想化技術を使って各アプリケーションを個別に隔離することを検討しよう。

次に、環境を共有するアプリケーションが互いに依存しあっている可能性がある。これは、サービス指向アーキテクチャを採用している場合にありがちなことだ。こんな場合は、インテグレーションテスト環境になってはじめて、お互いがテストダブルではない本物の相手とやりとりすることになる。つまり、インテグレーションテストで行う作業の大部分が、すべてのアプリケーションがうまく協調できるようになるまで新しいバージョンをデプロイするということになる。このような状況の場合、通常はスモークテストスイートが一種の受け入れテストとなり、アプリケーション全体に対してそれを実行することになる。

## 10.3.5 ステージング環境へのデプロイメント

疑うことを知らないユーザーに向けてアプリケーションを公開する前に、最後のテストを実行しなければならない。このテストは本番環境にできるだけ似せたステージング環境で行う必要がある。キャパシティテスト環境として本番環境に近い複製をうまく調達できたのなら、場合によってはステージングの段階を飛ばしてもかまわない。キャパシティテスト環境を、キャパシティテスト用だけではなくステージング用としても使えばよい。しかし一般的には、よっぽどシンプルなシステムでない限りはこの方法はお勧めしない。外部のシステムを利用するアプリケーションの場合はステージング環境が最終確認の場となり、本番環境に置く予定のバージョンがうまく組み合わさって動くかどうかをここで確かめることになるからである。

ステージング環境は、プロジェクトを立ち上げた当初から用意しておかなければならない。もしすでに本番用のハードウェアが手元にあって他の用途では使われていないのなら、最初のリリースまではそれをステージング環境として使えばよいだろう。プロジェクトの立ち上げ時には、次に挙げることについての計画を立てなければならない。

- 本番環境、キャパシティテスト環境、そしてステージング環境の調達。特に新規開発プロジェクトでは、本番環境をリリースの前に用意して、パイプラインの一環として本番環境にデプロイできるようにする。
- 環境設定（ネットワークや外部サービス、基盤を含む）の自動化手順。
- デプロイメントプロセスでの十分なスモークテスト。
- アプリケーションのウォームアップにかかる時間の測定。これは特に、キャッシュを使うアプリケーションで重要となる。デプロイメント計画にも含めておこう。

- 外部システムとのインテグレーションのテスト。本番リリースの日まで実際の外部システムとのやりとりをテストできないなどという事態は、きっと避けたいはずだ。
- 可能なら、アプリケーションの本番環境への投入をリリースの前に済ませておく。「リリース」が、ルーターの設定を切り替えて準備中ページから本番環境にトラフィックを移動させる程度の単純作業になれば、さらによい。このテクニックはブルーグリーン・デプロイメントと呼ばれており、本章で後ほど詳しく説明する。
- 可能なら、まずは一部のユーザーにだけシステムを公開し、それから全体に向けて広げるようにする。このテクニックはカナリアリリースと呼ばれており、これについても本章で後ほど詳しく説明する。
- 受け入れテストを通過したすべての変更は、たとえ本番環境へデプロイする必要のないものであってもステージング環境にデプロイする。

## 10.4 デプロイメントのロールバック、そしてゼロダウンタイム・リリース

　万一問題が発生した場合にデプロイメントをロールバックできるようにしておくことが極めて重要だ。障害対応を稼働中の本番環境で進めようとすると、ほぼ間違いなく業務終了後の深夜作業となる。そしてミスを犯して残念な結末を招き、ユーザーを怒らせることになるだろう。何か問題が発生したときにはユーザー向けのサービスを復旧できるようにしておく必要がある。そうすれば、問題への対応も昼間にあせらず行えるようになる。ここでは、ロールバックを実行する方法をいくつか説明する。さらに、高度なテクニックであるブルーグリーン・デプロイメントやカナリアリリースを使って、ダウンタイムなしでのリリースやロールバックを行うこともできる。

　議論を始める前に、ふたつの重要な制約について確認しておこう。まず最初の制約は、データである。リリースプロセスの一環としてデータに手を加えた場合は、それをロールバックするのは難しくなる。もうひとつの制約は、統合する他のシステムである。複数のシステムを同時にリリース（一斉リリース）する場合も、ロールバックの手順がさらに複雑になる。

　リリースのロールバック計画を作るときには、次のふたつの原則に従わなければならない。まずは、本番システムの状態を（データベースやファイルシステムが保持する情報も含めて）バックアップしてからリリース作業に入ること。そしてもうひとつは、作成した計画に基づいて実際にロールバックの練習（バックアップからの復元やデータベースのマイグレーションも含む）をして、うまくいくことを確かめてからリリースすることである。

## 10.4.1 直近の正常動作するバージョンの再デプロイメントによるロールバック

　ほとんどの場合は、これが最もシンプルなロールバック方法となる。アプリケーションのデプロイメント手順が自動化できていれば、正常に動く状態を取り戻す一番シンプルな方法は、うまく動いていたバージョンをゼロから新たにデプロイしなおすことである。これはもちろん稼働環境の再設定も含むので、再デプロイした後はかつての構成とまったく同じ状態になる。この方法を実行するためにも、稼働環境をゼロから再現できるようにしておくことが重要となる。

　なぜわざわざ環境を作り直してまでゼロからデプロイするのだろうか？　理由は次のとおりである。

- もしロールバックは自動化できていないがデプロイメントは自動化できているという場合、直近のバージョンの再デプロイは所要時間がわかっている作業であり、よりリスクが低くなる（今以上に悪くなることはまずない）。
- デプロイメントは、これまでに何百回も行ってきた手順である（はずだ）。ロールバックの実行回数はそれよりもずっと少ないので、バグが残っている可能性が高い。

　この方法が使えない場面は、なかなか考えづらい。しかし、この方法にもいくつかの弱点がある。

- 旧バージョンのデプロイにかかる時間はわかっているが、ゼロではない。つまり、その間はシステムを停止しないといけない。
- 結局何が悪かったのかを調べるのが難しくなる。旧バージョンを再デプロイすると、新バージョンが上書きされてしまうことが多い。その結果、何が起こったのかを調べるための材料も消えてなくなってしまう。この問題は、本番環境を仮想化しておけば軽減できる。仮想化については後ほど説明する。比較的シンプルなアプリケーションなら、旧バージョンをそのまま残して新バージョンを新たなディレクトリにデプロイし、シンボリックリンクで現在のバージョンを指すようにしておくのもよいだろう。
- 最新バージョンをリリースする前にとったバックアップからデータベースを復旧させると、デプロイメント後に作られたデータがすべて失われてしまう。ロールバック作業が手早く終わるなら、これはあまり問題にならないかもしれない。しかし、データの喪失が許されない場合もあるだろう。

## 10.4.2 ゼロダウンタイム・リリース

　ゼロダウンタイム・リリース（ホットデプロイと呼ばれることもある）は、ユーザーの旧バージョンから新バージョンへの切り替えをほぼ一瞬で済ませてしまう手順である。ここで重要なのは、旧バージョンへのロールバックも一瞬でできるようにしておく必要があるということである。何か問題が発生したら、すぐに元に戻せなければならない。

　ゼロダウンタイム・リリースの鍵となるのは、リリースプロセスの各部分を疎結合にし、可能な限

り独立して実行できるようにしておくことだ。特に、そのアプリケーションが依存する共有リソース（データベースやサービス、静的リソースなど）の新バージョンを、アプリケーションを更新する前に更新できるようにしておく必要がある。

静的リソースやWebベースのサービスなどの場合、これは比較的容易なことだ。単にリソースやサービスのバージョンをURIに含めておけば、複数のバージョンを同時に稼働させることができる。たとえばAmazon Web Servicesでは、日付を使ってバージョンを管理しており、EC2 APIの（執筆時点での）最新版は `http://ec2.amazonaws.com/doc/2009-11-30/AmazonEC2.wsdl` にある。もちろん旧バージョンのAPIも、古いURIを指定すれば使える。リソースの場合は、Webサイトの新バージョンを公開するときに、画像やJavaScript、HTMLそしてCSSといった静的リソースを新たなディレクトリに置く。たとえば、アプリケーションのバージョン2.6.5用の画像は `/static/2.6.5/images` に置くといった具合だ。

データベースがからむと話が少し複雑になる。データベースのマイグレーションをダウンタイムなしで行う方法については、第12章「データを管理する」で詳しく説明する。

## 10.4.3 ブルーグリーン・デプロイメント

これは、我々の知る限りで最も強力なリリース管理テクニックである。本番環境としてまったく同じ環境を2組用意するという考えかたで、それぞれをブルーおよびグリーンと呼ぶ。

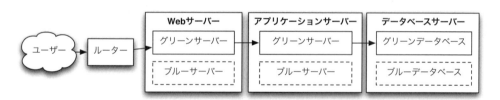

図 10-2　ブルーグリーン・デプロイメント

図10-2の例では、システムのユーザーはグリーン環境に接続されている。つまり、グリーン環境が現時点での本番環境となる。アプリケーションの新たなバージョンをリリースすることになったとしよう。このとき、アプリケーションはブルー環境にデプロイして、そこでアプリケーションをウォームアップさせる（必要に応じて好きなだけできる）。ここまでの作業は、グリーン環境の運用に何の影響も及ぼさない。さらに、ブルー環境に対してスモークテストを実行し、正しく動作することを確かめる。準備が整えば、新しいバージョンを公開するのは単にルーターの設定を変えるだけの作業となる。これまでグリーン環境に向けていた設定を、ブルー環境向けに切り替えればよいのだ。これで、ブルー環境が本番環境となった。この切り替え作業には、普通は1秒もかからないだろう。

もし何か問題が発生しても、単にルーターの設定をグリーン環境向けに戻すだけのことだ。それから、ブルー環境でいったい何が起こったのかを調査すればよい。

話を聞く限り、この手法は再デプロイよりもいろいろな面で改善されているように思える。しかし、データベースの管理を含むブルーグリーン・デプロイメントにはさらに注意が必要となる。通常、グリーンデータベースからブルーデータベースに直接切り替えることはできない。もしスキーマの変更が発生する場合、データベースのマイグレーションにある程度の時間を要するからである。

この問題に対応するひとつの方法は、アプリケーションをいったん読み込み専用モードにしてから切り替えを行うことである。そうすれば、グリーンデータベースのバックアップを取ってそれをブルーデータベースに復元し、マイグレーションを実行してからブルー環境に切り替えられる。万事順調に終わったことが確認できたら、アプリケーションを元の読み書き可能モードに戻せばよい。もし何か問題が発生したとしても、単にグリーンデータベースに戻すだけのことである。アプリケーションを読み書き可能モードに戻す前にこの作業を済ませてしまえば、他に何もする必要はない。もしアプリケーションが新しいデータベースに書き込んだデータのうち残しておきたいものがあれば、そのレコードを取り出してグリーンデータベースに反映させてからでないと、リリースをやり直すことができない。別の選択肢としては、新旧両方のデータベースに新しいバージョンのアプリケーションからトランザクションを流すという方法もある。

もうひとつの方法は、アプリケーションを設計するときに、データベースのマイグレーションとアプリケーションの更新を別々に行えるようにしておくことだ。その詳細な方法は、第12章「データを管理する」で示す。

仮に本番環境を2組用意する余裕がなかったとしても、ブルーグリーン・デプロイメントを採用することはできる。2組のアプリケーションを、同じ環境上で同時に稼働させればよいのだ。それぞれに個別のリソース（ポート番号やファイルシステム上のルートディレクトリなど）を割り当て、お互いに影響を及ぼさずに同時に動かせるようにしておく。こうすれば、どちらの環境へのデプロイメントも独立して行えるのだ。それ以外には仮想化技術を使う方法もあるが、この場合はまず最初に、仮想化によってアプリケーションのキャパシティにどの程度の影響が出るのかを確かめる必要がある。

もし予算が十分にあるなら、ブルー環境とグリーン環境は完全に別れた同一環境として用意できる。そうすれば設定の手間は少なくなるが、当然のことながら出費は多くなる。この方式を少し変形したものが**シャードーメインリリース**、**シャドー環境リリース**あるいは**live-live リリース**と呼ばれる方法で、これはステージング環境と本番環境をそれぞれブルー環境およびグリーン環境として扱う方法だ。新しいバージョンのアプリケーションをステージング環境にデプロイし、ユーザーの接続先を本番環境からステージング環境に切り替えることで新しいバージョンを公開する。この時点で、今までのステージング環境が本番環境になり、今までの本番環境がステージング環境となる。

我々がかつてかかわっていた超巨大組織では、5組の本番環境を用意していた。彼らはここで説明したテクニックを使っていたが、それに加えて複数のバージョンの本番システムを並行稼働させていた。そして、個別の業務ごとに別々の頻度でのマイグレーションをできるようにしていたのだ。この手法には、次に説明するカナリアリリースの要素も含まれている。

## 10.4.4 カナリアリリース

通常は、本番環境にはひとつのバージョンのソフトウェアしか置かない前提にしておくほうが安全だろう。そのほうがバグフィックスの管理も容易だし、一般に基盤の管理も容易になる。しかし、ソフトウェアをテストしようとするときにはこの前提が邪魔になる。どんなにしっかりとした包括的なテスト戦略を立てていても、本番環境での障害は発生するものだ。サイクルタイムの短い状況であっても、開発チームにとっては新機能に対するフィードバックを素早く得られたほうがありがたいし、そのほうがソフトウェアの価値をより高めることができるだろう。

さらに、本番環境があまりにも大規模な場合は、意味のあるキャパシティテスト環境を整えるのは不可能だ（そのアプリケーションのアーキテクチャがエンドツーエンドの共有に対応しているのなら話は別である）。新しいバージョンのアプリケーションがこれまでのパフォーマンスを維持できると、どうやって保証すればいいのだろう？

カナリアリリースは、こういった問題に対応するための仕組みである。カナリアリリースでは、図10-3に示すように、アプリケーションの新バージョンを本番サーバーの一部にだけ公開する。それによって、素早いフィードバックを得られるようにしている。炭鉱にカナリアを投入するのと同じように、もし新バージョンに何か問題があればすぐに気づけるし、もし問題があってもユーザーの大半には何の影響も及ぼさない。この方法を使えば、新バージョンをリリースするときのリスクをうまく軽減できる。

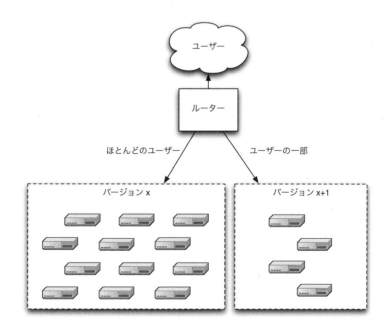

図 10-3　カナリアリリース

ブルーグリーン・デプロイメントと同様、まず最初は、どのユーザーも使っていないサーバー群に向けて新バージョンをデプロイする。その環境で、新バージョンのスモークテスト（そして必要に応じてキャパシティテスト）を行う。最後に、ルーティングの設定を切り替えて一部のユーザーに新バージョンを使わせるようにする。このとき、そのアプリケーションの「ヘビーユーザー」を選んで、まずは彼らに新バージョンを使わせるという手法をとる企業もある。本番環境に複数のバージョンのアプリケーションを共存させることもできる。必要に応じてルーティングの設定をし、特定のグループのユーザーに特定のバージョンを使わせるようにすればよい。

カナリアリリースの利点は、次のとおりである。

1. ロールバックが容易になる。単に問題のあるバージョンへのルーティングを止めるだけで終わってしまう。あとは時間ができたときにログを調査すればよい。
2. 新バージョンにルーティングするユーザーと旧バージョンにルーティングするユーザーを分けることで、A/Bテストとしても使える。新機能の利用状況を調べて、あまり芳しくなければその公開をやめるようにしている企業もある。別のある企業では、新バージョンがどの程度の収益をあげるかを調べ、旧バージョンを上回らなければその公開を取り消すようにしている[*2]。もし検索結果を返すようなアプリケーションなら、実際のユーザーが得た検索結果の精度を新旧のバージョンで比較してもよいだろう。A/Bテストの際に、大量のユーザーに新バージョンを使わせる必要はない。代表的なサンプルをいくつかピックアップすればそれで十分である。
3. アプリケーションがキャパシティ要件を満たしていることを確かめるには、新バージョンへの負荷を徐々に高めていけばよい。つまり、新バージョンにルーティングするユーザーを徐々に増やし、応答時間を計測したりCPUやI/Oそしてメモリの利用状況を調べたり、ログに記録される例外をチェックしたりすればよい。こうすれば、本番環境が大規模すぎてキャパシティテスト用の疑似本番環境が作れない場合でも、比較的低リスクでキャパシティをテストできるようになる。

これについては、他にもいくつかやり方がある。カナリアリリースをしなければA/Bテストができないというわけではない。たとえば、アプリケーション内にスイッチを用意するなどして、ユーザーごとにふるまいを切り替えることもできる。あるいは、実行時の設定でふるまいを変更することもできる。しかし、これらの方法を使った場合は、カナリアリリースのそれ以外の利点が得られない。

ただし、カナリアリリースは誰にでもお勧めできるというものでもない。たとえばユーザーが自分のコンピュータにインストールして使う形式のソフトウェアの場合は、カナリアリリースをするのが難しいだろう。この問題にはひとつの解決策がある（グリッドコンピューティングで使われている方式だ）。クライアントアプリケーションに自分自身の自動アップデート機能を持たせ、サーバー上にある正しく動くバージョンに更新させるようにすればよい。

---

2 Amazonのショッピングカートがこれまでどのように成長してきたかに関するすばらしい分析が[blrMWp]に書かれている。

カナリアリリースは、データベース（セッションキャッシュや外部サービスなどその他の共有リソースも含む）のアップグレードに関してもさらに制約を増やすことになる。これらの共有リソースは、本番環境に公開したいすべてのバージョンのアプリケーションで使えなければならない。もうひとつのアプローチとして、シェアードナッシング方式を使うこともできる。これは、各ノードを他のノードと完全に独立させ、データベースやサービスを共有しない方式である[*3]。また、これらふたつの方式を組み合わせて使うこともできる。

### POSシステムにおけるカナリアリリース

カナリアリリースを机上の空論だと考える人もいるかもしれない。しかしそんなことはない。実在するのだ。我々はこれまでに実際のプロジェクトで使われた例も見てきたのだ（かなり以前から、GoogleやNetFlixそしてIMVUはこのアイデアを持っていた）。あるプロジェクトで大規模なPOSシステムを扱うことになったときに、我々はこの手法を使った。先ほどまとめた利点をすべて活かすためにである。そのアプリケーションは、大規模な分散環境で稼働するリッチクライアントシステムだった。クライアント数は何万台にも及ぶ。クライアントシステムの変更をデプロイしようとしたときに、ネットワーク回線の太さの都合上、閉店から翌朝の開店までの間に全クライアントへすべての変更を反映しきれなくなることがあった。そのかわりに我々は、新バージョンのリリースを数日にまたがって行うことにした。ときには何週間もかけることもあった。

つまりその間は、店舗群ごとに別々のバージョンのクライアントシステムを使って別々のバージョンのサーバーサイドシステムにアクセスするけれども、その裏側にあるデータベースは共有する状態になる可能性があるということだ。

我々のシステムを導入している店舗は、いくつかの別々のブランドに分かれていた。ある程度の期間をかけて徐々に更新させる戦略をとったことで、それぞれのブランドは、いつシステムを更新するかを自分で決めることができるようになった。あるリリースに含まれる新機能がもしそのブランドの運用に重要な意味を持つなら、すぐにでも更新するだろう。しかし、他のブランドに関係するような機能追加が主である場合は、他のブランドでの更新がうまくいったのを見計らって後から更新することもできたのだ。

最後にひとつ。重要なこととして、本番環境で公開するアプリケーションのバージョンはできる限り少なく抑えておこう。できればふたつまでにしておくことが望ましい。複数のバージョンを同時にサポートするのはつらいことなので、カナリアの数は最小限に保つことが大切だ。

---

3 Googleは、Protocol Buffersというフレームワークを作り、すべての内部サービスでそれを使っている。Protocol Buffersは、バージョン管理も扱えるように作られている [beffuK]。

## 10.5 緊急修正

どんなシステムでもいつかは、致命的な不具合が見つかって緊急対応を要するという場面に出くわす。そんな場合に最も重要なこととして念頭に置いて欲しいのが「何があっても決していつもの手順から外れてはならない」ということである。緊急修正であっても、ビルドからデプロイ・テスト・リリースまでの手順はいつもの変更と同じようにしなければならない。なぜそんなことを言うのかって？　それが守られていない状況をさんざん見てきたからだ。本番環境上で直接修正してしまい、結局何をやったのか後から確認することもできないということがよくあった。

これは、ふたつの意味で残念なことである。まず、変更内容を十分にテストできないのでその変更によって新たなバグが入り込む可能性もあるし、その変更では元の問題に対応し切れずに状況をさらに悪化させてしまうかもしれない。次に、何をどのように変更したのかがきちんと記録されない（仮に記録されたとしても、その変更のせいで発生した新たな問題に対応するための第二第三の修正は記録されないだろう）。その結果、本番環境が未知の状態になり、その環境を再現できなくなってしまう。そしてそれが、今後のデプロイ作業で何らかの問題の元になるかもしれない。

これまでの経験から得た教訓は、すべての緊急修正は通常通りのデプロイメントパイプライン経由で行うということだ。これは、サイクルタイムを短く保つためにも大切である。

場合によっては、実際のところその欠陥は緊急修正で対応するまでのものではないこともある。その欠陥でどれくらいの人が影響を受けるのか、そしてどの程度の頻度で発生するのか、さらにユーザーに与える影響の深刻度がどれくらいなのか。これらを常に考慮しなければならない。もしその欠陥の影響を受けるのがごく一部の人たちであって、かつめったに発生しないものなら、新しいバージョンをデプロイする際のリスクを鑑みて、緊急修正での対応をしないという判断もあり得る。こういうことがあるので、デプロイメントにからむリスクはできるだけ下げておくべきなのだ。効率的な構成管理とデプロイメントプロセスの自動化を活用しよう。

緊急修正以外の対応策としては、正常に動いていたひとつ前のバージョンにロールバックするという方法がある。その詳細は先述のとおりだ。

本番環境での障害に対応するときには、いくつか考慮すべきことがある。

- 決して夜間には作業しない。また、一人ではなく、常に誰かと一緒に作業を進める。
- 緊急修正の手順をきちんとテストしておく。
- よほど極端な状況である場合を除いて、アプリケーションに通常の変更を加えるときと同じ手順で作業を進める。
- 緊急修正の内容を、まずはステージング環境できちんとテストする。
- ときには、前のバージョンにロールバックするほうが修正をデプロイするよりよいこともある。状況を分析し、最善の解決策を見つけ出そう。万一データを失ってしまったりインテグレーションや他システムとの連携に問題が発生したりしたらどうなるかを考慮すること。

## 10.6 継続的デプロイメント

　エクストリームプログラミングのモットー——つらい作業ほど頻繁に実行せよ——に従えば、理屈上の究極は、自動テストを通過したすべての変更を本番環境にデプロイするということだ。このテクニックは「継続的デプロイメント」と呼ばれており、ティモシー・フィッツが世に広めた [aJA81N]。もちろん、これは単に継続的にデプロイするというだけのことではない（私だってずっとユーザー受け入れテスト環境へのデプロイは続けている。それくらいなら、どうってことのない話だ）。ここで重要なのは、継続的に**本番環境に**デプロイするということである。

　アイデアとしては単純で、デプロイメントパイプラインの最終ステップとして「本番環境への自動デプロイメント」を追加するだけのことである。こうすれば、あるチェックインがすべての自動テストを通過した時点で、直接本番環境にデプロイされることになる。これをうまくこなすには、自動テストを最高のものにしておく必要がある。ユニットテストやコンポーネントテストそして（機能要件と非機能要件の両方の）受け入れテストを自動化し、アプリケーション全体を網羅しなければならない。すべてのテストを（受け入れテストも含めて）最初に書く必要がある。そうすれば、あるひとつのストーリーが完了するまではチェックインが受け入れテストを通過することはなくなる。

　継続的デプロイメントはカナリアリリースと組み合わせて使うこともできる。自動化した手順で新バージョンをまずは一部のユーザーにだけ公開し、新バージョンに問題のないことを（おそらく、手作業で）確認してからすべてのユーザーに対して公開するという具合だ。よくできたカナリアリリースシステムは安全装置として働き、継続的デプロイメントのリスクをより低く抑えられるようになる。

　継続的デプロイメントは、誰にでもお勧めできるというものではない。ときには、新しい機能を本番環境にすぐに投入したくない場合もあるだろう。コンプライアンスに関する制約のある企業では、承認を得るまでは本番環境へのデプロイができない。ソフトウェアを製品として出荷している企業の場合、普通は公開しているすべてのリリースをサポートしなければならない。しかし、継続的デプロイメントを行うと、対応すべきリリースの数が多くなりすぎてしまう。

　継続的デプロイメントに対するありがちな反論は、リスクが高すぎるというものである。しかし先述のとおり、リリースの頻度を上げれば上げるほど、個々のリリース自体のリスクは低くなるのだ。なぜなら、前回のリリースから今回のリリースまでに行われる変更の量が少なくなるからである。つまり、変更するたびに毎回リリースすれば、そのリスクは最大でも一回の変更に対するものに限られるようになる。継続的デプロイメントは、個々のリリースのリスクを軽減させるすばらしい手法となる。

　おそらく最も重要なのが、継続的デプロイメントをすれば作業を正しく進めるのを強制できるということである（フィッツのブログ記事でもこれを指摘している）。継続的デプロイメントを行うには、ビルドからデプロイ、テスト、リリースまでのプロセスを自動化しなければならない。また、包括的で信頼できる自動テスト群が必要だ。さらに、疑似本番環境で実行するシステムテストも書かねばならない。そのため、仮にテストを通過した変更を毎回リリースすることが**実際には**なかったとしても、

やろうと思えばいつでもできるようにこれらのプロセスを確立しておくべきだろう。

この継続的デプロイメントに関する記事がソフトウェア開発コミュニティに一石を投じるのを見て、我々はとてもうれしかった。リリースプロセスについて我々が何年も前からずっと言い続けてきたことがあらためて強調されていたからである。デプロイメントパイプラインの狙いは、何度でも繰り返せて信頼性の高い自動システムを作り、変更をできるだけ早く本番環境に投入することである。最高の品質のソフトウェアを最高の品質のプロセスで作り、リリースプロセスにおけるリスクを圧倒的に軽減させる。このアプローチを論理的につきつめたのが、継続的デプロイメントである。軽々しく考えて欲しくない。これはソフトウェアのデリバリーに関するパラダイムシフトであるからだ。もし妥当な理由（そんな理由は思うほどないものだ）があって変更を毎回リリースすることがないとしても、毎回リリースするぐらいの気持ちで作業を進めていくべきだ。

## 10.6.1 ユーザーがインストールするソフトウェアを継続的にリリースする

ここまでは、新バージョンのリリース先が自分たちでコントロールできる本番環境である場合のことを考えてきた。だが、それ以外の場合もある。ユーザーが各自のマシンにインストールして使うソフトウェアの新バージョンをリリースする作業などがそうだ。その場合に検討すべき内容は、このようになる。

- 更新作業の管理
- バイナリとデータ、そして設定の移行
- 更新手順のテスト
- ユーザーからのクラッシュレポートの取得

クライアントインストール型のソフトウェアで深刻な問題となるのが、いろいろなバージョンのソフトウェアを管理する羽目になるということである。バージョンアップを繰り返すうちに、世の中で使われているバージョンの数がどんどん多くなってしまう。サポートする側にとっては悪夢のような状況だ。何か問題が発生したときにそれをデバッグするには、問題が発生したバージョンまでソースを巻き戻し、その当時のアプリケーションの動きや既知の問題を調査しなければならない。理想的なのは、誰もが同じバージョンを使っているという状況だ。誰もが最新の安定版を使っていれば、サポートが楽になる。そのためには、更新手順の負担をできるだけ下げることが欠かせない。

クライアント側で更新手順をコントロールできるようにするには、いくつかの方法がある。

1. ソフトウェア自身が新バージョンのチェックをし、もし新バージョンがあれば、ユーザーに対して「最新版をダウンロードして更新しましょう」と促す。実装する側としては一番楽な方法だが、使う側としては一番使いづらい。ダウンロード中のプログレスバーなど誰も見たくないだろう。

2. バックグラウンドでダウンロードを済ませてから、その情報をユーザーに通知する。この方式では、ソフトウェアの起動中に定期的に更新を確認し、もし見つかれば何もメッセージを出さずにダウンロードする。ダウンロードが完了したら、最新版に更新するようユーザーに促す。
3. バックグラウンドでダウンロードを済ませ、次にアプリケーションを起動したときに自動的に更新する。すぐに更新させたければ、ダウンロードを終えた後にアプリケーション側から再起動を促すメッセージを出すこともある（Firefox がこの方法を使っている）。

保守的な人なら、1か2あたりがよさそうだと感じるだろう。しかしほとんどの場合、これらは間違った選択肢である。アプリケーションの開発者側から見れば、ユーザー側に選択の余地を残しておきたい。しかし、いざ更新する場面になったときに、ユーザー側から見れば、なぜ開発者が更新を先送りさせたがっているのかがわからないだろう。更新するかしないかを決めるために必要な情報が何も与えられないまま、判断を迫られているようなものだ。その結果、合理的に判断して通常は更新しないほうを選択する。更新すると、アプリケーションが動かなくなってしまう可能性があるからだ。

実際のところ、まったく同じ考えが開発チームの頭の中にもあるのだろう。その更新のせいでアプリケーションが動かなくなるかもしれないと開発チームが考えたからこそ、ユーザー自身で更新するかしないかを選べるようにしたのだ。しかし、もし更新プロセスが実際に当てにならないものなのだとしたら、もちろんユーザーは決して更新しないのが正解になる。更新プロセスがしっかりしているのなら、更新するかしないかを選ばせる必要はない。自動的に更新させるべきだろう。つまり、ユーザーに選択の余地を与えているということは、開発者自身が更新プロセスに不安を持っているということの証明になる。

正しい解決策は、まず更新プロセスを万全に固めること。そして、わざわざ確認せずに黙って更新してしまうことだ。もし更新処理が失敗したら、更新前のバージョンのアプリケーションに自動的に巻き戻し、発生した問題のレポートを開発チームに送るようにしなければならない。そうすれば、問題を修正した新たなバージョンを公開できるようになる。今度は（おそらく）うまく更新できるだろう。これらはすべて、ユーザーに気づかれずに裏側で済ませることが可能である。ユーザー向けに確認のメッセージを出す必要がある唯一の例は、更新のためには何かのアクションが必要となる場合である。

もちろん、ソフトウェアの更新を黙って済ませてしまいたくないこともあるだろう。おそらく、そのソフトが勝手にサーバーと通信しては困るのだろう。あるいは、運用チームの一員であるあなたが所属する企業では、徹底的にテストをした上での申請が承認されない限りデプロイできないという決まりになっているのかもしれない。盤石なデスクトップ環境を維持したいのだろう。どちらも妥当な状況である。そんな場合のために、オプションで自動更新を無効にできるようにしておくこともできる。

盤石な更新ができるようにするには、バイナリやデータそして設定のマイグレーションを考える必要がある。それぞれについて、更新処理の前に現状のコピーを取り、更新に成功したことを確認できるまでは保持しておかなければならない。更新に失敗したときには、元のバイナリやデータそして設定をそのまま書き戻すことになる。そのための簡単な方法のひとつが、インストールディレクトリの

中にひとつディレクトリを用意してそこに現バージョンの中身をすべてまとめ、新たなディレクトリを作って新しいバージョンはそこに入れることだ。そうすれば、バージョンの切り替えは単にディレクトリ名の変更で済む。あるいは、現在のバージョンのディレクトリがどれであるかを指す参照の切り替えでもよいだろう（UNIX系のシステムなら、シンボリックリンクを使うのが一般的だ）。

　アプリケーション側では、どのバージョンからでも任意のバージョンに更新できるようにしておかなければならない。そのためには、データベースや設定ファイルもバージョン管理する必要がある。データベースのスキーマや設定内容を変更するたびに、ひとつ前のバージョンから次のバージョンへの移行スクリプトを作る。そして、ダウングレードに対応するには新バージョンからひとつ前のバージョンに戻すためのスクリプトも必要だ。そして実際に更新用スクリプトを実行するときは、まずデータベースや設定ファイルの現在のバージョンを確認し、適切な移行スクリプトを適用して最新のバージョンに移行させる。このテクニックについては、第12章「データを管理する」でより詳しく説明する。アプリケーションの更新手順も、デプロイメントパイプラインの一環としてテストしなければならない。テスト用に、ステージをひとつ用意すればよい。このステージでは、ユーザーに提供してもらった実際のデータや設定をもとにしたいくつかの初期状態を渡し、そこから最新バージョンに更新できるかどうかを確かめることになる。これを、対象となるマシン群の中から選んだ代表的な構成に対して自動的に行う。

　最後に、クライアントにインストールする形式のソフトウェアで必須となるのが、クラッシュレポートを開発チームに送れるようにしておくことだ。クライアントソフトウェアの継続的デプロイメントについて取り上げたブログ記事 [amYycv] の中でティモシー・フィッツは、クライアントソフトウェアに立ちはだかる数々の敵たちについて述べている。「ハードウェアの故障や空きメモリの不足、OSの言語設定の違い、ばらばらなDLL、他のプロセスからの割り込み、クラッシュしたときに真っ先に動き出すドライバ、そしてますます難解で予想不能になっていくインテグレーション時の問題。」これらに負けないためにも、クラッシュレポートのためのフレームワークが必要となる。Googleは、自社のフレームワーク [b84QtM] をオープンソースで公開している。これはWindows上のC++のためのフレームワークで、必要に応じて.NET Frameworkの内部から呼ぶことができる。クラッシュレポートをうまく行う方法や、採用する技術スタックごとにどんな情報を報告すれば有用なのかといった内容についての議論は、本書では扱わない。フィッツのブログ記事は、その第一歩としてよい題材となるだろう。

## 10.7 ヒントと裏技

### 10.7.1 実際にデプロイメントを行う人たちを、デプロイメントプロセスの策定に参加させよ

たいていの場合、デプロイメントチームのメンバーがデプロイするシステムは、自分が一切開発にかかわっていないシステムである。渡されるのは一枚のCDとちょっとした手順書だけ。しかもその手順書には「1. SQL Serverをインストールする」などの曖昧な指示しかない。この手のできごとは、運用チームと開発チームの間がうまくいっていないことを示唆している。間違いなく、いざ本番環境にデプロイするときにはつらい作業となるだろう。開発と運用の間での非難の応酬で、お互い少しいらすることになる。

プロジェクトを開始するときに開発者がまず行うべきことは、運用にかかわる人たちと接触して開発プロセスに巻き込むことである。そうすれば運用の人たちもソフトウェア開発の最初期からかかわることになる。運用と開発の両面を知ることができ、さらに何度も経験を積むことで、実際にリリースするときに何が起こるのかをそのずっと前に把握できるようになる。本番環境へのデプロイメントもずっとスムーズに行えるだろう。

> **開発と運用が仲良くなればうまくいく**
>
> あるシステムを、我々はかなり無茶なスケジュールでリリースしようと考えていた。運用チームと開発チームのミーティングの場で、運用チームはものすごい剣幕でそのスケジュールを突き返してきた。そのミーティングの後で何名かの技術者が集まって相談し、その場で電話番号を交換した。その後も何週間かやりとりは続き、一ヶ月後にはシステムが本番サーバーにデプロイされて一部のユーザーが使えるようになった。
>
> デプロイメントチームのメンバーが一人、開発チームの元にやってきて共同で作業を進め、デプロイメントスクリプトを書くと同時にインストールドキュメントをWikiに書いていった。こうすることで、実際にデプロイするときになって「聞いてないよ!」と驚かされることがなくなったのだ。運用チームのミーティングではさまざまなシステムのデプロイメントスケジュールについて話し合われていたが、このシステムに関してはめったに議題に上ることがなかった。このシステムのデプロイメント方法やソフトウェア自体の品質について、何も不安がなかったからである。

## 10.7.2 デプロイメント作業を記録せよ

　もしデプロイメントプロセスが（環境の配布も含めて）完全に自動化できていないのなら、自動デプロイメントの間にコピーしたり作ったりしたすべてのファイルをログに記録しておくことが大切だ。そうすれば、何か問題が発生したときのデバッグが容易になる。設定情報やログそしてバイナリなど、どこを探せばいいのかが正確に把握できるからである。

　同様に、環境を構成するすべてのハードウェアの中でデプロイメント中にいじったものの一覧や、実際のデプロイ作業のログも残しておくことが大切だ。

## 10.7.3 古いファイルは削除せず、移動せよ

　デプロイメントの際には、必ず前のバージョンのコピーをとっておくようにする。さらに、前のバージョンのファイルをいったん削除してから新しいバージョンをデプロイする。もし以前にデプロイしたファイルの一部が残ったまま新しいバージョンをデプロイしてしまうと、原因を突き止めづらいバグにつながることがある。最悪の場合は、たとえば旧バージョンの管理ページが残ったままであったためにデータが壊れてしまったりすることもあり得る。

　UNIX の世界でよく使われているのが、アプリケーションの各バージョンをそれぞれ個別のディレクトリにデプロイし、それとは別に現在のバージョンを指すシンボリックリンクを用意する方法だ。新たなバージョンのデプロイメントや旧バージョンへのロールバックは、単にシンボリックリンクが指す先を変更するだけの作業となる。ネットワーク環境でそれと同様のことをやろうとすれば、各バージョンをそれぞれ別のサーバーに置いたり、あるいは同一サーバー上で別のポートを使わせたりすることになる。バージョンの切り替えにはリバースプロキシを使えばよい。その方法は319ページの「ブルーグリーン・デプロイメント」に示した。

## 10.7.4 デプロイメントはチーム全体で責任を持つ

　もし「ビルドやデプロイメントに関してはあの人にしかわからない」という状況なら、それはまずい兆候だ。チームのメンバーは、誰もがデプロイメントの手順を知っている必要がある。それだけでなく、全員がデプロイメントスクリプトの内容を把握して保守できるようにしておかなければならない。そのために、ソフトウェアをビルドするときには必ず（たとえ開発マシン上であっても）実際のデプロイメントスクリプトを使うようにしよう。

　デプロイメントスクリプトが壊れたら、ビルドが失敗するようにしておくべきだ。

## 10.7.5 サーバーアプリケーションにGUIを持たせない

サーバーアプリケーションに GUI を持たせているのをよく見かける。特に、PowerBuilder や Visual Basic で作ったアプリケーションにありがちだ。この手のアプリケーションは、今まで挙げてきた問題に加えてさらに別の問題の元になることが多い。設定をスクリプトで変更できないとか、アプリケーションのインストール先を変更できないといった類いの問題だ。しかしその中でも最大の問題は、そのアプリケーションを動かすためにはサーバー上で何らかのユーザーとしてログインして UI を表示させなければならないということである。つまり、アップグレードなどで再起動が必要になったときにはユーザーがログアウトしてしまい、アプリケーションが停止してしまうということだ。そうなると、サポートエンジニアがマシンにログインしなおして、手動でアプリケーションを立ち上げる羽目になる。

### PowerBuilderのボトルネック（クリス・スティーブンソン）

ある顧客の環境では、PowerBuilder のアプリケーションを使って、主要な商品仲買人向けにすべての入力を処理していた。このアプリケーションには GUI があり、毎朝手動で立ち上げる必要があった。さらに、このアプリケーションはシングルスレッドで動くものであり、取引中にエラーが発生するとダイアログボックスが表示された。表示されるメッセージは「エラーです。続行しますか？」で、あとは単に「OK」ボタンがあるだけである。

このダイアログが表示されている間は、すべての取引の処理が停止してしまう。いらいらした仲買人からの電話を受けたサポート要員はマシンの前に駆けつけ、その「OK」ボタンを押して処理を続行させる。ある日、誰かが VB のアプリケーションを書いてインストールした。デスクトップを監視して、ダイアログが表示されたら自動的に「OK」ボタンを押すだけの簡単な仕事をするアプリケーションだ。

さらにその後、システムの他の部分が改善されたあるときに、別の奇妙な現象が発覚した。その当時アプリケーションは Windows 3.x という古いバージョンの環境にデプロイされていたのだが、この環境ではファイルに保存した後で安全にファイルをクローズすることができなかった。そのため、アプリケーション側での回避策として、取引のたびに 5 秒間の待ち時間を入れるという処理をハードコーディングしていた。シングルスレッドという制約がある上にさらにこの制約である。つまり、もし大量の取引が同時に発生したら、システムがそれをすべてさばききるまでに非常に時間がかかってしまうということだ。いらいらした仲買人たちはもう一度取引をやり直す。その結果として取引の重複が発生し、システムの信頼性がさらに低下してしまった。

実はこれは、2003 年の話である。自分のアプリケーションがいつまで使い続けられるのか、過小評価は禁物だ。

## 10.7.6 最初のデプロイメントにはウォームアップ期間を持たせよ

eBayに匹敵するくらいのすばらしいWebサイトを作ったとしよう。予定時刻にあわせてデプロイし、それをすぐ公開してしまってはいけない。そのサイトが公式に「使える」状態になるまでにはある程度の時間を要する。アプリケーションサーバーやデータベースに十分なキャッシュをため、すべての接続を確立させ、そして「ウォームアップ」する時間が必要なのだ。Webサイトの場合なら、カナリアリリースを使えばこれが実現できる。新しいサーバーや新しいリリースを投入するときは、まずはリクエストのごく一部だけを受け付けるように設定する。そして、その環境が暖まってうまく動くことが確認できたら、徐々に新しいシステムに処理を振り替えていけばよい。

多くのアプリケーションは内部キャッシュを持っており、デプロイしたときにまずキャッシュを埋めようとする。キャッシュが一杯になるまでは、アプリケーションの応答速度があまり上がらないことが多いし、場合によっては動かないこともある。そのようなアプリケーションの場合は、デプロイメント計画の中にその旨を（キャッシュを埋めるのに要する時間も含めて）記述しておくことが大切だ。キャッシュを埋めるための時間は、もちろん疑似本番環境でテストして計測する。

## 10.7.7 失敗は早めに

デプロイスクリプトもテストに組み込み、デプロイメントに成功したことを保証できるようにしなければならない。このテストは、デプロイ作業の一環として自分自身に実行させる。包括的なユニットテストではなく、シンプルなスモークテストを使ってデプロイした各ユニットが動作していることを確かめる。

理想的には、システムの初期化処理でこれらのチェックを行い、もしエラーがあれば起動できないようにしておくべきだ。

## 10.7.8 本番環境を直接修正するな

本番環境でのダウンタイムのほとんどは、変更が統制されていないことが原因である。本番環境は完全に固めてしまい、デプロイメントパイプライン以外からは何も変更できないようにしておくべきだ。環境の設定からデプロイするアプリケーションやそのデータまで含めてすべての変更をこのように管理する。多くの組織では、本番環境に対する厳格なアクセス制御を設定している。かつて我々がかかわっていたあるシステムでは、本番環境へのアクセス制御のために、期間限定のパスワードを承認手続きを経た上で生成していた。さらに、2フェーズ認証のシステムを使って、RSA認証トークンのコードも入力させる仕組みになっていた。また、ある組織では、本番環境の変更ができるのは鍵のかかった部屋にあるひとつの端末からだけになっていた。そしてその部屋にはCCTVカメラが設置されており、端末の画面が監視されていた。

これらの認可プロセスは、デプロイメントパイプラインに組み込んでおかなければならない。そうすることで得られるメリットは計り知れない。つまり、本番環境へのすべての変更を記録できるシステムが手に入るということだ。監査証跡として、本番環境へのすべての変更が「いつ」「だれの承認を得て」行われたかの記録に勝るものはないだろう。デプロイメントパイプラインが、まさにそのような仕組みを提供してくれる。

## 10.8 まとめ

デプロイメントパイプラインの後半のステージは、どれもテスト環境や本番環境へのデプロイメントにかかわるものである。これらのステージがデプロイメントパイプラインの前半と違う点は、自動テストが後半のステージにはないということである。つまり、後半のステージでは通過するとか失敗するとかいうことはない。しかし、それでもなお、これらのステージはパイプラインの要素として不可欠なものである。ステージの実装は、それまでの自動テストを通過したすべてのバージョンのアプリケーションを、権限のある人ならどんな環境にでもボタンひとつでデプロイできるものにしなければならない。また、チームの全員が、何がどこにデプロイされてそのバージョンでは何がどう変わるのかを把握できるようにしておかなければならない。

リリースのリスクを下げる最善の方法は、もちろん、何度もリハーサルをこなすことだ。アプリケーションをさまざまなテスト環境にリリースする頻度は高ければ高いほどいい。特に、新しいテスト環境へのはじめてのリリースは、何度でも行ったほうがいい。数をこなせばこなすほどそのプロセスの信頼性は上がり、本番環境へのリリースで問題が発生する可能性も減らせる。自動化したデプロイメントシステムは、まったく新しい環境をゼロから作り上げるのも既存の環境の更新と同様にこなせなければならない。

それでもなお、システムの規模の大小や複雑さの度合いにかかわらず、本番環境への最初のリリースは常に一大事である。そのプロセスについてきちんと検討し、十分な計画をたてて、できる限り単純に進められるようにしておくことが重要となる。どんなにアジャイルなチームであっても、ソフトウェアプロジェクトにおけるリリース戦略だけは早めに決めておかねばならない。リリースの数日前だとか数イテレーション前だとかになってから考えはじめるようではいけない。リリース戦略は最初の計画づくりの一部に組み込むべきである。少なくともそれを見越した上で、プロジェクトの初期の開発計画を決めていかねばならない。リリース戦略は一度定めてそれで終わりではない。どんどん変わっていくものだし、変えていくべきだ。最初のリリースに向けて、より正確に、より詳細な計画に仕上げていくことになる。

リリースの計画づくりで最も大切なことは、組織内でデリバリーにかかわるすべての部門の代表を集めることだ。つまり、ビルド・基盤・運用チームや開発チーム、テスター、DBA、サポート部隊などのことである。こうしたメンバーがプロジェクトの活動中に継続して打ち合わせを行い、共同作業でより効率的なデリバリープロセスを作り上げていくことになる。

# 第3部
# デリバリーエコシステム

# 第11章
## 基盤と環境を管理する

## 11.1 導入

第1章で述べたように、ソフトウェアのデプロイメントには次の三段階がある。

- アプリケーションを実行する基盤（ハードウェア、ネットワーク、ミドルウェア、そして外部サービス）の作成および管理
- その基盤への、正しいバージョンのアプリケーションのインストール
- アプリケーションの設定。必要なデータや状態の用意も含む

本章では、これらのうち最初の段階について取り上げる。我々の最終目標は、すべてのテスト環境（継続的インテグレーション環境を含む）を本番環境と同様の方法で扱うことである。特にその管理方法はそろえておきたい。そこで、本章ではさらにテスト環境の管理についても扱う。

まず最初に、ここでいう環境とはどういう意味かをはっきりさせておこう。環境とは、アプリケーションの動作や設定に必要となるすべてのリソースのことを指す。その特性についてまとめると、次のようになる。

- その環境を構成するサーバーのハードウェア構成（CPUの型式や数、メモリの量、スピンドルやNICの数など）、およびサーバーが接続するネットワークの基盤
- OSやミドルウェア（メッセージングシステム、アプリケーションおよびWebサーバー、データベースサーバーなど）の設定が、アプリケーションを動作させるために必要となる

**基盤**（infrastructure）という一般名詞は、組織内のすべての環境を意味する。さらに、それらをサポートするサービスであるDNSサーバーやファイアウォール、ルーター、バージョン管理リポジトリ、ストレージ、監視アプリケーション、メールサーバーなども基盤に含まれる。実際のところ、あるアプリケーションの環境とそれ以外の組織の基盤の区別は、非常に明確に定義できる（組み込みソフ

トウェアなど）こともあれば、曖昧きわまりない（サービス指向アーキテクチャで、アプリケーションが依存する大半の基盤を共有している場合など）こともある。

　デプロイメント用の環境を準備する手順、デプロイメント後の環境を管理するための手順が本章で主にとりあげる話題である。しかしそのためには、包括的な手法ですべての基盤を管理することになる。その元となる原則はこうだ[*1]。

- 基盤に要求される状態は、バージョン管理された設定で指定しなければならない。
- 基盤は自動化しなければならない——つまり、要求される状態に自分で自動的に持ち込めなければばらない。
- 基盤が実際にどのような状態であるかは、何らかの装置や監視システムを通じて常に知っておかなければならない。

　基盤が自動化されていることは大切だが、それだけでなく簡単に作り直せることも重要だ。そうすれば、たとえばハードウェア障害が発生した場合に、動くとわかっている新しい設定を手早く再現することができる。つまり、基盤のプロビジョニングも自動化プロセスに含めるべきだ。プロビジョニングと保守が自動化されると、障害が発生した場合にも基盤の再構築に要する時間が予測できるようになる。

　本番環境あるいはそれに近い環境へのデプロイ時のリスクを軽減させるために、注意して管理すべき項目がいくつかある。

- OSおよびその設定（テスト環境と本番環境の両方）
- ミドルウェアスタックおよびその設定（アプリケーションサーバーやメッセージングシステム、そしてデータベースなど）
- 基盤管理用ソフトウェア（バージョン管理リポジトリやディレクトリサービス、そして監視システムなど）
- 外部のインテグレーションポイント（外部のシステムやサービスなど）
- ネットワーク基盤（ルーターやファイアウォール、スイッチ、DNS、DHCPなど）
- アプリケーション開発チームと基盤管理チームとの関係

　まずは最後の項目から始めよう。これは、他の技術的な内容と比べると場違いに見えるかもしれない。しかし、ふたつのチームが協力しあって問題の解決に取り組めば、それ以外のすべての項目を達成することは容易になる。環境管理やデプロイメントに関するふたつのチームの協力関係は、プロジェクトの開始時点から築くべきである。

---

1　これらの中にはJames White[9QRI77]の影響を受けたものもある。

協力関係を重視するというのは、DevOps運動の主な行動指針のひとつである。DevOpsの狙いは、アジャイル手法をシステム管理者やIT運用部隊の世界にもたらすことだ。彼らは、アジャイルなテクニックが基盤の管理にも耐えうるものであると確信している。本章で取り上げるテクニックのうち、基盤の自動化やふるまい駆動の監視などの多くが、DevOps運動の提唱者たちによって考え出されたものなのだ。

本章を読む際には、テスト環境は本番環境にできるだけ近づけるべきだという基本原則を忘れないようにしよう。つまり、テスト環境と本番環境を（完全に同一とはいかないまでも）できるだけそろえておくということだ。先ほど取り上げた技術面の原則のほぼすべてに対してこの原則を当てはめる。目標のひとつは、環境面での問題を早期に発見することだ。さらに、デプロイメントや設定といった運用開始時のクリティカルな作業を予行演習して、リリース時のリスクを下げるという意味もある。テスト環境を本番環境に近づけるのは、この目標を達成するためである。重要なのは、両方の環境を管理する技術をそろえておくということだ。

この方針は困難だろうし、きっと高くつくだろう。しかし、その助けとなるツールや技術は存在する。仮想化技術や、自動化されたデータセンター管理システムなどだ。この方針で得られる利益は（曖昧で再現性の低い設定や統合時の問題を、開発初期に捕捉できるという点で）非常に大きいので、努力は何倍にもなって返ってくるだろう。

最後に、本章ではアプリケーションの本番環境が運用部隊の管理下にあることを前提としているが、ここで扱う原則や課題はソフトウェア製品にも同様に当てはまる。たとえば、ソフトウェア製品では誰かが定期的にデータをバックアップする必要はないが、データのリカバリーに関してはあらゆるユーザーにかかわる問題となる。同じことは、復元可能性や保守性、可監査性などの非機能要件についても当てはまる。

# 11.2 運用チームのニーズを理解する

誰もが知っているとおり、ほとんどのプロジェクトの失敗する原因はどちらかといえば人間的な問題であり、技術的な問題ではない。コードをテスト環境や本番環境にデプロイする場合でも同じことが当てはまる。中規模以上の企業のほとんどは、開発と基盤管理（あるいは、いわゆる運用）の作業を別々のグループに分けている[2]。よくあることだが、それぞれのグループの上層部同士の仲はあまり良くない。なぜなら、開発チームが重視するのがソフトウェアをできるだけ早くリリースすることであるのに対して、運用チームが重視するのはソフトウェアの安定性だからである。

最も大切なこととして覚えておくべきことは、すべての利害関係者の最終目標は同じであるということだろう。つまりそれは、価値のあるソフトウェアをリスクの低い方法でリリースするということ

---

[2] 本章の話題にあわせて、ここではサポートも運用チームの作業のひとつと考えている。しかし、そうではない場合もあるかもしれない。

だ。経験上、そのための最善の方法はできる限り頻繁にリリースすることだ（そのための**継続的デリバリー**である）。そうすれば、リリースごとの変更をできる限り小さくすることにつながる。リリース作業に何日もかかって徹夜や残業が当たり前になるような組織で働いている人がこんな話を聞いたら、きっとおびえることだろう。そんな人たちに対してはこう答える。リリース作業などというものは数分で済ませられるものだし、そうすべきだ、と。そんな話は非現実的に聞こえるかもしれない。しかしこれは、さまざまな大企業の多くの大規模プロジェクトで実際に起こったことだ。かつてはガントチャートに縛られて、睡眠時間を削りながら行っていたリリース作業が、数分で済むリスクの少ない作業になり、その結果一日に何回もリリースができるようになっているのだ。

　小規模な組織では、開発チームが運用も任されていることが多い。しかし、中規模以上の組織の大半では別々のグループで管理しているものだ。それぞれのグループには、そのグループ内での指揮系統がある。運用部隊のトップとソフトウェア開発部隊のトップが別々に存在するというわけだ。製品のリリースのたびに、各チームおよびマネージャーは自分たちのミスによる失敗を犯さないように作業を進める。これは明らかに、運用チームと開発チームの関係が険悪になる原因のひとつであろう。どちらもデプロイ時のリスクを最小限にしようとしている。ただ、そのためのアプローチがそれぞれ異なるのだ。

　運用チームが自分たちの有効性をはかる材料とするのは、サービスの質に関する指針である平均故障間隔（MTBF）や平均修復時間（MTTR）である。運用チームには、サービス内容合意書（SLA）が課されていてそれを満たさねばならないことが多い。手順の変更を含むあらゆる変更は、これらの基準あるいはその他の目的（法的規制など）を満たすための運用チームの活動に影響が出るなら、すべてリスクとなる。これらの状況を考慮したうえで、運用チームにとって最も重要な検討事項をいくつか示す。

## 11.2.1 文書化と監査

　運用チームのマネージャーは、自分たちの管理下にあるすべての環境のあらゆる変更を文書化して監査したくなるものだ。そうすれば、何か問題が発生したときにもその原因となった変更を見つけ出すことができる。

　それ以外にも、マネージャーが変更を追跡できるようにしたがる理由はある。たとえば、サーベンス・オクスリー法（企業の監査や責任を推し進めるための米国の法律）[3]を遵守するためであったり、環境の一貫性が保たれていることを確認したりするためである。しかし、主な理由は、最後にうまく動いていた環境から現状に至るまでに何が変わって何が壊れたのかを見つけられるようにすることだ。

　組織内で適切に管理すべき手順のうち最も重要なもののひとつが、変更管理手順である。これは、管理下にあるすべての環境についてのあらゆる変更を管理するために使われる手順である。たいていの場合、運用チームは本番環境だけでなくテスト用の疑似本番環境も管理することになる。これは通

---

3　［訳注］いわゆる SOX 法（企業改革法）のこと。

常、テスト環境や本番環境に何か手を入れようと思ったら常に申請が必要となることを意味する。リスクが低い設定変更の多くは、運用チームが自分たちで行うことができる（ITILでは、こういった変更のことを「標準的な」変更と言う）。

しかし、アプリケーションの新バージョンのデプロイメントは一般的に「通常の」変更となり、（変更諮問委員会の助言を受けた）変更マネージャーの承認を要する作業となる。変更の申請にはリスクの詳細と変更の影響を記さねばならず、失敗した場合の復旧策も必要となる。申請は新バージョンのデプロイ作業をはじめる前にする必要がある。稼働開始予定の数時間前などでは遅すぎる。初めてこのような手続きをするときには、きっと多くの問いに答えることになるだろう。

ソフトウェア開発チームのメンバーは、運用チームのこういったシステムや手続きを知り、そしてそれに従う**責任**がある。ソフトウェアをリリースするために必要な手続きを知っておくことを、開発チームのリリース計画に含めておかねばならない。

## 11.2.2 異常発生時の警告

運用管理者は、基盤や稼働中のアプリケーションを監査するシステムを準備し、管理するシステムに何らかの異常が発生した場合は警告を発してほしいと思っていることだろう。そうすればダウンタイムを最小化できるからだ。

すべての運用チームは、何らかの手段で本番環境を監視できるようにしている。OpenNMSを使っているかもしれないし、それ以外のNagiosやHP Operations Managerなどを使っているかもしれない。あるいは、自前で独自の監視システムを作っているかもしれない。どんなシステムを使っていようとも、彼らはきっとあなたの作ったアプリケーションをそのシステムに巻き込もうするだろう。そうすれば、何かエラーが起こったときにすぐ知ることができるし、問題の原因を特定するためにどこを調べればよいかをより詳細に知ることができるからだ。

重要なのは、プロジェクトが始まったらすぐに、運用チームがどのようにアプリケーションを監視しようと考えているのかを知ることだ。そして、それもリリース計画の一部に含めていく。彼らは何を監視したいのか？　ログはどこに書き出してほしいのか？　アプリケーションに不具合が発生したときに、何を使って運用スタッフに通知すればいいのか？

例を挙げよう。経験の浅い開発者が最も犯しがちなコーディングの間違いは、エラーを握りつぶしてしまうことだ。運用チームと少しでも話せばわかることだが、すべてのエラーは一カ所にまとめてログに記録する必要がある。そのときにはエラーの深刻度も適切に示しておく。そうすれば、何が問題なのかを運用チームが正確につかめるようになる。そうしておけば、仮に何らかの理由でアプリケーションがダウンしたとしても、運用チームによる再起動や再デプロイの作業が容易になる。

もう一度言う。運用チームがどのように監視しようと考えているのかを知ってそれをリリース計画に含めるのは、開発チームの責任である。これらの要件に立ち向かう最善の方法は、その他の要件とまったく同等に扱うことだ。アプリケーションの利用方法を、運用要員の視点から考えてみよう。彼

らもまた、アプリケーションの重要なユーザーである。リリース計画を考え直し、アプリケーションの再起動や再デプロイ手順も含める必要がある。最初のリリースのときからである。

最初のリリースは、アプリケーションの生涯の始まりにすぎない。新しいバージョンが出るたびにその動きは変わるし、エラーやログメッセージの種類も変わる。その結果、アプリケーションの監視方法も変わるかもしれない。新しい方法にしてもうまくいかないかもしれない。重要なのは、アプリケーションの新バージョンをリリースするときには運用部隊もそのサイクルに組み込むことだ。そうすれば、変更点に対して準備できるようになる。

## 11.2.3 ITサービスの継続計画

運用管理者は、自社のITサービス継続計画の作成や実装、テスト、そして保守にかかわることになるだろう。運用チームが管理する個々のサービスには、それぞれ目標復旧ポイント（RPO）――障害発生時点から過去にさかのぼってどの程度までのデータのロスが許されるか――と目標復旧時間（RTO）――サービスの復旧までに許される時間の長さ――が決められている。

RPOは、データのバックアップやリストアの戦略を左右する。少なくともRPOを達成できる頻度でデータのバックアップをしないといけないからである。もちろん、データはそれを扱うアプリケーションがないと何にもならないし、アプリケーションを動かす環境や基盤も大切だ。そこで、正しいバージョンのアプリケーションとその環境や基盤を再デプロイできるようにしておかねばならない。言い換えると、これらすべての設定を注意深く管理し、運用チームが再現できるようにしておく必要があるということだ。

業務上必要となるRTOを満たすためには、本番環境や基盤のコピーを別の場所に作る必要があるかもしれない。システムがダウンしたときにその代わりとして使うためだ。アプリケーション側でもこのような事態を想定しておく必要がある。高可用性を要求されるアプリケーションでは、データや設定のレプリケーションをアプリケーションの稼働中にも行うことがある。

それに関連する要件として、アーカイブが挙げられる。実際に稼働中のアプリケーションが生成するデータは、あっという間に肥大化する可能性がある。本番環境のデータをアーカイブできるシンプルな仕組みを用意し、ディスクがいっぱいになっていないかやアプリケーションの処理速度が落ちていないかを監視できるようにしておくべきだ。

アプリケーションのデータのバックアップやリカバリー、アーカイブなどのテストは、任意のバージョンのアプリケーションの取得やデプロイメントとあわせて、業務継続性のテストの一環として行うべきだ。そして、運用チームに対するリリース計画の一部としてこれらの操作手順についても説明しておく。

## 11.2.4 運用チームが慣れている技術を使え

　運用管理者は、環境に手を加えるときにはチームが使い慣れた技術を使いたがる。自分たちで環境を保守できるようにするためだ。

　運用チームは一般的に Bash や PowerShell を熟知しているだろうが、Java や C# の達人だという人は運用チームにはあまりいないだろう。しかし、彼らだってきっと、環境や基盤の設定を変更するときにはその内容をレビューしたいはずだ。なじみのない技術や言語を使っているという理由で運用チームがデプロイ手順を理解できないのだとしたら、変更を加えるときのリスクも必然的に増大する。運用チームは、自分たちが保守することのできないデプロイメントシステムを拒否するかもしれない。

　開発チームと運用チームはプロジェクトの開始時にきちんと話し合い、アプリケーションをどのようにデプロイするかを決めなければならない。運用チームあるいはソフトウェア開発チームのいずれかが、そこで合意した技術（Perl や Ruby、Python といったスクリプト言語、あるいは Debian のパッケージングシステムや WiX といったパッケージング技術など）を新たに学ぶ必要があるかもしれない。

　両方のチームがデプロイシステムについて理解しておくことが大切だ。変更をデプロイする際には、すべての環境（開発環境、継続的インテグレーション環境、そして本番環境）で同じ手順を使う必要があり、最初にその手順を作るのは開発チームの役割になるだろうからである。ある段階でそれは運用チームに引き継がれ、運用チーム側で保守していくことになるだろう。つまり、デプロイメントシステムを作り始める時点から運用チームも巻き込んでおくべきであるということだ。デプロイ作業、環境や基盤への変更などに使う技術はリリース計画の一部に含める必要がある。

　デプロイメントシステムはアプリケーションにとって不可欠なものである。アプリケーションそのものと同じくらいに気を配り、テストやリファクタリングをするべきだ。当然、バージョン管理の対象にもなる。もしそうしなければ（実際、そうでないプロジェクトも多く見てきたが）、ろくにテストもしていなくて壊れやすく、内容もわかりにくいスクリプトができあがってしまう。そんなスクリプトで変更管理をするのはリスクが高く苦痛を伴う。

# 11.3 基盤をモデリングし、管理する

　利害関係者の扱い方を除けば、本章で扱う内容はすべて、広い意味での構成管理に含まれると言える。しかし、完全な構成管理をテスト環境と本番環境で実装することは容易ではない。このトピックに関する記述が多くなるのもそのためである。これだけのページ数を使って説明したとしても、環境管理や基盤管理についての表面的な原則しかカバーできないだろう。

　どんな環境でも、構成情報にはさまざまな種類が存在する。これらの準備や管理はすべて自動化しなければならない。図 11-1 は、サーバーの種類を抽象的に分類したものである。

　構築するシステムに関する技術的な選択をすべて自分たちで行えるのなら、調達する際に考慮すべ

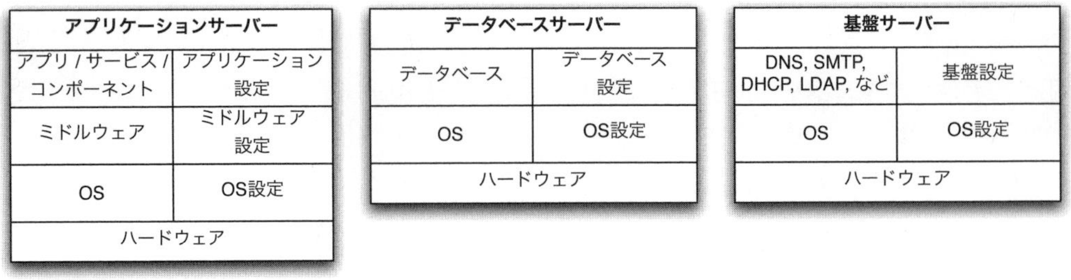

| アプリケーションサーバー | |
|---|---|
| アプリ/サービス/コンポーネント | アプリケーション設定 |
| ミドルウェア | ミドルウェア設定 |
| OS | OS設定 |
| ハードウェア | |

| データベースサーバー | |
|---|---|
| データベース | データベース設定 |
| OS | OS設定 |
| ハードウェア | |

| 基盤サーバー | |
|---|---|
| DNS, SMTP, DHCP, LDAP, など | 基盤設定 |
| OS | OS設定 |
| ハードウェア | |

図 11-1　サーバーの種類とその構成

きなのは、ハードウェアやソフトウェア基盤自体のデプロイメントや構成を自動化しやすいかどうかだ。設定やデプロイメントを自動化できるような技術を採用することは、システムのインテグレーションやテスト、デプロイメントの手順を自動化するための必須条件となる。

　基盤の選択に関する決定権がない場合でも、もしビルドやインテグレーション、テスト、デプロイメントを自動化するつもりなら、次に挙げることを考えなければならない。


- 基盤のプロビジョニングはどのように行うか？
- 基盤を構成するさまざまなソフトウェアのデプロイメントや設定はどのように行うか？
- プロビジョニングや設定を済ませた基盤をどのように管理していくか？


　いまどきのOSには、何千通りものインストールパターンがあり得る。デバイスドライバのバージョンが違ったりシステムの設定が異なったり、大量のパラメタによってソフトウェアの動きが変わったりするからだ。ソフトウェアの種類によっては、このレベルの違いはあまり気にしないということもある。大半のパッケージソフトウェアは幅広いソフトウェア構成およびハードウェア構成で動作することが期待されており、このレベルの差異を気にしすぎるべきではない。とは言え、パッケージソフトを調達したり更新したりするときには、常にそのシステム要件をチェックしなければならない。一方、ハイパフォーマンスが要求されるWebアプリケーションは、パケットサイズの違いやファイルシステムの設定などといった、ほんの些細な変更でも影響を受けるかもしれない。

　サーバー上で動作するマルチユーザーアプリケーションの大半にとって、OSやミドルウェアのデフォルト設定をそのまま受け入れるのは適切ではない。OSにはアクセス制御やファイアウォールの設定も必要だしその他の安全対策（不要なサービスの無効化など）も必要だ。データベースの設定や適切なユーザー権限の設定も必要だろうし、アプリケーションサーバーはコンポーネントをデプロイしなければならない。またメッセージブローカーにはメッセージの登録や購読の登録が必要になるだろう。

　デリバリープロセスのその他の内容と同様、基盤の作成や保守に必要なものはすべてバージョン管理下に置く必要がある。少なくとも次に挙げる内容はその対象となる。

- OS のインストール定義（Debian Preseed や RedHat Kickstart そして Solaris Jumpstart などが使うもの）
- データセンター自動化ツール（Puppet や CfEngine など）の設定
- 一般的な基盤の設定（DNS ゾーンファイルや DHCP、SMTP サーバーの設定ファイル、ファイアウォールの設定ファイルなど）
- 基盤の管理に使うあらゆるスクリプト

バージョン管理の配下に置かれたこれらのファイルは、ソースコードと同様にデプロイメントパイプラインへの入力となる。デプロイメントパイプラインにおける、基盤に変更があった場合のジョブは三つに分けられる。まず最初に、すべてのアプリケーションが基盤の変更後も動作することを検証してから本番環境にプッシュしなければならない。これはつまり、影響を受けるすべてのアプリケーションについて、機能テストおよび非機能テストが新しい基盤上ですべてパスすることを確認するということである。次に、変更内容をプッシュしなければならない。プッシュ先は、運用部隊が管理するテスト環境および本番環境だ。最後に、デプロイメントテストを行い、新しい設定の基盤をきちんとデプロイできたことを確認する。

ここで再び図 11-1 に戻ると、アプリケーションやサービス、コンポーネントのデプロイメントおよび設定に使うスクリプトやツールは、それ以外の基盤のプロビジョニングや管理に使うものとは異なることに気づくだろう。ときには、アプリケーションをデプロイするために作った手順が同じくミドルウェアのデプロイメントや設定もこなすことがある。これらのデプロイ手順は一般的に、そのアプリケーションを担当する開発チームが作ることが多い。しかし、そのアプリケーションには周囲の基盤に対する暗黙の依存関係があり、それを正しい状態にしなければならないのだ。

基盤を扱うときの重要な検討事項は、どの程度共有するのかということだ。ある設定項目が特定のアプリケーションにだけ関係するものだった場合は、その設定はアプリケーションのデプロイメントパイプラインの一部に含めるべきで、個別のライフサイクルで管理する必要はない。しかし、複数のアプリケーションで何らかの基盤を共有している場合は、アプリケーション間の依存性や依存する基盤のバージョンなどの管理が問題となる。つまり、このアプリケーションを動作させるためにはこのバージョンの基盤が必要だということを記録することになる。そして、個別のパイプラインを用意して基盤の変更を適用し、複数のアプリケーションに影響を及ぼす変更はデリバリープロセスを通して依存規則に従うようにする。

## 11.3.1 基盤へのアクセスを制御する

小規模な組織や生まれたての組織にいれば、自分たちの基盤の構成管理について、ゼロから戦略を作り上げるというぜいたくができる。既存のシステムがあってそれがうまく管理できていないのなら、何とかしてそれをきちんと管理できるようにしなければならない。ポイントはこの三つだ。

- アクセス制御をして、変更をするには申請を要するようにする
- 変更を基盤に適用するための自動化された手順を定義する
- 基盤を監視し、問題を早期に検出する

一般に我々は、承認手続きをガチガチに固めてしまうことを好まない。しかし、運用基盤となれば話は別だ。そのため、テスト環境も本番環境と同様に扱うべきであることも踏まえると、同じ手順を両方の環境に適用することになる。

本番環境には簡単にアクセスできないようにしておくことが重要だ。未承認のアクセスは防がねばならない。組織の外部からのアクセスだけでなく、内部からのアクセスであっても同様——もちろん運用スタッフも含めて。そうしないとつい、何かおかしいことが起こったときに、問題の環境に直接ログインして調べ、問題を解決してしまいたくなってしまう（かしこまった言いかたで**ヒューリスティックな問題解決**と呼ばれることもある）。これは非常にまずい考え方である。その理由は次のふたつだ。第一に、サービスの寸断につながる（再起動をしたりサービスパックを適用したりといったことをやってしまいがちだ）。第二に、もし後で事態が悪化したときに、誰がいつ何をやったのかの記録が残らない。つまり、いま直面している問題の原因を見つけるのが不可能になるということだ。そんな場合はきっと、環境を一から作り直して既知の状態を再現するほうがよいだろう。

もしその基盤が自動処理で一から作り直せないのなら、まず最初にすべきことはアクセス制御の実装だ。あらゆる基盤に対する変更を、承認手続きを経た上でないと適用できないようにするのである。The Visible Ops Handbook ではこれを「患者を安静にする」と呼んでいる。不満の声が上がることは疑う余地もない。しかしこれは次の段階に進むための必須条件であり、そうしないと基盤管理の手順を自動化できない。アクセスを止めなければ、運用スタッフは結局すべての時間を火消しに費やすことになってしまう。予定されていない変更のせいで絶えず何かがおかしくなるからだ。作業がいつ終わるのかの期待値を設定してアクセス制御を強制させるには、メンテナンス期間を作るのがよい。

本番環境やテスト環境への変更の要求は、きちんと変更管理の手続きを通さなければならない。とは言え、これはお役所的なものである必要はない。The Visible Ops Handbook には、MTBF（平均故障間隔）や MTTR（平均修復時間）の面で成果を上げている組織の多くがこのような状態であったと紹介されている。「高いパフォーマンスの組織は、一週間に 1000 から 1500 の変更を行っていました。しかも、99%以上という高い変更成功率でした[4]。」

しかし、テスト環境への変更申請は、もちろん本番環境への変更申請よりも通りやすいようになっているべきだ。本番環境への変更申請は、所属部署のトップあるいは CTO（組織の規模や管理体制による）の許可を要することが多い。しかし大半の CTO は、UAT 環境への変更を求められるとあわてるだろう。重要なのは、テスト環境の場合であっても本番環境と同じような手続きをとるということだ。

---

4　［訳注］ブイツーソリューション『THE VISIBLE OPS HANDBOOK―見える運用』（ISBN 978-4434072963）から引用

## 11.3.2 基盤へ変更を加える

もちろん、ときには基盤へ変更を加える必要が生じることもある。効率的な変更管理手順は、このようなものだ。

- すべての変更は、たとえファイアウォールのルールの変更であっても主力サービスの新バージョンのデプロイメントであっても、同じ変更管理手順に従わなければならない。
- この手順は単一のチケットシステムで管理しなければならない。誰でもログインでき、変更あたりの平均所要時間などの有益な情報を得られるようにする。
- 変更内容をログに記録し、後から監査できるようにしておかなければならない。
- すべての環境に施された変更の履歴を見られるようにしておかなければならない。それにはデプロイメントの履歴も含む。
- 変更したい内容はまず最初にテスト用の疑似本番環境でテストし、自動テストを実行してその環境を使うアプリケーションが壊れないことを確認しなければならない。
- 変更はバージョン管理の対象とし、基盤の変更をデプロイするときの自動化プロセスで適用しなければならない。
- 変更がうまくいったかどうかをテストで検証しなければならない。

自動化した手順を作って基盤への変更をバージョン管理システムからデプロイすることが、優れた変更管理の肝となる。これを実現するための最も効率的な方法は、環境へのすべての変更を中央のシステム経由で行うことだ。テスト環境を使って変更したい内容を確かめ、まっさらな本番環境と同じ状態のステージング環境でテストし、それを構成管理システムに載せて次のビルドに含まれるようにし、承認を得て、自動化したシステムがその変更を展開する。多くの組織では自前のソリューションを用意してこの問題に対応している。もしまだ何もないのなら、データセンター自動化ツールであるPuppetやCfEngine、BladeLogic、Tivoli、あるいはHP Operations Centerを使うとよい。

可監査性を確保する最もよい方法は、すべての変更を自動化したスクリプトで行うことだ。それを必要に応じて誰でも参照できるようにすれば、何が起こったのかを正確に知ることができる。我々が文書化するよりも自動化するほうを好むのは、そのせいだ。丁寧に書かれたドキュメントを見ても、そこに書かれた変更が正しく適用されたかどうかはわからない。「このようにした」という主張と実際に行われたことが食い違っていれば問題の元となり、その原因を突き止めるには数時間から数日かかることもあるだろう。

## 11.4 サーバーのプロビジョニングおよび設定を管理する

　サーバーのプロビジョニングやその構成管理は、中小規模の組織では見落とされがちだ。その理由は単に、難しそうに見えるからである。ほとんどの人にとって、はじめてサーバーを立ち上げて動かしたときのやり方は、まずインストールメディアを用意してそれをコンピュータに突っ込み、対話的なインストールを実行し、きちんと管理されていない設定管理に進むというものだ。しかし、こんなやり方だとすぐにそのサーバーは「職人芸」になってしまう。各サーバーの間で一貫性がなくなり、何か問題が発生したときにもその環境を再作成するのが困難になる。さらに、新しいサーバーのプロビジョニングは手動で繰り返し行われる間違えやすい手順だ。この種の問題は、自動化すれば解決できる。

　一段上のレベルで考えると、サーバーのプロビジョニングは、（テスト環境だろうが本番環境だろうが）新しいマシンをデータセンターに置いて配線するところから始まる。それさえ終われば、その後の作業の大半は、最初の電源投入も含めてリモートから自動化して行える。IPMIやLOMなどの管理システムを使ってマシンの電源を入れ、ネットワークブートさせて、OSのベース部分をPXE（後ほど説明する）でインストールする。このときに、データセンター管理ツールのエージェントも含めなければならない。データセンター管理ツール（図ではPuppet）が、それ以降のマシンの構成を管理する。この完全に自動化された手順を図11-2に示す。

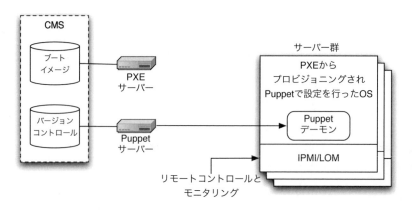

図11-2　サーバーの自動化されたプロビジョニングおよび設定

## 11.4.1 サーバーのプロビジョニング

OSのベースラインを作成するには、方法がいくつかある。

- 完全な手動手順
- 自動化されたリモートインストール
- 仮想化

ここでは完全な手動手順については考えない。ただし、この手順は信頼できる再現性がなく、スケールしないということだけは指摘しておこう。しかし、開発チームの多くは自分たちの環境をこの方式で管理している。よくあることだが、開発者自身の作業端末はおろか開発チームの継続的インテグレーション環境でさえも職人芸になってしまっており、長期間にわたって粗雑な管理が続けられている。これらの環境は、アプリケーションが実際に動作する環境と関連があるとはとても言えない状態だ。非効率の根源にもなり得る。実際のところは、こういったシステムもテスト環境や本番環境と同じように管理されなければならない。

仮想化技術を使ってOSのベースラインを作成して環境を管理する方法については、後ほど364ページの「仮想化」で検討する。

自動化されたリモートインストールは、新しい物理マシンを投入して動かすには最適の選択肢だ(たとえ後でそれを仮想ホストとして使うのだとしても)。この方式を使う第一歩としてお勧めなのは、PXE(Preboot eXecution Environment)あるいはWindows Deployment Servicesである。

PXEは、イーサネット越しにマシンを起動させるための標準的な仕組みである。BIOSでネットワークブートを指定したときに、実際にその裏側で動いているのがPXEだ。プロトコルはDHCPに手を加えたものを使っており、イメージを提供しているサーバーを探してそこからブートする。ユーザーがブートイメージを選ぶと、クライアントはそのイメージをTFTPでRAMに読み込む。標準的なInternet Services ConsortiumのDHCPサーバーであるdhcpdはすべてのLinuxディストリビューションに含まれているが、このサーバーはPXEサービスを提供するように設定できる。そして、さらにTFTPサーバーを設定して実際にイメージを提供できるようにしなければならない。RedHatを使っている場合は、Cobblerというアプリケーションを使うとLinux OSのイメージをPXE経由で配布できる。同じくRedHatマシンを使っているなら、指定したOSイメージで新しい仮想マシンを立ち上げることもできる。さらに、HudsonにPXEサービスを提供させるためのプラグインもある。BMCのBladeLogicにはPXEサーバーが含まれている。

ほとんどすべてのUNIX系の環境は、PXEで使えるイメージを用意している。もちろん、独自のイメージを自作することもできる。RedHatやDebianのパッケージ管理システムには、インストールされているシステムの状態をファイルに保存して他のシステムの初期設定に使えるようにする仕組みが用意されている。

ベースシステムを配布したら、次はその設定をする番だろう。ひとつのやり方として、OS に付属する無人インストール手順を使う方法がある。RedHat なら Kickstart、Debian なら Preseed、そして Solaris なら Jumpstart がこれにあたる。これらの仕組みを使うと、インストール後の作業も任せることができる。OS のパッチの適用や、起動させるデーモンの決定などだ。インストールが済めば、その次は基盤管理システムのエージェントのインストールだ。そこから先は、このエージェントに OS の設定を管理させる。

Windows 版の PXE と言えるのが Windows Deployment Services だ。実際のところ、これも背後では PXE を使っている。WDS は Windows Server 2008 Enterprise Edition に搭載されており、Windows Server 2003 にインストールすることもできる。Windows 2000 以降の Windows（ただし Me は除く）をブートできるとされているが、Vista 以降では目に見えて効率化されている。WDS を使うために必要なのは、ActiveDirectory ドメインと DHCP サーバー、そして DNS サーバーだ。これらが揃えば、WDS を（必要に応じてインストールしてから）有効化できる。WDS でブートさせるプロファイルを準備するために必要なのは、ブートイメージとインストールイメージのふたつである。ブートイメージとは PXE が RAM に読み込むもので、Windows の場合は WinPE（Windows Preinstallation Environment）と呼ばれるソフトウェアとなる。これは、Vista 以降のインストール DVD でブートさせたときに動くソフトウェアである。インストールイメージとは実際の完全版のインストールイメージで、ブートイメージがこれをマシンに読み込む。Vista 以降にはこれらのイメージが付属しており、インストール DVD の Sources ディレクトリ内に BOOT.WIM および INSTALL.WIM という名前で用意されている。このふたつのファイルがあれば、ネットワーク越しのブートに必要な設定を WDS がすべて行ってくれる。

独自のインストールイメージを自作して WDS で使うこともできる。Microsoft Hyper-V を使うのが一番簡単で、その方法は Ben Armstrong[9EQDL4] が説明している。まず、イメージを作りたい OS の仮想マシンを立ち上げる。そして必要な設定をした後で Sysprep を実行し、ImageX を使ってドライブのイメージを WIM ファイルに変換する。あとはこのファイルを WDS に登録すればよい。

## 11.4.2 進行中のサーバー管理

OS がインストールできたら、その次に考えなければならないのは、その構成を勝手に変えてしまわれないようにすることだ。つまり、まずは運用チーム以外のメンバーは誰もマシンにログインできなくすること。そして、変更はすべて自動化したシステムで行うようにするということだ。ここで言う「変更」には、OS のサービスパックの適用や新しいソフトウェアのインストール、そしてアプリケーションのデプロイメントなども含む。

構成管理手順の目標は、宣言的でかつ冪等であることだ。つまり、基盤のあるべき状態を設定してその設定をシステムが適用したときに、基盤の初期状態がどんな状態であっても適用後の結果は同じになるということである。また、同じ構成を何度も適用しても結果が変わらないということでもある。

これは、Windows の世界でも UNIX の世界でも実現可能だ。

いったんシステムが整えば、基盤に含まれるテスト環境や本番環境のすべてが、中央でバージョン管理された構成管理システムで扱えるようになる。そうすれば、このような利益を受けられる。

- すべての環境での一貫性を保証できる。
- 既存の環境と一致する新たな環境を簡単に用意できる。たとえば、本番環境と同じ状態のステージング環境を簡単に用意できるようになる。
- あるマシンにハードウェア障害が発生したときには、新しいマシンを用意すれば、以前と同じように設定された環境を完全なる自動化作業で作れる。

> **構成管理がまずいとリリース当日にデバッグ作業をする羽目になる**
>
> あるプロジェクトで、本番環境へのデプロイメントが謎の失敗を起こすことがあった。デプロイメント用のスクリプトがハングしたのだ。原因を追跡した結果わかったのは、運用サーバーのログインシェルが sh に設定されているのに対してステージングサーバーでは bash になっているということだった。つまり、本番環境ではプロセスをデタッチしようとしてもできなかったというわけだ。修正するのは容易だったが、ちょっとしたひらめきがなければ見つけることはできず、デプロイメントを取り消す羽目になっていたことだろう。本当に微妙な違いを見つけるのは、これよりもずっと難しいことだ。総合的な構成管理は必須である。

Windows では、Microsoft が基盤管理のためのソリューションを（Windows Deployment Services 以外にも）提供している。それが System Center Configuration Manager だ。SCCM は、ActiveDirectory と Windows Software Update Services を使って OS の構成を管理する。組織内の各マシンの、アップデートの適用状況や設定も含めて管理できる。また、アプリケーションのデプロイメントに SCCM を使うこともできる。SCCM は Microsoft の仮想化テクノロジーを使うこともできるので、仮想サーバーについても物理サーバーと同様に管理できる。アクセス制御はグループポリシーを使って管理する。これは ActiveDirectory と統合されており、Windows 2000 以降の Microsoft のサーバー OS にはすべて組み込まれている。

UNIX の世界に戻ると、LDAP を通常の UNIX のアクセス制御と組み合わせれば、誰がどのマシンにアクセスできるのかをコントロールできる。OS の構成を管理するソリューションは数多く存在し、インストールされているソフトウェアやアップデートの状況を継続的に管理できる。有名なのは CfEngine や Puppet そして Chef などだが、それ以外にも同等のツールは存在する。Bcfg2 や LCFG [9bhX9H] などだ。本書の執筆時点では、この種のツールで Windows に対応しているのは WPKG だけであるが、このツールは UNIX プラットフォームをサポートしていない。しかし、Puppet や Chef に Windows

のサポートを追加する作業も行われていた。また、すばらしいツールであるMarionette Collective（mcollectiveと呼ばれることもある）についても取り上げておこう。このツールは、メッセージバスを使って大量のサーバーへの問い合わせやその管理を行う。プラグインを使って他のサービスをリモート制御することもできるし、PuppetやFacterとのやりとりもできる。

それ以外の手段としては、ご想像のとおり、強力で高価な商用ツールを使ってサーバーの基盤管理をすることもできる。Microsoft以外の主要な製品には、BMCのBladeLogicスイートやIBMのTivoli、そしてHPのOperations Centerスイートなどがある。

これらのツールはすべて、オープンソースであろうが商用ツールであろうが、同じような動きをする。マシンをどのような状態にしたいのかを指定すれば、基盤が指定した状態になっていることをツールが保証してくれるというわけだ。これを行うために各マシン上でエージェントを動作させ、構成情報を取り出したり他のマシンの状態を変更したりする。また、ソフトウェアのインストールや設定の変更といったタスクも実行する。この種のシステムの主な特徴は、その冪等性だ。つまり、エージェントが見つけたマシンがどのような状態であっても、また同じ構成を何回適用しても、その結果は常に同じ（求めていた状態）になるということだ。端的に言うと、望みの状態を指定してツールを起動しておけば、あとはツールがうまい具合に調整し続けてくれる。これで、よりレベルの高い目標である基盤の自動管理（言い換えれば、自己回復機能を持った基盤）を達成できる。

初期状態のサーバー環境を使って、すべてをスクラッチからデプロイできるようにしておくべきだ。実際のところ、ビルドやデプロイ、テスト、リリースの仕組みを自動化あるいは仮想化するための最良の方法は、それを環境のプロビジョニングのテストにしてしまうことである。ここで問うべきこと、そして試すべきことは「本番環境に壊滅的な障害が発生したとき、新しい環境を用意するのにどれくらいの時間がかかる？」だ。

オープンソースのツールの多くは環境設定の情報をテキストファイルに保存しているので、設定をバージョン管理システムで管理できる。これはつまり、基盤の構成に関する情報自体も文書化されているということだ。バージョン管理システムを見れば、現在の状態を知ることができる。商用のツールは一般的に自前のデータベースで設定情報を管理しており、設定を変更するには専用のインターフェイスを使うものが多い。

Puppetについてもう少し詳しく見ていこう。というのも、Puppetは現在公開されているオープンソースシステムの中で（CfEngineやChefと並んで）最もよく知られているものだからだ。元となる考え方は、他のツールでも変わらない。Puppetが構成管理に使うのは宣言的な外部DSLで、これは構成情報を管理するために作られた言語だ。このDSLを使うと、モジュール化した一般的なパターンの組み合わせで複雑なエンタープライズ環境の構成を書き、このパターンを共有することができる。そのおかげで、構成情報の重複を回避できる。

Puppetの設定は、中央のマスターサーバーで管理する。このサーバー上ではPuppetのマスターデーモン（puppetmasterd）が稼働しており、Puppetが制御するマシンの一覧を保持している。制御される側の各マシン上では、Puppetエージェント（puppetd）が動いている。このエージェントがサーバーと通信し、Puppetの管理下にあるマシンが最新版の構成で同期していることを保証する。

### 環境への変更をテスト駆動で行う

マティアス・マーシャルが、環境への変更をテスト駆動で行う方法について記事を書いている [9e23My]。こんなアイデアだ。

1. 監視システムで、まずはこれから解決しようとしている問題を監視するためのサービスを書く。そして、ダッシュボード上でそのサービスがレッドになっていることを確認する。
2. 構成の変更を実装し、Puppetでテストシステムに展開する。
3. ダッシュボードがブルーに変わったことを確認してから、Puppetでその変更を本番環境にも適用する。

構成を変更すると、Puppetmasterは更新を要する全クライアントにその変更を展開し、新たなソフトウェアのインストールや設定をした上で、必要に応じてサーバーを再起動する。構成は宣言的であり、各サーバーに求める状態について記述する。つまり、初期状態がどんな状態であっても適用できるということだ。まっさらな状態のVMであろうが新たに配布したマシンであろうが、同じように適用できる。

### 自動化によるプロビジョニング

このアプローチの威力は、実例を見れば明らかだろう。

エイジェイは、大量のサーバーをグローバルなITコンサルタント業者のために保守している。サーバーの置き場所は、バンガロールや北京、シドニー、シカゴ、そしてロンドンにあるマシンルームだ。

変更管理のチケットシステムにログインした彼は、新たなリクエストを発見する。新しいUAT環境を作ってほしいという、あるプロジェクトチームからのリクエストだ。最新版のリリースに備えたUATプロセスへの突入が近づいており、それと同時に新機能の開発をtrunkで続けたいということだ。新しい環境には3台のマシンが必要となる。エイジェイはすぐに、その3台の要求仕様を見つけた。そのプロジェクトにはすでにテスト環境があったので、単にその環境の定義を再利用するだけでよかったのだ。

彼はPuppetmasterの定義に3行追加し、ソース管理システムにコミットする。Puppetmasterは変更を検出してマシンを設定し、エイジェイへのメールでタスクが完了したことを伝える。彼は、マシン名とIPアドレスをコメントに書いてチケットを閉じる。チケットシステムがチームにメールを送信し、リクエストした環境が使えるようになったことを伝える。

Postfixのインストールを例にして、Puppetの使い方を見ていこう。まずはモジュールを書く。Postfixをメールサーバーとしてどのように設定するのかを指定するためだ。モジュールにはマニフェストが含まれ、さらにオプションでテンプレートやその他のファイルも含まれる。ここでは`postfix`という名前の新しいモジュールを作って新しいマニフェストを持たせる。このマニフェストで、Postfixをどのようにインストールするのかを定義する。具体的には、`postfix/manifests`というディレクトリをモジュールのルートディレクトリ（`/etc/puppet/modules`）配下に作り、そこに`init.pp`という名前のマニフェストファイルを作成する。その内容はこのようになる。

```
# /etc/puppet/modules/postfix/manifests/init.pp
class postfix {

  package { postfix:   ensure => installed }
  service { postfix:   ensure => running, enable => true }

  file { "/etc/postfix/main.cf":
    content => template("postfix/main.cf.erb"),
    mode => 755,
  }
}
```

このファイルで定義しているのは、Postfixのインストール方法を記述したクラスだ。`package`文で、`postfix`パッケージがインストールされていることを保証する。Puppetは、主要なパッケージ管理システムのすべて（Yum、Aptitude、RPM、Dpkg、Sunのパッケージマネージャー、RubyGems、BSDのports、そしてMacPorts）とやりとりすることができる。`service`文では、Postfixのサービスが有効になっており、かつ実行中であることを保証する。`file`文では、マシン上に`/etc/postfix/main.cf`というファイルを作る。その元として使うのはerbテンプレートである。erbテンプレートは、Puppetmasterが稼働するマシンのファイルシステム上の`/etc/puppet/modules/[`**モジュール名**`]/templates`から取得する。つまり、`main.cf.erb`というファイルを`/etc/puppet/modules/postfix/templates`に置くことになる。

どのマニフェストをどのホストに適用するのかを定義するのが、Puppetのメインファイル`site.pp`だ。

```
# /etc/puppet/manifests/site.pp
node default {
  package { tzdata:   ensure => installed }
  file { "/etc/localtime":
    ensure => "file:///usr/share/zoneinfo/US/Pacific"
  }
}

node 'smtp.thoughtworks.com' {
```

```
      include postfix
    }
```

このファイルでは、Postfix マニフェストをホスト smtp.thoughtworks.com に適用するよう Puppet に指示している。さらにこのファイルには、デフォルトのノードの定義も含まれている。この内容は、Puppet がインストールされているすべてのマシンに適用される。ここでは、default ターゲットを使ってすべてのマシンのタイムゾーンを太平洋時間に設定している（この構文は、シンボリックリンクを作成する）。

次に、より高度な例を示す。多くの組織では、アプリケーション群をひとまとめにして組織内のパッケージサーバーに格納していることだろう。しかし、そのパッケージサーバーを見にいくように各サーバーを手動で設定しなければならないのは面倒だ。この例では、Puppet を使って各マシンに自前の Apt リポジトリの場所を伝え、正しい Apt GPG 鍵を各マシンに追加し、crontab にエントリを追加して apt update を毎晩実行させるようにする。

```
# /etc/puppet/modules/apt/manifests/init.pp
class apt {
  if ($operatingsystem == "Debian") {
    file { "/etc/apt/sources.list.d/custom-repository":
      source => "puppet:///apt/custom-repository",
      ensure => present,
    }
    cron { apt-update:
      command => "/usr/bin/apt-get update",
      user => root,
      hour => 0,
      minute => 0,
    }
  }
}

define apt::key(keyid) {
  file { "/root/$name-gpgkey":
    source => "puppet:///apt/$name-gpgkey"
  }

  exec { "Import $keyid to apt keystore":
    path => "/bin:/usr/bin",
    environment => "HOME=/root",
    command => "apt-key add /root/$name-gpgkey",
    user => "root",
    group => "root",
    unless => "apt-key list | grep $keyid",
  }
}
```

メインとなる apt クラスがまず最初にチェックするのは、マニフェストの適用先で稼働している OS が Debian であるかどうかだ。これは、クライアントについての事実を利用する一例である。`$operatingsystem` は自動的に定義される変数のひとつで、Puppet はこれ以外にもクライアントに関して知っていることを定義済みの変数で表す。コマンドラインで `facter` コマンドを実行すると、Puppet が知っているすべての事実が一覧表示される。次に、ファイル custom-repository を Puppet の内部ファイルサーバーから各マシン上の適切な場所にコピーし、root の crontab に毎晩 `apt-get update` を実行させるエントリを追加する。この crontab アクションは冪等なので、すでにエントリが存在する環境で実行しても新たなエントリが作られることはない。`apt::key` の定義は、GPG 鍵を Puppet のファイルサーバーからコピーして `apt-key add` コマンドを実行する。冪等性を保証するため、Apt がすでにその鍵を知っている場合にはコマンドを実行しないように指定している（`unless` の行が実際に指定している部分だ）。

自前の Apt リポジトリを定義したファイル custom-repository と GPG 鍵を含むファイル custom-repository-gpgkey は、Puppet のマスターサーバー内の`/etc/puppet/modules/apt/files` に置かなければならない。それから、このような定義を含め、正しい鍵 ID に置き換える。

```
# /etc/puppet/manifests/site.pp

node default {
  apt::key { custom-repository:  keyid => "<KEY_ID>" }
  include apt
}
```

Puppet はバージョン管理下で動かすよう設計されていることに注意しよう。/etc/puppet の配下にあるすべてのファイルはバージョン管理し、変更はバージョン管理システム経由でのみ行うようにしなければならない。

## 11.5 ミドルウェアの構成を管理する

OS の構成を適切に管理できるようになったら、次はその上で動くミドルウェアの管理を考えなければならない。ミドルウェア、つまり Web サーバーやメッセージングシステムあるいは商用のパッケージソフトウェアなどは、次の三つの部分から構成されている。バイナリ、設定、そしてデータだ。それぞれに別々のライフサイクルがあるので、独立して扱うことが大切だ。

### 11.5.1 設定を管理する

データベースのスキーマや Web サーバーの設定ファイル、アプリケーションサーバーの設定情報、メッセージキューの設定、その他何でも、システムを動作させるために変更しなければならないもの

はすべてバージョン管理下に置かなければならない。

多くのシステムでは、OS とミドルウェアの間の明確な区別がない。たとえば Linux 上でオープンソースのソフトウェア群を使っている場合は、ほとんどすべてのミドルウェアの構成は OS そのものと同様に管理できる。Puppet やその他の類似ツールを使えばいいのだ。この場合は、ミドルウェアを管理するのに何ら特別なことをする必要はない。先ほどのセクションで扱った Postfix の例を、そのまま他のミドルウェアにも適用すればいいのだ。つまり、Puppet に正しいパッケージがインストールされていることを確認させ、構成の更新は Puppet のマスターサーバーにあるテンプレートで行う。そしてこのテンプレートをバージョン管理システムにチェックインする。新たな Web サイトやコンポーネントを追加するときも、同様にして管理できる。Microsoft の世界では、System Center Configuration Manager を使えばよい。あるいは、BladeLogic や Operations Center などの商用ツールを使うこともできる。

OS の標準インストールに含まれないミドルウェアを使う場合の次善の策は、OS のパッケージ管理システムを使ってパッケージを作り、それを組織内のパッケージサーバーに配置することだ。そうすれば、普段使っているサーバー管理システムでこのミドルウェアも同様に管理できるようになる。

しかし、中にはこのように扱えないミドルウェアもある。よくあるのが、スクリプトを使った自動インストールのことなどまったく念頭に置かずに作られているものだ。そんな場合の対応方法を次のセクションで説明する。

## 扱いにくいミドルウェアへ構成管理を適用する

以前にかかわっていたある巨大プロジェクトには、多数のさまざまなテスト環境や本番環境があった。そのアプリケーションは、有名な商用 Java アプリケーションサーバー上で動作するものだった。それぞれのアプリケーションサーバーは、製品に付属する管理コンソールを使って手動で設定されていた。そして、各サーバーの設定はどれも異なっていた。

そのプロジェクトには、構成を管理するための専任のチームがあった。アプリケーションを新たな環境にデプロイするときには、ハードウェアの用意や OS の設定、アプリケーションサーバーのデプロイメントと設定、アプリケーションのデプロイメントに関する計画を立ててから、それがうまくいくことを手動で確かめていた。新しい環境を用意するときにはこれらの手続きに数日を要し、単にソフトウェアの新バージョンをデプロイするだけでも最低丸一日はかかっていた。

我々は手動でやっていたこれらの手順を詳細に文書化しようと試み、大変な手間をかけて構成情報を取得して記録した。しかし、まだ多少の違いは残っていた。ある環境で発生したバグが、別の環境では再現できないということが頻発したのだ。中にはいまだに原因がわからないものもある。

この問題を解決するために、アプリケーションサーバーをインストールしたディレクトリをソース管理システムに投入した。それからスクリプトを書き、ソース管理システムからチェックアウトした内容を、指定した環境の適切な場所へリモートでコピーできるようにした。

我々はまた、構成情報を保存する場所に着目した。別のバージョン管理システムを用意し、デプロイ先

> の環境ごとにディレクトリを作った。そのディレクトリに、各環境に関連するアプリケーションサーバーの設定ファイルを格納した。
>
> 　自動デプロイプロセスがスクリプトを実行すると、アプリケーションサーバーのバイナリをデプロイしてからその環境に関連する設定ファイルをチェックアウトし、それをファイルシステム上の適切な場所にコピーした。この自動化プロセスのおかげで、デプロイ時のアプリケーションサーバーの設定がより堅牢で信頼性や再現性のあるものになった。

　このコラムで取り上げたプロジェクトは数年前に完了した。もし今改めて始めるとしたら、まず最初にさまざまなテスト環境や本番環境の設定情報を管理するところから始めるだろう。また、必要な作業はプロジェクトの初期段階で済ませ、このプロセスにおける手動処理をできるだけ減らしてみんなの作業量を下げようとするだろう。

　システムにおいて、ミドルウェアの設定情報は、お気に入りのプログラミング言語で書いたプログラムと同じくらい重要なものである。最近のミドルウェアの多くは、設定をスクリプトで書く方法をサポートしている。XMLでの設定が一般的で、中にはスクリプト用のシンプルなコマンドラインツールを用意しているミドルウェアもある。これらの機能を覚えて活用しよう。設定ファイルのバージョン管理は、システム内の他のコードと同じように行う。

　もしミドルウェアを選べるのなら、これらの機能を持ったものを選ぶとよい。経験上、かっこいい管理ツールだとか最新の標準規格への準拠などよりもこっちのほうがずっと重要だ。

　悲しいことだが、いまだに多くのミドルウェア製品（たいていは高価なもの）が、「エンタープライズレベルのサービス」を謳いながらデプロイメントや構成管理を容易にすることができていない。経験上、プロジェクトが成功するかどうかは、クリーンに安心してデプロイできるかどうかにかかっていることが多い。

　我々の観点では、真のエンタープライズ対応を謳うならばデプロイメントや設定を自動化できなければ話にならない。重要な設定情報をバージョン管理できないせいで変更管理がきちんと制御できないのだとしたら、そんなテクノロジーは高品質な結果を生み出すための障害となるだろう。我々は過去に何度となくこれに泣かされてきた。

午前2時。あなたは重大なバグフィックスを本番環境に投入する。GUIベースの設定ツールによるデータ投入ほどミスを犯しやすいものはない。こんなときこそ、自動化されたデプロイ手順が救いとなるだろう。

　オープンソースのシステムやコンポーネントは、その設定をスクリプトで管理できるようになっているものが多い。その結果、基盤がらみの問題に対するオープンソースのソリューションは、一般的に管理や統合が容易になっている。残念なことに、ソフトウェア業界の一部には別の考え方を持つ人

たちもいる。これまでに参加したプロジェクトでは、選択の自由がないことも多かった。モジュール化されて設定もしやすく、バージョン管理して自動化されたビルドやデプロイメントのプロセスがあるのに、融通の利かないシステムがその前に立ちはだかった。そんな場合はどう対処すればいいのだろう？

## 11.5.2 製品を調査せよ

　低コストで低エネルギーのソリューションを探すときのスタート地点としてはっきりしているのは、今見ている製品に自動化された設定オプションがないのをはっきりさせるということだ。ドキュメントを隅々まで読んでそういったオプションについて探し、Webを検索してアドバイスを見つけ、自分たちの製品のサポート担当者と話し、掲示板やグループをチェックしよう。要するに、他によい方法がないことがはっきりするまでは、この後に説明するような他の戦術をとらないようにしようということだ。

　不思議なことに、製品のサポートに問い合わせてみても驚くほどに役立たない。結局のところ我々が知りたいのは、導入しようとするその製品での作業がバージョン管理可能かどうかということだけなのだが。某巨大ベンダーからのお気に入りの返答を紹介しよう。「ええ。次のリリースでは独自のバージョン管理機能が組み込まれる予定です。」仮にそれが実現したとしても、仮に数年後にその機能のおかげでプロジェクトの作業が改善したとしても、プロプライエタリなバージョン管理システムは一貫性のある構成管理の助けにはならないだろう。

## 11.5.3 ミドルウェアが状態をどのように扱うのかを調査せよ

　そのミドルウェアが何らかの方法での設定の自動化に対応していないことが明らかになったら、次はその裏側にあるストレージをバージョン管理してしまうことができないかを調べよう。最近の製品の多くは、XMLファイルを使って設定情報を保存している。この手のファイルは最近のバージョン管理システムなら当然のように扱えるし、問題もほとんど発生しないだろう。サードパーティーのシステムがその状態をバイナリファイルに保存している場合は、そのバイナリファイルのバージョン管理を検討することになる。このファイルは、開発が進むにつれて頻繁に変更されるだろう。

　ほとんどの場合、何らかのファイルを使って製品の設定情報を管理しているときに直面する主な問題は、その製品がいつどのように設定情報を読み込むのかということだ。自動化に適した数少ない例では、単に新しいバージョンのファイルを正しい場所にコピーするだけで十分である。これでうまくいけば、さらにもう一歩進めてその製品のバイナリと設定情報を分離させることができる。この場合はインストール手順を解析する必要があり、実質的には自前のインストーラーを書くことになる。そのアプリケーションがバイナリやライブラリをどこにインストールするのかを調べなければならない。

　選択肢はふたつある。最もシンプルな方法は、バイナリとともにそれを関連する環境にインストー

ルするためのスクリプトもバージョン管理下に置くということだ。もうひとつの選択肢は正攻法で、インストーラーを自作する（あるいは、たとえばRedHat系のLinuxディストリビューションを使っているのならRPMパッケージにする）ことだ。RPM（あるいは他のインストーラー）を作るのはそんなに難しくはなく、状況にもよるが苦労するだけの価値はある。そうすれば、製品を新しい環境にデプロイするときにインストーラーを使えるようになり、設定はバージョン管理システムから適用できるようになる。

　中には、データベースに設定情報を格納する製品もある。その手の製品にはたいてい洗練された管理コンソールがあって、格納する設定情報の複雑さを隠している。これらの製品は、自動化した環境管理に組み込むのが特に難しい。基本的には、データベース自体をBLOB[5]として扱わなければならない。しかし少なくとも、データベースのバックアップやリストアの手順はベンダー側で公開しているはずだ。もしあるのなら、その手順を自動化すればよい。そうすれば、バックアップをとってからそのデータを操作し、変更したデータをリストアすることもできるかもしれない。

## 11.5.4　設定APIを探せ

　ここで取り上げているようなジャンルの製品の多くは、何らかの形式のプログラミングインターフェイスをサポートしている。それを活用すれば、システムをニーズに合わせてうまく設定できるかもしれない。ひとつのやり方は、作業するシステム用にシンプルな設定ファイルを定義することだ。カスタムビルドタスクでこれらのスクリプトを読み込み、APIでシステムを設定する。この「自前で設定ファイルを作る」作戦は、構成管理を自分たちの手元に取り戻す。つまり、設定ファイルをバージョン管理してその適用を自動化できることになる。MicrosoftのIISで、かつて我々はこのアプローチを採用した。そのときはXMLメタベースを使った。しかし、IISの新バージョンではPowerShellでのスクリプト処理が可能になっている。

## 11.5.5　よりよいテクノロジーを採用せよ

　理屈の上では、別の方法で対応することもできる。たとえば、バージョン管理しやすい設定情報を自分で作り、それを何らかの方法でネイティブの設定情報にマップさせるコードを書いてもよい。その手段としては、使えるものなら何でも使える。管理コンソール上での操作を再生してもいいし、データベースの構造を逆解析してもよい。しかし我々は、実際にその域に達したことはない。何度かは後一歩のところまで近づいたが、たいていはそこでやりたいことができるAPIが見つかるのだ。

　バイナリファイルのフォーマットやデータベースのスキーマを逆解析することが可能だとしても、それがライセンス違反にならないかを確認しなければならない。そこまでしなければならない状況なら、ベンダーに助けを求めてみるとよい。こちらからも何らかの見返りを提供するので、技術情報を

---

5　［訳注］Binary Large Objectの略。データベースで用いられる型のひとつ。

共有させてほしいと。(特に小規模なベンダーほど)この手のことに理解のあるところもあるので、試してみる価値はある。しかし、多くのベンダーは興味を示さないかもしれない。そんなソリューションをサポートするのは大変だからである。もし断られたら、より扱いやすい他のテクノロジーに乗り換えることを強くお勧めする。

多くの組織は、使っているソフトウェアプラットフォームを変更するのを躊躇する。すでに大量の資金をつぎ込んでいるからだ。しかし、「埋没費用の誤謬」として知られるこの手の意見は大事なことを見落としている。それは、より優れたテクノロジーを採用する機会を失うというコストだ。十分な権限を持つ上司や親しみやすい監査役を説得してみよう。いま直面している問題を改善できないことによる財務的な悪影響を理解してもらい、よりよい代替案に資金を投入させるよう仕向けるのだ。あるプロジェクトでは、我々は「骨折り日記」をつけ続けた。これは、非効率的なテクノロジーのために奪われた時間を記録したもので、1ヶ月後にはかなりの量になった。このテクノロジーとの格闘がデリバリーを遅らせているのだということは一目瞭然だった。

# 11.6 基盤サービスを管理する

非常にありがちな問題として、基盤サービス(ルーターやDNS、ディレクトリサービスなど)が本番環境のソフトウェアを破壊し、これまでうまく回っていたデプロイメントパイプラインが動かなくなることがある。マイケル・ナイガードは、InfoQに寄稿した記事で、奇妙にも毎日同じ時刻に落ちてしまうシステムの話題を取り上げた[bhc2vR]。この問題の原因は、ファイアウォールが非アクティブなTCP接続を一時間でドロップしてしまうことだった。このシステムは夜間は誰にも使われていないので、翌朝に使いはじめたときに、データベースのコネクションプールから取得したTCPパケットがファイアウォールでドロップされてしまうことがあり得る。

この手の問題はあなたのまわりでも起こりうる。そしていざ発生すると、原因の調査は腹立たしいほどに困難だ。ネットワークの世界は長年の歴史があるにもかかわらず、TCP/IPスタックの全体像(そして、ファイアウォールのような一部の基盤がどのようにしてその規則を破るか)をすべて把握している人はほとんどいない。複数の異なる実装が同一ネットワークに共存していたりすると、わかる人はなおさら少なくなる。こうしたことは、本番環境ではありがちな話だ。

ここでいくつかアドバイスしよう。

- ネットワーク基盤の設定はすべて、DNSのゾーンファイルもDHCPもファイアウォールやルーターの設定もSMTPやアプリケーションで使うその他の設定も含めてバージョン管理しなければならない。Puppetのようなツールを使ってバージョン管理システムから設定を配信し、システムを自律活動させよう。そして、変更を導入するにはバージョン管理した設定ファイルを変更する以外の方法がないようにしておく。

- Nagios や OpenNMS、HP Operations Manager あるいはそれに類する優れたネットワーク監視システムをインストールする。ネットワーク接続が途切れたときはすぐに気づけるようにし、アプリケーションで使うすべてのルートのすべてのポートを監視する。監視方法については、378 ページの「基盤やアプリケーションを監視する」でより詳しく説明する。
- ログと仲良くなる。アプリケーションでネットワーク接続がタイムアウトした場合や予期せず閉じられた場合は `WARNING` レベルのログを記録する。意図的に接続を閉じた場合には、`INFO`（ログが冗長になるようなら `DEBUG`）レベルのログを毎回記録する。接続を開いたときには `DEBUG` レベルのログを毎回記録する。このときには、接続相手に関する情報を可能な限り含めるようにする。
- 開発中のスモークテストですべての接続を確実にチェックし、ルーティングや接続性の問題を洗い出す。
- インテグレーションテスト環境のネットワークトポロジーを、可能な限り本番環境に近づける。ハードウェアや、ハードウェア間の物理的な接続も含めて（同じソケットを使って、同じ品番のケーブルを使うというレベルまで）揃える。この環境は、ハードウェア障害が発生したときのバックアップ環境としても有用に使えるだろう。実際、多くの企業では、いわゆるステージング環境を用意している。そしてこの環境を、本番環境の完全な複製（デプロイメントをテストする環境）と障害時のバックアップのという二通りの用途で使っている。319ページの「ブルーグリーン・デプロイメント」で説明したブルーグリーン・デプロイメントパターンを使えば、物理環境が一台しかない場合でもこうしたことが可能になる。

最後に、もし何か問題が発生したときにはフォレンジックツールを使うことができる。Wireshark や Tcpdump はどちらもすばらしく便利なツールで、飛び交うパケットを簡単に見ることができるし、フィルタリングを活用すれば調べたいパケットだけに絞り込むこともできる。UNIX ツールの lsof およびその Windows 版である Handle や TCPView（Sysinternals スイートの一員）もまた便利で、マシン上で開いているファイルやソケットの情報を調べることができる。

## 11.6.1 マルチホームシステム

システムの耐性を高める重要なポイントのひとつは、複数の分離されたネットワークを用意することだ。トラフィックの種類によってネットワークを使い分け、マルチホームなサーバーと組み合わせて使う。マルチホームなサーバーには複数のネットワークインターフェイスが搭載されており、それぞれが別のネットワークと通信することができる。最低限、運用サーバーの監視や管理用のネットワークとバックアップ処理用のネットワーク、そして運用中のデータのやりとりに使うネットワークを用意することになるだろう。このようなトポロジーを図 11-3 に示す。

管理用のネットワークを物理的に運用ネットワークと分離するのは、セキュリティ上の理由によるものだ。特に、ssh や SNMP など運用サーバーの制御や監視に必要なサービスは、nic2 だけにバイン

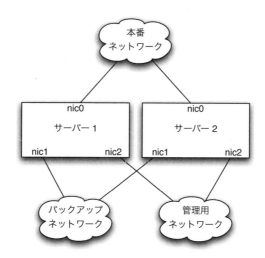

図 11-3　マルチホームサーバー

ドさせるようにする。そして、運用ネットワークからはこれらのサービスにアクセスできないようにする。バックアップ用ネットワークを運用ネットワークと物理的に分離しておけば、バックアップ中に大量のデータ移動が発生してもシステムや管理ネットワークのパフォーマンスには影響が出ない。高可用性とハイパフォーマンスを求めるシステムでは、運用データ用として複数の NIC を使うこともある。フェイルオーバー用として使ったり、サービスごとに振り分けたりといった使い道だ。たとえば、メッセージバスやデータベース用に専用のネットワークを用意したりする。

　まず重要となるのは、マルチホームマシン上で稼働している各サービスやアプリケーションを、それぞれ関連する NIC にだけバインドすることだ。特にアプリケーション開発者は、アプリケーションで listen する IP アドレスをデプロイ時に設定できるようにしておかなければならない。

　次に、マルチホームネットワークの（ルーティングを含めた）すべての設定は、中央で管理や監視をしなければならない。ちょっとしたミスで、わざわざデータセンターまで足を運ぶ羽目になるというのもよくある話だ。著者のジェズも、若かりしころに同じことをやらかした。運用マシン上にある管理ネットワーク用の NIC を落としてしまったのだ。実際の tty ではなく ssh で接続しているのだということを忘れてしまったのだろう。ナイガードが指摘するとおり[6]、さらにまずいルーティングミスもあり得る。マルチホームマシン上のある NIC からのトラフィックをどこにまわすのかを間違えると、顧客データの漏洩などのセキュリティ問題を引き起こす可能性があるのだ。

---

6　『Release It! 本番用ソフトウェア製品の設計とデプロイのために』の 203 ページ。

## 11.7 仮想化

　環境設定を手作業でやっているせいで個々の環境が微妙に異なってしまい、それが原因で問題が発生するということについてはすでに議論してきた。仮想化技術を使えば、本章で紹介してきたテクニック（サーバーや環境のプロビジョニングの自動化）の恩恵をさらに膨らませることができる。

---

**仮想化とは？**

　一般に、仮想化とは何らかのコンピュータリソースの上に抽象化層を追加する技術全般のことを指す。しかし本章では主に、プラットフォームの仮想化だけに絞って考える。

　プラットフォームの仮想化とは、コンピュータシステム全体をシミュレートして、複数の OS のインスタンスを同時に一台の物理マシン上で動作させるということである。この構成では、ひとつの仮想マシンモニタ（VMM）あるいはハイパーバイザがあって、それが物理マシンのハードウェアリソースを完全に制御する。ゲスト OS は仮想マシン上で動作し、仮想マシンは VMM が管理する。環境の仮想化には、複数の仮想マシンだけでなくその間のネットワーク接続を仮想化することも含まれる。

　仮想化技術はそもそも 1960 年代に IBM が開発したもので、マルチタスクのタイムシェアリング OS を作る代替策として開発された。仮想化技術の主な適用分野は、サーバーの整理統合である。実際、IBM も顧客に仮想化技術を推奨していない時期があった。ハードウェアの売り上げが落ちてしまうからである。しかしこの強力な技術は、それ以外にもさまざまな分野で応用できる。過去に使われていたコンピュータシステムをモダンなハードウェア上で再現したり（レトロゲームのコミュニティで一般的）、ディザスタリカバリー対応の仕組みとして使ったり、構成管理システムがソフトウェアをデプロイする仕組みに組み込んだりできる。

---

　ここでは、環境の仮想化を使って、コントロールされた完全に再現可能なデプロイメントやリリースを支援する方法を説明する。仮想化技術を使えば、ソフトウェアのデプロイメントにかかる時間やそれにからむリスクをさまざまな面で軽減できる。仮想マシンをデプロイメントに使えば、システム全体にまたがる効率的な構成管理を実現する上での大きな助けとなる。

　特に、仮想化を使えばこのような利点が得られる。

- **変更要求への迅速な対応**。新しいテスト環境がほしいだって？　新しい仮想マシンを配布するのはほんの数秒で済むし、コストもかからない。新しい物理環境を用意するには数日から下手したら数週間もかかる。当然、ひとつのホスト上で動かせる VM の数には上限がある。しかし仮想化を使えば、環境の動作期間などの状況によっては新たなハードウェアを購入する必要性を抑えられるかもしれない。
- **整理統合**。成熟しきっていない組織では、チームごとに独自の CI サーバーやテスト環境を用意していることもあるだろう。そしてその環境は、デスクの足下に置いたマシン上に構築されていた

りする。仮想化を使えばこれらの CI やテストの基盤をひとまとめにするのも簡単だ。そうすれば、デリバリーチームのサービスを受けることもできる。また、ハードウェアの使い道を考えてもそのほうが効率的だろう。

- **ハードウェアの標準化**。アプリケーションのコンポーネントやサブシステムの機能的な違いのために、わざわざ異なるハードウェア構成で別々な仕様のマシンを保守する必要はなくなる。仮想化を使えば、物理環境に関するハードウェアの構成を標準化することができ、その上でさまざまな環境やプラットフォームを動かすことができる。
- **保守が容易なベースライン**。ベースライン（OS とアプリケーション群）のイメージ、あるいは環境のイメージをライブラリとして管理し、ボタンのクリックひとつでそれを展開することができる。

新しい環境の保守やプロビジョニングの容易性は、デプロイメントパイプラインに適用するときにその威力を発揮する。

- 仮想化を使えば、シンプルな仕組みで環境のベースラインを構築してシステムの運用に使うことができる。アプリケーションを動かす環境を仮想サーバー上に構築してチューニングし、うまくいったらそのイメージと設定をいったん保存する。そうすれば、必要に応じていくらでもそれを複製できる。しかも、オリジナルの忠実なクローンであることがわかっているのだ。
- あるホストを構築したときのサーバーのイメージをライブラリとして保存し、アプリケーションの特定のビルドと関連づけておくことができる。そうすれば、ある特定の時点まで環境を巻き戻すのも容易になる。アプリケーションだけでなく、デプロイしたソフトウェアに関するあらゆる状況を巻き戻せるのだ。
- 仮想サーバーをベースラインのホスト環境として使えば、本番環境のコピーの作成が（たとえ複数のサーバーで構成されていようとも）簡単にできるようになる。また、テスト用の環境の再作成も同じく簡単になる。モダンな仮想化ソフトウェアにはかなりの柔軟性があり、ネットワークのトポロジーなどもプログラムで制御できるようになっている。
- アプリケーションのデプロイメントを完全にボタン一押しでできるようにするために唯一足りなかったのが、この「新しい環境の保守やプロビジョニングの容易性」だった。潜在顧客に最新機能をデモするために新しい環境が必要になったとしよう。そんなときも、新しい環境をその朝に作ってランチタイムにデモを行い、午後には環境を消してしまうといったことができる。

仮想化技術は、機能要件および非機能要件の両方についてのテスト容易性も向上させる。

- VMM には、ネットワーク接続などのシステムの機能をプログラムで制御する機能がついている。これを活用すると、可用性などの非機能要件を簡単に自動化してテストできる。たとえば、サー

バーのクラスタの挙動をテストするのも比較的簡単にできる。いくつかのノードをネットワークから切り離し、システムにどんな影響が出るのかを調べればよい。
- 仮想化を使えば、実行に時間のかかるテストを劇的に高速化することもできる。テストを単一のマシンで動かすのではなく、仮想マシンで構築したビルドグリッド上で並列実行させればよい。我々はこれを、自分たちのプロジェクトでごく普通に行っている。ある大規模プロジェクトでは、テストの実行時間を 13 時間から 45 分にまで短縮できた。

## 11.7.1 仮想環境を管理する

　VMM の最も重要な特徴のひとつが、仮想マシンのイメージを単一のファイルで扱うということだ。このファイルはディスクイメージと呼ばれる。ディスクイメージの利点は、それをコピーしてバージョン管理できることだ（おそらくバージョン管理システムでは管理しないだろう。大量の巨大なバイナリファイルを扱えるものでない限りは）。このイメージをテンプレートあるいはベースライン（構成管理用語）として使うこともできる。VMM によってはテンプレートをディスクイメージとは別のものとして扱うこともあるが、結局のところどちらも同じものだ。多くの VMM は、稼働中の VM を元にしてテンプレートを作ることができる。このテンプレートを使えば、稼働するインスタンスを、何台でもほんの数秒で作成できる。

　VMM ベンダーの中には、さらに便利なツールを提供しているところもある。物理マシンのスナップショットをディスクイメージに変換するツールだ。これは非常に役立つ。実際の本番環境のコピーをとってそれをテンプレートとして保存すれば、本番環境のコピーを立ち上げて継続的インテグレーションやテストに使うことができる。

　本章の冒頭でも示したように、本章で扱う話題は新しい環境のプロビジョニングをいかに完全自動化するかということである。仮想化した基盤があれば、配布するサーバーのディスクイメージを作って、同じ構成を使うすべてのサーバー用のテンプレートとして使うことができる。あるいは、rPath の rBuilder のようなツールを使い、自分用のベースラインを作って管理することもできる。自分の環境で必要となるすべての型のマシン用にテンプレートを用意してしまえば、VMM ソフトウェアを使って新たな環境をテンプレートから作れるようになる。図 11-4 は、その様子を示したものだ。

　これらのテンプレートをベースラインとして、つまり正しく動くとわかっているバージョンの環境として使い、残りの設定やデプロイメントを行うことができる。この構成が我々の要件を満たしていることは自明だ。つまり、新しい環境を配布するほうが、予定外の変更でわけのわからない状態になった環境をデバッグして修正するのに比べてずっと手早くできるということだ。おかしくなった VM を落として、新しい VM をベースラインのテンプレートから作り直すだけでよくなる。

　これで、環境配布の自動化プロセスをインクリメンタルに実装できるようになった。常に最初から作るのではなく、動作することがわかっているベースライン（OS をインストールしただけの状態か

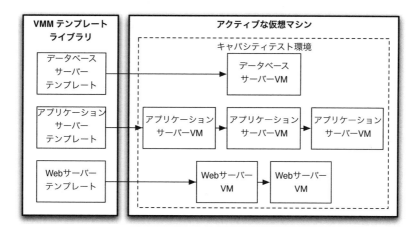

図 11-4　テンプレートから仮想環境を作成する

もしれない）のイメージからはじめられる。しかしまだ、データセンター自動化ツール（次の図 11-5 における Puppet）用のエージェントをすべてのテンプレートにインストールしないと、仮想マシンを自動化してシステム全体への変更を展開することはできない。

これで、自動プロセスを使って OS を設定し、アプリケーションに必要となるソフトウェアのインストールや設定もできるようになった。もう一度この時点で、それぞれの種類の環境のコピーをベースラインとして保存しておこう。このワークフローを図 11-5 に示す。

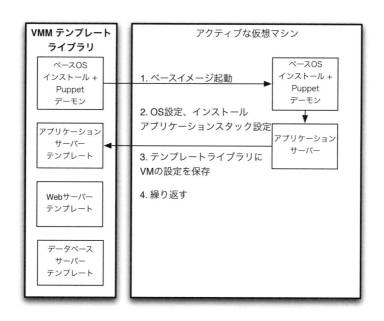

図 11-5　VM テンプレートを作成する

仮想化を使えば、本章の前半でとりあげたふたつのやっかいなシナリオも簡単に管理できるようになる。つまり、想定外の方法で育ってしまった環境や、管理を自動化できないソフトウェアも扱えるようになるのだ。

文書化されないまま、あるいは不十分なドキュメントしか残さずに手作業で育ててしまった環境（レガシーなシステムもこれに含まれる）は、あらゆる組織に共通する問題である。この手作りの環境に障害が発生すると、原因を突き止めるのは非常に難しく、テスト用にそれと同じ環境を再現するのも事実上不可能だ。その環境を作った人や保守している人が退職したり休暇をとっていたりするときに問題が発生すると、大変なことになる。こんなシステムに手を加えるのも非常にリスクが高い。

仮想化を使えば、このリスクをいくらか和らげることができる。仮想化ソフトウェアを使って実行中のマシンあるいは環境を構成するマシン群のスナップショットをとり、それをVMに変換する。そうすれば、テスト用に環境のコピーを簡単に作成できるようになる。

このテクニックは、手動で管理している環境を徐々に自動化していくときにも有効に使える。プロビジョニングの自動化手順をゼロから作っていくのではなく、いまきちんと動くことがわかっているシステムを元にしたテンプレートを作ればよい。もう一度言うが、いま実際に動いている環境を仮想化すれば、そのテンプレートは正しく動くものであることが確認できる。

最後にもうひとつ。仮想化を使えば、自分のアプリケーションが依存するソフトウェアのうちインストールや設定を自動化できないもの（商用のパッケージソフトウェアなど）をうまく扱うこともできる。仮想マシン上にそのソフトウェアを手動でインストールして設定し、その状態からテンプレートを作ればよい[7]。これをベースラインとして使えば、必要に応じていつでも複製できるようになる。

このような手段で環境を管理するときには、ベースラインのバージョンをきちんと追いかけることが重要だ。ベースラインに変更を加えるたびにそれを新しいバージョンとして保存し、先ほど説明したように、そのベースラインを使っていたすべてのパイプラインのステージを、最新のリリース候補に対して再実行しなければならない。また、ベースラインの特定のバージョンをそこで動くアプリケーションの特定のバージョンとの関連づけをすべての環境について行えるようにしなければならない。それが、次のセクションの内容につながる。

## 11.7.2 仮想環境とデプロイメントパイプライン

デプロイメントパイプラインの目的は、アプリケーションへのすべての変更をビルド・デプロイ・テストの自動化されたプロセスで行い、リリースするに足る状態かどうかを検証することだ。シンプルなパイプラインの例を図11-6に示す。

パイプラインのアプローチのうちのいくつかについて、仮想化技術をどのように使えるのかを再検討してみよう。

---

7　［訳注］製品によっては、このような使い方をライセンスで禁じている場合もあることに注意。

図 11-6 シンプルなパイプライン

- パイプラインのインスタンスは、そのパイプラインをトリガーしたバージョン管理システム内の変更に関連づけられる。
- コミットステージ以降の各ステージは、疑似本番環境で実行しなければならない。
- すべての環境で、まったく同じデプロイ手順とまったく同じバイナリを使わなければならない。環境の違いは、設定情報で吸収すべきだ。

パイプライン内でテストされるのは、アプリケーションだけとは限らない。実際、パイプライン内でテストが失敗したときにまず行うのは、その失敗の原因がどこにあるのかを調べることである。よくありがちな原因は、このようなものだ。

- アプリケーションのコードのバグ
- テストのバグ、あるいは無効な期待値の指定
- アプリケーションの設定の問題
- デプロイ手順の問題
- 環境の問題

つまり、環境の設定についても、アプリケーションの要素のひとつとなる。正しく動くとわかっているバージョンのアプリケーションは、単に（そのバイナリや自動テスト、デプロイメントスクリプト、設定などの元になった）バージョン管理システムの特定のリビジョン番号と関連づけられているだけではない。さらに、そのパイプラインのインスタンスが動作している環境の設定にも関連づけられることになる。複数の環境で動作していたとしても、すべて、本番環境と同様の構成であるべきだ。

本番環境へのリリース時には、すべてのテストを実行しているときとまったく同じ環境を使う必要がある。これらを考慮すると、必然的に次の結論が得られる。環境の設定が変わったときも、その他の変更（ソースコードやテストやスクリプトなど）があったときと同様に新たなパイプラインのインスタンスを作らなければならない。ビルドシステムやリリース管理システムは、パイプラインを実行したときに使ったVMテンプレートのセットを記憶しておき、本番環境へデプロイする際にもそれとまったく同じセットを使えるようにしなければならない。

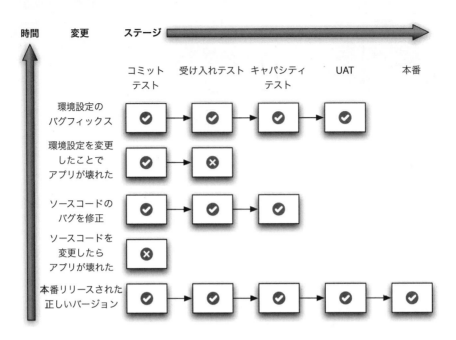

図 11-7　変更がデプロイメントパイプラインの中を渡っていく

　この例では、新しいリリース候補を作る変更と、そのリリース候補がデプロイメントパイプライン内をどのように進んでいくかを見ることができる。まず、ソースコードに変更が加わる。おそらく、開発者がバグフィックスあるいは新機能の実装の一部をチェックインしたのだろう。この変更がアプリケーションを壊してしまう。コミットステージのテストが失敗し、開発者に欠陥の通知が届く。開発者はその欠陥を修正し、再度チェックインする。これは新しいビルドを引き起こし、続いて自動テスト（コミットステージ、受け入れテストステージ、キャパシティテストステージ）が始まる。次に、運用部隊のメンバーが、そのソフトウェアを本番環境で更新すべくテストを試みる。彼女は、更新したソフトウェアを含む新たなVMテンプレートを作成する。ここで新たなパイプラインのインスタンスが起動するが、受け入れテストは失敗する。運用メンバーは開発者とともにその原因を調査し（おそらく何かの設定ミスだろう）、それを修正する。すると、新しい環境でアプリケーションがきちんと動くようになり、自動テストも手動テストもすべてパスする。アプリケーションを、**それをテストしたベースライン環境と合わせて**本番環境にデプロイする準備が整った。

　もちろん、アプリケーションをUATや本番環境にデプロイするときには、受け入れテストやキャパシティテストをしたときとまったく同じVMテンプレートを使うことになる。そうすれば、いまデプロイしようとしている環境の正確な設定とアプリケーションのバージョンが、しかるべきキャパシティを満たしておりバグがないことを検証できる。この例を通して、仮想化の威力を実感できただろうか。

　しかし、ステージング環境や本番環境に変更が発生するたびに仮想ベースラインをコピーして新し

いものを作るというのは得策ではない。そんなことをすればディスク領域をあっという間に使い切ってしまうだけでなく、バージョン管理された宣言的な構成による自動化された基盤管理の利点を損ねてしまう。それよりは、比較的安定した VM をベースラインイメージとして持っておくほうがよいだろう。基本的な OS のイメージに最新のサービスパックを適用し、ミドルウェアやその他の依存ソフトウェアを導入し、データセンター管理ツール用のエージェントを導入した状態のイメージだ。あとは、ツールを使って残りのプロビジョニング手順を進め、このベースラインに必要な設定を施せばよい。

### 11.7.3 仮想環境を使った、高度に並列化したテスト

　ユーザーがインストールして使うソフトウェア、中でも特に、企業内ではなく一般の人たちが使うソフトウェアの場合は少し事情が変わってくる。この場合、通常は本番環境に対してあれこれコントロールすることはできない。というのも、この場合の本番環境はユーザーのコンピュータだからである。こういったときに重要になるのは、ソフトウェアのテストを幅広い「疑似本番」環境で行うということだ。たとえば、デスクトップアプリケーションはマルチプラットフォームで動く必要があることが多い。つまり、Linux や Mac OS そして Windows についてのテストを行い、さらに同じプラットフォームでもバージョンや設定を変えた環境でのテストも行うということだ。

　仮想化を使えば、マルチプラットフォームでのテストをうまく処理できる。アプリケーションの動作環境として考えられる各環境についてそれぞれ仮想マシンを作り、そこから VM テンプレートを作成すればよい。そして、これらすべてを使ってパイプラインの全ステージ（受け入れテスト、キャパシティテスト、UAT）を並列実行する。最近の CI ツールは、この手の作業を直感的にできるようになっている。

　同じテクニックを使ってテストを並列化すれば、高くつく受け入れテストやキャパシティテストで重要となるフィードバックサイクルを短縮できる。すべてのテストが独立しているという前提で（275 ページ「受け入れテストのパフォーマンス」でのアドバイスを参照すること）、そのテストを複数の仮想マシン上で並列に実行させることができる（もちろん別々のスレッドで並列実行することもできるが、この方式だとあまりスケールしない）。この手法でビルド専用のグリッドを作ると、自動テストの実行速度を大幅に向上させることができる。最終的にテスト全体のパフォーマンスに影響を及ぼすのは、一番時間がかかるテストの実行時間とハードウェアに投資できる予算だけとなる。改めて言うが、最近の CI ツールや Selenium Grid のようなソフトウェアを使えば、これもまたシンプルに実現できる。

## 仮想ネットワーク

最近の仮想化ツールには強力なネットワーク構成機能があり、これを使うと直感的にプライベート仮想ネットワークを構築することができる。これらのツールを使えば、仮想環境をより本番環境に近づけるべく、本番環境のネットワークトポロジーを（IP アドレスや MAC アドレスも含めて）完全に複製することができる。我々はこれまでに、このテクニックを使って複数のバージョンの巨大で複雑な環境を構築する例を見てきた。あるプロジェクトでは、本番環境に 5 台のサーバーがあった。Web サーバーとアプリケーションサーバー、データベースサーバー、Microsoft BizTalk 用のサーバー、そしてレガシーアプリケーションを動かすためのサーバーという構成だ。

デリバリーチームは各サーバーのベースラインテンプレートを作り、仮想化ツールを使ってこの環境を複数用意した。そしてそれらを使って UAT やキャパシティテストそして自動テストを同時に走らせた。構成図を図 11-8 に示す。

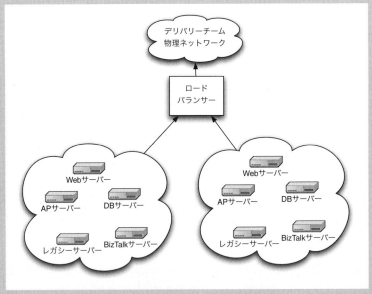

図 11-8　仮想ネットワークの使用例

個々の環境と外部との接続には仮想 LAN を使った。プログラム上で仮想化 API を使ってアプリケーションサーバーとデータベースサーバーの間の接続を落とすといった作業も、非機能要件の自動テストの一部として実現できた。言うまでもなく、この手のことを仮想化なしで実現するのは段違いに難しい。

## 11.8 クラウドコンピューティング

　クラウドコンピューティング自体は古くからあるアイデアだが、近年あちこちで目にするようになった。クラウドコンピューティングの世界では情報がインターネット上に格納され、その情報にアクセスしたり情報を操作したりするためのソフトウェアサービスもまたインターネット上にある。クラウドコンピューティングの持ち味は、CPU やメモリそしてストレージなどのリソースを必要に応じて継ぎ足していけることにある。そして、実際に使ったぶんだけ料金を支払うことになる。クラウドコンピューティングという言葉はソフトウェアサービスそのものを指すこともあるし、そのサービスが稼働するハードウェア環境やソフトウェア環境を指すこともある。

### ユーティリティコンピューティング

　クラウドコンピューティングに関連して取り上げられることが多い概念に、ユーティリティコンピューティングがある。これは、計算機のリソース（CPU やメモリ、ストレージ、帯域など）を従量課金方式にして一般家庭のガスや電力と同様に扱うという考え方である。最初に提唱したのは 1961 年のジョン・マッカーシーだったが、それから数十年を経てようやくコンピュータの基盤が十分に成熟し、クラウドベースのサービスを多くのユーザーに確実に届けられるようになった。HP や Sun、Intel などがクラウドソリューションを提供していたが、2006 年 8 月に Amazon の EC2 サービスが登場してから一気に広まりだした。Amazon の Web サービスが人気を博した、たったひとつのシンプルな理由。それは、Amazon 自身が内部でそのサービスを使うことがあったという事実だ。つまり、そのサービスはすでに十分有用であることがわかっているということである。それ以降もクラウドコンピューティングの市場は拡大し続け、多くのベンダーがクラウドサービスやその管理を支援するツールを提供し始めた。

　ユーティリティコンピューティングの主な利点は、基盤に対する資本投資が不要になるということだ。多くのスタートアップ企業が Amazon Web Services（AWS）を使ってサービスを立ち上げている。最低料金を前払いする必要がないのがその理由だ。その結果、スタートアップ企業は AWS の料金をクレジットカード払いにすることができ、実際の支払いはサービスのユーザーから利用料金を受け取ったあとで行えるようになる。ユーティリティコンピューティングは大企業にとっても魅力的である。というのも、バランスシート上で設備投資ではなく経常的経費として計上できるからだ。コストも比較的低くなるので、導入するのに上級管理職の決裁も不要となる。また、規模もきわめてシンプルに拡大していける。ソフトウェアをマシンのグリッド上で動かせるようにさえしておけば、1 台（1,000 台でも同じ）のマシンを立ち上げるのは単に API を一回呼び出すだけのことになる。最初は 1 台のマシンから始め、もしそのアイデアが不発に終わったとしても、失うものは少なくてすむのだ。

　このように、クラウドコンピューティングは起業を考えている人たちにとってもありがたい仕組みなのだ。多くの組織でクラウドを導入しようとするときの主な障壁となるのが、企業の内部情報を第三者に手渡してしまうことによるセキュリティの問題だ。しかし、Eucalyptus のようなテクノロジーの登場により、自社内で独自のクラウドを構築することもできるようになった。

クラウドコンピューティングは一般的に、三つに分類される [9i7RMz]。アプリケーションのクラウド化、プラットフォームのクラウド化、そして基盤のクラウド化である。アプリケーションのクラウド化の例には WordPress や SalesForce、Gmail、そして Wikipedia などのサービスがある。どれも、従来型の Web ベースのサービスをクラウド基盤上で提供しているものだ。SETI@Home が、おそらくその中でも最も初期からある例と言えるだろう。

## 11.8.1 基盤のクラウド化

最も柔軟に設定ができるのが、基盤のクラウド化であり、Amazon Web Services（AWS）などがこれにあたる。AWS は多数の基盤サービスを提供している。メッセージキューや静的コンテンツのホスティング、動画のストリーミング配信、ロードバランシング、ストレージなどに加えて、よく知られた VM ホスティングサービスである EC2 もそのひとつだ。これら一式を使えばシステムのほぼすべてをコントロールできる。しかしそのためには、すべてをひとつにまとめるためにかなりの作業が必要になる[8]。

多くのプロジェクトが AWS を本番システムに使っている。ソフトウェアが適切に設計されていてシェアードナッシングなアーキテクチャを採用していれば、アプリケーションをスケールさせるために基盤を拡張するのはきわめて簡単なことだ。多数存在するサービスプロバイダーを活用してリソースの管理を単純化することができるし、驚くほど多数の特化型サービスやアプリケーションが AWS 上で構築されている。しかし、これらのサービスを使えば使うほど、プロプライエタリなアーキテクチャにロックインされてしまうことになる。

仮に AWS を本番の基盤として使わないとしても、ソフトウェアのデリバリープロセスにおいてきわめて便利なツールとなることは変わらない。EC2 を使えば、新しいテスト環境を必要に応じて簡単に立ち上げられる。その他の使い道としては、テストを並列実行して速度を上げたりキャパシティテストに使ったり、マルチプラットフォームの受け入れテストに使ったりといった本章の前半で取り上げた内容があげられる。

クラウド基盤への移行を検討した人たちが考える重大な問題がふたつある。それは、セキュリティとサービスレベルだ。

セキュリティは、中規模以上の企業の多くで真っ先に問題となるものだ。本番環境の基盤を第三者の手に渡してしまったら、サービスの邪魔をされたりデータを盗まれたりするんじゃないのか？　クラウドコンピューティングのプロバイダーもその問題を把握しており、さまざまな仕組みで対応している。細かい設定が可能なファイアウォールを用意したり、プライベートネットワークで企業の VPN と接続したりといったものだ。結局のところ、クラウドベースのサービスを使うより自社の基盤上に

---

[8] Microsoft の Azure も、この分類に含まれるサービスをいくつか提供している。しかし、Azure が提供する仮想マシンはどちらかというと「プラットフォームのクラウド化」に分類されるものだ。というのも、本書の執筆時点では VM に管理者としてアクセスすることはできず、設定を変えることもできなければソフトウェアをインストールするために権限を昇格することもできないからである。

一般公開サービスを置いたほうが安全だという根本的な理由はない。しかし、クラウドベースの基盤が抱えるリスクは自前の環境とは違うので、クラウドを導入するときにはきちんとした計画が必要だ。

コンプライアンスもまた、クラウドコンピューティングを利用するときの制約としてよく登場する。しかし、通常問題となるのは、規則でクラウドコンピューティングの利用を禁じられているというよりは、むしろ規則がクラウドコンピューティングを想定していないということだ。多くの規則はクラウドコンピューティングの存在を無視しているので、その規則がクラウド上のサービスにどのように適用されるのかが十分に理解されないこともある。あるいは解釈を要することもある。きちんと計画を立ててリスク管理をすれば、通常はきっと理解しあえるだろう。ヘルスケア企業のTC3は、データを暗号化して自社のサービスをAWS上に置いた。それでもなおHIPAA準拠を保っている。クラウド業者の中にはPCI DSSに準拠しているところもあり、さらにPCI準拠の支払いサービスを用意して自社でクレジットカードの支払いを扱わずに済むようにしているところもある。レベル1への準拠を要求されるような大規模組織でも、支払いシステムだけは自社管理にしてシステムの残りの部分はクラウドに置くという手法を使える。

サービスレベルが特に重要となるのは、基盤全体を外注する場合だ。セキュリティと同様、プロバイダーが自分たちの要件を満たすかどうかを事前に調べなければならない。パフォーマンスのこととなると、なおさら重要だ。Amazonは顧客のニーズに応じて何段階かのパフォーマンスレベルのサービスを提供している。しかし、最高レベルのサービスでさえ高性能のサーバーにはかなわない。もし大規模なデータと大量アクセスを扱うRDBMSを動かす必要があるのなら、おそらくそれは仮想環境に置くべきではないだろう。

## 11.8.2 プラットフォームのクラウド化

プラットフォームをクラウド化した例としては、Google App EngineやForce.comといったサービスがある。これらは、標準化したアプリケーションスタックを使えるようにサービスプロバイダーが提供するものだ。我々がそのアプリケーションスタックを使う見返りとして、プロバイダー側ではアプリケーションやその基盤について規模を拡大したりする面倒を見てくれる。本質的には、柔軟性を犠牲にする代わりにプロバイダー側が簡単に非機能要件（キャパシティや可用性）を管理できるようになるという仕組みである。プラットフォームをクラウド化する利点はこのようになる。

- 基盤をクラウド化したときと同様に、原価構造や柔軟なプロビジョニングという点での利益を得られる。
- サービスプロバイダーが非機能要件の面倒を見る。すなわちスケーラビリティや可用性そして（ある程度の）セキュリティなどである。
- 完全に標準化されたスタックをデプロイする。つまり、設定やテスト環境・ステージング環境・本番環境の保守などを考慮する必要はなく、仮想マシンのイメージとの格闘も不要になる。

最後にあげたポイントは特に画期的なことだ。本書でかなりのページを割いて議論してきたのは、デプロイメントやテストそしてリリースのプロセスを自動化する方法であったりテスト環境やデプロイメント環境を用意して管理する方法であったりした。プラットフォームのクラウド化を使うと、これらの多くは考える必要がなくなる。通常は、単にコマンドをひとつ実行するだけでアプリケーションをインターネットにデプロイできてしまうのだ。何もない状態からアプリケーションをリリースするまでの時間は文字通り数分で済むし、ボタン一発でデプロイできるので手元での投資は事実上不要となる。

この方式の特徴は、アプリケーションに対して厳しい制約が課されることだ。それがあるからこそ、シンプルなデプロイメントや高いスケーラビリティ・パフォーマンスを実現できている。たとえば、Google App Engine では BigTable の実装しか提供しておらず、標準的な RDBMS は用意されていない。新しいスレッドを立ち上げることもできないし SMTP サーバーを呼び出すこともできないといった具合だ。

また、プラットフォームのクラウド化についても、基盤のクラウド化を導入するときと同じような問題に悩まされることになる。特に注意しておきたいのは、可搬性やベンダーロックインの問題がプラットフォームのクラウド化ではかなり厳しくなるということだ。

それでもなお、我々は多くのアプリケーションがこの方式のクラウドコンピューティングへ移行すると考えている。実際、この方式のサービスの可用性を見れば、アプリケーションのアーキテクチャを検討する際の考え方も変わってくるのではないだろうか。

## 11.8.3 ひとつで何もかもを解決する必要はない

もちろん、いろいろなサービスを組み合わせてシステムを構築してもかまわない。たとえば、静的コンテンツや動画のストリーミング配信は AWS にまかせ、アプリケーションは Google App Engine 上に置いて、プロプライエタリなサービスは自前の基盤上で稼働させるなどということもできる。

これを実現するには、アプリケーションを設計するときにこの種の異種混合環境でも動作するようにしておかなければならない。こういった環境へのデプロイメントに必要なのは、疎結合なアーキテクチャでの実装である。コスト面や非機能要件へ対応する際の異種混合環境の優位性を考慮すると、投資対効果を考えても疎結合なアーキテクチャにならざるを得ないだろう。実際に設計して動かすのは容易ではないが、それは本書の対象外とする。

クラウドコンピューティングは、進化の比較的初期段階にいる。私見だが、これは「今すぐ覚えるべき新技術」といった単なるブームではない。未来に向けて進んでいくための重要な一歩だと考える。

> **手作りのクラウドコンピューティング**
>
> クラウドコンピューティングは、決して気取った最新技術である必要はない。我々の知るいくつかの組織では、デスクトップコンピュータがあまり使われていないときの余剰能力を活用している。
>
> かつて働いていたある銀行では、コンピュータのハードウェアにかかるコストを半減させた。行員が帰宅した後のデスクトップコンピュータを使って夜間バッチ処理を実行したのだ。これまで夜間の計算処理に必要だったハードウェアはもはや不要となり、作業を分散してクラウドに割り当てたおかげで計算にかかる時間も減少した。
>
> この銀行は巨大な多国籍組織だったので、24時間いつでも、地球の裏側にいる数千人は睡眠中だった。しかしその間にも、彼らのコンピュータは熱心に処理を続け、クラウドにちょっとした計算能力を提供していたのだ。合計すれば、クラウドの処理能力はいつだって莫大な量となった。必要なのは、課題を適切な大きさに分割して各コンピュータに割り当てることだけだったのだ。

## 11.8.4 クラウドコンピューティングに対する批判

　我々はクラウドコンピューティングが今後も成長し続けると確信しているが、誰もが Amazon や IBM そして Microsoft などのようにクラウドコンピューティングの可能性にわくわくしているというわけではないということに注意しよう。

　ラリー・エリソンは、かつてこのように明言した。「クラウドコンピューティングって、要するに我々が今までにやってきたことを新しい言葉で言い直しているだけだろう？　クラウドコンピューティングだとか言われても、いま出している広告の文言を書き換える以外にいったい何をしたらいいというのか、わけがわからないよ」（ウォールストリートジャーナル、2008 年 9 月 26 日）。意外な人もこれに賛同した。リチャード・ストールマンだ。彼はさらに辛辣だった。「バカバカしい、って言うかそれ以下だ。あんなの商売上のキャンペーンにすぎない。『この流れは止められない』とか言ってる奴がいたな。誰かがそんなことを言っているのを聞いたら、それは何かのキャンペーンだと思って間違いないだろう」（ガーディアン、2008 年 9 月 29 日）。

　まず第一に言いたいのは、「クラウド」はインターネットではないということだ。つまりクラウドは、オープンなアーキテクチャでゼロから組み立てられた相互運用性や弾力性を持つシステムではない。各ベンダーが異なるサービスを提供しており、ある意味では選択したプラットフォームに縛られることになる。かつて、ピアツーピアのサービスが大規模分散環境でスケーラブルなシステムを作るパラダイムとして見られていたことがあった。しかし、そのビジョンはまだ実現していない。おそらく、ベンダーがピアツーピアサービスで儲けるのが難しいからだろう。一方クラウドコンピューティングはユーティリティコンピューティングモデルの多くを引き継いでおり、どうやって収益をあげるかがわかりやすい。基本的にクラウドコンピューティングは、アプリケーションやそのデータを完全

にベンダーの支配下に置くという意味である。現在の基盤に比べて改善されるかもしれないし、されないかもしれない。

今のところ、ユーティリティコンピューティングで使う基本的な仮想化プラットフォームについてさえ標準化されていない。APIレベルでの標準化など、さらに考えにくい状況だろう。Eucalyptusプロジェクトは AWS の API の一部を実装してプライベートクラウドを構築できるようにした。しかし、同様に Azure や Google App Engine の API を再実装するのはかなり困難だろう。その結果、アプリケーションの可搬性が下がってしまう。現実は、クラウドに置いたとしてもベンダーロックインの状況は変わらず、むしろ悪化するだろう。

最後に、アプリケーションの内容によっては単純なクラウドコンピューティングへの移行が適切でないこともある。ユーティリティコンピューティングに移行した場合と自前の基盤を使った場合でコストや節約額の見積もりを比較し、その予想が妥当かを検証してみればよい。ふたつのモデルの損益分岐点や減価償却、保守、ディザスタリカバリー、サポート、そして資本勘定にはならない利益などの要素も検討する。自分たちにとってクラウドコンピューティングが有効なモデルなのかどうかは、技術的な問題だけでなくビジネスモデルや組織の制約にも左右される。

クラウドコンピューティングの利点や欠点についての経済モデルも含めた詳細な議論がアルムブラストらの論文「Above the Clouds: A Berkeley View of Cloud Computing」[bTAJOB]で読める。

## 11.9 基盤やアプリケーションを監視する

本番環境で何が起こっているのかを見えるようにしておかなければいけない理由は三つある。まず、リアルタイムなビジネスインテリジェンス、すなわち現在の収益やその収入源などがわかればビジネス戦略に対する反応をより素早く得られる。次に、何か問題が発生したときには運用チームに即時にそれを伝えなければならない。そして、しかるべきツールを使って問題の根本原因を探り、修正することになる。最後に、過去の履歴データは今後の計画を立てる上で重要となる。システムの動作状況に関する詳細なデータがなければ、予期せぬアクセス急増が発生した場合や新しいサーバーを投入する場合に、その基盤がビジネス要件を満たすかどうかの予測が不可能になる。

監視戦略を作成するときには、この四点を考慮する。

- アプリケーションやその基盤に、必要なデータを収集するための仕組みを設置する
- データをどこかに格納し、あとで取り出して解析できるようにする
- ダッシュボードを作成し、集約したデータを運用チームや経営者にわかりやすい形式で表示する
- 通知の仕組みを導入し、重要なイベントが発生したらすぐに気づけるようにする

## 11.9.1 データを収集する

まず最初に、どんなデータを収集するのかを決めることが大切だ。監視するデータの取得元にはこのようなものがある。

- ハードウェアのデータ。これを外部管理（LOMと呼ばれることもある）経由で取得する。最近のサーバーのハードウェアにはほぼすべて、Intelligent Platform Management Interface（IPMI）が実装されている。これを使えば、電圧や温度、ファンの回転数、周辺機器の健康状態などを監視できる。さらに、電源をいったん落としてからもう一度入れなおしたり、電源が切れている状態からフロントパネルの通知ランプを点灯させたりすることもできる。
- 基板を構成するサーバー上のOS。すべてのOSにはパフォーマンス情報を取得する手段が用意されている。メモリの使用状況やスワップ状況、ディスク容量や入出力速度（ディスク単位あるいはNIC単位）、CPUの使用率などをここから取得できる。また、プロセステーブルを監視して各プロセスのリソース消費状況を調べるのも有用だ。UNIXでは、Collectdがこの手のデータを収集するための標準的な方法だ。Windowsでは、パフォーマンスカウンタというシステムを使って同じことを行う。これは、パフォーマンスデータを提供する他のツールからも使える。
- ミドルウェア。メモリ・データベースのコネクションプール・スレッドプールなどといったリソースの使用状況や、接続数・応答時間などの情報を取得できる。
- アプリケーション。アプリケーション側で、運用チームやビジネスユーザーの気になる情報を監視できるようなフックを用意しておく必要がある。たとえば成立した取引の数やその価格、換算レートなどだ。また、ユーザー層やその動きを簡単に解析できるようにしておく必要もある。利用している外部システムとの接続状況も記録しなければならない。最後に、自身のバージョン番号やその内部コンポーネントのバージョン番号も、可能な限り返せるようにしておくべきだろう。

データの収集には、さまざまな方法がある。まず第一に、そのためのツールが（商用あるいはオープンソースのどちらでも）豊富に揃っている。データセンター全体にまたがって先ほど挙げたようなデータを収集してそれを保存し、レポートやグラフを作成し、さらに通知機能を持ったようなツールがいくらでも見つかる。オープンソースのツールで有名なものはNagiosやOpenNMS、Flapjack、そしてZenossだが、それ以外にもいろいろなものがある [dcgsxa]。商用のツールとして有名なものはIBMのTivoliやHPのOperations Manager、BMC、そしてCAだ。商用ツールの世界に比較的最近登場したのがSplunkである。

> ## Splunk
>
> IT運用技術者の世界に最近登場したキラーツールのひとつがSplunkだ。Splunkは、ログファイルやその他のテキストデータのうちタイムスタンプを含むもの（先ほどあげたデータ取得元の大半は、タイムスタンプをつけるように設定できる）をデータセンター全体から集めてインデクシングする。そして、インデクシングしたそのデータに対してリアルタイムの検索を行い、異常なイベントを特定したり問題の根本原因を解析したりできる。Splunkは運用のダッシュボードとして使うことすらでき、通知を送信するように設定することも可能だ。

これらの製品群は、その背後ではさまざまなオープンテクノロジーを使って監視をしている。中でもよく使われているのが、SNMPあるいはその後継であるCIMやJMX（Javaのシステムの場合）だ。

SNMPは、古くから存在してあちこちで使われている監視用の標準規格だ。SNMPには三つの主要なコンポーネントがある。まずは管理対象の機器で、これはサーバーやスイッチ、ファイアウォールなどの物理的なシステムを指す。次がエージェントで、これはSNMPで監視や管理をしたいアプリケーションや機器との通信に使う。もうひとつはネットワーク管理システムで、これは管理対象の機器の監視や制御を行う。ネットワーク管理システムとエージェントの間の通信にはSNMPネットワークプロトコルを使う。SNMPはアプリケーション層のプロトコルで、標準のTCP/IPスタックの最上位に位置する。SNMPのアーキテクチャを図11-9に示す。

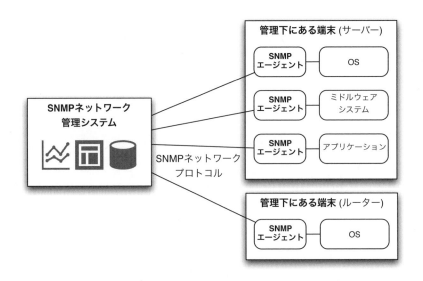

図11-9　SNMPのアーキテクチャ

SNMPでは、すべてを変数で扱う。システムの監視には観察変数、システムの制御には設定変数を使う。SNMPエージェントの型によってどのような変数が使えるか、そしてその変数についての説明、

変数の型、書き込み可能か読み込み専用かといった情報はMIB（管理情報ベース）に記録されている。MIBは拡張可能なデータベースフォーマットである。SNMPエージェントを提供するシステムのために各ベンダーがMIBを定義しており、全体の登録状況はIANAが保守している[aMiYLA]。ほぼすべてのOS、一般的なミドルウェアの大半（ApacheやWebLogicそしてOracleなど）、さらに多くの機器にSNMPが組み込まれている。もちろん、自作のアプリケーション用にSNMPエージェントやMIBを作ることもできる。しかしそれは容易なことではなく、開発チームと運用チームとの間の緊密な連携を要するだろう。

## 11.9.2 ログ出力

ログ出力も、監視戦略の重要なポイントとして組み込むべきものだ。OSやミドルウェアが出力するログは、ユーザーの使い方を理解するにも問題の原因を追跡したりするにも非常に役立つ。

自作のアプリケーションでも、質の高いログを生成するようにしておく必要がある。ときに、ログのレベルに気を配ることが重要だ。ログシステムの多くは、記録するログをレベル分けしている。DEBUG、INFO、WARNING、ERROR、そしてFATALといった分類だ。デフォルトで表示するのはWARNING、ERROR、あるいはFATALレベルのメッセージだけにしておくべきだが、実行時やデプロイ時に設定を変更できるようにし、デバッグのために他のレベルのメッセージも表示できるようにしておこう。ログを読むのは運用チームだけなので、裏で発生した例外をログメッセージに含めてもかまわない。そうすればデバッグがずっと楽になるだろう。

ログファイルを見るのは主に運用チームであることを覚えておこう。ユーザーから指摘を受けた問題に対応するサポート部隊や本番環境での問題に対応する運用部隊とともに作業をすると、開発者がログ出力機能を実装するときの参考になる。彼らとともに作業をしていれば開発者も、すぐに回復できるエラー（ユーザーがログインできないなど）は決してDEBUGレベルより高いレベルにしてはいけないが、外部システム上で発生したタイムアウトはERRORあるいはFATAL（その外部サービスがなくても処理を続行できるかどうかによって変わる）にしなければならないといったことをすぐに学ぶことになる。

ログ出力機能は可監査性の一部に含まれ、他の非機能要件と同様に重要な要件として扱わねばならない。運用チームと話し合って彼らが何を欲しているのかを聞き出し、最初のうちからその要件を組み込んでいこう。特に考える必要があるのは、ログの網羅性と可読性のトレードオフだ。人間にとって大切なのは、ログファイルを眺めたりgrepしたりしたときに必要なデータが容易に得られるということだ。つまり、ひとつのエントリは一行に収めるべきであり、テーブル状あるいはカラムベースの書式で全体を一覧できるようにしなければならない。記録する内容は、ログのレベルやアプリケーション内でのエラーの発生源、そしてエラーコードとその説明だ。

## 11.9.3 ダッシュボードを作成する

　開発チームで継続的インテグレーションが欠かせないのと同じく、運用チームにとっても、大きくて見やすい表示でインシデントの有無を確認できることが重要だ。状況が悪化したときにはさらに詳細まで潜り込み、問題の原因を見つけなければならない。オープンソースのツールにも商用のツールにもすべて、この手の機能が搭載されている。さらに過去の傾向を見たりレポートを出力したりもできる。Nagios のスクリーンショットを図 11-10 に示す。また、ある環境にどのアプリケーションのどのバージョンがインストールされているのかという情報を得られれば非常に便利だろう。これを実現するには、さらに機器を追加して統合しなければならないかもしれない。

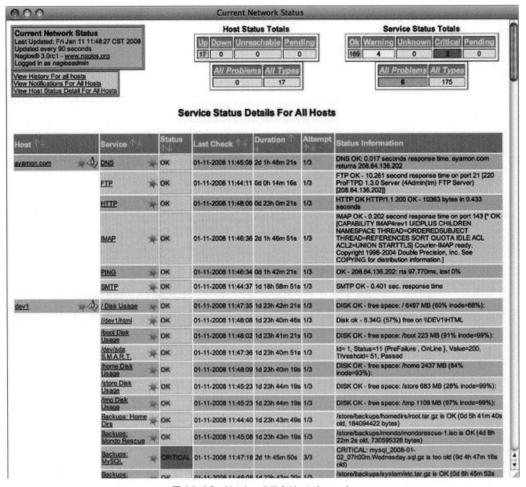

図 11-10　Nagios のスクリーンショット

## 11.9 基盤やアプリケーションを監視する

　監視対象にする項目は何千にもなる可能性がある。運用チームのダッシュボードがノイズまみれにならないよう、事前に計画を立てることが重要だ。まずリスクの一覧を作り、発生する可能性とその影響によって分類しよう。その一覧には、ディスクの空き容量の枯渇や環境への承認されていないアクセスといった一般的なリスクもあれば、対象業務に特有のリスク（取引が完了しなかったなど）もあるだろう。その中から実際に監視したいものを見つけ、その情報をどのように表示するかを考える。

　データを集約するときには、赤・黄・青の信号による表示がわかりやすいのでよく使われている。まず最初に、どのエンティティを集約するかを考えなければならない。たとえば環境用の信号、アプリケーション用の信号、あるいはビジネス機能用の信号を作ることができる。エンティティごとに、信号の読み手は変わるだろう。どんな信号を作るのかを決めたら、その次は信号の色を切り替える閾値を設定しなければならない。ナイガードはこのような指針を示している（『Release It! 本番用ソフトウェア製品の設計とデプロイのために』の 257 ページ）。

　**グリーン**とは、以下の条件がすべて真であることを意味する。

- 期待されるすべてのイベントが発生した。
- 異常なイベントが発生していない。
- すべての指標が想定範囲内（ある期間の平均値±標準偏差）である。
- すべての状態が完全に使用できる。

　**イエロー**は、以下の条件のうち、少なくともひとつが真であることを意味する。

- 期待されるイベントが発生していない。
- 重大度が中の異常なイベントが少なくともひとつ発生した。
- ひとつ以上のパラメタが想定範囲を外れている。
- 致命的でない状態のなかに完全には使えないものがある（回路のブレーカーがちょっとした機能を止めてしまうなど）。

　**レッド**は、以下の条件のうち、少なくともひとつが真であることを意味する。

- 必要なイベントが発生していない。
- 重大度が高の異常なイベントが少なくともひとつ発生した。
- ひとつ以上のパラメタが想定範囲を大きく外れている。
- 致命的な状態に期待される値でないものがある（「リクエストの受け入れ」が真であるべきなのに偽であるなど）。

## 11.9.4 ふるまい駆動監視

　開発者は、ふるまい駆動開発をするために自動テストを書き、アプリケーションのふるまいを検証する。それと同様に、運用担当者も自動テストを書いて基盤のふるまいを検証することができる。まずはテストを書いてそのテストが失敗することを確認してから、期待する状態を Puppet のマニフェスト（あるいは何か別の構成管理ツールの設定）に記述する。それから改めてテストを実行し、設定が正しく反映されて期待通りのふるまいをすることを確認する。

　このアイデアを思いついたマーティン・イングランドは、テストを書くのに Cucumber を使っている。彼のブログエントリ [cs9LsY] から、その例を引用しよう。

```
Feature:  sendmail configure
  Systems should be able to send mail

  Scenario:  should be able to send mail # features/weblogs.sfbay.sun.com/mail.feature:5
    When connecting to weblogs.sfbay.sun.com using ssh # features/steps/ssh_steps.rb:12
    Then I want to send mail to "martin.englund@sun.com" # features/steps/mail_steps.rb:1
```

　リンゼイ・ホルムウッドは Cucumber-Nagios[anKH1W] というプログラムを書いた。これは、Cucumber のテストを書いて Nagios プラグイン用の書式で出力できるようにするものだ。これを使えば、BDD 形式のテストを Cucumber で書いてその結果を Nagios で監視できる。

　この仕組みを使えば、アプリケーションのスモークテストも監視アプリケーションに組み込める。アプリケーションのスモークテスト群から選んだテストを Cucumber-Nagios で Nagios に組み込めば、単に Web サーバーが立ち上がっているかどうかだけではなくアプリケーションが期待通りに動作しているかどうかも確かめることができる。

# 11.10 まとめ

　本章をここまで読んできたあなたはきっと「それはちょっとやりすぎじゃないか？」と思っていることだろう。「基盤を完全に自動化しろだって？　ほんとに？」「せっかく高い金を出してエンタープライズソフトウェアを買ったのに、付属する管理ツールは使うなってこと？」まあ、そういうことだ。我々は、本章で説明した内容を合理的な制約の範囲内で進めることを推奨している。

　これまでに述べたように、基盤の構成管理をどの程度までするべきかについては、その基盤の性質によって変わる。シンプルなコマンドラインツールの動作環境については、管理すべきことはほとんどないだろう。一方、一次プロバイダーの Web サイトなどは、あらゆることを考慮したうえでさらにいろいろ考える必要がある。経験上、高価なエンタープライズアプリケーションのほとんどは、実際にやっているよりももっとしっかりとした構成管理をしなければならない。何かミスがあると、多くの遅延が発生したり開発の効率が悪化したり、今後も所有し続けるためのコストが上がったりする。

我々が本章でお勧めした内容や説明した戦略に従おうとすると、あなたが構築すべき開発システムは確実に複雑化する。サードパーティーの製品のお粗末な構成管理サポートをなんとかしのぐために、難しい対応をすることになるだろう。しかし、巨大で複雑なシステムを作っていて設定ポイントが多数ある（そしておそらく多数のテクノロジーに依存している）のなら、このアプローチがプロジェクトを救ってくれることだろう。

もし安価で容易に達成できるのなら、きっと誰もが基盤を自動化して本番環境のコピーを簡単に作れるようにしたいことだろう。そんなことは自明なので、改めて言うまでもない。しかし、もし「無料でできるならみんなそうする」というのなら、いつでもどこへでも完全に環境を再現できるようにするための唯一の障害はそのコストだということになる。つまり「無料」から「高すぎる」までの間のどこかに落とし所があるということだ。

本章で説明したテクニックを使い、デプロイメントパイプラインで幅広い戦略を選択すれば、きっとある程度はコストを抑えられるはずだ。バージョン管理やビルドそしてデプロイ用のシステムを作成するコストにいくらか上乗せされることは間違いないが、アプリケーションを使い続ける間ずっと手動で環境を管理することに比べれば安くつく。そこまで考えなくても、最初の開発フェーズだけでも十分に元が取れるだろう。

サードパーティーの製品をエンタープライズシステムで使うために評価するときは、自動化した構成管理にうまくフィットするかどうかを最優先で調べよう。ああ、もし評価中の製品にその機能が欠けていたら、ぜひ私たちの味方になってほしい。ベンダーを困らせてやろう。構成管理に関してずさんで中途半端な対応しかしていないベンダーが多すぎる。

最後に、基盤管理の戦略はプロジェクトの開始時点からきちんと考えるようにしよう。開発チームと運用チームの利害関係者を両方巻き込むことが大切だ。

# 第12章
## データを管理する

## 12.1 導入

　データを管理したりまとめたりするとき、特にテストやデプロイメントのプロセスでいくつか問題が発生する。その理由は次のふたつだ。まず、一般的に、データの中には莫大な量の情報が含まれている。アプリケーションのふるまいをコーディングするために必要なバイト数（ソースコードや設定情報）は、通常、アプリケーションの状態を記録するデータの量よりもずっと少ない。次に、アプリケーションのデータとシステムのそれ以外の部分とでは、ライフサイクルが異なる。アプリケーションのデータは長く保存しなければならない。実際、普通はデータのほうがそれを作ったりアクセスしたりするアプリケーションより長く生き残る。さらに、アプリケーションを新たにデプロイするときや、システムを前の状態に戻すときには、データは保存するだけでなくその移行処理も必要となる。

　ほとんどの場合、新しいコードをデプロイするときには以前のバージョンを削除して新しいものですべて置き換えてしまうことが可能だ。この方法なら、新しいバージョンが今どのような状態にあるかを確信できる。データにもこの方法が使える場合もわずかにあるが、現実のシステムの大半ではこの方法を使うのは不可能だろう。いったんシステムが本番環境にリリースされたらそれに関連するデータも成長しはじめ、そのデータ自体が重要な価値を持つようになる。実際のところ、システムの中でそのデータがいちばん重要であることは間違いない。ここで問題となるのは、データの構造あるいは内容を変更する必要が出てきた場合だ。

　システムが成長するにつれて、こういった変更が必要となることは避けられない。したがって、そのための仕組みを用意しなければならない。混乱を最小に抑え、アプリケーションやそのデプロイメント処理の信頼性を最大にするような仕組みが必要だ。ここでポイントとなるのは、データベースの移行プロセスを自動化することだ。今はさまざまなツールが存在するので、それを使えばデータ移行を比較的直感的に自動化できる。そうすれば、自動化した内容をスクリプトにして自動デプロイメントプロセスに組み込めるようになる。これらのツールを使えば、データベースをバージョン管理して、あるバージョンから別のバージョンへの移行などもできるようになる。これは、開発プロセスをデプロイメントプロセスから分離したことによる好影響だ。データベースに何か変更が発生するたびに、

たとえそれを即時にデプロイする必要がなくても移行処理を書いておくことができる。これはつまり、データベース管理者（DBA）が事前に大げさな計画を立てる必要がないという意味でもある。アプリケーションの成長に合わせて、インクリメンタルに作業を進めればよい。

本章で取り上げるもうひとつの重要な話題が、テストデータの管理方法だ。受け入れテストやキャパシティテストでは（あるいは、ときにはユニットテストでも）、多くのチームが本番データのダンプを使ってテストを実行している。これはいろいろな意味で問題がある（単にデータ量だけの問題ではない）ので、本章ではその代替策を提示する。

ここで、本章の内容についてひとつだけ言い訳をしておく。大半のアプリケーションは、リレーショナルデータベースを使ってデータを管理している。ただ、リレーショナルデータベースが唯一のデータ格納方法だというわけではなく、ましてやそれがどんな場合でも最善の方法であるとは限らない。NoSQL ムーブメントの広まりがそれを示している。本章で提案する内容はあらゆる形式のデータストレージにあてはまるが、詳細について議論するときには RDBMS を例にして話す。というのも、多くのアプリケーションが RDBMS にデータを格納しているからである。

## 12.2 データベースのスクリプト処理

データベースへの変更も、システムのその他の部分を変更するのとまったく同じだ。ビルドやデプロイ、テスト、そしてリリースに使うあらゆるデータベースへの変更はすべて、自動化したプロセスで管理しなければならない。つまり、データベースの初期化やその後のマイグレーションはすべてスクリプトとして保存し、バージョン管理にチェックインしなければならない。このスクリプトは、デリバリープロセスで使うすべてのデータベースを扱えるようにしなければならない。たとえ開発者用にローカルのデータベースを作る場合でも、システムインテグレーションテスト（SIT）環境を更新する場合でも、リリースプロセスの一環として本番データベースを変更する場合でも同様にである。

もちろん、データベースのスキーマはアプリケーションの成長につれて変わっていく。ここで、ひとつの問題にいき当たる。つまり、あるアプリケーションの特定のバージョンを動かすには、データベースのスキーマをそれにあわせた正しい状態にしておくことが重要になるということだ。たとえばステージング環境へデプロイするときには、ステージング環境のデータベースを正しいスキーマに移行して、デプロイしたバージョンのアプリケーションが動作するようにしなければならない。スクリプトをきちんと管理すればこれを実現できる。その方法は390ページの「インクリメンタルな変更」で説明する。

最後に、データベース用のスクリプトは継続的インテグレーションプロセスの一部としても使えなければならない。ユニットテスト自体はその定義上、データベースなしでも動作しなければならない。しかし、データベースを使うアプリケーションでの受け入れテストでは、データベースが正しく初期化されていることが前提となる。したがって、受け入れテストの準備プロセスでは、最新版のアプリ

ケーションにマッチする正しいスキーマのデータベースを作らなければならないし、受け入れテストの実行に必要なデータも読み込まなければならない。同じような手続きを、デプロイメントパイプラインのその後の段階でも使う。

## 12.2.1 データベースを初期化する

　我々のデリバリーに対するアプローチの中で最も重要なのは、環境を再現してその上でアプリケーションを走らせる作業を自動化するということだ。これが実現できなければ、システムが期待通りのふるまいをすることを確信できない。

　データベースのデプロイメントをこの方針で行えば、開発中にアプリケーションが変わったとしてもデータベースをそれにあわせて保守していくのが容易になる。ほとんどのデータベース管理システムには、データ格納領域やスキーマそしてユーザー認証などの初期化をスクリプトで自動化する仕組みが用意されている。そのため、まずはデータベースの初期化スクリプトからはじめてみるのがよいだろう。このスクリプトでは、まずデータベースの構造やインスタンスそしてスキーマなどを作り、データベース内のテーブルにマスタデータを投入してアプリケーションを動かせるようにする。

　このスクリプトも含め、データベースの保守に関するすべてのスクリプトは、当然のことながらアプリケーションのコードと同様にバージョン管理システムに格納しなければならない。

　ごく一部のシンプルなプロジェクトなら、これだけやっておけば十分だ。実際に使うデータセットが一時的なものである（あるいは、データベースを単なる読み込み専用のリソースとしてしか使っていなくてデータが事前に定義済みである）プロジェクトでは、前のバージョンを消してしまってから新しく作り直せばよいだろう。シンプルで効率的な進めかたである。これでいけそうなら、いますぐやろう！

　新たにデータベースをデプロイするための最もシンプルな手順は、このようになる。

- 以前にあったものを削除する。
- データベースの構造、そのインスタンス、スキーマなどを作る。
- データベースにデータを読み込む。

ほとんどのプロジェクトでは、データベースをもう少し洗練されたやり方で使っている。もう少し複雑な、しかしよくあるケースについても検討しなければならない。つまり、運用開始後に変更が発生するようなケースだ。この場合は、デプロイメントプロセスで既存データの移行が必要となる。

## 12.3 インクリメンタルな変更

継続的インテグレーションを行うためには、何らかの変更を加えた後もアプリケーションが動作し続けるようにしなければならない。この変更には、データベースの構造や中身の変更も含む。継続的デリバリーでは、アプリケーションのリリース候補（データベースへの変更を含む）をいつでもきちんと本番環境にデプロイできなければならない（ユーザーがインストールするソフトウェアのうちデータベースを含むものについても同様だ）。よっぽどシンプルなものを除くすべてのシステムにとって、これはデータベースの更新も含む。そのときには既存の大事なデータを保持し続けなければならない。最後に、デプロイ時に既存のデータを保持しなければならないという制約があるので、ロールバックの手段も用意しておく必要がある。デプロイ時に何らかの問題が発生した場合に対応するためである。

### 12.3.1 データベースのバージョンを管理する

データの移行を自動化する最も効率的な手段は、データベースをバージョン管理することだ。データベースにテーブルを作るときに、バージョン番号をそこに含めればよい。そして、データベースに何か変更を加えるたびに、ふたつのスクリプトを作ることになる。データベースのバージョンを x から x+1 に変更するスクリプト（ロールフォワードスクリプト）と、逆にバージョン x+1 をバージョン x に変更するスクリプト（ロールバックスクリプト）だ。またアプリケーション側でも、そのアプリケーションがデータベースのどのバージョンで動作するように作られているかの設定情報が必要となる（これはバージョン管理システムで定数として保持できる。データベースの変更が必要となるたびに定数を更新すればよい）。

そうしておけば、デプロイ時には何らかのツールを使って、現在デプロイされているデータベースのバージョンと今デプロイしようとしているアプリケーションに必要なデータベースのバージョンを調べることができる。そうすれば、データベースを現在のバージョンから必要なバージョンに変えるために必要なスクリプトがわかるので、データベース上で順に実行すればよい。ロールフォワードの場合は、必要なスクリプト群を古いほうから順に適用する。ロールバックの場合は、関連するスクリプトをその逆順で適用する。もしあなたが Ruby on Rails を使っているのなら、この仕組みはすでに組み込まれている。ActiveRecord のマイグレーションがまさにこの方式だ。Java や.NET を使っている人たち向けには、我々の同僚がシンプルなオープンソースアプリケーションを公開している。名前は DbDeploy（.NET 版は DbDeploy.NET）で、これを使えば同じことができる。それ以外にも同様の仕組みのソリューションがいくつか存在する。Tarantino、Microsoft の DbDiff、そして IBatis の Dbmigrate などである。

シンプルな例を示そう。アプリケーションを書き始めるときに、まず最初の SQL ファイルである `1_create_initial_tables.sql` を書く。

```
CREATE TABLE customer (
  id BIGINT GENERATED BY DEFAULT AS IDENTITY (START WITH 1) PRIMARY KEY,
  firstname VARCHAR(255),
  lastname VARCHAR(255)
);
```

コードを書き進めるうちに、顧客の誕生日をテーブルに追加しなければならないことに気づく。そこで新たなスクリプト 2_add_customer_date_of_birth.sql を書く。これは、必要な変更をする方法とその取り消し方を記述したものだ。

```
ALTER TABLE customer ADD COLUMN dateofbirth DATETIME;

--//@UNDO

ALTER TABLE customer DROP COLUMN dateofbirth;
```

--//@UNDO コメントより前の部分が、データベースをバージョン1からバージョン2にロールフォワードさせる方法を表す。コメント以降の部分はバージョン2からバージョン1へのロールバックの方法だ。この記法は、DbDeploy および DbDeploy.NET で採用しているものである。

ロールフォワードスクリプトの内容がデータベースに何か新しい構造を追加するというものだったら、ロールバックスクリプトを書くことは難しくない。ロールバックスクリプトでは単にそれを削除すればよいだけだからである（もちろん参照整合性制約を設定している場合は先にそれを削除することになる）。また、既存の構造を変更する処理のロールバックスクリプトも通常は書ける。しかし、ときにはデータを削除しなければならないこともある。こんな場合でも、ロールフォワードスクリプトを非破壊的にすることができる。ロールフォワードスクリプトでテンポラリテーブルを作り、削除予定のデータをそこにコピーしてから実際にデータを削除すればよい。このときに重要なのは、テーブルの主キーもコピーしておくことだ。そうすれば、ロールバックスクリプトでデータを書き戻したり参照整合性制約を復活させたりできるようになる。

データベースの移行を容易にできるようにすると、ある程度の現実的な制約も発生する。経験上、難しくなる操作として最もありがちなのがデータベーススキーマの変更である。何かを追加する変更の場合、それが新たなリレーションシップの追加などならおおむねうまくいく。ただし、新たな制約を追加するときに既存データがその制約に違反していたり、新たなオブジェクトをデフォルト値なしで追加しようとしたりしたときは別だ。何かを削除する変更の場合は問題が発生する。あるレコードが別のレコードとどのように関連しているのかという情報を一度失ってしまうと、それを再構築して関係を復活させるのが困難だからである。

データベースの変更を管理するテクニックを使えば、ふたつの目標を達成できる。まず、アプリケーションを継続的にデプロイするときにデプロイ先環境のデータベースの状態を心配する必要がなくなる。デプロイメントスクリプトが、データベースのバージョンを変更してそのアプリケーションで使

いたい状態に切り替えてくれるからである。

これはある意味で、アプリケーションを変更したときのデータベースの変更への影響を吸収してくれることにもなる。DBA がスクリプトでデータベースを変更してそれをバージョン管理システムにチェックインするときに、その変更がアプリケーションを壊してしまうという心配をしなくてもよい。これを実現するには、DBA が変更スクリプトを書くときにデータベースのバージョンを確実に上げておくようにすればよい。アプリケーション側で新たなバージョンを必要とするコードを書いてそのバージョンを設定するまで、データベースへの変更が実際に実行されることはない。

スコット・アンブラーとピラモド・サダラージのすばらしい著書『データベース・リファクタリング』、そしてさらに Recipes for Continuous Database Integration を読むことをお勧めする。これらを読めば、データベースへのインクリメンタルな変更の管理についてより詳しく知ることができるだろう。

## 12.3.2 オーケストレイトされた変更を管理する

多くの組織では、すべてのアプリケーションをひとつのデータベースに統合するのが一般的だ。しかし我々はこれをお勧めしない。それよりは、アプリケーションごとに個別にデータベースとやりとりさせ、共通部分は必要に応じて（サービス指向アーキテクチャなどで）切り出すほうがよい。しかし、それなりの理由があってデータベースで統合している場合もあれば、アプリケーションのアーキテクチャを変えるには手間がかかりすぎるという場合もある。

このような状況では、データベースに加えた変更が、そのデータベースを使う他のアプリケーションにも玉突き式で影響を及ぼすことがある。まず重要なのは、このような変更のテストは統合した環境で行うことである。言い換えると、できるだけ本番環境に近づけて、同じデータベースを使う他のアプリケーションもそろえた状態でテストするということだ。このような環境のことを、システムインテグレーションテスト（SIT）環境あるいはステージング環境などと呼ぶことがある。このように、データベースを使う他のアプリケーションに対しても頻繁にテストを実行すれば、他のアプリケーションへの影響があってもすぐに気づけるだろう。

---

**技術的負債を管理する**

ウォード・カニンガムの言う「技術的負債」の概念がデータベースの設計にどのように適用できるかを考えてみよう。設計に関するあらゆる決断には何らかのコストがかかる。明確なコストとしては、その機能を開発するためにかかる時間などがある。あまり目に見えないコストもある。将来そのコードを保守するためのコストなどだ。システムのデリバリーを手っ取り早くすませるためにまずい設計を選んだとすると、その代償はシステムのバグ数の増加という形で支払うことになる。これは設計の質にも影響するし、さらに重要なこととして、システムの保守コストにも響く。負債というのは良いたとえだと言える。

最適でない設計を選ぶということは、事実上は将来から借り入れをしているに等しい。一般的な負債と

同様、利息が発生する。技術的負債の場合、その利息は保守という形で支払うことになる。財務上の負債と同様、技術的負債がふくれあがると、いつしか利子の返済しかできない状態になってしまい、元金の返済まで手が回らなくなる。そんなプロジェクトは、ただ動かし続けるためだけの保守を日々行い続けるはめになる。新たな機能を追加して利用者へ価値をもたらすことはできない。

一般論として、アジャイルな開発では技術的負債を最小に抑えなければならない。そのためには、変更のたびにリファクタリングして設計を最適化することになる。しかし現実的には、トレードオフが存在する。ときには将来からの借り入れのほうが有利なこともある。重要なのは、余裕を持って返済できるようにしておくことだ。経験上、大半のプロジェクトは技術的負債を急速に増やしてその返済が延び延びになるという傾向がある。意識しすぎかもしれないが、毎回の変更後にリファクタリングするぐらいのほうがよいだろう。技術的負債を抱えてでも達成するだけの価値がある短期的な目的があるのなら、まず最初にきちんとした返済計画を立てておくことが大切だ。

技術的負債はデータを管理するときにも重要な検討事項となる。データベースはシステムの統合ポイントとして使われることが多い（アーキテクチャパターンとしてはお勧めできないが、一般に使われている）からである。その結果、データベースの設計に関する変更は広範囲に影響を及ぼすことが多くなる。

このような環境では、どのアプリケーションがデータベースのどのオブジェクトを使っているのかをどこかにまとめておくと便利だ。そうすれば、ある変更がどのアプリケーションに影響するのかをつかめるようになる。

以前に見たあるプロジェクトでは、データベースのオブジェクトとそれを使っているアプリケーションをまとめた一覧を、コードベースの静的解析で自動生成していた。この一覧はすべてのアプリケーションに対するビルドプロセスの一環として生成され、その結果は誰でも見られるようになっていた。そのため、自分が他のアプリケーションに影響を及ぼしていないかを発見することが容易だった。

最後に、他のアプリケーションを保守するチームと話し合い、どんな変更ができるのかの合意を得る必要がある。インクリメンタルな変更を管理するためのひとつの方法は、アプリケーションを複数のバージョンのデータベースで動くようにすることだ。そうすれば、データベースの移行をそれに依存するアプリケーションとは独立してできるようになる。このテクニックは、ゼロダウンタイムリリースにも有用となる。詳細はこの後に説明する。

## 12.4 データベースのロールバックとゼロダウンタイムリリース

先に説明したようなロールフォワードスクリプトとロールバックスクリプトをアプリケーションの各バージョンに用意すれば、DbDeployのようなアプリケーションをデプロイ時に使って既存のデータベースを適切なバージョンに移行するのも比較的容易になる。

しかし、特別な場合もある。本番環境へのデプロイだ。本番環境へのデプロイ時には、一般的にさらにふたつの制約が課される。ひとつは、アップグレードを取り消すときに、アップグレード開始以降に発生したトランザクションを失わないようにすること。もうひとつは、SLAを満たすためにアプリケーションを利用可能なままにしておくこと。これは、ホットデプロイあるいはゼロダウンタイムリリースと呼ばれることもある。

### 12.4.1 データを失わずにロールバックする

ロールバックの際の（先ほど説明した）ロールバックスクリプトは、通常はアップグレード開始後に発生したトランザクションをすべて残すように作ることができる。特に、ロールバックスクリプトが次の条件を満たしている限りは何の問題もない。

- スクリプトに含まれるのが、何もデータを失わないスキーマ変更（正規化や非正規化、あるいはテーブル間でのカラムの移動など）である。この場合はロールバックスクリプトを単純に実行すればよい。
- スクリプトが削除するのは新しいシステムだけが利用するデータだが、このデータが失われても特に困らない。この場合も単にロールバックスクリプトを実行すればよい。

しかし、このように単にロールバックスクリプトを実行するわけにはいかない場合もある。

- ロールバック時にテンポラリテーブルからデータを書き戻す。この場合、アップグレード開始以降に追加された新しいレコードが一貫性制約に違反する可能性がある。
- ロールバック時に新たなトランザクションからのデータを削除するが、システム上はそのデータを失うことが許されない。

こんな場合にアプリケーションを以前のバージョンに戻すための解決策を、いくつか紹介する。

まず最初の解決策は、失いたくないトランザクションをキャッシュして、あとで再生できるようにすることだ。データベースやアプリケーションを新しいバージョンにアップグレードするときに、新しいシステムに対するトランザクションのコピーをとるようにする。これを実現するには、ユーザーインターフェイス経由のイベントを記録したり、システムのコンポーネント間でやりとりされるメッ

セージを横取りしたり（これは、そのアプリケーションがイベント駆動で動いている場合には比較的実現しやすい）、あるいは実際にデータベースで発生するトランザクションをトランザクションログからコピーすればよい。これらのイベントは、アプリケーションの再デプロイに成功するたびに再生することができる。もちろん、この方式を採用するにはしっかりした設計とテストが必要だ。しかし、ロールバック時に一切データを失いたくないのなら、この程度のトレードオフは受け入れられるだろう。

もうひとつの解決策は、ブルーグリーン・デプロイメント（第10章「アプリケーションをデプロイ・リリースする」を参照）を使っている場合に役立つ方法だ。思い出してみよう。ブルーグリーン・デプロイメントでは、新旧両バージョンのアプリケーションが同時に稼働していた。一方がブルー環境で、もう一方がグリーン環境だ。「リリース」とはユーザーからのリクエストの送り先を旧バージョンから新バージョンに切り替えるだけだし、逆に「ロールバック」は送り先を旧バージョンに戻すだけのことである。

ブルーグリーン・デプロイメントでは、本番データベース（ここではブルーデータベースとする）のバックアップをリリース時に行う必要がある。データベースがホットバックアップに対応していなかったり、それ以外の制約があったりする場合は、アプリケーションを読み込み専用モードにしてからバックアップをとらなければならない。その後、バックアップをグリーンデータベースにリストアしてから、移行作業を実行する。それから、リリース作業の一環としてユーザーの接続先をグリーン環境に切り替える。

ロールバックが必要となったときは、ユーザーの接続先を単にブルー環境に戻すだけでよい。グリーン環境のデータベースでの新しいトランザクションを復元するには、別のアップグレードの前にブルーデータベースに再適用してもいいし、あるいはアップグレードをもう一度実行するときに再適用してもよい。

システムによっては、扱うデータが大量になるため、バックアップやリストアの操作にある程度のダウンタイムが避けられないこともある。そんな場合にはここで説明した方法は使えない。ブルーグリーン環境が使えたとしても、独自のデータベースを持つわけではなくリリース時にどちらのデータベースを実行するかを切り替えることになる。

## 12.4.2 アプリケーションのデプロイをデータベースのマイグレーションから分離する

しかし、ホットデプロイを管理する方法には、第三のアプローチもある。それは、データベースのマイグレーションをアプリケーションのデプロイメントとは切り離して個別に実行することだ。その様子を図12-1に示す。この方式は、統合した変更の管理にも適用できるし、第10章「アプリケーションをデプロイ・リリースする」で説明したブルーグリーン・デプロイメントやカナリアリリースパターンにも適用できる。

頻繁にリリースするのなら、アプリケーションをリリースするたびにデータベースのマイグレーショ

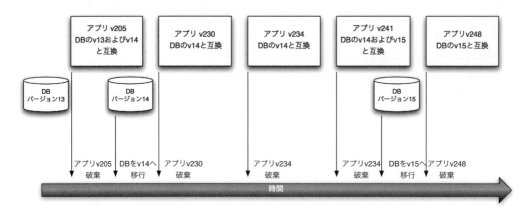

図12-1　データベースのマイグレーションをアプリケーションのデプロイメントから分離する

ンを行う必要はない。もしデータベースのマイグレーションが必要となったら、アプリケーションをデータベースの新しいバージョンにだけ対応させるのではなく、新しいバージョンと現在のバージョンの両方で動くようにしておくことが必要となる。先ほどの図においてアプリケーションのバージョン241は、現在デプロイされているデータベースであるバージョン14と新しいバージョン15の両方に対応している。

この暫定版のアプリケーションをデプロイし、現在のバージョンのデータベースで動作させる。このアプリケーションが安定して動き、ロールバックの必要性がないと判断できたら、次にデータベースを新しいバージョン（図におけるバージョン15）にアップグレードする。もちろん、その前にはバックアップが必要だ。そして、次のバージョンのアプリケーション（図におけるバージョン248）がデプロイ可能な状態になったら、データベースのマイグレーションなしにそれをデプロイできる。このバージョンは、単にデータベースのバージョン15にだけ対応していればよい。

この方式は、データベースの変更を前のバージョンに巻き戻すのが困難な場合にも便利だ。我々は、新しいバージョンのデータベースで大幅な変更を加える（情報を失うスキーマ変更なども含む）場合にこの方式を使ってきた。その結果、ソフトウェアに問題が発生したときに前のバージョンに戻す仕組みで多少妥協することになった。我々がデプロイした新しいバージョンのアプリケーションは後方互換性があり、古いバージョンのデータベースのスキーマでも動作した。つまりデータベースへの新しい変更をデプロイしなくても動くものだった。その後、新しいバージョンのふるまいを観察し、以前のバージョンに戻すはめになるような問題が発生していないことを確認できた。そして、十分確信を持ててからデータベースの変更もデプロイするようにした。

前方互換性も、万能なソリューションとは言えない。しかし、ありふれた通常の変更の場合には有用な作戦として使いやすい。ここで言う前方互換性とは、以前のバージョンのアプリケーションを新しいバージョンのデータベーススキーマ上でも動くようにするということである。当然ながら、新しいフィールドやテーブルを追加するようなスキーマ変更なら、それを使わないようなバージョンのア

プリケーションは単にそれを無視するだけのことである。それでも、両バージョンで共通するデータベーススキーマはそのまま残っている。

この方法を、ほとんどの変更に対するデフォルトのアプローチとするとよい。たいていの変更は、何か（新しいテーブルの追加や新しいカラムなど）を追加するけれども既存の構造は変更しないというものなので、この作戦で対応できるはずだ。

データベースの変更管理やリファクタリングに対するもうひとつのアプローチが抽象化レイヤで、これはストアドプロシージャやビューで実現する [cVVuVO]。アプリケーションからデータベースにアクセスするときにこういった抽象化レイヤを使っておけば、背後にあるデータベースオブジェクトを変更したときにも、アプリケーション向けのインターフェイスであるビューやストアドプロシージャはそのままに保てる。これは「抽象化によるブランチ」の一例であり、詳しくは414ページの「抽象化によるブランチ 」で説明する。

## 12.5 テストデータを管理する

テストデータが重要だということは、どんなテストであっても変わらない。手動でのテストであっても自動テストであってもそれは同じだ。どんなデータがあれば、システムとの一般的なインタラクションをシミュレートできるだろう？ どんなデータがあれば、極端なケースでのアプリケーションの動作を保証できるだろう？ どんなデータがあれば、アプリケーションにエラーを起こさせてそのときの反応を見ることができるだろう？ これらの問いは、システムのあらゆるレベルのテストにかかわってくる。しかし、どこかのデータベースにテストデータがあって、それを使わないとテストできないということでは、いくつかの問題の元にもなる。

このセクションでは、次のふたつの問題について考える。ひとつはパフォーマンスだ。テストは、可能な限り高速に実行させたい。ユニットテストの場合、これはデータベースをまったく使わずにテストするか、あるいはインメモリのデータベースを使ってテストするということである。その他のテストの場合、これはテストデータの管理に気をつけること、そして一部の例外を除いて本番データベースのデータを使わないようにするということである。

もうひとつの問題がテストの分離だ。理想的なテストは、きちんと定義された環境で動作して入力もきちんと制御されているので容易に出力を評価できる。一方、データベースは情報を永続的に格納できるので、テストの実行に関する情報も永続的に保持し続けられる。それが嫌なら、明示的に回避しなければならない。したがって、開始条件が明確でなくなり得る。特に、複数のテストの実行順序を自由に操れない場合にはこれが問題になりやすい。

## 12.5.1 仮のデータベースでのユニットテスト

大切なのは、ユニットテストでは実際のデータベースを相手にしないということだ。通常ユニットテストでは、データベースとやりとりするサービスの代わりとしてテストダブルを導入する。しかし、それが不可能な場合（そのサービス自体をテストしたい場合など）は、それ以外にふたつの対策がある。

ひとつは、データベースにアクセスするコードをテストダブルで置き換えることだ。データベースにアクセスするコードをアプリケーション内でカプセル化するのは、よいやり方である。これを実現するためによく使われている方法が、リポジトリパターン [blIgdc] だ。このパターンでは、データアクセス用のコードの上に抽象化レイヤを作成してアプリケーションをデータベースから切り離す（これは、抽象化によるブランチの実例である。このパターンについては第13章「コンポーネントや依存関係を管理する」で説明する）。いったん切り離せば、データアクセス用のコードをテストダブルで置き換えられる。この方法を図 12-2 に示す。

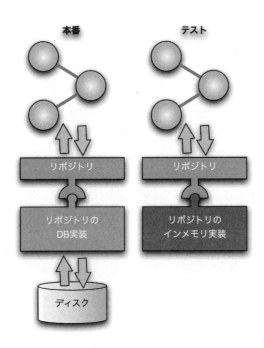

図 12-2　データベースアクセスを抽象化する

この作戦は、先に述べたようにテストをしやすくする仕組みを提供するだけではない。さらに、そのシステムが行う業務の内容を、データストレージに関するあれこれから切り離してしっかり考えられるようになる。また、すべてのデータアクセス用コードをひとまとめにしやすくなり、コードベースの保守がより容易になる。このようなさまざまな利点を考慮すれば、レイヤ分割をしてそれぞれを抽象化するための比較的小さなコストは払うだけの価値があるだろう。

この手法を使わなくても、データベースのフェイクを作成することはできる。オープンソースで公開されている、インメモリのリレーショナルデータベースを使えばよい（H2 や SQLite、JavaDB などを参照）。アプリケーションが利用するデータベースインスタンスを設定で変更できるようにしておくと、ユニットテストではインメモリのデータベースを使うようにすることができる。そして受け入れテストでは、普通のディスクベースのデータベースを使えばよい。この方式には、副次的な利点もある。コードをより疎結合にして、少なくとも使うデータベースの実装を切り替えられる程度にはできるのだ。こうしておくと、将来の変更（バージョンを上げたり、RDBMS のベンダーを変更したりなど）にも対応しやすくなる。

## 12.5.2 テストとデータのつながりを管理する

テストデータについて考えるとき、重要なのは、テストスイート内の個々のテストが何らかの状態に依存する可能性があるということだ。受け入れ基準を書くときの「Given-When-Then」形式にあてはめると、テストが始まるときの初期状態は「given」にあたる。開始時の状態がわかっていて初めて、テスト終了後の状態と比較できるのであり、そのテストのふるまいを検証できるのである。

テストがひとつだけの場合は単純な話だが、テストスイートについてこれを達成するには少し考えなければならない。データベースに依存するテストならなおさらである。

一般に、テストの状態を管理する方法は次の三通りがある。

- **テストの分離**: テスト全体を整理し、各テスト用のデータはそのテストからしか見えないようにする。
- **順応型テスト**: 各テストがデータ環境を調べ、実際のデータにあわせてそのふるまいを変えられるように設計する。
- **テストの順序付け**: テストの実行順序をあらかじめ決めておき、各テストへの入力にはひとつ前のテストの出力を使うように設計する。

通常は、最初の手法を使うことを強くお勧めする。個々のテストを分離しておけばより柔軟に扱えるし、さらに重要なこととして、テストを並列実行させてテストスイートのパフォーマンスを上げられるようにもなる。

他のふたつのアプローチでもできないことはないが、経験上はうまくスケールしない。テストスイートが大きくなって互いのインタラクションが複雑になるにつれて、これらの手法は失敗しやすくなる。そして、その失敗は見つけづらいし修正もしにくい。テスト間のインタラクションはあっという間に曖昧になり、テストを動かすための保守コストもどんどん大きくなる。

## 12.5.3 テストの分離

テストの分離は、個々のテストがアトミックであることを保証するための戦略だ。「アトミックである」とは、あるテストをするための準備に他のテストの出力が必要なようではいけないし、あるテストの結果に他のテストが何らかの影響を及ぼしてはいけないということである。この程度の分離をコミットテストで実現するのは比較的簡単である。たとえそれがデータベース内のデータの永続性をテストするものであったとしても同様だ。

これを実現するための一番シンプルな方法は、テストの終了時には常に、データベース内のデータの状態をテストの実行前に戻すようにすることだ。これは手動でも行えるが、シンプルに実現するなら大半の RDBMS が持つトランザクション機能を使えばよい。

データベース関連のテストをするときに、我々はこのようにしている。まずテストの開始時にトランザクションを作成し、すべての操作やデータベースとのやりとりはトランザクション内で実行し、テストの終了時に（成功したか失敗したかにかかわらず）トランザクションをロールバックする。この方法は、データベースシステムの持つトランザクション分離の仕組みを使って、他のテストやデータベースの他のユーザーがテスト内でのデータの変更にアクセスできないようにしている。

テストの分離を実現するもうひとつの手法は、何らかの形でデータの機能分割をすることだ。これは、コミット時のテストと受け入れテストの両方で有効な戦略である。システムの状態を変える必要のあるテストでは、テスト内で作るエンティティについて何らかの命名規約を定めてそれに従い、各テストはそのテスト用に作られたデータだけを見るようにする。この手法については、260ページの「受け入れテストにおける状態」で詳しく説明する。

データを分割する際の適切なテスト分離レベルを見つけることの難易度は、対象とするドメインにかなり依存する。もしこの手法に適したドメインであれば、この方式を使えば非常にシンプルにテストの独立性を確保できる。

## 12.5.4 準備と後始末

どんな作戦を選ぶにせよ、テストの実行前に正しく動くとわかっている開始位置を確立すること、そしてテストの終了時にその状態を復元することが、テスト間の依存を避けるために必須となる。

うまく分離されたテストを書くためには通常、準備段階を用意してデータベースへ関連するテストデータを投入することが必要となる。この段階にはさらに、新しいトランザクションを作成したり（これはテストの終了時にロールバックする）そのテスト固有のレコードを書き込んだりといった作業も含まれるかもしれない。

順応型テストの場合は、この段階で環境を評価して既知の開始位置を開始時に確立する。

## 12.5.5 一貫したテストシナリオ

　一貫した「ストーリー」を作ってテストをそれに従わせたくなることがよくある。この方式をとる意図は、データの作成処理を一貫したものにしてテストケースの準備と後始末を最小に抑えることである。これはつまり、個々のテストがもう少しシンプルになるということだ。というのも、もはやテストごとに自前のテストデータを管理する必要がなくなるからだ。また、テストスイート全体の実行速度も向上する。データの作成や破棄に時間を費やすことがなくなるからである。

　この方式はかなり魅力的に見えるが、個人的にはその誘惑に負けてはいけないと考える。このやり方の問題は、一貫したストーリーにあてはめようとするあまりに各テストが密結合してしまうことだ。このような密結合には、重大な弱点がいくつかある。テストスイートが大きくなるにつれて、テストの設計がより難しくなる。あるひとつのテストが失敗すると、そのテストの出力に依存する他のテストにも影響が及び、それらもすべて失敗してしまう。業務のシナリオや技術的な実装が変化すると、テストスイート全体の見直しという大変な作業が必要にもなる。

　より本質的な問題は、このように順序立てて考える方式は現実のテストを反映していないということである。たいていの場合、仮にアプリケーションで処理順が明確になっていたとしても、各ステップで「何が起これば成功なのか」「何が起これば失敗なのか」「境界条件近辺では何が起こるのか」などを調べたくなる。よく似た開始条件から、さまざまなテストを実行する必要がある。この方式を使うことにしたら、必然的にテストデータの作成や再作成が発生する。これでは、順応型のテストや個別に分離したテストをやっているのと変わらなくなる。

## 12.6 データの管理とデプロイメントパイプライン

　自動テスト用データの作成や管理は、大きなオーバーヘッドになり得る。ここで少し立ち止まって考えよう。我々がテストしたかったのは、いったい何だったのだろうか？

　アプリケーションをテストするのは、そのさまざまなふるまいが我々の望むものと一致しているかどうかを確かめるためだ。ユニットテストを実行すれば、アプリケーションを壊してしまうような変更を不注意で施してしまうことを防げる。受け入れテストを実行すれば、そのアプリケーションがユーザーに期待する価値をお届けできるかどうかを確かめられる。キャパシティテストを実行すれば、そのアプリケーションが我々のキャパシティ要件を満たすかどうかを確かめられる。そして、インテグレーションテスト群を実行すれば、そのアプリケーションが他のサービスと正しくやりとりできることを確認できる。

　デプロイメントパイプライン内のこれらのテストステージで必要になるテストデータはどのようなものだろうか、そしてそのデータはどのように管理すべきだろうか？

## 12.6.1 コミットステージでのテストにおけるデータ

　コミットテストは、デプロイメントパイプライン内での最初のステージとなる。コミットテストで最も大切なのは、実行速度だ。コミットステージが終わるまで、開発者はじっと待ち続けることになる。このステージの所要時間が30秒長くなるだけでもその影響は大きい。

　コミットステージのテストにおける目に見えるパフォーマンスだけでなく、コミットテストはシステムを不用意に変更してしまうことに対する最初の防波堤でもある。このテストを実装の詳細と密に結合させすぎると、防波堤としての役割をうまく果たせなくなる。問題は、システムの何らかの実装をリファクタリングするときに、テストがうまくシステムを守ってくれるかどうかということである。もしテストが実装の詳細と密結合になりすぎていると、実装をほんの少し変更するだけでもそれに関連するテストの大幅な変更が必要になってしまう。システムのふるまいを変更するときの防波堤となって、必要な変更の手助けをしてほしいところなのに、テストが実装の詳細と密結合になっているとむしろ変更への妨げとなってしまう。比較的小規模な実装の変更に対してテストの大幅な変更が必要になったとしたら、そのテストは「動作するふるまいの仕様」としての役割を十分に果たせていない。

　データやデータベースを扱う章でこんな話をするのは少し不思議に思うかもしれない。しかしテストの密結合状態は、テストデータに凝りすぎた結果であることが多い。

　これは、継続的インテグレーションのプロセスが、一見無関係な別のところに好影響をもたらすひとつの例だ。よくできたコミットテストは、手の込んだデータを準備せずに済む。何かのテストのために苦労してデータを準備しているのだとしたら、その設計はもっとうまく分割できるという印である。コンポーネントに分割するような設計を心がけ、それぞれを独立してテストできるようにする必要がある。その際にはテストダブルを使って依存関係をシミュレートすることになるが、その方法は233ページの「テストダブルを利用する」で説明した。

　最も効率的なテストは、それほどデータ駆動ではない。最小限のテストデータを使い、テスト対象が期待通りのふるまいを見せるのかを確かめる。そういったテストで必要となるのは、より洗練されたデータを用いて期待するふるまいを示すことだ。データを作るときには注意を要し、可能な限りテストヘルパーやフィクスチャを再利用して作るようにする。そうすれば、システムがサポートするデータ構造の設計が変わったとしてもテスト側への影響はそれほど大きくならない。

　我々のプロジェクトでよく使っているのは、こういったよく使われるデータ構造のテストインスタンスを作るコードを分離して、それをさまざまなテストケースで共用するという方法だ。たとえば`CustomerHelper`あるいは`CustomerFixture`といったクラスを用意して`Customer`オブジェクトの作成処理を単純化し、それをテストで使う。そうすれば、すべて一貫した方法で作成できるようになり、すべての`Customer`に共通する標準のデフォルト値も指定できるようになる。各テストでその後必要に応じてデータを調整できるが、開始時点はすべて既知の一貫した状態となる。

　我々の本来の目的は、各テストに固有のデータを最小化することだった。テストを作ろうとするときに与える直接の影響が大きかったからである。これは、あなたが書くすべてのテストについての目標としなければならない。

## 12.6.2 受け入れテストにおけるデータ

受け入れテストは、コミットテストとは違ってシステムをテストするものだ。つまり、テストデータは必然的に複雑になり、注意して管理しないとテストが手に負えなくなってしまう。あらためて強調するが、ここでの目標は巨大で複雑なデータ構造への依存をできるだけ減らすことだ。このアプローチは基本的にコミットステージでのテストと同様である。テストケースの作成を再利用できるようにすることと、各テストのテストデータに対する依存を減らすことを目指す。システムに期待するふるまいをテストするための必要最小限のデータを作るようにしなければならない。

受け入れテストのときにアプリケーションの状態をどのように設定するのかを考えるときには、次の三種類のデータを区別するとよい。

1. **テスト固有のデータ**: テスト対象のふるまいを動かすためのデータ。テストしたいケースの詳細を表す。
2. **テストが参照するデータ**: テストに関係はあるが、実際のところテスト対象のふるまいにはあまり影響を及ぼさないデータもある。存在する必要はあるが、あくまで脇役であって主役ではないというデータだ。
3. **アプリケーションが参照するデータ**: テスト対象のふるまいには無関係だが、アプリケーションを立ち上げるために存在しなければならないデータもある。

テスト固有のデータは、一意でなければならない。これをテストの分離のための手段として使い、各テストが正しく定義された環境から始まることと他のテストの副作用を受けないことを確実にする。

テストが参照するデータは、事前に用意した初期データで管理することができる。それをさまざまなテストで再利用し、テストを動かすための汎用的な環境を確立する。しかしこれもまた、テストの運用の影響は受けないままである。

アプリケーションが参照するデータは、どんな値を使ってもよいし、null 値であってもよい。選んだ値がテストの結果に影響を及ぼさなければそれでよい。

アプリケーションが参照するデータ、そしてうまくすればテストが参照するデータも——つまりアプリケーションの起動に必要なデータはすべて——データベースからのダンプの形式で保持しておける。もちろんそれをバージョン管理し、アプリケーションのセットアップの一部としてそのマイグレーションを組み込まねばならない。これは、データベースの自動マイグレーション自体をテストするのにも有用である。

このカテゴリー分けは、決して厳格なものではない。どちらにあたるかわからないようなデータも、テストの状況によってはあり得るだろう。しかし、我々はこれまでこのカテゴリー分けを有用なツールとして活用してきた。テストの信頼性を保つために積極的に管理しなければならないデータに焦点を合わせ、単にそこにありさえすればよいデータとは区別して扱うための助けとしたのだ。

そもそも、アプリケーション全体を表すデータの「世界」にあまりにもテストを依存させてしまうのは失敗だ。個々のテストをある程度分離して考えられるようにすることが重要で、そうしなければテストスイート全体があまりにももろくなってしまい、データをほんの少し変更するたびにテストが失敗するようになる。

しかし、コミット時のテストとは異なり、アプリケーションのコードやデータベースのダンプを使ってアプリケーションを正しい初期状態に持っていくことはお勧めしない。そのかわりに、テストのシステムレベルでの性質に合わせて、アプリケーションの API を使って正しい状態に持ち込むとよい。この方法には次のような利点がある。

- アプリケーションのコードやその他アプリケーションのビジネスロジックをバイパスする仕組みを使うと、システムを矛盾した状態に持ち込めてしまう。アプリケーションの API を使えば、受け入れテストの間にアプリケーションが矛盾した状態に陥らないことが保証される。
- データベースやアプリケーション自体のリファクタリングが、受け入れテストに何の影響も及ぼさなくなる。リファクタリングとは、その定義上アプリケーションの公開 API のふるまいを変えずに行うものだからである。そのおかげで、受け入れテストが壊れる可能性を激減させることができる。
- 受け入れテストが、アプリケーションの API のテストとしても機能する。

---

### テストデータの形式: その一例

　金融取引のアプリケーションをテストすることを考えよう。取引成立後にユーザーのポジションが正しく更新されたかどうかを確認するテストの場合、最も重要なのは開始時のポジションと終了時のポジションだ。

　ステートフルな受け入れテストスイートを実際のデータベースを使った環境で動かす場合、おそらくこのテストでは新しいユーザーアカウントを作って既知の開始ポジションを設定することになるだろう。そのアカウントやポジションはテスト固有のデータだと考えられる。そこで受け入れテスト用として、新たなアカウントを登録してある程度の資金を提供し、取引できるようにすることをテストケースの準備時に行う。

　テストの過程で期待するポジションを確立するために使う金融商品は、そのテストで重要な役割を果たす。しかしそれは、テストが参照するデータとして扱うことになるだろう。これらの商品群をその後のテストで再利用しても、この「ポジションのテスト」の出力に影響を及ぼすことがないからだ。このデータは、テストが参照するデータとして事前に用意しておくことができる。

　最後に、新しいアカウントを作るときに必要なオプションの詳細は、それが開始ポジションに直接影響したりユーザーのポジションの算出に何らかの影響を及ぼしたりするのでない限り、ポジションのテストには無関係である。そこで、これらはアプリケーションが参照するデータとして扱い、任意のデフォルト値を設定することになる。

## 12.6.3 キャパシティテストにおけるデータ

　キャパシティテストでは、必要となるデータの量に関する問題が多くのアプリケーションであらわれる。この問題は、ふたつの方面で顕在化する。テストで使うための十分な量のデータを用意できるかどうかということと、適切なマスタデータを配布して多数のテストケースを同時に実行できるかどうかということだ。

　第9章「非機能要件をテストする」で述べたように、我々はキャパシティテストについて、受け入れテストを再実行する前に実行するものだと考えている。しかし、多くの場合、これらは同時に行われる。もしあなたのアプリケーションが発注機能をサポートしているのなら、キャパシティテストをするときには大量の発注を同時に行うことを期待する。

　我々がお勧めする方法は、こういった大量のデータの生成を自動化することだ。入力データについてもマスタデータについても、インタラクションテンプレートのような仕組みを使えばよい。詳細は299ページの「記録したインタラクションテンプレートを使う」で説明した。

　この方式を使えば、我々が作成するデータを拡大させて受け入れテストもサポートさせることができる。この方法でのデータの再利用はさまざまな場面で活用できる。受け入れテストスイートの一部として組み込まれた論理的なインタラクションとそれに関連するデータは、システムのふるまいに関する実行可能な仕様となる。もし我々の受け入れテストがこの役割をこなせたら、アプリケーションがサポートする重要なインタラクションを受け入れテストで捕らえられることになる。もしシステムの重要なふるまいをキャパシティテストの一部として計測したいのにそれを符号化できないとすれば、何かが間違っているのだろう。

　さらに、アプリケーションが成長するにつれてそれと同時にこれらのテストを実行し続けられるような仕組みとプロセスがあるのだとしたら、キャパシティテストのときにはなぜわざわざそれをすべてダンプしてから再開するのだろう？　受け入れテストステージ以降の段階ではどうなるのだろう？

　したがって、我々が採用する戦略は、受け入れテストはシステムとのインタラクションを記録したものとして考えるというものだ。そして記録した内容は、それ以降のステージでテストを行う際の開始地点として利用する。

　キャパシティテストについてはツールを活用し、選択した受け入れテストに関連するデータを受け取ってそれをさまざまな「ケース」にあわせて膨らませ、ひとつのテストに対してシステムのさまざまなインタラクションを行えるようにする。

　テストデータの生成にこの方式を使えば、キャパシティテスト用のデータ管理について、個々のインタラクションでユニークとなるデータのコア部分に集中できるようになる。

## 12.6.4 その他のテストステージにおけるデータ

　特定の技術的な手法ではなく少なくとも設計思想のレベルでは、受け入れテスト以降の自動テストステージについても同じ方法を採用している。その狙いは「ふるまいの指定」を再利用することにある。自動化した受け入れテストをすべてのテストの開始地点として使うことで、単に動けばいいという以上のことを目指している。

Webアプリケーションを作るときには、受け入れテストスイートからキャパシティテストを用意するだけでなく、同じく互換性テストも用意している。互換性テストのときには、受け入れテストスイート全体をすべての主要ブラウザに対して再実行する。これは完全なテストとは言えない。ユーザビリティについては一切教えてくれないからだ。しかし、もし何らかのブラウザ上でユーザーインターフェイスを壊してしまう変更をしたときには、それに気づくことができる。デプロイメントの仕組みと受け入れテストスイートを再利用し、かつテスト用に仮想マシンを用意すれば、互換性テストは事実上まったく手間をかけずに実行できる。必要なのは、テストを実行するためのある程度のCPU時間とディスク領域だけである。

　手動テストのステージ（探索的テストやユーザー受け入れテスト環境）でのテストデータの扱いにはいくつかの方法がある。ひとつは、最小限のテストとアプリケーションが参照するデータを使い、アプリケーションを空っぽの初期状態で立ち上げる方法だ。テスターが試せるシナリオは、ユーザーがアプリケーションを最初に使い始めたときの状況となる。もうひとつの方法は、より大きめのデータ群を読み込んで、実際のアプリケーションの使用環境を想定した操作シナリオを実行できるようにする方法だ。大きめのデータ群を使う方法は、インテグレーションテストの場合にも有用である。

　本番データベースのダンプをとってこれらのシナリオに使うこともできるが、よほどの場合を除いてこの方法はお勧めしない。主な理由は、本番環境からとったデータは巨大になりすぎて扱いにくいからである。本番データのマイグレーションには数時間かかることもある。しかし、実際の本番環境のダンプを使ったテストが重要となる場合もある。たとえば、本番データベースのマイグレーションをテストする場合や、アプリケーションの処理速度低下を防ぐために本番データをアーカイブするタイミングを決めるときなどである。

　そのかわりとしてお勧めするのは、カスタマイズしたデータ群を用意して手動でのテストに使うことだ。このデータ群は本番データのサブセットを使ってもよいし、受け入れテストやキャパシティテストを自動実行した後のデータベースのダンプを使ってもよい。キャパシティテストのフレームワークを改造して、ある程度のユーザーが使い続けた後のアプリケーションの状態を再現するデータベースを作らせてもよい。このデータ群を保存しておけば、手動テスト環境へデプロイする際に再利用できる。もちろん、このデプロイメントプロセスの中でマイグレーションも必要となる。ときには、テ

スターがいくつかのデータベースダンプを持ち、テストの種類に応じて開始地点を切り替えることもあるだろう。

これらのデータ群は、アプリケーションを立ち上げるための必要最小限のデータ群も含めて、開発者が開発環境でも使えなければならない。開発者の開発環境では、決して本番データベースのデータを使ってはいけない。

## 12.7 まとめ

ライフサイクルの違いもあり、データを管理する際に出てくる問題はデプロイメントパイプラインを考えていたときとは異なるものになる。しかし、データ管理全体を考えるときの基本原則は同じである。重要なのは、完全に自動化したプロセスでデータベースの作成やマイグレーションを行えるようにすることだ。この手順はデプロイメントプロセスの一環としても使うので、何度でも繰り返せて信頼性のあるものでなければならない。どんな場合も同じ手順を使わなければならない。アプリケーションを開発環境や受け入れテスト環境にデプロイするときの最小限のデータに対しても、本番環境にデプロイするときの本番データベースのマイグレーションに対しても、同じ手順を使う。

データベースのマイグレーションを自動化した場合でも、テスト用のデータの扱いには注意が必要だ。つい本番データベースのダンプを使ってテストを始めたくなるものだが、たいていの場合、本番のダンプは巨大になりすぎる。そうするのではなく、テスト自身に必要な状態を作らせ、各テストがお互い独立して実行できるようにしておこう。手動テストの場合であっても、本番データベースを使ってテストするのがベストであるという状況はほとんどない。テスターは、テストの目的に合わせて適切な大きさのデータを作って管理しなければならない。

本章でとりあげた原則や方法の中でも、とりわけ重要なものをここでまとめる。

- データベースをバージョン管理し、DbDeployのようなツールでマイグレーションを自動化する。
- スキーマを変更する際の前方互換性と後方互換性を維持できるように気をつけ、データのデプロイメントやマイグレーションに関する問題はアプリケーションのデプロイメントに関する問題とは分離できるようにする。
- テストで使用するデータの作成はテストの準備段階に含める。そのデータは適切に分割し、同時に動いているかもしれない他のテストに影響を及ぼさないようにする。
- 複数のテストで共有するデータ準備処理には、アプリケーションを立ち上げるための必要最小限のデータを含める。それ以外に含めるのは、一般的に使われるマスタデータだけにする。
- テストに必要な状態を準備するときには、可能な限りそのアプリケーションの公開APIを使う。
- 数少ない例外を除いて、本番データベースのダンプをテスト用に使ってはいけない。本番データから注意して取り出した小さめのデータか、あるいは受け入れテストやキャパシティテストを実行した結果のデータを使う。

もちろん、これらの原則は状況に応じて変化させなければならない。しかし、まずこれらを念頭に置いて進めるようにすれば、ソフトウェアプロジェクトの自動テストや本番環境でのデータ管理に関する大半の問題を最小限に抑えられるだろう。

# 第13章
# コンポーネントや依存関係を管理する

## 13.1 導入

　継続的デリバリーは、きちんと動作する新しいバージョンのソフトウェアを一日に何度もリリースできる仕組みを提供するものだ。つまり、アプリケーションは常にリリース可能な状態にしておかねばならない。しかし、大幅なリファクタリングをしたり複雑な新機能を追加したりする場合はどうすればいいのだろう？　バージョン管理システムのブランチ機能を使えば、この問題は解決するように思える。しかし敢えて言う。それは間違った考えだ[*1]。本章では、コンテキストが切り替わるときにもアプリケーションを常にリリース可能に保つための方法について説明する。ここで重要なテクニックとなるのが、巨大なアプリケーションのコンポーネント化である。そこで本章では、コンポーネント分割の方法や複数コンポーネントからなる巨大プロジェクトのビルド方法、そしてその管理方法について詳しく説明する。

　コンポーネントとは何だろう？　この言葉はソフトウェア業界であまりにもいろいろな意味で使われすぎている。ここではまず我々が意味するところをできるだけ明確にしておこう。本書での「コンポーネント」とは、あるアプリケーション内にあるそれなりに大規模なコード構造であり、よく作られた API を提供しており、別の実装にも切り替えられるものを指す。コンポーネントベースのシステムとは、コードベースがいくつかの部品に分割できて、それぞれのふるまいがきちんと定義されており、お互いに他のコンポーネントと最小限のやりとりをするようなシステムである。

　コンポーネントベースのシステムの対極にあるのが一枚岩なシステムだ。これは、さまざまなタスクをこなす要素があるが、各要素の関心事項に明確な境界がないシステムである。一枚岩なシステムはたいていカプセル化がうまくできておらず、論理的に独立した仕組みが密結合しているためにデメテルの掟を破ってしまっている。どんな言語や技術を使っているかは取るに足らないことであり、GUI ウィジェットが Visual Basic で書かれていようが Java で書かれていようが関係ない。中には、コンポーネントのことを「モジュール」と称する人もいる。Windows では、コンポーネントは通常 DLL 形式にまとめられている。UNIX では、SO ファイルにまとめられているだろう。Java の世界では、お

---

1　ブランチの指針については、次の章「高度なバージョン管理」で議論する。

そらく JAR ファイルとなる。

　コンポーネントベースの設計を採用すると、コンポーネントが再利用されたり、疎結合のような適切なアーキテクチャ上の性質が得られたりするとよく言われている。確かにそのとおりだが、それ以外にも重要な利点がある。それは、大規模な開発チームでの共同作業を最も効率的に行えるようになるということだ。本章では、コンポーネントベースのアプリケーション用のビルドシステムの作成方法や管理方法についても説明する。

　もしあなたが小規模なプロジェクトで作業しているのなら、次の節さえ読めば本章の残りの部分を読み飛ばしてもかまわない（次の節は、プロジェクトの規模にかかわらず読むべきだ）。多くのプロジェクトでは、単一のバージョン管理リポジトリとシンプルなデプロイメントパイプラインさえあれば十分うまく回る。しかし、多くのプロジェクトは保守不能なコードの泥沼にはまりこんでしまう。比較的楽に分割できる時点でコンポーネントに分割しようとする人がいないからである。小規模なプロジェクトがいつ肥大化するかは流動的であり、気づかぬうちにひっそりとそのときがやってくる。プロジェクトがある一定の閾値を超えてしまうと、コードを変更してコンポーネントに分割するのは非常に高くつく作業になってしまう。「いったん開発を中断し、時間をとって巨大なアプリケーションをコンポーネントに分割してしまおう」とチームのメンバーに言えるほど図々しいプロジェクトリーダーは、めったにいない。コンポーネントを作ったり管理したりする方法を学ぶのが、本章で扱うトピックである。

　本章で扱う内容は、デプロイメントパイプラインについて十分に理解していることが前提となる。不安な人は、第 5 章「デプロイメントパイプラインの解剖学」を見直しておこう。本章では、コンポーネントをブランチでどのように扱うのかについても説明する。本章を最後まで読めば、ビルドシステムにおける三つの自由（デプロイメントパイプライン、ブランチ、そしてコンポーネント）をすべてカバーできる。

　大規模なシステムでの作業では、これら三つが同時に登場することも珍しくない。そんなシステムでは、コンポーネント群の中に一連の依存関係があり、それがさらに外部のライブラリに依存していたりする。各コンポーネントには、それぞれ複数のリリースブランチがあるかもしれない。そんな中から各コンポーネントの適切なバージョンを見つけ出してシステムに組み込み、それをコンパイルできるようにすることは、極めて困難だ。まるでモグラたたきのようであるとも言えるだろう。そんな作業に数ヶ月かかってしまったというプロジェクトの話を聞いたこともある。その作業を終えてからでないと、システムをデプロイメントパイプラインに乗せることもできない。

　これは本質的に、継続的インテグレーションが解決しようとしている問題である。例によって、我々が提案するソリューションは、継続的インテグレーションのベストプラクティスに依存するものである。そろそろこのベストプラクティスにもなじみが出てきたころではないだろうか。

# 13.2 アプリケーションをリリース可能な状態に保つ

　継続的インテグレーションは、アプリケーションが機能的に正しく動作しているという高いレベルの安心感を与えてくれるように設計されている。デプロイメントパイプラインは継続的インテグレーションを拡張したものであり、その狙いはソフトウェアを常にリリース可能な状態にしておくことだ。しかしどちらも前提として、そのチームが開発をメインラインで行っていなければならない[2]。

　開発の過程では常に新機能の追加が発生するし、ときには大幅に設計を変更しなければならないこともあるだろう。これらの作業中はアプリケーションをリリースできる状態ではないが、それでも継続的インテグレーションのコミットステージは通る。通常は、リリース前にいったん新機能の開発を停止して安定化フェーズに入り、その間にはバグフィックスしかしないようにする。アプリケーションをリリースし終えたら、バージョン管理システム内にリリースブランチを作り、新たな開発をtrunkで再開する。しかし、この手法を使うと、リリースの間隔が数週間から数ヶ月にもなってしまう。継続的デリバリーの狙いは、アプリケーションを常にリリース可能な状態にすることであった。さて、どうすればいいだろう？

　ひとつの方法は、バージョン管理システムにブランチを作ってそこで作業を進め、作業が完了したときにそれをマージするというものだ。そうすれば、メインラインは常にリリース可能となる。この方式については、次の章「高度なバージョン管理」で詳しく検証する。しかし、我々はこの方法をあくまでも次善の策だととらえている。なぜなら、ブランチ上での作業が継続的に統合されていないからである。その代わりに推奨するのは、全員がメインラインにチェックインする方式だ。全員がメインライン上で作業を進め、それでも常にアプリケーションをリリース可能にするにはどうすればいいのだろうか？

　変更があっても常にアプリケーションをリリース可能にするためには、次の四つの作戦を使う。

- 新機能は完成するまで隠す。
- すべての変更は細かくインクリメンタルに行い、個々の変更をリリース可能な状態にする。
- 抽象化によるブランチを使って、大規模な変更をコードベースに加える。
- 変更の頻度が異なる部分をコンポーネント化して、アプリケーションから切り離す。

　ここでは最初の三つの作戦について取り上げる。小規模なプロジェクトでは、これら三つを使えば事足りるはずだ。大きめのプロジェクトの場合はコンポーネントを使うことを検討しなければならないだろう。コンポーネントを使う作戦については、本章の次の節以降で説明する。

---

2　分散型バージョン管理システムを使うことによる問題もある。詳しくは次の章で議論する。

## 13.2.1 新機能は完成するまで隠せ

　アプリケーションの継続的デプロイメントでよく問題になるのが、何らかのフィーチャの開発に長い時間がかかることがあり得るということである。あるフィーチャをインクリメンタルにリリースすることができない場合に、ついバージョン管理上でブランチを切ってそこで新しく開発を始めたくなってしまう。そこで開発を済ませてからメインラインに統合すれば、システムの他の部分に影響を及ぼしてリリースできない状態になることを避けられるからだ。

　ひとつの解決策は、新しいフィーチャの開発中にはユーザーがそれを利用できないようにすることだ。旅行サービスのWebサイトを例にして考えよう。このサイトの運営会社は、新しいサービスとしてホテルの予約機能を提供したいと考えた。それを実現するために、新たな機能を個別のコンポーネントとして開発し始めた。このコンポーネントには、/hotelから始まる個別のURIを与える。このコンポーネントは、必要に応じてシステムの他の部分とともにデプロイできる。そのエントリポイントにアクセスできないようにさえしておけばよいのだ（Webサーバーソフトウェアの設定で、アクセスを拒否することができる）。

> **UI全体をインクリメンタルに置き換える**
>
> 　著者のジェズがかかわったあるプロジェクトで、開発者たちがこの方式で新しいUIの開発を始めた。開発中の新UIは/newというURIの下に置かれ、どこからもそこにはリンクしていなかった。新UIを部分的に使い始めるときになって、既存のナビゲーションに新UIへのリンクを追加したのだ。この方式を使うことで、新UIをインクリメンタルに追加しつつもアプリケーションは動作させ続けることができた。新旧どちらのUIも同じスタイルシートを共有していたので、仮に新旧のUIの実装技術が完全に異なっていたとしても見た目は同じようになった。ユーザーから見れば、各ページで新旧どちらのUIが使われているのかはURIを見るまでわからなかった。

　未完成のコンポーネントを出荷しつつ、ユーザーからはアクセスできないようにする方法がもうひとつある。それは、アクセスの可否を設定で切り替えられるようにすることだ。たとえばリッチクライアントアプリケーションの場合は、新しいフィーチャを含むメニューと含まないメニューのふたつを用意すればよい。設定で、どちらのメニューを使うかを切り替えるようにする。コマンドラインオプションで設定してもよいし、デプロイ時や実行時に設定してもよい（ソフトウェアの設定についての詳細は、第2章「構成管理」を参照）。フィーチャの有効化や無効化（あるいは別の実装への切り替え）を実行時の設定で行えるようにしておくと、自動テストを実行するにも便利である。

　巨大な組織であっても、ソフトウェアの開発をこの方法で行っている。ある世界的に有名なサーチエンジンの会社でかつて働いていた同僚は、Linuxカーネルにパッチを当てて大量のコマンドライン引数を受けつけるようにする必要に迫られた。彼らが作っていたソフトウェアでは、さまざまな機能の有効化や無効化をするためにそれだけの引数が必要だったのだ。これは極端な例だし、我々も大量

のオプションを残し続けることをお勧めしているわけではない。当初の目的を果たしたオプションは、慎重に削っていくべきだ。コードベース内で設定オプションをマークアップしておけば、コミットステージで静的解析をして利用可能なオプションの一覧を出すことができる。

未完成の機能もアプリケーションのその他の部分とともに出荷することをお勧めする理由は、システム全体の統合やテストをありのままの状態でいつでも実行できるからである。これで、アプリケーション全体の計画やデリバリーがより容易に進められるようになる。というのも、依存関係の整理や統合のフェーズをプロジェクトの計画に含める必要がなくなるからだ。新しいコンポーネントの開発が始まった時点から、それはいつでもソフトウェアの他の部分とともにデプロイ可能な状態であることが保証される。また、新しいコンポーネントに必要な新しいサービスの作成や既存サービスの修正も含めて、アプリケーション全体のリグレッションテストを常に実行できることになる。

この方法でソフトウェアを書いていくにはそれなりの準備が必要だし、アーキテクチャの検討も必要だ。また、開発もきちんと行わねばならない。しかし、新しいバージョンのソフトウェアを新機能の開発途中でもリリースできるという利点を考慮すると、それなりの努力をするだけの価値はある。この方法は、バージョン管理システムでブランチを切って新機能を開発する方法よりも優れている。

## 13.2.2 すべての変更はインクリメンタルに

先ほど例に出したストーリー（アプリケーションの新UIへの移行をインクリメンタルに行う）は、さらに一般化することができる。つまり「すべてをインクリメンタルに変更せよ」という作戦だ。大規模な変更を加えるときには、ついソースコードのブランチを作ってブランチ側で変更を進めたくなる。理屈上は、まずはアプリケーションを動かなくしてしまうような大規模な変更を行い、後になってもう一度つなぎ直せば、開発が高速に進められるだろう。しかし実際のところ、すべてをうまくつなぎ直すのは大変な作業だ。言い換えると、しばらく作業した後で最後にマージするという作業は、変更量が大きくなればなるほど難しくなる。ブランチを切りたくなる理由が増えれば増えるほど（想定する変更量が多くなればなるほど）、実際にはそうすべきではないということになる。

大規模な変更を細かく分割して小さな変更をインクリメンタルに進めるという作業は、実際にやろうとすると難しい。しかしこれは、アプリケーションを動かし続けるための問題をその場で少しずつ解決していることを意味するのであり、最終的に苦労しなくて済むようにしているということだ。また、必要に応じていつでも作業をやめることができるので、大規模な変更を中途半端に終わらせて全部破棄してしまうといった埋没費用の発生を防ぐこともできる。

大規模な変更を一連の小さな変更に置き換えられるようにするには、分析が重要となる。いろいろな意味で、その検討過程は要件を小さなタスクに分解していく過程と似ている。ここでやりたいことは、タスクをさらに小さくてインクリメンタルな変更に分解することだ。このように考えていくと、間違いも少なくなり、より変更内容に集中できるようになる。そしてもちろん、変更をインクリメンタルに行えば、その作業を吟味してどのように進めるか（そして本当に進めるべきなのか）を判断で

きるようにもなる。

しかし、ときにはインクリメンタルな変更がどうしてもできないこともある。その場合は、抽象化によるブランチを検討しなければならない。

## 13.2.3 抽象化によるブランチ

このパターンは、アプリケーションに大規模な変更を加えなければならなくなった場合に、ブランチを切る代わりに使える。ブランチを切る代わりに、変更したい部分に対して抽象化レイヤを作成するのだ。新たな実装は既存の実装と並行して作成し、完成した時点で元の実装と（場合によっては）抽象化レイヤを削除することになる。

---

### 抽象化レイヤを作成する

抽象化レイヤの作成が難しいこともよくある。たとえば、VB で書いた Windows 用のデスクトップアプリケーションによくありがちなのが、アプリケーションのすべてのロジックをイベントハンドラの中に書いてしまっているパターンだ。そんなアプリケーションの抽象化レイヤを作るには、まずロジックをオブジェクト指向で設計しなおさないといけない。そしてそれを実装するには、リファクタリングでイベントハンドラから既存のコードを抽出し、それを VB（あるいは C#）のクラス群にまとめる必要がある。そして、新 UI（おそらくは WebUI だろう）でそのロジックを再利用することになる。ロジックを実装するのにインターフェイスは不要であることに注意しよう。それが必要になるのは、抽象化によるブランチを自分のロジック上で行いたい場合だけである。

抽象化レイヤを最後に削除しない場合もある。システムの利用者が新旧の実装を切り替えられるようにさせたい場合などだ。この場合、本質的に我々はプラグイン API を設計していることになる。Eclipse で使われている OSGi のようなツールを活用すれば、Java を使っているチームはこのプロセスを単純化できる。経験上、プラグイン API の作成をプロジェクトの開始時から行うことはお勧めしない。それよりも、まず最初の実装を仕上げ、次に二番目の実装を作り、そしてこれらの実装から API を切り出すことをお勧めする。新たな実装を追加したりその実装に機能を追加したりするたびに、API がどんどん変わっていくことに気づくだろう。これを一般向けに公開してプラグインを作ってもらえるようにするには、API が安定するまでしばらく待つことになる。

---

同僚のポール・ハマント [aE2eP9] はこのパターンを「抽象化によるブランチ（branch by abstraction）」と名付けたが、実際のところこのパターンは、ブランチを使わずに大規模な変更をアプリケーションに施す方法である。アプリケーションを変更する必要が出てきたが、それを一連の小さくてインクリメンタルな段階に分解できないとしよう。そんなときはこうすればよい。

1. システム上で変更しなければならない部分を抽象化する。
2. システムの残りの部分にリファクタリングを施し、その抽象化レイヤを使うようにする。

3. 新しい実装を作成する。この実装は、完成するまでは本番コードの実行パスに含まれないようにする。
4. 抽象化レイヤを書き換え、新しい実装に処理を委譲する。
5. 古い実装を削除する。
6. もし不要なら、抽象化レイヤも削除する。

　抽象化によるブランチは、ブランチを使って開発を進めたりすべてを一発で変更してしまったりするのとは別の手法である。この方式を使えば、チームでのアプリケーションの開発を継続的インテグレーションに組み込んだまま、大規模な変更をメインライン上で進めることができる。コードベースは一部変更しなければならないかもしれない。まず最初にエントリポイント（接合部*3）となる場所を探す。そこに抽象化レイヤを差し込み、抽象化レイヤから現在の実装に委譲する。それから、新しい実装の開発を並行して進める。どちらの実装を使うかを決めるのは設定オプションで、このオプションはデプロイ時あるいは実行時に指定すればよい。

　抽象化によるブランチを、より高いレベルで行うこともできる。たとえばプレゼンテーション層全体を入れ替えるなどの方法だ。また逆に、低いレベルで行うこともできる。たとえばストラテジーパターンを使ってクラスを入れ替えるといった方法だ。依存性注入（Dependency Injection）も、抽象化によるブランチを可能にする仕組みのひとつとなる。そのポイントは、接合部を発見あるいは作成して抽象化レイヤを差し込めるようにすることだ。

　この方法は、いわゆる「泥団子パターン」になってしまっている一枚岩なコードベースをモジュール化してよりよい構造にするための作戦の一環として使うこともできる。まず、コンポーネントとして切り離したり書き直したりしたい部分をピックアップする。その部分へのエントリポイントを（ファサードパターンなどを使って）管理できれば、問題点をそこに絞り込むことができる。あとは抽象化によるブランチを使って、アプリケーションを古いコードで動かしながら新しいコードを開発していけばよい。新しいバージョンは、同じ機能をモジュール化したコードとなる。この方法は、「覆い隠し作戦（sweeping it under the rug）」あるいは「ポチョムキン村（Potemkin village）*4」と呼ばれることもある [ayTS3J]。

　抽象化によるブランチで最も困難な部分は、次のふたつである。まずは、対象のコードベースからその部分へのエントリポイントを分離すること。そして、開発中の機能に対して施すべき変更を（おそらくはバグフィックスの一環として）管理することだ。しかしこれらの問題は、実際にブランチを切って作業することを考えれば取るに足らないものだ。それにもかかわらず、コードベースの中から

---

3　［訳注］マイケル・フェザーズによる『レガシーコード改善ガイド』の第4章に詳しい解説がある。
4　［訳注］「貧しい実態や不利となる実態を訪問者の目から隠すために作られた、見せかけだけの施設など」のことを指す。（http://ja.wikipedia.org/wiki/ポチョムキン村）

どうしても接合部を見つけられなくて結局ブランチを切るしかなくなることもある。そんな場合は、ブランチを使ってコードベースを変更できる状態にしてから、抽象化によるブランチを実行しよう。

アプリケーションに大規模な変更を加えるときには、抽象化によるブランチを使うか否かにかかわらず、包括的な自動受け入れテストスイートの存在が大きな助けとなる。ユニットテストやコンポーネントテストはこの目的で使うには粒度が細かすぎ、アプリケーションを大規模に書き換えるときに業務的な機能が壊れないようにするための助けにはならない。

## 13.3 依存関係

依存関係があらわれるのは、ソフトウェアのある部分をビルドあるいは実行するために別の何かが必要となる場合だ。大半のアプリケーションには、何らかの依存関係があるものだ。ほとんどのソフトウェアアプリケーションは、少なくともその動作環境に依存している。Java アプリケーションは Java SE API の実装が提供する JVM に依存しているし、.NET アプリケーションは CLR に依存している。また Rails アプリケーションは Ruby および Rails フレームワークに依存しているし、C のアプリケーションは C 言語の標準ライブラリに依存している。その他も同様だ。

本章で特に重要となるのは、次の二種類の区別だ。ひとつはコンポーネントとライブラリの区別、もうひとつはビルド時の依存関係と実行時の依存関係の区別である。

コンポーネントとライブラリは、以下のように区別する。ライブラリとは、ソフトウェアパッケージの中でも、自分たちのチームでは制御しようのないものを指す。我々には、どのライブラリを使うかを選ぶことしかできない。ライブラリは、通常はめったに更新されることがない。一方、コンポーネントとは、ソフトウェアの部品としてアプリケーションが依存しているものを指す。ライブラリとは異なり、コンポーネントを開発するのは自分たちのチームか自組織内の別のチームである。コンポーネントは、通常は頻繁に更新される。この区別が重要な理由は、ビルドプロセスにおいてはライブラリよりコンポーネントのほうが考慮すべき点が増えるからである。たとえば、アプリケーション全体を一括コンパイルするのか、あるいは変更があったコンポーネントだけを個別にコンパイルするのか？ コンポーネント間の依存関係を管理して、循環依存が発生しないようにするには？　といった具合だ。

ビルド時の依存関係と実行時の依存関係は、以下のように区別する。ビルド時の依存関係は、アプリケーションをコンパイルし（必要なら）リンクするときにあらわれるものであり、実行時の依存関係はアプリケーションを実行して通常の機能をこなすときにあらわれるものである。この区別が重要な理由を次に示す。まず、デプロイメントパイプラインでは、実際にデプロイするアプリケーション以外にもさまざまなソフトウェアを使うことになる。ユニットテストフレームワークや受け入れテストフレームワーク、そしてビルドスクリプティングフレームワークなどである。次に、アプリケーションが実行時に使うライブラリのバージョンは、ビルド時に使ったライブラリのバージョンと異なることもあり得る。C や C++ の場合、ビルド時の依存関係にあたるのは当然ヘッダファイルである。一方実

行時には、ダイナミックリンクライブラリ（DLL）あるいは共有ライブラリ（SO）形式のバイナリが存在しなければならない。しかし、それ以外のコンパイル型言語にも同じような依存がある。システムのビルド時には単にインターフェイスだけを含んだ JAR を使い、実行時には完全な実装を含む JAR を使うといった例などだ（J2EE アプリケーションサーバーを使う場合がこれにあたる）。こういった検討は、ビルドシステムも考慮に入れなければならない。

依存関係の管理は難しいものだ。まずは、最もありがちな依存関係の問題の概要を見ていこう。すなわち、実行時に発生するライブラリの依存関係である。

## 13.3.1 依存地獄

おそらく、依存関係を管理するときの問題として最も有名なものは、いわゆる「依存地獄」だろう。よりくだけた言い方で「DLL 地獄」と呼ばれることもある。依存地獄が発生するのは、あるアプリケーションが特定のバージョンの何かに依存しているのに別のバージョンをデプロイしてしまった場合、あるいはそもそもデプロイしなかった場合である。

DLL 地獄は、初期のバージョンの Microsoft Windows では当たり前のように見られるものだった。すべての共有ライブラリが DLL 形式でシステムディレクトリ（windows\system32）に共有されており、バージョン管理機能もなかった。つまり、新しいバージョンを導入すると古いバージョンは上書きされてしまったのだ。それとは別に、XP より前のバージョンの Windows では COM クラステーブルがシングルトンであったため、特定の COM オブジェクトを必要とするアプリケーションが実際に使えるのは最初に読み込まれたバージョンだけであった[*5]。これらが意味するのは、異なるバージョンの DLL を使うアプリケーションを共存させるのは不可能だということだ。実行時にどのバージョンが使えるのかを知ることすらできない。

.NET フレームワークは、DLL 地獄の問題を解決するためにアセンブリという概念を導入した。暗号署名されたアセンブリにはバージョン番号を付与でき、同じライブラリの複数のバージョンを区別できるようになる。また、Windows はそれをグローバルアセンブリキャッシュ（GAC）に格納するので、あるライブラリの別々のバージョンが同じファイル名だったとしても区別できる。これで、あるライブラリの複数のバージョンをアプリケーションから使えるようになった。GAC を使う利点は、もし深刻なバグやセキュリティ対応を公開しなければならなくなったときに、その DLL を使うすべてのアプリケーションを一括で更新してしまえることだ。それだけでなく、.NET では DLL の「xcopy によるデプロイメント」にも対応している。DLL をアプリケーションと同じディレクトリに置き、GAC を使わない方法にも対応しているのだ。

Linux では、依存地獄を回避するためにシンプルな命名規約を使っている。すべての.so ファイルのファイル名に整数値を付加したものをグローバルなライブラリディレクトリ（/usr/lib）に置き、ソ

---

5 Windows XP から、レジストリへの登録が不要な COM が導入された。これを利用して、アプリケーションが使う DLL をそのアプリケーションと同じディレクトリに保存できるようになった。

フトリンクを使ってシステム全体で使う正式版を決める。こうすれば、アプリケーションでどのバージョンを使うかを管理者が簡単に変更できるようになる。特定のバージョンに依存するアプリケーションがあれば、そのバージョン番号付きのファイル名で探せばよいのだ。もちろん、システム全体で正式なライブラリのバージョンを統一するということは、インストールされているすべてのアプリケーションがそのバージョンで動くようにするということだ。この問題には二通りの回答がある。すべてのアプリケーションをソースからコンパイルすること（Gentooが採用している方法）、そしてすべてのアプリケーションのバイナリに対して洗練されたリグレッションテストを実行すること（ほとんどのLinuxディストリビューションの作者はこちらを選んでいる）だ。この問題があるため、新たにインストールしようとするアプリケーションが新しいバージョンのシステムライブラリに依存している場合は、洗練された依存管理ツールがなければ自由にインストールできなくなる。幸い、その手のツールはすでに存在する。Debianパッケージ管理システムだ。これはおそらく、既存の依存管理ツールの中で最も優れたものだろう。このツールのおかげでDebianがあれほどしっかりしたプラットフォームになり、Ubuntuが安定版を年に二回もリリースできているのだ。

　OS全体の依存関係の問題に関するシンプルな対策は、静的にコンパイルしたまともなアプリケーションを使うことだ。つまり、アプリケーションで最も重要となる依存関係はコンパイル時にひとつのアセンブリにまとめてしまい、実行時の依存関係をほとんどなくしてしまえばよい。このようにすればデプロイメントがシンプルになるが、弱点もある。バイナリが肥大化するだけでなく、そのバイナリがOSの特定のバージョンに密結合してしまい、OSのアップデートによるバグフィックスやセキュリティホール対応が反映されなくなってしまう。したがって、静的にコンパイルする方法は通常はお勧めできない。

　動的言語の場合に使える同等の手法は、依存するフレームワークやライブラリもアプリケーションとともに出荷することだ。Railsはこの手法を採用しており、Railsフレームワーク全体をそれを使うアプリケーションとともに出荷できるようにしている。つまり、複数のRailsアプリケーションを同時に動かすときに、それぞれ別のバージョンのフレームワークを使えるということだ。

　Javaは、実行時の依存関係について特に深刻な問題を抱えている。これは、クラスローダーの設計によるものだ。設計上、あるクラスの複数のバージョンを同じJVM内で使うことができない。この制約を乗り越えるにはOSGiフレームワーク形式を使う。これは複数バージョンのクラスを読み込むだけでなく、ホットデプロイや自動アップデートにも対応している。OSGiを使わなければ制限が残り、依存関係の管理をビルド時に注意して行わねばならなくなる。よくありがちだがあまりうれしくないシナリオは、あるアプリケーションがふたつのライブラリ（この場合はJAR）に依存しており、さらにそのふたつが同じライブラリ（ログ出力用ライブラリなど）の別々のバージョンに依存しているという状況だ。アプリケーションのコンパイルはおそらく可能だが、実行時にはほぼ確実に落ちてしまう。`ClassNotFoundException`が出る（必須メソッドあるいはクラスが存在しない場合）か、あるいはわかりにくいバグが出るだろう。この問題は、菱形依存問題としても知られている。

　菱形依存問題や、別の症例である循環依存の解決方法については、本章で後ほど議論する。

## 13.3.2 ライブラリを管理する

　ソフトウェアプロジェクトでのライブラリの管理には、適切な方法が二通りある。ひとつは、ライブラリもバージョン管理にチェックインすることだ。そしてもうひとつは、使うライブラリを宣言したうえで Maven や Ivy などのツールを使うことだ。これらのツールで、インターネット上のリポジトリあるいは組織内の成果物リポジトリ（こちらをお勧めする）からライブラリをダウンロードする。このときポイントとなるのは、ビルドが再現性のあるものでなければならないということである。再現性とはつまり、そのプロジェクトをバージョン管理からチェックアウトして自動ビルドを走らせたときに、プロジェクトのどのメンバーが実行してもできあがるバイナリが同じになるということだ。さらに、三ヶ月後に旧バージョンのユーザーから届いたバグレポートに対応するときにも、まったく同じバイナリを作れる必要がある。

　ライブラリをバージョン管理システムにチェックインするのが最もシンプルな解決策であり、小規模なプロジェクトならこれでうまくいくだろう。build、test、そして run という三つのサブディレクトリを作ることをお勧めする。そして、それぞれビルド時、テスト時、そして実行時の依存関係の管理に使う。また、ライブラリの命名規約を決めてライブラリにバージョン番号を含めることもお勧めする。つまり、たとえば nunit.dll をそのまま lib ディレクトリにチェックインするのではなく、nunit-2.5.5.dll という名前に変えてチェックインするということだ。そうすれば、今使っているバージョンが何なのかを正確に知ることができ、すべてが最新版になっているかどうかを確認しやすくなる。この方式の利点は、アプリケーションのビルドに必要なすべてがバージョン管理されているということだ。プロジェクトのリポジトリをローカルにチェックアウトするだけで、他のメンバーとまったく同じビルドを再現できるようになる。

ツール群もすべてチェックインしておくとよい。そうすれば、そのプロジェクトのビルド時の依存関係がわかるからである。しかし、ツールのチェックイン先はプロジェクトとは分けておくべきだろう。ツール群用のリポジトリはすぐに肥大化するからだ。プロジェクト自体のリポジトリが肥大化することは避けなければならない。そうすれば、ローカルでの変更点を見たりちょっとした変更をコミットしたりするのに数秒以上かかってしまうことが避けられる。別の方法として、ツール群をネットワーク上のストレージに置いて共有することもできる。

　ライブラリをチェックインすることに関しては、次のような問題もある。まず、時間が経つにつれてライブラリをチェックインしたリポジトリが肥大化し、ライブラリのうちどれが本当に今でもアプリケーションで使われているのかがわかりづらくなる。そして、同一プラットフォーム上で別のプロジェクトと共存させなければならなくなったときには別の問題も発生する。プラットフォームによっ

ては同じライブラリの別のバージョンを使うプロジェクトを共存させられるものもあるが、たとえばOSGiを使わないJVMのように、同一ライブラリの複数のバージョンを使えないプラットフォームも存在する。そんな場合は、他のプロジェクトで使っているのと同じバージョンのライブラリを使うように注意しなければならない。このように、プロジェクト間の推移的な依存関係を手動で管理していると、すぐに行き詰まってしまう。

依存関係の管理を自動化する仕組みを提供するのがMavenやIvyだ。これらを使うと、どのバージョンのライブラリが必要なのかをプロジェクトの設定として書くことができる。適切なバージョンのライブラリをこれらのツールがダウンロードし、他のプロジェクトとの依存関係を（可能なら）解決する。そして、プロジェクトの依存グラフに不整合がないこと（ふたつのコンポーネントが同じライブラリのお互い非互換なバージョンを要求するといった状況にならないこと）を保証する。これらのツールはプロジェクトに必要なライブラリをローカルマシン上にキャッシュする。新しいマシン上で最初にビルドするときにはある程度時間がかかっても、それ以降のビルドでは、ライブラリをバージョン管理システムにチェックインしたときより遅くなることはない。Mavenを使うときの問題は、再現可能なビルドを満喫するためには特定のバージョンのプラグインを使うよう設定しなければならないということだ。そして、個々のプロジェクトの依存情報として正確なバージョンを指定しておく必要もある。Mavenを使った依存関係の管理については後ほど詳しく扱う。

依存関係の管理ツールを使うときに重要となるもうひとつの習慣が、自前の成果物リポジトリを持つことだ。オープンソースのArtifactoryやNexusなどが使える。これらを使えば、再現性のあるビルドを実現して依存地獄を回避する助けとなる。これらのツールで、自社内のプロジェクトでどのライブラリのどのバージョンが使えるのかを制御できるからだ。自前のリポジトリを持てば使っているライブラリを監査しやすくなるので、法的な制約に違反（GPLでライセンスされたライブラリをBSDライセンスのソフトウェアで使うなど）しないようにするのも容易になる。

MavenやIvyが使えない状況でも、自前で宣言的な依存管理の仕組みを作れる。シンプルなプロパティファイルを用意して、プロジェクトが依存するライブラリとそのバージョンを指定すればよい。あとは、指定したライブラリの正しいバージョンを自社内の成果物リポジトリから取得するスクリプトを書けば完成だ。ファイルシステムのバックアップ程度のシンプルなスクリプトに単純なWebサービスを組み合わせれば実現できる。もちろん、場合によってはもっと強力な解決策が必要になることもある。たとえば推移的な依存関係などの複雑な問題を扱わねばならないときなどだ。

## 13.4 コンポーネント

最近のソフトウェアシステムは、ほとんどすべてがコンポーネントの組み合わせで構成されている。コンポーネントはDLL形式かもしれないし、あるいはJARファイルやOSGiバンドル、Perlモジュールなどその他の形式かもしれない。コンポーネントは、ソフトウェア業界で比較的古くからある概念

である。しかし、それを組み合わせてデプロイ可能な状態に仕上げたり、デプロイメントパイプラインを実装してコンポーネントとのインタラクションを受け持たせたりするのは容易ではない。このように複雑になった結果として、デプロイメントやテストが可能なアプリケーションをアセンブルするためのビルドに長い時間がかかってしまうようになることがよくある。

ほとんどのアプリケーションは、最初はひとつのコンポーネントから始まる。中には、最初からふたつや三つのコンポーネントで始まるものもある（クライアントサーバー型アプリケーションなど）。では、なぜコードベースを複数のコンポーネントに分割しなければならないのだろうか？ そして、コンポーネント間の関係はどうやって管理するべきなのだろうか？ コンポーネント間の関係をうまくさばけなければ、そのコンポーネントを継続的インテグレーションシステムに組み込んで使うのが難しくなる。

## 13.4.1 コードベースをコンポーネントに分割する方法

ソフトウェアにおける「コンポーネント」という考えは、誰でも見ればわかるものだろう。しかしその言葉には、さまざまな（そしてたいていは曖昧な）定義がある。我々が「コンポーネント」をどういう意味で使うかについては、本章の導入部でこの章の狙いを説明したところですでに紹介済みである。しかし、そこで説明した以外にも、コンポーネントの性質としてたいていの人が同意してくれるであろう内容がいくつかある。無難にまとめると、こんな感じだ。「コンポーネントは再利用可能である。また、同じAPIを実装した別のコンポーネントと置き換えることもできるし、個別にデプロイすることもできる。そして、ある一連のふるまいや責務をまとめてカプセル化している。」

明らかに、建前上はひとつのクラスにこれらの特性が備わっているはずだ。しかし、一般的にはそうではない。コンポーネントの要件のひとつである「単独でデプロイできること」を、クラスは通常満たしていない。ひとつのクラスをパッケージ化してデプロイ可能にすることもできるが、たいていの場合、このレベルのパッケージングだとパッケージングのオーバーヘッドが割に合わなくなる。さらに、いくつかのクラスがまとまって動作することが多い。小規模なクラスのグループが密に協力し合って有用なふるまいを提供する。平たく言うと、ご近所さんと密接につながっているというわけだ。

ここから、コンポーネントであるためには、最低でも何が必要かが見えてくる。コンポーネントは、ある程度複雑でなければアプリケーション内で独立した部品とは見なされないということだ。では、上限は何だろう？ 我々がシステムをコンポーネントに分割する狙いは、チームとしての効率を上げることである。コンポーネントへの分割がソフトウェア開発プロセスを効率化する理由は、このようになる。

1. 大きな問題を、より小さくわかりやすい問題に分割できる。
2. コンポーネントが、システムの中で変更頻度がそれぞれ違う部分を表したりライフサイクルが違う部分を表したりしてくれる。

3. ソフトウェアの設計や保守の段階でその責務を明確化することにつながる。これは変更による影響を抑え、コードベースの変更や理解を容易にする。
4. ビルドプロセスやデプロイメントプロセスを最適化する際に、さらなる自由をもたらしてくれる。

大半のコンポーネントにある重要な特徴として、何らかの形式でAPIを公開しているということがある。技術的な観点では、APIの提供方法にはさまざまなものがある。動的リンクや静的リンク、Webサービス、ファイル交換、メッセージ交換などである。APIの性質は異なるかもしれないが、重要なのは、それが外部の協調オブジェクトとの情報交換を表しているということである。そして、それらの協調オブジェクトとの結合の度合いも表していることを忘れてはならない。仮にコンポーネントへのインターフェイスがファイルフォーマットだったりメッセージスキーマだったりしたとしても、それがコンポーネントとの情報のつながりを表していることに変わりはなく、コンポーネント間の依存を考慮しなければならない。

コンポーネント間の結合の度合い（インターフェイス面とふるまい面の両方）が強すぎると、別々に分割して個別にビルドやデプロイメントを行うのが難しくなる。

コンポーネントをコードベースから切り出すべき場面を、ここでまとめる。

1. コードベースの一部を個別にデプロイする必要がある（たとえば、サーバーやリッチクライアントなど）。
2. 一枚岩のコードベースをコアとプラグイン群に分割し、システムの一部を別の実装に切り替えたりユーザー側での拡張性を高めたりしたい。
3. そのコンポーネントが別のシステムへのインターフェイスを提供する（たとえば、フレームワークやサービスのAPIなど）。
4. コードのコンパイルとリンクに時間がかかりすぎる。
5. 開発ツールでプロジェクトを開くのに時間がかかりすぎる。
6. コードベースが大きくなりすぎて、ひとつのチームでは手に負えない。

後半の三点については、著者の主観が入っているかもしれない。しかし、これらはすべて、コンポーネントを切り出すための理由として完全に妥当なものだ。特に、最後の項目が最も重要だ。チームの力を最大限に活用できるのは、10人前後のメンバーで構成されていて各自がコードベースの特定の部分を隅々まで知り尽くしているときだ。ここで言う「特定の部分」は機能的な区切りでもいいし、それ以外の何かの基準による区切りでもよい。もし10人より多くのメンバーを投入しないと開発が間に合わないのなら、開発の効率をあげるよい方法がひとつある。そのシステムを疎結合なコンポーネントに分割し、チームも同様に分割することだ。

各チームの責任を個別のコンポーネントごとに割り当てることはお勧めしない。たいていの場合、要件の分割はコンポーネントの境界に沿わないからである。経験上、いろいろな仕事をこなすチームのメンバーがひとつの機能をエンドツーエンドで開発するほうが、より効率的だ。コンポーネントごと

にチームを編成したほうが効率的に思えるが、実際のところそうはならない。

　まず、コンポーネント単体での要件を書いたりテストしたりするのが難しい。通常、一連の機能を実装するときには複数のコンポーネントを操作するからである。コンポーネント単位にチームを作っていると、あるフィーチャを完成させるためには複数のチームの協調が必要となる。これは、多大なコミュニケーションコストを無駄に費やしてしまうことにつながる。さらに、コンポーネントごとにまとまったチームは往々にして自己中心的になってチーム内で最適化されてしまい、プロジェクト全体として何がベストなのかを判断する力を失ってしまう。

　チームを分割するときには、各チームがひとつのストーリーの流れ（一般的なテーマでのすべての処理）を扱えるようにし、必要なコンポーネントはすべて手を入れられるようにしておくとよい。各チームに何らかの業務レベルのフィーチャを実装させ、それに必要なすべてのコンポーネントを変更できるようにしておけば、さらに効率的である。コンポーネント単位ではなく機能単位でチームを構成し、全員にコードベースの任意の場所を変更できる権限を与えよう。そしてチームのメンバーは定期的に入れ替え、コミュニケーションを促進させる。

　この手法にはもうひとつ利点がある。すべてのコンポーネントをまとめた状態できちんと動作させるのが全員の役割となるので、統合チームに責任を押しつけられることがなくなるのだ。コンポーネントごとにチームを作ったときの問題は、アプリケーション全体としてきちんと動作するのかどうかがプロジェクトの終盤になるまでわからないということだ。なぜなら、コンポーネントを統合しようという動機が誰にもないからである。

　先ほどのリストの四番目と五番目の項目は、設計がまずくてうまくモジュール化できていないことを表す症状でもある。「Don't repeat yourself」（DRY）原則に従ってうまく設計されたコードベースがデメテルの掟[*6]に従ってきちんとカプセル化されたオブジェクトになっていれば、より効率的に作業を進めやすくなり、必要に応じてコンポーネントに分割するのも容易になる。しかし、あまりにコンポーネント化を進めすぎると、ビルドに時間がかかるようにもなる。これは特に.NETの世界でよく見られる光景だ。人によっては、特に意味もなくひとつのソリューションで大量のプロジェクトを管理したがることがあるからだ。そんなことをすると、必ずコンパイルに時間を要するようになってしまう。

　アプリケーションをコンポーネントに分割するにあたっての強力でお手軽なルールなどない。ただひとつ、これまでに述べてきたよりよい設計について考えることだけだ。しかし、そのときに陥りがちな罠がふたつある。「何もかもコンポーネントにしてしまうこと」、そして「ひとつのコンポーネントにすべてを任せてしまうこと」だ。何事も、極端すぎるのはよくない。このあたりのさじ加減は、開発者やアーキテクトのそれまでの経験がものを言うところだ。これもまた、ソフトウェア設計を芸術や技芸、社会科学たらしめる多くの要素のひとつだ。ソフトウェア設計は、もはや単なる工学の一分野などではない。

---

6　［訳注］オブジェクト指向でのソフトウェアの設計における指針のひとつで、「デメテルの法則」と訳されることもある（原文は"the Law of Demeter"）。「他のオブジェクトの内部構造を必要以上に知りすぎてはいけない」ということ。

## コンポーネントを使うからといって必ずしもN層アーキテクチャになるわけではない

　SunがJ2EEフレームワークを投入したことで、N層アーキテクチャの概念が一般に広まった。Microsoftもそれに続き、ベストプラクティスを込めた.NET Frameworkを公開した。Ruby on Railsも間違いなく同じアーキテクチャを推し進めている。しかしもちろん、よりシンプルで手をつけやすいようになっていると同時により多くの制約をシステムに課している。N層アーキテクチャは、ある種の問題にとっては適した手法であろう。しかし、万能だというわけではない。

　私見だが、N層アーキテクチャは受け身の設計として使われていることが多いように思える。この方式を使えば、経験の浅い開発者が集まった巨大なチームでも、密結合な泥団子を作らずにすむ [aHiFnc]。また、キャパシティやスケーラビリティの面でも有利であることはわかっている。しかし、必ずしもこれが最適解だとは言えない問題も多くある（まあ、どんな技術やパターンであってもそれは当たり前のことだ）。特筆すべき点として、複数の階層がそれぞれ物理的に離れた環境で動作している場合は、リクエストを処理する際の待ち時間が増えることがある。これは複雑なキャッシュの仕組みの導入につながり、保守やデバッグがしづらくなってしまう。ハイパフォーマンスを要求される環境では、イベント駆動モデルあるいは分散型アクターモデルを使えばよりよいパフォーマンスが得られるだろう。

　かつてかかわったある巨大プロジェクトのアーキテクトは、七層のアーキテクチャを使うよう強要していた。たいていの場合、そのうちのいくつかの層は不要なものだった。しかし、それでも必須クラスは用意しなければならないし、すべてのメソッド呼び出しはログに記録しなければならなかった。言うまでもなく、そのアプリケーションはデバッグしづらかった。無意味なログエントリであふれていたからだ。余分なコードのせいでコードは理解しにくく、各層間の依存関係のせいで変更もしにくくなっていた。

　コンポーネントを使うから必ずN層アーキテクチャを使わねばならないということはない。コンポーネントに分ける理由は、個別のロジックをモジュール分割してカプセル化するためである。この分割を手助けするために、常識的な抽象化を行う。階層化は、N層型であっても有用な仕組みだ。ただし、それは決してコンポーネントベースの開発と同義ではない。

　その対極として、もしコンポーネント化が必ずしも階層化を意味しないのであれば、階層化によってコンポーネントが自動的に定義できるということもない。階層化アーキテクチャを使ったとしても、層ごとにひとつのコンポーネントを作るということはない。ほとんどの場合は複数のコンポーネントでひとつの層を構成することになるし、ひとつのコンポーネントを複数の層から使うこともあるかもしれない。コンポーネントベースの設計と階層化は、直交する概念である。

　最後に、コンウェイの法則を取り上げる。「システムを設計する組織は、その組織のコミュニケーション構造をそっくりまねた設計を生み出してしまう」というものだ[7]。たとえば、メールでのやりとりしかしないような開発者たちが作ったオープンソースソフトウェアは、高度にモジュール化されていてほとんどインターフェイスを持たなくなりがちだ。また、同じ場所にまとまった小規模のチー

---

7　Melvin E. Conway, How Do Committees Invent, Datamation 14:5:28-31. (http://www.melconway.com/research/committees.html)

ムで作った製品は、密結合でモジュール化されなくなるという傾向がある[*8]。開発チームの編成をどのようにするのかには注意しよう。それが、アプリケーションのアーキテクチャにも影響を及ぼすからである。

もしすでにコードベースが肥大化して一枚岩になっているのだとしたら、それを分解してコンポーネント化する手段のひとつとして「抽象化によるブランチ」を使える。その方法については先ほど説明した。

## 13.4.2 コンポーネントをパイプライン化する

たとえアプリケーションが複数のコンポーネントで構成されていたとしても、それぞれを個別にビルドする必要はない。実にシンプルであり、驚くほどスケールする方法は、アプリケーション全体を扱うひとつのパイプラインを用意することだ。何か変更がコミットされるたびに、すべてをビルドしてテストすることになる。たいていの場合は、システム全体をひとまとめにしたビルドをお勧めする。フィードバックを得るまでに時間がかかりすぎるようになったら、そのときに対応すればよい。先に述べたように、本書のアドバイスに従えば、恐ろしく巨大で複雑なシステムでもこの方式で対応できることに気づくだろう。この手法の利点は、コードのどの行がビルドを壊したのかを簡単に追跡できることだ。

しかし現実には、システムをいくつかのパイプラインに分割したほうがやりやすい場面も多くある。パイプラインを分割する意味があるといえるのは、このような状況だ。

- アプリケーションの一部が、他の部分とは異なるライフサイクルをたどる（たとえば、アプリケーションの一部としてOSのカーネルをビルドすることもあるが、カーネルをビルドする頻度は数週間に一度程度になるだろう）。
- アプリケーション内で機能的に分かれた部分をそれぞれ別のチーム（別の場所で作業していることもあるだろう）が受け持っており、個々のチームで専用のコンポーネントを使っている。
- あるコンポーネントが、他とは異なる技術やビルドプロセスを使っている。
- 共有コンポーネントが、他のプロジェクトでも使われている。
- あるコンポーネントが比較的安定しており、変更頻度があまり高くない。
- アプリケーションのビルドに時間がかかり、コンポーネントごとにビルドを分けたほうが速くなる（しかし、本当にこんな状況になるのは、たいていの人が考えているよりもずっと先の話だ）。

ビルドやデプロイメントの視点で考えるときに重要なのは、コンポーネントベースのビルドを管理するには必ず何らかのオーバーヘッドが発生するということだ。ひとつのビルドを複数に分けるため

---

8  MacCormack, Rusnak, Baldwin, Exploring the Duality between Product and Organizational Architectures: A Test of the Mirroring Hypothesis, Harvard Business School [8XYofQ].

には、それぞれのビルドシステムを作る必要がある。つまり、新しいディレクトリ構造を作って個々のデプロイメントパイプライン用のビルドファイルも作り、それぞれがシステム全体と同じパターンに従うようにしなければならない。具体的には、各ビルドのディレクトリ構造にはユニットテストや受け入れテストを含めないといけないし、依存するライブラリやビルドスクリプト、設定情報、そしてその他プロジェクトのバージョン管理に入れているものはすべて用意しなければならない。各コンポーネントあるいはコンポーネント群のビルドには独自のパイプラインが必要で、そのパイプラインはきちんとリリースできるものでなければならない。パイプラインは、このような動きをする。

- 必要に応じてコードをコンパイルする。
- ひとつあるいは複数のバイナリを、あらゆる環境へのデプロイメントに対応できるよう組み立てる。
- ユニットテストを実行する。
- 受け入れテストを実行する。
- 手動テストをする場面ではそれに対応する。

システム全体を見たときに、このプロセスを使えば素早いフィードバックが得られるようになり、個々の変更も可視化できる。

各バイナリが自身のリリースプロセスを通過すれば、次の段階であるインテグレーションビルド（詳細は次節で説明する）に進む準備ができたことになる。できあがったバイナリは、その作成に使ったソースのバージョンなどのメタデータつきで成果物リポジトリに公開することになる。最近の CI サーバーなら、このあたりは自動的に処理してくれるだろう。しかし、もし自分でやるとなっても簡単なことだ。バイナリを、それを生成したパイプラインのラベルと同じ名前のディレクトリに格納するだけでよい。それ以外の方法としては、Artifactory や Nexus などの成果物リポジトリソフトウェアを使うこともできる。

注意してほしいのは、我々は決して「DLL や JAR の単位でパイプラインを作るべき」と主張しているわけではないということだ。だからこそ、先ほどはわざわざ「コンポーネントあるいはコンポーネント群」と書いたのだ。ひとつのコンポーネントが複数のバイナリで構成されていることもある。一般的な指針として、運用するビルドの数はできるだけ減らすほうがよい。ひとつで済むならふたつよりひとつのほうがいいし、ふたつで済むなら三つよりもふたつのほうがよい。常にビルドを最適化し、より効率的に進められるようにしよう。並列パイプラインを使うことを検討するのは、その後の話だ。

### 13.4.3 インテグレーションパイプライン

　インテグレーションパイプラインは、システムを構成する各コンポーネントをまとめたバイナリを作るための開始地点となる。インテグレーションパイプラインの最初のステージは、適切なバイナリを組み合わせてデプロイ用のパッケージ（あるいはパッケージ群）を作ることだ。その次のステージでは、できあがったアプリケーションを疑似本番環境にデプロイしてスモークテストを実行し、基本的な統合時の問題があれば早期検出できるようにする。このステージが成功すれば、パイプラインは標準の受け入れテストステージに進む。そして、アプリケーション全体の受け入れテストをいつも通りの方法で行う。その後はアプリケーションごとに適切なステージを進んでいくことになる。その例を図 13-1 に示す。

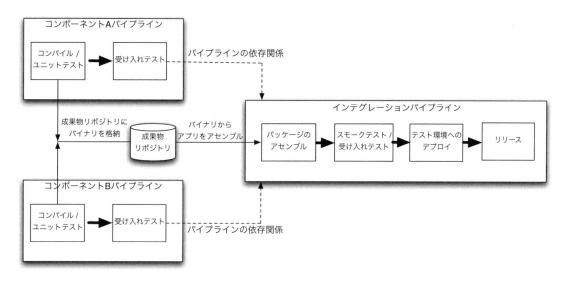

図 13-1　インテグレーションパイプライン

　デプロイメントパイプラインに関するふたつの一般原則を念頭に置いて、インテグレーションパイプラインを作らねばならない。すなわち、素早いフィードバックが必要であるということ、そしてビルドの状況を関係者全員が見られるようにする必要があるということだ。素早いフィードバックを妨げる要因となるのは、長すぎるパイプラインや複数のパイプラインの連結などだ。もしそんな状況に遭遇したとして、十分なハードウェアがある場合のひとつの解決策は、バイナリができあがってユニットテストに通過した時点ですぐに下流のパイプラインを起動することだ。

　可視性という意味では、もしインテグレーションパイプラインのどこかのステージで失敗すれば、なぜ失敗したのかを正確に知ることができなければならない。これは、インテグレーションビルド側からその元になった各コンポーネントのバージョンをたどれるようにすべきだということである。失敗の原因となったソースコードの変更を見つけるために、この関係を保つことが重要となる。最近の CI

ツールはこの機能に対応しているはずである。もし今使っているツールが対応していないようなら、別のツールを探そう。インテグレーションパイプライン上での失敗の原因をたどるのは、数秒以内に済ませるべき作業だ。それ以上かかってしまうようではいけない。

　さらに、個々のコンポーネントがそれ単体ですべて「グリーン」だったとしても、組み合わせてアプリケーション全体として見たときにうまく動くとは限らない。したがって、コンポーネントに関する作業をしているチームからも、どのバージョンのコンポーネントがインテグレーションパイプラインでグリーンになったか（つまり、うまく統合できたか）が見えなければならない。**このバージョンのコンポーネントだけが、真の意味での「グリーン」となる**。インテグレーションパイプラインは、各コンポーネントのパイプラインの延長として位置づけられる。したがって、双方向からの可視性が重要となる。

　あるインテグレーションパイプラインの実行から次回の実行までの間に複数のコンポーネントが変更されてしまうと、壊れた状態が長期化してしまう可能性がある。これはまずい状態だ。どの変更がアプリケーションを壊したのかがわかりにくくなる。最後にうまく動いていたバージョンから、あまりにも多くの変更が加わっていることになるからである。

　この問題を解決する方法がいくつかあるので、それを本章でこれから扱っていく。最もシンプルな手法は、各コンポーネントのうまく動いているバージョンについて、考え得るすべての組み合わせをビルドしてみることだ。コンポーネントに変更を加える頻度が低かったり、十分なパワーを持ったビルド環境が揃っていたりするのなら、この手法を使えばよい。この方法が一番優れているのは、人手の介入が一切ない上に賢いアルゴリズムを考える必要もないという点だ。計算機のパワーと人力での捜査を比べたら、計算機のパワーのほうがずっと安くつく。なので、可能ならこの方法でいくべきだ。

　次善の策は、できる限り多くのバージョンの組み合わせでアプリケーションをビルドしてみることだ。これは、比較的シンプルなスケジューリングアルゴリズムで実現できる。すべてのコンポーネントの最新バージョンを受け取り、可能な限りの頻度でアプリケーションをビルドし続ければよい。これが気にならない速度で動作すれば、ちょっとしたスモークテストスイートをアプリケーションの各バージョンに対して実行できる。もしスモークテストの実行に時間がかかるなら、アプリケーションのバージョンが三つ上がるごとに実行するなどの間引きをすればよいだろう。

　これで、コンポーネントのいくつかのバージョンを選んで手動で組み合わせ、「これらの組み合わせでインテグレーションパイプラインのインスタンスを作り」、それを何らかのCIツールで実行できるようになった。

## 13.5 依存グラフを管理する

依存関係は、ライブラリやコンポーネントも含めてバージョン管理しておくことが重要だ。依存関係のバージョン管理に失敗すると、ビルドを再現できなくなる。これが意味するのは、何よりも、アプリケーションが依存関係の変更のせいで壊れたときに、壊れる原因となった変更を突き止められないということである。また、そのライブラリが最後にまともに動いていたときのバージョンを知ることもできない。

先ほどのセクションで議論したのは、コンポーネント群に対して独自のパイプラインを持たせ、その結果をインテグレーションパイプラインに流し込んでアプリケーションを組み立て、できあがったアプリケーションに対して自動テストや手動でのテストを実行するということだった。しかし、いつもそんなにうまくいくとは限らない。コンポーネントは別のコンポーネントに対する依存関係があるだろうし、サードパーティーのライブラリに依存しているかもしれない。コンポーネント間の依存関係を図示したときには、無閉路有向グラフ（Directed Acyclic Graph: DAG）[9]でなければならない。そうならない場合（特に、閉路グラフになる場合）は、依存関係に病的な問題があることになる。この問題については後で説明する。

### 13.5.1 依存グラフを作成する

まず最初に、依存関係のグラフの作成方法を検討することが大切だ。図13-2のようなコンポーネント群を例にして考えよう。

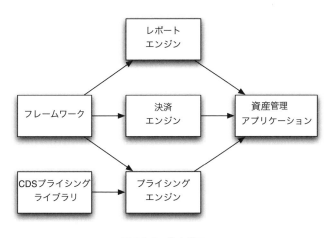

図13-2 依存グラフ

---

9 ［訳注］いくつかの点を矢印（＝有向）で結んだ図形。一度通過した点に再び戻ってはいけない（＝無閉路）。

この資産管理アプリケーションが依存しているのは、プライシングエンジンと決済エンジン、そしてレポートエンジンである。これらはそれぞれ、さらにフレームワークに依存している。プライシングエンジンはクレジット・デフォルト・スワップ（CDS）ライブラリを使っており、このライブラリを提供しているのは他社（ただいま炎上中）である。一般に、図の左側にあるコンポーネントを「上流」の依存関係、そして右側のほうは「下流」の依存関係と呼ぶ。したがって、プライシングエンジンには上流の依存関係がふたつ（CDS プライシングライブラリとフレームワーク）、そして下流の依存関係がひとつ（資産管理アプリケーション）あるということになる。

各コンポーネントはそれぞれ自身のパイプラインを持っており、コンポーネントのソースコードあるいは上流の依存関係に何か変更があったときにパイプラインが起動する。下流の依存関係は、このコンポーネントがすべての自動テストを通った時点でパイプラインを起動する。図のようなコンポーネントをビルドするときに起こり得るシナリオは、次のようなものだ。

1. **資産管理アプリケーションに変更が加わった。** この場合に再ビルドが必要なのは、資産管理アプリケーションだけである。
2. **レポートエンジンに変更が加わった。** この場合は、まずレポートエンジンを再ビルドしてすべての自動テストを通す必要がある。その後で資産管理アプリケーションを再ビルドする。このときには新しいバージョンのレポートエンジンを使い、プライシングエンジンと決済エンジンは現在のバージョンをそのまま使う。
3. **CDS プライシングライブラリに変更が加わった。** CDS プライシングライブラリは他社が提供するライブラリで、バイナリ形式の依存である。したがって、使用中の CDS ライブラリのバージョンが上がった場合はプライシングエンジンの再ビルドが必要となる。このとき、CDS ライブラリは新しいバージョンを使い、フレームワークは現在のバージョンを使う。この再ビルドは、その後に資産管理アプリケーションの再ビルドを引き起こす。
4. **フレームワークに変更が加わった。** フレームワークの変更が成功した（つまり、フレームワークのパイプラインですべてのテストが通った）ら、その直近の下流にある依存コンポーネント（つまり、レポートエンジンとプライシングエンジン、そして決済エンジン）を再ビルドしなければならない。これら三つの依存コンポーネントがすべて再ビルドできたら、それから資産管理アプリケーションを再ビルドする。このときには上流の三つの依存コンポーネントはすべて新しいバージョンを使う。三つの直接の依存コンポーネントのうちいずれかのビルドが失敗した場合は、資産管理アプリケーションを再ビルドしてはいけない。この場合、フレームワークコンポーネントが壊れていると見なすことになる。フレームワークを修正して、下流の依存コンポーネント三つがすべてテストを通るようにしなければならない。そしてその後は、資産管理アプリケーションのテストも通さなければならない。

この例から得られる重要な教訓がある。四番目のシナリオを考えるときには、資産管理アプリケーションの上流の依存関係においてある種の「AND」関係が要求されることになる。しかしこの場合

はそうではない。レポートエンジンのソースに変更が加わった場合は、プライシングエンジンや決済エンジンを再ビルドするか否かにかかわらず資産関係の再ビルドが必要となる。さらに、次のようなシナリオも考えねばならない。

5. **フレームワークとプライシングエンジンに変更が加わった。** この場合は、グラフ全体の再ビルドが必要となる。ビルド結果にはいくつかの可能性があり、それぞれについて検討しなければならない。一番理想的な流れは、直近の三つのコンポーネントがすべて新しいバージョンのフレームワークとCDSプライシングライブラリでビルドに成功することだ。しかし、もし決済エンジンのビルドが失敗したら？ 明らかに、そのときは資産管理アプリケーションを新しい（しかし壊れている）バージョンのフレームワークではビルドできない。しかし、資産管理アプリケーションを新しいバージョンのプライシングエンジンでビルドしたいと思うかもしれない。このときは、新しいバージョンのCDSプライシングライブラリと（動作することを検証済みの）旧バージョンのフレームワークを使ってビルドしなければならない。当然ここで問題が発生する。そんなバージョンのプライシングライブラリは存在しないからだ。

これらのシナリオにおける最も重要な制約は、資産管理アプリケーションをビルドするときに使えるフレームワークのバージョンがひとつだけだということである。たとえば、プライシングエンジンのビルドに使ったフレームワークのバージョンと決済エンジンのビルドに使ったフレームワークのバージョンが異なるのはまずい。これは古典的な「菱形依存」問題で、本章の前半で説明した実行時の「依存地獄」に似たビルド時の問題である。

## 13.5.2 依存グラフをパイプライン化する

では、先ほどのような構造のプロジェクトの場合はどうやってデプロイメントパイプラインを作ればいいのだろう？ パイプラインのキーとなるのは、何か問題が発生したときにできるだけ早くフィードバックを得られるようにするということだ。また、先に述べたような依存関係に従ってビルドできなければならない。我々の考え方を図13-3に示す。

ここでは、いくつかの重要な機能を導入している。まず、フィードバックの速度を上げるため、各プロジェクトのパイプライン内でコミットステージが完了した時点で依存プロジェクトのパイプラインを立ち上げる。受け入れテストが通るまで待つ必要はない。下流のプロジェクトが依存しているのは、あくまでもできあがったバイナリだけであるからだ。そして、できあがったバイナリは成果物リポジトリに格納される。もちろん、受け入れテストやその他のデプロイメントステージではこのバイナリを再利用する（図がごちゃごちゃしてしまうため、その部分は図から省略した）。

すべてのトリガーは自動だが、手動テストや本番環境へのデプロイメントは例外だ。これらは一般に、手動での許可を要する。これらの自動トリガーが保証するのは、（たとえば）フレームワークに何らかの変更が入ったときにプライシングエンジンや決済エンジンそしてレポートエンジンのビルドが

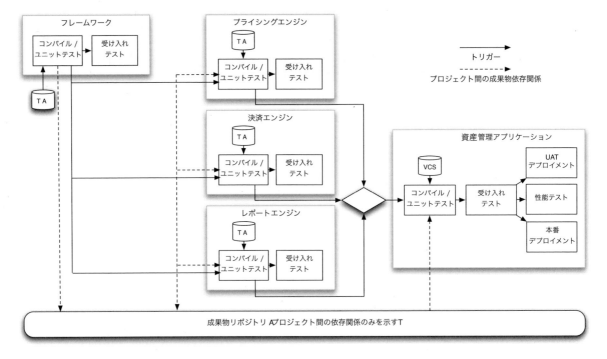

図 13-3　コンポーネントパイプライン

自動的に起動するということだ。新しいバージョンのフレームワークを使ったこれら三つのコンポーネントのビルドがすべて成功すれば、資産管理アプリケーションは上流のコンポーネントがすべて新しいバージョンになった状態で再ビルドされる。

　チームにとって不可欠なのは、アプリケーションのあるバージョンをビルドするときに使った各コンポーネントをたどれるようにしておくことだ。よくできたCIツールならそれが可能だし、さらにどのバージョンのコンポーネントの組み合わせが統合に成功したかも教えてくれる。たとえば図13-4を見れば、資産管理アプリケーションのバージョン2.0.63をビルドしたときに使ったのはプライシングエンジンのバージョン1.0.217と決済エンジンのバージョン2.0.11、レポートエンジンのバージョン1.5.5、そしてフレームワークのバージョン1.3.2396であることがわかる。

　図13-5は、すべての下流のコンポーネントを、選択したバージョン（1.3.2394）のフレームワークでビルドする様子を示したものである。

　CIツールは、パイプライン全体を通して一貫性のあるバージョンのコンポーネントを使うようにしなければならない。依存地獄に陥らないようにし、バージョン管理システム内での変更で複数のコンポーネントに影響するものについてはパイプラインに一度だけしか通らないようにする。

13.5 依存グラフを管理する

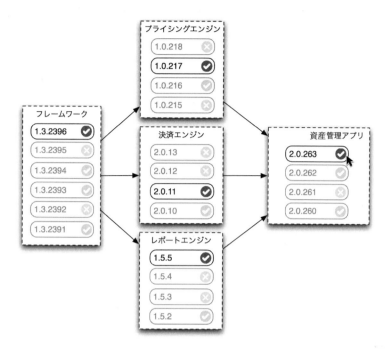

図 13-4　上流の依存関係の視覚化

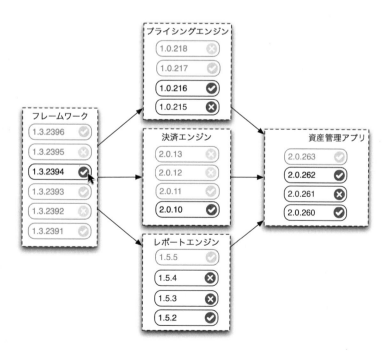

図 13-5　下流の依存関係の視覚化

本章の冒頭でインクリメンタルな開発について助言した内容は、コンポーネントについても当てはまる。変更はインクリメンタルに行い、依存関係を壊さないようにするということだ。新機能を追加するときには、そのための新しいAPIエントリポイントを変更対象のコンポーネントに用意する。古い機能を廃止したいときは、パイプラインの中で静的解析をして、古いAPIを使っている箇所を検出する。もしその変更が依存関係を誤って壊してしまうことになれば、パイプラインがすぐに教えてくれるはずだ。

大幅な変更をコンポーネントに加える必要がある場合は、新しいリリースを作ればよい。図13-6は、レポートエンジンの開発チームが新しいバージョンを作ったがAPIの互換性がないという状況を想定している。このような場合は、1.0系のリリース用のブランチを作ってから1.1系の開発をメインラインで始めればよい。

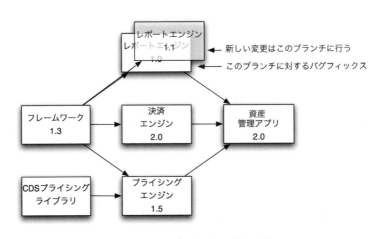

図13-6　コンポーネントのブランチ化

レポートエンジンの開発チームは、新機能をメインラインで追加し続ける。一方、レポートエンジンの下流のユーザーは、1.0ブランチから作ったバイナリを使い続けることができる。バグフィックスをする場合は、1.0ブランチにチェックインしたうえでそれをtrunkにマージすればよい。下流のユーザーが新しいバージョンを使う準備ができたら、バージョンを切り替える。念のために言っておくが、この「リリースごとにブランチを切る」方式は結合を先延ばしにするのと同じ問題もある。継続的インテグレーションの観点では、これはあくまでも次善の策である。しかし、コンポーネントが疎結合である（少なくともそれを目指している）という事実が、統合を先延ばしにして後で泣きを見るリスクをある程度抑えてくれるだろう。これは、さらに複雑な変更をコンポーネントに施す際にも非常に有用な戦略となる。

## 13.5.3 いつビルドすべきか？

　ここまで説明してきた例はすべて、上流の依存に何か変更があれば必ずビルドが起動することを前提としている。これは正しい状態だが、多くのチームではそうなっていない。依存関係を更新するのはコードベースが安定したときだけ、つまり、統合時かあるいは開発が何らかのマイルストーンに達したときだけであるというチームが多いのだ。これは、安定性を重視するあまりに、統合時に多大な時間を要するかもしれないというコストを抱えることになる。

　開発プロセスには、依存性がからむ箇所で何らかの緊張感が見られるようだ。上流の依存を最新版に保ち続けて最新の機能とバグフィックスを使いたいとは思っているが、その一方ですべての依存を最新版にする統合にはコストがかかる。新しいバージョンにしたことによって動かなくなった部分を修正しなければならないからである。多くのチームはある程度妥協し、すべての依存性を最新にするのはリリース直後にしている。更新のリスクが最も低くなるのがそのときだからである。

　依存関係の更新をどの程度の頻度で行うかを決めるときに検討すべき大切なことは、依存コンポーネントの最新版をどの程度信頼できるのかということだ。依存しているコンポーネントがごく少数で、さらにどれも自分たちのチームで開発しているのだとしたら、APIの変更による不具合の修正も素早く手軽に行えるだろう。そんな場合は頻繁に統合するのがベストである。それらのコンポーネントが十分に小さいものなら、アプリケーション全体をビルドするたびにコンポーネントも新しくビルドすればよい。そうすれば、最も素早くフィードバックが得られる。

　上流の依存を開発するのが社内の別チームである場合は、コンポーネントのビルドは個別のパイプラインで行うのが最善だろう。そうすれば、上流のコンポーネントが変更されるたびに最新版に追従するのか、それとも特定のバージョンを使い続けるのかをその都度判断できる。判断基準は、変更の頻度と問題を報告したときのチームの反応の早さだ。

　コンポーネントの変更に関してどの程度関与できるか、そしてどの程度知ることができるか。その程度が低くなればなるほど、コンポーネントの信頼性は下がる。そんな場合は、新しいバージョンの適用には慎重になるだろう。たとえばサードパーティーのライブラリなどは、盲目的に更新してはいけない。明らかな必要性があるときにのみ更新する。最新版での変更が自分たちの問題の解決に役立たないのなら更新を控え、今のバージョンのサポートが切れるまでそのままにしておこう。

　たいていの場合、チームにとってベストなのは、依存コンポーネントの新バージョンの統合作業をより継続的に行えるようにすることだ。もちろん、継続的にすべての依存を更新するという作業にはコストがかかる。統合に使うリソース（ハードウェアとビルド作業の両方）やバグフィックス、「未完成」なバージョンのコンポーネントを統合する問題などだ。

　素早いフィードバックを得るにはアプリケーションの統合を頻繁に行う必要がある。統合を頻繁に行うと、自分たちの関与しないところでの問題が頻繁に発生するようになる。両者のバランスをうまくとる必要がある。その解決策のひとつとして考えられるのが「慎重な楽天主義」で、これはアレックス・チャフィーの論文 [d6tguh] で紹介されている。

## 13.5.4 慎重な楽天主義

チャフィーが提案するのは、依存グラフに新しい状態を導入することだ。ある上流の依存の状態を「static（安定）」「guarded（保護）」あるいは「fluid（流動）」のいずれかで表す。static な上流の依存を変更した場合には新しいビルドを引き起こさない。fluid な上流の依存が変更された場合は常に新しいビルドを実行する。「fluid」な上流の依存の変更が引き起こしたビルドが失敗すると、その依存コンポーネントは「guarded」になる。そして、そのコンポーネントは、動作確認済みの既知のバージョンに固定される。「guarded」な上流の依存のふるまいは static なものと同じで、新しい変更があってもビルドを引き起こさない。しかし、開発チームに対しては、上流の依存コンポーネントについて問題があり、解決しなければならないという通知が送られる。

事実上これは、優先順位を明示して、どの依存を継続的に更新するのかを決めているに等しい。また、アプリケーションが常に「グリーン」であることも保証している。上流の依存コンポーネントのバージョンが新しくなったせいで動作しなくなった場合は、ビルドシステムが自動的にそれを取り消すからである。

依存グラフの一部を図 13-7 に示す。ここでは、CDS プライシングライブラリとプライシングエンジンの間の依存関係に fluid トリガーを適用し、フレームワークとプライシングエンジンの間の依存関係には static トリガーを適用している。

CDS プライシングライブラリとフレームワークの両方が更新された場合を考えよう。この場合、フレームワークの新しいバージョンは無視される。プライシングエンジンとフレームワークの間の依存は static だからである。しかし、CDS プライシングライブラリが更新されたのでプライシングエンジンは新しくビルドされる。そのトリガーが fluid に設定されているからである。もしプライシングエンジンのビルドに失敗すると、このトリガーは guarded となり、それ以降に CDS プライシングライブラリが変更されても新しいビルド処理が起動しなくなる。プライシングエンジンのビルドに成功した場合は、トリガーは fluid のままになる。

しかし、この慎重な楽天主義が複雑なふるまいを引き起こすこともある。フレームワークとプライシングエンジンの間のトリガーを、CDS プライシングライブラリの場合と同様に fluid に設定してみよう。CDS プライシングライブラリとフレームワークが両方更新された場合、プライシングエンジンが新しくビルドされることになる。ここでもしプライシングエンジンのビルドに失敗すると、その失敗原因が CDS プライシングライブラリの新バージョンにあるのかフレームワークの新バージョンにあるのかがわからなくなる。どちらが原因なのかを調査しなければならず、その間はどちらのトリガーも guarded となる。

チャフィーは「情報に基づいた悲観主義」という戦略についても言及している。これを足がかりにして依存関係の追跡アルゴリズムを実装していこうというものである。この戦略では、すべてのトリガーを「static」に設定する。しかし、上流の依存の新しいバージョンが公開されたときには下流の依存を開発している開発者に通知が届くようになっている。

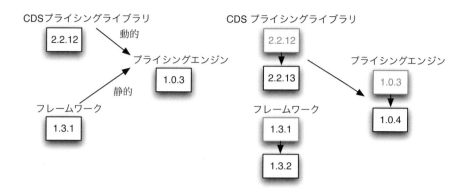

図13-7　慎重な楽天主義

> ### Apache Gumpで依存関係を管理する
>
> 　Apache Gumpは、ほぼ間違いなく、Javaの世界で最初に登場した依存関係管理ツールだった。作成されたのは、Apache Javaプロジェクトが生まれたばかりのころ。当時は、さまざまなツール群（Xercesや Xalan、Ant、Avalon、Cocoon など）がすべて、お互いの特定のバージョンに依存していた。これらのツールの開発者には、依存するコンポーネントの適切なバージョンを選ぶ仕組みが必要だった。アプリケーションを動かすために必要なバージョンを取得し、クラスパスを操作するためにである。Gumpは、ビルド時にクラスパスを制御するためのスクリプトを自動生成するために作られたツールである。これを使えば、開発者はさまざまなバージョンの依存コンポーネントを試してうまくいく組み合わせを見つけることができた。ビルドのパラメタ設定にはかなりの時間を要したが、このツールは各プロジェクトのビルドを安定させるのに多大な貢献をした。Gumpの歴史について詳しく知りたい人は[9CpgMi]を読むとよい。短くまとまっており、興味深く読めるだろう。
>
> 　Gumpが下火になったのは、Apache Javaプロジェクトのコンポーネントの多くが標準のJava APIに取り込まれるようになったころである。標準APIに取り込まれなかったAntやCommonsコンポーネントは後方互換性を維持するようになったので、もはや複数のバージョンをインストールする必要はほとんどなくなった。ここから得られる教訓は、依存グラフをできるだけ浅く保って後方互換性を保証することだ。このセクションで示したような厳しいリグレッションテストをコンポーネントのビルド時に行えば、それを達成しやすくなる。

## 13.5.5 循環依存

　おそらく、依存関係に関する最もやっかいな問題は循環依存だろう。この問題が発生するのは、依存グラフに閉路が含まれる場合だ。一番シンプルな例を示そう。あるコンポーネントAがあって、それは別のコンポーネントBに依存している。そして残念なことに、コンポーネントBも実はコンポーネントAに依存している。こんな状況である。

これは、最初の起動時に致命的な問題となる。コンポーネントAをビルドするためには、まずコンポーネントBをビルドしなければならない。しかし、コンポーネントBをビルドするにはコンポーネントAが必要となる。しかし、コンポーネントAを……。

驚くことに、ビルドシステム内に循環依存を抱えながら成功したプロジェクトもある。「成功」が何を意味するのかについては議論の余地があるが、ここでは「本番環境でコードがきちんと動作すること」としておこう。私たちにとってはこれで十分だ。ポイントとなるのは、プロジェクトの開始時点では決して循環依存がないということだ。循環依存は、後からひっそり忍び寄ってくるものである。あまりお勧めできる方法ではないし、できることなら避けたほうがよいが、この問題には解決策がある。あるバージョンのコンポーネントAが存在し、それを使ってコンポーネントBをビルドできればよいのだ。そうすれば、ビルドしたBを使って新しいバージョンのAをビルドできる。これは、一種の「ビルド舵」となる。その様子を図13-8に示す。

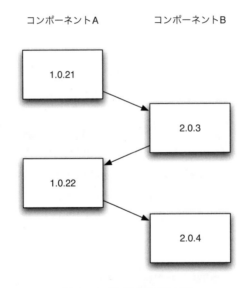

図13-8　循環依存のビルド舵

　実行時には、コンポーネントAとBが両方存在しさえすれば何の問題もない。

　先述のとおり、循環依存の使用はお勧めしない。しかし、状況的に不可避である場合は、先ほど説明した作戦をとれば何とかなる。このような設定をそれ単体でサポートしているビルドシステムは存在しないので、自分でツールをハックして対応させなければならない。また、個々のビルドがどのように絡み合うのかに気をつけなければならない。もし各コンポーネントが依存コンポーネントのビルドを自動的に引き起こしているのなら、循環依存があると互いに相手をビルドし続けることになってしまう。常に、循環依存を回避するよう心がけよう。しかし、すでに循環依存を抱えたコードが手元にある場合でも、落ち込むことはない。ビルド舵を使って一時的にしのぎ、その間に問題を解消させることができる。

## 13.6 バイナリを管理する

これまでかなりのページを割いて説明してきたのは、ソフトウェアのビルドをコンポーネントに分割する方法だった。パイプラインをコンポーネントごとに用意する方法、あるコンポーネントを変更したときに下流のコンポーネントのパイプラインを立ち上げる方法、そしてコンポーネントのブランチを切る方法などである。しかし、まだ書いていないことがある。コンポーネントベースでビルドしたときのバイナリの管理方法だ。この件についても考えねばならない。ほとんどの場合、コンポーネント間の依存はソースレベルではなくバイナリレベルのものなのだから。これから少しページを割いて、この話題を扱おう。

まずは、成果物リポジトリを使うときの一般的な法則について考える。それから、ファイルシステムだけを使ってバイナリを管理する方法について説明する。その次のセクションでは、Maven を使って依存関係を管理する方法を示す。

必ずしも自前の成果物リポジトリを持たねばならないわけではない。それ用の製品が出回っているし、中にはオープンソースの Artifactory や Nexus もある。ツールによっては、AntHillPro や Go のように自前の成果物リポジトリを持つものもある。

### 13.6.1 成果物リポジトリの活用法

成果物リポジトリで最も重要なのは、再生成できないものを含めてはならないという性質である。つまり、成果物リポジトリを何の気兼ねもなしに削除できなければならない。削除したことによって、重要な何かが取り戻せなくなるということがあってはならない。これを実現するには、あらゆるバイナリを再作成するために必要なものは、すべて（自動化したビルドスクリプトも含めて）バージョン管理システムで管理する必要がある。

成果物を削除したくなるのは、サイズが大きくなりすぎたとき（あるいは、今はそれほどでなくても大きくなりそうなとき）である。結局のところ、ディスクの空き容量を確保するために削除しなければならなくなるのだ。そのため、成果物をバージョン管理に含めるのはお勧めしない。再作成できるのならバージョン管理は不要なはずだ。もちろん、すべてのテストを通る状態のバイナリを保持し、いつでもリリースできるようにしておくことは大切だ。また、いったんリリースしたものは保持し続け、前のバージョンへの巻き戻しが必要になった場合や旧バージョンを使っているユーザーのサポートなどに使えるようにしておくことも重要である。

バイナリをどの程度保持し続けるにしろ、常にそのハッシュも保持しておかねばならない。ハッシュを使って、個々のバイナリの出自を検証する。これは、監査の観点からも重要である。つまり、ある環境にデプロイしたのがどのアプリケーションなのかを正確に確かめるために必要となるのだ。個々のバイナリの MD5 を取得できれば、バージョン管理システム内のどのリビジョンを使って作成したバイナリなのかを知ることができる。ハッシュの保存にはビルドシステムを使ってもよい（CI サーバー

の中にはその機能を持つものもある）し、バージョン管理システムを使ってもよい。いずれにせよ、ハッシュの管理は構成管理の一貫として重要な位置を占める。

　最もシンプルな成果物リポジトリは、ディスク上のディレクトリ構造として構成したものである。一般に、この手のディレクトリ構造は RAID あるいは SAN 上に構築する。消えても問題ないものだけを管理するとはいえ、実際に消すかどうかは自分たちの判断で決めるべきだ。ハードウェア障害で意図せず消えてしまうようなことがあってはならない。

　このディレクトリ構造を作るときの最も重要な制約は、あるバイナリとそれを作る元となったソースのバージョンを関連づけられるようにしておかねばならないということだ。通常は、ビルドシステムでビルドを実行するたびにラベルをつけることになる。このラベルは、一連の番号であることが多い。ラベルは短めのものにすべきだ。そうすれば、他のシステムとのやりとりをしやすくなる。ラベルには、そのバイナリの生成に使ったバージョン管理システムのリビジョン ID を含めることもできる（Git や Mercurial といった、ハッシュを ID にするツールを使っていない場合）。そして、このラベルをバイナリのマニフェスト（JAR や .NET アセンブリなどの場合）に含める。

　パイプラインごとにディレクトリを作り、その中でさらにビルド番号ごとのディレクトリを作る。ビルドの成果物はすべて、このディレクトリに保管する。

　より洗練させるための次の一歩は、シンプルなインデックスファイルを追加することだ。このファイルに各ビルドの状態を関連づけておけば、各変更がデプロイメントパイプラインを進んでいくのにあわせて、その状態を記録できる。

　成果物リポジトリに共有ドライブを使いたくない場合は、Web サービスを追加してバイナリの保管や取得を行うこともできる。しかし、もしそれが必要な状況になった場合は、多数公開されているフリーや商用の製品を使うことを検討すべきだろう。

## 13.6.2 デプロイメントパイプラインと成果物リポジトリとのやりとり

　デプロイメントパイプラインでは、次のふたつの作業を実装しなければならない。ビルドプロセスの成果物を成果物リポジトリに保存することと、後で使うときにそれを取り出すことである。

　コンパイル、ユニットテスト、受け入れテスト、手動での受け入れテスト、そして本番というステージからなるパイプラインを例に考えよう。

- コンパイルステージではバイナリができあがるので、それを成果物リポジトリに保存する必要がある。
- ユニットテストや受け入れテストのステージでは、このバイナリを取得してユニットテストを行い、ユニットテストの生成するレポートを成果物リポジトリに保存する。開発者は、それを見れば結果を知ることができる。
- ユーザー受け入れテストステージでは、このバイナリを取得して UAT 環境にデプロイし、手動

テストに備える。
- リリースステージではこのバイナリを取得して、ユーザー向けにリリースしたり本番環境にデプロイしたりする。

リリース候補がこのパイプラインを進んでいくのと同時に、各ステージの結果（成功あるいは失敗）の状況をインデックスに記録する。パイプラインの各ステージの挙動は、その前のステージまでの状況に依存する。つまり、受け入れテストを通過したバイナリのみが、手動テストなどのそれ以降のステージに進むことになる。

ビルドの成果物を成果物リポジトリに出し入れする方法にはいくつかの選択肢がある。そのひとつは、共有ファイルシステム上に保存することだ。すべてのビルド環境やデプロイ先環境からこのファイルシステムにアクセスできるようにする。デプロイメントスクリプトからは、単にそのファイルシステム上のパスを指定するだけでよくなる。別の方法として、Nexus や Artifactory といったソリューションも使える。

## 13.7 Mavenを使って依存関係を管理する

Maven は、Java のプロジェクト用に作られた拡張性の高いビルド管理システムである。特に依存関係の管理が得意で、洗練された仕組みを提供している。Maven に気に食わないところがあったとしても、強力な依存管理機能だけでも使う価値がある。あるいは Ivy を使うこともできる。これは依存関係の管理だけに対象を絞ったツールで、Maven のビルド管理ツール群の中でそれ以外の機能については無視している。Java を使っていない読者は、このセクションを読み飛ばしてもかまわない。しかし、Maven が依存管理の問題をどのように解決するのかに興味があるのならば読む価値はある。

先述のとおり、プロジェクトには二種類の依存関係がある。ひとつは外部のライブラリとの依存関係で、これは419ページの「ライブラリを管理する」で説明した。もうひとつはアプリケーション内でのコンポーネント間の依存関係である。Maven はこれら二種類の依存関係を抽象化して、どちらもほぼ同様に扱えるようにしている。すべての Maven のドメインオブジェクト（プロジェクトや依存そしてプラグインなど）は、groupId と artifactId そして version の組み合わせで識別できる。これらの組み合わせ（まとめて GAV と呼ばれることもある）は必ず一意なオブジェクトを識別できなければならない。packaging も同様である。groupId:artifactId:packaging:version という形式で書かれることもある。この形式は、Buildr での宣言時にも用いられるものだ。たとえば、あるプロジェクトが Commons Collections 3.2 に依存している場合、依存関係の宣言は commons-collections:commons-collections:jar:3.2 のようになる。

Maven コミュニティが保守するミラーリポジトリには、多くの一般的なオープンソースライブラリが、関連するメタデータとあわせて（他のコンポーネントの依存関係も含めて）登録されている。

このリポジトリには、たいていのプロジェクトで必要になるであろうオープンソースライブラリがほぼすべて登録されている。リポジトリの内容は、Web ブラウザで http://repo1.maven.org/maven2 から見ることができる。Maven のリポジトリ内のライブラリで依存関係を宣言すると、プロジェクトをビルドするときに Maven が依存コンポーネントをダウンロードしてくれるようになる。

Maven でプロジェクトを宣言するには pom.xml というファイルを使う。その書式はこのようになる。

```xml
<project>
  <modelVersion>4.0.0</modelVersion>
  <groupId>com.continuousdelivery</groupId>
  <artifactId>parent</artifactId>
  <packaging>jar</packaging>
  <version>1.0.0</version>
  <name>demo</name>
  <url>http://maven.apache.org</url>
  <dependencies>
    <dependency>
      <groupId>junit</groupId>
      <artifactId>junit</artifactId>
      <version>3.8.1</version>
      <scope>test</scope>
    </dependency>
    <dependency>
      <groupId>commons-collections</groupId>
      <artifactId>commons-collections</artifactId>
      <version>3.2</version>
    </dependency>
  </dependencies>
</project>
```

これは、プロジェクトをビルドするときに JUnit 3.8.1 と Commons Collections 3.2 をローカルの成果物リポジトリ ~/.m2/repository/<groupId>/<artifactId>/<version>/ に取得して保存する。ローカルの Maven 用成果物リポジトリの目的は次のふたつである。まずはプロジェクト内の依存関係をキャッシュすること、そしてもうひとつは Maven がそのプロジェクトで作成した成果物を保存すること（後ほど詳述する）。依存関係のスコープも指定できることに注目しよう。test は、この依存関係がコンパイルとビルドのテスト時にだけ有効になることを表す。その他に使えるスコープには、次のようなものがある。runtime は、コンパイル時には気にする必要のない依存関係を表す。provided は、コンパイル時には必須だが実行時には提供されるものを表す。compile（デフォルト）は、コンパイル時および実行時に必要となる依存関係を表す。

バージョンの範囲を指定することもできる。たとえば [1.0,2.0) は、1.x 系の任意のバージョンを表す。丸括弧はそのバージョンを含まない範囲を表し、角括弧はそのバージョンを含む範囲を表す。左側あるいは右側の値を省略することもできる。つまり [2.0,) は、2.0 以降の任意のバージョンとい

う意味になる。しかし、Maven にバージョン選択の自由を与えたいのだとしても、上限は設定しておいたほうがよい。メジャーバージョンが上がった新しい版は、今のアプリケーションではうまく使えなくなる可能性もあるからである。

このプロジェクトは自分自身でもパッケージを作成する。この JAR は、pom で指定した関連パッケージとともにローカルに保存される。先ほどの例で mvn install を実行すると、Maven のローカル成果物リポジトリに ~/.m2/repository/com/continuousdelivery/parent/1.0.0/ というディレクトリが作られる。パッケージ方式として JAR を選んだので、Maven がコードを取りまとめて parent-1.0.0.jar という JAR を作る。それを、このディレクトリにインストールする。ローカルで実行するその他のプロジェクトからこの JAR にアクセスするには、その場所を依存関係として指定すればよい。Maven は、プロジェクトの pom ファイルの修正版も同じディレクトリにインストールする。ここには依存関係に関する情報が含まれており、Maven が依存関係を正しく処理できるようになる。

mvn install を実行するたびにパッケージを上書きしたくはないということもよくある。そのために、Maven にはスナップショットビルドという概念が用意されている。この概念を利用するには、バージョンに -SNAPSHOT と追加するだけでよい（つまり、先ほどの例なら 1.0.0-SNAPSHOT となる）。そして mvn install を実行すると、バージョン番号つきのディレクトリのかわりに Maven は version-yyyymmdd-hhmmss-n 形式のディレクトリを作るようになる。このスナップショットを使う他のプロジェクトでは、単に 1.0.0-SNAPSHOT とだけ指定すればよい。タイムスタンプまで指定する必要はない。そうすれば、ローカルのリポジトリにある最新版を指定したことになる[10]。

しかし、スナップショットを使うときには注意を要する。あるビルドを再現するのが困難になるからである。よりよい考え方としては、このようなものがある。CI サーバーに各依存コンポーネントの正式バージョンを作らせ、成果物のバージョン番号の一部にビルドラベルを使い、それを組織内で中央管理する成果物リポジトリに格納すればよい。そうすれば、Maven の pom ファイルでのバージョン指定機能を使って利用可能なバージョンの範囲を指定できる。ローカルマシン上でちょっとした調査作業をする必要がある場合は、pom の定義を変更すれば一時的にスナップショットを有効にすることもできる。

このセクションでは、Maven の機能について簡単にしか紹介できなかった。特に、Maven リポジトリの管理方法についてはまったく説明していない。組織をまたがって依存関係を管理したり、Maven でビルドをコンポーネント化するためにマルチモジュールのプロジェクトを作ったりするには、リポジトリの管理が重要になる。これらも重要な話題ではあるが、本章で無理なく扱える範囲を超えていた。より高度な Maven の奥義に興味がある場合は、Sonatype による **Maven: The Definitive Guide** というすばらしい書籍が O'Reilly から出ているので一読をお勧めする。一方本書では、基本的な依存関係のリファクタリングを Maven でどのように進めていくかを説明する。

---

10 ローカルリポジトリは定期的にリモートリポジトリから更新する。スナップショットをリモートリポジトリに格納することもできるが、あまりよい考えではない。

## 13.7.1 Mavenでの依存関係のリファクタリング

複数の依存関係のセットがあり、それが複数のプロジェクトから使われているとしよう。使うパッケージのバージョンの定義を一度だけで済ませたければ、親プロジェクトを定義して、そこに各パッケージのバージョンを含めればよい。先ほどの POM の定義を使い、`<dependencyManagement>`で`<dependencies>`ブロックを囲めばよい。そうすれば、子プロジェクトはこのように定義できる。

```xml
<project>
  <modelVersion>4.0.0</modelVersion>
  <parent>
    <groupId>com.continuousdelivery</groupId>
    <artifactId>parent</artifactId>
    <version>1.0.0</version>
  </parent>
  <artifactId>simple</artifactId>
  <packaging>jar</packaging>
  <version>1.0-SNAPSHOT</version>
  <name>demo</name>
  <url>http://maven.apache.org</url>
  <dependencies>
    <dependency>
      <groupId>junit</groupId>
      <artifactId>junit</artifactId>
      <scope>test</scope>
    </dependency>
    <dependency>
      <groupId>commons-collections</groupId>
      <artifactId>commons-collections</artifactId>
    </dependency>
  </dependencies>
</project>
```

これは、親プロジェクトで定義された依存コンポーネントのバージョンをそのまま使う。junit と commons-collections の参照にはバージョン番号が指定されていないことに注目しよう。

Maven のビルドをリファクタリングして、共通する依存関係の重複を排除することもできる。最終的な成果物を JAR にするのをやめて、Maven プロジェクトに pom を作らせるようにするのだ。そして、この pom を他のプロジェクトに使わせる。最初のコード（親の `artifactId` を含むもの）で、`<packaging>`の値を jar から pom に変更する。そして、同じ依存関係を使いたいプロジェクトではこの pom への依存を宣言すればよい。

```xml
<project>
  ...
  <dependencies>
```

```
    ...
    <dependency>
      <groupId>com.thoughtworks.golive</groupId>
      <artifactId>parent</artifactId>
      <version>1.0</version>
      <type>pom</type>
    </dependency>
  </dependencies>
</project>
```

Mavennのすばらしく有用な機能のひとつが、プロジェクトの依存関係の解析である。これを使うと、未宣言の依存関係だけでなく、宣言されているけれども実際には使われていない依存関係も示してくれる。この情報を得るには mvn dependency:analyze を使えばよい。Mavenでの依存関係の管理に関するさらなる情報は [cxy9dm] で得られる。

## 13.8 まとめ

本章では、チームでの開発をできる限り効率的に進めつつアプリケーションを常にリリース可能な状態に保つ方法について議論した。例によってその原則は、素早いフィードバックを得られるようにするということだった。つまり、何か変更したときに、それがアプリケーションの本番環境での動作にどんな影響を与えるか、できるだけ早めにわかることを目指すということだ。これを満たすためのひとつの方法は、すべての変更を小さくインクリメンタルなものに分割し、少しずつメインラインにチェックインすることである。もうひとつの方法は、アプリケーション自体をコンポーネントに分割することである。

アプリケーションを分割して、疎結合でうまくカプセル化されたコンポーネントを協調させることには、設計がきれいになるという以外の利点もある。より効率的な協調ができるし、大規模なシステムでも素早いフィードバックが得られるようになる。アプリケーションがある程度の大きさになるまでは、各コンポーネントを個別にビルドする必要はない。シンプルに、ひとつのパイプラインを用意してアプリケーション全体を一括ビルドするというところから始めればよい。コミット時に効率的にビルドすること、ユニットテストを素早く済ませること、そして受け入れテスト用のビルドグリッドを用意することなどに注力すれば、あなたが思っているよりはるかに大規模なプロジェクトもこの方式で管理できるだろう。あるチームは最大 20 人ほどがフルタイムで数年間働いていたが、複数のビルドパイプラインを要することはなかった。もちろん、アプリケーションはコンポーネントに分割しなければならなかったが。

しかしある一定のラインを超えると、コンポーネントや依存関係にもとづいたパイプライン、あるいは効率的な成果物管理を用いないと、効率的なデリバリーや素早いフィードバックが実現できなくなる。本章で扱った手法の利点は、コンポーネントベースの設計におけるうまい設計のプラクティス

にもとづいて組み立てられているという点である。この手法を使えば複雑なブランチの運用を避けられる。複雑なブランチは、たいていの場合アプリケーションの統合時に深刻な問題をもたらす。しかし、アプリケーション自体をうまく設計しておかないと、ビルドのコンポーネント化をきちんと進めることができない。残念なことに、本章で紹介した手法を用いてコンポーネント化するのが困難な大規模アプリケーションも、これまでに我々は数多く見てきている。そういったアプリケーションを修正や統合のしやすい状態に持ち込むのは非常に難しい。コードを書くときには十分注意して、利用しているツール群をうまく使いこなすようにしよう。後で規模が大きくなったときにも独立したコンポーネント群としてビルドできるようにすることを心がけるとよい。

# 第14章
# 高度なバージョン管理

## 14.1 導入

　バージョン管理システム、あるいはソース管理システムやリビジョン管理システムなどと呼ばれることもあるこのシステムの目指すところは、アプリケーションに対して行われたすべての変更の完全な履歴を管理できるようにすることだ。ソースコードへの変更だけでなく、ドキュメントやデータベース定義、ビルドスクリプト、そしてテストなども含めてである。しかし、バージョン管理システムにはそれ以外にも重要な目的がある。複数のチームでアプリケーションの個別のパーツを開発しつつ、アプリケーション全体のコードベースを管理できるということだ。

　チーム内の開発者が増えるにつれて、全員がフルタイムで同じバージョン管理リポジトリを使った作業をするのが難しくなってくる。他の開発者が実装した機能を誤って壊してしまったり、他の開発者の邪魔をしてしまったりといったことが起こるようになる。本章の狙いは、バージョン管理システムを活用してチームの作業の生産性を上げる方法を考えることだ。

　まず最初に歴史を簡単におさらいしてから、バージョン管理で最も議論の的になる話題に突入する。ブランチとマージである。それから、昔ながらのツールが抱えていた問題を解決するいくつかのモダンなパラダイムについて議論する。ストリームベースのリビジョン管理や、分散型のリビジョン管理がそれにあたる。最後に、ブランチをうまく活用して作業を進める方法（あるいは、ブランチを使わずにうまく進める方法）をパターンとして示す。

　本章の大半は、ブランチとマージについての議論に費やすつもりだ。ここで、ちょっと考えてみよう。これまでさんざん議論してきたデプロイメントパイプラインに、ブランチやマージの考え方はどのように適用できるのだろうか。デプロイメントパイプラインとは、コードをチェックインしてから本番環境へのデプロイメントまでを管理された方法で進めるための枠組みである。しかしこれは、大規模ソフトウェアシステムの開発で向き合う三つの自由のうちのひとつに過ぎない。本章と次章では、残りのふたつであるブランチと依存関係について取り上げる。

　ブランチを切る場面として考えられるのは、次の三つである。まずは、アプリケーションの新しいバージョンをリリースするためのブランチだ。これを使えば、開発者が新機能の作業を続けている間

も安定版の公開リリースには影響を及ぼさずに済む。バグが見つかった場合は、まず該当する公開リリースブランチで修正して、それをメインラインにも適用すればよい。リリースブランチをメインラインにマージしなおすことは決してない。二番目は、新機能のためのスパイクをしたりリファクタリングを施したりすることだ。スパイクブランチは用が済めば放棄するものであり、決してマージすることはない。最後は、短期間だけ使うブランチを切って、アプリケーションへの大規模な変更をそこで行うことだ。前章で示したどの作戦もうまく使えない場合はこうするしかない。しかし、コードベースがきちんと構成されていれば、そんな羽目になることはまずあり得ない。このブランチの唯一の目的は、コードベースを安定状態にして、それ以降の変更をインクリメンタルに（あるいは「抽象化によるブランチ」で）進められるようにすることである。

## 14.2 リビジョン管理システムの簡単な歴史

あらゆるバージョン管理システムのご先祖様にあたるのがSCCSで、これは1972年にベル研究所のマーク・J・ロックカインドによって作られた。そこから派生した由緒あるオープンソースのバージョン管理システムにはRCSやCVSそしてSubversionなどがあり、その多くは今でも現役である[1]。もちろん商用のツールも多数公開されており、それぞれの方法で開発者の共同作業の管理を支援している。主な商用ツールには、PerforceやStarTeam、ClearCase、AccuRev、そしてMicrosoft Team Foundation Serverがある。

リビジョン管理システムの進化は止まらない。最近は、分散型バージョン管理システム（DVCS）という仕組みへ向かっている。DVCSが作られたのは、Linuxカーネル開発チームなどの大規模オープンソースチームでの作業パターンに対応するためである。分散型バージョン管理システムについてはこのセクションの後半で説明する[2]。SCCSとRCSは現在ほとんど使われていないので、ここでは取り上げない。オンラインで多数の情報が得られるので、興味のある人はそれを探すとよいだろう。

### 14.2.1 CVS

CVSはConcurrent Versions Systemの略である。ここでの「Concurrent（並列な）」とは、複数の開発者が同時に同じリポジトリ上で作業できるという意味である。CVSはRCSの上に構築されたオープンソースのラッパーであり[3]、クライアントサーバー型アーキテクチャや強力なブランチ、タグなどの機能を追加している。1984年から1985年にかけてディック・グルーネが書き始めたもので、1986年にシェルスクリプト群として公開された。その後、1988年にブライアン・バーリナーがCに

---

1 オープンソースと商用システムの区別はユーザーとしての観点から重要だが、中にはSubversionのように、オープンソースではあるが営利組織が保守しているというシステムもある。Subversionを保守するのはCollabnetで、商用サポートも提供している。
2 主要なオープンソースのバージョン管理システムに関するおもしろい比較記事が[bnb6MF]にある。
3 RCSは、SCCSと同様にローカルファイルシステム上でのみ動作する。

移植した。長い間、CVS は世界で最も有名なバージョン管理システムの座を守り続けた。最大の理由は、自由に使える VCS がそれしか存在しなかったことである。

CVS は、バージョン管理とソフトウェア開発プロセスの両方に多くの革新をもたらした。その中でおそらく最も重要なのは、CVS のデフォルトのふるまいがファイルロック形式でないこと（だからこそ「Concurrent」）だ。実際、これこそが CVS を開発しようとした主な動機だった。

このような革新もあったが、CVS には多くの問題もある。そのいくつかは、ファイル単位での変更追跡という、RCS から引き継いだ追跡システムに起因するものである。

- CVS におけるブランチは、すべてのファイルをコピーしてリポジトリの新たなコピーを作ることを意味する。長い時間がかかるし、大規模なリポジトリの場合はディスク容量もかさむ。
- ブランチが単なるコピーであるため、あるブランチから別のブランチにマージするときには、よくわからない衝突が大量に発生する可能性がある。そして、あるブランチで新たに追加されたファイルをマージしたときにも、それは自動的には追加されない。回避策はあるものの、時間がかかるし間違えがちだし、要するに面倒だ。
- CVS でタグを打つときには、リポジトリ内のすべてのファイルを触る必要がある。これまた、大規模なリポジトリでは長い時間がかかる作業となる。
- CVS へのチェックインはアトミックではない。つまり、もしチェックインの途中で邪魔が入ると、リポジトリが中途半端な状態で残ってしまうということである。同様に、二人が同時にチェックインしたとすると、両方の変更内容が混ざってしまう可能性がある。そうなれば誰が何を変更したのかを探しづらくなるし、ある変更を取り消すのも困難になる。
- ファイル名の変更がファーストクラスの操作として用意されていない。いったん古いファイルを削除してから新たな名前で追加する必要があり、古い名前のファイルの変更履歴はこの時点で失われてしまう。
- リポジトリの準備や保守が難しい。
- バイナリファイルは、CVS 上では単なる blob という扱いになる。したがって、バイナリファイルへの変更を管理することができず、ディスク領域を無駄に使うことになる。

## 14.2.2 Subversion

Subversion (SVN) は「よりよい CVS」を目指して作られた。CVS のさまざまな問題を修正し、一般的には CVS の上位互換としてさまざまな場所で使われている。CVS のユーザーにとって使いやすいように作られており、基本的には同じコマンド体系になっている。そのせいもあり、アプリケーションソフトウェア開発の世界で Subversion はあっという間に CVS に取って代わった。

SVN の優れている点の多くは、SCCS や RCS およびその派生ソフトウェアとの互換性を捨てること

によって得られたものである。SCCS や RCS では、ファイルがバージョン管理の単位だった。ファイルをチェックインするごとに、リポジトリ内にファイルができていたのだ。SVN でのバージョン管理の単位はリビジョンであり、これはディレクトリ群の中にある変更されたファイルのセットで構成されている[4]。各リビジョンには、リポジトリ内の全ファイルの、ある特定の時点のスナップショットが含まれていると考えればよい。ファイルへの変更に関する説明の他に、コピーしたり削除したりしたファイルに関する差分情報も含めることができる。SVN ではすべてのコミットがあらゆる変更をアトミックに行い、コミットのたびに新しいリビジョンを作成する。

Subversion には「externals」という機能があり、リモートのリポジトリを自分のリポジトリ内の特定のディレクトリにマウントできる。この機能は、自分のコードが他のコードベースに依存する場合に有用である。Git にも同様の機能があり、「submodule」と呼ばれている。これを使えばシンプルかつ手軽にシステム内のコンポーネント間の依存関係を管理できるが、コンポーネントごとにひとつのリポジトリを保守することになる。この方式を使って自分のソースコードと大規模なライブラリ（コンパイラやその他のツール群、外部の依存など）を別のリポジトリに分割し、ユーザー側にはその間をリンクさせた状態で見せることもできる。

　Subversion のリポジトリモデルで最も重要な特徴のひとつは、リビジョン番号が各ファイルではなくリポジトリ全体に適用されることだ。個別のファイルをリビジョン 1 からリビジョン 2 に移行するなどという話をすることはなくなる。その代わりに、リポジトリがリビジョン 1 からリビジョン 2 に変わったときに特定のファイルがどのように変化したのかを知りたくなることだろう。Subversion はディレクトリやファイルの属性そしてメタデータをファイルと同様に扱う。つまり、これらのオブジェクトへの変更も、ファイルへの変更と同様にバージョン管理されるということである。

　ブランチやタグも、Subversion で大きく改善された。個々のファイルを更新するのではなく、Subversion はコピーオンライト形式のリポジトリの速度と単純さを活用した。慣例では、すべての Subversion リポジトリには trunk、tags、branches の三つのサブディレクトリがあることになっている。ブランチを作るときには、単にブランチの名前のディレクトリを branches の下に作って、そこに trunk の特定の（ブランチしたい）リビジョンの内容をコピーするだけである。

　このようにして作ったブランチは、単に trunk が指すのと同じオブジェクト群へのポインタに過ぎない——ブランチと trunk の内容が枝分かれし始めるまでは。結果的に、Subversion におけるブランチの作成はその規模にかかわらずほぼ一定の時間で済む操作になる。タグの処理もまったく同様で、保存先のディレクトリが tags に変わるだけである。Subversion は内部的にブランチとタグを区別しない。

---

4　著者としては、より一般的な用語である「チェンジセット」のほうが「リビジョン」よりも好みなのだが、Subversion ではもっぱら「リビジョン」を使っている。

そのため、これらには単に規約上の違いしかない。望むなら、タグを打ったリビジョンを Subversion のブランチとして使うこともできる。

　Subversion が CVS に比べて優れている点は他にもある。中央リポジトリから最後にチェックアウトしたときに、すべてのファイルをローカルコピーとして保持するという点もそのひとつだ。その結果、多くの操作（作業ディレクトリ内での変更内容の確認など）をローカルで行えるため、同じ操作を CVS より遙かに高速にできるようになる。さらに、中央リポジトリにアクセスできないときにもこれらの操作を行える。つまり、ネットワークから隔離された状態でも作業を続けられるということだ。

　しかし、クライアントサーバーモデルに起因する問題が、まだいくつか残っている。

- オンラインのときしかコミットできない。これは当たり前のことのように聞こえるかもしれない。しかし、分散型バージョン管理システムの大きな利点のひとつは、チェックイン操作を別リポジトリへの変更の送信と分離したことから得られている。
- SVN がローカルクライアント上で変更を追跡するために使うデータが、リポジトリ内の各フォルダの .svn ディレクトリに保存されている[*5]。つまり、ローカルシステム内でディレクトリごとに別のリビジョンに更新したり、別のタグやブランチに更新したりすることもできる。望ましいことではあるが、場合によっては混乱や間違いの元になってしまう。
- サーバー側の操作はアトミックだが、クライアント側はそうではない。クライアント側の更新に邪魔が入った場合は、作業コピーが一貫性のない状態になり得る。一般に、これを修正するのは簡単だ。しかし、場合によってはサブツリー全体を削除してチェックアウトしなおす羽目になるだろう。
- リビジョン番号はリポジトリ内では一意になるが、異なるリポジトリ間では一意にはならない。つまり、何らかの事情でひとつのリポジトリをいくつかに分割したときに、新リポジトリのリビジョン番号と旧リポジトリのリビジョン番号を関連づけることはできない。たいした問題ではなさそうに感じるかもしれないが、これはつまり、SVN のリポジトリが分散型バージョン管理システムのいくつかの機能に対応できないことを意味する。

　Subversion は CVS よりもはるかに優れている。最近のバージョンの Subversion にはマージの追跡機能も搭載されている。そのため、Perforce のような商用ツールに、パフォーマンスやスケーラビリティでは及ばないながらも、機能性では迫っている。しかし、新たに登場した分散型バージョン管理システムの Git や Mercurial と比べると、限界も見え始めている。その限界は、当初の狙いであった「よりよい CVS であること」に起因するものだ。リーナス・トーバルズが言うとおり「もはや CVS に存在価値はない」[9yLX5I] のだ。

---

5　［訳注］2011 年 10 月にリリースされた Subversion 1.7.0 以降は、作業コピーのルートにある .svn ディレクトリだけですべてのメタデータを管理するようになった。それ以外の場所には .svn ディレクトリは作られない。
　http://subversion.apache.org/docs/release-notes/1.7.html#wc-ng

とはいえ、中央管理型であるがゆえの制約を受け入れられるのなら、Subversion は十分使いものになるだろう。

## 14.2.3 商用のバージョン管理システム

ソフトウェアツールの世界の移り変わりは速い。このセクションの内容も、すぐに時代遅れになるだろう。最新の情報は http://continuousdelivery.com でチェックしてほしい。執筆時点では、商用の VCS の中でお勧めできるものはこれらだけである。

- **Perforce** は、パフォーマンスやスケーラビリティの面で優れており、ツールのサポートもすばらしい。Perforce は、真の大規模ソフトウェア開発の現場でも使われている。
- **AccuRev** は、ClearCase 風のストリームベース開発機能を備えていながら、ClearCase のように管理のオーバーヘッドや貧弱なパフォーマンスに悩まされることもない。
- **BitKeeper** は、真の分散型バージョン管理システムとして最初に登場したものであり、今でも商用ツールの中では唯一の分散型バージョン管理システムである。

Microsoft の Team Foundation Server（TFS）は、Visual Studio を使っている場合は最初の選択肢となるだろう。Visual Studio との密接な統合が、唯一の特徴だ。それ以外の場合は、このツールのソース管理機能を使う理由はない。というのも、これは本質的に Perforce の劣化コピーに過ぎないからである。Subversion のほうが TFS よりずっとよくできている。ClearCase や StarTeam そして PVCS については、可能な限り使わないようにすることを強くお勧めする。未だに Visual SourceSafe を使っている人は、すぐにでもデータベースを破壊しない別のツールに乗り換えるべきだ。データベースを破壊するなどというのはバージョン管理システムが絶対やってはいけないことだが、Visual SourceSafe にはよくあることである[*6] [c5uyOn]。最もやりやすい移行先としてお勧めするのは、SourceGear のすばらしい製品である Vault だ（TFS への移行もしやすいが、お勧めできない）。

## 14.2.4 悲観的ロックをやめろ

もしあなたが使っているバージョン管理システムが楽観的ロックに対応している（つまり、あなたがローカルの作業コピーのファイルを編集しているときに、他のメンバーも各自の作業コピー上で同じファイルを編集できる）なら、それを使うべきだ。悲観的ロック（排他ロックを取得しないと、そのファイルを編集できない）のほうが、マージの際の衝突を防ぎやすいと考えるかもしれない。しかし実際は、悲観的ロックは開発プロセスの効率を下げる。特に、大規模なチームに与える影響は大きい。

悲観的ロック方式を採用するバージョン管理システムは、所有者の観点での対応をする。悲観的ロッ

---

[6] 実際 VSS 自身も、少なくとも週に一度はデータベース整合性チェッカーを実行するよう勧めている [c2M8mf]。

ク方式が保証するのは、あるオブジェクトに対してある時点で作業できるのは一人だけであるということである。トムがロックを獲得しようとしているコンポーネントAについてすでにアムリタがリビジョン管理からチェックアウトしていた場合、彼はロックの獲得に失敗する。ロックを獲得せずに変更をコミットしようとすると、コミットは失敗する。

楽観的ロック方式は、まったく異なる作法で機能する。アクセスを制御するのではなく、ほとんどの場合は複数で同じものを触ることがないという前提で進めていくのだ。そして、システムのすべてのユーザーに対して配下のすべてのオブジェクトに自由にアクセスさせる。楽観的ロックを採用するシステムはオブジェクトへの変更を自身で管理し、変更をコミットする段階になると、何らかのアルゴリズムで変更をマージする。通常はマージ処理は完全に自動で行われるが、もしリビジョン管理システムが自動マージ不可能な変更を検出すると、その部分を強調して変更をコミットした人に判断を仰ぐ。

楽観的ロックシステムの挙動は、管理するコンテンツの性質によってさまざまに変化する。バイナリファイルの場合は、差分を無視して直近に送られた変更を採用することが多い。しかし、その威力を発揮するのはソースコードを扱う場合だ。ソースコードを扱う場合、楽観的ロックシステムの多くはファイル内の各行を意味のある変更の単位と見なす。つまり、ベンがコンポーネントAの5行目を変更している間にトムも同じコンポーネントAの6行目を変更していたとすると、両方のコミットを受け取ったリビジョン管理システムはベン側の5行目とトム側の6行目を採用する。二人とも7行目を変更していたとしよう。仮にトムのほうが先にコミットしたとすると、ベンがコミットしようとしたときにバージョン管理システムから「マージ時の衝突を解決せよ」という指示を受ける。トムの変更をそのまま残すか自分の変更を採用するか、あるいは手動で変更して両者の重要な部分を残すのかを選ぶことになる。

悲観的ロック方式のバージョン管理システムに慣れた人にとって、楽観的ロック方式はあきれるほど楽観的すぎるように感じることもあるだろう。「そんなロックで大丈夫なの？」だが実は、驚くほどうまく機能しているし、あらゆる点で圧倒的に悲観的ロックより優れている。

悲観的ロックシステムのユーザーはこんな心配をしているらしいという話を聞いた。「楽観的ロックシステムのユーザーは、いつもマージ時の衝突の解消に時間を取られているのではないか」あるいは「自動マージのせいで実行できないコードやコンパイルの通らないコードができあがるのではないか」といった心配である。実際のところ、そんな心配は杞憂にすぎない。マージ時の衝突は確かに発生する。大規模なチームならかなりの頻度で発生するだろう。しかし、通常はそのほとんどすべてが数秒からせいぜい数分で解決できるものだ。もしそれ以上かかることがあるとすれば、それは先ほど説明した指針に従わずにコミットの頻度を十分上げなかったときぐらいだろう。

## 第14章 高度なバージョン管理

悲観的ロックが意味をなす唯一の場面は、画像やドキュメントなどのバイナリファイルを扱う場合だ。この場合は結果を意味のある形でマージすることが不可能なので、悲観的ロックも理に適っている。Subversion では必要に応じてファイルをロックすることもでき、**svn:needs-lock** プロパティを使えばこの手のファイルに悲観的ロックを強制することもできる。

悲観的ロックのシステムは、開発チームがコンポーネント単位でふるまいを割り振らざるを得なくなることが多い。同じコードへのアクセス待ちから起こる長い遅延を避けるためである。生産性を高める流れ（開発プロセスにおいてごく自然で重要な部分を占めるもの）が頻繁に邪魔されてしまう。必要になるかどうかもわからないファイルをチェックアウトしなければならなくなるからである。また、多数のファイルに手を入れる変更をするときには、その他大勢のユーザーに不便を感じさせざるを得ないだろう。大規模なチームでメインラインから外れて作業を進めているときには、悲観的なロックが有効な状態でのリファクタリングは事実上不可能である。

楽観的ロックの場合、開発プロセスにおける制約がより少なくなる。バージョン管理システムが何らかの進め方を強要することはない。全体的に差し出がましさを感じずに済むし、より気軽に使える。柔軟性や信頼性を失わずにスケーラビリティが大幅に上がる。特に大規模な分散チームで有効だ。もし使用中のシステムで楽観的ロックが選べるのなら、それを有効にしておこう。選べないのなら、楽観的ロックが使えるシステムへの移行を検討しよう。

## 14.3 ブランチとマージ

ブランチ、あるいはストリームをコードベース内で作る機能は、すべてのバージョン管理システムでファーストクラスの機能として提供されている。この操作を行うと、指定したベースラインのレプリカをバージョン管理システム内に作成する。その後、レプリカはオリジナルと同様に（ただしオリジナルとは独立して）操作でき、ふたつのラインを分岐させることができる。ブランチの主な目的は、並列で開発を進めることだ。つまり、複数の作業ストリームを同時に稼働させ、かつお互いが他のラインに影響を及ぼさないようにするということである。よくある例としては、リリース用にブランチを切り、開発はメインラインで進めてバグフィックスはリリースブランチで行うという方法がある。それ以外にも、チームがコードのブランチを作る理由がいくつかある[7]。

- **物理的な理由**: システムの物理的な構成によるブランチ。ブランチの作成が、ファイルやコンポーネントそしてサブシステム単位で行われる。
- **機能的な理由**: システムの機能的な構成によるブランチ。ブランチの作成が、フィーチャや論理

---

7 アップルトンらによる 1998 年の記事 [dAI5I4] から引用。

的な変更、バグフィックスや機能拡張、そしてその他デリバリー可能な機能（パッチやリリース、そして新製品）の単位で行われる。
- **環境的な理由:** システムの運用環境によるブランチ。ブランチの作成が、ビルド時や実行時のプラットフォームのさまざまな側面（コンパイラやウィンドウシステム、ライブラリ、ハードウェア、OSなど）やプラットフォーム単位で行われる。
- **組織的な理由:** チームの開発活動によるブランチ。ブランチの作成が、アクティビティやタスク、サブプロジェクト、ロールそしてグループ単位で行われる。
- **手続き上の理由:** チームの作業のふるまいによるブランチ。ブランチの作成が、さまざまな運用ポリシーやプロセスそして状態の単位で行われる。

これらの分類には重複もあるが、人がなぜブランチを切るのかについての興味深い洞察になっている。もちろん、複数の基準にまたがるブランチを同時に作ってもよい。それぞれのブランチがお互いに影響を及ぼさない限りは何も問題はない。しかし、あまりそういうことはしない。通常は、一連の変更はひとつのブランチで行い、それを別のブランチにコピーしなければならない。この作業は、通常はマージと呼ばれる。

マージの話題に入る前に、ブランチによって生じる問題について考えておこう。たいていの場合は、ブランチを切った時点でコードベース全体がそれぞれ個別に成長していくことになる。テストケースや設定スクリプト、データベーススクリプトなども含めてである。何よりもまず、完全にすべてをバージョン管理下におかねばならないということが強調される。コードベースのブランチを作る前に、きちんと準備ができているか、つまりそのソフトウェアのビルドに必要なものすべてが完全にバージョン管理されているかどうかを確かめよう。

> **バージョン管理の怖い話: その1**
>
> 作成するブランチの種類としてずば抜けて多いのは、機能的な理由によるブランチである。しかし、リリース用のブランチを切る作業は単なる始まりにすぎない。かつて我々がかかわっていたある大規模基盤プロバイダーでは、自社製品について主要な顧客ごとにブランチを作っていた。また、サブブランチを用意してバグフィックスや新機能の追加を行っていた。ソフトウェアのバージョン番号体系は $w.x.y.z$ となっていた。$w$ がメジャーバージョン、$x$ がリリース番号、$y$ が顧客ID、そして $z$ がビルド番号である。メジャーリリースを作るのに一年から二年もかかっているという理由で、我々はそこに呼ばれた。そのとき最初に指摘した問題が、テストを格納するバージョン管理リポジトリが製品のコードを管理するリポジトリとは別になっているということだった。その結果、どのテストをどのビルドに適用すればいいのかを調べるのに時間を取られていたのだ。そんなことが続き、開発者たちはコードベースにテストを追加するのを嫌がるようになった。

ブランチやストリームは、大規模チームによるソフトウェア開発プロセスに影響する多くの問題を解決してくれそうに思える。しかし、あとでブランチをマージしなければならないことを考慮すると、ブランチを切る前には細心の注意が必要だ。無理なくマージできるように気をつけねばならない。特に、各ブランチがデリバリープロセスにおいてどのような役割を果たすのかについて、きちんとポリシーを定義する必要がある。そして、誰がどんな状況でそのブランチにチェックインできるのかも決めておく必要がある。たとえば小規模なチームなら、すべての開発者がチェックインできるメインラインと、テスティングチームだけが変更を許可できるリリースブランチを用意するといった具合である。このときテスティングチームは、バグフィックスをリリースブランチにマージする責務を負う。

より大規模で規制が厳しい組織では、コンポーネントあるいは製品ごとに開発者がチェックインできるメインラインを持っている。そして、インテグレーションブランチやリリースブランチそして保守ブランチへの変更ができるのは運用部隊のメンバーだけになっている。これらのブランチへの変更は、変更申請の後にコードが（手動、あるいは自動）テスト群を通ってからでないと適用できないかもしれない。昇格のプロセスも定義されているかもしれない。たとえば、変更はメインラインからいったんインテグレーションブランチにマージしてからでないとリリースブランチに昇格できないといったものだ。コードラインポリシーについては、バーチャックらの著書『パターンによるソフトウェア構成管理』の第12章でより詳しく説明されている。

## 14.3.1 マージ

ブランチは、多くの人が想像する無限の宇宙に似ている。量子力学の世界観だ。各ブランチは完全に独立しており、お互いに他のブランチの存在をまったく無視して存在している。しかし現実の世界では、リリース用のブランチやスパイク用のブランチでない限り、ある時点でブランチへの変更内容を別のブランチに適用するときがくる。これはとても時間のかかる作業である。現在出回っているすべてのVCSは何らかの形でこの作業を簡単にする仕組みを用意しているし、分散型VCSではマージ時の衝突が発生せず比較的直観的にマージできる。それでも時間がかかることには変わりがない。

真の問題が発生するのは、マージしたいふたつのブランチでそれぞれ別の変更を行い、それらが衝突している場合である。お互いの変更箇所が重複している場合、リビジョン管理システムはそれを検出して警告を発する。しかし、衝突の内容がプログラムの意味的なものであった場合、リビジョン管理システムはそれを検出できずに自動的に「マージ」してしまう。前回のマージからかなり間隔をあけたマージが衝突した場合、それは機能の実装方法が食い違っている兆候であることが多い。その結果、かなりの量のコードを書きなおさないと両方のブランチの変更を協調できなくなってしまう。そういった変更のマージは、コードを書いた人の意図を知っていなければ不可能である。そのための話し合いが必要となるが、おそらくそのときには最初にコードを書いてから数週間が経過してしまっているだろう。

意味的な衝突は、バージョン管理システムで検出できない。これは最もたちの悪い問題だ。たとえ

ば、ケイトがリファクタリングであるクラスの名前を変更する一方で、デイブがそのクラスを使うコードを新たに書いていたとしよう。二人の変更のマージはとりあえずはうまくいくだろう。静的型付け言語では、誰かがコードをコンパイルしようとしたときに問題が発覚する。動的言語の場合は、実行してみるまで問題は見つからない。さらに、もっと微妙な衝突もマージの際に起こりえる。そして、包括的な自動テストがなければ、実際に障害が発生するまで衝突があったことに気づかないだろう。

ブランチをマージするまでの放置期間が長くなればなるほど、そして作業にかかわる人が増えれば増えるほど、マージ作業に悩まされることが多くなる。少しでも悩みを減らすには、このようにすればよい。

- 作成するブランチの数を増やし、ひとつのブランチ内で行われる変更の数を減らす。たとえば、新たなフィーチャの開発を始めるときには毎回ブランチを作るようにする。これは「早期ブランチ」の一例である。しかし、この方針を使うとすべてのブランチを追いかけるのが大変になる。そしてこれは、単に大変なマージ作業を先送りしているにすぎない。
- ブランチの作成をできるだけ控え、リリースごとにひとつずつ程度にする。これは「遅延ブランチ」の一例である。マージの際に苦労せずに済むよう、マージは頻繁に行う。そうすれば、マージでいやな思いをすることも少なくなる。しかし、マージを定期的にやることを忘れてはならない。たとえば毎日一度という具合だ。

実際のところ、ブランチのパターンにはさまざまなものがあり、それぞれの方針について利点もあれば欠点もある。いくつかのブランチ方式については、本章の後半で解説する。

## 14.3.2 ブランチ、ストリーム、そして継続的インテグレーション

鋭い読者はすでにお気づきだろうが、ブランチの利用と継続的インテグレーションとは対立関係にある。チーム内のメンバーがそれぞれ別のブランチやストリームで作業をしているということは、明らかに継続的なインテグレーションを行っていないということだ。おそらく、継続的インテグレーションを行うための最も重要なプラクティスは、全員が少なくとも一日一度はメインラインにチェックインするということだ。したがって、（メインラインからの取り込みではなく）メインラインへのマージを一日一回やっているのなら、それでよい。もしそれができていないのなら、継続的インテグレーションをしているとは言えない。実際、ブランチでの作業は無駄だと考える立場の人たちもいる。決して最終的な製品に取り込まれることのない在庫とみなす考えだ。

継続的インテグレーションのことなど一切無視して好き勝手にブランチし放題、ということも珍しくはない。その結果、リリースプロセスに大量のブランチがからむことになってしまう。同僚のポール・ハマントが、かつて参加していたプロジェクトの例を見せてくれた。それが図 14-1 である。

# 第14章　高度なバージョン管理

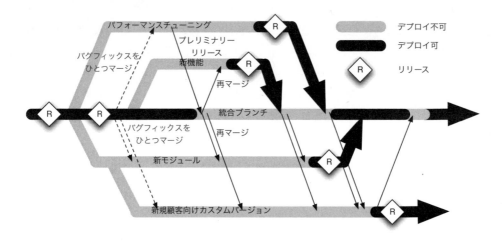

図14-1　ほとんど統制のとれていないブランチの典型例

この例では、さまざまなプロジェクトのブランチがアプリケーションの開発作業の一環として作られている。trunk（この図で言う「統合ブランチ」）へのマージは不規則に発生し、発生したときもうまくいかない傾向がある。その結果、trunk は長期にわたって壊れたままとなる。それが発覚するのはプロジェクトのリリース前の「統合フェーズ」だ。

この方式は、残念ながら非常に一般的に見られる。問題は、ブランチが長期間デプロイ不能な状態で居続けることだ。さらに通常は、複数のブランチ間でちょっとした依存関係があったりする。先ほどの例では、すべてのブランチがバグフィックスを統合ブランチからマージする必要があり、またすべてのブランチがパフォーマンス修正をパフォーマンスチューニングブランチからマージする必要がある。アプリケーションのカスタム版を作るためのブランチは作業が進行中であり、かなりの長期にわたってデプロイ不能な状態が続く。

ブランチの内容を追いかけて何をいつマージするのかを見つけ、実際にマージを行うという作業にはかなりのリソースを要する。たとえ Perforce や Subversion のようなマージポイントの追跡機能を使ったとしても、それは変わらない。マージが終わったとしても、さらにコードベースをデプロイ可能な状態にするという作業が残っている。この問題は、継続的インテグレーションが本来解決するはずだったものである。

より管理しやすい（我々が強くお勧めする、間違いなく業界標準であろう）ブランチ方針は、寿命の長いブランチをリリース時にだけ作るというものだ。この様子を図14-2に示す。

このモデルでは、新しい作業は常に trunk にコミットされる。マージが行われるのはリリースブランチに修正が入ったときだけで、その変更をメインラインにマージすることになる。致命的なバグフィックスは、メインラインからリリースブランチにマージすることもある。このモデルのほうが優れている点は、コードが常にリリース可能な状態になっていてリリース作業が楽になるということだ。ブランチの数が少なくなるので、マージやブランチの追跡などにかかる手間も大幅に少なくなる。

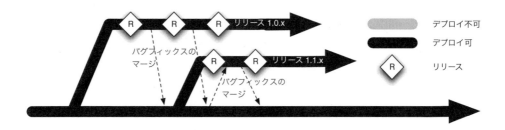

図 14-2　リリースブランチ戦略

　あまりブランチを作らない運用にしていると、新機能を追加するときに他の人に影響を及ぼさないようにするのが大変なのではないかと心配するかもしれない。構造を大きく変えるときに、新しいブランチで作業を隔離せずに進めるにはどうすればいいのだろう？　その方法については、前章の411ページ「アプリケーションをリリース可能な状態に保つ」で詳しく説明した。

　このインクリメンタルな手法は確かに規律と注意（そして創造性）を必要とする。ブランチを作ってそこに飛び込み、大規模な改造や新機能の追加をするほうが楽かもしれない。しかし、インクリメンタルな手法のほうが、自分の変更がアプリケーションを壊してしまうリスクを減らせる。そして、マージ作業やその後の壊れた部分の修正、そしてアプリケーションをデプロイ可能な状態に持ち込むためにかかる時間も節約できる。そういった作業は計画も立てづらいし管理も追跡も大変だ。開発はメインラインで進めるという決まりに従うよりもはるかにコストがかかってしまう。

　中規模から大規模のチームで働いている場合は、ここで疑いの目を向けるかもしれない。大規模なプロジェクトでブランチなしの開発なんてどうすればできるというのだろうか？　もし200人が毎日チェックインすれば、毎日200のマージと200のビルドができることになる。それでうまくいくはずがない。マージするだけで一日が終わってしまう！

　だが実際には、たとえ全員がひとつの巨大なコードベースで作業していても、大規模なチームでの開発はうまく進む。200回のマージであっても問題はない。それぞれのメンバーがコードのいろいろな場所を触っており、かつ個々の変更が小さいものであれば大丈夫だ。もし、大規模なプロジェクトで、複数の開発者が定期的にコードの同じ部分を変更するという場合、それはコードベースの設計がうまくいっていないことを意味する。カプセル化が不十分で密結合になっているのだろう。

　マージをリリース後まで先延ばしにすると、事態は相当悪化する。要は、事実上すべてのブランチが他のブランチとのマージで衝突を引き起こすということである。これまでに見たプロジェクトの中には、統合フェーズで数週間かけてマージの際の衝突の解決を試み、その後になってやっとアプリケーションを動作させられる状態に持ち込んだというものもあった。そこまできてやっと、テストフェーズを実行することができたのだ。

　中規模から大規模のチームでの正しいやり方は、アプリケーションをコンポーネントに分割してコンポーネント間を疎結合に保つことである。これは、よく設計されたシステムの特徴でもある。この

インクリメンタルな手法でのマージを採用してメインラインを常に動作する状態に保つことは、ソフトウェアの設計をよりよい方向に進めるためのよい圧力となる。動作しているアプリケーションにコンポーネントを統合する作業は、それ自体も複雑で興味深い問題である。この問題については先ほどの章で説明した。しかしこの手法は、大規模なアプリケーションの開発における問題解決の手段としては非常に優れている。

あらためて言っておこう。大規模プロジェクトの複雑性を管理する手段として、長く生き続けるめったにマージしないブランチなど決して使ってはいけない。そんなことをすると、アプリケーションのデプロイメントやリリースのときのトラブルの元になる。統合プロセスは非常にリスクの高い作業となり、結果が予測できない。さらに時間や費用もかかってしまう。マージツールを使えば問題は解決するといっているバージョン管理システムベンダーは販売促進のために事実を隠蔽しているだけなのだ。

## 14.4 分散型バージョン管理システム

ここ数年、分散型バージョン管理システム（DVCS）の人気が高まってきた。強力なオープンソースの DVCS として、Git[9Xc3HA] や Mercurial などが存在する。このセクションでは、DVCS の何が優れているのかとそれをどう使いこなすのかを扱う。

### 14.4.1 分散型バージョン管理システムとは？

DVCS の背後にある基本的な設計指針は、各自が自己完結した一人前リポジトリを自分のコンピュータ上に持つということだ。「マスター」リポジトリに対する権限などは不要だが、多くのチームでは規約上の権限を与えている（そうしないと、継続的インテグレーションが不可能になる）。

- DVCS を使い始めるにはほんの数秒あればいい。インストールしたら、あとは変更をローカルリポジトリにコミットするだけである。
- 他のユーザーの変更を直接取り込める。いちいち中央リポジトリを経由する必要はない。
- 更新を特定のユーザーたちにだけ送ることができ、全員に更新を適用させることを強要せずに済む。
- パッチ群を効率的にユーザーのネットワークに配布することができる。どのパッチを採用してどのパッチを却下するのかを決めるのも簡単だ（この手法は**チェリーピック**と呼ばれている）。
- 変更をチェックインするのは、オフラインのときであってもかまわない。
- 機能的に不完全な状態であっても、定期的にローカルのリポジトリにコミットしてチェックポイントとして使うことができる。他のユーザーには何の影響も及ばない。
- ローカルでのコミットを、お手軽に変更したり並べ替えたり分岐させたりひとまとめにしたりといった作業をしてから他のリポジトリに送ることができる（これを**リベース**と呼ぶ）。

## 14.4 分散型バージョン管理システム

- 何かのアイデアをローカルリポジトリで試したいときに、中央リポジトリにブランチを作る必要がない。
- ローカルでのチェックインをまとめる機能があるので中央リポジトリへのアクセスの頻度が下がり、そのおかげで DVCS はよりスケーラブルになる。
- ローカルにプロキシとなるリポジトリ群を用意するのが簡単で、さらに手軽に同期できる。そのおかげで高可用性を簡単に実現できる。
- リポジトリの完全なコピーが多数作られるので、DVCS のほうがより耐障害性が上がる。とはいえ、マスターリポジトリのバックアップが重要なことには変わりはない。

DVCS とは要するに、誰もが自前の SCCS や RCS を持てるということに似ていると感じた人もいるだろう。その感覚は正しい。分散型バージョン管理システムの手法が先のセクションと異なる点は、複数のユーザーを扱う方法や並列性である。中央サーバーにバージョン管理システムを置いて複数の人たちがコードベースの同じブランチを同時に扱えるようにする、という方式の代わりに分散型バージョン管理システムでは正反対のやり方を採用している。すべてのローカルリポジトリが事実上それ自体で完結したブランチであり、いわゆる「メインライン」はどこにも存在しない（図 14-3 を参照）。

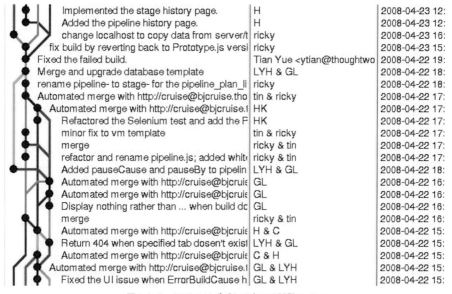

図 14-3　DVCS リポジトリ内での開発ライン

DVCS の設計に組み込まれた内容の多くは、ユーザーが各自の変更をお互い共有しやすくすることを狙ったものである。Ubuntu の親会社である Canonical のマーク・シャトルワースいわく、「分散型バージョン管理の美点は、自然発生的なチーム構成となってあらわれる。あるバグや新機能に興味を持つ人たちが集まって作業を始め、ブランチを公開したりお互いマージしあったりしながら作業が進

む。こういったチームの構成は、ブランチやマージのコストが下がれば下がるほど容易になる。分散型バージョン管理を採用すると、開発者にとってマージがとても価値のあることになる」。

この現象が顕著に見られるようになったのは、GitHub や BitBucket そして Google Code などが登場してからのことである。これらのサイトを使えば既存のリポジトリのコピーを作るのも簡単だし、手元で変更した内容を他のユーザーに公開して見てもらうのも簡単である。本家のプロジェクトのメンテナーもこれらの変更を確認でき、気に入ったものは自分のマスターリポジトリに取り込める。

これは、協調作業におけるパラダイムシフトである。パッチをプロジェクトのオーナーに投稿してリポジトリにコミットしてもらうのではなく、今や自前のバージョンを公開して他の人に試してもらえるようになったのだ。そのおかげでプロジェクトの成長は加速し、さまざまな実験もできるようになり、新機能やバグフィックスのデリバリーも高速化した。誰かが何かおもしろそうなことをしていれば、他の人もそれを使えるようになったのだ。これはつまり、新機能の開発やバグフィックスをするときにコミット権はもはやボトルネックではなくなったということである。

## 14.4.2 分散型バージョン管理システムの簡単な歴史

長年、Linux カーネルの開発はソース管理なしで行われてきた。リーナス・トーバルズが自分のマシンで開発したソースを tar ボールで公開すると、それが世界中のさまざまなシステムにあっという間にコピーされていくという流れだった。すべての変更は、パッチとして彼に送られた。彼は単にそれを受け取るなり却下するだけでよかった。結果的に、彼にはソース管理が不要だったのである。自分のソースコードのバックアップを取る必要もなければ、複数のユーザーがひとつのリポジトリで同時に作業するわけでもなかったからだ。

しかし 1999 年 12 月に、Linux PowerPC プロジェクトが BitKeeper を使い始めた。これはプロプライエタリな分散型バージョン管理システムで、1998 年に公開されたものだ。リーナスは、カーネルの保守も BitKeeper を使って行うことを検討し始めた。その後数年の間に、カーネルの一部のセクションのメンテナーが BitKeeper を使い始めた。最終的に Linux が BitKeeper を導入したのは 2002 年 2 月のことである。オープンソースのプロジェクトではないものの、「一番うまく仕事をこなしてくれるツール」という評価だった。

BitKeeper は幅広く使われ始めた最初の分散型バージョン管理システムで、SCCS をベースとして作られていた。実際、BitKeeper のリポジトリの中身は単なる SCCS ファイル群である。分散型バージョン管理システムの信念を保つために、各ユーザーの SCCS リポジトリは、それぞれの権限を持つ第一級リポジトリとなった。BitKeeper は SCCS の上位の層で動作し、ユーザーが差分を扱うこともできたし、特定のリビジョンを第一級のドメインオブジェクトとして扱ってそれに対して変更を加えることも可能だった。

BitKeeper に続いて、多くのオープンソース DVCS プロジェクトが立ち上がった。一番最初に登場したのが Arch で、トム・ロードが 2001 年に開発を始めた。Arch は現在は開発が止まっており、

Bazaarがその後を引き継いでいる。今では、オープンソースのDVCSにはさまざまな候補がある。その中でも最も有名で高機能なものが、Git（リーナス・トーバルズがLinuxカーネルを保守するために作成したもので、その他多くのプロジェクトでも使われている）やMercurial（Mozilla FoundationやOpenSolarisそしてOpenJDKで使われている）、そしてBazaar（Ubuntuで使われている）だ。その他のオープンソースDVCSで活発に開発されているものとしては、DarcsやMonotoneがある。

## 14.4.3 企業環境における分散型バージョン管理システム

本書の執筆時点では、営利企業でのDVCSの導入はあまり進んでいない。その手の企業がもともと保守的であるのは確かだが、企業でのDVCSの採用を阻む反論としては次の三つがあげられる。

- 中央管理型のバージョン管理システムでは各ユーザーのコンピュータに単一のバージョンしか格納できないのとは違い、ローカルにDVCSのリポジトリのコピーを作った場合は完全な履歴を含めて取得できてしまう。
- DVCSの環境では、作業の監査やワークフローがより一層当てにできないものとなる。中央管理型のバージョン管理システムでは、ユーザーがすべての変更を中央リポジトリにチェックインしていた。DVCSの場合は変更を各ユーザー間で送りあうことができるだけでなく変更履歴をやりとりすることもできる。そのときに、中央のシステムを経由する必要はない。
- Gitでは変更履歴を改変できる。これはおそらく、規制に従って動く企業社会では越えてはならない一線である。リポジトリを定期的にバックアップしないと、何が起こったのかの履歴を完全に記録することはできない。

実際には、これらの心配はたいていの場合、企業への導入の障害とはならない。確かに、理屈の上ではユーザーが中央リポジトリにチェックインしないことも可能である。しかし、そんなことをしても無意味だ。継続的インテグレーションシステムが機能していれば、中央リポジトリにプッシュしないとそのコードはビルドできないからだ。中央リポジトリを経由せずに同僚に直接変更をプッシュするのは、その利便性よりも問題を起こす危険性のほうが高い。もちろん、そういうことが必要になる場面もある。そんなときにはDVCSは極めて有用だ。中央リポジトリをどこかに決めてしまえば、中央管理型のバージョン管理システムが持つ機能はすべて分散型バージョン管理システムでも使えるようになる。

覚えておくべきことは、DVCSがあれば、開発者も管理者もさまざまなワークフローをほとんど手間をかけずに実現できるということである。逆に、中央管理型のVCSで非中央集権型のモデル（分散したチーム、作業スペースの共有、承認のワークフローなど）に対応しようとすると、複雑な機能を追加してベースにある（中央管理型）モデルを打ち破るしかない。

## 14.4.4 分散型バージョン管理システムを使う

　分散型バージョン管理システムが中央管理型バージョン管理システムと最も違うところは、コミット先がリポジトリのローカルコピー（事実上、自分専用のローカルブランチ）であるということだ。変更内容を他の人たちと共有するには、さらに何段階かの手順が**追加**で必要となる。そのための操作が、DVCSには二通り用意されている。リモートリポジトリからのプルによる変更の取り込みと、リモートリポジトリへのプッシュによる変更の送出である。

　Subversionでの典型的なワークフローとして、たとえばこのような例を考えよう。

1. `svn up`で、最新のリビジョンを取得する。
2. 何らかのコードを書く。
3. `svn up`で、自分の変更と中央リポジトリでの更新をマージし、衝突があれば修正する。
4. コミットビルドをローカルで実行する。
5. `svn ci`で、自分の変更（マージ済みのもの）をバージョン管理にチェックインする

　分散型のバージョン管理システムで同じことをするときは、このような流れになる。

1. `hg pull`で、リモートリポジトリの最新の更新をローカルのリポジトリに取得する。
2. `hg co`で、ローカルの作業コピーの内容をローカルリポジトリから更新する。
3. 何らかのコードを書く。
4. `hg ci`で、変更をローカルリポジトリに保存する。
5. `hg pull`で、リモートリポジトリの更新を取り込む。
6. `hg merge`で、ローカル作業コピーの内容をマージ結果で更新する。しかしマージ結果はチェックインしない。
7. コミットビルドをローカルで実行する。
8. `hg ci`で、マージ結果をローカルリポジトリにチェックインする。
9. `hg push`で、更新をリモートリポジトリにプッシュする。

ここではMercurialを使って例を示した。その構文がSubversionと似ているからである。しかし、他のDVCSもその基本的な考え方はまったく同じだ。

　図で表すと図14-4のようになる（個々のボックスがひとつのリビジョンを表し、矢印がリビジョン間の親子関係を表す）。

　マージ処理はSubversionに比べると少しだけ安全になる。その理由はステップ4である。この余分なチェックインのおかげで、もしマージがうまくいかなくてもマージ前の状態に戻ってやり直せるからだ。また、この操作は、単にマージだけを表す変更を記録できることにもなる。これを見れば何

## 14.4 分散型バージョン管理システム

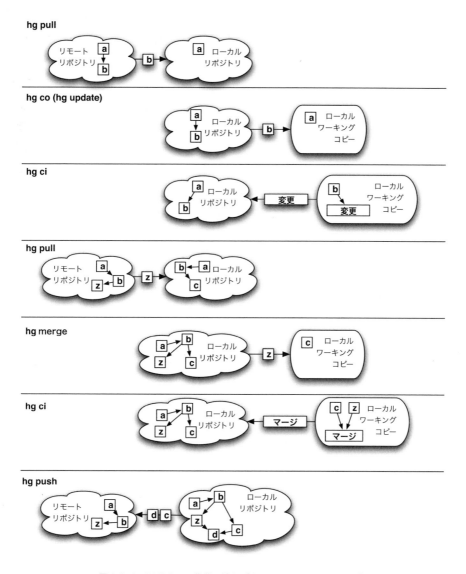

図 14-4　DVCS での作業の流れ（クリス・ターナーによる図）

がマージされたのかを正確に知ることができ、（もしまだ変更をプッシュしていなければ）失敗したと思えば後で取り消せるようになる。

　ステップ 1 からステップ 8 までの流れを好きなだけ繰り返してから、ステップ 9 を実行して変更を継続的インテグレーションビルドに送ることができる。また、Mercurial や Git では、リベースというすばらしい機能を使うこともできる。リベースとは、ローカルリポジトリ上での履歴を改変する機能であり、たとえばすべての変更をひとつのコミットにまとめたりすることができる。この方法を使えば、チェックインして自分の変更を保存したり他の人の変更をマージしたり、もちろん手元でコミッ

ト時のテストスイートを実行したりといったことが他のユーザーに影響を与えずにできるようになる。開発中の機能に一定のめどが立ったら、それをリベースしてひとつのコミットにまとめ、マスターリポジトリに送ることができる。

　継続的インテグレーションに関しては、DVCSを使う場合も中央管理型のバージョン管理システムを使う場合と同じように実行できる。中央リポジトリを持つこともできるし、デプロイメントパイプラインを実装して起動することもできる。しかし、DVCSを使った場合は、もしお望みならそれ以外のワークフローを試してみてもかまわない。詳細は、121ページの「分散バージョン管理システム」で説明した。

 ローカルリポジトリにコミットした変更は、デプロイメントパイプラインの元になる中央リポジトリへ送るまではインテグレーションの対象とならない。変更はこまめにコミットするというのが継続的インテグレーションの基本指針である。インテグレーションを行うために、少なくとも一日に一度は変更を中央リポジトリにプッシュしよう。できれば、さらに頻度を上げられると理想的だ。DVCSの利点のいくつかは、使い方を間違えるとCIの効率性を損ねることにつながる。

## 14.5 ストリームベースのバージョン管理システム

　IBMのClearCaseは、大規模組織で最も人気のあるバージョン管理システムのひとつだが、それだけではない。新しいパラダイムをバージョン管理システムに導入したのである。それがストリームだ。このセクションでは、ストリームの動作原理とそれを使ってどのように継続的インテグレーションを行うのかを説明する。

### 14.5.1 ストリームベースのバージョン管理システムとは？

　ClearCaseやAccuRevのようなストリームベースのバージョン管理システムは、マージの際の問題を解決するために一連の変更を複数のブランチへ同時に適用できるよう作られている。ストリームの世界では、ブランチがより強力な概念であるストリームで置き換えられる。最大の違いは、ストリームの継承が可能であるという点だ。つまり、指定したストリームに変更を適用すると、その子孫ストリームにも変更が同時に適用される。

　このパラダイムがどのように役立つのか、よくあるふたつの例を考えよう。ひとつはバグフィックスをアプリケーションの複数のバージョンに適用する場合、そしてもうひとつはサードパーティーのライブラリをコードベースに追加する場合だ。

　前者は、リリースブランチを長く保守する場合などにありがちだ。バグフィックスを、あるリリースブランチに適用しなければならなくなったとしよう。そのバグフィックスを、コード内の他のすべ

てのブランチに同時に適用するにはどうすればいいだろう？　ストリームベースのツールがなければ、手動でマージするしかない。そんな作業は退屈だし、間違いの元である。特に、複数の異なるブランチに変更を適用する場合に問題になりやすい。ストリームベースのバージョン管理システムなら、変更を要するすべてのブランチに共通する祖先のブランチに変更を適用するだけでよい。各ブランチの利用者は単に更新するだけで変更を受け取れ、修正を含む新しいビルドを作れる。

　同じことが、サードパーティーのライブラリや共有コードを管理するときにも当てはまる。画像処理ライブラリを新しいバージョンに更新することになったとしよう。すべてのコンポーネントについて、同じバージョンに依存するよう更新する必要がある。ストリームベースの VCS なら、更新を要するすべてのストリームの共通の祖先に新しいバージョンをチェックインすればよい。そうすれば、それを継承するすべてのストリームで変更を受け取れる。

　ストリームベースのバージョン管理システムは、いわば UnionFS のようなものだと考えればよい。しかし、このファイルシステムはツリー構造（連結無閉路有向グラフ）である。したがって、すべてのリポジトリにはルートストリームがあり、その他すべてのストリームはこれを継承する。新しいストリームを作るときには、既存の任意のストリームを継承できる。

　図 14-5 の例では、ルートストリームに含まれるのはファイル foo（リビジョン 1.2）と空のディレクトリである。リリース 1 とリリース 2 の両ストリームはこれを継承する。リリース 1 ストリームでは、ルートストリームに存在するファイルの他にふたつの新しいファイル a と b が存在する。一方リリース 2 ストリームには別のふたつのファイル c と d が存在する。また、foo は変更されてバージョン 1.3 になっている。

　二人の開発者が、各自のワークスペースでリリース 2 ストリーム上の作業をしている。開発者 1 はファイル c を、そして開発者 2 はファイル d を変更した。開発者 1 が変更をチェックインすると、リリース 2 ストリームで作業をする全員にそれがいき渡る。もしファイル c がバグフィックスであってリリース 1 にも必要だとなれば、開発者 1 はファイル c をルートストリームに昇格させることができる。そうすれば、そのファイルはすべてのストリームから見えるようになる。

　つまり、あるストリームへの変更は、その変更を昇格させるまで他のストリームに何の影響も及ぼさない。昇格させると、そのストリームを継承するすべてのストリームから変更が見えるようになる。ここで覚えておくべきポイントは、このようにして変更を昇格させても変更履歴は何も変わらないということだ。ストリームの既存の変更の上に、新たな変更をかぶせるような意味になる。

## 14.5.2　ストリームを使った開発モデル

　ストリームベースのシステムでは、開発者は自分のワークスペースで作業を進めることになる。この方式の場合、リファクタリングや実験的なソリューション、そして新機能の開発の際にも他のユーザーに影響を及ぼさずに済む。作業が一段落したときに、変更を昇格させれば他の人たちからも見えるようになる。

# 第 14 章 高度なバージョン管理

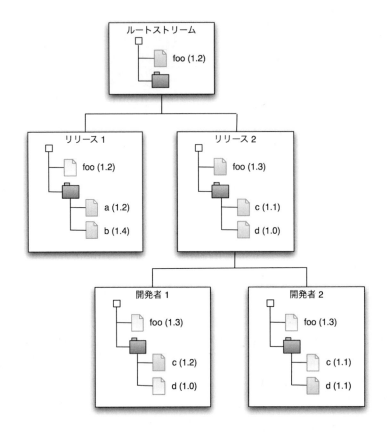

図 14-5　ストリームベースの開発

　たとえば、特定の機能を実装するためのストリームを作って、そこで作業を進めることを考える。機能の実装を終えたら、そのストリーム内でのすべての変更をチーム全体のストリームに昇格させればよい。そうすれば、継続的インテグレーションに投入できる。完成した機能をテスターがテストしたい場合は、テスター用のストリームを作ればよい。そして、手動テストの準備が整った変更をすべてそこに昇格させる。そして、テストを通った機能をリリースストリームに昇格させる。

　したがって、中規模から大規模のチームでも、複数の機能を同時に開発しつつお互い他に影響を及ぼさないようにできる。テスターやプロジェクト管理者は、自分の作業に必要な変更をピックアップするだけでよい。これは、ほとんどのチームがリリース時に何らかの問題に遭遇するのと比較するとすばらしい進歩だ。特に、リリース作業のときにはコードベース全体をブランチしてからそのブランチを安定させることになる。しかしもちろん、ブランチを切るときに自分のほしい物だけを取り出す簡単な方法はない（475 ページの「リリース用のブランチ」で、この問題とその対応法を説明する）。

　もちろん、現実の世界はそんなに単純ではない。追加しようとしている機能が常に他と独立しているわけがないし、ましてや派手にリファクタリングをすれば、別のストリームにコードを昇格させるときの衝突も頻発するだろう。したがって、統合時に起こりうる問題が他とそんなに変わらなくても何

の不思議もない。たとえばこのようなものだ。

- 別々のチームが共有コードを異なる方法で変更した場合に、複雑なマージが発生する。
- ある新機能が依存する別の機能のコードがまだ昇格していない場合に、依存関係の管理に関する問題が発生する。
- リリースストリーム上でのインテグレーションテストやリグレッションテストが新しい設定ではうまく動かないという場合に、統合時の問題が発生する。

こういった問題は、チームの数やレイヤの数が増えれば増えるほど悪化する。そしてその影響はどんどん増殖していく。というのも、チーム数が増えるということはより多くのレイヤを作ることにつながるからである。多くのレイヤを作る狙いは、各チームでの変更が及ぼす影響を分離する点にある。ある大企業では、次のような五段階のストリームを用意した。チームレベル、ドメインレベル、アーキテクチャレベル、システムレベル、そして本番レベルである。すべての変更は、実際に本番環境に至るまでにこれらすべてのレベルを通過しなければならなかった。言うまでもなく、リリースするときに彼らは深刻な問題に直面した。先にあげたような問題が、ストリームを昇格させるたびに発生したのだ。

> ### ClearCaseと「ソースから再ビルド」アンチパターン
>
> ストリームモデルでの開発における問題のひとつが、昇格がバイナリレベルではなくソースレベルで行われるということである。その結果、何かの変更を上位のストリームに昇格させるたびに、ソースのチェックアウトとバイナリの再ビルドが必要となる。ClearCaseを使っている多くのチームでは、運用チームがデプロイするバイナリは（リリースブランチからチェックしたソースで）スクラッチから再ビルドしたものだけにするというのが一般的だ。しかし、何をおいてもこれは相当な無駄である。
>
> さらに、これは我々の重大な指針に違反している。リリースするバイナリは、デプロイメントパイプラインのその他のステージで使ったものと同じでなければならないという指針だ。リリースするバイナリがテストしたバイナリと同じであることを保証できなければならない。リリースストリームから作ったバイナリは誰もテストしていないという事実は元より、ビルドプロセスにおいて何らかの違いが入ってしまう可能性もある。運用チームが使うコンパイラのマイナーリビジョンが違ったり、何らかの依存コンポーネントのバージョンが違ったりといったものだ。このような違いが原因となって本番環境でバグが発生すると、原因を追及するのに何日も要するだろう。

忘れてはならないのは、共有するメインラインへのコミットを一日に何度かできなければ継続的インテグレーションの慣習に反するということである。なんとかする方法もなくはないが、厳しい規律を守らねばならない。そこまでしても、中規模から大規模のチームが抱えるジレンマを完全には解決できない。目安としては、上位のストリームへの昇格は可能な限り頻繁に行うこと。そして開発者間で共有するストリーム上では、可能な限りの頻度で自動テストを実行することだ。それさえ守れば、

このパターンは「チームによるブランチ」と同様になる。「チームによるブランチ」については本章で後ほど説明する。

しかし、悪い話ばかりではない。Linuxカーネルの開発プロセスはここで説明したものと非常に似ているが、各ブランチにはオーナーがいて、ストリームの安定を保つのはオーナーの仕事になっている。そしてもちろん「リリースストリーム」のオーナーはリーナス・トーバルズであり、彼が認めた変更だけがリリースストリームに取り込まれる。Linuxカーネルチームのやり方は、リーナスを頂点とするストリームの階層を作って、変更は（ストリームにプッシュするのではなく）あくまでもストリームのオーナーが取り込むというものである。これはたいていの組織のやり方とは逆だ。他の組織では、運用チームやビルドチームがすべてをマージする役割を押しつけられていることが多い。

最後に、この開発スタイルについての注意をひとつ。この方式で進めるときには、明示的にストリームをサポートするツールが必須だというわけではない。実際、Linuxカーネル開発チームもコードの管理に使っているのはGitだし、GitやMercurialのような新世代の分散型バージョン管理システムは十分にこの手のプロセスにも対応できる。さすがにAccuRevのような製品が持つグラフィカルなツールのようなところまでは無理ではあるが。

### 14.5.3 静的ビューおよび動的ビュー

ClearCaseには「動的ビュー」という機能がある。これは、ファイルがストリームにマージされたときに、そのストリームを継承するすべてのストリームを使う開発者のビューを更新する機能である。つまり、自分のストリームに何か変更があれば、すぐにそれに気づけるというわけだ。もうひとつの静的ビューは昔ながらの方式で、開発者が自分でビューを更新しない限り変更は反映されない。

動的ビューは、変更がコミットされたら即時にそれを知ることができるすばらしい方法である。各開発者が変更をこまめに定期的にチェックインしてさえすれば、マージの際の衝突を回避してインテグレーションをしやすくするのに役立つだろう。しかし、技術的な面でも実際の変更管理の面でも問題がある。技術的な面では、この機能は非常に低速である。経験上、開発者のファイルシステムへのアクセス速度があきれるほど低下する。ほとんどの開発者は頻繁にファイルシステムにアクセスする作業をする。たとえばコンパイルなどだ。したがって、ファイルシステムへのアクセス速度低下というコストは受け入れがたい。現実的な話として、もし何らかの作業の途中にマージすることになると、思考の流れが中断してしまって頭の中のアイデアも混乱するだろう。

### 14.5.4 ストリームベースのバージョン管理システムによる継続的インテグレーション

ストリームベースの開発の利点のひとつとして言われているのが、開発者が自分だけのストリームで作業をするのが容易になるということである。また、後のマージも容易になると言われている。し

かし我々に言わせると、この手法には根本的な欠陥がある。変更の昇格が定期的に（少なくとも1日に複数回）行われるのなら問題ないが、その頻度で昇格させるようにすると、最初に出た利点もそれなりの制約を受けることになる。頻繁に昇格させれば、このシンプルなソリューションはうまくいく。もし昇格の頻度が落ちれば、リリースのときにチーム内で問題が発生しやすくなる。すべてをうまく調整して正しく機能するようにパッチを適用し、複雑なマージで発生したバグを修正する。そんな作業にどれだけの時間を要するかは予想もつかない。これこそが、継続的インテグレーションで解決しようとしていた問題である。

ClearCaseのようなツールは確かに強力なマージ機能を持っている。しかし、ClearCaseは完全にサーバーベースのモデルでもあり、マージからタグ付けやファイルの削除まですべてサーバー側で処理される。実際、ClearCaseで親ストリームに変更を昇格させようとすると、兄弟ストリーム上で発生するマージの衝突をコミッターが解決しなければならない。

我々や同僚たちがClearCaseを使ってきた経験からすると、どんなサイズのリポジトリであっても、直感的にやりたい操作（チェックインやファイルの削除、そして特にタグ付けなど）にかかる時間が恐ろしく長くなる。この事実だけでも、ClearCaseを使った開発では頻繁にチェックインしようとすると大きなコストとなる。AccuRevがアトミックなコミットをするのとは異なり、ClearCaseではタグ付けをしないとリポジトリの既知のバージョンにロールバックできなくなる。経験豊富で力のあるClearCase管理者の助けを得られるのなら、開発プロセスはうまく管理できるだろう。残念ながら、我々にはそれほどの経験がなかった。結果として、我々は開発チーム内ではSubversionのようなツールを使うことになった。そして定期的にClearCaseへの一方向のマージを行い。他のメンバーと歩調を合わせていた。

ストリームベースのバージョン管理システムの最も重要な機能である変更セットの昇格機能についても、継続的インテグレーションを組み合わせるときには少し問題となった。複数のストリームがあって多数のマイナーバージョンをリリースするアプリケーションを考えてみよう。バグフィックスをこれらのストリームの祖先に昇格させたら、その子孫のストリームすべてに対して新しいビルドを起動しなければならない。これは、ビルドシステムの能力をあっという間に使い切ってしまう。常に数本のストリームがアクティブになっているチームでは、頻繁に昇格が発生すると、すべてのストリームのビルドが常に走り続けることになる。

この問題の対処方法は二通りある。大枚をはたいてビルド用のハードウェアや仮想環境を揃えるか、あるいはビルドを起動する方法を変更するかだ。たとえばこんな作戦が考えられる。ビルドを起動するのはデプロイメントパイプラインに関連付けられたストリームに変更が加わった場合だけにし、その祖先に変更の昇格があったときには起動させないという方法だ。もちろん、リリース候補として作られるビルドはその祖先への昇格も含めてストリームの最新版を元にしなければならないことは変わらない。手動で引き起こすビルドもまたその変更をリリース候補に含めるようにする。また基盤チームは、適切な場面で手動ビルドを引き起こして、関連するリリース候補が必要に応じて作られるようにしなければならない。

## 14.6 メインライン上での開発

このセクションおよび次のセクションでは、さまざまなパターンのブランチやマージについて、それぞれの利点や欠点とどんな場面で使えば良いのかについて探っていく。まずはメインラインでの開発について考えよう。というのも、この方式は見落とされがちだからである。実際、この方法はすばらしく効率的な開発方法であり、継続的インテグレーションを可能にする唯一の方法でもある。

このパターンでは、開発者は常にメインラインにチェックインする。ブランチを切ることはめったにない。メインラインでの開発の利点は、このようになる。

- すべてのコードが継続的インテグレーションの対象になる
- 各開発者が他のメンバーによる変更をすぐに受け取れる
- プロジェクトの終盤になって「マージ地獄」や「インテグレーション地獄」に陥らずに済む

このパターンでは、通常の開発では開発者がメインライン上で作業を進め、少なくとも一日に一度はコードをコミットする。複雑な変更を要するときにも新機能を開発するときにも、システムの一部をリファクタリングするときにも性能の大幅な向上を狙うときにも、システムの階層構造を作り直すときであっても、基本的にはブランチは使わない。その代わりに、ひとつひとつの変更が十分に小さくインクリメンタルなものになるように計画・実装し、各段階でテストを通して既存の機能を壊さないことを確認しながら進めていく。この方式については、411ページからの「アプリケーションをリリース可能な状態に保つ」で詳しく扱った。

メインラインでの開発は、決してブランチを否定しているわけではない。そうではなく、「すべての開発作業は、いつかひとつのコードラインに落ち着く」(バーチャック「パターンによるソフトウェア構成管理」61ページから引用) ということである。しかし、ブランチを作るのは、メインラインへのマージが不要な場合 (リリースや、変更前のスパイクなど) に限らねばならない。バーチャックは、同書でウィンガードとセイワルドを引用してメインラインでの開発の利点を次のように語っている。「ソフトウェアの構成管理『プロセス』のうち90%は、コードラインに対する作業を、本流がないことの埋め合わせをすることに費やしている」(Wingerd, 1998)。

メインラインで開発を進めるということは、メインラインが常にリリース可能な状態であるとは限らないということを意味する。これは、メインラインでの開発に対する決定的な反論に見えるかもしれない。ことに、ブランチを切って新機能を開発したり、ストリームベースの開発で変更を徐々にリリースストリームまで昇格させたりといった方法になじみのある人にとってはそうだろう。すべての変更をメインラインにチェックインするなら、大規模なチームで複数のリリースを扱うときにはどうやって管理すればいいのだろうか？ その答えは、ソフトウェアをうまくコンポーネント化すること、インクリメンタルに開発を進めること、そして機能を隠蔽することだ。これを実現しようとすると、

設計や開発の際により注意を要するようになる。しかし、統合フェーズが先の読めない長時間の作業になり、複数のストリームをうまくまとめないとリリース可能な状態に持っていけなくなることを考えれば、それを避けられるだけでも苦労する価値はある。

デプロイメントパイプラインの目的のひとつは、大規模なチームで頻繁にチェックインして一時的に不安定な状態になったとしても、外にリリースするときにはきちんと安定した状態を保てるようにすることだった。その意味では、デプロイメントパイプラインはソースを昇格させるモデルとは正反対である。デプロイメントパイプラインの最大の利点は、すべての変更に対するフィードバックが素早く得られ、それが完全に統合されたアプリケーションにどのような影響を及ぼすのかがすぐにわかるということである。そして、これはソース昇格モデルでは不可能なことだ。このフィードバックの価値は、いつ何時でも、いまアプリケーションがどういう状態にあるのかを正確に把握できるという点にある。統合フェーズまで待って、さらに数週間から数ヶ月の追加作業を経ないとリリースできないなどという羽目になることもない。

## 14.6.1 複雑な変更をブランチなしで行う

　コードベースに複雑な変更を加えたいような場面では、ブランチを切ってそこで作業を進め、他の開発者の作業を邪魔しないというのが最もシンプルなやり方に見える。しかし実際のところは、このように運用すれば長期間分岐したままのブランチがいくつもできあがり、メインラインとは大きくかけ離れたものになってしまいがちである。リリースにあたってのブランチのマージはたいてい複雑な作業となり、作業時間がどの程度かかるのかも見積もれない。新しいマージはそれぞれ既存の機能のさまざまな箇所を壊してしまい、メインラインを安定させるまでは次のブランチのマージにも進めない。

　その結果、リリースは当初の予定を大幅に遅れ、リリースする中身も当初の予定よりは絞られ、さらに要求される品質を満たさないものになる。この方式では、コードベースが疎結合でデメテルの掟に従っていない限りはリファクタリングが困難になる。つまり、技術的負債の返済速度も遅くなってしまう。放っておくとすぐに保守不能なコードベースになってしまい、新機能の追加やバグフィックスそしてリファクタリングがさらに難しくなる。

　要するに、継続的インテグレーションで対応すべきあらゆる問題に直面するということだ。ひとつのブランチを長く使い続けるということは、継続的インテグレーションをうまく運用するためのやり方とは根本的に食い違っている。

　ここで我々が提案するのは、技術的な解決策というよりは実践すべき心がけである。つまり、コミットは常に trunk に行い、少なくとも一日一度はコミットするということだ。そんなことをしていたら大規模な変更をコードに加えられなくなるというなら、それはあなたの努力が足りないのだと言わせていただこう。我々の経験では、機能の実装を小規模でインクリメンタルな変更にして常に動く状態を保とうとすると、確かに余計な時間はかかる。しかし、それを上回るだけの利益が得られるはずだ。コードを常に動く状態にしておくのは基本中の基本である。いくら強調しても強調しすぎにはならな

いだろう。継続的デリバリーを実践して価値のあるソフトウェアを提供するにはこれが重要となる。

ときにはどうしてもこの手法が使えないこともあるかもしれないが、本当に希な話である。もしそんな場合でも、影響を和らげるやり方は存在する（411ページの「アプリケーションをリリース可能な状態に保つ」を参照）。しかし、この方法を使うのは、他に手段がないときだけにしておくほうがよい。状態 A から状態 B への移行は、メインラインへのインクリメンタルな変更でこまめに進めていく。これが大前提である。常にこれを選択肢の一番手に置いておこう。

### バージョン管理の怖い話: その2

ある非常に大規模な開発プロジェクトで、我々は、複数のブランチを並行して保守することを強いられた。あるとき、本番環境にリリースした内容にいくつかのバグが見つかった（リリース1）。本番稼働中の環境のバグなので緊急の対応を要した。そこで、我々はその作業専門の小さなチームを立ち上げた。アクティブに開発を進めるためのブランチをもう一本用意し、百名を超える人たちがそちらで作業を進めた（リリース2）。このブランチはリリースが迫っていたが、同時に構造上の深刻な問題も抱えていた。プロジェクトの今後のためにも、ここで問題に対応しておく必要があった。将来のリリースに向けて足場を固めるために、さらに別の小さなチームを編成してコードの根本的なリストラをはじめた（リリース3）。

リリース1とリリース2は基本的に、全体の構造に大きな違いはなかった。リリース3は、あっという間に他のブランチとは姿を変えていった。他のふたつのブランチが残した技術的負債のせいである。リリース3の目的は、技術的負債の中でも最大級のものを返済することだった。

程なく明らかになったが、このやり方で進めると変更をマージするときに細心の注意が必要となった。リリース1での変更は他のブランチに比べて範囲が狭いものだったが、本番環境での重大なバグフィックスである。リリース2の開発チームでの変更は大量になるのでマージには注意が必要だし、リリース3での変更は、長期的な観点でのプロジェクトの行方を左右する。

作業を進めるにあたり、我々はこのような指針をたてた。

1. マージの戦略を明確に示す
2. 個別の継続的インテグレーションサーバーを立てて、比較的長期間運用するこれらのブランチをそれぞれ別に管理させる
3. マージ処理専任の小さなチームを作り、マージのプロセスの管理や実際のマージ操作の大半を任せる

図14-6に、このプロジェクトで採用した戦略を示す。これがすべてのプロジェクトに最適な方法だとは言わないが、我々にとってはこれでよかった。リリース1は本番用であり、このブランチのコードへの変更は重大なものに限られた。別のリリースが迫っていたからである。リリース1への変更は重要なものなので、可能な限り素早く適用し、必要に応じてリリースプロセスを通してこの「修正」を本番に反映させねばならない。リリース1へのすべての変更は、その後リリース2へも適用される。適用する順番は、リリース1に対する適用と同じ順となる。

リリース2は活発に開発が進んでいた。すべての変更は、それがリリース1に由来するものかリリー

ス2で直接変更されたものかにかかわらず、その後リリース3にも適用された。先ほどと同様、この場合も適用順序は同じである。

　マージチームはフルタイムでマージ作業に専念し、これら三つのブランチ間で変更を移動させていた。変更の順序の確認にはリビジョン管理システムを使っていた。彼らの使っていたマージ用のツールは我々の知る限り最高のものだった。しかし、リリース1とリリース2の間には機能的な違いが広がり、リリース2とリリース3の間では構造的な違いが広がったこともあって、マージがうまくいかないことも多かった。初期のリリースで修正したバグが、リリース3ではバグ自体がなくなっているということが多かった。リリース3ではいろいろ改善されていたからである。また、同じバグに対する変更をリリース3用にスクラッチで書き直さねばならないこともあった。問題自体は残っているものの、その実装が今や完全に別物となっていたのだ。

　これはとても困難でいらいらする作業だったが、マージチームはうまくやり遂げた。当初はチームのメンバーを交替制にしていたが、コア開発者が専任で対応することに決めた。その仕事の重要性を認識したからである。ピーク時には、4名の開発者がマージチーム専任となり、フルタイムで対応するという状態が数ヶ月続いた。

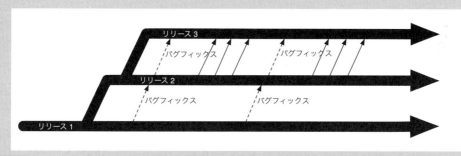

図14-6　一貫性のあるマージ戦略の設計と採用

　ブランチを切ると常にこれほどコストがかかるというわけではないが、何らかのコストは必ずかかる。もしあれをもう一度やり直せるなら、きっと違うやり方を選ぶだろう。たとえば、抽象化によるブランチを使ってリファクタリングを行いつつ、メインラインでの作業を続けるといった選択肢がある。

## 14.7 リリース用のブランチ

　常にブランチを作ってもかまわないだろうと言える場面のひとつが、リリースの直前である。ブランチを作り、リリース用のテストや検証をそのブランチのコードで行い、その間にも新しい開発をメインラインで進めるという具合である。

　リリース用のブランチを作ると、あの忌まわしい「コードフリーズ」を回避できる。コードフリー

ズとは、バージョン管理システムへのチェックインを数日から数週間にかけて止めてしまうことだ。リリースブランチを切れば、開発者はメインラインで開発を進められる。その間、リリースブランチへの変更は致命的なバグの修正だけにとどめる。リリースによるブランチの例は図 14-2 に示した。

このパターンは、次のようにまとめられる。

- 新機能の開発は常にメインラインで行う。
- ブランチを作るのは、特定のリリース用に必要な機能が完全に揃った段階で、さらに新しい機能の開発を始めたくなったときである。
- 致命的な欠陥の修正だけをブランチに適用し、それはメインラインにもただちに反映させる。
- 実際にリリースが完了したら、そのブランチにタグを打つこともある（利用中のバージョン管理システムがファイル単位での変更しか管理していない場合、たとえば CVS や StarTeam あるいは ClearCase などを使っている場合は、タグが必須となる）。

リリース用のブランチが使えるのは、次のような状況だ。開発チームは新たな機能の開発作業を始めたいところだが、その一方でリリース用のテストやデプロイメントの準備も始まっており、テストチームとしては今回のリリース用のバグフィックスが新機能の開発に影響を及ぼさないようにしたい。こんな場合は、論理的に作業を分離して、バグフィックスは新たなブランチ上で進めるのが理にかなっている。忘れてならないのは、ブランチ上でのバグフィックスは必ず trunk にも反映させねばならないということだ。ブランチにバグフィックスをコミットしたら、すぐにマージしておくとよい。

本番環境では、メンテナンスリリースも必要となる。これは、緊急を要する修正を次のバージョンまで待たずに修正するためのリリースである。たとえばセキュリティの問題は、このリリースで対応することになる。ときには機能追加とバグフィックスの区別がつけにくいこともあり、そんな場合はブランチ上で複雑な開発が進むことになる。初期のバージョンのソフトウェアを購入して使う人たちは、最新版へのアップグレードを望まない（あるいはしたくてもできない）かもしれず、旧バージョンのブランチに何らかの機能を実装することになるかもしれない。チームとして、このような状況はできるだけなくすようにすべきだ。

この形式のブランチは、大規模なプロジェクトではうまく機能しない。大規模なチームあるいは複数のチームでリリース作業を同時に終えることは難しいからである。こんな場合の理想的なアプローチは、コンポーネント化を進めてコンポーネントごとにリリースブランチを用意することだ。そうすれば、リリース用のブランチを切って新機能の開発を進めるときに他のコンポーネントの状況を気にせずに済む。それが不可能な場合は、後で説明する「チームによるブランチ」パターンを読んで、それが適用できるかどうかを考えよう。一連の変更のうちのいくつかをピックアップしたい場合は、次に紹介する「フィーチャによるブランチ」パターンを使えばよい。

リリース用のブランチを使うときに重要なのは、リリースブランチからさらに別のブランチを切ってはいけないということである。リリース用のブランチはすべてメインラインから作るものであり、

既存のリリースブランチをもとにしてはいけない。既存のブランチから新しいブランチを切ると「段構造」（バーチャック「パターンによるソフトウェア構成管理」169ページ）になってしまい、リリース間でどのコードが共通するのかを探しづらくなる。

リリースの頻度が上がって毎週一回程度になれば、もはやリリース用のブランチを用意する意味はなくなる。そこまで来れば、リリースブランチにパッチをあてるよりも単に新しいバージョンをリリースするほうが手軽である。その代わりにデプロイメントパイプラインで、どのリリースをいつ処理したのか、そしてそのリリースの元になったのはバージョン管理のどのリビジョンかを記録し続ける。

## 14.8 フィーチャによるブランチ

このパターンの目的は、大規模なチームが変更して機能開発を進めながらメインラインもリリース可能な状態に保つことである。すべてのストーリーあるいはフィーチャは、個別のブランチを用意してそこで開発を進める。そのストーリーがテスターの受け入れテストを通るまではメインラインへはマージしない。このようにして、メインラインを常にリリース可能な状態に保つ。

このパターンは一般的に、trunk を常にリリース可能な状態にしておきたいという場合に使われることが多い。したがって、開発はすべてブランチ上で進めて他の開発者やチームに迷惑をかけないようにする。開発者の多くは、きちんと仕上がる前の途中経過を他人に見せることを好まない。さらに、このパターンを使えばバージョン管理システム上の履歴がより意味のあるものになる。ひとつの機能の実装やバグフィックス全体をひとつのコミットにまとめておけばよいのだ。

このパターンをうまく機能させるには、いくつかの前提条件がある。

- メインライン上での変更は、常にすべてのブランチにマージする。
- ひとつのブランチの活動期間は短めにする。長くとも数日までにするのが理想的で、イテレーションをまたがってはならない。
- ある時点でアクティブなブランチの数が、その時点で作業中のストーリーの数を決して超えない。ひとつ前のストーリーのブランチがメインラインにマージされるまでは、新しいブランチを作ってはいけない。
- テスターによるストーリーの受け入れテストをしてからマージする。開発者は、受け入れテストに通るまでは trunk にマージできない。
- リファクタリングはすぐにマージして、マージの際の衝突を最小化する。この制約は重要だが、つらいものでもある。さらに、このパターンの使い勝手を損ねてしまう。
- リーダーの役割のひとつは、trunk を常にリリース可能な状態に保つことになる。リーダーは、すべてのマージを（おそらくパッチ形式で）レビューしなければならない。リーダーは、trunk を壊す可能性のあるパッチを却下する権限を持つ。

長期にわたって使われ続けるブランチを作りすぎるのはよくない。マージの際に組み合わせの問題が発生するからである。4本のブランチがあってそれぞれがメインラインから派生したものであり、お互いの間ではマージしあっていないものとしよう。これらのブランチは枝分かれした状態である。リファクタリングを行うブランチはコードベースと密に結合しており、これをマージするとチーム全体の作業が止まってしまう。何度も繰り返すようで申し訳ないが、ブランチを切るという行為は本質的に継続的インテグレーションに反するものである。すべてのブランチで個別に継続的インテグレーションを実践したとしても、それだけでは統合時の問題に対応できない。実際にブランチを統合していないからである。真の継続的インテグレーションに最も近いやり方としては、CIシステム側で全ブランチをひとつの仮想「trunk」にマージさせることだ。このブランチは全員がマージしたときのtrunkの状態を再現するものとして、すべての自動テストをこのブランチ上で行う。この方法は、121ページで分散型バージョン管理システムを取り上げたときに説明したものである。きっと、このマージはかなりの頻度で失敗することだろう。それこそがこの方式の問題を端的に示している。

> ### フィーチャクルーやカンバンと、フィーチャによるブランチの関係
>
> フィーチャごとに作られるブランチは、「フィーチャクルー」パターン [cfy102] の文脈で語られたりカンバン開発プロセスの支持者が取り上げたりすることが多い。しかし、カンバン開発やフィーチャクルーは、別にフィーチャごとのブランチを作らなくても実現できるし、（フィーチャによるブランチを使うよりも）ずっとうまくいっている。これらのパターンは、フィーチャによるブランチとは完全に直交するものである。
>
> 我々がフィーチャによるブランチを批判するのは、決してフィーチャクルーパターンやカンバン開発プロセスが嫌いだからというわけではない。どちらの開発プロセスも、非常にうまく機能する実例を知っている。

分散型バージョン管理システム（DVCS）は、まさにこの手のパターンを想定して作られている。そしてメインラインからのマージや最先端に対するパッチの作成などが極めて簡単にできるようになっている。オープンソースのプロジェクトで（たとえば）GitHubなどを使っていれば、開発速度を大きく向上できる。ユーザーは簡単にリポジトリのブランチを作ってそこに機能を追加できるし、それをコミッターに見せて取り込んでもらうのも簡単だ。しかし、すべてのオープンソースプロジェクトにこのパターンが適しているというわけではない。ポイントとなるのは次のような性質だ。

- たとえ多くの人たちが貢献できるとしても、それを管理するのは経験豊富な開発者たちによる比較的小規模なチームであること。そして、パッチを受け入れるか却下するかはその小規模なチームで判断すること。
- リリースの日程が比較的柔軟に設定でき、最善でないパッチはプロジェクトのコミッターが却下できるようにしておくこと。これは商用の製品でも可能だが、あまり一般的ではない。

したがって、オープンソースの世界ではこのパターンが非常にうまく機能する。商用製品のプロジェクトでも、コア開発チームが少数精鋭であればうまくいくだろう。大規模なプロジェクトでこのパターンがうまくいくのは、次の条件を満たす場合に限られる。まず、コードベースがモジュール化されており、きちんとリファクタリング済みであること。そしてデリバリー部隊が複数の小規模なチームに分かれており、経験豊富なリーダーが率いていること。さらに、チーム全体がチェックインやメインラインへの統合を頻繁に行っていること。そして最後に、デリバリーチームに対してリリースを迫るようなプレッシャーを与えていないこと。そんなことをすれば、最適な方法を探すのではなく次善の策へ逃げてしまうことになりがちだ。

我々がこのパターンを勧めるときに気が引ける理由は、このパターンが商用ソフトウェア開発の世界で最もよく見られるアンチパターンと密接に関連しているからである。この忌まわしい、しかしあちこちで見られる並行世界では、開発者たちはブランチを切って機能の開発を進める。そのブランチは長期間にわたって生き続ける。一方、他の開発者もまた別のブランチで開発を進める。リリース時期が近づくと、これらすべてのブランチをマージすることになる。

この時点になって初めて、それまでtrunk上でのちょっとしたバグをいじくるだけだったテストチームはリリース用に統合した状態を見ることになる。残された数週間で、システムレベルのバグを見つけ出さねばならない。さらに、機能レベルのバグだってまだ残っているだろう。統合前のブランチをわざわざチェックしてもらおうなどという人はどこにも存在しないからだ。また、テスター側としてもそれをわざわざチェックすることはないだろう。たとえバグが見つかったとしても開発チームにはバグフィックスの時間はあまり残されていない。リリースが迫っているからだ。マネージャー、テスター、そして開発者たちは、何週間もかけてイライラしながらバグの優先順位付けをして重大なものからつぶしにかかる。そうしないと本番環境に投入する運用チームにがらくたを押しつけてしまうことになるし、そんな状態をユーザーに公開してしまうことになる。ユーザーは、決してそんなめちゃくちゃな状態のものを受け取ることを望んでいない。

この影響は極めて強力で、よっぽど熟練したチームでないと問題を回避できない。このパターンを採用したはいいものの、結局アプリケーションをリリース可能な状態にするつらい作業を先送りしただけだった、というのはありがちな話だ。ニンジャ級のメンバーが集まった少数精鋭のアジャイルチームですら、この罠にはまるという例も見た。つまり我々の大半にとってはほとんど望みがないことになる。とにかく最初は「メインラインでの開発」パターンで始めるようにしよう。そして、もしフィーチャによるブランチを採用したくなったら、先述のルールを守って厳しく進めていくことだ。マーティン・ファウラーが、フィーチャによるブランチのリスクをあざやかに示す記事を書いている[bBjxbS][8]。この記事では、特に継続的インテグレーションとの難しい関係についても記されている。DVCSを継続的インテグレーション環境で使う方法については、121ページの「分散バージョン管理システム」で詳しく説明した。

---

8　［訳注］日本語訳は http://capsctrl.que.jp/kdmsnr/wiki/bliki/?FeatureBranch

全体的に見て、このパターンを使うならばそのメリットがオーバーヘッドを上回ることを実感できないといけないだろう。また、リリースのときにすべてが台無しになってしまわないように注意が必要である。さらに、他の選択肢についても十分検討すべきだ。たとえば、実際にブランチを切るのではなくコンポーネントを使った「抽象化によるブランチ」でスケーラビリティを確保したり、開発規約をきちんと守ってすべての変更を小規模かつインクリメンタルなものにし、定期的にメインラインにチェックインさせたりといった方法だ。これらの方法については、すべて前章で詳しく説明した。

ここで強調しておきたいのは、フィーチャによるブランチは実際のところ継続的インテグレーションに対するアンチテーゼであるということだ。このパターンをうまく進めるための我々のアドバイスは、どれもマージの際の問題を回避できるようにするためのものである。そんな問題は、マージの際ではなく最初の時点で解消しておいたほうがよっぽどシンプルに進められる。もちろん、ソフトウェア開発業界のあらゆる「ルール」と同様に、このパターンにも例外がある。つまり、フィーチャによるブランチがうまく機能する場面もあり得る。たとえばオープンソースプロジェクトや、少数精鋭の開発者が分散型バージョン管理システムを使っている場合などだ。しかし、このパターンを使うと「ハサミを持って突っ走る[9]」状態になるということに注意が必要だ。

## 14.9 チームによるブランチ

このパターンは、大規模な開発チームが複数の作業を並行で進めているときに、メインラインも常にリリース可能な状態にしたいという問題に対応するためのものである。フィーチャによるブランチと同様、このパターンの主眼は trunk を常にリリース可能にしておくことにある。チームごとにブランチを切り、ブランチが安定した時点で trunk にマージすることになる。あるブランチに何らかのマージをした場合は、他のブランチにもすぐに同じ内容をマージしなければならない。

チームによるブランチの作業の流れは、このようになる[10]。

1. 小さめのチームを作り、チームごとのブランチで作業を進める。
2. あるフィーチャ/ストーリーの実装が完了したら、ブランチを安定させてそれを trunk にマージする。
3. trunk への変更は、常にすべてのブランチにマージする。
4. ユニットテストや受け入れテストは、各ブランチでのチェックインのたびに実行する。
5. インテグレーションテストを含むすべてのテストは、各ブランチから trunk へのマージがあるたびに実行する。

開発者たちに直接 trunk へチェックインさせていると、イテレーティブな開発手法が求めるような定期的なリリースを保証しにくくなる。複数のチームがそれぞれのストーリーに対応していると、trunk

---

9　[訳注] オーガステン・バロウズの小説のタイトル。(http://www.basilico.co.jp/book/books/901784-56-0.html)
10　ヘンリック・クニベルグによる「Version Control for Multiple Agile Teams」[ctlRvc] からの引用。
　日本語訳は http://www.infoq.com/jp/articles/agile-version-control

## 14.9 チームによるブランチ

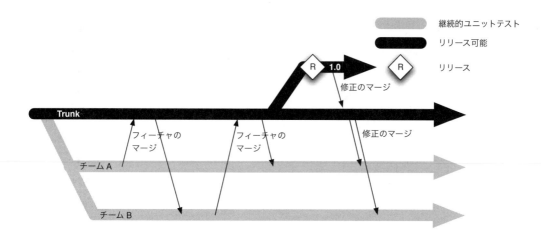

図14-7 チームによるブランチ

はほぼ常に中途半端な作業が残った状態になり、そのままではアプリケーションをリリースできなくなる。411ページの「アプリケーションをリリース可能な状態に保つ」で示したルールにきちんと従わない限り、リリースは不可能となる。「チームによるブランチ」パターンでは、開発者たちはみな自分のチームのブランチにのみチェックインする。このブランチをtrunkにマージするのは、作業中のすべてのフィーチャが完了したときだけである。

このパターンがうまく機能するのは、複数の小規模なチームが比較的独立して作業しており、システム内で機能的にそれぞれ独立した部分を扱っている場合だ。重要なのは、すべてのブランチにはオーナーを任命し、オーナーにそのポリシーをまとめさせる必要があるということだ。このポリシーには「誰がそのブランチにチェックインできるか」も含む。あるブランチにチェックインする前には、そのチェックインがブランチのポリシーに反していないかを確認する必要がある。ポリシーに反する場合は、別のブランチを新しく作らなければならない。

このパターンの狙いは、trunkを常にリリース可能な状態に保つことである。しかし、各ブランチはまったく同じ問題に直面する。ブランチが「安定」するまではtrunkにマージできないという問題だ。実際の運用ポリシーでブランチが安定したとみなすのは、trunkにマージするときに自動テストを一切壊さなくなった時点だ。この自動テストには、受け入れテストやリグレッションテストも含む。したがって、事実上はブランチごとにデプロイメントパイプラインを用意することになる。それを使ってチーム内でビルドの状況を調べ、どのバージョンのソースコードならポリシーに反することなくメインラインにマージできるのかを見極める。このバージョンは、ビルドを実行する前にメインラインの最新バージョンをマージしたものでなければならない。そうでないと、ブランチの内容をメインラインにマージしたときにメインラインのビルドが壊れてしまう可能性があるからである。

CIの観点から考えると、この戦略には弱点もある。根本的な問題のひとつは、この戦略を採用したときの作業単位がブランチ全体になってしまい、特定の変更ごとに考えられなくなるということだ。

481

言い換えると、変更ごとにメインラインにマージすることはできないということである。マージするときは、ブランチ全体をひとつのまとまりとしてマージする。さもないと、メインラインのポリシーに違反していないかどうかを判断できない。もし trunk にマージした後でバグを発見したときにそのブランチですでに別の変更を始めていたら、バグフィックスだけをマージすることはできない。このような場合は、なんとかしてもう一度そのブランチを「安定」させるか、あるいはバグフィックス用に別のブランチを作ることになる。

これらの問題の中には、分散型バージョン管理システム（DVCS）を使えばなんとかできるものもある。Linux カーネルの開発チームではこのブランチ方式を使っており、OS のさまざまなパーツ（スケジューラやネットワークスタックなど）を個別のリポジトリで管理している。DVCS を使うと、あるリポジトリの中から選んだ特定のチェンジセットを別のリポジトリに送ることができる。この処理はチェリーピックと呼ばれる。これはつまり、ブランチ全体をマージするのではなく特定のフィーチャだけをマージできるということを意味する。最近の DVCS には洗練されたリベースの仕組みも用意されており、これを使うと、過去のチェンジセットにさかのぼってパッチを適用し、それをひとまとめにできる。つまり、もし以前のパッチにバグを発見して修正を施したら、このバージョンをパイプラインで実行してメインラインを壊さないことを検証し、そしてそのパッチをマージすればよい。DVCS のおかげで、このブランチ方式は「お勧めできない」ものから「場合によっては使える」ものに変わった。各チームがメインラインへのマージを定期的に行うのなら、状況によってはうまく機能するだろう。

マージを頻繁に行わなければ、このパターンも他の方式（チームの全員が直接 trunk にチェックインする方式を除く）と同じ問題を抱えることになる。真の継続的インテグレーションが実現できなくなるのだ。つまり、マージの際の衝突が頻繁に発生するリスクを常に負うことになる。そのため、クニベルグも頻繁なマージを推奨している。すべてのチームはひとつのストーリーが完了した時点で trunk にそれをマージし、そして trunk での変更の取り込みも一日一度は行うということだ。しかし、この注意を守ったところで、常に何らかのオーバーヘッドはある（場合によってはかなりのものになるだろう）。すべてのブランチをメインラインと同期させる必要があるからである。もしお互いのブランチの相違が大きくなっていれば、たとえば密結合したコードベースへのリファクタリングを施したときなどに変更を可能な限り素早く同期させなければならない。マージの際の衝突を回避するためだ。これはつまり、リファクタリングによる変更を安定版のブランチにも適用するということを意味する。そうすれば、メインラインにもすぐにマージできるようになる。

実際には、このパターンはフィーチャによるブランチと何の違いもない。利点はブランチの数を減らせることで、少なくともチームのレベルではインテグレーションをより頻繁に行えるようになる。欠点は、ブランチ間の相違がどんどん増えていくことだ。チーム全体が各ブランチにチェックインするからである。したがって、マージ作業はフィーチャによるブランチよりもずっと複雑なものとなる。考えられる主なリスクは、各チームがメインラインとの間のマージ作業にあまり慣れていないということだ。各ブランチとメインラインとの相違はあっというまに増加するし、ブランチ間の相違も同様である。マージの際の衝突の解決は非常に面倒な作業となるだろう。これまで見てきた環境でこのパ

ターンを使っていたところは、ほぼすべて同じ状況になっていた。

411ページの「アプリケーションをリリース可能な状態に保つ」で詳述したとおり、インクリメンタルな手法で開発して機能を隠すことをお勧めする。そうすれば、新機能の開発途中であってもアプリケーションはリリース可能な状態を保てる。制約は厳しくなるが、このやり方のほうがかなりリスクを減らせる。複数のブランチを管理して定期的にマージさせるという手法だと、変更がアプリケーション全体にどのような影響を及ぼすのかのフィードバックが素早く得られず、真の継続的インテグレーションの恩恵が受けられなくなってしまう。

しかし、もし大規模で一枚岩なコードベースで開発を進めているのならば、このパターン（と「抽象化によるブランチ」を組み合わせたもの）は疎結合なコンポーネントへの移行のための有用な手段となるだろう。

> **バージョン管理の怖い話: その3**
>
> ある大規模プロジェクトに参加していたときのことだ。そのチームの一部はインドで作業をしていた。当時、各拠点間のネットワーク基盤は貧弱で信頼性の低いものだった。そのため、コミットは非常にコストのかかる作業だった。インドの開発チーム用には独自のローカルリポジトリを作成し、インドチームはそこにコミットするようにした。通常の継続的インテグレーション方式を使ってである。彼らはローカルでCruiseControlを動かし、完全に独立したCIサイクルを回していた。毎日終業時に、インドチームの選ばれしメンバーが、その日の変更をまとめてイギリスのメインラインにマージした。そしてローカルリポジトリの内容がメインラインの最新と一致するようにして、翌日の新たな開発に備えていたのだ。

# 14.10 まとめ

ソフトウェア開発において、自分たちの資産やそれが依存する他の資産の効率的な管理はプロジェクトを成功に導くために欠かせない。これは、プロジェクトの規模にかかわらずあてはまる。バージョン管理システムの進化、そしてそれを取り巻く構成管理のプラクティスは、ソフトウェア開発業界の歴史で重要な位置を占めている。洗練されたモダンなバージョン管理システムの使いやすさは、チームでのソフトウェア開発において最も重要なものとなっている。

なぜ、本筋とははずれたこの話題に多くのページを費やしたのか、その理由はふたつある。まず、バージョン管理のパターンはデプロイメントパイプラインを設計する際に重要なポイントになるということ。そしてもうひとつが、これまでの経験上、バージョン管理がうまくできていなければ素早くローリスクなリリースをするのが難しくなるということだ。バージョン管理システムが提供するさまざまな機能の中には、安全で信頼性の高くローリスクなリリース作業の障害となり得るものもある。使える機能を理解したうえで正しいツールを選んでそれを適切に使うことが、ソフトウェア開発プロ

ジェクトの成功の鍵となる。

　本章では、さまざまなバージョン管理システムのパラダイムについても比較した。標準的な中央管理モデル、分散型モデル、そしてストリームベースのモデルなどである。我々は、特に分散型バージョン管理システムがソフトウェアのデリバリーに好影響を及ぼし続けるだろうと考えている。しかし、中央管理モデルを使って効率的なプロセスを作成することだって可能だ。多くのチームにとっては、どのパラダイムを使うかよりもブランチを切るときの戦略のほうが重要な検討事項となるだろう。

　継続的インテグレーションを推進したいという思いとブランチを切りたいという思いは、基本的に相反するものである。CI をもとにした開発を進めているときにブランチを切ろうとすると、何らかの妥協が必要となる。どのブランチ戦略を採用するかを決めるのは、チームや開発プロジェクトがどのように最適化を進めていくのかという考え方である。完全に CI 側の立場になって考えると、すべての変更はできる限り素早く trunk にコミットすべきだということになる。trunk は常に、最新の完全な状態を保つ必要がある。システムをそこからデプロイすることになるからだ。変更内容を trunk から分離した状態が続けば続くほどリスクが高まり、実際にマージすることになったときに問題が発生しやすくなる。これは、どんな技術を使っていようがどんなマージツールを使っていようが変わらない。一方で、貧弱なネットワークや時間のかかるビルド、そして利便性などの他の要素のために、ブランチを切ったほうがよいという考えもある。

　本章では、そんな場面でうまくやっていくためのいくつかの選択肢を提示した。これらは、開発チームが、ある程度の妥協をしつつうまく CI と付き合っていくための方法として使える。しかし、ブランチを切るたびに、それに絡んだ何らかのコストが発生すると認識しておくことが大切だ。そのコストはリスクの増加につながる。リスクを最小化するには、どんな理由で作られたブランチかにかかわらず、あらゆるブランチの内容を一日一度以上の頻度でメインラインにマージしておくことだ。そうしなければ、その開発プロセスはもはや継続的インテグレーションに基づいているとは言えなくなってしまう。

　先述のとおり、ブランチを作ることを無条件でお勧めできる場面は限られている。リリースするとき、スパイクを行うとき、そして、**非常事態**になってそれ以外の方法ではどうしてもそれ以降の開発が進められなくなったときである。

# 第15章
# 継続的デリバリーを管理する

## 15.1 導入

　本書は主に、現場で実際に作業をする人たちに向けて書いている。しかし、継続的デリバリーを実現するには、単に何かのツールを導入して作業を自動化すればいいというわけではない。デリバリーにかかわるすべての人たちとの緊密な連携、スポンサーのサポート、そして現場の人々の「変わらなければ」という思いなど、さまざまな要素が絡んでくる。本章で扱うのは、継続的デリバリーを組織内でうまく機能させるための指針である。まずはじめに、構成管理およびリリース管理の成熟度モデルを示す。次に、リリースまで含めたプロジェクトのライフサイクルを計画する方法を扱う。それから、ソフトウェアプロジェクトにおけるビルドやリリースのリスク管理手法について説明する。そして最後に、デプロイメントに関する一般的な組織上のリスクやアンチパターンについて述べて、それを避けるために役立つ手法やパターンを提示する。

　本題に入る前に、継続的デリバリーの全体的な価値についてここで表明しておきたい。継続的デリバリーは、単なる新たな方法論ではない。ソフトウェアビジネスを進めていくためのまったく新しいパラダイムである。なぜそうなのかを理解するためには、コーポレートガバナンスの肝となる根本的な対立について考えねばならない。

　CIMA[1]は、エンタープライズガバナンスを次のように定義している。「取締役や経営管理層が実践すべき責務や習慣。その目標は、戦略的な方向づけを行うことや目標を達成すること、さらにリスクを適切に管理すること、そして組織内のリソースを信頼して活用できるようにすることである。」さらに、コーポレートガバナンスとビジネスガバナンスは区別できる。コーポレートガバナンスで考えるのは**適合性**（言い換えると、法令順守や保証、不注意、そして責務の透過的な管理）であり、ビジネスガバナンスで考えるのはビジネスや価値創造の**パフォーマンス（業績）**である。

　一方では、ビジネスの観点から新しいソフトウェアをできる限り早く世に出したいと願う人たちがいる。収益を上げ続けるためにはそれが必要だからである。もう一方で、コーポレートガバナンスの担当者は、さまざまなリスクについてきちんと理解してほしいと願っている。損失を被ったり廃業に

---

1　［訳注］Chartered Institute of Management Accountants（英国勅許管理会計士）

追い込まれたりしかねないリスク（法令違反など）や、リスク管理の方法などを気にかけているのだ。

事業にかかわるすべての人たちはひとつの目標を共有しているものの、パフォーマンスと適合性が相反して衝突することが多い。それは、開発チームと運用チームの対立という形であらわれる。開発チームはできるだけ早く製品を出荷するよう圧力をかけられている一方、運用チームはあらゆる変更をリスクととらえている。

ここで強く主張したい。これらふたつのチームは、決してゼロサムゲームに参加しているわけではないのだ。適合性とパフォーマンスを両立させることもできるのだ。それこそが、継続的デリバリーの本質である。デプロイメントパイプラインは、パフォーマンスを満たすために作られている。デリバリーチームが、アプリケーションが本番投入可能であるかどうかのフィードバックを定期的に得られるようになっている。

また同時に、チームが適合性を満たすのを支援するため、デリバリープロセスを透過的にするようにも設計されている。開発現場も経営層も、好きなときにアプリケーションの新しい機能を試してみることができる。自分でUAT環境にアプリケーションをデプロイすればよいのだ。監査用として、各アプリケーションのどのバージョンがどのデリバリープロセスを通過したのかを正確に記録する仕組みが用意されている。また、すべての環境について、その元になったのがバージョン管理システム上のどのリビジョンなのかを追跡できる。パイプライン上で使われるツールの多くは、誰が何をできるのかを制限する機能を持っている。これを使えば、特定の権限を持つ人たちだけがデプロイ作業をできるようにすることも可能だ。

本書でとりあげたプラクティス、中でもインクリメンタルなデリバリーやビルド・テスト・デプロイメントの自動化については、どれもソフトウェアの新しいバージョンをリリースするときのリスクを管理するために用意されたものである。全体的なテストの自動化で、アプリケーションの品質に対して高いレベルでの信頼性を提供する。デプロイメントの自動化で、新しい変更のリリースやその取り消しがボタン一発で可能となる。「すべての環境に対して同じ手順でデプロイする」「環境やデータ、そして基盤の管理を自動化する」といったプラクティスは、リリースプロセスが全体を通して検証済みであることを保証する。また、ヒューマンエラーを最小限に抑え、あらゆる問題（機能的な問題、非機能要件に関する問題、あるいは設定関連の問題など）をリリース前に発見できるようにする。

これらのプラクティスを利用すれば、たとえ大企業が作る複雑なアプリケーションであっても、ソフトウェアの新バージョンを素早く安心してリリースできるようになる。つまり、経営陣が投資を素早く回収できるだけでなく、リスクも軽減させられるし開発サイクルの長期化によるコスト（あるいは、さらにまずいことに目的にあわないものを出荷してしまうこと）も回避できる。リーン生産方式にたとえると、頻繁にリリースしていないソフトウェアは倉庫の中に積み上げられた在庫のようなものだ。製造するために資金を投入したが、一切売上に貢献していない。それどころか、さらに維持費もかかってしまっている。

## 15.2 構成管理およびリリース管理の成熟度モデル

　ガバナンスについて議論するときには、組織の変革の目的に関する明確な視点を持つことが極めて有用だ。コンサルタントとして長年働いているうちに（この仕事をしていると、さまざまな組織の業務形態を詳しく知ることができる）、我々と同僚たちは組織を評価するためのモデルを確立した。このモデルを使うと、プロセスやプラクティスの成熟度の観点で組織を判別でき、さらにその組織を改革するための道筋も示せるようになる。

　特に気をつけたのは、組織内でソフトウェアのデリバリーにかかわるすべてのロールを取りあげ、そしてお互いにどのように協力するかを扱うことだった。図 15-1 にそのモデルを示す。

| プラクティス | ビルド管理および継続的インテグレーション | 環境およびデプロイメント | リリース管理およびコンプライアンス | テスト | データ管理 | 構成管理 |
|---|---|---|---|---|---|---|
| レベル 3 - 最適化: プロセスの改善に注力する | チームで定期的に話し合いの場を持ち、統合時の問題やその自動化による解決、すばやいフィードバック、そしてより一層可視化について議論する。 | すべての環境がうまく管理されている。プロビジョニングは完全に自動化。仮想化を適切に活用する。 | 運用チームとデリバリーチームが協力し、リスク管理やサイクルタイム削減を行う。 | 本番環境への変更の取り消しは滅多に発生しない。問題があればすぐに見つかり、すぐに修正される。 | リリースのたびに、データベースのパフォーマンスやデプロイメントプロセス自体についてのフィードバックを得る。 | 変更管理ポリシーを常に検証し、効率的な共同作業やすばやいデプロイができているかどうかを確かめる。また、変更管理プロセスの可監査性もチェックする。 |
| レベル 2 - 定量的な管理: プロセスが計測可能で制御されている | ビルドメトリクスを収集して可視化し、それに基づいて作業する。ビルドを壊したままにしない。 | 統合したデプロイ管理。リリースやリリース取り消しの手順もテストしている。 | 環境はアプリケーションの健康状態を監視し、能動的に管理している。サイクルタイムを監視している。 | 品質のメトリクスとその傾向を追跡する。非機能要件を定義し、計測する。 | データベースの更新やロールバックはデプロイのたびにテストされる。データベースのパフォーマンスを監視、最適化する。 | 開発者は、少なくとも一日一度はメインラインにチェックインする。ブランチはリリース作業のときだけ使う。 |
| レベル 1 - 一貫している: 自動化されたプロセスが、アプリケーションのライフサイクル全体に適用される | 自動ビルドと自動テストのサイクルを実行する。すべての環境に対して同じ手順でデプロイする。 | ソフトウェアのデプロイは完全に自動化され、ボタンを押すだけで完結する。すべての環境に対して同じ手順でデプロイする。 | 変更管理とその承認プロセスが定義され、それを守っている。規約を遵守している。 | ユニットテストや受け入れテストを自動化する。受け入れテストはテスターが書く。テストが開発プロセスに組み込まれる。 | データベースへの変更は、デプロイメントプロセスの一環として自動的に行う。 | ライブラリや依存関係を管理する。バージョン管理システムの利用ポリシーは、変更管理プロセスで定義する。 |
| レベル 0 - 繰り返し可能: プロセスは文書化され、一部は自動化されている | ふだんのビルドやテストを自動化する。すべてのビルドは、ソース管理システムを使って自動化された手順で再現できる。 | 一部の環境ではデプロイを手軽に作成する。新しい環境の構成情報を外に出してバージョン管理する。 | 面倒で頻度も低く、信頼できないリリース。リリース要件に関するトレーサビリティも限定的。 | ストーリーの開発の一環として自動テストを書く。 | データベースへの変更は自動化したスクリプトで行い、スクリプトはアプリケーションとともにバージョン管理する。 | バージョン管理システムを使って、ソフトウェアの作成に必要なものをすべて管理する。ソースコードや設定ファイル、ビルドやデプロイ用スクリプト、データのマイグレーションなど。 |
| レベル -1: リグレッションエラー多発: プロセスは繰り返しで管理も貧弱、そして対処療法を行っている | ソフトウェアのビルド手順が手動である。成果物やビルド結果の管理をしていない。 | ソフトウェアのデプロイ手順が手動である。バイナリが環境に依存する。環境の配布が手動である。 | リリース頻度が低く、しかも信頼できない。 | 開発をした後に手作業でのテストを実施する。 | データのマイグレーションはバージョン管理されておらず、手動で操作する。 | バージョン管理システムを使っていない、あるいは使っていてもめったにチェックインしない。 |

図 15-1　成熟度モデル

### 15.2.1 成熟度モデルの使い方

　最終的な目標は、組織の改善につなげることである。あなたが求めている成果は、このようなものだろう。

- サイクルタイムを減らし、より素早く組織に価値を提供して採算を上げる。
- 欠陥を減らし、効率を改善してサポートのコストを下げる。

- ソフトウェアのデリバリーに関するサイクルタイムの予測可能性を高め、より効果的な計画づくりにつなげる。
- 従うべき規制や制度を順守する態度を保てるようにする。
- ソフトウェアのデリバリーに関するリスクの発見や管理をうまく行えるようにする。
- よりよいリスク管理でソフトウェアのデリバリーに関する問題を減らし、コストを削減する。

この成熟度モデルに従えば、きっとこれらの成果を達成できるだろう。さらに、従来のPDCAサイクル（計画、実行、評価、改善）も適用するとよい。

1. このモデルを使って、自組織の構成管理やリリース管理の成熟度を判定する。組織内の部門ごとに、モデルのそれぞれのカテゴリーでの到達レベルが異なることもあり得るだろう。
2. 未熟な分野の中から最も致命的なものを選ぶ。バリューストリームマップを活用すれば、改善を要する分野を見つけやすくなるだろう。本書は、改善することによって何がもたらされるのかと実際にどうやって改善すればよいのかを理解する助けとなる。まず何を改善するのが組織にとって有用か、費用対効果や優先度を検討しなければならない。また、期待する結果に到達したとみなす受け入れ基準やその計測方法をきちんと定義して、改革に成功したかどうかを判別できるようにしなければならない。
3. 変更を実行する。まずは計画を立てる。概念を実証すること（プルーフ・オブ・コンセプト）から始めるのがよいだろう。そのときは、組織内で本当にその問題に苦しんでいる部門を選ぶ。彼らはきっと誰よりも改革を望んでいるだろうし、最も劇的な変化が期待できる。
4. 変更を終えたら、事前に定めた受け入れ基準で計測し、その変更が期待通りの効果を得たかどうかを判断する。すべてのステークホルダーや参加者たちを集めてふりかえりのミーティングを開き、変更がどの程度うまくいったのか、さらに改善の余地があるかどうかを確認する。
5. ここまでのステップを繰り返し、経験を積み重ねる。改革を徐々にすすめ、組織全体に広めていく。

組織の改革は容易なことではなく、その詳細な手引きは本書で扱う範囲を超えている。我々ができる最も重要な助言は、変更をインクリメンタルに進めることとその効果を計測することである。組織全体をレベル1からレベル5まで一気に上げようとしても、きっと失敗するだろう。大きな組織の変革は数年がかりとなることもある。最も価値のある変更の発見やそれをどのように遂行するかの判断は科学的に進めよう。まずは仮説を立て、そして実験してみる。繰り返して、そのプロセスから学ぶ。どんなにうまくできたとしても、どこかに改善の余地があるはずだ。もしうまくいかなくてもそのプロセスをあきらめてはいけない。別の方法を試してみよう。

## 15.3 プロジェクトのライフサイクル

　ソフトウェア開発プロジェクトに、同じものはふたつとない。しかし、抽象化して共通要素を取り出すのはそんなに難しくない。特に、ソフトウェアのデリバリーのライフサイクルを一般化できると有用だろう。すべてのアプリケーションには、チームと同様、物語のような起承転結がある。チームについては、次の五段階で考えることが一般的になってきた。形成期、争乱期、規範期、実行期、そして散会・再形成期だ[2]。同様に、すべてのソフトウェアもいくつかの段階を経過する。まずは、大きく次の段階に分けて考えよう。発見期、開始期、構築期、開発・デプロイ期、そして運用期だ。これらの各段階について簡単に説明してから、ビルドやデプロイメントの技術がここにどのように当てはまるのかについて詳しく検討する。

### ITILと継続的デリバリー

　Information Technology Infrastructure Library（ITIL）はソフトウェアサービスのデリバリーのためのフレームワークを提供しており、このフレームワークは我々が本書で解説するデリバリーの方法との共通点が多い。我々が最も重点を置くのは、より多くの価値を顧客に届けるためにITをビジネスの戦略兵器とすることである。ITILがサービスの**有用性（Utility）**（目的に合っているかどうか）と**保証（Warranty）**（求める条件を満たすかどうか）に注目するのと同様に、我々は明確に定義された機能要件・非機能要件をシステムが満たすかどうかを議論する。

　しかし、ITILの扱うスコープは本書よりずっと幅広い。ITILの狙いは、よい習慣をサービスのライフサイクルのすべての段階にもたらすことである。その範囲は、ITストラテジーやサービスポートフォリオの管理のための習慣や仕組みから、サービスデスクの管理方法にまで及ぶ。逆に本書では、すでにストラテジーは存在してそれを管理するプロセスもあり、提供したいサービスの概要案もすでに持っているという状態を前提としている。本書で主に扱うのはITILで言う「サービストランジション」のフェーズであり、一部は「サービスオペレーション」の範囲も含む（第11章「基盤と環境を管理する」など）。

　ITILの文脈では、本書の大半の内容はリリース管理・デプロイ管理・サービスのテストおよび妥当性管理プロセスに対するよい事例をもたらすものだと考えられる。さらに、サービス資産管理・構成管理・変更管理のプロセスに関する事例も含まれる。しかし我々はデリバリー全体のことを考えているので、本書の議論の中ではサービスデザインやサービスオペレーションも示唆されている。

　我々のやり方とITILとの主な違いは、本書ではイテレーティブでインクリメンタルなデリバリーに焦点を合わせ、かつ職種をまたがる協調を重視していることだ。ITILでも、これらの内容はサービスデザインおよびサービスオペレーションの観点から重要であるとされている。しかし、サービストランジション、特に開発やテスト・デプロイメントを議論するときにはなぜか軽視されている。我々は、イテレーティブ

---

2　[訳注]「タックマンモデル」として知られている。http://en.wikipedia.org/wiki/Tuckman's_stages_of_group_development を参照。

かつインクリメンタルに価値のある高品質なソフトウェアを届けることを特に重要視している。競合相手に負けない優位を維持し続けるためにはそれが大切だ。

## 15.3.1 発見期

　中規模以上の組織には、何らかのガバナンス戦略があるだろう。企業は戦略目標を定め、その目標を達成するための作戦を練る。そして、この作戦に基づいて、さまざまなプロジェクトを立ち上げることになる。

　それにもかかわらず、これまでの経験では戦略目標を立てずに始まるIT化作戦があまりにも多すぎた。はじめから失敗するのが目に見えるようだ。なぜなら、そんなプロジェクトは成功したかどうかを判断できないからである。「サウスパーク」[3]に登場するパンツの妖精のほうがまだましだ。妖精たちの戦略はこんなものだった。

- 第一段階: パンツの収集
- 第二段階: ？
- 第三段階: 利益追求

　要件をとりまとめるのはとても難しい。さらに、集めた要件を客観的に順位付けするには投資対効果検討書が不可欠だ（これは、組織内で使うサービスの場合も同様である）。それができたとしても、最終的にできあがるアプリケーションやサービスと、最初に要件をとりまとめたときに思いついたソリューションとはまったく違うものになることもある。

　要件をとりまとめる前に、もうひとつ気をつけておくべきことがある。それはステークホルダーの一覧、つまり誰がその事業の主なスポンサー（PRINCE2[4]では上級責任者と呼ばれる）になるのかということだ。各プロジェクトの事業スポンサーはひとりだけであるべきだ。さもないと必然的に、それなりの規模のプロジェクトは内部の政争が原因で崩れることになるだろう。ここで言う事業スポンサーは、スクラムの世界では「プロダクトオーナー」、そしてその他のアジャイル界では「顧客」と呼ばれている。しかし、事業スポンサー以外にも、すべてのプロジェクトには利害関係者の運営委員会が必要である。企業なら、この委員会には役員やサービス利用者代表などが参加することになる。製品なら、その製品の著名なユーザーや顧客の代表も含める。ITプロジェクトにおけるその他の内部ステークホルダーには、運用チームや営業そしてサポート要員などがいる。もちろん開発チームやテス

---

3 ［訳注］アメリカのケーブルテレビで放送されているアニメ番組。パンツの妖精は第2シーズンの第17話に登場する。
　　http://www.southparkstudios.com/guide/episodes/s02e17-gnomes
4 ［訳注］プロジェクトマネジメントの方法論のひとつで、ITILと同様に英国商務局が開発したもの。

トチームもその一員だ。これらのステークホルダー全員の声を、プロジェクトの次のフェーズ（開始期）で反映しなければならない。

## 15.3.2 開始期

このフェーズをひとことで言うと、コードを書き始める前のフェーズということだ。一般的には、要件のとりまとめや分析をここで行う。プロジェクトで行う作業の範囲や計画をおおまかに決めるのもこのフェーズでの作業である。あまり重要に見えないこともあって、このフェーズはつい省略しがちである。しかし、アジャイルな開発を愛する我々だって、過去の苦い経験からこのフェーズの重要性を実感している。このフェーズで慎重に計画をたてて実行することが、プロジェクトを成功に導くためには欠かせない。

開始期の成果物は数多くあり、その中には採用する手法やプロジェクトの形式によって大きく異なるものもある。しかし、たいていの場合はこのようなものが含まれるはずだ。

- 投資対効果検討書。そのプロジェクトによってもたらされると想定する価値を含む。
- 概要レベルの機能要件・非機能要件（キャパシティや可用性、サービス継続性、そしてセキュリティなど）の一覧を、作業の見積もりやプロジェクトの計画づくりに必要な程度の詳しさで示したもの。
- 作業スケジュールやプロジェクトに関連するコストも含めたリリース計画。この情報を取得するためによく使う方法は、要件の相対的な大きさやコーディングに要する労力、そして個々の要件に関連するリスクや要員配置計画などを見積もることだ。
- テスト戦略。
- リリース戦略（後述する）。
- アーキテクチャに関する評価。これは、採用するプラットフォームやフレームワークの決定につながる。
- リスクや問題点の記録。
- 開発のライフサイクルに関する説明。
- これらすべてを遂行するための計画。

これらの成果物には、そのプロジェクトを立ち上げられる程度に詳細な情報を含める必要がある。また、長くとも数ヶ月以内に何を届けるつもりなのかという情報も必要だ。この期間は、可能ならもう少し早めたほうがよい。経験上、考えうる最大規模のプロジェクトでもこの期間は3ヶ月から半年の範囲に収まる。最低限にすることが望ましい。この開始期を経て、そのプロジェクトを実際に始めるか否かを決定する。プロジェクトのもたらす価値や想定コスト、そして起こりうるリスクを考慮して決めることになる。

開始期で最も大切なこと（プロジェクトを成功させるちょっとした仕込み）は、すべてのステークホルダーの顔合わせをすることだ。ステークホルダーには、開発者や顧客のほかに運用チームや管理職も含まれる。これらの人を集めて話し合い、解決すべき問題やその解決策を共有する。それこそが、このフェーズでの真の成果となる。先ほどあげたリストは、話し合う材料として用意したものだ。これらを使って重要な問題について議論し、リスクを発見し、そして進むべき道を決めていく。

これらの成果物はドキュメントとして残すべきである。しかし、ドキュメントは生き物なので、ここで作ったドキュメントがプロジェクトを進めるうちに変わることもある。ドキュメントの変更を信頼できる方法で追跡する（そして、誰もが現在の状態を確認できるようにする）ために、ドキュメントもバージョン管理システムにコミットしなければならない。

ひとつ警告する。プロジェクトのこの段階における決断はどれも推測に基づくものであり、後に変わるだろう。この段階で作れるのは、ほんの一握りの情報をベースにしたできる限りの推測に過ぎない。この段階、つまり対象についてまだほとんど何も知らない段階で、あまり力を注ぎすぎるのはよくない。ここで計画づくりや方向づけなどに関して議論すること自体は不可欠だが、その多くは今後変わるし定義しなおされるということを認識しておこう。うまくいくプロジェクトは、変更にもうまく対処できる。変更を回避しようとするプロジェクトは、多くの場合失敗する。詳細な計画づくりや見積もり、そして設計などをプロジェクトのこの段階で行うのは、時間と資金の無駄だ。この段階では、今後役立つのは大まかな範囲の決定だけである。

### 15.3.3 構築期

開始期の次の段階では、プロジェクトの基盤を構築することになる。これが「構築期」で、一週間から二週間ほどかけるのが一般的だ。この段階で行う主な作業は、このようになる。

- チームのメンバー（アナリストやマネージャー、そして開発者たち）が作業を始めるために必要な機器やソフトウェアをそろえる
- 必須の環境（インターネット接続やホワイトボード、紙とペン、プリンタ、そして食べ物や飲み物）をそろえる
- メールアカウントを作成し、各種リソースへの適切なアクセス権を付与する
- バージョン管理システムを用意する
- 基本的な継続的インテグレーション環境を準備する
- 各自の役割や責務、勤務時間、そして各種うちあわせ（スタンドアップ・ミーティングや計画ミーティング、そしてショーケースなど）の時間について合意を得る
- 最初の一週間の作業を準備し、最初の一週間の到達目標（締め切りではない）について合意を得る
- シンプルなテスト環境とテストデータを用意する
- システム全体の設計について、ほんの少しだけ詳しく探る。可能性を探ることが、この段階での

最大の目的である
- 分析や開発そしてテストの際のリスクを発見して和らげるために、スパイク（特定の要件について、その可能性を検証するための使い捨ての実装）を行う
- ストーリーあるいは要件のバックログを作成する
- プロジェクトの骨格を準備する。最もシンプルなストーリー（「Hello World」レベルでよい）を使って、ビルドスクリプトやテストを含めた継続的インテグレーションを行う

これらのタスクを余裕を持ってこなせるように、十分な時間を確保することが極めて重要である。この要件を誰も満たさないまま、満足に設定もされていないコンピュータや貧弱なインターネット環境で作業を開始しろと言われても、非生産的だしやる気も出ない。

この段階での本来の狙いは基本的なプロジェクトの基盤を確立することであり、真の開発イテレーションとして扱ってはならない。しかし、現実の課題を使って作業を進めるのはとても有用である。テスト対象が何もない状態でテスト環境を構築したり、バージョン管理システムを立ち上げたはいいもののなにも格納するものがなかったりといった状態は、不毛だし非効率的だ。そこで、数ある要件のなかで最もシンプルなものを選んで使うようにしよう。とはいえ、それは現実の問題を解決するものだし、設計を始めるにあたっての何らかの指針を確立するものである。このストーリーを使って、バージョン管理がうまくできることやCI環境でテストを実行できること、そして手動テスト環境へのデプロイメントができることを確認する。構築期の最終目標は、このストーリーを完了させてうまくいくことを実証し、そしてそれをサポートする基盤をすべて確立させることである。

ここまでできれば、実際の開発に進むことができる。

## 15.3.4 開発・リリース期

当然ながら、我々が推奨するのはイテレーティブでインクリメンタルな手順でのソフトウェア開発・そしてリリースである。それがあてはまらない唯一の場面として考えられるのは、さまざまな勢力が絡む大規模な国家防衛プロジェクトくらいだろうか。実際のところ、スペースシャトルのソフトウェアですらイテレーティブな手順で実装されている[*5]。イテレーティブなやり方がうまくいくことは多くの人が認めるところだが、我々がこれまで見てきたチームの中には「イテレーティブに開発をしている」といいながらその実態はそうではないというところもよくあった。ここでもう一度、我々の言う「イテレーティブなプロセス」がどのようなものであったかを確認しておこう。

- ソフトウェアは常に動作する状態を保つ。それを実証するために、ユニットテストやコンポーネントテスト、そしてエンドツーエンドの受け入れテストを含む自動テストスイートをチェックインのたびに実行する。

---

5　ACM, 1984, vol. 27 issue 9.

- イテレーションごとに、動作するソフトウェアを疑似本番環境にデプロイしてユーザーに披露する（これにより、開発プロセスが単にイテレーティブなだけでなくインクリメンタルでもあるようにする）。
- イテレーションの期間は最大でも二週間までとする。

イテレーティブなプロセスを採用する理由には、このようなものがある。

- フィーチャの優先順位付けをしてビジネス上の価値が高いものから実装していけば、プロジェクトが完了するよりもずっと前の時点からそのソフトウェアを有用に使えるようになる。有用な機能が実装できたからといってすぐに新しいソフトウェアを使えるかというと決してそうとは限らない。しかし、新機能が実現してプロジェクトを成功させられるか不安な人たちにとって、実際に動くシステムが使えることほど安心することはないだろう。
- 顧客やスポンサーから、どのように動いてほしいのかやどのように要件が変わったのかについてのフィードバックを定期的に得られる。これはつまり、今やっている作業をより正しい方向に進められるということである。プロジェクトを立ち上げた時点では、本当に欲しいものなど誰もわかっていないのだ。
- 本当にすべてが完了するのは、顧客が検収を終えたときである。定期的なデモの披露が、顧客が進捗を把握するための最も信頼できる方法となる。
- ソフトウェアを常に動く状態にしておく（顧客向けのデモのために）ことで、チーム内に一定の規律を植え付けることができる。つまり、統合フェーズに時間をかけすぎたり、コードをきれいにするつもりで書き換えたら何もかもぶちこわしにしてしまったり、何か実験するうちに本来やるべきことを見失ってしまったりといった問題を回避できるようになる。
- おそらく最も重要なのは、イテレーティブな手法を使えば各イテレーションの終了時に**いつでも本番にデプロイできる**状態のコードができあがるということだ。これはソフトウェア開発プロジェクトの進み具合を計測する唯一の有用な基準であり、イテレーティブな手法だからこそ提供できるものである。

イテレーティブな開発を**しない**理由としてよく引き合いに出されるのが、ある程度のフィーチャがそろうまではそのプロジェクト全体として何も価値を提供できないというものである。多くのプロジェクトにとってこれはある程度真実かもしれない。しかしそんな場合でも、先ほどのリストの最後の項目は成立する。イテレーティブでない開発手法の大規模プロジェクトを管理すると、進捗の判断基準は主観的なものでしかなくなる。そしてプロジェクト全体としての実際の進捗を定量化する方法がなくなってしまう。イテレーティブでない手法でよく見られる図は、残りの作業時間の見積もりに基づいてその後の統合やデプロイメント、そしてテストのリスクとコストを推測したものに過ぎない。イテレーティブな開発をすれば、進捗状況をはかる客観的な基準が得られる。これは開発チームが作っ

た動作するソフトウェアが顧客の要件をどの程度満たしているかに基づいたものである。本番運用可能な動作するコード、実際に操作できるコード。たとえそれがUAT環境だけの話であっても、何らかのフィーチャが完成しているかどうかを確実に保証できるのはそれ以外にない。

重要なのは、「本番運用可能な状態」とはソフトウェアの非機能要件も疑似本番環境で本番と同規模のデータを使って実証済みでなければならないということである。あらゆる非機能要件（キャパシティや可用性、セキュリティなど）は、現実的な量のデータを用意して実際の使い方にあわせてテストする必要がある。これらのテストは自動化し、受け入れテストを通過したすべてのビルドに対して実行しなければならない。これで、そのソフトウェアが常に使える状態であることを保証する。詳細は第9章「非機能要件をテストする」で解説した。

イテレーティブな開発プロセスの鍵となるのが、優先順位付けと並列化である。作業の優先順位をきちんと設定して、最も価値のあるフィーチャから分析を始められるようにする。そうすれば開発者もそのフィーチャから作業を開始できるしテスターも同様だ。さらに、最終的なユーザーやその代理人にも重要なフィーチャから試してもらえるようになる。リーン生産方式のテクニックを借りて並列作業を進めれば、各タスクの担当人数を調整してボトルネックを解消でき、非常に効率的に開発プロセスを進められる。

イテレーティブでインクリメンタルな開発には、さまざまなやり方がある。最も有名なのがスクラムで、これはアジャイル開発プロセスの一種である。スクラムを採用して成功したプロジェクトは多いが、スクラムで失敗したプロジェクトもある。失敗の要因としてありがちなものを三つまとめた。

- **コミットメントの欠落**。スクラムへの移行はとても恐ろしいプロセスで、特にプロジェクトの主導権の扱いが難しい。全員が定期的に顔を合わせて現状について話し合うようにしよう。さらに、定期的なふりかえりのミーティングを設定し、そこでパフォーマンスを分析して改善点を探すことだ。アジャイルプロセスは、透明性や協調性、規律、そして継続的な改善があってこそ成立するものである。アジャイルプロセスを実行すると有用な情報が多く集まるようになるが、同時にこれは、今までは隠し通せていた不都合な真実も白日の下にさらしてしまうことになる。ここでのポイントは、その問題自体はずっと前から存在したのだと認識することである。今あなたはそれを知った。知ったということは、何か対応できるということだ。
- **よい開発手法の無視**。マーティン・ファウラーはかつて、スクラムを採用した人たちがテスト駆動開発やリファクタリングそして継続的インテグレーションといった技術的プラクティスを無視すると何が起こるのかを述べた [99QFUz]*6。未熟な開発者がめちゃめちゃにしたコードベースは、どんな開発プロセスを使っても自動的にはきれいにならない。
- **まだアジャイルなプロセスに到達していない時点でプロセスを微調整する**。アジャイルプロセスを「調整」し、自分たちの組織でより適用しやすいようにするというのはありがちなことだ。結局

---

6 ［訳注］日本語訳は、http://capsctrl.que.jp/kdmsnr/wiki/bliki/?FlaccidScrum

のところアジャイルプロセスは、個々のプロジェクトのニーズにあわせて微調整して使うように考えられている。しかし、アジャイルプロセスの各要素はそれぞれ微妙に絡み合っており、特にイテレーティブな開発プロセスになじみのない人たちにとっては、その真の価値を誤解しやすい。ここであらためて強調しておく。何度言っても言い過ぎではないだろう。まずは、書いてあることを疑わず、その通りにやってみることだ。自分の組織に合わせた調整は、お手本通りにやってみた結果を見てからにしよう。

最後にあげた問題は、Nokiaでも大きな問題になった。そこで彼らは、チームが本当にスクラムを行っているかを評価するテストを作った。このテストは、次のふたつの部分に分かれている。
あなたはイテレーティブな開発をしているか？

- ひとつのイテレーションは長くとも四週間までのタイムボックスにおさめねばならない[*7]。
- ソフトウェアのフィーチャは、イテレーションの終了時に毎回テストして動作する状態になければならない。
- イテレーションを開始するのは仕様が確定する前でなければならない。

あなたのやっていることはスクラムか？

- プロダクトオーナーが誰かを知っているか？
- プロダクトバックログが、ビジネス上の価値に基づいて優先順位付けされているか？
- プロダクトバックログに、チームで作った見積もりがついているか？
- プロジェクトマネージャー（あるいは他の誰か）がチームの作業を邪魔していないか？

最後の点について補足しておくと、我々は決してプロジェクトマネージャーが不要だと言っているわけではない。プロジェクトマネージャーには、リスク管理をしたりリソース不足などの障害を除去したり効率的なデリバリーを手助けしたりなど、さまざまな役割がある。ただ、中にはこれらをまったくしないプロジェクトマネージャーもいるということだ。

## 15.3.5 運用期

通常は、一度リリースしてしまえばそれでおしまいということはない。その後に何が起こるかは、プロジェクトによって大きく異なる。さらに力を注いで開発・リリースのフェーズが続くかもしれないし、チームが縮小されるかもしれない。そのプロジェクトが試験的なものだった場合は、逆にチームが拡大するかもしれない。

---

7 先述のとおり、我々はタイムボックスのサイズを二週間にすべきだと考えている。これはあくまでもNokiaでの話だ。

真にイテレーティブでアジャイルなプロセスの興味深い特性のひとつは、プロジェクトの運用フェーズでの作業が通常の開発フェーズと何ら変わらなくとも不思議ではないということである。ほとんどのプロジェクトは、先述のとおり、リリースしてそれでおしまいというわけではない。さらに新たな機能の開発が進んでいくわけだ。プロジェクトによっては、一連のメンテナンスリリースが続くこともある。予見できなかった問題に対応したり、新たに気づいたユーザーのニーズにあわせてプロジェクトを調整したり、一連の開発計画の流れとしてリリースしたりといったものだ。どんな場合であっても、新しいフィーチャを追加するときには、まずその内容をはっきりさせてから優先順位付けを行い、分析・開発・テスト・そしてリリースへと進めていく。プロジェクトの通常の開発フェーズと何ら変わらない。この点で、これらのフェーズをぜんぶまとめて考えることは、リスクを軽減するための最善策となる。これこそが、本書でずっと扱ってきた継続的デリバリーの肝である。

　このセクションの最初で扱ったように、リリースはできるだけ早い時期に行うことが有用である。これはあらゆるシステムについて当てはまる。最良のフィードバックを得られるのは実際のユーザーからなのだから、実際に使えるソフトウェアを可能な限り早い時期にリリースすることが鍵となる。そうすれば、ソフトウェアの使い勝手や機能に関する問題やフィードバックに素早く対応できるようになる。しかし、一般向けにプロジェクトをリリースする前のフェーズとリリースした後のフェーズでは、検討すべき違いもいくつかある。変更管理、特にアプリケーションやその公開インターフェイスで作成したデータも含めた変更管理は、リリース後の最重要課題のひとつである（第12章「データを管理する」を参照）。

## 15.4 リスク管理プロセス

リスク管理とは、次のようなことを確実にするプロセスである。

- プロジェクトの主要なリスクを認識すること。
- 適切なリスク削減戦略をとって、それを管理すること。
- プロジェクト全体を通して、リスクの認識と管理を続けること。

リスク管理プロセスは、このような特性を持っていなければならない。

- プロジェクトチームが状況報告するための標準化された仕組み
- プロジェクトチームの進捗状況の定期的な更新と標準への準拠
- マネージャーが各プロジェクトの現状や動きを把握できるようなダッシュボード
- プロジェクト外部の誰かの定期的な監査による、リスク管理が適切に行われていることの確認

### 15.4.1 リスク管理入門

　重要なのは、あらゆるリスクに対する緩和策を用意する必要はないということである。中には致命的としか言えないようなでき事もあって、そんなリスクはどう頑張っても回避できない。たとえば、巨大な小惑星が激突して、この星の生命体が全滅してしまうような場合だ。極端すぎる例ではあるが、言わんとすることは伝わるだろう。現実の世界でも、プロジェクトを打ち切らざるを得ないようなリスクは多く存在する。法改正や財務状況の変化、組織の管理体制の変更、主要なスポンサーの撤退などがその一例だ。あまりにもコストがかかりすぎたり時間をかけすぎたりするリスク回避戦略はほとんど意味がない。たとえば、中小企業の勤怠管理システムに、マルチサイト・マルチノードのバックアップシステムは必要だろうか？

　リスク管理の一般的なモデル（トム・デマルコとティモシー・リスターの『熊とワルツを』による）は、すべてのリスクをその**影響**（発生したときにどの程度の被害があるか）と**可能性**（どの程度の確率で発生するか）で分類している。これらの組み合わせで、個々のリスクの深刻度を判断する。影響は、金銭的な被害を考えるとわかりやすい。つまり、もしそのリスクが現実となったらどの程度の損害が発生するかということだ。そして、可能性については 0（ありえない）から 1（間違いなく起こる）までの確率で考えればよい。そうすれば、影響と可能性のかけ算で深刻度が算出できる。これで、金銭的な意味での深刻度が見積もれるだろう。これを利用すれば、どのようなリスク緩和策を採用するのかも簡単に判断できる。ある緩和策にかかるコストがリスクの深刻度を上回るのなら、おそらくその方法は使わないほうがよいだろう。

### 15.4.2 リスク管理のタイムライン

　本章の序盤で説明したプロジェクトのライフサイクルで考えると、リスク管理プロセスは「開始」フェーズの終盤で始めなければならない。その後「構築」フェーズの最後でもう一度行い、開発・デプロイメントフェーズを通して定期的に再考されることになる。

#### 開始期の最後

　この段階で揃えておくべき重要な成果物は次の二点である。まずはリリース戦略で、これは開始期の作業成果のひとつだ。リリース戦略の作成に関するセクションで議論した内容をすべて考慮していることを確かめなければならない。それができていなければ、関連するリスクの管理計画など誰がたてられるというのだろう？

　二番目の成果物は、構築期の計画である。ときには開始期と構築期の間があくこともある。そんな場合は、この計画の作成は構築期が始まる数日前まで遅らせてもよい。そうでない場合は、開始期の最後には計画が仕上がっていなければならない。

## 15.4 リスク管理プロセス

### 構築期の最後

ここでポイントとなるのは、チームがソフトウェア開発を確実に始められるようにすることである。すでに継続的インテグレーションサーバーが立ち上がっており、コードのコンパイルや自動テストスイートの実行ができる状態でなければならない。また、疑似本番環境を用意してデプロイできるようにもしなければならない。さらに、テストの方針も確立させ、アプリケーションの機能要件や非機能要件（特にキャパシティ）をデプロイメントパイプライン上の自動テストスイートからどのようにテストするのかを定めておく必要がある。

### 開発・リリースのリスクの軽減

どんなに万全の準備をしたところで、開発・デプロイメントのフェーズで恐ろしい問題が起こる要素はいくらでもある。しかもそれは、あなたが思っているよりもずっと早く起こりうる。納品日を過ぎているのにまだ何も公開できていないプロジェクト、あるいは公開したはいいものの負荷に耐えられずあっという間にダウンしたシステムなどといった恐ろしい話を、誰もが見聞きしたことがあるに違いない。このフェーズ全体を通して常に自問し続けるべきことは「何が問題になり得るか？」だ。常にそれを意識しておかないと、実際に問題が起こったときにどうすればいいのかがわからなくなってしまう。

リスク管理の真の価値は、開発作業の背景を確立することである。さらに、考え抜かれていてリスクも意識した開発活動を引き出すことでもある。何が問題となり得るかをチームで考えていると、見落としていた具体的な要件を新たに発見するかもしれない。しかし、リスクに十分気をつけることで、それが問題となる前になんとか回避できるようにもなる。外注先が納品日を守れない可能性を想定するなら、外注先の進捗状況を早い時期から確認しておけばよい。そうすれば、納品が遅れたときの対策を実際の締め切りよりずっと前から準備できる。

このフェーズでの狙いは、思いつく限りの管理可能なリスクをあげてその状況を見守り、管理することである。リスクを発見するには、次のようにいくつかの方法がある。

- 開発計画を見る。
- 顧客への状況報告の後に毎回ちょっとしたふりかえりを行い、その打ち合わせの中でどんなリスクがあったのかを洗い出す。
- リスクの発見を、毎朝のスタンドアップミーティングに取り入れる。

ビルドやデプロイメントに関連して一般的にありがちなリスクもいくつかある。それらについては次のセクションで扱う。

## 15.4.3 リスク管理の実践法

　動作するソフトウェアを常に提供しているチームを、ささいな不具合で邪魔してしまわないことが大切だ。しかし、外から見る限りはうまく進んでいるように見えても実際のところは間違った方向に進んでいるようなプロジェクトがもしあれば、少しでも早く発見しないといけない。幸いなことに、イテレーティブな手法を採用する大きな利点のひとつが、そんな場合に比較的問題を発見しやすいということだ。イテレーティブな開発を進めていれば、各イテレーションの最後には動作するソフトウェアを疑似本番環境にのせてデモすることになる。これは、進捗状況を目に見える形で示す最良の方法だろう。実際に動くコード、ユーザーに使ってもらえるレベルのコードを疑似本番環境にどの程度公開できたかということ（ベロシティ）は嘘をつかない。単なる見積もりならいくらでもごまかせる。

　これを、イテレーティブでない方法の場合と比較してみよう。あるいは、イテレーティブではあるけれども各イテレーションの期間が長すぎる場合と比べてもよい。そんなプロジェクトでは、チームの作業の詳細にまで踏み込み、大量のドキュメントを引っかき回してシステムを確認しないと、どれだけの機能が実装できていてあとどれだけ残っているのかが把握できない。分析を終えたら、次はその結果が現状に反していないかを確かめて、誰が見ても検証できるようにする必要がある。これは、極めて困難だし信頼できない作業である。

　プロジェクトを分析する第一歩は、このように問いかけることだ（このリストは、我々が実際にいくつかのプロジェクトで使ってうまくいったものである）。

- 進捗状況の管理方法は？
- 不具合を出さない方法は？
- 不具合を見つける方法は？
- 不具合の対応状況の管理方法は？
- あるストーリーの作業が完了したと判断する基準は？
- 環境を管理する方法は？
- テストケースやデプロイメントスクリプト、環境やアプリケーションの設定、データベーススクリプト、そして外部ライブラリなどの構成の管理方法は？
- 動作する状態でフィーチャのデモをする頻度は？
- ふりかえりの開催頻度は？
- 自動テストの実行頻度は？
- ソフトウェアをデプロイする方法は？
- ソフトウェアをビルドする方法は？
- リリース計画が、運用チームにとっても対応可能で受け入れられるものであることをどのように保証する？
- リスクログや課題ログが最新の状態であることをどのように保証する？

これらの問いは特定の答えを求めるものではない。この点は重要だ。なぜなら、あらゆるチームはある程度の柔軟性を持っており、それぞれのニーズにあわせて適切なプロセスを選んでいるからである。そうではなく、これらの問いはすべて「開かれた質問」にしている。そのプロジェクトの現状や方針に関して、できる限りの情報を得るためである。しかし、これらの問いはどれも成果に焦点を合わせているので、答えを聞けばそのチームが実際に成果をあげられるかどうかを判断できる。また、危険な兆候を見つけることもできるだろう。

## 15.5 デリバリーによくある問題——その症状と原因

このセクションでは、ソフトウェアのビルド・デプロイ・テスト・リリースの際に起こるありがちな問題について扱う。プロジェクトにまつわるどんなことであっても問題を引き起こす**可能性**はあるが、その中でも問題の原因になりやすいものがいくつかある。たいていの場合、何が**実際**に問題だったのかを突き止めるのは難しい。わかっているのは何らかの症状だけである。何かおかしなことが起こったときにはできるだけ早期に発見できるようにし、その症状を監視できるようにしよう。

何かの症状が見つかったら、その根本原因を突き止める必要がある。あらゆる症状は、いくつかの根本的な原因によるものである可能性がある。このときに我々は、「根本原因解析」というテクニックを使っている。何かの症状に対して、子どものころに戻ったつもりで「なぜ？」とチームに聞き続けるのだ。「なぜ？」を少なくとも5回は繰り返すことをお勧めする。ばからしく感じるかもしれないが、こんな簡単な方法がすばらしく役立つのだ。

根本原因がわかったら、次はそれを解決しなければならない。しかし、さすがに「なぜ？」と問うだけでは何も解決しない。そこで、苦労せずに済むように、一般的な症状をその根本原因ごとにまとめてみた。

### 15.5.1 頻度の低いデプロイメント・バグのあるデプロイメント

**問題**

デプロイメント作業に長い時間がかかり、かつその手順が安定しない。

**症状**

- バグが見つかってからテスターがバグレポートを閉じるまでに時間がかかりすぎる。この症状は決してデプロイメントの間隔だけが原因だとは限らないが、根本原因の可能性のひとつとなる。
- ひとつのストーリーがテストを終えたり顧客に検収されたりするまでに時間がかかりすぎる。
- 開発者が以前に修正したはずのバグを、テスターがまた発見する。
- UATやパフォーマンステストそしてCI用の環境を誰も信用しておらず、リリースの準備ができたと言われても不安が残る。

- 顧客に対してショーケースをほとんど行わない。
- アプリケーションのデモで、必ずといっていいほど何かの問題が起こる。
- チームのベロシティ（進捗率）が、期待しているよりも遅い。

**考え得る原因**

さまざまな原因が考えられる。その中でも最もありがちなものを以下に示す。

- デプロイメントプロセスが自動化されていない。
- ハードウェアが不足している。
- ハードウェアやOSの設定が正しく管理されていない。
- デプロイメントプロセスが、チームの手の及ばない外部のシステムに依存している。
- ビルドやデプロイメントのプロセスを理解している人が少なすぎる。
- 開発中に、テスター、開発者、アナリスト、そして運用部隊の連携がうまく機能していない。
- 開発者の能力に問題があり、小規模でインクリメンタルな変更を心がけてアプリケーションを動作する状態に保つことができない。そして、既存の機能が頻繁に動かなくなってしまう。

## 15.5.2 貧弱な品質のアプリケーション

**問題**

デリバリーチームが、効率的なテスト戦略を実践できない。

**症状**

- リグレッションが頻発する。
- かなりの時間を割いてバグ対応をしているにもかかわらず、不具合の数が増え続ける（もちろん、この症状を見つけるにはテストプロセスをきちんと実行していなければならない）。
- 顧客から、ソフトウェアの品質に関する苦情が出る。
- 機能追加要望があるたびに、開発者は文句を言いつつ不安げになる。
- 開発者たちがコードの保守性に関して不平を言うが、何も改善されない。
- 新機能の実装にかかる時間がどんどん増え続け、チーム全体のスピードが鈍り始める。

## 考え得る原因

　この問題の原因は、本質的には次のふたつである。まずはテスターとその他のデリバリーチームとの連携がうまくできていないこと、そして自動テストがうまく実践できておらず不十分であるということだ。

- 開発中に、テスターと開発者が連携していない。
- ストーリーあるいはフィーチャの実装が「完了」したと判断する前に、しっかりと自動テストを書いたりテスターの検収を得たり疑似本番環境でユーザーにデモを見せたりといった手順を経ていない。
- 不具合があれば特に何も考えずバックログに書き込んでしまう。既存の機能を壊したことが自動テストで見つかったのなら、バックログに書かずにその場で修正すればよい。
- 開発者やテスターが、自動テストスイートを書くための十分な経験を積んでいない。
- いま使っている技術やプラットフォームに関する最も効率的なテストの書き方を、チームが理解していない。
- 開発者が十分なテストカバレッジを達成できていない。原因はおそらく、自動テストを書くための時間をプロジェクトの管理者が十分に与えていないからだろう。
- そのシステムはプロトタイプであり、最終的には破棄される予定である（とはいえ、今まで見てきた重要なシステムの中には、もともとプロトタイプとして開発されたものが破棄されずにそのまま本番に投入されたという例もいくつかある）。

　注意すべきなのは、自動テストも度を超すと問題になり得るということである。かつて、あるプロジェクトでは、チーム全体で何週間もかけてただテストだけを書き続けることがあった。実際に動くソフトウェアが何ひとつ存在しないことを知った顧客は、そのチームをクビにした。しかし、この話はあくまでも特別な例だ。失敗するパターンとしてはるかに多いのは、自動テストをやりすぎることではなく自動テストが少なすぎることなのだから。

## 15.5.3 管理が貧弱な継続的インテグレーションプロセス

**問題**

ビルドプロセスが適切に管理されていない。

**症状**

- 開発者がチェックインする頻度が低い（一日一度に満たない）。
- コミットステージがずっと壊れたままである。
- 不具合の数が多い。
- リリース前の統合フェーズに長い時間がかかる。

**考え得る原因**

- 自動テストに時間がかかりすぎる。
- コミットステージに時間がかかりすぎる（5分までなら理想的で、10分を超えてしまうことはあり得ない）。
- 自動テストがたまに失敗し、本来通るはずのテストが失敗してしまったりする。
- 誰にもチェックインを取り消す権限がない。
- CI プロセスを理解している人がおらず、誰も CI プロセスに手を入れられない。

## 15.5.4 貧弱な構成管理

**問題**

環境をうまく運用できず、自動プロセスによるアプリケーションのインストールを確実に行えない。

**症状**

- 謎の不具合が本番環境で発生する。
- デプロイメントは手に汗握る作業で、いつもどきどきする。
- 環境の構築や管理のために、大規模な専任チームを用意している。
- 本番環境へのデプロイメントを取り消したり、デプロイ後に応急処置をしたりといったことが頻発する。
- とても受け入れられないほどのダウンタイムが本番環境で発生する。

**考え得る原因**

- UATと本番で環境の構成が異なっている。
- 本番環境やステージング環境での変更管理のプロセスがうまく機能していない。
- 運用チームとデータ管理チーム、そしてデリバリーチームの連携ができていない。
- 本番環境やステージング環境での問題発生を監視する仕組みがうまく機能していない。
- アプリケーションに、適切なログ出力機能が組み込まれていない。
- アプリケーションの非機能要件のテストがうまくできていない。

## 15.6 コンプライアンスと監査

　大企業の多くは、その業界ごとの法的な制約に従うことを要求されている。たとえば、アメリカで株式を公開している企業はすべて、米国企業改革法（サーベンス・オクスリー法あるいはSOX法と呼ばれることが多い）に準拠しなければならない。また、アメリカのヘルスケア企業はHIPAAの条件を満たす必要がある。さらに、クレジットカードの情報を扱う企業はPCI DSS認証を取得しなければならない。ほぼすべての分野で何らかの規制が存在する。ITシステムでも、何らかの規制を念頭においた設計が必要になることが多い。

　世界各国のすべての業界の規制をひとつひとつ解説するにはページが足りなすぎるし、そこまでの気力もない。いずれにせよ、その手の規制は頻繁に変わるものである。しかしここで少しだけ、一般的な規制について議論しておきたい。特に、ソフトウェアのリリースプロセスを左右する環境に関する規制について扱う。その手の規制制度の多くは監査証跡を要求しており、それを使って本番環境のすべての変更を特定できなければならない。その変更はコードの何行目に対して行われたのか、誰が変更したのか、そして誰がそのプロセスを承認したのかといった情報が必要となる。このような規制は、金融からヘルスケアに至るまであらゆる業界でよくある話である。

　この手の規制に従うための一般的な戦略には、次のようなものがある。

- 「特権」環境に誰がアクセスできるのかを厳密に制限する。
- 特権環境に対する変更を効率的に管理するためのプロセスを作成し、それに従う。
- デプロイメントを実行する前に、管理職の許可を得ることを必須とする。
- ビルドからリリースに至るまでのすべてのプロセスについて、文書化を必須とする。
- 承認の壁を作って、ソフトウェアを開発した人が黙って本番環境にデプロイできないようにする。これによって、悪意のある変更が本番環境に投入されるリスクを抑える。
- すべてのデプロイメントは監査を通し、何がどのように変わるのかを正確に把握できるようにする。

このような戦略は、組織が規制に従うためには必須であり、ダウンタイムや障害の発生数の劇的な低下につなげることができる。にもかかわらず不評なのは、そんなことをしてしまうとソフトウェアの変更が面倒になってしまうからだ。しかし、デプロイメントパイプラインを使えば、これらの戦略に従いながらも効率的なデリバリープロセスを容易に運用できる。このセクションでは、いくつかの原則と習慣を示す。これに従えば、規制や制度にきちんと準拠しながら短いサイクルタイムを保ち続けられるようになるだろう。

## 15.6.1 文書化よりも自動化を

多くの企業では、文書化こそが監査の鍵だと考えている。しかし、我々の考えはそれとは異なる。「確かにこのように何かをやりました」と書いた紙切れがあったところで、本当にそれをその通りに実行したという保証は一切得られない。コンサルタント業の世界はこんな話に満ちあふれている。（たとえば）ISO 9001 認証を取得しようとする人たちが監査を受けるときに、大量の文書を用意しておいてその内容に従っていることを「証明」し、検査官に何か聞かれたときにきちんと答えられるように、その文書を社員にたたき込んでおくのだ。

文書には、内容が古くなるといういやな性質もある。文書を詳細に作り込めば作り込むほど、その内容が現状と食い違ってしまうのも早くなる。文書の内容と現状にずれが生じても、たいていの人はわざわざ文書を更新しようとはしない。こんなやりとりを、誰もが一度は聞いたことがあるだろう。

運用担当「先月メールでもらった手順通りにデプロイしてみたけど、うまくいかないんだ」

開発者「ああ、デプロイメントの手順がちょっと変わったんだ。この新しいファイルで上書きしてから、実行権限をつけてくれないか」。ひどい場合は「え、おかしいな……。ちょっと調べてみる」と言った後、何時間もかけてどこが変わったのかを確認し、新しいデプロイ方法を考えることになる。

自動化すれば、これらの問題はすべて解決する。自動化スクリプトは、**このように動かないといけない**という作業手順を文書化したものになる。このスクリプトを使わせることで、スクリプトが常に最新の状態を反映していることだけでなくその手順が期待通りに動くことも保証できる。

## 15.6.2 トレーサビリティを確保する

変更履歴を追いかけられるようにしておく必要に迫られることがよくある。いま本番環境で動いているのが何で、そのもとになったソースはバージョン管理システム上のどのバージョンであるかといった情報だ。このような追跡をしやすくするためのプラクティスとして、次のふたつを強調しておきたい。

- バイナリを作るのは一度だけにする。つまり、最終的に本番環境にデプロイするバイナリとビルドプロセスの最初のステージで作ったバイナリは同じものとなる。バイナリが同一であることを

保証するには、そのハッシュ（MD5やSHA1など）を計算したうえで、バイナリとハッシュをあわせてセキュアなデータベースに格納すればよい。これを自動的にしてくれるツールは多数存在する。
- バイナリのデプロイメント・テスト・リリースといったプロセスを完全に自動化し、誰が何をいつどうしたのかをきちんと記録する。これについても、そのためのツールが多数出回っている。

これらの注意に従ったとしてもなお、未承認の変更が紛れ込む余地がある。それは、ソースコードから最初にバイナリを生成するときだ。バイナリを生成するマシンにアクセスできる誰かが、コンパイルやアセンブルの最中にファイルを書き換えたり追加したりするようなことが考えられる。この問題を解決するひとつの方法は、バイナリの作成をひとつのステップにまとめてしまい、きちんとアクセス制御されたマシン上で自動化されたプロセスとして実行することだ。この場合に重要なのは、この環境の配布や管理を自動化しておくことだ。そうすれば、もし作成プロセスで何か問題が発生したときにデバッグできるようになる。

### アクセス制御とトレーサビリティの確保

我々の同僚のロルフ・ラッセルはかつて金融サービス企業で働いていた。そこでは、知財保護のためにトレーサビリティに特に厳格だった。本番環境にデプロイされたコードとバージョン管理システムからチェックアウトしたコードが本当に同一なのかを確認するために、彼らはデプロイメント前のバイナリを逆コンパイルしていた。その結果を今本番環境にあるバイナリを逆コンパイルした結果と比較し、何が変わったのかを確認していたのだ。

その企業では、ビジネス上重要なある種のアプリケーションを本番環境にデプロイする権限を持つのはCTOだけだった。CTOは、週に一度のリリース作業用に数時間を確保していた。リリース用の時間に社員がCTO室を訪問し、社員の手助けのもとでCTOがデプロイメントスクリプトを実行していたのだ。本書の執筆時点では、このシステムは少し変わった。ユーザーが自分自身でアプリケーションをデプロイできるようになったのだ。ただし、デプロイできる場所は特定の部屋にある特定のターミナルだけ。その部屋に入るにはIDカードによる認証が必要で、部屋の中は監視カメラを使って24時間体制で監視されていた。

## 15.6.3 サイロで作業する

大規模な組織では、職種ごとに部署が分かれていることも多い。多くの組織で、開発やテスト、運用、構成管理、データ管理、そしてアーキテクチャ設計が別々のチームとして存在する。本書でずっと推奨してきたのは、これらのチーム間でオープンかつ自由なコミュニケーションをすることであった。つまり、同じソフトウェアの開発やリリースを担当するメンバーなのに組織内の部署ごとに分かれ

て壁をつくってしまうのはちょっとまずい。しかし、明らかにひとつのグループで担当すべきものであって他のグループには関係ないという作業も中には存在する。規制された環境では、重要な作業の多くは監査役やセキュリティチームの承認を要する。彼らの役割は、法的なリスクを冒したりセキュリティ上の問題を公開してしまったりしないようにすることである。

このような責務の分離は、正しく行って正しく管理する限りにおいては何も問題はない。理屈の上では、会社員はみな自社全体のことを念頭に置いているはずだ。つまり、他の部署と何とかしてうまく協力していきたいと考えていることだろう。しかし、そうでない場合も多い。ごく一部の例外を除いて、共同作業がうまくいかない原因のほとんどはグループ間のコミュニケーションがうまくいっていないことだ。ソフトウェア開発を効率的に進めるには、職域をまたがって集まったグループがそれぞれの得意分野を生かして要件定義・開発・テスト・リリースを進めていくことだと、我々は強く信じている。そして、そのグループは一カ所にまとまっていなければならない。そうでないと、他のメンバーの持つ知識の助けを得られなくなってしまう。

規制の内容によっては、このような職域をまたがるチーム編成が困難なこともある。あまり他の部署に目を向けないような組織にあなたがいる場合は、本書で説明したテクニック（特にデプロイメントパイプラインの実践）を活用すればよい。そうすれば、縦割り構造の組織がデリバリープロセスの障害になることを防げる。しかし、最も重要な解決策は、プロジェクトが始まったときから各サイロ間でのコミュニケーションを密に行うことである。それには方法がいくつかある。

- プロジェクトのデリバリーにかかわる人たちをすべて、サイロの中に引きこもっている人たちも含めて、プロジェクトの開始時に引き合わせる。我々はこの集まりのことを「リリースワーキンググループ」と名付けている。彼らの仕事はリリースプロセスを正常に保つことだからである。このワーキンググループでは、そのプロジェクトのリリース戦略をとりまとめる。詳細は第10章「アプリケーションをデプロイ・リリースする」を参照すること。
- リリースワーキンググループは、プロジェクトの期間中は定期的に顔を合わせること。そこでは、前回顔を合わせてからのでき事のふりかえりや改善策の検討、そしてその実施などを行う。デミングのPDCAサイクルを使えばよい。
- まだ誰も利用者がいない段階でも、ソフトウェアはできる限り頻繁に（少なくともイテレーションごとに）疑似本番環境にリリースすべきだ。中には継続的デプロイメントを実践しているチームもある。これは、パイプラインのすべてのステージを通過した変更は毎回リリースするという仕組みだ。これは「つらいことほど頻繁に行う」という原則を適用した例である。この原則は、いくら主張してもしきれないぐらい重要だ。
- プロジェクトの現状を、497ページの「リスク管理プロセス」で説明したダッシュボードも含めて可視化し、ビルドやデプロイ、テスト、そしてリリースにかかわるすべての人が確認できるようにしておく。誰もが見られるような大きなモニターに表示させておくとよいだろう。

## 15.6.4 変更管理

　規制された環境では、ビルドやデプロイ、テスト、そしてリリースの各プロセスで何らかの承認が必須となることが多い。特に、手動テスト環境やステージング環境そして本番環境は厳密なアクセス制御のもとに置き、組織内の変更管理プロセスを経た変更だけを適用できるようにしている。無駄にお役所的な手順に見えるかもしれない。しかし実際のところ、このようにしたほうが平均故障間隔（MTBF）や平均修復時間（MTTR）を低く抑えられるという研究結果がある（The Visible Ops Handbook の 13 ページを参照）。

　もしあなたの組織でサービスレベルを満たせない問題があって、その原因がテスト環境や本番環境によくわからない変更が紛れ込むことなのだとしたら、次の手順で承認手続きを管理することをお勧めする。

- 変更諮問委員会を作り、開発チームや運用チーム、変更管理チーム、そして顧客の代表を委員会に含める。
- どの環境を変更管理プロセスの配下に置くかを決める。これらの環境はきちんとアクセス制御をして、変更管理プロセスを経た変更だけが適用されるようにする。
- 自動化された変更リクエスト管理システムを作り、それを使って変更リクエストの提出やその承認を行う。各変更リクエストの現状や、誰がそれを承認したのかなどは、誰でも見られるようにしておく必要がある。
- 誰かが環境に何らかの変更を加えたいときには、たとえそれがアプリケーションの新バージョンのリリースであろうと新しい仮想環境の作成であろうと、あるいは単なる設定変更であっても、変更リクエストを通してから行わねばならない。
- すべての変更には、もし問題が発生したときの対策（元に戻せるようにするなど）を要求する。
- 変更が成功したかどうかを判断する受け入れ基準を用意する。理想を言えば、現状では失敗するけれども変更に成功すれば通るようになる自動テストがあればよい。運用管理用のダッシュボードに何らかのインジケーターを用意して、テストの状態を把握できるようにしよう（384ページの「ふるまい駆動監視」を参照）。
- 変更を適用するプロセスは自動化しておき、変更リクエストが承認されればあとはボタンを押す（あるいはリンクをクリックするなど）だけで実行できるようにする。

　最後の項目はちょっと難しく感じるかもしれない。しかし、それと同時になじみのある考え方だと感じて欲しい。というのも、これこそが本書で最も重点を置いて説明してきた考え方だからである。監査・承認を経た変更を本番環境にデプロイする仕組みは、同じ変更をその他の環境へデプロイする仕組みと何ら変わらない。ただ単に承認プロセスが追加されただけである。デプロイメントパイプラインにアクセス制御を追加するだけと考えれば、ごく簡単なことだ。とてもシンプルなことなので、

この監査・承認のプロセスをもう少し拡張してもよいだろう。すべての変更は、その環境を所有する人の承認を要するようにする。そうすれば、テスト環境用に作った自動化の仕組みをそのまま変更管理プロセスの管理下にある環境への変更にも使い回せるようになる。つまり、すでに実証済みの自動化プロセスを使えるということだ。

変更諮問委員会が、その変更を実行すべきかどうかを判断する基準は何だろうか？ これは、単純にリスク管理の問題である。その変更をすることによるリスクは？ その変更の利点は？ もしリスクのほうが利点よりも大きいのなら、その変更は適用すべきではない。あるいは、よりリスクの少ない方法にすべきだろう。変更諮問委員会は、変更リクエストのチケットに対してコメントしたり追加情報を要求したり修正を提案したりといったこともできるようにすべきだ。これらのプロセスはすべて、自動化されたチケット管理システムを使って管理する。

最後に、さらに三つの原則を示す。変更の承認手続きを実践する際には、これらに従わねばならない。

- システムのメトリクスを記録し、可視化する。変更が承認されるまでにかかる時間の平均は？ 承認待ちの変更の数の推移は？ 変更が却下される割合は？
- システムがうまく進んでいるかどうかを計測し、可視化する。MTBF や MTTR は？ ひとつの変更あたりのサイクルタイムは？ ITIL の資料には、さらに詳しい指標の一覧が定義されている。
- システムに関するふりかえりのうちあわせを定期的に開催し、各部署の代表を招集する。そして、ふりかえりで出た意見をもとにシステムを改善する。

## 15.7 まとめ

管理作業は、あらゆるプロジェクトを成功させる上で不可欠なものである。うまく管理すれば、ソフトウェアのデリバリーを効率的に行いつつリスク管理も適切に行い、規制制度にも準拠できる。しかしほとんどの組織では、もちろん最善を尽くしてはいるものの、管理がうまくいっておらずこれらの目標をひとつも達成できていない。本章では、適合性とパフォーマンスの両方を満たす管理方法について説明した。

我々が作成したビルドとリリースの成熟度モデルの狙いは、組織のパフォーマンスを改善することだ。これを使えば現在のデリバリー手法がどの程度効率化されているのかを判断でき、今後どのように改善すべきなのかも見えてくる。本章で説明したリスク管理プロセスやありがちなアンチパターンのリストは、問題が発生したらすぐにそれを発見できるようにする戦略作りのために用意した。早めに問題を認識できれば早いうちに手を打てるし、修正自体も容易になる。本章（そして本書全体）の多くを、イテレーティブでインクリメンタルなプロセスについての議論に費やした。なぜなら、イテ

レーティブでインクリメンタルなデリバリーこそが効率的なリスク管理の鍵となるからである。このプロセスを実現できなければ、プロジェクトの進捗状況やアプリケーションが期待通りに作られているかどうかを判断する客観基準がなくなってしまう。

　最後にひとこと。我々が提示したイテレーティブなデリバリー手順や、それに関連するビルド・デプロイ・テスト・リリースの自動化プロセスを実現するデプロイメントパイプラインは、適合性やパフォーマンスを満たすだけではなくこれらの目標を達成するための手助けとして欲しい。このプロセスを採用すればソフトウェアのデリバリーにかかわる人たちの協調がうまく進み、素早いフィードバックが得られるので、バグが入り込んでしまったり不要なフィーチャが実装されてしまったりしてもすぐに見つけることができる。これは、重要な指標であるサイクルタイムの短縮につながる。これはつまり、より高速に、より価値のある高品質なソフトウェアをデリバリーできるということであり、より高い収益をより低いリスクで確保することにつながる。こうして最終的に、優れたガバナンスを実現するという目標が達成できるのだ。

# 参考文献

1. Adzic, Gojko, Bridging the Communication Gap: Specification by Example and Agile Acceptance Testing, Neuri, 2009.
2. Allspaw, John, The Art of Capacity Planning: Scaling Web Resources, O'Reilly, 2008.（ジョン・オルスポー［編］、佐藤 直生［監訳］、木下 哲也［訳］、『キャパシティプランニング――リソースを最大限に活かすサイト分析・予測・配置』、オライリー・ジャパン、2009 年、ISBN 978-4873113999）
3. Allspaw, John, Web Operations: Keeping the Web on Time, O'Reilly, 2010.（ジョン・オルスポー、ジェシー・ロビンス［編］、角 征典［訳］、『ウェブオペレーション――サイト運用管理の実践テクニック』、オライリー・ジャパン、2011 年、ISBN 978-4873114934）
4. Ambler, Scott, and Pramodkumar Sadalage, Refactoring Databases: Evolutionary Database Design, Addison-Wesley, 2006.（スコット・W. アンブラー、ピラモド・サダラージ［著］、梅澤 真史、越智 典子、小黒 直樹［訳］、『データベース・リファクタリング』、ピアソンエデュケーション、2008 年、ISBN 978-4894715004）
5. Beck, Kent, and Cynthia Andres, Extreme Programming Explained: Embrace Change（2nd edition）, Addison-Wesley, 2004.（ケント・ベック［著］、長瀬 嘉秀［監訳］、(株)テクノロジックアート［訳］、『XP エクストリーム・プログラミング入門』第二版、ピアソンエデュケーション、2005 年、ISBN 978-4894716858）
6. Behr, Kevin, Gene Kim, and George Spafford, The Visible Ops Handbook: Implementing ITIL in 4 Practical and Auditable Steps, IT Process Institute, 2004.（ケビン・ベア、ジーン・キム、ジョージ・スパフォード［著］、官野 厚［訳］、『THE VISIBLE OPS HANDBOOK――見える運用』、ブイツーソリューション、2006 年、ISBN 978-4434072963）
7. Blank, Steven, The Four Steps to the Epiphany: Successful Strategies for Products That Win, CafePress, 2006.
8. Bowman, Ronald, Business Continuity Planning for Data Centers and Systems: A Strategic Implementation Guide, Wiley, 2008.
9. Chelimsky, Mark, The RSpec Book: Behaviour Driven Development with RSpec, Cucumber,

and Friends, The Pragmatic Programmers, 2010.

10. Clark, Mike, Pragmatic Project Automation: How to Build, Deploy, and Monitor Java Applications, The Pragmatic Programmers, 2004.

11. Cohn, Mike, Succeeding with Agile: Software Development Using Scrum, Addison-Wesley, 2009.

12. Crispin, Lisa, and Janet Gregory, Agile Testing: A Practical Guide for Testers and Agile Teams, Addison-Wesley, 2009.（リサ・クリスピン、ジャネット・グレゴリー［著］、榊原 彰［監訳］、増田 聡、山腰 直樹、石橋 正章［訳］、『実践アジャイルテスト テスターとアジャイルチームのための実践ガイド』、翔泳社、2009 年、ISBN 978-4798119977）

13. DeMarco, Tom, and Timothy Lister, Waltzing with Bears: Managing Risk on Software Projects, Dorset House, 2003.（トム・デマルコ、ティモシー・リスター［著］、伊豆原 弓［訳］、『熊とワルツを——リスクを愉しむプロジェクト管理』、日経BP社、2003 年、ISBN 978-4822281861）

14. Duvall, Paul, Steve Matyas, and Andrew Glover, Continuous Integration: Improving Software Quality and Reducing Risk, Addison-Wesley, 2007.（ポール・M・デュバル、スティーブ・M・マティアス、アンドリュー・グローバー［著］、大塚 庸史、丸山 大輔、岡本 裕二、亀村 圭助［訳］、『継続的インテグレーション入門 開発プロセスを自動化する 47 の作法』、日経BP社、2009 年、ISBN 978-4822283957）

15. Evans, Eric, Domain-Driven Design, Addison-Wesley, 2003.（エリック・エヴァンス［著］、今関 剛［監訳］、和智 右桂、牧野 祐子［訳］、『エリック・エヴァンスのドメイン駆動設計』、翔泳社、2011 年、ISBN 978-4798121963）

16. Feathers, Michael, Working Effectively with Legacy Code, Prentice Hall, 2004.（マイケル・C・フェザーズ［著］、ウルシステムズ株式会社［監訳］、平澤 章、越智 典子、稲葉 信之、田村 友彦、小堀 真義［訳］、『レガシーコード改善ガイド』、翔泳社、2009 年、ISBN 978-4798116839）

17. Fowler, Martin, Patterns of Enterprise Application Architecture, Addison-Wesley, 2002.（マーチン・ファウラー［著］、長瀬 嘉秀［監訳］、(株)テクノロジックアート［訳］、『エンタープライズアプリケーションアーキテクチャパターン』、翔泳社、2005 年、ISBN 978-4798105536）

18. Freeman, Steve, and Nat Pryce, Growing Object-Oriented Software, Guided by Tests, Addison-Wesley, 2009.

19. Gregory, Peter, IT Disaster Recovery Planning for Dummies, For Dummies, 2007.

20. Kazman, Rick, and Mark Klein, Attribute-Based Architectural Styles, Carnegie Mellon Software Engineering Institute, 1999.

21. Kazman, Rick, Mark Klein, and Paul Clements, ATAM: Method for Architecture Evaluation, Carnegie Mellon Software Engineering Institute, 2000.

22. Meszaros, Gerard, xUnit Test Patterns: Refactoring Test Code, Addison-Wesley, 2007.

23. Nygard, Michael, Release It!: Design and Deploy Production-Ready Software, The Prag

matic Programmers, 2007.（マイケル・ナイガード［著］、でびあんぐる［訳］、『Release It! 本番用ソフトウェア製品の設計とデプロイのために』、オーム社、2009 年、ISBN 978-4274067495）

24. Poppendieck, Mary, and Tom Poppendieck, Implementing Lean Software Development: From Concept to Cash, Addison-Wesley, 2006.（メアリー・ポッペンディーク、トム・ポッペンディーク［著］、平鍋 健児［監訳］、高嶋 優子、天野 勝［訳］、『リーン開発の本質 ソフトウェア開発に活かす 7 つの原則』、日経 BP 社、2008 年、ISBN 978-4822283506）

25. Poppendieck, Mary, and Tom Poppendieck, Lean Software Development: An Agile Toolkit, Addison-Wesley, 2003.（メアリー・ポッペンディーク、トム・ポッペンディーク［著］、平鍋 健児［監訳］、高嶋 優子、佐野 建樹［訳］、『リーンソフトウエア開発〜アジャイル開発を実践する 22 の方法〜』、日経 BP 社、2004 年、ISBN 978-4822281939）

26. Sadalage, Pramod, Recipes for Continuous Database Integration, Pearson Education, 2007.

27. Sonatype Company, Maven: The Definitive Guide, O'Reilly, 2008.

28. ThoughtWorks, Inc., The ThoughtWorks Anthology: Essays on Software Technology and Innovation, The Pragmatic Programmers, 2008.（ThoughtWorks Inc.［著］、株式会社オージス総研 オブジェクトの広場編集部［訳］、『ThoughtWorks アンソロジー ——アジャイルとオブジェクト指向によるソフトウェアイノベーション』、オライリー・ジャパン、2008 年、ISBN 978-4873113890）

29. Wingerd, Laura, and Christopher Seiwald, "High-Level Best Practices in Software Configuration Management," paper read at Eighth International Workshop on Software Configuration Management, Brussels, Belgium, July 1999.

# 訳者あとがき

　このぶ厚い本をお手にとってくださいまして、ありがとうございます。本書は、マーチン・ファウラー＝シグニチャシリーズ、Jez Humble と David Farley 著、『*Continuous Delivery: Reliable Software Releases through Build, Test, and Deployment Automation*』の翻訳です。このシリーズで出版されているその他の多くの本と同様、本書はアジャイル開発の思想的潮流の中に位置づけることができるものです。ただし、ユーザーストーリーやペアプログラミングといった題材は扱われず、テスト駆動開発についてもごくわずかしか触れられていません。その代わりに扱われているのは、「デプロイメントパイプライン」という考え方を取り巻く包括的なトピックです。自動受け入れテストのようにワクワクするものも中にはありますが、構成管理やビルドツールなど、どちらかといえば退屈に見える話題も少なくありません。これについては、著者たち自身もこう言っています。「むしろ、ソフトウェア開発手法とは別の側面に目を向けなければ、（中略）我々の労働の成果を効率的なやり方でユーザーの手に渡すことはできないと考えているのだ」(p.39) と。これはどういうことでしょうか。

　本書のタイトルは「継続的デリバリー」（Continuous Delivery）です。序文にも書かれている通り、この言葉は「アジャイル宣言の背後にある原則」からとられています。その原則とは、「我々が最も優先するのは、価値のあるソフトウェアを早いうちから継続的に届けることで顧客を満足させることである」(Our highest priority is to satisfy the customer through early and continuous delivery of valuable software.) というものです。当たり前の（そして時として忘れがちな）ことですが、ソフトウェアとは作って終わりではなく、ユーザーの手に届けなければ何の価値もありません。だから、できるだけ早いうちから、しかも途切れることなく届け続けなければならないのです。

　誰かがアイデアを思いついてから、それが形になって戻ってくるまでの一連の流れは、「価値の流れ（バリューストリーム）」と呼ばれます。本書の中心的なトピックである「デプロイメントパイプライン」は、この「価値の流れ」の後半部分、V字型開発モデルで考えれば折り返し以降を実装したものです。このプロセスは数多くの厄介な作業から成り立っています。リリースひとつとってみても、ステージング環境や本番環境へのリリースを経験したことがある方なら、どれほど面倒なものになり得るかわかるでしょう（いったい何度 pwd と打ったことか）。あるいは移行作業。アジャイル開発手法で強調される「インクリメンタルな開発」はコードを書く立場からすれば楽しそうですが、DBA からすれば悪夢です。リリースのたびに発生するあのいまいましい移行作業を、この先ずっとやり続けるなんて！　しかも、二週間おきに？！　こうしたプロセスをモデル化し、自動化できるところは自動

化していこう、それがデプロイメントパイプラインの考え方です。「リリース作業を自動化する」と聞くとつい技術的な側面に目が向きがちですが、それよりも重要なのは、自分たちの組織の「価値の流れ」がどのようなものであるのか、あるいは「デリバリー」についてどう考えているのかを理解することだということを強調しておきたいと思います。

　組織の「価値の流れ」をモデル化しようと思うと、そこにかかわる多くの人々と出会うことになります。著者たちが想定しているのは、開発者やテスター、システム管理者やデータベース管理者、そしてマネージャーといった人々です。その上で「本書の大きな目的のひとつが、ソフトウェアのデリバリーに携わる人々の間の共同作業を改善することだ」(p.26)と語っています。重要なのは、常に「人」なのです。

　こうしたデプロイメントパイプラインを実装するためには、当然、細やかなプラクティスを積み重ねていかなければなりません。そういった、実際に現場で使えるプラクティスが集まった結果、本書はこれほどまでの厚さになっていると言えるでしょう。したがって、もしあなたが本書をはじめて読もうとしているのであれば、隅々まで読もうとはせずに、なるべく全体を見渡すことをお勧めします。特に第3部のデリバリーエコシステムは、価値の流れを考える上で実に広い視野を与えてくれます。そうしたらぜひ、あなたの組織のデプロイメントパイプラインを作ることに挑戦してみてください。そしてときどき、この本に戻ってきてください。これは、そのための本です。

## 謝辞

　まずはこのすばらしい著作を書いてくれた、原著者のジェズ・ハンブル氏とデイブ・ファーレイ氏に感謝します。特にジェズは、原著で使われていた図の原版を惜しげもなく提供してくれました。株式会社アスキー・メディアワークスの鈴木嘉平氏に感謝します。本書の翻訳はewb形式で記述してGitHubでバージョン管理を行い、それを鈴木氏が定期的にPDF化してDropboxにデプロイするというフローで行われました。さらに、レビューアの方々に感謝します。川口耕介氏、きょん（@kyon_mm）氏、高江洲睦氏、湯川航氏、吉羽龍太郎氏（五十音順）。すべての章を読んでくださった方も、特定の章を非常に深く読んでくださった方もいらっしゃいます。それぞれご自身の仕事をお持ちの中、短い期間でのレビューを快く引き受けてくださいました。彼らの見識を背景にした数々の鋭い指摘のおかげで、この翻訳はずいぶんと磨かれました。それでも万が一、読みにくいところや誤訳が残っていたら、それはもちろん翻訳者の責任です。そして読者の皆さま。ソフトウェアをデリバリーするという現実的な問題に立ち向かっている日本の方々にとって、この本がお役に立てば翻訳者としてそれ以上の幸せはありません。

## 和智右桂の謝辞

　アジャイル開発を実際にやろうと思うと、必ず障害に行き当たります。本書は、そうした障壁を乗り越えるための実践的な知識にあふれている本だと思います。この本を読み、翻訳をすることは自分にとって大きな糧になりました。この貴重な機会を与えてくれた角谷信太郎氏に感謝します。そして、今回一緒に仕事をしてくださった髙木正弘氏に感謝します。髙木氏のこなれた日本語表現や幅広い知識から学ぶことは多く、またラストスパートを思うようにできなかった私の分まで、辛く地道な作業をずっと続けてくれました。彼がいなければ、この本の出版はもう少し先になっていたでしょう。また、鈴木雄介氏に感謝します。彼からは翻訳に際して有用なアドバイスを数多くもらいました。

　そしてレビューアの方々にあらためてお礼を言いたいです。この本の分量は私にとって強敵で、作業を進めるのが苦しかった時期もあるのですが、そのようなときにレビューアの方々から送られてくる数々の丁寧な指摘がどれほど励みになったことか。ありがとうございました。また、常日頃私を支えてくださっている多くの方々に感謝します。

## 髙木正弘の謝辞

　共訳者の和智右桂氏に感謝します。原書の発売直後に購入したものの、その厚さにひるんで手をつけられずにいた私。翻訳の話がなければ、きっと今でも原書を読み終えていなかったことでしょう。彼に「いっしょに翻訳しませんか？」と声をかけていただいたことが、本書の翻訳に携わるきっかけとなりました。

　近鉄京都駅構内のカフェ「CAFFE CIAO PRESSO」のみなさんに感謝します。出勤前のひととき、原書の読み込みや翻訳の見直しなどに使わせていただきました。毎日のようにコーヒー一杯だけで長居する客を、嫌な顔ひとつせずに見守ってくださりました。

和智右桂・髙木正弘

# 索引

## Symbols

.NET
　依存地獄 ............................................. 417
　受け入れテスト ..................................... 252
　コツと裏技 ........................................... 218
　データベースマイグレーション ............... 390
　プロジェクトの構造 .............................. 206
1回目のイテレーション ............................ 311
2フェーズ認証 ........................................ 332

## A

A/Bテスト .............................................. 322
AccuRev ............................... 448, 452, 466
ActiveDirectory ................... 162, 350, 351
ActiveRecordのマイグレーション ............ 390
AgileDox ............................................... 256
Albacore ............................................... 199
Amazon ................................................ 377
Amazon EC2 ................. 278, 319, 373, 374
Amazon Web Services ................. 319, 373
Ant ....................................................... 196
AntHillPro ......................... 98, 174, 312, 439
Apache ................................................. 381
API (Application Programming Interface)
　........................................ 404, 422, 433, 435
Aptitude ................................................ 354
Aptリポジトリ ....................................... 355
Arch ..................................................... 462
Artifactory .................. 157, 420, 426, 439, 441
ATAM (Architectural Tradeoff Analysis Method)
　.......................................................... 283
Azure ............................................ 374, 378

## B

Bash ............................................. 343, 351
Bazaar .................................................. 463
Bcfg2 ................................................... 351
Bench .................................................. 301
BigTable .............................................. 376
BitBucket ............................................ 462
BitKeeper ..................................... 452, 462
BizTalk ................................................ 372
BladeLogic .................... 211, 347, 352, 357
BMC ...................... 206, 211, 349, 352, 379
BSD (Berkeley Software Distribution) ...... 420
BSD ports ............................................ 354
BuildForge ............................................. 98
Buildr .................................................. 200

## C

C# ....................................................... 343
C/C++
　MakeやSConsを使ったビルド ............. 195
　コンパイル ......................................... 194
CA ....................................................... 379
CAB (変更諮問委員会) .................... 341, 509
Capistrano ........................................... 212
CCTV (監視カメラ) ............................... 332
CfEngine .............. 89, 91, 203, 211, 345, 347, 351
CheckStyle .................................... 116, 208
Chef .................................................... 351
CIM (Common Information Model) ........ 380

CIMA · · · · · · · · · · · · · · · · · · · · · · · · · · · · · · · · · · · · 485
ClearCase · · · · · · · · · · · · · · · · · · 452, 466, 471, 476
Cobbler · · · · · · · · · · · · · · · · · · · · · · · · · · · · · · · · · · 349
COM（Component Object Model）· · · · · · · · · · 417
Concordion · · · · · · · · · · · · · · · · · · · · · 129, 245, 251
ControlTier · · · · · · · · · · · · · · · · · · · · · · · · · · · · · · 211
CPAN（Comprehensive Perl Archive Network）
 · · · · · · · · · · · · · · · · · · · · · · · · · · · · · · · · · · · · · · · 204
crontab · · · · · · · · · · · · · · · · · · · · · · · · · · · · · · · · · 355
CruiseControl ファミリー · · · · · · · · · · · · · · · 98, 174
Cucumber · · · · · · · · · · · · · · · 129, 245, 251, 256, 384
Cucumber-Nagios · · · · · · · · · · · · · · · · · · · · · · · · 384
CVS（Concurrent Versions System）· · · · · 70, 448,
 476

## D

DAG（無閉路有向グラフ）· · · · · · · · · · · · · · · 429, 467
Darcs（Darcs Advanced Revision Control System）
 · · · · · · · · · · · · · · · · · · · · · · · · · · · · · · · · · · · · · · · 463
DBA · · · · · · · · · · · · · · · · · · · · · · · · · · · · · · · · 388, 392
DbDeploy · · · · · · · · · · · · · · · · · · · · · · 390, 394, 407
DbDeploy.NET · · · · · · · · · · · · · · · · · · · · · · · · · · 390
DbDiff · · · · · · · · · · · · · · · · · · · · · · · · · · · · · · · · · 390
Dbmigrate · · · · · · · · · · · · · · · · · · · · · · · · · · · · · · 390
Debian · · · · · · · · · · · · · · · · · · · · · · · · · · · · · · 203, 345
DevOps · · · · · · · · · · · · · · · · · · · · · · · · · · · · · · · · · 67
 アジャイルな基盤 · · · · · · · · · · · · · · · · · · · · · · · 339
 デプロイメントプロセスの作成 · · · · · · · · · · · · · 329
 ビルドシステムの所有者 · · · · · · · · · · · · · · · · · · 226
 運用 を参照
DHCP（Dynamic Host Configuration Protocol）
 · · · · · · · · · · · · · · · · · · · · · · · · · · · · · · · · · · 345, 349
DI
 Maven · · · · · · · · · · · · · · · · · · · · · · · · · · · · · · · 198
 時間の偽装 · · · · · · · · · · · · · · · · · · · · · · · · · · · · 237
 抽象化によるブランチ · · · · · · · · · · · · · · · · · · · 415
 ユニットテスト · · · · · · · · · · · · · · · · · · · · · · · · 233

DLL · · · · · · · · · · · · · · · · · · · · · · · · · · · · · · · 417, 420
DLL 地獄 · · · · · · · · · · · · · · · · · · · · · · · · · · · · · · · 417
DNS · · · · · · · · · · · · · · · · · · · · · · · · · · · · · · · · · · · 361
DNS ゾーンファイル · · · · · · · · · · · · · · · · · · · · · · 345
Don't repeat yourself · · · · · · · · · · · · · · · · · · · · · 423
dpkg · · · · · · · · · · · · · · · · · · · · · · · · · · · · · · · · · · 354
DSL
 受け入れテスト · · · · · · · · · · · · · · · · · · · · · · · · 253
 定義 · · · · · · · · · · · · · · · · · · · · · · · · · · · · · · · · · 253
 ビルドツール · · · · · · · · · · · · · · · · · · · · · · · · · · 192

## E

EAR · · · · · · · · · · · · · · · · · · · · · · · · · · · · · · · · · · · 209
EasyMock · · · · · · · · · · · · · · · · · · · · · · · · · · · · · · 234
EC2 · · · · · · · · · · · · · · · · · · · · · · · · · · · · · · · · · · · 278
Eclipse · · · · · · · · · · · · · · · · · · · · · · · · · · · · · · · · 414
Eggs · · · · · · · · · · · · · · · · · · · · · · · · · · · · · · · · · · 204
ElectricCommander · · · · · · · · · · · · · · · · · · · · · · · 98
Escape · · · · · · · · · · · · · · · · · · · · · · · · · · · 83, 86, 314
Eucalyptus · · · · · · · · · · · · · · · · · · · · · · · · · 373, 378
Externals（SVN）· · · · · · · · · · · · · · · · · · · · · · · 450

## F

Fabric · · · · · · · · · · · · · · · · · · · · · · · · · · · · · · · · · 212
Facter · · · · · · · · · · · · · · · · · · · · · · · · · · · · · · · · · 352
FHS（Filesystem Hierarchy Standard）· · · · · · 215
FindBugs · · · · · · · · · · · · · · · · · · · · · · · · · · · 116, 208
Fit · · · · · · · · · · · · · · · · · · · · · · · · · · · · · · · · · · · · 257
FitNesse · · · · · · · · · · · · · · · · · · · · · · · 245, 251, 257
Flapjack · · · · · · · · · · · · · · · · · · · · · · · · · · · · · · · 379
Force.com · · · · · · · · · · · · · · · · · · · · · · · · · · · · · · 375
Func · · · · · · · · · · · · · · · · · · · · · · · · · · · · · · · · · · 212
FxCop · · · · · · · · · · · · · · · · · · · · · · · · · · · · · · · · · 116

## G

Gant · · · · · · · · · · · · · · · · · · · · · · · · · · · · · · · · · · 200
GAV · · · · · · · · · · · · · · · · · · · · · · · · · · · · · · · · · · 441

Gentoo ············································ 418
Git ································ 70, 121, 440, 463, 470
GitHub ································ 121, 462, 478
Given-When-Then ···················· 130, 250, 399
Gmail ············································ 374
Go ································ 98, 159, 174, 312, 439
Google App Engine ····················· 375, 378
Google Code ································· 462
GPG（GNU Privacy Guard）················ 355
GPL（General Public License）············· 420
Gradle ············································ 200
GUI
　受け入れテスト ···························· 246
　デプロイメント ···························· 215
　レイヤ ····································· 246
　UI を参照
GUI テストにおけるデバイスドライバ········· 257
Gump ············································ 437

## H

H2 ················································ 399
Handle ·········································· 362
Hibernate ······································ 208
HIPAA ···································· 375, 505
HP（ヒューレット・パッカード）····· 206, 352, 379
HP Operations Center ···················· 347, 357
Hudson ···························· 98, 105, 174, 349
Hyper-V ········································ 350

## I

IANA（Internet Assigned Numbers Authority）
　············································· 381
IBM ·························· 206, 352, 364, 377, 379
IDE（統合開発環境）················ 97, 191, 208
IIS（Internet Information Services）········ 360
InstallShield ···································· 164
INVEST 原則 ······························ 137, 245
IoC

DI を参照
IPMI（Intelligent Platform Management Interface）······································· 348, 379
ISO 9001 ······································· 506
ITIL（Information Technology Infrastructure Library）
　············································· 489
Ivy ······························ 203, 209, 217, 420, 441

## J

J2EE（Java 2 Platform, Enterprise Edition）
　············································· 424
JAR ································· 209, 420, 440
Java
　Ant でのビルド ··························· 196
　クラスローダー ··························· 418
　コンポーネント ··························· 409
　実行時の依存関係 ························· 418
　データベースマイグレーション ············ 390
　プロジェクトの構造 ······················· 206
　命名規約 ································· 208
Javac ············································ 194
JavaDB ·········································· 399
Javadoc ········································· 197
JBehave ······························ 129, 245, 251
JDepend ········································ 116
Jikes ············································ 194
JMeter ·········································· 300
jMock ··········································· 234
JMX ············································· 380
JRuby ··········································· 199
Jumpstart ······································ 350
JVM や.NET プロジェクトの構造 ············ 206

## K

Kickstart ········································ 350

## L

LCFG ........................................... 351
LDAP（Lightweight Directory Access Protocol）
................................................ 83, 351
Linux ................................ 203, 371, 462
Live-live リリース
　ブルーグリーン・デプロイメント を参照
LOM（Lights Out Management） ........ 348, 379
lsof ............................................. 362

## M

Mac OS ........................................ 371
MacPorts ....................................... 354
Make ..................................... 192, 194
Makefile ....................................... 195
Marathon ...................................... 300
Marimba ....................................... 204
Marionette Collective ................... 211, 352
Maven ............... 77, 203, 206, 209, 217, 420, 441
　Buildr との比較 ............................ 200
　依存関係の解析 .............................. 445
　サブプロジェクト ........................... 207
　スナップショット ........................... 443
　リポジトリ .................................. 441
Maven 標準ディレクトリ構成 ................. 207
Mercurial ................. 70, 121, 440, 463, 464, 470
MIB（管理情報ベース） ........................ 381
Microsoft ................................. 377, 424
Mocha .......................................... 234
Mockito ........................................ 234
Monotone ...................................... 463
MSBuild ....................................... 197
MTBF（平均故障間隔） ................. 340, 346, 509
MTTR（平均修復時間） ................. 340, 346, 509

## N

Nabaztag ....................................... 104
Nagios .............................. 315, 362, 379, 382
NAnt ........................................... 197
NDepend ....................................... 116
Nexus .................. 157, 217, 228, 420, 426, 439, 441
NIC（Network Interface Card） ............... 363
NMock ......................................... 234
NoSQL ......................................... 388
N 層アーキテクチャ
　コンポーネント ............................. 424
　スモークテスト ............................. 214
　デプロイメント ............................. 204

## O

OpenNMS ................................. 362, 379
Operations Center ............................ 352
Operations Manager ..................... 362, 379
Oracle .................................... 203, 381
OS
　監視 ......................................... 379
　設定 ......................................... 164
OSGi ..................................... 414, 419

## P

Panopticode ................................... 188
PCI DSS .................................. 375, 505
PDCA サイクル
　デミングサイクル を参照
Perforce ....................................... 451
Perl ...................................... 204, 343, 420
Postfix ........................................ 354
PowerBuilder ................................. 331
PowerShell .............................. 212, 343, 360
Preseed ....................................... 350
Psake .......................................... 200
PsExec ........................................ 212
Pulse ........................................... 98
Puppet ...... 89, 91, 164, 204, 211, 347, 348, 350, 357, 361,
　367, 384

521

PVCS（Polytron Version Control System）····452
PXE（Preboot eXecution Environment）·····349
Python ································ 195, 204, 343

## R

RAID ······································· 440
Rake ······································· 199
rBuilder ···································· 366
RCS（Revision Control System）········ 70, 448
RDBMS（リレーショナルデータベース管理システム）································ 375, 388
RedHat Linux ························· 203, 345
REST ······································ 252
Rhino ······································ 234
rPath ······································ 366
RPM ······································· 360
RSA ······································· 332
rsync ····································· 212
Ruby ································· 204, 343
Ruby on Rails ························· 390, 418
RubyGems ························· 77, 199, 354

## S

Sahi ································· 181, 252
SalesForce ································· 374
SAN ······································· 440
SCCS（Source Code Control System）···· 70, 448
SCons ····································· 195
scp ······································· 212
Selenium ·································· 252
Selenium Grid ························ 277, 371
Selenium Remoting ························ 277
SETI@Home ······························· 374
Simian ···································· 116
Skype ····································· 117
SLA（サービス内容合意書）····· 175, 308, 340, 375, 394
SMTP（Simple Mail Transfer Protocol）·····345, 361
SNMP（Simple Network Management Protocol）································ 362, 380
Solaris ···································· 345
SOX法（サーベンス・オクスリー法）····· 340, 505
Splunk ···································· 379
SQLite ···································· 399
ssh ································· 212, 362
StarTeam ······························ 452, 476
Subversion ························ 70, 449, 464
Sun ································· 354, 424
SuSE Linux ······························· 203
Sysinternals ······························ 362
System Center Configuration Manager ······· 351, 357

## T

Tarantino ································· 390
TC3 ······································· 375
TCP/IP ···································· 361
Tcpdump ·································· 362
TCPView ·································· 362
Team Foundation Server ···················· 452
TeamCity ··································· 98
TFTP（Trivial File Transfer Protocol）······· 349
Tivoli ······························ 347, 352, 379
TODO ····································· 116
Trunk
　メインラインでの開発 を参照
Twist ······························ 129, 245, 251

## U

Ubuntu ···························· 203, 418, 461
UI（ユーザーインターフェイス）
　キャパシティテスト ······················ 296
　ユニットテスト ························ 231
　GUI を参照
UnionFS ··································· 467

## V

Visual Basic ······································ 409
Visual SourceSafe ······························ 452
vnc2swf ···································· 184, 270

## W

W・エドワード・デミング ················ 65, 127
WAR ············································· 209
WebDriver ································· 181, 252
WebLogic ······································· 381
WebSphere ····································· 201
Web サーバー ·································· 356
Web サービス
　API としての〜 ····························· 422
　キャパシティテスト ························ 298
White ············································ 252
Wikipedia ······································· 374
Windows ······························· 203, 371, 417
Windows Deployment Services ··············· 349
WinPE（Windows Preinstallation Environment）
　··············································· 350
Wireshark ······································ 362
WiX ·············································· 343
WordPress ····································· 374
WPKG ············································ 351
Wsadmin ········································ 201

## X

xcopy によるデプロイメント ················· 417
XDoclet ········································· 208
XML（Extensible Markup Language） ···· 82, 196, 358
xUnit ···································· 183, 245, 256

## Y

YAGNI ··········································· 302
YAML ············································· 82

Yum ·············································· 354

## Z

Zenoss ··········································· 379

## ア

アーカイブ
　運用要件 ···································· 342
　リリース戦略 ································ 309
アーキテクチャ
　開始期 ······································· 491
　コンウェイの法則 ··························· 424
　コンポーネント ····························· 413
　非機能要件 ··························· 151, 282
アクセス制御 ······························ 344, 507
　基盤 ·········································· 345
アクターモデル ································ 424
アジャイル開発
　こまめなリリース ·························· 156
　ショーケース ································ 134
　リファクタリング ·························· 393
アジャイルプロセス ··························· 495
アジャイルプロセスに合わせる ············· 495
アセンブリ
　依存関係の管理 ···························· 417
　トレーサビリティ ·························· 216
　ラベル ······································· 440
アトミックなコミット ························ 471
アトミックなテスト ··························· 260
アナリスト ······································ 248
アプリケーションサーバー ·················· 356
アプリケーション設定
　管理 ··········································· 78
アプリケーションドライバパターン ········ 253
アプリケーションドライバレイヤ ·········· 246
アプリケーションの設定
　テスト ········································ 85
アプリケーションのライフサイクル

523

# 索引

段階 ................................... 489
リリース戦略 ......................... 308
アリクイ ................................ 274
アルゴリズムとソフトウェアのパフォーマンス
　................................... 287
安全対策 ............................... 344
アンチパターン
　開発が終わってからデプロイする .......... 44
　長期にわたって使われ続けるブランチ ..... 478
　手作業でデプロイする .................... 41
　手作業での構成管理 ...................... 46
　デプロイメントパイプラインによる解決 ... 151
　非機能要件 ............................. 287
安定化フェーズ ......................... 411
安定性 ............................ 287, 435

## イ

異常パス ............................... 133
依存関係
　fluid（流動） ........................ 436
　guarded（保護） ....................... 436
　Maven による解析 ..................... 445
　Maven による管理 ..................... 441
　static（安定） ....................... 436
　下流 ................................. 430
　実行時 ............................... 416
　循環 ................................. 437
　上流 ................................. 430
　推移的 ............................... 420
　ソフトウェア ......................... 416
　統合 ................................. 435
　トレーサビリティ ..................... 429
　ビルド時 ............................. 416
　ビルドツール ......................... 194
　ブランチ間の ......................... 458
　プロジェクトの計画 ................... 413
依存関係の管理 .................... 76, 197
　アプリケーションと基盤との間 ......... 345

依存関係のネットワークとビルドツール .... 192
依存グラフ
　浅く保つ ............................. 437
　管理 ................................. 429
　デプロイメントパイプライン ........... 431
依存地獄 .......................... 417, 431
一枚岩なアーキテクチャ ............ 409, 422
一貫性 ................................. 351
いつでも本番にデプロイできる ...... 411, 494
イテレーション・ゼロ ................... 181
イテレーティブな開発 ................... 493
イテレーティブなデリバリー ............. 511
　分析 ................................. 248
意図的プログラミング ................... 254
イベント駆動なシステム
　キャパシティテスト ................... 298
　コンポーネント ....................... 424
インクリメンタルな開発 ...... 75, 388, 434, 472, 473,
　493, 502
インクリメンタルなコンパイル ........... 194
インクリメンタルなデリバリー .... 393, 411, 488, 511
インスタントメッセンジャー ............. 117
インストーラー .......................... 90
インタラクションテンプレート ........... 299
インテグレーションテスト ............... 141
インテグレーションパイプライン ......... 427
インメモリデータベース ...... 203, 232, 399

## ウ

ウィンドウドライバパターン ............. 256
ウォームアップ ......... 302, 316, 319, 332
受け入れ基準
　受け入れテスト .................. 129, 135
　管理 ................................. 253
　実行可能な仕様 ....................... 250
　自動化 ............................... 138
　組織の成熟 ........................... 488
　使い回し ............................. 256

テストデータ ................................. 399
非機能要件 ................................. 283
変更管理 ................................... 509
受け入れテスト
 CIの一環 ................................. 102
 UIとの結合 ......................... 172, 247, 256
 UIを叩いてテストする ..................... 246
 アプリケーションドライバレイヤ ........... 253
 ウィンドウドライバパターン ............... 256
 受け入れテストの価値 ................ 241, 416
 開発機で実行する ................... 103, 244
 外部システム ............................. 266
 画面の動きを記録する ............... 184, 270
 関門 ..................................... 169
 機能 ..................................... 171
 キャパシティテストとして使う ............. 295
 境界 ..................................... 262
 共有リソース ............................. 276
 記録再生型 .......................... 246, 253
 クラウドコンピューティング ............... 277
 検証 ..................................... 241
 コミットステージの一環 ................... 167
 失敗 ..................................... 171
 自動化 .............................. 130, 184
 所有者 .............................. 176, 271
 信頼性 .............................. 255, 276
 脆弱性 ..................... 132, 172, 255, 261
 チームの規模 ............................. 270
 定義 ..................................... 129
 手作業 .............................. 130, 243
 テストダブル ............................. 266
 テストデータの管理 .................. 399, 403
 テストの分離 ........................ 261, 277
 デプロイメントパイプライン ............... 269
 デリバリープロセス ....................... 144
 バックドア ............................... 262
 パフォーマンス ........................... 275
 非同期処理 .......................... 255, 263
 分析 ..................................... 244

並列実行 ........................... 254, 277, 399
保守性 ..................................... 244
ユーザーインターフェイス ................... 132
ユースケース ............................... 130
ユニットテストとの比較 ..................... 242
レイヤリング ............................... 245
受け入れテストステージ
 テストデータ ............................. 403
 デプロイメントパイプライン ............... 156
 ワークフロー ............................. 241
受け入れテストの前提条件 ................... 261
受け入れテストの分離 .................. 261, 277
動くスケルトン ............................. 181
運用 ............................ 151, 339, 496
 DevOps を参照

## エ

影響 ....................................... 498
エクストリームプログラミング ............ 65, 325
 CI ................................... 95, 113
エンタープライズガバナンス
 ガバナンス を参照
エンドツーエンドテスト
 受け入れテスト ........................... 261
 キャパシティテスト ....................... 298

## オ

覆い隠し作戦 ............................... 415
オーケストレーション .................. 315, 392
オープンソース ............................. 191
 Maven ................................... 441
 分散型バージョン管理 ..................... 124
オブジェクト指向設計 ....................... 414

## カ

ガードテスト ............................... 303
カーネギーメロン大学ソフトウェア工学研究所

# 索引

............................ 283
開始期 ............................. 491
カイゼン
　継続的改善 **を参照**
概念の実証 ............................. 488
開発環境
　受け入れテスト ............................. 172
　構成管理 ............................. 89, 349
　テストデータ ............................. 407
　デプロイメントスクリプト ............................. 202
開発・リリース期 ............................. 493
外部管理 ............................. 348, 379
外部システム
　アップグレード ............................. 319
　インテグレーションテスト ............................. 141
　受け入れテスト ............................. 204, 266
　設定 ............................. 89
　リリース戦略 ............................. 308
　ログ出力 ............................. 381
価格 ............................. 310
可視性 ............................. 40, 159, 427
仮想化
　受け入れテスト ............................. 274, 277
　オーケストレーション ............................. 315
　仮想環境の管理 ............................. 366
　環境管理 ............................. 164
　基盤の整理統合 ............................. 364
　サーバーのプロビジョニング ............................. 365
　スナップショット ............................. 366
　定義 ............................. 364
　テスト環境の作成 ............................. 311
　テストの高速化 ............................. 366, 371
　デプロイメントスクリプト ............................. 204
　デプロイメントパイプライン ............................. 365, 368
　デリバリーのリスクの軽減 ............................. 364
　テンプレート ............................. 366
　ネットワーク ............................. 372
　非機能要件のテスト ............................. 365
　ブルーグリーン・デプロイメント ............................. 320

ベースライン ............................. 92, 366
ユーザーがインストールするソフトウェアのテスト ............................. 371
レガシーシステムの管理 ............................. 368
価値創造 ............................. 485, 487, 511
カナリアリリース ............................. 292, 321
　継続的デプロイメント ............................. 325
　データベースマイグレーション ............................. 395
可能性 ............................. 498
ガバナンス
　うまく進める ............................. 511
　エンタープライズ ............................. 485
　コーポレート ............................. 485
　ビジネス ............................. 485
カプセル化
　一枚岩なシステム ............................. 409
　受け入れテスト ............................. 262
　コンポーネント ............................. 423
　メインラインでの開発 ............................. 459
　ユニットテスト ............................. 232
ガベージコレクション ............................. 305
画面の動きを記録する ............................. 184, 270
可用性 ............................. 135, 375, 491
考えすぎた設計 ............................. 284
環境
　管理 ............................. 88, 177, 338, 348, 369
　疑似本番 ............................. 154, 164, 176, 311, 369
　キャパシティテスト ............................. 291, 316
　共有 ............................. 315
　システムインテグレーションテスト ............................. 392
　ステージング ............................. 316, 392
　定義 ............................. 337
　バージョン管理からの再現可能性 ............................. 71
　プロビジョニング ............................. 349
　ベースライン ............................. 90, 204
　リリース戦略 ............................. 308
監査
　DVCS ............................. 463
　受け入れ基準 ............................. 253

運用要件・・・・・・・・・・・・・・・・・・・・・・・・・・・・・・・339
　　環境管理・・・・・・・・・・・・・・・・・・・・・・・・・・・・・・・177
　　基盤・・・・・・・・・・・・・・・・・・・・・・・・・・・・・・・・・・347
　　基盤のロック・・・・・・・・・・・・・・・・・・・・・・・・・・・・346
　　成果物リポジトリ・・・・・・・・・・・・・・・・・・・・・・・439
　　データのアーカイブ・・・・・・・・・・・・・・・・・・・・・342
　　手作業で行うプロセス・・・・・・・・・・・・・・・・・43
　　デプロイメント・・・・・・・・・・・・・・・・・・・・・・・・・333
　　デプロイメントパイプライン・・・・・・・・・・・486
　　デリバリーの一部・・・・・・・・・・・・・・・・・・・・・・497
　　バイナリの再生成・・・・・・・・・・・・・・・・・・・・・160
　　非機能要件・・・・・・・・・・・・・・・・・・・・・・・・・・・283
　　貧弱なツール・・・・・・・・・・・・・・・・・・・・・・・・・361
　　リリース戦略の一部・・・・・・・・・・・・・・・・・・・309
監査の管理・・・・・・・・・・・・・・・・・・・・・・・・・・・・・・・505
監視
　　OS・・・・・・・・・・・・・・・・・・・・・・・・・・・・・・・・・・・379
　　アプリケーション・・・・・・・・・・・・・・・・・・・・・・379
　　基盤と環境・・・・・・・・・・・・・・・・・・・・・・・・・・・378
　　重要性・・・・・・・・・・・・・・・・・・・・・・・・・・・・・・・505
　　ネットワーク・・・・・・・・・・・・・・・・・・・・・・・・・362
　　ビジネスインテリジェンス・・・・・・・・・・・・378
　　ミドルウェア・・・・・・・・・・・・・・・・・・・・・・・・・379
　　ユーザーの動き・・・・・・・・・・・・・・・・・・・・・・・379
　　要件・・・・・・・・・・・・・・・・・・・・・・・・・・・・・・・・・341
　　リリース戦略・・・・・・・・・・・・・・・・・・・・・・・・・308
患者を安静にする・・・・・・・・・・・・・・・・・・177, 346
ガントチャート・・・・・・・・・・・・・・・・・・・・・・・・・340
カンバン・・・・・・・・・・・・・・・・・・・・・・・・・・・・・・・478
関門
　　承認プロセス を参照
管理対象機器・・・・・・・・・・・・・・・・・・・・・・・・・・・380
完了
　　受け入れテスト・・・・・・・・・・・・・・・・・・・・・・・129
　　検収・・・・・・・・・・・・・・・・・・・・・・・・・・・・494, 503
　　定義・・・・・・・・・・・・・・・・・・・・・・・・・・・・・・・・・・65
　　テスト・・・・・・・・・・・・・・・・・・・・・・・・・・・・・・・146
緩和・・・・・・・・・・・・・・・・・・・・・・・・・・・・・・・・・・・・498

## キ

機会に関するコスト・・・・・・・・・・・・・・・・・・・・361
疑似本番環境・・・・・・・・・・・・・・・154, 164, 176, 369
　　特徴・・・・・・・・・・・・・・・・・・・・・・・・・・・・・・・・・312
技術的負債・・・・・・・・・・・・・・・・・・・・・・・・・392, 473
キックオフミーティング・・・・・・・・・・・・・・・・249
起動時の問題・・・・・・・・・・・・・・・・・・・・・・・・・・・438
機能横断テスト
　　非機能要件のテスト を参照
機能テスト
　　受け入れテスト を参照
機能を隠す・・・・・・・・・・・・・・・・・・・・・・・・・・・・・412
機能をまたがる要件・・・・・・・・・・・・・・・・・・・282
基盤
　　可監査性・・・・・・・・・・・・・・・・・・・・・・・・・・・・347
　　管理・・・・・・・・・・・・・・・・・・・・・・・・・・・・・・・・343
　　進化・・・・・・・・・・・・・・・・・・・・・・・・・・・・・・・・378
　　定義・・・・・・・・・・・・・・・・・・・・・・・・・・・・・・・・337
　　変更のテスト・・・・・・・・・・・・・・・・・・・・・・・347
基盤のクラウド化・・・・・・・・・・・・・・・・・・・・・374
基盤の自動化・・・・・・・・・・・・・・・・・・・・・371, 385
キャパシティ
　　クラウドコンピューティング・・・・・・・・375
　　計画づくり・・・・・・・・・・・・・・・・309, 378, 491
　　設計・・・・・・・・・・・・・・・・・・・・・・・・・・・・・・・・286
　　測定・・・・・・・・・・・・・・・・・・・・・・・・・・・・・・・・289
　　定義・・・・・・・・・・・・・・・・・・・・・・・・・・・・・・・・281
　　プロジェクトが失敗する原因・・・・・・・・499
キャパシティテスト
　　APIを使ったテスト・・・・・・・・・・・・・・・・・296
　　UIを使ったテスト・・・・・・・・・・・・・・・・・・296
　　閾値・・・・・・・・・・・・・・・・・・・・・・・・・・・・・・・・295
　　インタラクションテンプレート・・・・・・299
　　ウォームアップ期間・・・・・・・・・・・・・・・・・302
　　仮想化・・・・・・・・・・・・・・・・・・・・・・・・・・・・・・370
　　カナリアリリース・・・・・・・・・・・・・・・・・・・322
　　環境・・・・・・・・・・・・・・・・・・・・・・・・・・・・・・・・291
　　クラウドコンピューティング・・・・・・・・374

サービスレイヤを使ったテスト ............ 296
　　自動化 ....................................... 294
　　シナリオ ..................................... 295
　　シミュレーション ............................ 296
　　推定 ......................................... 290
　　測定 ......................................... 289
　　テスト戦略 ................................... 135
　　テストデータの管理 ........................... 405
　　デプロイメントパイプライン ............. 158, 302
　　分散システム ................................. 297
キャパシティテストにおける推定 ................ 290
キャパシティテストの閾値 ...................... 295
キャパシティテストのシナリオ .................. 295
キャパシティテスト用のシミュレーション ..... 296
境界値分析 ...................................... 130
競合条件 ........................................ 184
共通のファイルシステムへのバイナリの格納 ... 217
共有ファイルシステムを使った成果物リポジトリ
　　........................................... 441
共有ライブラリ .................................. 417
共有リソース .................................... 319
協力
　　アドホック .................................... 44
　　受け入れテスト ......................... 144, 244
　　コンポーネント ............................. 410
　　縦割りの組織内での ........................ 507
　　デプロイメントパイプライン ................ 153
　　デリバリーにかかわるチーム内での ..... 55, 502,
　　　505
　　バージョン管理 ........................ 70, 448
　　分散型バージョン管理 ..................... 462
規律
　　CI ............................................ 98
　　インクリメンタルな開発 ....... 413, 459, 494, 502
　　受け入れテスト .............................. 271
　　記録再生型
　　　受け入れテスト ....................... 246, 253
　　　キャパシティテスト ................... 296, 298
　　　データベーストランザクション ............ 394

記録する仕組み ............................ 447, 486
緊急修正 ........................................ 324

## ク

組み込みソフトウェア ...................... 314, 338
クラウドコンピューティング
　　SLA（サービス内容合意書） ................ 340
　　アーキテクチャ ....................... 374, 376
　　受け入れテスト .............................. 277
　　基盤のクラウド化 ........................... 374
　　コンプライアンス ............................ 375
　　セキュリティ ................................ 374
　　定義 ........................................ 373
　　パフォーマンス .............................. 375
　　非機能要件 ................................. 375
　　批判的な考え ............................... 377
　　プラットフォームのクラウド化 ............... 375
　　ベンダーロックイン .......................... 376
クラスローダー .................................. 418
クラッシュレポート .............................. 326
グローバルアセンブリキャッシュ ................. 417

## ケ

警告 ............................................ 341
計測 ....................................... 322, 488
継続的インテグレーション（CI）
　　環境の管理 ................................. 349
　　基本的なシステム ............................ 98
　　基本的なプラクティス ...................... 107
　　ストリームベースのバージョン管理 ......... 470
　　中央集権型サービス ........................ 118
　　定義 ......................................... 95
　　データベースのスクリプト処理 ............. 388
　　テストデータの管理 ........................ 402
　　品質に関する前提条件 ..................... 495
　　フィードバックの仕組み ................... 104
　　ブランチ ............................. 478, 482
　　プロジェクトの構築期 ................ 492, 498

間違った・・・・・・・・・・・・・・・・・・・・・・・・・・ 504
メインラインでの開発・・・・・・・・・・・・・・・・・ 472
継続的インテグレーションパイプライン・・・・・ 157
継続的改善・・・・・・・・・・・・・・・・・・・・・・ 53, 67, 510
継続的デプロイメント・・・・・・・・・・・・・ 173, 325, 508
欠陥
　計測・・・・・・・・・・・・・・・・・・・・・・・・・・・・・・・ 186
　再現・・・・・・・・・・・・・・・・・・・・・・・・・・・・・・・ 305
　ゼロ・・・・・・・・・・・・・・・・・・・・・・・・・・・・・・・ 145
　致命的な・・・・・・・・・・・・・・・・・・・ 178, 324, 476
　バックログ・・・・・・・・・・・・・・・・・・・・・・・・・ 145
　貧弱な CI の症状・・・・・・・・・・・・・・・・・・・ 504
　リリース戦略・・・・・・・・・・・・・・・・・・・・・・ 309
欠陥ゼロ・・・・・・・・・・・・・・・・・・・・・・・・・・・・・ 145
結合
　UI と受け入れテスト・・・・・・・・・・・・ 172, 247, 257
　外部システムと受け入れテスト・・・・・・・・・ 267
　キャパシティテスト・・・・・・・・・・・・・・・・・ 299
　疎結合なアーキテクチャ・・・・・・・・・・・・・ 376
　データベースの変更とアプリケーションの変更
　　・・・・・・・・・・・・・・・・・・・・・・・・・・・ 392, 395
　テストとデータ・・・・・・・・・・・・・・・・・・・・・ 399
　分析・・・・・・・・・・・・・・・・・・ 168, 183, 187, 227
　メインラインでの開発・・・・・・・・・・・・・・・ 459
　リリースプロセスにおける・・・・・・・・ 318, 387

## コ

高可用性
　サービス継続計画・・・・・・・・・・・・・・・・・・・ 342
　マルチホームサーバー・・・・・・・・・・・・・・・ 363
　リリース戦略・・・・・・・・・・・・・・・・・・・・・・ 308
更新・・・・・・・・・・・・・・・・・・・・・・・・・・・・・・・・・ 319
　デプロイメントスクリプト・・・・・・・・・・・ 202
　ユーザーがインストールするソフトウェア・・・ 326
　リリース計画・・・・・・・・・・・・・・・・・・・・・・ 310
　リリース戦略・・・・・・・・・・・・・・・・・・・・・・ 309
構成管理
　アンチパターン：手作業での管理・・・・・・・・ 46

移行・・・・・・・・・・・・・・・・・・・・・・・・・・・・・・・・・ 176
仮想環境・・・・・・・・・・・・・・・・・・・・・・・・・・・・・ 366
環境・・・・・・・・・・・・・・・・・・・・・・・・・ 337, 348, 369
基盤・・・・・・・・・・・・・・・・・・・・・・・・・・・・・ 343, 350
緊急修正・・・・・・・・・・・・・・・・・・・・・・・・・・・・・ 324
サーバー・・・・・・・・・・・・・・・・・・・・・・・・・・・・・ 348
サービス資産・・・・・・・・・・・・・・・・・・・・・・・・ 489
実行時・・・・・・・・・・・・・・・・・・・・・・・・・・・ 81, 412
重要性・・・・・・・・・・・・・・・・・・・・・・・・・・・・・・・・ 55
成熟度モデル・・・・・・・・・・・・・・・・・・・・・・・・ 487
ソフトウェア・・・・・・・・・・・・・・・・・・・・・・・・・・ 78
定義・・・・・・・・・・・・・・・・・・・・・・・・・・・・・・・・・・ 69
データベース・・・・・・・・・・・・・・・・・・・・・・・・ 390
デプロイメント時・・・・・・・・・・・・・・・・・・・・・ 81
デプロイメントスクリプト・・・・・・・・・・・・ 202
バージョン管理のプラクティス
　バージョン管理のプラクティス を参照
バイナリ・・・・・・・・・・・・・・・・・・・・・・・・・・・・・ 440
反映・・・・・・・・・・・・・・・・・・・・・・・・・・・・・・・・・ 315
間違った・・・・・・・・・・・・・・・・・・・・・・・・・・・・・ 504
ミドルウェア・・・・・・・・・・・・・・・・・・・・・・・・ 356
リリース戦略・・・・・・・・・・・・・・・・・・・・・・・・ 308
構成管理システム
　CMS を参照
構築期・・・・・・・・・・・・・・・・・・・・・・・・・・・・・・・ 492
後方互換性・・・・・・・・・・・・・・・・・・・・・・・・・・ 437
効率・・・・・・・・・・・・・・・・・・・・・・・・・・・・・・・・・ 487
コード解析・・・・・・・・・・・・・・・・・・・・・・ 167, 183
コードカバレッジ・・・・・・・・・・・・・・・・ 183, 224
コードスタイル・・・・・・・・・・・・・・・・・・・・・・ 168
コードの行数・・・・・・・・・・・・・・・・・・・・・・・・ 186
コードの重複・・・・・・・・・・・・・・・・・・・・・・・・ 168
コードフリーズ・・・・・・・・・・・・・・・・・・・・・・ 475
コーポレートガバナンス
　ガバナンス を参照
互換性テスト・・・・・・・・・・・・・・・・・・・・・・・・ 406
顧客・・・・・・・・・・・・・・・・・・・・・・・・・・・・・・・・・ 490
コミットステージ
　CI・・・・・・・・・・・・・・・・・・・・・・・・・・・・・・・・ 101

インクリメンタルな開発 ................ 411
　スクリプト処理 ........................ 201
　テストデータ .......................... 402
　デプロイメントパイプライン ........ 156, 166
　ワークフロー .......................... 221
コミットテスト
　原則とプラクティス .................... 230
　失敗 ............................. 115, 223
　スピード ................... 100, 115, 504
　チェックイン前に実行する .............. 108
　テストデータの管理 .................... 402
　特性 .................................. 52
　ユニットテスト を参照
コミットメッセージ ....................... 75
コンウェイの法則 ........................ 424
コンソール出力 .......................... 223
コンテキストのヒアリング ................ 135
コンパイル
　インクリメンタル ...................... 194
　警告 ................................. 115
　コミットステージ ...................... 167
　最適化 ............................... 194
　静的 ................................. 418
コンプライアンス
　管理 ................................. 505
　クラウドコンピューティング ............ 375
　継続的デリバリー ...................... 325
　組織の成熟度 .......................... 488
　バージョン管理の目標 ................... 70
　ライブラリの管理 ...................... 210
コンポーネント
　依存関係の管理 .................... 78, 441
　構成管理 .......................... 78, 429
　作成 ................................. 420
　定義 ................................. 409
　デプロイメント ........................ 205
　デプロイメントパイプライン ............ 425
　プロジェクトの構造 .................... 209
　ライブラリとの比較 .................... 416

　リリース用のブランチ .................. 476
　コンポーネントテスト .................. 133
　　CI ................................. 100
根本原因解析 ............................ 501

## サ

サービスオペレーション .................. 489
サービス継続計画 ........................ 342
サービス継続性の計画づくり .............. 491
サービス指向アーキテクチャ
　環境 ................................. 338
　キャパシティテスト ............... 296, 298
　データベース .......................... 392
　デプロイメント ................... 205, 316
　反映 ................................. 315
サービス資産・構成管理 .................. 489
サービスデザイン ........................ 489
サービストランジション .................. 489
サービスの寸断 ......................... 346
サービスのテストおよび妥当性管理 ........ 489
サービスパック .......................... 350
サービスレベル合意書
　SLA を参照
サーベンス・オクスリー法
　SOX 法 を参照
サイクルタイム
　カナリアリリース ...................... 321
　基盤への変更 .................... 347, 510
　緊急修正 ............................. 324
　計測 ................................. 185
　コンプライアンス ...................... 506
　重要性 ........................... 48, 186
　組織の成熟度 .......................... 487
サイクロマチック複雑度 ...... 168, 183, 187, 227
再現可能性 ............................. 439
再現性 ................................. 419
在庫 .............................. 457, 486
採算性 ................................. 487

再デプロイメントによる復旧 ............ 179, 318
サイロ
    開発と運用 ........................ 339
    コンポーネント .................... 423
    デプロイメント ..................... 45
    デリバリーの管理 .................. 507
サポート
    コストの削減 ...................... 487
    データのアーカイブ ................ 342
    リリース計画 ...................... 309
    リリース戦略 ...................... 309
参照整合性制約 ........................ 391

## シ

シェアードナッシングアーキテクチャ ..... 323, 374
視覚化 ............................ 189, 432
事業スポンサー ........................ 490
試験的なプロジェクト .................. 496
システムの特性 ........................ 282
実行可能な仕様 .......... 250, 304, 402, 405
実行時最適化 .......................... 302
自動化
    継続的デリバリーの原則 ............. 63
    重要性 ............................. 49
    データベースの初期化 .............. 388
    デプロイメント .................... 201
    フィードバックに与える影響 ......... 51
    文書化との比較 ................ 347, 506
    マイグレーション .............. 390, 403
    リスクの低減 ...................... 486
自動化のメリット ....................... 41
自動テスト
    CI の前提条件 ...................... 99
    基盤 ............................. 384
    継続的デプロイメント .............. 325
    構築期 ........................... 499
    実行時の設定 ...................... 412
    失敗とコメントアウト .............. 112

品質保証 ............................. 503
    マージの前提条件 .................. 457
受け入れテスト、キャパシティテスト、ユニット
    テスト を参照
自動テストとストリームベースのバージョン管理シ
ステム .............................. 467
自分でデプロイする ............... 158, 313
ジャストインタイムコンパイラ ........ 194
シャドードメイン
    ブルーグリーン・デプロイメント を参照
収益 ............................ 322, 377
主キー ............................... 391
手動テスト .......... 156, 173, 243, 280, 406
循環依存 ............................. 437
順応型テスト .................... 399, 400
仕様
    受け入れ基準 を参照
上級責任者 ........................... 490
状況報告 ............................. 497
状態
    受け入れテスト ................... 260
    ミドルウェア ..................... 359
    ユニットテスト .............. 232, 236
承認手続き ............. 92, 332, 346, 510
隔壁パターン ......................... 143
情報に基づいた悲観主義 .............. 436
ショーケース .................... 175, 494
    手作業で行うテストの一形態 ....... 134
    リスク軽減戦略 ................... 502
職人芸 ..................... 88, 349, 368
職能横断型のチーム .............. 152, 422
ジョン・マッカーシー ................ 373
新規プロジェクト .................... 137
信号 ............................ 224, 383
深刻度 ............................... 498
診断 ................................. 187
慎重な楽天主義 ...................... 436
シンボリックリンク .......... 328, 330, 355
信頼と依存性管理 .................... 435

# 索引

神話の英雄 . . . . . . . . . . . . . . . . . . . . . . . . . . . . . . . . . 154

## ス

スクラム . . . . . . . . . . . . . . . . . . . . . . . . . . . . . 490, 495
スケーラビリティテスト . . . . . . . . . . . . . . . . . . . 287
スケール
 キャパシティテスト . . . . . . . . . . . . . . . . . . . . 292
 クラウドコンピューティング . . . . . . . . . . . . 374
進めるか否か . . . . . . . . . . . . . . . . . . . . . . . . . . . 491
スタブ . . . . . . . . . . . . . . . . . . . . . . . . . . . . . 136, 231
 テストダブル を参照
ステークホルダー . . . . . . . . . . . . . . . . . . . . . . . 490
ステージング環境 . . . . . . . . . . . . . . . . . . . 316, 351
ストアドプロシージャ . . . . . . . . . . . . . . . . . . . 397
ストーリー
 INVEST . . . . . . . . . . . . . . . . . . . . . . . . . . . . . 137
 受け入れ基準 . . . . . . . . . . . . . . . . . . . . . . . . 250
 受け入れテスト . . . . . . . . . 129, 144, 242, 248
 欠陥 . . . . . . . . . . . . . . . . . . . . . . . . . . . . . . . . 146
 コンポーネント . . . . . . . . . . . . . . . . . . . . . . 423
 スループット . . . . . . . . . . . . . . . . . . . . . . . . 187
 非機能要件 . . . . . . . . . . . . . . . . . . . . . . . . . . 283
 レガシーシステム . . . . . . . . . . . . . . . . . . . . 140
ストラテジーパターン . . . . . . . . . . . . . . . . . . . 415
スナップショット
 Maven . . . . . . . . . . . . . . . . . . . . . . . . . . . . . . 443
 仮想マシン . . . . . . . . . . . . . . . . . . . . . . . . . . 366
スパイ . . . . . . . . . . . . . . . . . . . . . . . . . . . . . . . . . 136
 テストダブル を参照
スパイク . . . . . . . . . . . . . . . . . . . . . . . . . . . 448, 493
スモークテスト
 インテグレーションパイプライン . . . . . . . 427
 受け入れテストスイート . . . . . . . . . . . . . . . 274
 オーケストレーション . . . . . . . . . . . . . . . . 316
 基盤管理 . . . . . . . . . . . . . . . . . . . . . . . . . . . . 362
 デプロイメント . . . . . . . . . . . . . . . . . . . . . . 332
 デプロイメントスクリプト . . . . . . . . . 217, 313
 ブルーグリーン・デプロイメント . . . . . . . 319

 ふるまい駆動監視 . . . . . . . . . . . . . . . . . . . . 384
 リリース計画 . . . . . . . . . . . . . . . . . . . . . . . . 309
 レガシーシステム . . . . . . . . . . . . . . . . . . . . 140
スループット . . . . . . . . . . . . . . . . . . . . . . . 281, 288
スレッド
 アプリケーションのパフォーマンス . . . . . 287
 受け入れテストでの問題の捕捉 . . . . . . . . . 243
スレッドプール . . . . . . . . . . . . . . . . . . . . . . . . . 379
スローテスト
 ビルドを失敗させる . . . . . . . . . . . . . . . . . . 114
 ユニットテストとテストダブル . . . . . . . . . 133

## セ

成果物 . . . . . . . . . . . . . . . . . . . . . . . . . . . . . . . . . 157
成果物リポジトリ
 監査 . . . . . . . . . . . . . . . . . . . . . . . . . . . . . . . . 439
 管理 . . . . . . . . . . . . . . . . . . . . . . . . . . . . . . . . 441
 共有ファイルシステム . . . . . . . . . . . . . . . . 441
 自社内 . . . . . . . . . . . . . . . . . . . . . . . . . . . . . . 420
 デプロイメント . . . . . . . . . . . . . . . . . . . . . . 314
 デプロイメントパイプライン . . . . . . . 227, 440
 バージョン管理との比較 . . . . . . . . . . . . . . 216
 パイプラインの依存関係 . . . . . . . . . . . . . . 431
制御不能な変更 . . . . . . . . . . . 57, 324, 348, 350, 366
生産性 . . . . . . . . . . . . . . . . . . . . . . . . . . 89, 124, 225
成熟度モデル . . . . . . . . . . . . . . . . . . . . . . . . . . . 487
正常パス . . . . . . . . . . . . . . . . . . . . . . . . . . . 131, 133
静的解析 . . . . . . . . . . . . . . . . . . . . . . . . . . . . . . . 393
静的コンパイル . . . . . . . . . . . . . . . . . . . . . . . . . 418
静的ビュー . . . . . . . . . . . . . . . . . . . . . . . . . . . . . 470
静的リンク . . . . . . . . . . . . . . . . . . . . . . . . . . . . . 422
製品の規模 . . . . . . . . . . . . . . . . . . . . . . . . . . . . . 309
制約理論 . . . . . . . . . . . . . . . . . . . . . . . . . . . . . . . 187
整理統合
 仮想化 . . . . . . . . . . . . . . . . . . . . . . . . . . . . . . 364
 中央集権型のCIサービス . . . . . . . . . . . . . . 118
責任
 開発チームが運用チームを理解する . . . . . 341

デプロイメント ･････････････････ 330
　　ビルドを修正する ･････････････ 112, 226
　セキュリティ
　　監視 ･･････････････････････････ 383
　　基盤 ･･････････････････････････ 345
　　クラウドコンピューティング ･･････ 374
　　構成管理 ･･･････････････････････ 82
　　セキュリティホール ･････････････ 178
　　テスト戦略 ･･････････････････････ 135
　　ネットワークルーティング ･････････ 363
　　非機能要件 ･･････････････････････ 491
　接合部 ･･････････････････････････ 415
　絶対パス ･････････････････････････ 214
　ゼロダウンタイム・リリース ･･････ 318, 394
　宣言的な基盤管理 ･････････････････ 350
　宣言的なデプロイメントツール ･････ 211
　宣言的プログラミング ･･････････ 195, 196
　　Ant、Make を参照
　全体最適化 ･･････････････････････ 186
　宣伝 ････････････････････････････ 310
　前方互換性 ･･････････････････････ 396

| ソ |

　相互運用性 ･･････････････････････ 377
　ソース管理
　　バージョン管理 を参照
　ゾーンファイル ･･･････････････ 345, 361
　組織の変革 ･･････････････････････ 487

| タ |

　大規模なチーム
　　コンポーネントを介した協調 ･･････ 410
　　チームによるブランチ ････････････ 480
　　メインラインでの開発 ･･･････ 459, 472
　　リリース用のブランチ ････････････ 476
　　チームの規模 を参照
　代替パス ････････････････････････ 133
　タイムアウトと受け入れテスト ･････ 263

　タイムボックス化したイテレーション ･･････ 496
　ダウンタイム ･･････････････････ 318, 504
　タグとリリース ･････････････････････ 476
　　ClearCase ･････････････････････ 471
　　CVS ･･･････････････････････････ 449
　　Subversion ････････････････････ 450
　　バージョン管理のプラクティス を参照
　タスク指向のビルドツール ･･････････ 193
　ダッシュボード
　　CI ･････････････････････････････ 125
　　運用チーム向け ･･････････････････ 382
　　重要性 ･･････････････････････････ 53
　　デリバリーの状態の追跡 ･･････ 497, 508
　タッチスクリーン ････････････････････ 259
　ダミーオブジェクト ････････････････ 136
　　テストダブル を参照
　探索的テスト ･････････････ 131, 134, 175, 313, 406
　単純性と非機能要件 ････････････････ 285
　断続的な失敗
　　受け入れテスト ･･････････････ 255, 263
　　キャパシティテスト ･･････････････ 303
　弾力性 ･･･････････････････････････ 377

| チ |

　チーム全体 ･････････････････････････ 172
　　受け入れテスト ････････････････････ 172
　　コミットステージ ･･････････････････ 224
　　デプロイメント ････････････････････ 330
　　デリバリー ･･････････････････････････ 67
　チームの規模
　　受け入れテスト ････････････････････ 270
　　継続的デリバリーはスケールするのか？ ･･････ 53
　　コンポーネント ････････････････････ 422
　　ビルドマスター ････････････････････ 226
　　大規模なチーム を参照
　チェックイン
　　コミットテストの所要時間 ･･････････ 238
　　壊れたビルド ･･･････････････････････ 107

頻度 ................................................. 504
チェックポイント .................................. 460
チェリーピック ................... 460, 476, 482
チェンジセット
 リビジョン を参照
チキンカウンティング ........................... 311
抽象化によるブランチ ......... 397, 414, 448, 483
抽象レイヤ
 UI に対するテスト ............. 132, 172, 257
 受け入れテストのための .................... 214
 抽象化によるブランチ ....................... 414
 データベースアクセスのための .......... 361
チューリング完全 .................................. 253
長期稼働テスト .............................. 288, 295
調達 ..................................................... 343
重複 ..................................................... 187
調和 ..................................................... 395

### ツ

通知
 CI ................................................... 104
 監視 ................................................ 378
ツールチェーン
 テスト環境 ....................................... 312
 デプロイメントパイプライン ............. 160
 バージョン管理 ............................. 72, 419

### テ

ディザスタリカバリー ..................... 308, 364
ディスクイメージ .................................. 366
ディスプレイ
 ダッシュボード を参照
ディレクトリサービス ........................... 361
データ
 受け入れテスト ................................ 259
 ロールバック .................................... 317
データ移行 ................................ 164, 176, 323
 テスト .............................................. 315

リリース計画 ....................................... 309
データ構造
 アプリケーションのパフォーマンス ... 287
 テスト .............................................. 237
データセンター管理 .............................. 350
データセンター自動化ツール ................. 345
データベース
 アップグレード ................................ 319
 アトミックなテスト ......................... 260
 インクリメンタルな変更 ................... 390
 インメモリ ....................................... 203
 オーケストレーション ...................... 392
 監視 ................................................. 379
 参照整合性制約 ................................ 391
 主キー .............................................. 391
 初期化 .............................................. 388
 スキーマ .......................................... 389
 正規化と非正規化 ............................. 394
 前方互換性と後方互換性 ................... 396
 調和 ................................................. 395
 テンポラリテーブル ................. 391, 394
 トランザクションの記録と再生 ........ 394
 バージョン管理 ................................ 390
 マイグレーション ..................... 390, 394
 ミドルウェアの設定 ......................... 360
 ユニットテスト ........................ 232, 398
 リファクタリング ..................... 397, 404
 ロールバック ........................... 390, 394
 ロールフォワード ............................. 390
データベース管理者 ....................... 388, 392
データベースのロールフォワード .......... 390
適合性 .................................................. 485
テスター ............................................... 248
テスト .................................................. 151
 失敗 ................................................. 369
 手動 .......................... 173, 175, 187, 280
 種類 ................................................. 129
 順序付け .......................................... 399
 順応型 ...................................... 399, 401

準備と後始末･････････････････400, 403
　　手作業･･････････････････････243, 406
　　分離･･････････････････････････････400
　　自動テスト、手動テスト を参照
テストカバレッジ ･･････････131, 167, 227, 503
テスト駆動開発････････････････113, 231, 495
　　ふるまい駆動開発 を参照
テスト戦略
　　開始期･･････････････････････････491
　　重要性･･････････････････････････502
　　新規プロジェクト････････････････････137
　　プロジェクトの途中････････････････････139
　　レガシーシステム･･････････････････140
テストダブル････････････････････133, 136, 231
　　受け入れテスト････････････････････266
　　スピード････････････････････････････133
　　ユニットテスト ･･････････････････233, 398
テストデータ
　　アプリケーションが参照する ･･････････403, 406
　　受け入れテスト ･････････････････････403
　　管理････････････････････････････397
　　機能分割････････････････････････400
　　キャパシティテスト ･･･････････････300, 405
　　コミットテスト ･･････････････････････402
　　テストが参照する ･････････････････403, 406
　　テストからの分離 ･････････････････････399
　　テスト固有の ･･････････････････････････403
テストの自動化ピラミッド ･･････････････230
テストの順序付け ･･･････････････････399
テストのパフォーマンス
　　仮想化による向上 ･･･････････････366, 371
　　時間の偽装････････････････････････237
　　データベース････････････････････････398
テストの四象限･････････････････････129, 230
デッドロック･････････････････････････184
デプロイ
　　アンチパターン：遅すぎるデプロイ ･･･････44
　　管理････････････････････････････489
　　手作業････････････････････････････41

デプロイ不能なソフトウェア･･･････････151, 458
デプロイメント
　　インクリメンタルな実装 ････････････････206
　　環境の検証････････････････････････205
　　協調････････････････････････････210
　　計画と実装････････････････････････311
　　更新スクリプト･････････････････････202
　　コンポーネント･･････････････････････422
　　失敗･･････････････････････････････163
　　失敗は早めに ･･････････････････････332
　　自動化･･････････････････････････････201
　　自動化によるテスト ･･･････････････177, 201
　　スクリプト･････････････････････････210
　　すべての環境で同じ手順を使う ･･････60, 162, 202,
　　　　310, 339, 343, 346, 369, 506
　　すべてを一緒に ･･････････････････････205
　　すべてをスクラッチから ･･････････････････205
　　スモークテスト ･･････････････････164, 213
　　定義･･････････････････････････････63
　　手作業････････････････････････163, 215
　　ブルーグリーン
　　　　ブルーグリーン・デプロイメント を参照
　　冪等性････････････････････････････204
　　リモートマシンへの ･･････････････････211
　　ログ･･････････････････････････････330
デプロイメントテスト ･････････････133, 273, 345
デプロイメントパイプライン
　　VM テンプレート ･･･････････････････370
　　依存グラフ ･･････････････････････431
　　インテグレーションテスト ･･････････････269
　　受け入れテストステージ ･･････････････269
　　仮想化････････････････････････365, 368
　　ガバナンス ･････････････････････486, 511
　　キャパシティテスト ････････････････････302
　　緊急修正････････････････････････324
　　継続的デプロイメント ････････････････326
　　コンプライアンス ･････････････････････506
　　コンポーネント･･････････････････････427
　　実装････････････････････････････180

535

# 索引

失敗 ················································ 166
進化 ················································ 184
スクリプト ········································ 200
成果物リポジトリ ······························ 440
縦割りの組織 ···································· 508
定義 ················································ 153
データベース ···································· 389
テストデータ ···································· 401
バージョン管理 ···························· 471, 483
プロジェクトの構築期 ······················· 499
メインラインでの開発 ······················· 472
用語の由来 ······································ 168
リリース用のブランチ ······················· 477
デプロイメントパイプライン用のスクリプト ··· 200
デミングサイクル ······················ 67, 488, 508
デメテルの掟 ······················ 409, 423, 473
テンプレート ······························ 366, 369
テンポラリテーブル ······················ 391, 394

## ト

動画のストリーミング配信 ················ 376
統合
　依存関係 ······································ 435
　受け入れテスト ····························· 266
　基盤管理 ······································ 362
　データベース ································ 392
統合開発環境
　IDE を参照
統合チーム ······································ 423
統合フェーズ ···················· 95, 413, 473, 494, 504
動作するソフトウェア ···················· 99, 494
投資対効果検討書 ····························· 490
同時にデプロイする ·························· 320
統制されていない変更 ······················· 332
同値分割 ·········································· 130
動的ビュー ······································ 470
動的リンク ······································ 422
ドナルド・クヌース ·························· 285

ドメイン駆動設計 ····························· 200
ドメイン言語 ···································· 253
ドメイン特化言語
　受け入れテスト ····························· 253
　定義 ············································ 253
　ビルドツール ································ 192
　Puppet を参照
トランザクションによるテストの状態管理 ····· 400
取り消し ·········································· 504
　ビルドが壊れた場合 ······················· 109
トレーサビリティ
　依存関係 ······································ 429
　インテグレーションパイプライン ···· 427
　管理と強制 ··································· 506
　コンポーネントのパイプライン ·· 425, 432
　成果物リポジトリ ·························· 439
　デプロイメントパイプライン ·········· 161
　バイナリからバージョン管理への ··· 216, 486
泥団子 ······································ 415, 424

## ナ

ナイトリービルド ······················ 106, 174

## ネ

ネットワーク
　仮想化 ·········································· 372
　管理用 ·········································· 362
　構成管理 ······································ 361
　トポロジー ··································· 164
　非機能要件 ··································· 286
ネットワーク管理システム ················ 380
ネットワークブート ·························· 349

## ハ

バージョン管理
　CI の前提条件 ······························· 97
　継続的デリバリーの原則 ················· 64

ストリームベース ................. 454, 466
　定義 ............................ 70
　データベーススクリプト ............. 389
　プロジェクトの構築 ................. 492
　分散型
　　分散型バージョン管理 を参照
　ミドルウェアの構成 ....... 357, 359, 361
　ライブラリ ..................... 77, 419
バージョン管理のプラクティス
　ストリームベースの開発 .............. 472
　すべてを管理する .................... 71
　定期的なチェックイン ...... 74, 100, 472
　フォーク ........................... 123
　ブランチの作成
　　ブランチの作成 を参照
　マージ
　　マージ を参照
　メインライン
　　メインライン を参照
　ロック ............................. 449
ハードウェア
　キャパシティテスト .................. 292
　標準化のための仮想化 ................ 365
バイナリファイルのフォーマット ........ 360
バイナリ
　CVS .............................. 449
　環境特化 .......................... 161
　管理 .............................. 439
　共通のファイルシステム .............. 217
　設定と分けておく .................... 89
　定義 .............................. 159
　バージョン管理 .................. 73, 439
　バージョン管理から再生成する ...... 72, 227, 429,
　　439
　パッケージング ..................... 203
　悲観的ロック ....................... 452
　ビルドする ......................... 506
　　一回限り ........................ 159
　バイナリのリビジョン ................ 216

バグキュー
　バックログ、欠陥 を参照
パスワード
　セキュリティ を参照
バックアウト
　計画 .................... 179, 309, 509
　方法 .............................. 179
バックログ
　欠陥 .............................. 145
　サービス継続計画の一部 ............. 342
　要件 .............................. 493
　リリース計画の一部 ................. 309
パッケージソフトウェア ...... 344, 356, 368
パッケージング ...................... 357
　インテグレーション ................. 426
　設定 .............................. 80
　ツール ............................ 203
　デプロイメントパイプライン ..... 182, 343
発見期 ............................. 490
ハッシュ .......... 160, 216, 228, 439, 507
パッチ ............................. 309
バッチ処理 ......................... 218
パフォーマンス
　受け入れテスト ..................... 275
　ガバナンス ........................ 485
　チューニング ...................... 305
　定義 .............................. 281
　早まった最適化 .................... 285
バリューストリーム ...... 153, 180, 312, 488
範囲指定 ........................... 442
反映させる ............. 85, 312, 468, 473

---

## ヒ

ピーク時の要求 ...................... 302
悲観的ロック ........................ 452
非機能テスト
　定義 .............................. 135
　デプロイメントパイプライン .......... 175

## 索引

非機能要件
  受け入れ基準 ・・・・・・・・・・・・・・・・・・・・・・・・・・ 283
  管理 ・・・・・・・・・・・・・・・・・・・・・・・・・・・・ 282, 505
  クラウドコンピューティング ・・・・・・・・・・ 375
  テスト用の仮想化 ・・・・・・・・・・・・・・・・・・・・ 365
  デプロイメントパイプライン ・・・・・・・・・・ 184
  トレードオフ ・・・・・・・・・・・・・・・・・・・・・・・・ 283
  非機能要件のもととしてのリリース戦略 ・・・ 309
  分析 ・・・・・・・・・・・・・・・・・・・・・・・・・・・・・・・・ 282
  ログ ・・・・・・・・・・・・・・・・・・・・・・・・・・・・・・・・ 381
非機能要件のトレードオフ ・・・・・・・・・・・・・・・・ 283
非機能要件のパターン ・・・・・・・・・・・・・・・・・・・・ 287
火消し ・・・・・・・・・・・・・・・・・・・・・・・・・・・・・・・・・・ 346
菱形依存 ・・・・・・・・・・・・・・・・・・・・・・・・・・・ 418, 431
ビジネスアナリスト
  アナリスト を参照
ビジネスインテリジェンス ・・・・・・・・・・・・・・・・ 378
ビジネス価値
  受け入れテストによる保護 ・・・・・・・・・・・・ 242
  非機能要件 ・・・・・・・・・・・・・・・・・・・・・・・・・・ 282
  分析 ・・・・・・・・・・・・・・・・・・・・・・・・・・・・・・・・ 248
ビジネスガバナンス
  ガバナンス を参照
非同期
  キャパシティテスト ・・・・・・・・・・・・・・・・・・ 296
非同期処理
  受け入れテスト ・・・・・・・・・・・・・・・・・・ 255, 263
  ユニットテスト ・・・・・・・・・・・・・・・・・・・・・・ 232
  ビュー ・・・・・・・・・・・・・・・・・・・・・・・・・・・ 397, 470
費用対効果分析 ・・・・・・・・・・・・・・・・・・・・・・・・・・ 488
ビルド
  CIの前提としての自動化 ・・・・・・・・・・・・・・ 97
  継続的 ・・・・・・・・・・・・・・・・・・・・・・・・・・・・・・ 106
  壊れたビルド
    壊れたままで帰宅 ・・・・・・・・・・・・・・・・・ 109
    修正する責任 ・・・・・・・・・・・・・・・・・ 112, 226
    チェックイン ・・・・・・・・・・・・・・・・・・・・・ 107
    前のバージョンに戻す ・・・・・・・・・・・・・ 111
    コンポーネント ・・・・・・・・・・・・・・・・・・・ 425

最適化 ・・・・・・・・・・・・・・・・・・・・・・・・・・・・・・・・ 426
スケジューリング ・・・・・・・・・・・・・・・・・ 106, 165
ツール ・・・・・・・・・・・・・・・・・・・・・・・・・・・・・・・・ 193
次のステージへの反映 ・・・・・・・・・・・・・・・・・・ 155
テストが遅い場合に失敗させる ・・・・・・・・・・ 115
テストの対象 ・・・・・・・・・・・・・・・・・・・・・・・・・・ 217
引き起こす ・・・・・・・・・・・・・・・・・・・・・・・・・・・・ 435
ビルド舵 ・・・・・・・・・・・・・・・・・・・・・・・・・・・・・・ 438
ビルドグリッド ・・・・・・・・・・・・・・・・・・・ 157, 238
ビルドスクリプトでの相対パス ・・・・・・・・・・ 214
ビルドパイプライン ・・・・・・・・・・・・・・・・・・・・ 157
ビルドマスター ・・・・・・・・・・・・・・・・・・・・・・・・ 226
ビルドライト ・・・・・・・・・・・・・・・・・・・・・・・・・・ 105
品質 ・・・・・・・・・・・・・・・・・・・・・・・ 49, 104, 490, 502
  品質属性 ・・・・・・・・・・・・・・・・・・・・・・・・・・・・ 283
品質保証
  テスター を参照
品質を作り込む ・・・・・・・・・・・・・・・・・・・・・ 64, 127
頻繁なビルド ・・・・・・・・・・・・・・・・・・・・・・・・・・ 435

## フ

ファイアウォール
  インテグレーションテスト ・・・・・・・・・・・・ 142
  クラウドコンピューティング ・・・・・・・・・・ 374
  設定 ・・・・・・・・・・・・・・・・・・・・・・ 164, 344, 361
ファサードパターン ・・・・・・・・・・・・・・・・・・・・・・ 415
フィーチャクルー ・・・・・・・・・・・・・・・・・・・・・・・・ 478
フィーチャブランチ
  バージョン管理のプラクティス を参照
フィードバック
  依存関係の管理 ・・・・・・・・・・・・・・・・・・・・・・ 435
  依存関係のモデリング ・・・・・・・・・・・・・・・・ 431
  インテグレーションパイプライン ・・・・・・ 427
  仮想化による改善 ・・・・・・・・・・・・・・・・・・・・ 371
  カナリアリリース ・・・・・・・・・・・・・・・・・・・・ 321
  監視 ・・・・・・・・・・・・・・・・・・・・・・・・・・・・・・・・ 378
  コミットステージ ・・・・・・・・・・・・・・・・・・・・ 166
  コンポーネントのパイプライン ・・・・・・・・ 425

自動化した受け入れテスト ･････････ 130
　重要性 ････････････････････････････ 48
　デプロイメントパイプラインが作る ･･････ 152
　プロジェクトのライフサイクル ･････････ 494
　メトリクス ････････････････････････ 186
フェイクオブジェクト ･･････････････････ 136
フェイルオーバー ･･････････････････････ 308
フェイルファスト
　コミットステージ ･･････････････････ 223
　デプロイメント ････････････････････ 332
フォーク
　バージョン管理のプラクティス を参照
フォレンジックツール ･･････････････････ 362
負荷テスト ･･････････････････････････ 288
ブライアン・マリック ････････････････ 129
プラットフォームのクラウド化 ･･････････ 375
ブランチ
　インテグレーション用 ････････････････ 456
　定義 ･･････････････････････････････ 454
　フィーチャによるブランチ ････ 123, 413, 477
　保守用 ････････････････････････････ 456
　リリース用 ････････････････････････ 456
　リリース用ブランチ ････････････････ 475
ブランチの作成
　CI ･････････････････････････ 100, 457
　CVS ･･････････････････････････････ 449
　Subversion ･･････････････････････ 450
　環境的な理由 ････････････････････ 455
　機能的な理由 ･･････････････････････ 454
　作成する理由 ･･････････････････････ 447
　早期 ･･････････････････････････････ 457
　組織的な理由 ･･････････････････････ 455
　チームによるブランチ ････････････････ 480
　遅延 ･･････････････････････････････ 457
　定義 ･･････････････････････････････ 454
　手続き上の理由 ････････････････････ 455
　フィーチャによるブランチ ･･･ 74, 123, 413, 477
　物理的な理由 ････････････････････ 454
　ポリシー ･･････････････････････････ 456

　リリース用のブランチ ･･････････ 410, 434
ふりかえり ･･････････････････････････ 53
　協調 ････････････････････････････ 508
　継続的改善 ････････････････ 67, 488, 510
　リスク管理 ････････････････････････ 499
ブルーグリーン・デプロイメント ････ 319, 395
プルシステム ････････････････ 54, 152, 313
ふるまい駆動開発 ･･････････････ 131, 250, 384
ふるまい駆動監視 ････････････････････ 384
ブレーカーパターン ････････････････ 143, 267
プレテストコミット ････････ 75, 108, 167, 223
プロジェクトの見通し ･･････････････ 491
プロジェクトマネージャー ･･･････････ 496
プロセスの境界
　受け入れテスト ････････････････････ 262
プロセス境界
　非機能要件 ････････････････････････ 286
プロセスモデリング ･･･････････････ 181
プロダクトオーナー ････････････････ 490
プロダクト指向のビルドツール ････････ 193
プロビジョニング ････････････ 348, 350, 364
プロファイリングツール ････････････ 287
分散型バージョン管理 ･･･ 121, 460, 478, 482
分散した開発
　CI ･･････････････････････････････ 117
　コミュニケーション ････････････････ 117
　コンポーネントのパイプライン ･･････ 425
　バージョン管理 ･･････････････････ 120
分散したチーム ･････････････････ 191
文書化
　IT 運用要件 ････････････････････ 340
　受け入れテストからの生成 ･････････ 131
　基盤情報自体の文書化 ･･････････ 352
　コンプライアンスと監査 ･･･････････ 506
　自動化との比較 ････････････ 347, 506
　リリース計画 ･･････････････････ 310
分析 ････････････････････････････ 248
　インクリメンタルな開発 ･･････････ 413
　受け入れテスト ････････････････ 244

**539**

非機能要件 ............................ 282
分野をまたがる問題 ..................... 283

## へ

平均故障間隔
 MTBF を参照
平均修復時間
 MTTR を参照
ベースライン
 仮想化 ............................. 366
 環境 ........................... 90, 204
 バージョン管理 .................... 216
ベータテスト ........................... 135
冪等性
 アプリケーションのデプロイメント ...... 204
 基盤管理 ..................... 352, 356
 デプロイメントツール .............. 211
ベロシティ ..................... 187, 500, 502
変更管理 ......... 46, 92, 340, 347, 489, 497, 505, 509
変更諮問委員会 .................... 341, 509
変更リクエスト ......................... 509
ベンダーロックイン ................ 376, 378

## ホ

ホーソン効果 ........................... 186
「僕のマシンではうまくいくんだけど」症候群
 .................................. 163
保守
 ビルドシステム ..................... 226
 リリース戦略 .................. 308, 475
保守性
 受け入れテスト .................... 244
 キャパシティテスト ................ 297
 品質 .............................. 502
 メインラインでの開発 .............. 473
保障 .................................. 489
ボタンを押すだけのデプロイメント .... 55, 158, 174, 183, 206, 313, 376

ポチョムキン村 ......................... 415
ホットデプロイメント
 ゼロダウンタイムリリース を参照
ボトルネック ...................... 152, 186
本番環境
 統制されていない変更 .............. 332
 ログイン ........................... 210
本番デプロイメントライン .............. 157

## マ

マーク・シャトルワース .................. 461
マージ
 ClearCase ......................... 471
 ストリームベースのシステム ........ 469
 チームによるブランチ .............. 480
 追跡 .............................. 451
 定義 .............................. 456
 統合フェーズ ...................... 473
 フィーチャによるブランチ ..... 413, 477
 分散型バージョン管理 .............. 464
 楽観的ロック ...................... 452
マージチーム ........................... 474
マージの際の衝突 .............. 452, 456, 482
埋没費用 ....................... 361, 413
マニフェスト
 トレーサビリティ .................. 216
 ハードウェア ...................... 330
マルチホームシステム .................. 362

## ミ

見積もり .............................. 496
ミドルウェア
 アプリケーションのデプロイメント ...... 204
 監視 .............................. 379
 管理 .......................... 177, 344
 構成管理 .......................... 356

## ム

無差別なインテグレーション ................... 123
無駄 .................................... 151, 457
無閉路有向グラフ
 DAG を参照

## メ

メインラインでの開発 ........ 74, 100, 411, 458, 472
メタベース ..................................... 360
メッセージキュー
 API ....................................... 422
 キャパシティテスト ........................ 298
 構成管理 .................................. 356
 メトリクス .................. 152, 224, 347, 510
 デプロイメントパイプライン ............... 186
メモリリーク .................................. 305

## モ

目的に合う .............................. 495, 511
目標復旧時間 .................................. 342
目標復旧ポイント .............................. 342
モック ................................... 137, 231
 テストダブル を参照
求める条件を満たす ....................... 489, 495
もろいテスト ............................. 172, 245
問題 .......................................... 499
問題があったときの対策 ........................ 509

## ヤ

役割 .......................................... 492

## ユ

ユーザー受け入れテスト ................... 130, 183
 テストデータ .............................. 406
 デプロイメントパイプライン ............... 158
 ユーザーがインストールするソフトウェア
  受け入れテスト ........................... 172

仮想環境でのテスト ........................... 371
カナリアリリース ............................. 322
クラッシュレポート ........................... 326
継続的デリバリー ............................. 326
更新 .......................................... 326
 自動デプロイメント ....................... 177
ユーザビリティ
 テスト ........................ 135, 175, 313
 非機能要件 ................................ 284
ユースケースと受け入れテスト ................. 130
優先順位
 障害 ...................................... 146
 非機能要件 ................................ 282
 プロジェクトのライフサイクル ............. 495
 要件 ...................................... 490
ユーティリティコンピューティング ....... 373, 377
有用性 ........................................ 489
ユニットテスト ................................ 133
 CI ........................................ 100
 DI ........................................ 231
 UI ........................................ 231
 受け入れテストとの比較 ................... 242
 原則とプラクティス ....................... 230
 コミットステージ ......................... 167
 時間の偽装 ................................ 237
 自動化 .................................... 183
 状態 ...................................... 237
 スピード ............................ 133, 230
 データベース ........................ 232, 398
 テストダブル ............................. 233
 非同期処理 ................................ 232
 コミットテスト を参照
ユニットテストにおける時間 ................... 238
ユビキタス言語 ................................ 173

## ヨ

要件
 運用チーム ................................ 339

要件の元としてのリリース戦略 ............ 308
予測可能性 .................................... 488

ラ

ライセンス
 ミドルウェア ............................ 360
 リリース計画 ............................ 310
ライフサイクル ............................... 489
ライブラリ
 依存関係の管理 ......................... 441
 開発中の管理 ............................ 103
 構成管理 ............................ 77, 429
 定義 ....................................... 416
ラインを止める ............................... 166
楽観的ロック ................................. 452
ラベル ........................................ 440
ラリー・エリソン ............................ 377

リ

リーナス・トーバルズ ................. 451, 462
リーン
 継続的デリバリーができないことによるコスト
  ......................................... 486
 継続的デリバリーの原則 .................. 65
 プロジェクト管理 ....................... 495
 本書への影響 ............................. 54
理解の共有 .................................... 492
リグレッションテスト .......... 131, 171, 175, 244
リグレッションバグ
 継続的デリバリー ........................ 413
 制御不能な変更が原因の ................ 324
 低品質なアプリケーションの症状 ...... 502
 レガシーシステム ........................ 141
リスク
 開発 ....................................... 498
 カナリアリリース ....................... 321
 管理 ........................... 485, 497, 510
 削減

仮想化 ........................................ 364
 継続的デプロイメント .................. 325
 継続的デリバリー ........................ 339
 ふりかえり .............................. 499
 組織の成熟度 ............................ 488
 デプロイメント ......................... 338
 非機能要件 .............................. 281
 問題点の記録 ............................ 491
 リリース ........................... 40, 339
リソース競合 ................................. 184
リチャード・ストールマン ................. 377
リバースエンジニアリング .................. 359
リバースプロキシ ............................ 330
リビジョン管理
 バージョン管理 を参照
リビングビルド ............................... 157
リファクタリング
 CI ......................................... 113
 受け入れテスト .................... 246, 275
 チームによるブランチ .................. 482
 抽象化によるブランチ .................. 414
 バージョン管理 .......................... 74
 品質の前提条件 ......................... 495
 プロジェクトのライフサイクルの一環 ... 494
 メインラインでの開発 .................. 473
 リグレッションテストのおかげで ...... 131
リベース ............................... 460, 482
リポジトリパターン ......................... 398
リモートインストール ....................... 349
リリース
 管理 .............................. 153, 487
 自動化 ................................... 176
 ゼロダウンタイム ....................... 318
 デプロイメントパイプライン ........... 157
 プロセスの確立 ......................... 312
 メンテナンス ............................ 476
リリース計画 ............ 176, 309, 341, 343, 491
リリース候補
 受け入れテストの関門 .................. 171

手動テストステージ ･････････････････････ 174
　定義 ･････････････････････････････････････ 60
　ライフサイクル ･･････････････････････････ 180
リリース戦略 ･････････････････････ 308, 491, 498
リリースブランチ
　バージョン管理のプラクティス **を参照**

## ル

ルーター ･･･････････････････････････････････ 322
　構成管理 ･･･････････････････････････････ 361
　ブルーグリーン・デプロイメント ･･････････ 319

## レ

レイヤ
　受け入れテスト ････････････････････････ 244
　ソフトウェア ･･････････････････････････ 424
　レガシーシステム ･･････････････････ 140, 368

## ロ

ローリングビルド ･･･････････････････････････ 106
ロールバック
　緊急修正との比較 ･･････････････････････ 324

自動化 ････････････････････････････････････ 47
成果物 ･･･････････････････････････････････ 439
戦略 ･････････････････････････････････ 179, 317
データベース ･･････････････････････ 390, 394
貧弱な構成管理による頻発 ･･････････････ 504
リリース時のリスク軽減 ･････････････････ 156
レガシーシステム ････････････････････････ 310
ログ
　運用チームの要件 ･･････････････････････ 341
　基盤管理 ･･････････････････････････････ 362
　基盤への変更 ･･････････････････････････ 347
　重要性 ････････････････････････････････ 505
　デプロイメント ････････････････････････ 330
　リリース戦略 ･･････････････････････････ 308
ロック
　バージョンカンリのプラクティス **を参照**

## ワ

ワークスペースの管理 ･･････････････････････ 103
ワークフロー
　受け入れテストステージ ･･･････････････ 241
　デプロイメントパイプライン ･･････････ 157
　分散型バージョン管理システム ････････ 463

- 本書は、株式会社KADOKAWA/アスキー・メディアワークスより刊行された『継続的デリバリー』を再刊行したものです。再刊行にあたり、旧版刊行後に発見された誤植等を修正しております。
- 本書に対するお問い合わせは、電子メール (info@asciidwango.jp) にてお願いいたします。但し、本書の記述内容を越えるご質問にはお答えできませんので、ご了承ください。

# 継続的デリバリー
信頼できるソフトウェアリリースのためのビルド・テスト・デプロイメントの自動化

2017年7月31日 初版発行
2021年10月29日 第1版第2刷発行

著　者　Jez Humble, David Farley
訳　者　和智 右桂、髙木正弘
発行者　夏野 剛
発　行　株式会社ドワンゴ
　　　　〒104-0061
　　　　東京都中央区銀座 4-12-15 歌舞伎座タワー
　　　　編集　03-3549-6153
　　　　電子メール　info@asciidwango.jp
　　　　https://asciidwango.jp/

発　売　株式会社KADOKAWA
　　　　〒102-8177
　　　　東京都千代田区富士見 2-13-3
　　　　KADOKAWA 購入窓口　0570-002-008 (ナビダイヤル)
　　　　https://www.kadokawa.co.jp/

印刷・製本　株式会社リーブルテック

Printed in Japan

本書(ソフトウェア/プログラム含む)の無断複製(コピー、スキャン、デジタル化等)並びに無断複製物の譲渡および配信は、著作権法上での例外を除き禁じられています。また、本書を代行業者などの第三者に依頼して複製する行為は、たとえ個人や家庭内での利用であっても一切認められておりません。
定価はカバーに表示してあります。

ISBN978-4-04-893058-1　C3004

アスキードワンゴ編集部
編　集　鈴木嘉平